歌壇活字典

美黛傳

Mei Dai

【目錄】

序曲

序曲

無人能出其右
玩出名堂的歌唱頑童

國立臺灣大學藝文中心執行長 陳峙維

我從小跟著母親聽上海灘、香江畔的國語歌曲，也聽「群星會」時期的歌。唸小一的時候，她從夜市買了一卷盜版匣式錄音帶，是美黛老師在合眾發行的《意難忘．重相逢》。這是我第一次認識美黛老師，當然那時她並不認識我。時隔三十年，我在台大兼課，參與沈冬教授主持的高齡人口音樂活動研究，有機會採訪美黛老師指導的「重相逢合唱團」。研究工作告一段落後，我受邀以三十八歲的「兒童」身份破例成為這銀髮族歌唱班的一員。這是我第二次認識美黛老師，然後她也認識我了。

喜鵲登門
金豬獻寶

民國 108 年（2019）陳峙維教授全家福照
（右一陳峙維教授）

國立臺灣大學藝文中心
執行長陳峙維

關於美黛老師的生涯發展、歌藝成就，在她的自傳中已詳述，自然不用我多言。但我希望能貢獻部分學術研究成果，在本書談談重相逢合唱團——她發起籌備且投入教學二十年，目前已知是國內成立最早、最具系統與組織，專為高齡人口成立的歌唱班。

活到老、唱到老，玩也要玩出名堂

為了執行沈教授的研究計劃，2013 年夏天我除了訪談之外，每週都去「上課」，實際觀察長輩們參與學習的情形。在此之前，我也回顧了許多關於音樂活動與高齡人口研究的文獻，其中美國南佛羅里達大學（University of South Florida）音樂教育學家馮志強（Eric Fung）教授的一篇論文最讓我印象深刻。他指出，積極參與音樂活動對年長者的七項益處，這包括（一）維持整體身心健康、（二）減緩認知能力退化與心理年齡老化、（三）增添愉悅的感受、（四）習得新技藝而產生成就感、（五）營造充滿創意的自我表現、（六）重建自我身份認同、（七）維持良好社交關係。經過每週一次，兩個月的相處，我深深感受到重相逢長輩們展現的就是這些，歌唱為大家帶來滿滿的正能量。

重相逢合唱團成立於 1997 年，由美黛老師構思發起請華風文化劉國煒總監向時任臺北市中山堂管理所李德嫻主任提案，於是誕生運行。美黛老師當時即將邁入六十歲，她認為演藝人員的舞台生命有限，自己總有一天會離開舞台，因此必須規劃自己的老年生活。年紀大了或許無法再登台歌唱，但課堂上教學示範也是一種練

美黛 老歌活字典

不沾烟酒保嗓子

自古红颜如名将，不许人间见白头。可是，总有一些人会获得上帝的眷顾，像歌坛长青树－美黛一样，年屆62岁，容颜依然如昔，岁月并没有在她的脸旦上留下痕迹。

性格爽朗的美黛在接受本报专访时，记者对她报上年龄后表示难以置信时，竟换来她的谦卑，“别哄我开心了....谢谢你的赞美喔..”

这名被喻为“宝岛老歌活字典”的美黛，是台湾最具代表性的歌坛长青树，在60年代，凭着一曲<意难忘>红遍台湾，唱片专辑畅销百万张，此后，她即成为各歌厅与夜总会争相聘请的巨星。

现在，美黛不必像以往般为生活而劳碌奔波唱歌而忙，现在的唱歌纯粹为了兴趣，她打趣的形容：“这是我歌唱生涯的最后阶段。”

歌唱生涯的最后阶段？一口流利台湾腔的她透露，她目前正处于半退休的状态，不但停止了歌厅的驻唱生涯，甚至以选择性的大型演唱会，或者是公益性的歌唱活动，才出现在公众面前。

此外，升级当歌唱老师的她也在每个周六在自己的住家开办老歌歌唱班，教导那些喜爱唱老歌的朋友，学生的年龄介于30岁至80岁之间。

前半生贡献舞台上

她声言，生命的前半段在舞台上渡过，随着年级渐大，使她产生专投幕后教唱或参加老人院里边的演唱的念头，至少不会将美黛的活动给间断了。

曾经，美黛希望在婚后就停止唱歌，可是，婚后那一段时期刚好是秀场最蓬勃的时期，在歌厅老板的鼓励之下，她又复出了。这时，她幽了自己一默：“那时候，那些歌厅老板都捧着大堆的钞票来引诱我，结果，我欲罢不能了。”

第二次，在她怀孕时候，就打定主意不唱了，因为她自忖，没有人会要一个孕妇到歌厅唱歌，意外的，像上一次，美黛又抵不住金钱的诱惑，再度复出。

这样一来，断断续续想要退出的意念不能达成后，美黛就索性断了退出的念头，一心一意的唱下去，直到不能唱为止。看来，在美黛的生命中是与歌唱脱离不了关系。

目前，拥有1男1女和丈夫疼爱的美黛在家庭幸福的笼罩下，能够随心所欲的唱歌，但是，她却没想过让自己的孩子步上她金色星途，她始终认为，孩子的前途或未来都得由他们本身去主宰，任何的抉择还得看儿女的意念。

她透露，宝贝女儿的兴趣是欣赏中西的古典音乐，只要是好的作品，她都会去买，然后静静的聆赏。

“她懂得欣赏，但是，却不喜欢唱歌；儿子？哈，完全五音不全，不能唱，不能唱，儿子比较倾向现代的歌曲。”

当向美黛讨教她对现代歌曲的看法时，她谦卑地自认不曾学过乐理，并非乐理人才，不敢批评，但是根据她的唱歌经验来看时，她认为，中国的歌曲很有原则，而且词曲之间也多为幽怨，有时，好的作品会美得像首诗歌，意境非常美，唱歌的人也会陶醉其中，更容易融入歌曲中。

对于现在的作品，她言语之间有难以接受的感觉，她表示，不晓得是否时代进步得太快的关系，脚步也相形加快，而且简单明了，有什麼心事就直接了当的说出来，没有一点文言文的感觉。

她举例，“像我爱你这句话，现代人可以直接向人家说“我爱你”，你怎麼样？就很直接，没有一点含蓄的感觉，这种赶上节奏的东西，好像歌词也无法细腻。”

尽管如此，在众多的现代歌手当中，美黛仍然有欣赏的歌手，比如殷正洋和文章，该两位歌手的音色和音质都是她所欣赏的，他们的一些歌曲：<古月照今尘>，<365里路>，殷正洋近期翻唱罗文的歌曲，都是她所推崇的。她甚至把这些个歌曲列进她的教唱课程。

←美黛：我的作息正常，烟酒不沾，不晓得是否与保养我的嗓子有关？

↑62岁的美黛，你相信吗？

至于，她的<我在你左右>，<意难忘>等名曲至今仍然被人翻唱，美黛笑吟吟的表示，不敢骄傲，但却是一种肯定。但是，唱了这麼久的歌曲，却没有一首能够让她喜欢百唱不厌的歌曲，至于那首让美黛一举成名天下知的<意难忘>，她开玩笑：“这首歌曲，我唱得烦死了。”

“一首好歌，好的歌曲自然能够流传悠远。”

她的歌声自然毋庸置疑，但是她的嗓子却从来没有刻意保养过，但是，由于身为家庭主妇，所以，她的生活作息正常，与演艺圈的昼夜颠倒的生活迥然不同。

所以，不管她晚上怎麼迟睡，隔日六点清晨就得起身。她很不知所以然地说：“会不会是我烟酒不沾，生活又正常吧、我不太清楚？至少我觉得我的嗓子没有变，声音高度的音阶都还在。”#

采访外记　如沐春风

林思云

小时候，笔者在家庭环境的薰陶下，常萦绕在耳边的歌曲多为老歌，所以，在耳濡目染下，对老歌也有一定的认识，不敢说耳熟能详，但是听到歌曲的旋律都还能哼唱几句。

没想到，事隔多年，竟然能够亲自采访这两位当年的红星，有点难以置信。

由于，在采访当天才获悉被委派专访两位歌手，在准备资料方面面临不足，唯有请教几位对6，70年代有认识的同事，再致电回家询问母亲有关他们详细资料，毕竟，这些前辈曾经也是在这些歌曲陪伴下成长。一切准备妥当后，在约定的时间内，就胆粗粗与摄影毅然赴约，当时只觉得像赴京赶考的。心里只希望他们不会因为成名已久而看不起小记。

阿弥陀佛，他们没有老气横秋，青山叔叔以及美黛阿姨的亲切自然，让我放下心头大石，与他们专访，犹如一场跨越年代的聊天，如沐春风。

言谈间，觉得他们就是那种典型的老歌歌手，举手投足都是那麼的有气质，美黛阿姨爽朗健谈，笑声连连；青山叔叔则温文儒雅，说话总是慢条斯理，像一个父亲在对女儿说话。

真得感谢主任的临时安排。#

民國89年（2000）馬來西亞「美黛老歌活字典」報導

歌的方式。由於每週末師生齊聚一堂，為歌唱而「相逢」，所以就用她灌錄過的歌曲〈重相逢〉為名。

重相逢成立至今二十年來，期間除因受SARS疫情影響，曾遵照政府防疫政策而短暫停課之外，每週教學從未中斷。由指導老師與學員自行規劃管理，而非公部門或社福機構主導，是他們的一大特色。除了由美黛任指導老師、李德嫻任團長之外，還聘請資深樂師廖秋成擔任伴奏，並設有諸如班長、譜務、總務等幹部。雖然「傳承老歌」是最初歌唱班成立的宗旨之一，教唱內容大都以上海、香港時期國語老歌為主，但多年來也陸續增添各式各樣樂種曲風多元的歌曲，包括台語歌曲、愛國歌曲、藝術歌曲、校園民歌、當今台灣與中國大陸流行歌曲等。

美黛老師以教學嚴謹見長，雖然重相逢以休閒娛樂為目的，並非為入行而設計的職業培訓，但上課就是上課，不是歌唱聯誼。她強調，即使學員來歌唱班基本上是「玩」，玩也要玩出名堂。無論個人對歌曲如何熟悉、能唱得多好，既是來歌唱班學唱，就必須按部就班學習。所以，除了老歌之外，即便是2000年以後發行，諸如周杰倫的〈菊花台〉、黃妃的〈追追追〉、汪峰的〈當我想你的時候〉、嚴藝丹的〈三寸天堂〉等流行歌曲，也沒問題。美黛老師一字一句帶著學員練唱，這些屬於「年輕人」的歌曲，銀髮長輩們也能唱得出色。

有板有眼、井然有序，一週復一週

重相逢一次上課兩個小時，美黛老師按規劃進行，一絲不苟。第一節課通常先複習舊歌，美黛老師會與大家齊聲合唱上一週所教歌曲，接著再由學員自行演唱。學員唱時她也沒閒下來，而是依曲風、歌曲情緒為學員加油吶喊。我還記得，唱甄妮著名歌曲〈愛情長跑〉時，隨著輕快節奏，她會在前奏或間奏結束、學員下歌前一瞬間喊出「噢、耶」等助興的歡呼聲。唱鳳飛飛的〈夏豔〉時，還要求大家站起來，跟著動感的森巴節奏扭動身體，結果最「嗨」的其實是她自己。

而新歌教唱時，無論是耳熟能詳的老歌，或時下最流行的新歌，美黛老師與廖秋成老師兩人都能相互配合，按歌譜教學。首先由廖秋成老師播放範本錄音，解說歌曲相關背景，讓學員仔細聆聽原唱歌手如何詮釋一首歌，有時亦播放其他翻唱版本，供學員欣賞比較。接著由美黛老師教唱，從看簡譜唱 Do-Re-Mi 開始，一句一句帶著學員練習，待學員能在廖秋成老師伴奏下，完整順利唱完歌曲旋律後，才開始進行歌詞配唱。她特別重視以教材歌譜為憑，準確搭配歌詞與旋律。

準確演唱之後，美黛老師進一步指導學員咬字、換氣、樂句，並說明如何表達歌曲當中所蘊含的情感，尤其強調運用裝飾音，以求清楚傳達唱詞原意。例如「你」、「南」二字，國語字音分別是三聲與二聲，若遇歌曲旋律是下行，演唱時務必要加上裝飾音，否

中國報 CHINA PRESS 精品娛樂 2000年5月5日 星期五

e樂台

青山：全靠酒廳傳唱出去

七十年代宣傳管道太少

曾經叱咤台灣歌壇的歌星有幾位？而你認識的又有幾位？有聽過《淚的小花》、《尋夢園》、《意難忘》、《我在你左右》這些名曲嗎？

如果真的要細述六、七十年代在台灣歌壇走紅的歌手，他們兩人一定被列入名單之內——青山、美黛。

青山，七十年代台灣歌星，走紅東南亞，具代表性人物之一。特殊磁性的嗓音、穩建斯文的台風，是他獨步歌壇的「撒手鐧」。

當時的台灣，酒廊如雨後春筍，喜愛音樂的朋友，都愛往裡頭鑽，有的甚至駐唱爲生，既爲興趣，也爲生活。而青山當然也是其中的一份子。

「當時的歌壇，並沒有什麼原創歌曲，全部都是演繹回卅、四十年代的經典歌曲。而一首歌曲，又不只是由你一個人來唱，只要那首歌有市場，歌手都會一窩蜂地拿來唱。」大多數時間都是唱「口水歌」的青山表示。

而這些歌曲大部份都是改編自韓國、日本或香港的歌曲，更甚的是，一點宣傳工作也沒有。「如果一首歌曲很受落的話，那我們每一晚在酒廳駐唱的時候，就會唱這首歌，沒有說上電視或電台去宣傳的。」或許是當時的媒介並不怎麼發達吧！

青山的成名曲《淚的小花》，原來是改編自韓國歌曲。第一次聽見這首歌的時候，青山覺得它其實是一首很平淡的歌曲，但詞和旋律經過改編後，卻讓這首歌動聽起來。

但如果說《淚的小花》這首歌對青山往後在歌壇的發展起了深遠的影響，他卻不同意。「影響我最深的，其實是《我想忘了你》。這首歌是當初考「幸福合唱團」所選唱的歌曲，然後就很順利地成功入圍，就這樣踏入了歌壇。」

當談到現今的台灣歌壇與他那個年代有什麼分別時，青山說：「台灣現在的環境沒以前那麼好，酒廳也不比以前多。雖然媒介比以前多了很多，但眞正適合唱歌的節目其實不多。」

青山坦言，節目多，很容易就分散了歌迷的注意力，除非公司肯花錢，把黃金檔買下來，拚命打歌，那首歌自然而然就會一炮而紅。但這樣做並沒有說好或壞，只是電視生態不同，環境使然，讓人身不由己。

報導：玲玲　攝影：何佩勻

美黛屹立歌壇四十年，贏得歌壇長青樹的美譽。

注重音質　考究詞曲

美黛：這才算得上經典

另一位台灣最具代表性的歌壇長青樹美黛，六十年代初以一首《意難忘》紅遍全台，暢銷百萬張，鋒頭一時無兩。

美黛憑著嘹亮的歌聲、抱著敬業的態度、以樸實的作風在歌壇屹立了四十年，讓她贏得長青樹美譽，更獲得台灣新聞局頒發「終身成就獎」。

已屬於歌壇老前輩的美黛，對於現今的歌壇，她坦言拍馬也追不上。「現在的年輕人，無論做事、講話、腳步，都比我們那個年代的人快。他們做事簡單明確，有什麼就單刀直入。就像音樂這方面，什麼我愛你、我恨你，就很直接的表達出來，從不拖泥帶水，也管不著這首歌美不美感。這可能是工作效率使然，讓他們在音樂方面也如此。」

美黛指出，以前的歌曲最注重音質、旋律、詞曲的配搭。也因爲這樣，這些歌曲才算得上經典，以致不容易被歲月所淘汰。

「以前的歌曲比較考究，也比較講究連貫性，作曲的人很用心地爲整首歌曲鋪排，再配上適合的詞曲，同時，也考慮到要用怎樣的音質來演繹，才能充份發揮出歌曲的意境。這樣做，所呈現出來的歌曲是不是誠意十足？」沒錯！要不然的話，這些歌曲那會流傳百世，至今仍叫人津津樂道？

「現在的歌手，只要長得帥，再經過包裝，就可以成爲成千上萬人的偶像。而他們也不太注重歌曲的表達，最重要的是要朗朗上口，讓人一聽就明白，那就行了。」美黛語重心長地說，這也難怪，因爲以現在的市場來說，一個月就有那麼多張專輯推出，競爭那麼激烈，還是保住飯碗最實際。

民國89年（2000）5月5日馬來西亞中國報美黛「注重音質、考究詞曲」報導則就會個別唱成「膩」與「苦難」的「難」。美黛老師要求甚高，學員對歌詞字音也十分考究，沒有模稜兩可的空間，尤其學唱台語歌曲。例如，對〈花若離枝〉一曲歌詞中「寒冬也會變春天」的「冬」究竟是要以讀音 Tong 或語音 Tang 演唱的問題，學員一時分成兩派而爭論不已，於是再聽一次蘇芮的原唱錄音，確認應以語音 Tang 演唱。

大家都唱熟之後，廖秋成老師會演奏「伴奏」部分並搭配主旋律，供學員錄音成「卡拉帶」，以便回家練唱使用。值得一提的是，由於一般人的音域未必與原唱歌手音域相同，按原調演唱並不容易，所以美黛老師與廖秋成老師課堂上會研議以大多數人的最適音域與速度移調彈奏，甚至還區分為男 Key 與女 Key。也因此，大多數學員都十分重視卡拉帶的錄製，不僅因這與原播放唱片隨歌星的歌聲跟唱不同，更重要的是卡拉帶有廖秋成老師另外精心編寫的前奏、間奏、尾奏等，是課堂教授的標準，也是獨自練唱時的依歸。

台上台下、助人利己，不只是唱歌

重相逢除了課堂練唱之外，還有許多課外活動，有各種形式不定期的演出、定期的成果發表展演，以及學員的聯誼、參訪活動。他們不定期地以高齡人口為對象，赴安養機構演唱，參與各級政府單位主辦的敬老活動表演，也前往醫療院所為病友獻唱。自 2000 年起，每年十月赴木柵動物園為大象林旺慶生，2003 年林旺病逝後，至今仍持續於每年十月參與大象保育活動。由此可見，重相

年大象保育
親敬老
台北市動物園之友協會

民國 100 年（2011）10 月 29 日
台北市立動物園重相逢歌唱班表演活動
（左為主持人譚艾珍，右為美黛老師）

民國 100 年（2011）10 月 29 日
台北市立動物園重相逢歌唱班表演活動

逢的長輩們在美黛老師帶領下，不僅在教室練歌，也走出戶外積極與社會大眾互動。

在 2002、2007、2012、2017 年，分別舉辦成立五、十、十五、二十週年成果發表會。2003 年起，在臺北市社教館（現已改為藝文推廣處）一樓大廳城市舞台定期舉行「知音時間」活動，有個人表演，也有對唱、重唱、小團體的形式。這些展現學習成果的活動，全由學員自行規劃、自費演出。學員們同心協力，除了每週上課的課前練習，私底下跟著平日所錄下廖秋成老師演奏的「卡拉帶」反覆練習，甚至前往卡拉 OK、KTV 等配合麥克風練唱。長期經營下，「知音時間」有眾多固定「粉絲」，每逢演出，空間有限的大廳裡總要擠進一、二百位年長的觀眾。

民國 101 年（2012）12 月 14 日
重相逢歌唱班十五週年成果發表會

民國 104 年（2015）9 月 24 日重相逢歌唱班
高齡九十多歲學員洪守範女士（右）於台北
社教館《知音時間》演出

國內演出之外，重相逢也曾赴海外交流，2002 年應新加坡老歌俱樂部之邀出國演出，並與該俱樂部舉行友誼歌唱賽；2003 年前往金門，在莒光樓五十週年慶活動中演出；2008 年則赴馬來西亞參加公益演唱活動。金門嚴格來說並非「海外」，但對於高齡長者而言，搭飛機離開台灣便算是出國了。更值得一提的是，2012 年冬沈冬教授為臺大圖書館策劃「寶島回想曲—周藍萍與四海唱片贈藏展」，2013 年 3 月 15 日舉辦閉展活動「經典歌曲演唱會」時，重相逢的部分學員也參與演出。乃是這歌唱班與學術界的第一次合作，也開展了後續的高齡人口音樂活動研究。

這一群高齡學員在「上學」之外，還有眾多的「課外活動」，從規劃到執行皆不假他人之手，如同在學學生辦社團活動一般。也因此學員們建立起深厚的情誼，歌唱班不但是學習與聯誼的組織，更具「張老師」的功能。舉凡家庭生活、子女婚嫁諮詢，美容、化妝、服飾、瘦身經驗交流，醫療院所推介，來自各種背景的學員，無論已退休或屆退，總能彼此協助。更特別的是，若有學員缺課兩次以上，其所屬班長會立即聯繫，主動了解原因，並通報美黛老師、團長與其他學員。倘有健康、家庭問題或其他困難，可以在第一時間掌握該學員狀況，並適時提供居家訪視、探病等協助。

2009.03.28

民國 98 年（2009）3 月 28 日
重相逢歌唱班夫婦檔學員曹永鑫（右二）、李金玩（右一）夫婦之子曹昌樺先生（右三）於台北喜相逢婚宴廣場宴客、美黛老師致賀詞（手持麥克風者）

身心健康、實踐自我，活出成就與尊嚴

在美黛老師指導、廖秋成老師伴奏，及所有長輩學員們的努力下，重相逢合唱團經營得有聲有色，他們不只玩出名堂，還玩出身心健康。本文後半，我就以馮志強教授所指出參與音樂活動對年長者的七項益處為依歸，將 2013 年夏天的一些研究觀察結果呈現在此。為美黛老師的歌唱教學做記錄，也為我第二次所認識的美黛老師留念。

（一）維持整體身心健康

透過訪談了解，美黛老師、團長與學員們皆表示，唱歌對整體身心健康有正面影響。沒有健康便無法唱歌跳舞，唱歌是促使他們

Our Story Our Song
我們的故事我們的歌
2013/12/10 2014/01/12 西門紅樓
廣告

民國 102 年 (2013) 12 月 10 日 -
103 年 (2014) 1 月 12 日
文化部《我們的故事我們的歌》海報

走出戶外，活絡身心的動因。也有學員主觀認為，唱歌不但可以練嗓子，而且養顏美容。受限於規模與時間，目前並沒有實證數據資料，長期追蹤重相逢成員的身心健康情況，明確證實因參加歌唱班而不曾有過病痛，或有病痛的學員因為歌唱活動而改善病況。儘管如此，重相逢的學員主觀認定參加歌唱班對維持健康有幫助，且願意持續參與，某種程度而言，也是一種心理健康的表現。

（二）減緩認知能力退化與心理年齡老化

由於教唱歌曲多元，除了老歌之外，還包括時下流行新曲、藝術歌曲等，未必每位都能輕鬆正確唱完。許多學員必須要在美黛老師的帶領與反覆練習後，才能精準唱對曲譜的音高與節奏，並對應到歌詞的一字一句。練習配唱的過程需要高度的專注力，把複雜的歌詞與旋律結合是一大挑戰，尤其是時下年輕歌手所演唱歌詞多、曲速快的動感快歌，因此高齡學員們有了動腦的機會。不但課堂上如此，下了課還帶著美黛老師交付的功課回家，伴著「卡拉帶」自行練唱也是，故「回家做功課」也是重相逢歌唱班與一般歌友聯誼會最大不同之處。此外，美黛老師也經常告訴學員：「記詞背譜，可以避免老年癡呆。」雖然聽起來像是玩笑話，但為了上台表演所需、為了自己興趣而熟記詞曲，也的確是一種鍛鍊腦力的活動。

（三）增添愉悅的感受

團長表示，重相逢合唱團成立的宗旨之一是「好歌與好友分享，讓人生充滿希望」，且正如團名所揭示，每週六是學員們歡聚歡唱的日子，學習歌唱這件事本身令人開心，課堂上歡樂氣氛也使

意難忘

民國 102 年（2013）12 月 10 日文化部《我們的故事我們的歌》活動舉行〈西門歌廳的意難忘〉座談會（左一陳峙維教授，左二美黛老師，左三警廣主持人「阿國」洪宗適先生）

人心情愉悅。學員們每週除了學歌、動腦之外，也享受上課時歡愉的氛圍。儘管美黛老師教學仔細嚴謹，對音高、節奏、咬字的要求絲毫不因學員是高齡、業餘人士而馬虎敷衍，但教唱過程依然不時充滿歡笑聲。於 1998 年重相逢成立第二年才受邀擔任伴奏老師的廖秋成，原來個性靦腆，除了彈奏與解說曲調，在課堂上其實與學員互動不多。但十多年來在慧黠開朗的美黛老師薰陶下，上課時會利用講解曲譜、說明伴奏的機會與美黛老師鬥嘴，故與學員相處已變得幽默風趣。此外，團長也經常趁宣布課務行政事項的機會，談談生活趣事、插科打諢，逗得學員們笑得合不攏嘴。

（四）習得新技藝而產生成就感

與一般單純的歌唱聯誼不同，美黛老師一再強調，學員來歌唱班雖然是「玩」，但「玩也要玩出名堂」，因此她將數十年來在歌壇累積的經驗，毫無保留地傳授給學員。歌唱班成立之初，她從閱讀簡譜開始教起，連只是喜愛聽歌、唱歌，但從未學過音樂、連譜也識不得的學員都可以從基礎學起，並逐漸懂得看譜、算拍子。之後陸續才

民國 102 年（2013）12 月 10 日
文化部《我們的故事我們的歌》
活動舉行〈西門歌廳的意難忘〉
座談會笑開懷的美黛老師

加入的新生，也在其他資深學員的指導與協助下，習得閱讀簡譜。此外，新歌教唱時，透過美黛老師與廖秋成老師反覆解說，學員更可以學到進階樂理知識與歌唱技巧。在歌唱班付出心血獲得新知、培養技巧，而能低吟來自所謂老上海時期的國語老歌，也能追上潮流高歌幾首電台播送的最新作品，學員們莫不因此為自己感到驕傲。部分學員表示，他們一點也不畏懼在眾人之前演唱，尤其在沒有包廂的開放式卡拉OK餐廳，他們可以大秀歌藝，不看歌詞而唱完整首歌曲。正因為這種成就感，學員們不怕挑戰各類型歌曲，只要是編入教材的歌曲都能盡全力學習。

（五）營造充滿創意的自我表現

民國102年（2013）12月10日
文化部《我們的故事我們的歌》活動舉行〈西門歌廳的意難忘〉座談會與參與的重相逢歌唱班學員們合影
（左二陳峙維教授，左三美黛老師）

雖然重相逢合唱團曾一度使用中山堂的會議室上課，但除此之外成立之後所有經費籌措、課務行政、活動規劃皆由長者自治辦理，不同於公部門籌設的各類長青學園、社區大學。上課地點搬離中山堂後，連場地費用也必須自付。因此，這個歌唱班所呈現的是長者對自己的期許與自信，他們所有活動不假任何承辦人員之手。此外，誠如團長所言：「美麗的衣服要穿出來給大家看，不要掛在衣櫥裡。」學員為了每週齊聚上課，費心梳妝打扮，將自己最美的一面呈現出來。而參與各種演出活動時，從規劃節目內容開始，到設計隊形、編排舞蹈、治裝，皆由學員共同協力完成。每次演出所展現的歌藝舞姿，雖然無法與時下年輕偶像演唱會的水準相提並論，但這是長者們勤練的成績，更是他們的創意與自我肯定。

（六）重建自我身份認同

美黛老師解釋歌唱班原本限定只招收四十歲以上的學員，是因為「這樣的年紀唱起歌來最有味道，因為懂得人生了！」此番話反映著年長者能無畏自己高齡的事實，而能從中肯定多年人生歷練的價值。一成立就加入的資深學員，大家稱「宋姐」的宋玉蘭女士，從前總要把頭髮染黑，怕別人笑她老、不中用。但參加歌唱班之後，見到美黛老師一點都不擔心自己年華已老，還願意無私奉獻指導學員唱歌，十分感動，因而再也不擔心別人的眼光，她表示：「要做一個真正的我，七十歲還很年輕。」我第一次訪問美黛老師時，她詼諧地說：「不要叫我老人家，我是小妹妹！」這正呼應了宋玉蘭女士覺得七十歲還很年輕的自我認同態度。

（七）維持良好社交關係

對重相逢的學員而言，歌唱班是個大家庭，學員們每週相聚上課與課後相處的時間甚至遠超過與自己的手足、兒女們，相較於前

2014.05.16

民國103年（2014）5月16日重相逢歌唱班學員們與美黛老師（右二坐者）、陳峙維教授（右一坐者）一同欣賞懷舊電影《桃花江》於台北市青島東路國家電影資料館

六項益處，良好的社交關係更是此一歌唱班所發展出的重要價值。學員加入歌唱班可以交到如家人一般，能真正彼此關心、相互扶持的朋友。有一位已故學員，辭世前罹患失智症且臥病在床，雖已認不出前來探病的同學們，但仍清楚記得她參加過歌唱班。廖秋成表示，他在各種場所擔任固定上下班專職樂師，或接案為不同場合伴奏演出，僅僅是一份工作罷了，在美黛老師引領下，他與學員間建立起的是真情。重相逢以歌唱班為基礎延伸出的各項參訪展演與聯誼活動，為原本可能足不出戶的年長者找到拓展人際網絡的機會；學員個人由於配偶與家人對活動的參與支持，無形中也增進家人情感，重相逢合唱團中不乏夫妻、姐妹、母女檔學員。

温馨金寶山知性之旅
2013/09/09
民國 102 年（2013）9 月 9 日重相逢歌唱班參訪
新北市金山地區金寶山靈骨塔導覽之旅

此外，不同宗教信仰、生長背景的年長者對於身後事看法各不相同，有的人可能面對死亡豁達開朗，有的人可能視為禁忌或畏懼不談。重相逢學員多年相處下來，有彼此的提攜照護，對於走向人生旅途終點多能坦然面對。在告別式為亡故學員獻唱，部分學員甚至一同購買生前契約與靈骨塔位，相約死後仍要一同歡唱。有一對夫妻檔學員，老先生在臨終前囑咐老伴，他走了之後不要難過，一定要繼續去美黛老師親授的重相逢歌唱班，因為「每個星期六我都會在天上看著你唱歌」，給了老太太繼續活下去的勇氣與參加的動力。這些例證皆在在顯示了透過音樂活動而發展出的社交關係，使學員能大方談論身後事，儘管大多數學員健康又有活力，離人生終點還相當遠，但提到死亡，非但不畏懼且能以輕鬆詼諧的態度來面對。

後記

我參與執行高齡人口音樂活動研究計畫期間，前文提到的美國音樂教育學者馮志強教授剛好在台灣進行學術訪問，他對我們的研究相當感興趣，曾親自來重相逢歌唱班，觀察這群高齡師生的歌唱活動。馮教授表示，他從事音樂教育研究多年，重相逢雖是業餘的高齡歌唱班，但這與他在美國訪視過的同性質音樂社團完全不同。稱讚美黛老師的教學很正式，技巧是最好的，能十分有效地帶領長者學唱，除了提供休閒娛樂，也是一種終身音樂教育。

誠如美黛老師所言，演藝人員的舞台生命有限，自己總有一天會離開舞台。在重相逢合唱團裡，我看到在台下的美黛老師，指揮一群充滿熱情有勁的長者繼續唱，然後又一起上台盡情地唱。我想，對她而言，整個人生就是從來沒有暗過燈、謝過幕的舞台。

學高德厚

民國 109 年（2020）陳峙維教授全家福照
（右一陳峙維教授）

歌唱因緣——我所認識的美黛老師

前經濟部能源局祕書　林蘭貞

「歌唱」是我一生的最愛，記憶中童年及青少年時期，每天都會準時收聽正聲廣播電台《我為你歌唱》節目，由這個節目伴隨著度過快樂的每一天。「美黛老師」是這個節目重要的主持人之一，所以整個年輕時代都是跟著該節目選播的流行歌曲學唱歌。除了收聽廣播外，我也收購了大量的黑膠唱片，反覆地播放、聆聽，模仿學習歌者美妙的歌唱技巧，心中除了對歌者有無比的崇拜外，也渴

6 24 '02

民國 91 年（2002）6 月 24 日重相逢歌唱班夫婦檔學員陳正改（左，自中央氣象局組長退休的氣象爺爺）、林蘭貞（右，自經濟部能源局祕書退休）與美黛老師（中）攝於新加坡飯店大廳

望有朝一日能親睹他們的廬山真面目，當面請益如何將一首歌唱好。

就在西元 1997 年（民國 86 年）距今二十年前的一個週末，台北市中山堂舉辦一場老歌演唱會，集合了許多早年電視《群星會》的知名歌星聯合演出，我和外子偕同觀賞，猶記當時現場觀眾爆滿，台上台下互動熱烈，盛況令人嘆為觀止。從這種場景，我才知悉原來有那麼多人都跟我一樣喜歡「老歌」。當演唱會閉幕時，主辦單位佈達重要消息，聲稱即將開辦「歌唱班」，聘請名歌星「美黛小姐」親自教唱。當下我便不假思索地填上意願表，很幸運地搶搭上「重相逢」歌唱班第一期列車，正式成為台灣國寶級歌星—「美黛」的學生，跟她學歌藝。

「美黛」老師教授唱歌，相當重視方法。她的教唱 SOP 是當面對一首新學的歌（不論這首歌你是否已經會唱或全然陌生），一定要先學唱歌譜，在琴鍵老師伴奏下，將整首歌的旋律牢牢記熟，然後再把歌詞套上去，唱出完整的歌曲。另外，在一遍遍練唱過程中，一定要大聲地唱，不要怕唱錯，一方面可以練嗓子，一方面也方便老師發現錯誤、及時指正。對一首歌每一個小節、逐字逐句的詮釋及抑揚頓挫如何拿捏、如何投射感情，她都知無不言、言無不盡、鉅細靡遺，交代得一清二楚。所以長期在她調教下，每位同學都具備看譜的能力，對歌唱技巧也都有長足的進步。尤其不少同學對上台表演唱歌，已不再怯步，在任何演出時都信心滿滿，儼然歌星架式十足。

Kreta Ayer CC SCEC Organises
INTERNATIONAL FOLKDANCE cum RECREATION
新加坡牛車水〈老歌俱樂部〉
熱烈歡迎
由台灣著名歌唱老師 美黛小姐
率領台北〈重相逢歌唱俱樂部〉成員蒞臨
日期：23-6-2002
時間：下午兩點正

民國 91 年（2002）6 月 23 日重相逢歌唱班學員與新加坡牛車水老歌俱樂部交流表演活動

新加坡牛車水〈老歌俱樂部〉
熱烈歡迎
由台灣著名歌唱老師 美黛小姐
率領台北〈重相逢歌唱俱樂部〉成員蒞臨
日期：23-6-2002

民國 91 年（2002）6 月 23 日重相逢歌唱班學員林蘭貞（右）於
新加坡牛車水老歌俱樂部演唱歌曲〈情人山〉（左為美黛老師）

個人印象最深的一次表演是在西元2002年（民國91年）6月21日至6月24日，由美黛老師率領「重相逢歌唱班」30餘位同學前往新加坡，與當地牛車水「老歌俱樂部」歌友們進行交流、表演。就在剛抵星城時，美黛老師便對我說：「蘭貞，明天的表演妳要第一個上台。」我受寵若驚的回道：「老師！您對我這麼有信心？不怕我砸了您的招牌？」接著老師很篤定地答道：「妳沒有問題，我對妳有信心！」就這樣吃了定心丸的我，以一首〈情人山〉征服了台下觀眾，獲得滿場如雷的掌聲，跨出了生平首次在海外舞台的正式表演，圓了自幼構築的美夢。真的！好感恩美黛老師的提攜造就，有了這次寶貴的舞台經驗，在後續接二連三的表演就平步青雲、揮灑自如了。

美黛老師個人的演唱生涯是多采多姿的、成就是無與倫比的，堪稱是當今台灣國寶級的歌后。然而，這位享譽海內外的明星，站在舞台上是顆閃亮亮的大歌星，下了舞台就成為平易近人、樸實無華，宛如鄰家的大姐姐。她除了歌唱得好，談吐也相當風趣，對學生們的日常生活也相當關心。同學們任何的婚喪喜慶，她都會排除萬難，親自到場致意，毫無大明星的架子可言。「重相逢歌唱班」在她的帶領下，師生彼此都會打成一片，也成為一群情誼深厚的好朋友，使這個班成為健康快樂的歌唱大家庭。也因此這個家我一待就是二十年，從未間斷。其他許多同學們，不論先來後到也都與我感同身受，愛上這個溫暖的家。記得在西元2005年（民國94年）

間，留學美國的兒子，滯美期間曾兼職於「中國廣播網」電台，他為了主持《我為你歌唱》廣播節目，曾千里迢迢返台專訪美黛老師及我們這個歌唱大家庭。節目時間長達二小時，分成上、下二集，對紐約地區華人播出，將我們的點點滴滴分享到地球的另一端，據說佳評如潮。

二十年，占了我人生四分之一的時光，美黛老師是我一生中相處最久、影響我最深的師長。細數一下，這二十年中在她指導下，重相逢歌唱班的學員們已學會約一千五百首好歌。我將這些涵括國、台語的經典好歌，依部首筆劃集結成八大冊。內容包羅萬象，歌名最短的是一個字，最長的則有十個字，由最早期的流行歌曲〈毛毛雨〉，唱到最新潮的〈No Body〉，還有近年風靡中國大陸的〈小蘋果〉、〈天路〉等等。縱橫一世紀的經典老歌都納入了講義教材，看著我這八大冊的歌本，空前絕後的稀世珍寶，我已許下心願，將做為我的傳家之寶。另外，值得一提的是，這二十年訓練下來「重相逢歌唱班」的學員們，素質已大幅提升，對於音階的敏銳度及相關歌唱技巧都能掌控自如，所以原來的「重相逢歌唱班」已脫胎換骨、悄悄升格為「重相逢合唱團」的規模了，歷次的表演合唱曲都能有二、三部合音，這確實是令自己都難以置信的重大突破。

林蘭貞製作集結八大冊
《重相逢老歌專輯》收錄美黛老師
所傳授的經典好歌

西元2017年（民國106年）適逢「重相逢歌唱班」成立滿二十週年，為了成就美黛老師精心調教下的成果及一直奉為圭臬的話語：「就算是玩，你們也得玩出一點『名堂』來！」，我們這群子弟兵自六月初就動手擘劃這一場空前盛大的音樂饗宴，將二十年來課堂所學本事，透過精心的歌舞包裝，12月4日假台北「城市舞臺」隆重舉行。回首半年來學員們緊鑼密鼓的集訓課程，不論在炎熱的盛夏，或是濕冷的寒冬，皆風雨無阻、分秒必爭，充分發揮團隊精神，務求展現最美好的一面。當〈群星頌〉響起，布幕緩緩揭序，全體同學眼神完全聚焦於美黛老師的指揮棒上，鏗鏘有力地依序演唱開場四首合唱曲〈群星頌〉、〈青春曲〉、〈梅花三弄〉、〈世界像一座彩屋〉。氣勢之磅礴、合音之美妙，足堪令人嘆為觀止。緊接著將二零年代起各別時期的流行歌曲分別以不同形式呈現，其中不乏有獨唱、小合唱、夫妻對唱、歌舞秀、搞笑包青天短劇等，熱鬧無比，掌聲不斷。終場大合唱首先是〈當你老了〉，由高齡九十歲的洪守範女士及宋玉蘭女士擔綱領唱，全體同學伴唱，令觀眾感動不已。接著演唱美黛老師的成名曲〈意難忘〉，更是別具意義且扣人心弦。末了，在〈重相逢〉的合唱聲中，由美黛老師親自帶領全體同學向親友們揮手道別。觀眾們仍依依不捨、有欲罷不能的感覺，久久才散去。

雖然美黛老師仙逝令人悲痛不捨，誠摯盼望她在天上繼往開來再次貢獻完美的老歌傳承。

Love from Chicago

Mei Dai was an icon in the music media, an outstanding vocal teacher and most importantly, a loving mother.

Her popular music can be heard in Asia, Europe, and the United States. Her unique voice is both a national treasure and an asset of Tao Yuan city where she grew up in a humble background. Yet, she achieved larger than life accomplishments by her sheer smartness, hard work, and humility.

I am indeed honored to call Mei Dai "My very dear sister-in-law".

Sam U Ho MD, Neurologist,
Clinical Associate Professor
Northwestern University Medical School
from Chicago, Illinois, U.S.A.

愛自芝加哥來

美黛女士不但是演藝界的巨擘，更是擁有出色音質的老師，最重要的角色莫過於是一位稱職的慈母。她廣受歡迎的流行歌曲橫跨亞洲、歐洲乃至美國皆能聽見，無與倫比的嗓音既是國寶，也是屬於她寒微成長背景的出生地桃園市的資產。更有甚者，因她為人睿智、努力與謙恭而成就她不凡的一生！ 能稱呼美黛女士一聲「我最敬愛的大嫂」，實屬敝人榮幸之至。

西北大學醫學院神經學臨床副教授

神經專科賀山恩醫師

撰於美國伊利諾州芝加哥市

民國 79 年 (1990) 10 月美黛赴美芝加哥宣慰僑胞與三弟賀山恩一家及二弟長公子 攝於 John Hancock home
（由左至右賀山恩 Sam，賀賢達 Jason，唐慧蓮 Helen，美黛 Mei Dai，賀進賢 Amy，賀賢懋 Michael）

柯傑雄
KOA KEAT HSIUNG
77, Green Ward,
MANTIN, N.S.
71700 MALAYSIA

本報特約：傑雄

台灣夜鶯美黛
願終生獻唱

《意难忘》是台湾歌坛夜莺美黛一曲成名的歌曲，不但唱片销量高达100多万张，还让当时爱听闽南歌曲的台湾听众重新回到听华语歌曲的轨道。

踏入歌坛数十年的美黛并不言休，还打算唱到不能唱为止，她笑言，多唱歌就是她保健、养颜的秘诀。

台湾歌坛夜莺美黛于1962年灌录她的第一张唱片，当时合众唱片公司将几首日本歌曲填上中文歌词交给美黛灌唱，其中一首由名撰词人慎芝撰填、歌词引用日本歌曲《东京夜曲》旋律的《意难忘》，由于唱片公司纯粹是当作试验，为了节省开支，整张唱片没有任何设计，只有“意难忘”及美黛几个字，出乎意料之外，唱片面市后哄动大街小巷，歌迷爱听会哼，唱片销量竟高达100多万张，从而将听歌者从听闽南歌曲拉回听华语歌的轨道，美黛顿时成为红透半边天的歌坛新人。

后来，台湾福华影业公司特别投下巨资以《意难忘》为片名，开拍了民营公司第一部彩色电影，由柯俊雄与初上银幕的青春玉女艾黎领衔主演，片中插曲主题曲则由美黛演绎。此哀艳爱情巨片大大旺台，美黛更声名鹊起。

美黛幕后代唱《意难忘》插曲多首，全用同一旋律而分别有轻快、缓慢、抒情、哀怨之不同曲风，歌名有《夜茫茫》、《断肠人》及男女混声合唱之终曲《意难忘》，令人感动沁入肺腑，久久不散，例如轻快活泼的《热与光》唱出：“我是天边月，你是那太阳，你给我热，你给我光，温暖我心房，不再流泪，不再彷徨，因为有了太阳，啊……啊……”那份喜悦的感受，教人难忘。

生在贫寒家庭

从小爱唱歌的美黛，1939年出生，原姓熊以原名当艺名，是土生土长的台湾桃园姑娘，堪称是吃蕃薯长大的孩子。出生在贫穷的水泥工人家庭，不久就被送到一个矿工人家，6岁时养母不幸过世，于是回到亲生家庭与年长她13岁的姐姐相依为命，其姐在纺织厂工作赚钱供美黛读书。她课余爱听收音机，希望有一天能让自己的歌声从收音机播放出来让听众听到。

18岁那年，美黛央求在台北的哥哥带她参观民本电台，后来制作人答允她在电台工作，美黛满怀希望上班，整整3个月，每天烧开水倒茶、抹桌椅做着杂役的工作，结果心灰意冷辞职回乡另作打算。

美黛在家乡参加一些晚会及康乐队的歌唱表演，藉此磨练歌艺。最初美黛认为参加劳军的演出可以让许多人听她唱歌，又可赚钱，实两全其美。然而常到金门、澎湖参与劳军演出，让她更感高兴的是赢获观众的热烈掌声。

后来，经朋友介绍，她在高雄歌厅《夜花园》演唱，歌唱生涯从而有了新的进展。接着，美黛又受聘于台北几家夜总会歌厅驻唱，当时的日子美黛戏言有如车轮一样不停地转动。直到1962年，合众唱片公司的老板到歌厅听歌发掘了美黛，邀她灌唱《意难忘》后，唱片一张张的灌，她更忙得不可开交，正声电台也邀请美黛主持“我为你歌唱”歌唱节目，台视的“群星会”也邀她经常上节目唱歌、娱众，因而获得了“歌篓子”的雅号。

婚姻生活美满

1962年11月12日是美黛永远难忘的重要日子，那是她灌唱处女作唱片《意难忘》的大日子，掀开了美黛梦想的序幕。

1964年美黛曾参与电影《绿岛之夜》的拍摄。1966年日本日活电影公司开拍《台北姑娘》，主题曲《台北的姑娘》及插曲《多情的双眸》分别拥有华语及日语版，华语版由美黛演绎。

1967年12月美黛下嫁相恋4年的男朋友，那是当年她在台北金门饭店驻唱时，结识的台大学生兼饭店老板。婚后两人育有一子一女，过着美满的家庭生活。

原本婚后即打算退隐歌坛的美黛，婚后才三天，高雄的餐厅老板即找上门邀她做秀。后来，孩子出世未弥月，歌厅即找她签约，导致她那时想隐退却退不了。如今，儿女长大各拥有事业，美黛笑言不想隐退了，打算唱到不能唱为止，更抱着回馈社会的心态唱歌，认为自己虽无法捐出大量金钱作善事，至少能用歌声呼吁捐献。

唱歌能保健养颜

1991年，美黛荣获台湾新闻局颁发“终身成就奖”，风光一时。目前，美黛在台北仍从未间断歌唱，同时也教导30至80岁的学生唱歌。2000及2001年母亲节期间，美黛曾来我国参与演出，让歌迷惊喜的是美黛风采依旧，歌声仍然嘹亮优柔。

她表示唱歌是她保健最好的方法。当时已届62岁的她，容光焕发不显老态，坦言从不靠营养补品留住青春，她说，要健康快乐就要唱歌，因为唱歌可以帮助养颜。

打算终身献唱的美黛，歌路广阔，无论哪一类型歌曲皆能掌握并广受歌迷欢迎。千禧年来马还现场唱了一首文艺歌曲《追寻》，令歌迷掌声雷动。经典新年不朽老歌《贺新年》，美黛灌录的版本一开始即有一串响亮的爆竹声增添新年的气息，教人惊叹。而一首《群星颂》的时代曲，其富有意义的歌词堪称难得一见的好歌，美黛引吭：“群星在天空闪亮，百花在地上开放，我们有美丽幻想，为什么不来齐欢唱。我们也愿星辰一样，把欢乐散播你的身旁，我们也愿像花一般使你的人生更芬芳。朋友们快来歌唱，让人间充满新希望！”

电台主持人往往将最后一句“人间充满新希望”当歌名，无形中与金溢于40年代灌成唱片的《人间尽是新希望》成同名曲。好歌不厌千回听，《人间尽是新希望》跻入新年歌之列车，而美黛的《群星颂》改为《人间充满新希望》搭上新年歌的顺风车该无人提出异议吧？

50年代台湾歌坛上的两名红歌星：美黛（左）、纪露露（右），两人当时分占华语和台语的龙头地位。

民國94年（2005）2月27日馬來西亞星洲周報「台灣夜鶯美黛，願終生獻唱」柯傑雄報導，盛讚美黛獲得「歌篓子」雅號

風華間展現好歌喉，
平凡中見其真性情

多年前，一位七十多歲、樸素卻不失雍容大方的女士，因為久咳與喉嚨沙啞之故，在王護理長陪伴下，到振興醫院神經內科來看診。從表情上看得出來，她因為這個症狀看了好幾位醫生卻無法治癒，憂心忡忡。所幸經過詳細病情詢問與檢查後，我發現其實只是因為她服用的降血壓藥物所造成，在更改了藥物處方後，也就逐漸康癒。之後王護理長向我介紹，這位女士就是大名鼎鼎的老牌女歌星美黛老師，當時覺得還好，依然秉持一貫地平常心診治病人，不辜負美黛老師的期望，爾後才驚覺自己有眼不識泰山。日後也因為她的平易近人，我們結了一段醫病與朋友的特殊緣份。

台北榮民總醫院新竹分院
神經內科主任，
前振興醫院中風中心主任尹居浩醫師

記得小時候，無論是在電視上的《群星會》、收音機或父親播放黑膠唱片時都可以常常聽到美黛老師的歌聲，長大後自己也很喜歡聽老歌，甚至有好幾首她唱過的歌，我都能琅琅上口，自然而然對美黛老師產生了一股敬意。每次美黛老師回診追蹤，我內心常有一種粉絲見到偶像莫名地雀幸，礙於診間內的嚴肅氣氛，我只能故作正經，等她離開診間後，總是迫不及待向不認識她的年輕跟診護

電視周刊
TTV WEEKLY

民國 53 年（1964）10 月 26 日
《電視周刊》第 107 期_
封面人物歌星美黛小姐

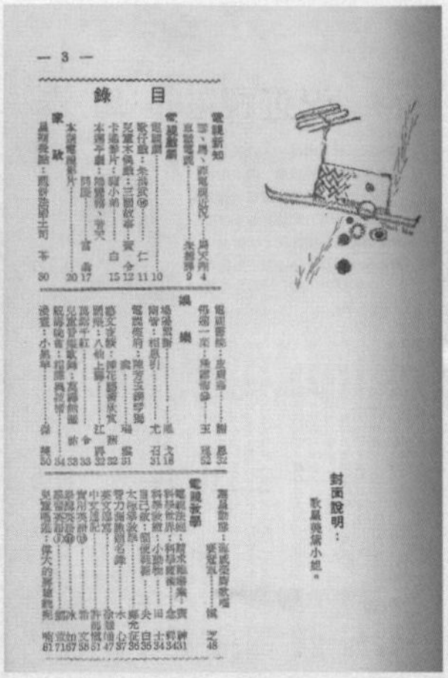
— 3 —
目 錄
封面說明：
歌星美黛小姐。

民國 53 年（1964）
10 月 26 日《電視周刊》
第 107 期_第 3 頁說明
（封面人物歌星美黛小姐）

— 82 —
電視周刊第一〇七期
猜猜看
有獎徵答

民國 53 年（1964）
10 月 26 日《電視周刊》
第 107 期_封底
（封面人物歌星美黛小姐）

理人員侃侃而談，她就是很有名的老牌歌手。美黛老師是一位很聽話合作的病人，只是常常因為太關心別人或是不太願意麻煩他人，不知不覺忽略了自己的健康。記得有一次，她因為身體感染併發胃出血，卻硬撐著不通知別人，還好及時發現，送到急診室已經呈現休克症狀，她仍然口口聲聲地向醫護人員說：「不好意思麻煩到你們！」等病情穩定後，我發現她根本不知道當時她在急診室的這些客套表現，那種自然反射性的真誠，特別令人感動。與她相處，你會發現她真的是人如其「歌」，溫溫柔柔，娓娓道來。

後來腸胃科洪醫師跟我說，美黛老師罹患癌症，而且已經轉移，存活的日子不多了。當時我兼職每週回振興醫院看一次門診，當天忙完後，我到病房探望她，這也是我最後一次跟美黛老師見面。進了病房，看到美黛老師靜靜地坐在床邊，她抬頭對我笑了一笑，跟我說這次她準備要接受一系列的治療，臉上有著一種老兵要上沙場戰到最後一兵一卒的堅毅表情，我研判她可能還不知道自己真正的病情，也只能安慰她，讓她安心治療養病。然而當我要離開時，卻發覺她透露著一絲絲與老朋友要訣別不捨的眼神，又彷彿是在安慰我讓我不要擔心。

風華間展現好歌喉，平凡中見其真性情，這就是我認識的美黛老師。

台北榮民總醫院新竹分院 神經內科主任

前振興醫院中風中心主任

尹居浩 2019.10.05 凌晨

民國 92 年（2003）11 月美黛參與僑委會《四海同心聯歡大會》演出紀念獎座 -1

美 黛 女士
惠澤僑界

民國 92 年（2003）11 月美黛參與僑委會《四海同心聯歡大會》演出紀念獎座 -2

〈意難忘〉竟成〈憶難忘〉
從策展中真切認識美黛阿姨

輔仁大學音樂學系　徐玫玲教授

那是青春時期聽到的一首歌「雨啊雨，你不要阻擋了他的來時路，來時路。我朝朝暮暮，盼望著有情侶。」哀怨的小調，搭著多雨的冬日，電視台中的女歌手唱得婉轉動人，〈寒雨曲〉雖然對十多歲時的我有點老派，對那有著情緒控制和紮實聲線的歌聲，令我印象深刻。數十年後，沒想到，我竟然策展了美黛阿姨有生之年唯一的一場特展。

意難忘
美黛歌唱故事特展

輔仁大學音樂學系徐玫玲教授（袁松月攝）

長久研究流行音樂，我都與歌手保持著一定的距離。原因無它，覺得比較能客觀的觀察，而非情感上的投射。2017 年 11 月，與國煒談到美黛，希望能幫她辦一場回顧展，時間約落在 2018 年的 2 月，地點最好能與桃園有地緣關係，算是為身為桃園人的美黛獻上八十歲生日的賀禮。桃園市政府藝文設施管理中心王啟仲主任，非常熱心，一口就答應提供場地，並給予極多的協助。籌備時間非常短促，但為準備這份大禮，我日日與美黛阿姨的資料為伍，她的平實、努力、敬業與照顧後輩，一生以歌唱為職志，從書面的文字資料跳躍於我眼前，從平面轉換成立體影像，

意難忘
美黛歌唱故事特

輔仁大學音樂學系徐玫玲教授與
桃園市政府藝文設施管理中心王啟仲主任

讓我感受到她在向我訴說她的生命故事，所以展場大致按她的演藝歷程，規劃了下面這些單元：美黛大事紀，以美黛的代表歌曲〈意難忘〉為主題區，美黛與桃園，美黛曾穿過的舞台裝，美黛與廣播、群星會，美黛與歌廳和重要的海外演出，美黛曾出版過的重要唱片，以及美黛的音樂傳承。

「意難忘—美黛歌唱故事特展」開幕（展期 2018 年 2 月 23 日到 4 月 8 日），特別選在美黛阿姨生日那天，但家屬說她病未痊癒，所以無法出席，雖然可惜，但歌唱界好友楊水金夫婦、紀露霞、吳靜嫻、金澎、吳秀珠與秦蜜等皆共襄盛舉的出席盛會，更有意義的是，美黛阿姨的大哥，替她接受了桃園榮譽市民的頒贈，還有歌唱班的粉絲包遊覽車到桃園，現場熱鬧非凡！大家都寫卡片貼在特別布置好的地方，希望美黛阿姨可以早日康復，親自到展場一次。任誰也沒想到，2 月 27 日媒體卻發布了她早在 1 月 29 日過世的消息，

頓時我的心情只能用天旋地轉來形容。真不知道，大家努力了半天，上帝竟讓時序如此安排。美黛阿姨在特展尚未開幕前，就已經離開大家了，真是令人錯愕！

3 月 10 日為美黛阿姨的告別式，賢琳女士希望我能上台說幾句話。誰知，我一上台淚水就止不住，好似在參加一位既陌生又熟悉的老友告別式，她的一生我瞭若指掌，她毫無隱藏的向我傾訴一切，但我們卻沒時間好好談談，就此告別了。這些時日以來，每每回想，不論是策展規劃、地點安排、告別式，感覺都是突如其來的匆忙，但是看著特展的主視覺，美黛阿姨以較可愛的造型，手握麥克風，閉著雙眼陶醉地唱著歌，似乎在跟我說：她在生命的最後一刻，都是與歌唱為伍，有何可以傷心的呢？是的，美黛阿姨應該是無悔地走完這一生。

我從未與美黛阿姨講過一句話，但卻從策展中真切認識了她：一位台灣歌壇的典範。

輔仁大學音樂學系徐玫玲教授於 2018 年 2 月 23 日「意難忘－美黛歌唱故事特展」會場導覽（袁松月攝）

生如夏花絢爛，離如秋葉靜美

Let life be beautiful like summer flowers
and death like autumn leaves.

「讓生命如夏花般絢爛，讓死亡如秋葉之靜美。」

——詩人泰戈爾（*Rabindranath Tagore*）

閱讀完美黛老師的回憶錄，比較像是同時經歷台灣躍昇亞洲四小龍過程之中，台灣每一份子所經歷的共同回憶。比方戒嚴時期八二三砲戰的生死一瞬間，美黛老師不是透過報導得知，她人就在金門前線現場，看到此處也跟著雙手合十感謝老天保佑，砲彈長眼沒傷害到美黛老師，否則接下來也沒機會聽到〈意難忘〉等名曲所造成的全球旋風。講全球應沒誇大，美黛老師不僅紅透台灣南北（最遠還搭「公路局」到屏東演唱，您沒看錯……是搭「公路局」！以前超級巨星的生活就是如此樸實無華），文中亦提及出國宣慰僑胞，利用演出餘暇同時閱歷世界各地名勝。不諱言知名度絕對是國際巨星等級，但對一點一滴物資的珍惜，卻完全體現台灣人「勤

突破！突破！
萬勿錯過！
追
憶難忘
我在你左右原唱者
六十年代台灣影歌紅星
美黛
獻唱懷念金曲
讓您重溫舊韻！
最後兩天！
閒話家常
阿牛逃亡記
追術
HOOVER 豪華歌劇院
360, Balestier Rd, Singapore. Tel: 2566690
台灣紅星
邱興梅
申大衛
搭擋演出精彩
歌舞劇，萬勿錯過！
下期預告：
藝人中的藝人
台灣 賀若男
3月26日隆重登台！

新加坡豪華歌劇院美黛登臺演出報紙廣告

民國 107 年（2018）1 月土耳其聖索菲亞大教堂（陳國維醫師攝）

儉」精神！文中寫至她將「金門飯店」幾位聽歌貴賓打賞的烤雞，如同時下流行去超商「寄杯」咖啡一樣，先預寄在餐廳，之後化零為整一次提領也是回饋與親人、好友們分享。當全台灣大歌廳盛行、大紅大紫的那段時期，自己每天從午前唱到凌晨一、兩點，毫無疑問以現在的標準衡量完全已經「過勞」了，但是書中從沒聽美黛老師喊過一聲累，除了因懷孕生子曾短暫讓喉嚨歇息，其餘時間可說是全年無休，稱老師為「鐵肺美黛」一點兒都不為過。美黛老師不因工作忙碌而遺忘家人，書中可見其對養父母全家人的照顧，對住在香港的公公急切關懷，讓她香港、台灣兩地二十四小時折返跑；與定居美國小叔妯娌們的情誼，一直到兒女成婚都維持得很好，不遠千里迢迢跨海而來，皆為座上賓親自到孩子的婚禮上祝賀。對後輩提攜更是盡心盡力，足見美黛老師年輕時就是「慧眼識巾幗」，發掘資質秉異的台灣歌星推向國際舞台，這般「伯樂」精神持續到開啟歌唱班當起「美黛老師」仍繼續發光發熱，如此豐碩的一生確實「生如夏花絢爛」。

老師因病入院的時候，我其實沒有被老師名氣震懾到，可能因年少時聽的是劉德華、郭富城的歌曲，跟老師大鳴大放的五零到七零年代還是有點距離。美黛老師對我這位小主治醫師非常親切，巡房時拿我與太太到土耳其旅遊的照片給老師看，還意外勾起老師想到之前尚未完成的三大旅行計畫—埃及豔后、土耳其朝聖和北極圈極光。那時老師的身體已經無法負荷暫時離院、無法親自參與「意難忘—美黛歌唱故事特展」。感恩老師相信振興醫院醫療團隊的照護，在拚了數次化療但病情無起色後，勇敢接受緩和醫療團隊的五全照護，在安寧病房中平順走完人生旅程的最後一段，讓病榻中的自己「離如秋葉靜美」。

台北振興醫院血液腫瘤科陳國維主治醫師

美黛老師的一生貴在她不因成名而有所改變，一言一行都讓人敬佩，有幸陪伴老師最後一程，謹在此代表整個華人世界深深地向老師一鞠躬，「美黛」讓人永遠「意難忘」……

台北振興醫院血液腫瘤科主治醫師

陳國維 2020.2.28 晨

桃李不言，下自成蹊
永遠令人景仰的歌壇長青樹美黛姐

名節目主持人 侯麗芳

名節目主持人侯麗芳小姐
開朗可愛的B型金牛兔

十一歲唸小學時，正值民國51年台視《群星會》剛開播，居住的台南眷村要整修故租屋，那時候家裡還沒有電視這時髦的玩意兒，恰巧隔壁鄰居是很有錢的地主，每到星期天一家老小聚在電視機前收看《群星會》節目。我個子雖然不算矮，但畢竟還是小孩嘛，就拿著板凳踩在上面，然後趴在水泥磚牆望向他們客廳的那一方，欣賞免費的《群星會》覺得挺新鮮的。印象很深刻，看見美黛姐、冉肖玲、包娜娜、楊燕等這些《群星會》歌星們唱歌。美黛姐招牌就是〈意難忘〉，我們全家人都會唱這首歌，我很喜歡可偏偏音域沒那麼寬廣，所以沒辦法唱囉！當我民國67年到台視，第一次見到美黛姐上我主持的節目，就非常興奮，然後發覺原來美黛姐是這麼嬌小啊！所有的大歌星包括余天、青山、劉福助等，在我左右兩側一字排開，內心的喜悅不可言喻。就讀小學時在電視上所看到的歌星，如今本尊就活生生地站在身旁，由我來介紹訪問，真的感到十分榮幸。

在每一次的演出當中，有碰到美黛姐的時候，我都會向她請教一些關於歌曲的背景資料，她總是能信手拈來、如數家珍，讓我增長不少見識。雖然〈意難忘〉是她成名代表作，但美黛姐每一年總不忘推陳出新，非常敬業督促自己用功、配合時勢、推薦值得聆賞的好歌，除了讓觀眾一飽耳福、值回票價外，更肩負藝人社會教育的責任，以身作則，任重而道遠。民國 103 年 1 月 11 日「風華再現群星會演唱會」美黛姐演唱極罕見李香蘭的〈賣糖歌〉，見時下年輕朋友誤入歧途，常常吸毒傷害自己的身體，要改也非常困難，故希望介紹這首早期因鴉片戰爭背景荼毒同胞所創作好聽的〈賣糖歌〉，以一貫嘹亮高亢的嗓音，道盡歌詞陳述「牙如漆、嘴成方、背如弓、肩向上，眼淚鼻涕隨時淌」吸食鴉片戕害身心的慘狀，亦以歌聲諄諄勸戒、循循善誘吸毒的朋友一如歌詞所言「你快快，吹滅迷魂的燈；你快快，放下自殺的槍。」吃一塊糖，不要吸毒，足堪藝人善盡社會責任最佳典範。

勁歌金曲懷念老歌演唱會
演出地點／時間
10月1日19:00～21:30
台南縣新營市文化中心音樂廳
10月2日14:30～17:00
~中廣國樂團盛大演出 歡迎自由入場~
主辦單位／中廣台南台
協助單位／台南縣政府文化局
歸仁南區綜合活動中心
中廣台南台2988560
台南縣政府社會局6334952
主持人／侯麗芳
中廣台南台「勁歌金曲懷念老歌演唱會」海報

做人一向中規中矩的美黛姐，從不遲到早退，她的「守時」可是遠近馳名，身為她多年出國宣慰僑胞的「同居人」，臨場震撼教育更是歷歷在目。比方說一點五十分遊覽車要開往另一個僑居地，規定一點四十分到飯店一樓大廳集合點名，那麼一點半的時候呢，美黛姐就畫好了妝，拿好了她的小包包穿戴整齊，像一隻快樂的小鳥，蹦蹦跳跳到我身旁一直催：「侯麗芳，好了沒？侯麗芳，好了沒？快點！」我則慢條斯理回應道：「美黛姐呀，我們一點四十分才集合，現在才一點半您就要催我下樓！」美黛姐則精神

worldjournal.com
2009年3月21日 星期六 SATURDAY, MARCH 21, 2009　世界日報　社區新

南海岸籌款晚會 美黛助陣

目標訂50萬元 接受現場點歌贊助 美黛專程從台灣來參加

記者吳忠國
羅蘭岡報導

想聽資深藝人美黛成名經典老歌「意難忘」，只要在今（21日）晚南海岸中華文化協會舉辦的年度籌款晚會上多捐錢贊助，保證一飽耳福。

南海岸中華文化協會和爾灣中文學校今年籌款目標訂為50萬元，主辦單位邀請美黛助陣，接受現場觀眾點歌，一起衝高募款金額。

該會今年慶祝33歲生日，20日預先為晚會暖身造勢，但也感慨經濟不景氣，700張門票未賣光，拜託支持中文學校的各界多多贊助。

該會從2005年有自己的教室，目前學生人數超過1000人，非華裔學生占一成，除週末學中文外，平時還傳承中華文化各課程，會長鄢志寬感謝各界人士支持，讓中心茁壯發展。

美黛專程從台灣來參加，為了教育和傳承中華文化，她豪爽答應，並希望朋友多點歌幫助募款，美黛說，「你們多點歌，我唱得開心，募款就多多。」

晚會由倪北嘉、林慧懿主持，晚會從21日下午4時展開，希爾頓飯店：3050 Bristol Street Costa Mesa, CA 92626，聯絡電話：張淑華714-335-4608，胡安澄949-230-2478。

南海岸中華文化協會暨爾灣中文學校辦晚會籌款，前排右起：林慧懿、鄢志寬、美黛、陳淑芬、張淑華，後排右起：胡安澄、倪北嘉、林舜宜。（記者吳忠國攝）

資深藝人美黛，唱老歌讓聽眾重溫舊夢。（記者吳忠國攝）

角聲今年暑假舉辦第四屆「展翅計畫」將走訪四川地震遺址，圖為李偉強（左）介紹四川災區現狀。（記者付菁菁攝）

角聲青少年暑期探川震災區

記者付菁菁
聖蓋博報導

角聲家庭中心將於今年7月31日至8月14日舉辦第四屆「展翅計畫」，幫助青少年發揮領導才能外，還將深入四川災區，配合無國界社工探望、關心安置點災民等公益活動。

中心主任秦黃業玲介紹，今年活動內容包括在四川、香港的實地體驗，在結合中西文化優良傳統的基礎上，為第二代華人青少年培養國際視野和領導才能。

角聲將於7月18日、25日舉辦青少年跨文化領袖訓練，學習人際關係及情緒管理之道，8月2日抵達香港後轉機前往成都，再乘車赴綿陽市。學員將走訪四川地震遺址，為災區孩子舉辦多項遊戲活動。

角聲總監李偉強說，今年9月四川學生將全部搬入新建校舍，角聲在當地政府幫助下也籌建一所占地18畝的兒童村，可收養200名5至12歲孤兒，兒童村將於今年8月完工。

他說，展翅計畫招生15人，報名截至5月底，報名費50元，全程費用1250元。詳情可致電626-286-2600。

美黛意難忘 中年級生舊夢

記者吳忠國
羅蘭岡報導

「藍色的街燈，明滅在街頭，獨自對窗，凝望月色，星星在閃耀，我在流淚，我在流淚，沒人知道我-----」，還記得「意難忘」這首經典老歌嗎？原唱者美黛來了。

睽違洛杉磯10幾年，此行美黛不是開演唱會，而是為中文學校募款而來，她覺得用唱歌幫助中文學校，不僅更有意義，還能見到老朋友，一舉兩得。

提起美黛成名曲「意難忘」，在1962年推出，光唱片就賣了100萬張，讓美黛一炮而紅，後來更唱紅「我在你左右」、「非快車小姐」等許多膾炙人口老歌，站穩「台灣本土歌后」寶座，至今超過40年，歷久不衰。

當年「意難忘」唱片轟動大賣，曾創下台灣每七人中，有一人有唱片紀錄。

年輕唱到現在，美黛笑稱自己是「歌唱公務員」，每年依舊開演唱會，但她強調「有選擇性」，唱歌之外，她更喜歡開班教學生，但有但書，必須年滿40歲，她強調，教唱歌不是培養歌手，完全是興趣。

她的老歌，對六、七年級生而言，可能很陌生，但對三、四、五年級生而言，卻勾起成長時許多回憶，美黛用老歌，帶聽眾重溫舊夢。

民國98年（2009）3月21日美國世界日報「南海岸籌款晚會，美黛助陣」報導

抖擻地說：「我們早一點，我們早一點，我們搶第一！」呵呵！每回集合她總會提前先準備好，也都會上演提前十幾分或二十分鐘催我的橋段，她這個人一向謹慎小心，說話也從來不得罪人，絕不遲到、絕不驕傲、絕對虛心求教，而且實事求事，這是她的為人重點，也是我們後輩所有藝人的標竿，值得學習的榜樣。

在海外周遊列國表演，撫慰僑心長達一個月的時間中，姐妹淘倆人同食共寢、朝夕相處，話匣子一打開便天南地北聊個沒完。原來美黛姐與我生肖相同，屬個性溫和、勤勉有加的兔寶寶家族，只不過她大我一輪，難怪如此投緣「同居」了好多年。可為什麼遲遲無法結為連理枝呢？乃肇因她屬浪漫細心的A型雙魚兔，我是開朗務實的B型金牛兔。話說民國82年10月8日是先生與我相識二十週年紀念日，這天美黛姐照往例配發，與我在美國亞特蘭大同處一室，旅館房門一打開就瞧見一個好大的紙盒，上面綁一條絲巾挺貴氣的，我睜大雙眼說：「哎喲！這個是什麼？」美黛姐回應道：「哎呀！反正不是我的，一定是妳的！」我一看卡片上寫：「二十週年快樂！」再瞧瞧盒內選用的是林青霞結婚時所採用的香檳玫瑰，開心得不得了脫口而出：「啊！這是我先生給我的！」以往為了省錢，努力存銅板下樓打公用電話回台較省錢。那天實在太興奮了，在房間直接拿起話筒打越洋長途電話，請接線生直接接回台灣，毫不猶豫劈頭就問：「謝謝你呀！花我收到了，多少錢？」只見美黛姐開玩笑地在一旁白了我一眼，澆一頭冷水說：「沒情調的女人！」哈哈！好端端一樁羅曼蒂克的文藝片，被我這B型金牛兔演成充滿銅

113
電視周刊
TTV WEEKLY

民國 53 年（1964）12 月 7 日《電視周刊》第 113 期_封面人物群星會歌星美黛小姐

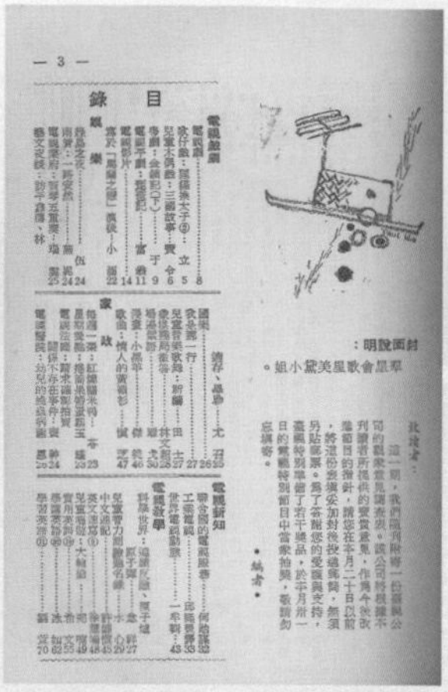
— 3 —

目錄

封面說明

民國 53 年（1964）12 月 7 日《電視周刊》第 113 期_第 3 頁說明（封面人物群星會歌星美黛小姐）

— 74 —

電視周刊第一一三期

猜猜看

民國 53 年（1964）12 月 7 日《電視周刊》第 113 期_封底（封面人物群星會歌星美黛小姐）

臭味的寫實片，也難怪與A型雙魚兔的她「同床異夢」，老是無法修成「正果」。別看美黛姐平日工作正經八百、一副拚命三郎的模樣，她也有輕鬆幽默的一面，當起「黃」后可也不是省油的燈，絕不含糊！來到荷蘭阿姆斯特丹，已是僑委會歐洲華光綜藝訪問團第十五天的行程，一般而言出國十五天之後，團員就會開始想家、想爸媽、想孩子、想老公等等，是另一種煎熬與思鄉情懷。當遊覽車抵達下榻飯店，領隊中廣副理李蝶菲大喊：「侯麗芳，妳老公！」順著飯店一樓的義大利餐廳望去，看到老公穿著我最喜愛他買的那件花線衣，實在太驚喜了，也不管是否好不好意思，衝上前去一把熊抱老公！此時美黛姐便悄悄走到身邊，笑嘻嘻對我老公說：「楊先生您好，你來了太好了，今天晚上我去別人的房間住，我的位子就讓給你啦，『慰安夫』！」咱們家老公也幽默的回道：「美黛姐，

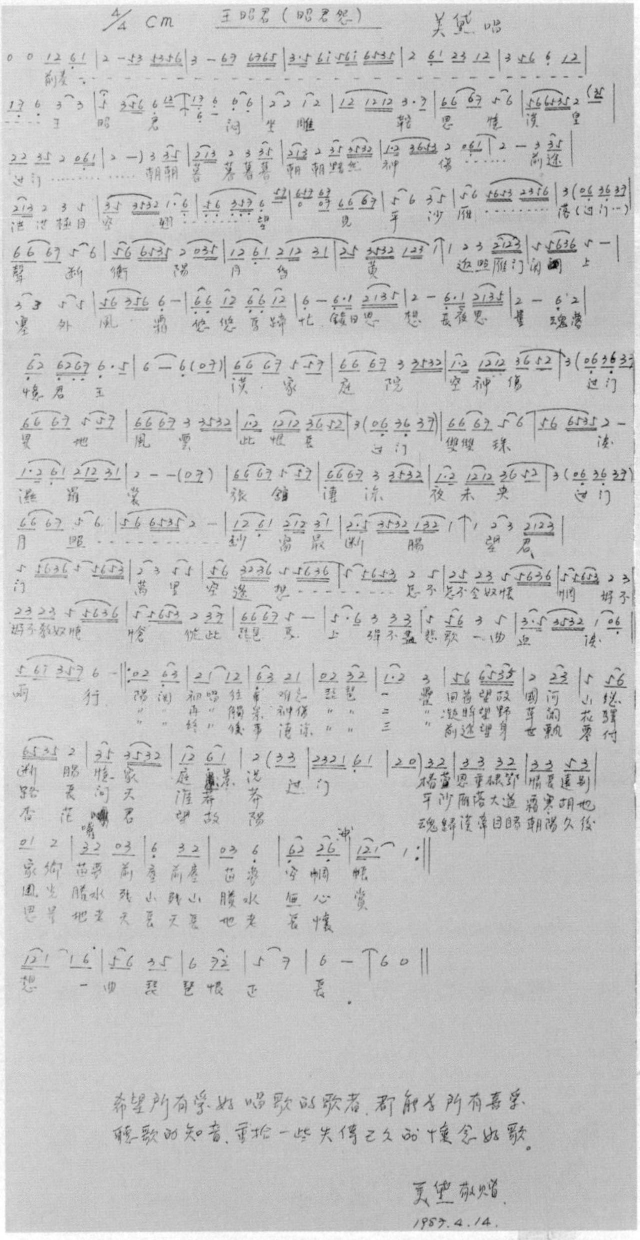
4/4 Cm
王昭君（昭君怨）
美黛唱
希望所有學好唱歌的歌者，都能與所有喜愛
聽歌的知音，重拾一些失傳已久的懷念好歌。
美黛敬贈
1987.4.14.

民國 76 年（1987）4 月 14 日美黛〈王昭君（昭君怨）〉手抄譜及贈觀眾言

謝謝妳呀，我已經訂了一個房間，今天晚上人就借我，就讓您一個人獨守空閨啦！」就這樣體貼入微的美黛姐「苦守寒窯」兩天獨唱〈昭君怨〉，讓老公陪我一解鄉愁。由此可知美黛姐為人處事細膩周到，常保一顆赤子之心，永遠給人正面陽光最優質的藝人形象。因為是主持人的緣故，我這B型金牛免總是一板一眼的不免嚴肅了些，長期在美黛姐耳濡目染薰陶下，也會講些「黃」笑話逗大夥兒開心，抒發工作壓力轉為動力，最後被我家那口子正式冊封為「黃太后」啦！

美黛姐一向總是報喜不報憂，也不喜歡給他人添麻煩，事必躬親、而且事事要求完美，屬於堅忍不拔、極其有毅力的人。我覺得十分婉惜的一點是當我聽到她生病的消息，其實人已經走了。從發病、住院、治療才短短三個月的時間，不讓別人知道、怕別人擔心難過，很慶幸她沒有受什麼罪，是很有福氣的人。我以前不太會唱歌，後來開始唱卡拉OK，美黛姐曾指導我〈到底愛我不愛〉這首歌要注意「不顧我對你情深似海，情深似海⋯⋯啊」從第二個「海」接過來到「啊」的地方一定要明顯一點。當我唱得不錯，美黛姐曾說要請我到她授課的歌唱班示範表演，還來不及實現她就逝世了，無緣驗收成果⋯⋯

舞臺上我常介紹美黛姐是歌壇首屈一指的活字典，更是我們中華民國台灣的長青樹，從年輕唱到老，唱到她走，永遠令人景仰！

永不言退
勤懇敬業的歌壇公務員美黛姐

華風文化事業有限公司總監　劉國煒

1993 年接了一檔「群星會－懷念老歌演唱會」的活動總監，美黛姐是演出歌手之一，這是我第一次見到美黛姐，但我的印象僅止於美黛姐是陣容中少數幾位我認得且叫得出名字的歌手。與美黛姐彼此間的記憶，是 1994 隔年我承接高雄台灣新聞報週年慶晚會，邀美黛姐到高雄演出，美黛姐笑說那天她把我誤認成台語歌手王建傑，就此展開我們長達二十多年的合作之旅。

我與美黛姐的合作包羅萬象，有台北國父紀念館「意難忘－金曲四十演唱會」、中山堂「回首 70 －我在你左右美黛演唱會」兩次個人演唱會，成立重相逢歌唱班後於 2002 年 6 月安排新加坡老歌俱樂部的交流活動及 2003 年 10 月率團參加金門莒光樓五十週年的懷念歌曲晚會，另有數十場的拼盤演唱會、講唱會及晚會等等。

華風文化劉國煒總監

有「歌壇公務員」封號的美黛姐，早年在歌廳演唱，就像公

金曲饗宴
1997懷念國語歌曲演唱會
時間／86年5月25日 19:00
訂票專線／(02)6425363

民國 86 年（1997）5 月 25 日「金曲饗宴－1997 懷念國語歌曲演唱會」宣傳單

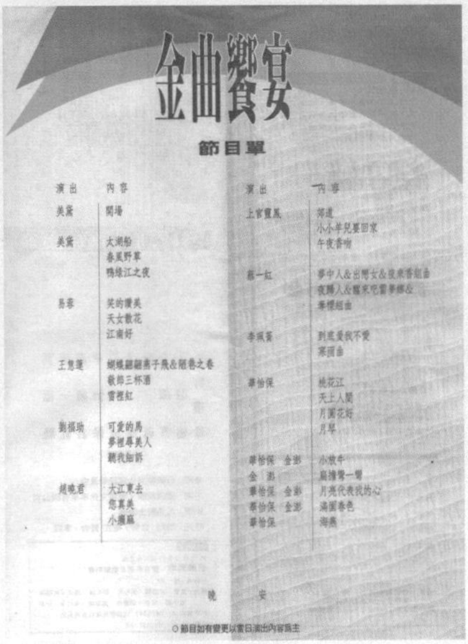
金曲饗宴
節目單
演出 內容
美黛 開場
美黛 太湖船
春風野草
鴨綠江之夜
笑的讚美
天女散花
江南好
王慧蓮
敬郎三杯酒
雪裡紅
可愛的馬
夢裡尋美人
聽我細訴
大江東去
小攤販
演出 內容
小小羊兒要回家
午夜香吻
到底愛我不愛
桃花江
天上人間
月圓花好
小放牛
月亮代表我的心
滿園春色
晚安
◎節目如有變更以當日演出內容為主

民國 86 年（1997）5 月 25 日「金曲饗宴－1997 懷念國語歌曲演唱會」節目單，美黛開場並演唱〈太湖船〉、〈春風野草〉、〈鴨綠江之夜〉

務人員規律的上下班，她對於演出按部就班不馬虎，對事情的安排總是超前部署，如果表演是在陌生的場地，她會提前幾天先去勘察位置；早些年自己開車，後來就搭公車前往，她會預估好交通時間，絕對不會耽誤。不用手機的美黛姐，約時間有她的原則，她通常前一週與我約好，例如，下週二上午十點在哪個地方見，如果中間沒有變卦，就不再電話聯絡，美黛姐一定提早抵達，在說好的地點等候。

1997 年 12 月美黛姐在中山堂成立「重相逢歌唱班」，歌唱班是她人生最後二十年的生活主角。當時新接任中山堂管理所的李德嫻主任，是台北市動物園之友協會的總幹事，我們曾多次一起前往北京、四川、上海等動物園進行動物交流，她提及活化中山堂計畫，邀我到中山堂舉辦演出，

意難忘
金曲四十演唱會
台北國父紀念館

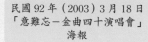

民國 92 年（2003）3 月 18 日
「意難忘－金曲四十演唱會」
海報

意難忘
金曲四十演唱會・記・者・會

民國 92 年（2003）3 月 5 日
「意難忘－金曲四十演唱會」記者會

在「走過黃金歲月中山春」系列活動中規劃了演出及展覽，就在這樣的機緣下促成了歌唱班的成立。萬事起頭難，演出與教唱是兩種不同的功課，台上三首歌不過十五分鐘，一次二個小時的歌唱教學，美黛姐可得花上數個工作天來備課，選歌、抄譜、講義、示範、唱譜、教唱等，每個環節都不馬虎，第一期的前幾堂課，我堂堂報到協助盯場，之後偷懶缺課，而美黛姐這一教就延續了二十年。

2003 年 3 月 18 日美黛姐在國父紀念館舉辦「意難忘－金曲四十演唱會」，慶祝合眾唱片《意難忘》專輯發行四十週年。當時邀請的來賓有歌壇前輩紀露霞，歌唱搭檔孫樸生，同在正聲電台的後輩王慧蓮、吳靜嫻及金澎，演出前幾天勞累及壓力讓美黛姐嗓子啞了，演出前我們特別找專治嗓音的耳鼻喉醫師看診，當時醫師說美黛姐有一邊的聲帶年輕時受過傷，美黛姐點點頭，醫師一聽即將到來的演唱會，搖搖頭囑咐多休息。雖經幾日休息，演出當天美黛姐的聲音仍無法清亮，當晚在幾位演唱會來賓接力協助下才驚險完成。後來回顧，美黛姐自出道起，遇到重要的日子，瘦弱的她幾乎都無可倖免遭受感冒的挑戰，當年灌錄〈意難忘〉時高音就差了半音，她說郭金發常跟她開玩笑地說：「美黛妳的〈意難忘〉就是因為當天感冒，略帶滄桑沙啞的嗓音，這首歌才這麼特別，所以紅遍全台大街小巷。」

2008 年 9 月 7 日農曆七十歲的美黛姐，在中山堂重披戰袍再度挑戰個人演唱會，有了上一次的經驗，這次「回首 70 －我在你左右美黛演唱會」她特別注意身體健康，努力不讓感冒近身，因此這一場的演出狀況極好，我們都非常滿意。2011 年 3 月美黛姐為根治長年椎間盤突出的疼痛住院開刀，開刀前答應上 11 月「周藍萍時代經典回想曲」演唱會，在開完刀休養半年多後，便以鋼鐵人之姿重登舞台。2012 年 5 月 27 日「2012 金嗓金曲演唱會－群星歡唱 50 年」，當天美黛姐的狀況不太好，登台前美黛姐才跟我說：「不好意思，我先生昨天過世，如果唱得不好希望見諒」，一諾千金的美黛姐，答應了演出一定到，這是她的原則。

2017 年 5 月 6 日是美黛姐最後一次參加我舉辦的「2017 金嗓金曲演唱會」，那一場我跟美黛姐說：「這次唱〈意難忘〉好嗎？」美黛姐跟過往的回答一樣：「這首歌都唱幾千回了，唱別的歌吧！」

2008年9月8日／星期一　自由時報　影視名人 D2

美黛70開唱 金嗓不老

捧周董寫的比唱的好

記者陳慧玲／台北報導

「年紀不是問題，健康才是財富！」資深歌手美黛昨晚在台北中山堂舉行「回首70-我在你左右演唱會」，她笑說在台上報告歲數，是希望讓歌迷知道人活得健康快樂最重要。台語天后江蕙特別送上花束，卡片上寫著：「美黛姊，永遠的金嗓歌后，我們永遠在你左右。」

常保快樂心　再老都能唱

首張專輯「意難忘」推出至今已45週年，美黛也已70歲，不過她在台上開朗地說：「人生70才開始。」演唱會第1首歌就獻唱電影主題曲「意難忘」，讓台下近千位歌迷聽得陶醉。事實上5年前美黛也曾在國父紀念館舉行售票演出，但當時她喉嚨受到影響，自認演出不夠完美，於是還在昨晚再度開唱，讓歌迷見識她寶刀未老的歌唱功力。

70歲還能屹立於舞台，唱最愛的歌曲，美黛說，養生之道無特別秘方，就是作息正常，常保快樂的心，「我睡前都會喝杯紅酒，養生吧！」她說自己沒有特別護嗓，開心、快樂、沒煩惱，是讓自己70歲還能高歌的原因。

銀髮迷熱情　跟著打拍子

45年前，台灣人口大概只有7百萬人，但美黛的唱片就賣出1百萬張，昨在演唱「馬蘭山歌」、「我在你左右」時，台下滿場銀髮歌迷全都跟著打拍子，熱鬧氣氛可不輸年輕歌手的演唱會。

談到年輕一代的歌手，美黛說：「周杰倫不錯，我聽他和費玉清唱的『千里之外』，很不錯。」不過她也直言評論：「他寫的比唱的好」，認為周董創作功力大於唱功。曾和美黛男女對唱的孫樸生，昨晚上台鋼琴伴奏，美黛唱出「重相逢」，勾起歌迷無限回憶。另外金澎也和她合唱「夜夜夢江南」等歌曲，美黛並在演唱會上選唱她很喜歡的「月琴」。

■美黛寶刀未老，70歲開演唱會，依舊動人，歌后江蕙特別送花致意（小圖）。（圖文／記者陳弘岱）

■美黛（上圖右一）1957年在康樂隊時期表演，奠定她走上演藝之路。（華風文化提供）

■美黛1959年在馬公表演，當時薪水只有1800元。（華風文化提供）

資深歌手活到老唱到老

製表／記者陳慧玲

歌手	空中補給	奧莉薇亞紐頓強	唐麥克林	東尼奧蘭多
年齡	59歲	60歲	63歲	64歲
代表作	逝去的愛、現在到永遠	肉體	梵谷之歌、美國派	敲3下、老橡樹上的黃絲帶
在台演唱經歷	今年6月第11度來台開唱，蔡燦得、林志炫都去追星。	去年來台開唱，前副總統呂秀蓮特別捧場。	今年5月來台開唱，吸引3千多位粉絲欣賞。	前年來台於國際會議中心開唱，大爆滿。

■美黛昨晚演唱會上再度邀得老搭檔金澎合唱。（記者陳弘岱攝）

民國97年（2008）9月8日自由時報「美黛70開唱，金嗓不老」報導；江蕙送花致意，卡片上寫著：「美黛姐，永遠的金嗓歌后，我們永遠在你左右。」

我又說：「很多歌迷想聽妳唱〈意難忘〉呢！」她則回：「每次都唱這首歌，別人會以為我美黛其他歌都不會耶！」後來我再跟美黛姐說：「這次安排妳唱壓軸，多一首歌。」就這樣才順利排上這首招牌歌〈意難忘〉！也是美黛姐最後一次在舞台上演唱〈意難忘〉這首歌，本次演出公共電視的「公視表演廳」節目全程完整錄影，演唱畫面多次在電視頻道播出讓人難忘，那經典已無法再現。

同年 12 月美黛姐檢查出膽管癌，她決定住院一搏。開始化療療程的前一天，我們約在病房討論隔年二月將在她的故鄉桃園舉辦的特展，那是我們最後一次見面。特展籌備期間整理照片及史料都透過美黛姐女兒的通訊軟體 Line 一一核對，過程相當順利。2018 年 2 月 23 日「意難忘－美黛歌唱故事特展」慶生開幕，主角美黛姐缺席，當時還期待她身體好一點時能親自來看展，怎麼也沒想到特展成了回顧展。

這些過往，彷彿昨日記憶，每當「公視表演廳」重播演唱會節目，總覺得自己就在後台盯著台前的演出，一幕幕重現，這歷歷在目的回憶，令人難忘！

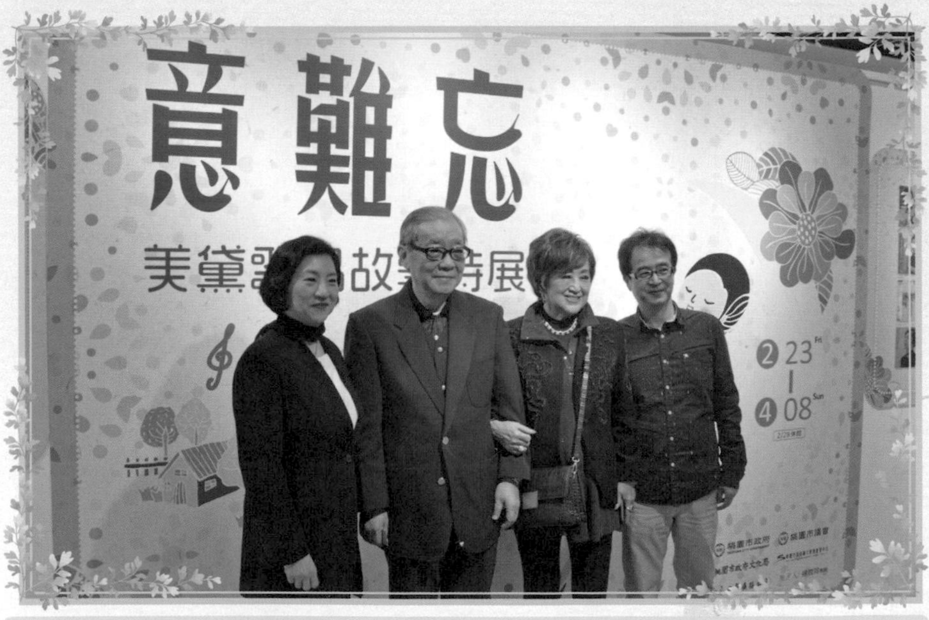
意難忘
2 23
4 08

輔仁大學音樂學系徐玫玲教授（左一）、楊水金夫婦（左二與左三）、華風文化劉國煒總監（左四）攝於「意難忘－美黛歌唱故事特展」會場

意中最難忘
讀《歌壇活字典——美黛傳》有感

國立臺灣大學音樂學研究所　沈冬 教授

小時候，我住在臺北的城南，依稀記得我搖搖擺擺牽著大人的手，經常來往於南昌街上，街邊店鋪傳出來的歌聲就是我最早的音樂課。記憶中的歌曲，有臺語的〈基隆山之戀〉、國語的〈回想曲〉、〈綠島小夜曲〉、〈姑娘十八一朵花〉，日語的〈里町人生〉等等。後來，大街小巷爆出了黃梅調《梁祝》，滿街都是「梁兄啊—」，沒過多久，黃梅調裡竄出了一個清亮的聲音，唱著「藍色的街燈，明滅在街頭。」那是美黛演唱的〈意難忘〉，年幼的我抬頭望向街邊昏黃的路燈，始終沒弄懂為何路燈是藍色的！

國立臺灣大學音樂學研究所沈冬教授

那是民國 52 年，一個臺灣流行歌曲逐漸成氣候的年代，電視節目《群星會》已經播出，四海唱片、合眾唱片大量出版臺灣原創的國語歌曲，美黛的這首〈意難忘〉就是當時的流行指標之一，也是美黛第一張唱片的招牌歌曲，當時報導說，這張名為《意難忘》的唱片不含地下盜版，官方紀錄已賣了二十餘萬張，可見唱片一出就轟動，日後這張唱片號稱賣了百萬張，美黛從此廣為人知，成為一線當紅歌手。

雖然從小就聽美黛的歌，我很晚才有機會認識她；民國 102 年因為個人研究，第一次私下見到她，令我驚訝的是，她的身材極為嬌小，玲瓏有度，如果身材就是歌手的共鳴箱，她的共鳴箱是很小的，但她卻反常地聲音宏亮，中氣十足。聽她唱歌，聲音清亮高亢，但講話的聲音卻相對低沈，這種低沈通常是音域寬廣的特徵。我的驚訝很快就歸納為一個結論：她真是一個天生的歌手。

大約民國 46 年，美黛已經進入軍中康樂隊開始唱歌，直到民國 106 年以後依舊活躍在舞臺，由於她從未真正卸下歌衫退休，她的

中華民國六十八年十月九日 星期二 中央日報 第九版

李市長昨宣布
北市戲劇季 二十日揭幕

林天從畫展 獲藝壇佳評

省立博物館今展出 臺灣史蹟源流

日坂口雅風書法展揭幕

全國版畫大展 即將開始收件

僑胞慶祝國慶 華視將作衛

陶敏明重登銀幕 靳蜀美是製片

歌壇兩株長青樹演唱懷念老歌
紫薇與美黛將攜手登台

旅館床上彈起 飛出窗外墜樓

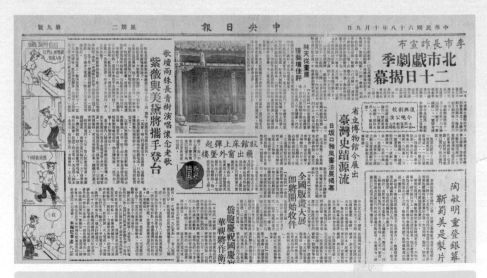

民國 68 年（1979）10 月 9 日中央日報「紫薇與美黛將攜手登台」報導

歌唱履歷橫跨了整整一甲子，在歌唱界輩份極高。她曾與香港名歌手崔萍同臺，臺灣早期歌手紫薇、紀露霞、霜華、雪華等人是稍早於她的前輩，《群星會》製作人、也是〈意難忘〉歌曲的填詞人慎芝是她的朋友，吳靜嫻、王慧蓮是她正聲廣播公司的後輩，至於《群星會》時期雨後如春筍一般出現的歌手，鄧麗君、張琪、謝雷、秦蜜、閻荷婷……等人，算來都是後生晚輩，不得不尊稱她一聲「美黛姐」了！跟她合作的單位和媒體，包括了康樂隊、餐廳、舞廳、歌廳、廣播電臺、唱片公司、電視臺，一直到晚近的紅包場、懷念老歌音樂會，她無役不與，一生幾乎完整的呈現了六十年間臺灣流行歌曲的發展軌跡。一路走來，歌壇變化，人事滄桑，風雲起落的千般滋味，她都曾親自參與，親自體會。

巨
星
群星會
懷念老歌演唱會
群星再現
週日的午後，悠揚的樂聲，又將我們的記憶 拉回了50年代……
之
夜

民國 82 年（1993）10 月 29-31 日
「群星會—懷念老歌演唱會」小海報
（正面）

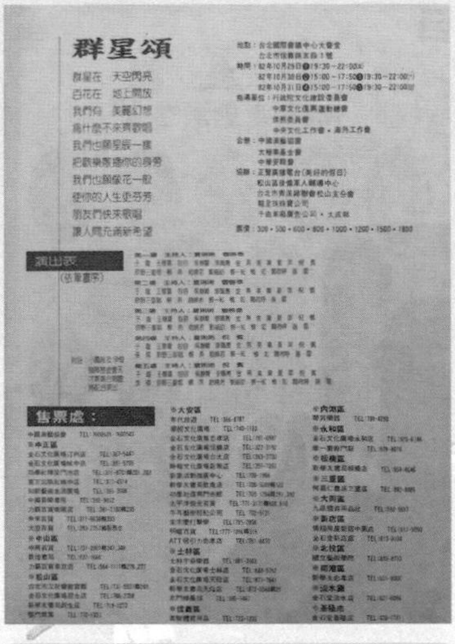
群星頌
演出表
售票處：

民國 82 年（1993）10 月 29-31 日
「群星會—懷念老歌演唱會」小海報
（背面）

美黛去世於民國 107 年 1 月，在她撒手塵寰以前，已經支撐著病體親自完成了自傳《歌壇活字典——美黛傳》的大部分，未竟之功，由她的女公子賀賢琳小姐蒐集資料，秉承母親的遺願完成。賢琳寫信給我，希望我為這本傳記寫幾句話，有感於美黛在歌壇的重要性，以及賢琳為母親作傳的母女深情，我欣然同意，因而有機會早早拜讀了這本傳記。這本書大部分是美黛親自執筆，內容樸實真誠，筆觸風趣生動，像極了美黛平常的口吻。

透過美黛的現身說法，這本傳記勾勒出流行歌曲在臺灣社會傳播的線索，這是此書最重要的價值之一。例如書中提到的「軍中康樂隊」；民國40年代，國防部為了撫慰軍心，下令部隊普設康樂隊，全臺各軍種的康樂隊不下數十個。美黛先後待過虎軍、鎮空、揚威等不同康樂隊，流行歌曲因而在軍中廣泛流傳，康樂隊也成為許多醉心歌唱的女孩進入歌壇的訓練班，美黛如此，鄧

LET YOU HEAR THE WORLD
寶島回想曲
周藍萍
經典作品
演唱會
每個人心中
都有一首周藍萍
讓我們再次回味
這些永遠的經典名曲
2017
01/21
SAT.
19:30
台北國際會議中心大會堂

民國106年（2017）1月21日台北市立國樂團
「寶島回想曲－周藍萍經典作品演唱會」
國立臺灣大學音樂學研究所沈冬教授導聆，
美黛演唱〈回想曲〉、〈玉樓春〉

麗君亦然。而美黛這樣一位本省小姑娘，卻因進了康樂隊而以演唱國語歌曲為業，無形中更促成了國語歌曲在本省族群中的傳播。

民國 49 年，美黛結束高雄夜花園露天歌廳的表演，來到臺北朝陽樓，租住在臺北橋下淡水河畔。她仔細描繪了附近的地理方位：「出家門口右轉，由北往南走穿過台北橋下，就是人聲鼎沸的迪化街；貼隔壁左邊平行的就是當時最繁華的延平北路……。之後包括我唱過的西餐廳金門飯店（位於延平北路、南京西路交叉口），長安西路的正聲廣播公司，這腹地由延平北路再直走過了鐵道就是中華路，右邊方圓是西門町。」

美黛說：「冥冥之中這條路線像是為我而鋪。」因為她先後駐唱的朝陽樓餐廳、甬江餐廳；真川味餐廳、宏聲歌廳、萬國聯誼社、金門飯店，以及正聲廣播公司、民本電臺等都在這一區域。稍後臺北的歌廳事業蓬勃發展，臺北歌廳、樂聲歌廳、日新、國之賓、七重天、夜巴黎……也都座落於此。這些歌廳五彩繽紛的霓虹燈照亮了西門町的夜空，歌聲此起彼落，歌手來去穿梭，聽歌的人如潮水般湧入……。那是流行歌曲的黃金歲月，都在這淡水河畔往東到西門町的尺幅之地，卻彷彿是流行歌曲的千里江山。美黛描述了她在不同歌廳駐唱的經過，也描述了歌廳的經營、歌廳的文化，更重要的是，她由地理方位切入的介紹，其實是城市音樂研究重要的一環，讓我們由空間、方位去理解城市文化的構成及其流變。

民國 106 年（2017）1 月 22 日香港歌迷會成員於台北市北平祥福樓宴請
「寶島回想曲－周藍萍經典作品演唱會」人員
（第二排坐者：左一沈冬教授，左二林沖，左三靜婷，左四美黛）

美黛歌藝精湛，人所共知，但本書關於她的歌唱著墨甚少。也許因為是自傳，不好意思多說，也可能她自己覺得沒什麼了不起，無庸贅言，然而，美黛的歌唱工夫確實值得一提。她的音域極寬，高音尤其清亮，中氣十足，她的詮釋細膩到位，韻味曲折婉轉，常被人稱讚為「柔中帶剛」。因為音域寬，音色厚，如〈意難忘〉一類的曲子還能唱出一些滄桑感，這就更不容易了。

本書名為「歌壇活字典」，由此推想，美黛拿手的曲目應該極多。她每天趕場表演，為免觀眾聽煩聽膩，想來必得時時更換曲目，日積月累，當然累積了大量的曲目。她在書中屢次提到「背歌」，「苦練苦背」，甚至開玩笑以「懸樑刺股」來形容用力之勤，顯然「活字典」的美稱得來不易。書中雖沒提到她會多少歌，但提到的少數歌名，如〈秋江憶別〉、〈月落烏啼〉、〈天長地久〉、〈夜半歌聲〉，都是近現代中國流行歌曲中極有程度的曲子，不是一般主歌副歌 AABA 的簡單曲式。〈天長地久〉原唱是周璇和姚敏，曲子長，歌詞繁，〈月落烏啼〉原唱吳鶯音，是一首戲曲味十足的歌曲，而冼星海作曲的〈夜半歌聲〉根本就是一首藝術歌曲，美黛說：「我牢牢記住他不規則的唱法，苦練苦背很長一段時間。」這首歌並不適合商業表演，美黛婚後在高雄藍寶石登臺，以這首歌曲震驚四座，也算是難得的紀錄了。

美黛出生於桃園偏鄉山區窮困家庭，自幼送給人家作養女，不幸生母、養母前後去世，八歲上小學，得赤腳走三個半小時山路，她的教育程度也只到小學而已。撇開美黛歌手的身份，這本傳記猶如臺灣千千萬萬女性「阿信」的寫照，她們不畏艱苦，力爭上游，腳踏實地又聰明機靈，時時尋求發展機會，刻刻不忘多賺些錢。美黛從不諱言兒時家境太苦，因此她的生活就是「搶錢三部曲」，還以「錢嫂」自稱。另一方面，臺灣女性有「逆來順受」的人生哲學，泰然自若地應對生命的不公平，如果遇到貴人伸手提攜一把，「順時感恩」則是她們為人處世的基本態度。美黛在傳記中回憶著當年康樂隊慧眼賞識的「馬組長」，家鄉桃園對她照顧頗多的「楊哥哥」，以及合眾唱片「三哥」陳萬龍等等，感恩之心，充溢於字裡行間。

民國82年10月31日，影藝協會在臺北主辦「懷念老歌演唱會」，美黛登臺演唱，脫口而出：「唱歌就是美黛的理想。」在此之前，第三屆金曲獎頒給美黛特別獎，頒獎詞稱讚她「迄今仍堅守崗位，敬業樸實，為流行歌者的楷模。」我相信多年以前，荳蔻年華的美黛參加康樂隊，只是單純地想找份工作，跟理想並無關係，然而她的天賦無法埋沒，歌唱成為她的理想，她實踐了理想，也獲得豐厚的回報，由此而言，美黛是一個幸福且值得尊敬的人。

我始終記得幼年南昌街上的歌聲。街燈為什麼是藍色的？我始終沒有找到答案，但那清亮悠長的歌聲，喧囂的車聲壓不下，長久的回憶抹不去，是我意中最難忘的聲音之一。

桃園市
榮譽市民證

證書編號：023

賀熊美黛(美黛)女士為資深歌唱家，以「意難忘」一曲傳唱全臺，1991年更獲得新聞局頒發金曲獎特別貢獻獎。為頌揚賀熊美黛女士於華語流行樂壇之卓越貢獻，特頒此證，以資表彰。

桃園市長 鄭文燦
2018年2月

Certificate of Honorary Citizen of Taoyuan City

This Certificate is presented to

The Outstanding Singer, Ms. Ho Shong, Mei Dai

Ms. Ho Shong, Mei Dai (Mei Dai), a senior singing artist, her popular hit "Unforgettable Memories" made her a household name in Taiwan. She received Golden Melody Awards for Special Contribution in 1991. This certificate is specially issued as an encouragement of Ms. Ho Shong's great contribution to the Mandarin popular music industry.

Wen-Tsang Cheng

Mr. Wen-Tsang Cheng
Mayor, Taoyuan City
February 2018

民國 107 年（2018）2 月 23 日 79 歲壽誕美黛獲頒桃園市榮譽市民證

憶黛緣年華

第一篇

我的童年

話說「寫書、寫書，我還沒寫就先『輸？』」，因為敝人在下我書唸得不多之故，盼能博君一笑。

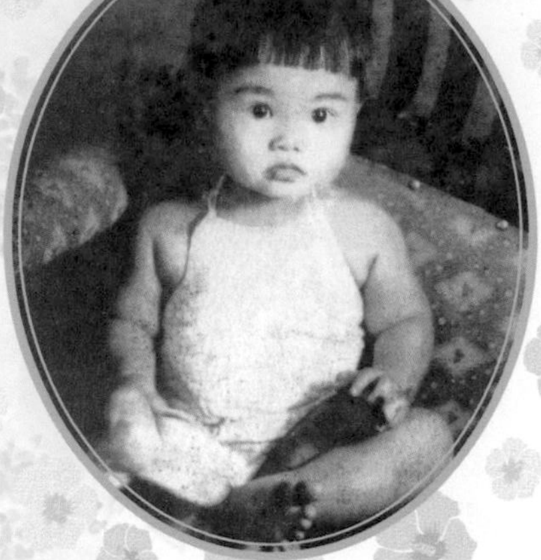

美黛滿週歲的照片

我在抗戰初期民國28年（西元1939年）2月23日來報到，出生在一個平凡人家，生父王進潘是水泥工亦務農，生母王李爽育有四子，上有兄姊，下有幼妹，我則排行老三。大約在滿周歲左右，奶奶抱著我在家門口閒晃，熊家養母江玉娘到附近拜訪朋友，剛好經過家門口瞧見我，便喜孜孜地對咱們家老太太說：「哇！您這娃兒那麼可愛，送給我們好不好？」奶奶笑得合不攏嘴便隨口答說：「若喜歡，您就抱去吧！」說時遲那時快，隔天熊家養母以迅雷不及掩耳的超光速，備妥所有禮數上門一溜煙就把我抱回家養。當時日據時代家裡窮，生母要養四個小孩很辛苦，卻也是不爭的事實。但是這個突襲行動，生我的娘親一時無法接受，傷心難過了好些時日。生父為我取名王月葉登記戶籍，另取日文小名喚「美代子」，到目前為止熊家姊姊電話聯絡時，仍以日語叫我「美代」（日語發音近似中文「咪喲」）。

養父熊連欽家位於桃園龜山嶺頂非常偏僻的高山上，整村都姓熊，平日以種植蔬菜維持基本自給自足的生活。為了另闢財源養活一家大小，他每天大清早要走過一村又兩座山，才能到煤礦工作。日復一日雖辛苦，但只要家裡都平安，他卻也甘之如飴。養母婚後一直沒生育，收養我之前就已經先收養一個姊姊。因為媽媽比較疼我，儘管那個年代還是戰爭期間，只要有好吃的、好穿的，大我八歲的姊姊都沒份，媽媽的偏心我多少還是有享受到，只是因為我的加入，她受了很多委屈。我六歲那年某月吧，突然傳來生母過世的噩耗，緊接著養母也生病了，沒多久也跟著往生了。我還有一點模糊的記憶是，在同一天，生母做頭七，養母辦出殯，依稀記得養父揹著我在發喪的隊伍中徐徐前行，而我

美黛小時候與熊家養母江玉娘的合照

養姐熊彩鳳與美黛攝於
桃園大同路家門口

一直不停的哭鬧，想必他一定很煩惱往後的日子該怎麼過。

美黛與養姐熊彩鳳子女桃園大同路家門口合影
（由左至右，次女熊美惠，么兒熊夢羆，長女熊美娥）

兩位父親都是年輕喪偶，無論在任何情況下，皆需再找新的伴，很快生父先續弦，故之後又多了四位弟妹。養父這邊也找到了同居的伴侶，亦生了一位弟弟。算算前後加起來，我的兄弟姊妹總共有九位。熊家姊姊的童年全都成長在戰亂時期，因此她沒唸過書不識字，養母去世後她已十四歲，養父有了新歡且奶奶還健在，無暇照顧我們，而我變成了她的負擔，於是她也去煤礦打工賺錢養家。

抗戰勝利光復後我已八歲，該是就學時候，才發現我根本未入籍熊家。詢問王家這邊，說戶籍早已遷出，一時半刻也弄不清楚，只好先以生父原戶籍名「王月葉」入學，但已超齡，故從二年級唸起。上學路遙且辛苦，天微亮就出門，天黑後才回到家，從嶺頂山上到龜山國小來回需三小時，天氣好時邊走邊玩不曾感覺路迢迢，

Apple2010

但下雨時可就不好玩啦。八年抗戰雖已光復，民生依舊貧困，家無恆產每日三餐及上學的便當，全吃地瓜果腹，衣服破了又縫縫補補，光著小腳丫子走石頭路。好不容易盼到縱貫路用水泥鋪平，卻是惡夢的開始，因為水泥粗糙的表面磨破我的腳底，每晚洗澡一碰熱水，就痛得我淚流滿面。

日本人戰敗撤走，山上的煤礦亦停止開採，養姊轉回桃園娘家住，白天到紡織廠工作，這時我大約小學五年級，選擇兩邊跑，下課時想去養姊娘家就直接往桃園跑，不想去時就便跑回山上嶺頂的家。那時覺得我長大了，也不怕沒人照顧，更何況親人還在。六年級要準備升學考試，那個年代要上國中就得憑本事、成績好才上得去，要成績好就得要分到升學班，因為老師會特別嚴格地教，難就難在上國中還要花費許多學費，故我放棄繼續升學的理想被分到放牛班。

Mei-Fen Hsin Ph.D.
Music Department
University of Durham,UK.

英國杜倫大學音樂系
辛玫芬博士

Doctoral Dissertation:
Popular Music in Taiwan:
Language, Social Class,
and National Identity (2012)

2012 年博士畢業論文：
台灣流行音樂：
語言、社會階級，與國家認同

Share Mei Dai with you
in English coming soon

很快將與您分享英文介紹的美黛老師

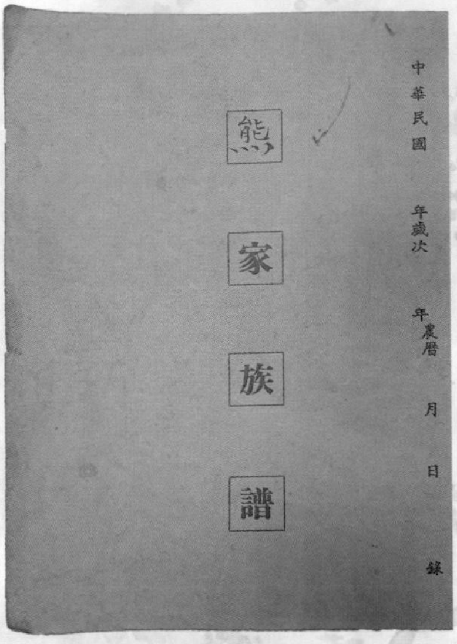
熊家族譜
中華民國 年歲次 年農曆 月 日 錄

熊家族譜封面

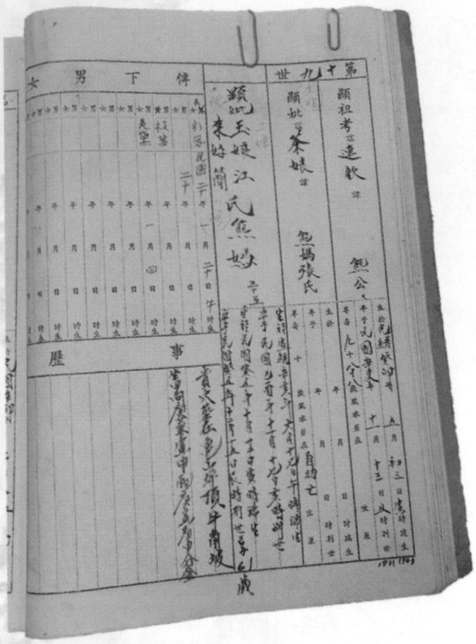

熊家族譜內頁

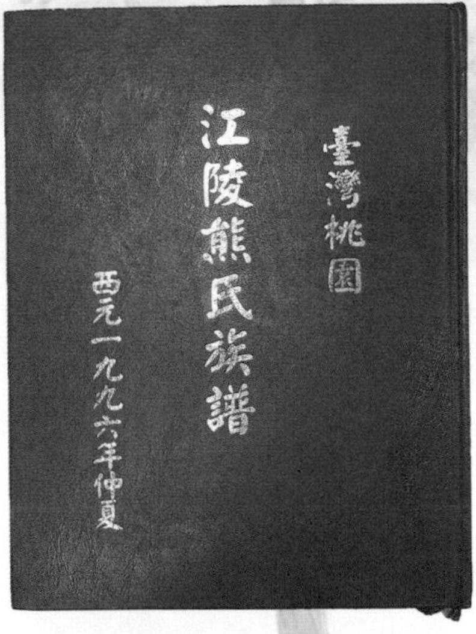
臺灣桃園
江陵熊氏族譜
西元一九九六年仲夏

江陵熊氏族譜封面

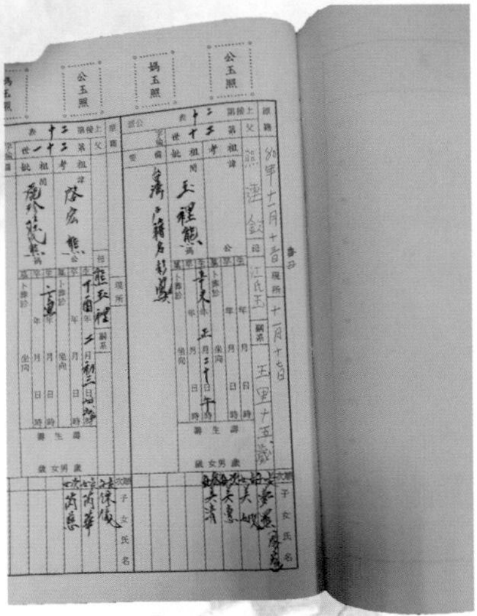

江陵熊氏族譜內頁

參觀電臺
編織歌唱夢

時光荏苒，五年將國小基礎教育完成，因無繼續升學的打算，故輕鬆無比，如期參加畢業典禮，唱完驪歌後成為龜山國小第二十八屆畢業生，正式告別童年。當下決定不再回嶺頂山上，直接往桃園找熊家養姊一起生活，為往後的生存而努力。正想著該找個事兒做，適逢住家隔壁麵粉廠招募洗麵粉袋的臨時工，按件計酬，洗一個五分錢。於是便接下這份出校門後第一份非正職的工作，很開心。有關戶籍一事，到此時依然沒有著落，所以我對外乾脆就稱呼姓王名美代。不久後社會漸漸繁榮，轉到餐廳當小妹，但好景不常，餐廳經營不善關門大吉。暫無工作

龜山國民小學
一百週年校慶專集
2018
世紀龜山璀璨100

民國 107 年（2018）桃園龜山國小
一百週年校慶專輯封面

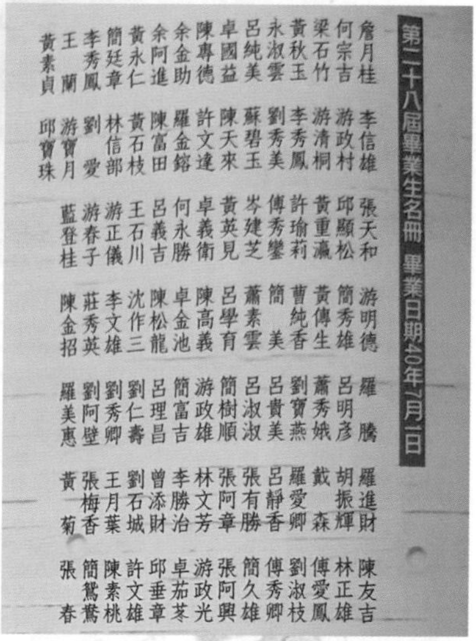

第二十八屆畢業生名冊 畢業日期40年7月1日

詹月桂 何宗吉 梁石竹 黃秋玉 永淑雲 呂純美 卓國益 陳專德 余金助 余阿進 黃永仁 簡廷章 李秀鳳 王蘭 黃素貞

李信雄 游政村 游清桐 李秀鳳 劉秀美 蘇碧玉 陳天來 許文達 羅金鎔 陳富田 黃石枝 林信部 劉愛 游寶月 邱寶珠

張天和 邱顯松 黃重瀛 許瑜莉 傅秀鑾 岑建芝 黃英見 卓義衛 何永勝 呂義吉 王石川 游正儀 游春子 藍登桂

游明德 簡秀雄 黃傳生 曹純香 簡美 蕭素雲 呂學育 陳高義 卓金池 陳松龍 沈作三 李文雄 莊秀英 陳金招

羅騰 呂明彥 蕭秀娥 劉寶燕 呂貴美 呂淑淑 簡樹順 游政雄 簡富吉 呂理昌 劉仁壽 劉秀卿 劉阿壁 羅美惠

羅進財 胡振輝 戴森 羅愛卿 呂靜香 張有勝 張阿章 林文芳 李勝治 曾添財 劉石城 王月葉 張梅香 黃菊

陳友吉 林正雄 傅愛鳳 劉淑枝 傅秀卿 簡久雄 張阿興 游政光 卓茄苳 邱垂章 許文雄 陳素桃 簡鶯鶯 張春

民國 40 年（1951）7 月 1 日
桃園龜山國小第二十八屆畢業生名冊—
王月葉（美黛）

的空檔，我與養姊商量過後，決定隻身前往台北找親生的王家大哥。

王家生父的長兄，我們尊稱他為大伯，開了一家「美化精機工廠」位在台北市八德路現在的光華商場附近。大哥自十四歲起進入工廠當學徒，我去台北找他時，大哥已十九歲了，帶我去北投玩。差三歲的兩人一起拍照片，旁人見了我們的合照，直呼像極了一對情侶。那時老土的我，不懂「牆上的木箱」有何用？隨口對大哥說：「奇怪？那『牆壁』怎麼會說話？也會唱歌？」大哥回覆說：「那叫收音機，聲音是透過電台播出來的。」我緊接著再問：「那你可不可以帶我去電台看看？」他則回說：「試試看囉！」

龜山育人才 百年展傑出
桃園市
龜山國民小學100週年傑出貢獻表揚
第28屆
賀熊美黛 女士
經歷及傑出優良事蹟：
2018.10

民國 107 年（2018）10 月 13 日龜山國小 100 週年校慶傑出貢獻獎校友海報（羅佳君攝）

民國 107 年（2018）10 月 13 日龜山國小 100 週年校慶傑出貢獻獎校友獎座

Apple2010

Hsin, Mei-fen （2012）, Popular Music in Taiwan: Language, Social Class, and National Identity, University of Durham, UK

以下是有關美黛老師出現在我的論文頁數的部分
P.55　第一次聽到收音機的感覺

Indeed, world-wide, radio is generally considered to have been the most powerful medium for disseminating music throughout the later part of the twentieth century, constituting an important resource for popular discourse, and actually guiding the tastes of the market – largely determining which particular pop songs become popular. The audience can listen to the radio whenever and wherever they are and have more choices of what they can listen to. Illustrating some of these characteristics, Mei-dai, one of the most popular singers of Chinese-language popular song, when I interviewed her, recalled the very first time she heard a radio:

> after I graduated from primary school, I went to Taoyuan city to do odd jobs with my elder sister who was 8 years older than me. That was the first time that I heard a radio, and when I heard the voice I thought it was the wall talking （personal communication on July 30, 2009, my trans.）!

Apple2010

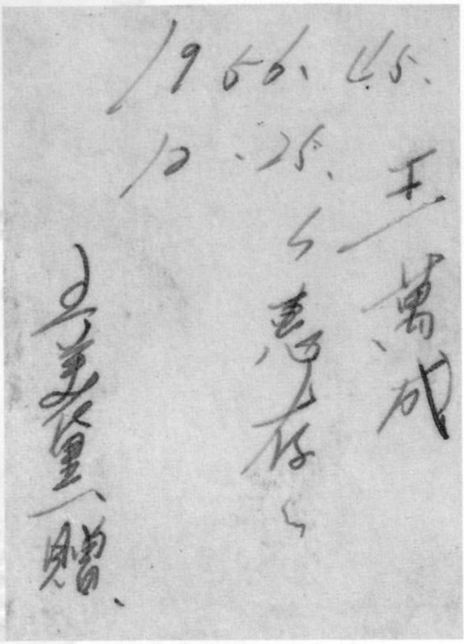
1956. 45.
12. 25.
王萬成
惠存
美黛贈

民國 45 年（1956）12 月 25 日
王美黛玉照（正面）

民國 45 年（1956）12 月 25 日
王美黛玉照（背面）

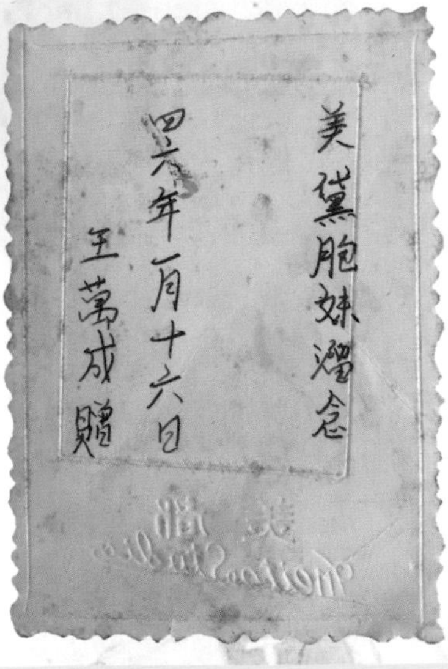
美黛胞妹留念
四六年一月十六日
王萬成贈

民國 46 年（1957）1 月 16 日
大哥王萬成玉照（正面）

民國 46 年（1957）1 月 16 日
大哥王萬成先生玉照（背面）

六十幾年前，台北中華路鐵道旁，一整排的商場都是賣吃的，白天就開始營業。大哥與我用餐之後，就從中華路鴨肉扁店面轉武昌街走下去，幾乎近康定路，找到民本廣播電台。周邊房屋老舊，雖有一大片製茶廠房，人煙稀少，可以說非常冷清。

那個年代電台門禁森嚴，也不知大哥是怎麼交涉的？竟然獲准許可進入。沿樓梯上三樓，播音室外面有間休息室，我們就從休息室的大玻璃往裏瞧，有樂隊也有歌星。當時是名主持人吳非宋先生閩南語《講古時段》節目，說〈賭國仇城〉的故事，劇情過程中穿插歌星唱歌，當時紀露霞小姐便是其中一位歌星。國小時音樂課成績不錯，心想如果可以進入跟著她們學習唱歌也是一大樂事。於是委請大哥將此心願轉達吳老闆詢問是否可行？待廣告時間一到，吳老闆走出播音室至休息室時，大哥飛也似的一個箭步衝上前去向吳老闆說：「我妹妹很喜歡唱歌，可不可以跟你們來學？」很意外的，吳老闆毫不考慮就允諾。我欣喜若狂回家告訴養姊我要上電台工作了，養姊無異議只要安全上沒有疑慮即可。在鄰居羨慕的眼光下，準備妥當後每日往返桃園及台北兩地上班，因為節目是下午播出，所以不必起早趕晚，誰知道我

溉灌流輪面全行推灌續止廢
料紛成災
續灌爭水
台灣省輪流灌溉推進委員會推行小組監製

民國 44 年（1955）由左至右
紀露霞、張美雲、吳非宋、陳秋玉

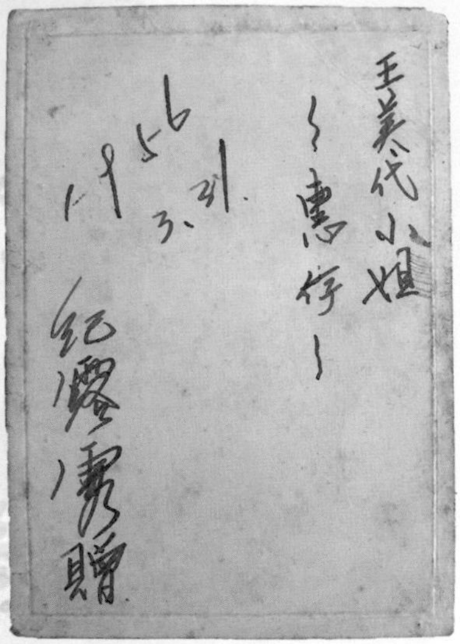
王美代小姐
惠存
1956
3.31
紀露霞贈

民國 45 年（1956）3 月 31 日
紀露霞小姐玉照（正面）

民國 45 年（1956）3 月 31 日
紀露霞小姐玉照（背面）

的工作內容不是泡茶，就是洗毛巾，或外出跑腿購物，說穿了就是打雜罷了，只是當時是否有車馬費可支領，我已無記憶，應是沒有的成份居多。短暫的三個月工作中，某天紀露霞小姐提議將名字中的「代」字，多加一個黑字成為「黛」字。此外又建議吳老闆讓我試唱一次，因紀姐曾聽我哼唱過，覺得還不錯。於是獲得老闆點頭答應，故大膽的選擇〈大江東去〉這首歌試唱，因為從來沒有人教導我歌唱技巧，什麼也沒學到，想當然爾試唱的結果一團糟，從此就無下文了。自覺再浪費時光就沒有「錢」途可言，故請辭另尋謀生出路。

康樂隊的日子

美黛軍中康樂隊演出

左鄰右舍以為我在民本廣播電台三個月一定很會唱歌，殊不知我白白耗費這段光陰。其實我只會自己隨性唱，假如跟著樂隊正式演唱，肯定一團亂，說不定還會走音呢！這就是沒好好拜師學藝的下場，但是街坊三姑六婆以訛傳訛的結果，導致桃園軍人之友社負責康樂業務的馬組長也以為我唱歌十分在行。既然已辭去電台工作，索性來參加勞軍活動吧！馬組長極力邀請我試試看，有請唱得好的大牌歌星鎮場面，我就負責跑龍套唱開場，既然他信任我，我便接下此工作開始混。晚會不是每天都有，舉凡有任何機會接下活動，馬組長就讓我露臉兒賺錢，每唱一場有五十元車馬費補貼，雖不多但總是有點微薄收入。如此這般一路摸索、唱不對之處一路修正的情況下，自覺頗有長進。在有一搭沒一搭的狀態下，終於機會來臨，位於桃園更寮腳第十九師的虎軍康樂隊準備招聘雇員，馬組長告知我此一訊息，還說條件不錯，每個月固定領薪，吃的是軍中大鍋飯。唯一要考慮的是，我必須依規定住在營區裏，放假方可外出。熊家養姊一聽要與一群大男人一塊兒住，嚇得花容失色，生怕我有個萬一。但細想無論如何機不可失，

軍中小天后—美黛

遂帶著牙刷、毛巾、被褥等生活用品，就報到走馬上任，期盼日後生活能因此有所改善。事後才明白其實那時候部隊紀律嚴謹，康樂隊會選在營區最偏僻的角落、或距離營房較遠的地方，每天練歌跳舞排節目，聲音會很吵，不太可能住在重要區域。因已加入虎軍，馬組長若有辦活動我也不能參加，漸漸疏於聯絡。現已入遲暮之年，仍無法忘懷馬組長是讓我賺錢的第一位貴人，雖然他已不在人世間，但銘感五內，我雙手合十向天對馬組長說：「謝謝您」，天上的您一定聽得到。

我進虎軍的這段期間，在藝工隊的生活完全與軍人同步，一個營區不可能長居久住，曾跟著搬家，從桃園更寮腳移至龜山鄉的下湖（位於林口旁）。後又移到北投與淡水中間的關渡，尤其是下湖與關渡，營區都在偏僻山上，算是離家最遠的路程。但是不會不方便，要下山就搭每天要採買的軍用大卡車。絕大部分時間都在為演出練習，唱歌是最主要的項目，其他舞蹈、相聲、雙簧等也樣樣都得學。非但不辛苦，反倒覺得很好玩。大夥兒每日排練與生活起居共處一屋，如同兄弟姊妹一般，也變成好朋友。不經意發現吹銅號樂器的「基隆陳」，似乎有點兒喜歡我。有一天他說要教我唱英文歌，示意我在他身旁坐下，我沒告訴他我不懂英文，他很細心的逐字逐句教，奇蹟似的我竟然學會了。英文歌詞發音是否準確他沒說，詞曲的意義亦未講解給我聽，之後才從某一本歌本翻到那首歌的中文版，歌名為〈一見傾心〉我才恍然大悟。某日假期他邀我去基隆玩，才知道他家原來住基隆。因為玩太晚了無法回到隊部，他提議在他家留宿一晚，與他母親見面打招呼後，安排我與伯母同睡一張床，據說我半夜作夢時似乎很驚恐的樣子。第二天回部隊的路上他轉述此事，並言他母親說：「夭壽哦！你昨天到底帶她去哪兒玩？害她半夜作惡夢！」俗話說來而不往非禮也，我也邀請「基隆陳」到我們家吃飯，順便介紹養姊與他認識，如同平常般話家常。雖然我對他也有好感，年輕剛出社會的我，人生目標主要是工作賺錢，也不懂如何相處與經營感情，但是他寫給我的小紙條，我倒是保存了很多年。

民國 52 年（1963）1 月 18 日
孫樸生老師玉照（正面）

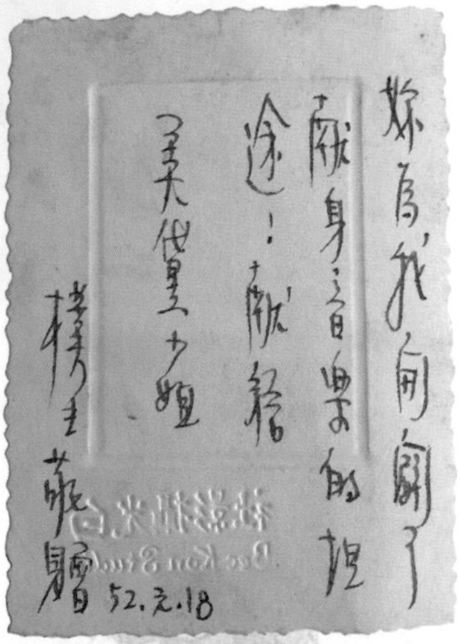

民國 52 年（1963）1 月 18 日
孫樸生老師玉照（背面）

正義康樂隊－孫樸生

曾幾何時藝工隊因娛樂需求爆增，陸、海、空幾乎每一軍、每一師、甚至每一營都有屬於自己的藝工隊。除了自己部隊的演出，藝工隊與藝工隊之間還會互相交流，每一年都會舉辦比賽，表演最精彩者得冠軍，是否有獎金已不復記憶，但至少有錦旗一面，同行朋友進而相互結識，如滾雪球般越來越多。勞軍活動遍及全省各縣市，有一回到新竹演出，因而認識孫樸生老師，他當時是第一軍團康樂隊手風琴師，不但拉得一手好琴，也很會唱歌。年輕且長得帥，個子高又挺拔，心想條件這麼好，女朋友一定很多。果不其然，據聞他的同事金玫小姐十分心儀他；節目結束後我們各自離開，這是第一次孫老師在我心中所留下最深的印象。

金玫小姐玉照

民國75年（1986）1月27日
孫樸生（左一）與美黛（左二）

八大傳播王夢麟節目
歌唱情侶美黛與孫樸生

八大傳播王夢麟節目
王夢麟（左一）、美黛（左二）、孫樸生（左三）

八大傳播王夢麟節目贈
美黛純金相片

看電影學唱歌

不知不覺在虎軍也待了一段蠻長的日子，正所謂「人往高處爬，水往低處流」，隸屬桃園高砲部隊鎮空康樂隊的張隊長造訪，很希望我能加入他們的團隊。除了薪資較高外，另一個好處是離家近。那時高砲部隊是桃園機場周圍的地勤防衛隊，營區在機場邊靠近大園，大大縮短回家的路。於是乎為「孔方兄」加薪一途，選擇跳槽。感恩原虎軍的長官同僚很照顧我，至於「一見傾心」的「基隆陳」後來我去台北發展時，赫然發現原來他是大名鼎鼎鼓霸樂團的團員之一。換了一個工作環境沒什麼不同，沒有假照樣不准外出，節目推陳出新亦不忘趕流行。當年香港拍的電影，不管是古裝的、還是時裝的每一片都有歌有舞。如果有空去看電影，會將電影院所提供的整本故事綱要及歌詞歌譜資料帶回，排練時依樣畫葫蘆練習，演出時台下阿兵哥馬上可享受最新的流行歌曲，例如林黛小姐主演的電影《金蓮花》插曲

美黛桃園高砲部隊鎮空康樂隊時期照片

電影《金蓮花》插曲〈媽媽要我嫁〉主唱姚莉小姐（左）與美黛（右）

〈媽媽要我嫁〉【備註 1】是當時大家都很喜愛的一首歌。鎮空隊的康樂隊員大都來自台中、草屯、南投、名間鄉等地，或許是軍種不同的緣故，我覺得這一隊比較活潑，女同事包括我在內一共有五位，不論台上台下我們都合作無間。更妙的是，我們五個人都是隊上男生所愛慕的對象，而且男生之間互有默契各取所需。這回盯上我的是「草屯李」，他在隊上擔任鼓手，身高一百七十八公分左右，談不上帥，只能說沒毛病。這一次我有戀愛微醺的感覺，誰知半路殺出一個程咬金，某營的長官窮追不捨，每次都要約我看電影，隊長還硬是幫他製造機會，我經常氣得跺腳嚴詞拒絕，煩死人了，看在「草屯李」眼中也很不悅。民國 47 年（西元 1958 年）鎮空隊為配合大公演，遷移至台北市南機場營區。公演完畢有人徵詢是否有意願去金門勞軍？我與同事徐小姐都有興趣，畢竟前線沒去過，到外島去瞧瞧也不錯，更何況還有錢賺！不記得何時到基隆登船，只記得我們是八月十四日抵達金門，展開勞軍工作一週以上。八月二十三日黃昏時刻，大夥兒正享用晚餐，忽然間遠處傳來像放鞭炮的聲響，仍舊不以為意地繼續吃飯，炮聲直到天黑都沒停過，還越打越猛。發現有異，電話也響了，說是對岸攻擊，趕緊將我們撤到安全的地方，還聽說以往也有過類似狀況，每次不一會兒便很快停止，但凡事皆有例外，很不湊巧卻讓我碰見這難得的意外，從八月二十三日砲戰起，每日槍林彈雨不曾停歇。雖然長官們很想讓我們儘快返回台北，可是九月三十日以前的班機一定是勞苦功高的傷兵排第一順位，其餘人士則遞延。三十幾天砲戰過程中，獨獨某一天晝夜每隔兩小時打一次，起先我和同寢室的徐麗琴小姐只要一打就躲防空洞避難，睡覺時亦同。後來實在累了，我對她說咱們就別跑了吧，反正像鬧鐘報

民國 46 年（1957）
桃園鎮空康樂隊全省勞軍在日月潭所攝
美黛（右一）、「草屯李」（右二）

時般固定每兩小時打一次，索性就乖乖睡大頭覺吧！接下來再打時，我們倆躺在床上聽到咻一聲，似乎是砲彈落在附近，我們身處的老房舍震動搖晃的挺厲害，屋頂沙塵飄落臉上，我跟徐小姐說這顆砲彈好像離我們很近。待天亮時走出門外一瞧，赫然發現那顆巨大未爆彈面積如此之大、模樣如此嚇人，很難想像就在貼隔壁，如果爆炸了，恐怕就沒有美黛今日在此「張牙舞爪」吧！接獲通知九月三十日一早有班機返台，因砲戰持續中，故送我們去機場的吉普車不能開車燈，惟有一路摸黑慢行。想到終於可以回家難掩興奮緊張之情，砲彈依舊漫天呼嘯而過，又擔心起飛後被擊落，在忐忑不安的氛圍中上了飛機，迅速駛離危險區域，總算平安返抵台北松山機場。一出機艙門，心上一塊大石落了地，強烈感受到能活著回來是那麼的平靜安詳，與同事話別回到家後，養姊告訴我熊爸爸一生從不迷信，卻在這一次我人在前線勞軍時，破例為我燒香拜佛求平安歸來。有意思的是，回台隔天砲戰就停止了。

民國 46 年（1957）7 月 24 日桃園角板山
「鎮空康樂隊」勞軍，541 工兵指揮部贈送照片留念

揚威軍中小天后

賦閒在家的空檔，忽然想起戶籍尚未釐清一事，與熊家養姊從源頭開始抽絲剝繭徹底地查，戶政人員也挺幫忙，我們邊補資料邊重新更名，東奔西跑個把月之後，總算塵埃落定，自此正式姓熊名美黛，也省得妾身未明嫁不出去呢！歷經虎軍隊、鎮空隊、到金門回來少說也有三年半的工作經驗，不敢自吹自擂唱得有多棒、演得有多出色，卻自知功力精進不少。每每演出掌聲滿滿，在當時軍中來講，美黛已小有名氣，沒多久陸軍四十六師揚威康樂隊的黃隊長聞風而來，邀我去澎湖。乍聽之下怎麼又要去外島勞軍？甫從金門鬼門關前走一遭的我，仍然餘悸猶存。俗話說得好：「一朝被蛇咬，十年怕草繩」，冷靜思量一番，雖同屬外島，澎湖這個島比起金門安全多了。黃隊長提及是隊上小喇叭手陳達章先生聽說在桃園有個美黛歌唱得很好，陳先生聽過後覺得不錯故極力推薦之。與黃隊長談妥後，旋即至澎湖報到，馬公市靠海邊有一棟老舊殘破的中正堂，揚威康樂隊位居其後的房屋內。除了輕音樂

民國48年（1959）澎湖白沙灣勞軍
46師揚威康樂隊司令贈旗留影

團，揚威還有個京劇團，大夥兒生活在一塊兒，除了切磋節目外，三餐有自己專屬的廚師，生活很方便，偶爾三五成群去馬公市區逛街吃東西。相形之下，我比較與眾不同，家裡窮不可隨意花錢，每月薪餉如數寄回家，省吃儉用是我的座右銘，

攝於澎湖七美島地標七美人塚

中華民國四十九年三月三十日 建國日報

昨為青年佳節 駐軍熱烈慶祝

三月份慶生會合併舉行 晚間演出話劇與民聯歡

【本報訊】陸軍四六八二部隊昨日慶祝青年節，熱烈展開各項活動，上午除參加防區慶祝大會外，並赴林投國軍公墓公祭革命先烈，全體官兵放假一天，並舉辦三月份慶生會，由文部隊長親自主持。官兵們均向各壽星祝福致賀。晚間該部並假中正堂演出獨幕劇「魔劫」，以誌盛慶。該劇係由王生善先生編劇，王淼森先生導演，劇中人由韓遵熹飾李老爺、孟憲亭飾鐵牛、韓文華飾大勇、王美黛小姐飾金花、楊生泉飾崔明、江露小姐飾銀姑、白丁飾匪兵甲。「魔劫」劇係描寫共匪在大陸上喊出的「挑燈夜戰」，「生產大躍進」，「總宵苦戰」，「紅燈當太陽」等慘酷暴政下的大陸同胞實況，演出精彩，極獲觀眾佳評。（夢龍）

……連，昨日慶祝青年節，除舉行慶祝大會外，並展開各項文宣活動。本月慶生會，亦於昨日假官兵餐廳舉行會餐，該部傳部隊長，會中分別向官兵壽星致贈禮品，在場官兵一致……

……們誕辰快樂。

柳營情意重 慷慨助同……

【本報訊】……

孕婦難……

一場……

駐軍……

【本報訊】興……里六十七號居民吉田之妻日前生，發作十餘小時，嬰兒倘未墜地，人一時驚惶失措……

民國 49 年（1960）3 月 29 日青年節澎湖馬公中正堂演出「魔劫」話劇，王美黛飾「金花」一角
（資料來源：民國 49 年（1960）3 月 30 日建國日報）

希望有一天能擁有一棟屬於自己的家。因為有目標與奢望，縱有長假亦不返家，更何況馬公到桃園不論交通或時間皆很費事。

因為工作的關係，澎湖羣島只要有駐軍，康樂活動鐵定不可少，我們的足跡踏遍每一個小島，而且不只一次，體驗望安島的花生、七美島淒美的愛情故事等。每個島上除駐軍外還有少數居民，生活清苦，民生必需品得靠船在風和日麗時運送，我們亦乘船去慰勞軍民。離島沒什麼娛樂可言，兩小時的節目通常安排在中午前後與軍民同樂，以便搭同一艘船回馬公市。揚威隊副隊長楊泰興先生，不但會唱老歌，亦熟知其典故，常常與他聊得津津有味，個人亦頗有長進，〈秋江憶別〉【備註2】就是其中一首。當時他也沒有歌譜，全憑記憶傳授，只好先把歌詞記下來，曲的部分就死背。那時司令部下令，有一場大公演在

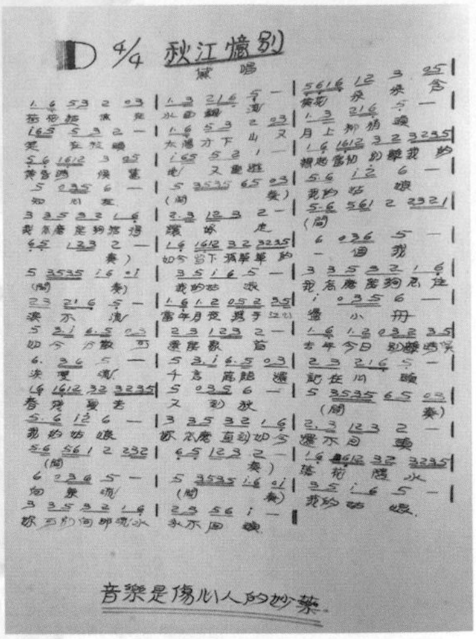
秋江憶別
音樂是傷心人的妙藥

民國54年（1965）5月10日
新竹湖口「熾」兄弟所贈歌曲
〈秋江憶別〉手抄本

民國48年（1959）在澎湖揚威康樂隊
勞軍時，常與趙胖子（右）同台

特稿

碧血忠魂

——記忠貞教育示範演出

本報特約記者 鄭威

總統訓示我們：「忠貞教育：：乃是一種『真男子』的教育，一種『大丈夫』的教育：：惟有在教育訓練中，預為『雜於利害』，與『堅沉着』的教育訓練，然後才能以我們的精神力量，來克服任何戰爭上的逆勢與意外。」

基於這一訓示，四六八二部隊奉上級之命，担任防區：是項示範演出，這却是一項非常艱鉅的任務：在沒有劇本，沒有服裝，沒有道具，沒有舞台佈景，沒有成例可資參考的種種難鬪之中，全憑克難創作的勇氣，在該部宋主任精心策劃，政二科單科長督導執行之下，終於完成了三幕四場舞台劇式的「碧血忠魂」話劇的示範演出，頗獲好評。

「碧」劇係白一峯上尉編導，并担任劇中國軍一忠貞連長，由王淼森中尉全力協助劇務，并担任劇中「匪幹」羅焰，楊泰興上尉飾國軍之一「迷糊戰士」，因嗜酒而受騙變節，他們的演技微妙微肖，深獲好評。黃月香小姐飾劇中「女匪幹」李碧霞，其媚態利誘，挑情動作為此次演出最傑出之一員，觀眾對她掌聲與喝采最多，印象最深，才以在良知未泯，深惡痛絕共匪暴行，而覺醒後利用各種機會，掩護被難官兵逃脫魔掌之舉，引起台下如雷掌聲，黃小姐天智敏慧，美麗大方，喜讀文藝創作，對劇情深入了解，能有此次傑出表現，實因平時努力所得。王美黛小姐飾劇中「女匪幹」白玫瑰，表情亦佳，林安琪、蘇秀枝兩小姐飾羣眾中角色，使「碧」劇增色不少。

「碧」劇劇情係描寫狂風暴雨之夜，某次反攻戰役中，我××部隊負傷官兵數人，不幸蒙難，被匪囚於「集中營」，匪幹施其一貫欺騙技倆——威逼、利誘、女色、飢餓等毒辣手法，以期騙取國軍情報或供其奴役。我被難官兵中，除「迷糊戰士」黃寶受騙變節外；其餘均忠貞不二，待機戰鬥，其中萬連長因腿傷未能逃出而壯烈成仁，劇中我被難官兵所表現之忠貞志節，千秋萬世，永垂不朽，實足以啓發官兵對蒙難後的戰鬥意志，收舉一反三之效。

總統在軍人魂訓詞中訓示我們，革命軍人要知廉恥、辨生死、負責任、重氣節。在「荒漠甘泉」的證道詞裡面，要我們注重革命精神修養——信仰、希望、忍耐、值得我們記取實踐，我們是為勝利而生的，在整個戰爭過程中，勝利是我們以拋頭顱，灑熱血去爭取的最終目的，然而一場決戰中，萬一不幸蒙難，要記住：信仰、希望、忍耐、與敵人周旋到底，從事蒙難後的戰鬥。「碧」劇可以概略的提供一個參考，也希望觀眾們指正。

民國49年（1960）6月23日
建國日報第二版「碧血忠魂」舞台劇，楊泰興飾「迷糊戰士」，王美黛飾女匪幹「白玫瑰」一角

澎湖46師揚威康樂隊巡迴勞軍

觀音亭新落成的中正堂演出，節目全部重新編排，屆時司令官會蒞臨觀賞。對我們而言，那可是不得了的大事，一開場編排一首盪氣迴腸的男女二部大合唱〈夜夜夢江南〉【備註3】，緊接著京劇團的團員將古裝戲服幫我換上，粉墨登場獨唱一曲〈深宮怨〉，唱作俱佳地演繹深宮中公主幽怨的感慨，果然轟動全場喝采聲不斷，又是一場成功的軍民同歡晚會。從此以後走在馬公街上沒有人

民國49年（1960）6月攝於澎湖鼎灣

民國49年（1960）7月澎湖許家村

不認識我，正所謂「人怕出名，豬怕肥！」想幹點兒壞事使壞都不成呀，誰教我如今是一號人物，無人不知，無人不曉呢！

之前曾提過部隊不可長駐同一地點，不久便從馬公換防至鼎灣，這下師部連離我們很近，也不知何時開始三個不同連的長官都對我呵護備至，他們分別是師部連的丁先生、通訊連的曾先生、與衛生連的林先生。「師部丁」盯上我，經常有意無意的接近我，可惜他不是我的菜，哈啦兩下應付便是。沒多久「通訊曾」也看上我，興許是喝過洋墨水留美歸來，無論講話或穿著，看起來都比較挺拔帥氣，雖然個兒不是很高，整體上還算不錯。身為女人，每月的生理期總讓人腹痛如絞令我吃不消，隊長會讓我去衛生連看醫官，「衛生林」很貼心的幫我準備棉花、紗布、止痛藥等物品，他人溫文爾雅、身高標準，就是缺少一點兒風趣。任誰到康樂隊來都必須經過師部連，是否因此他們三人才成了好朋友？便不得而知。有意思的是，他們三劍客常常三人同行到隊裏來找隊長東南西北閒聊，目的其實是一起約我吃飯、看電影、喝茶等從事其他活動，三個人就像連體嬰一樣，一定一起行動，誰都不會缺席，進行公平、公開的君子之爭。說實話，我當時比較欣賞「通訊曾」，他從澎湖調回新竹時有一位女孩很喜歡他，那位女孩直接打電話詢問我：「如果妳沒有要接受他，請妳讓給我。」正所謂君子有成人之美，聽完之後便祝福她與「通訊曾」。至於醫官「衛生林」，多年後隨中廣至加拿大溫哥華宣慰僑胞時，節目演出後他來後台看我，才知他已移居加拿大，他鄉遇故知別有一番滋味在心頭，不勝唏噓！

民國 49 年（1960）3 月 14 日澎湖馬公余琪郎同事贈玉照（正面）

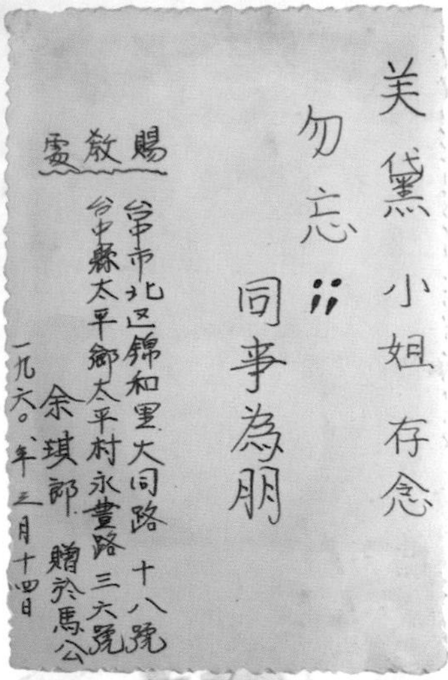

美黛 小姐 存念
勿忘 同事為朋
惠敎賜
台中市北区錦和里大同路十八號
台中縣太平鄉太平村永豐路三六號
余琪郎 贈於馬公
一九六〇年三月十四日

民國 49 年（1960）3 月 14 日澎湖馬公余琪郎同事贈玉照（背面）

Apple2010

小丫頭變大歌星

第二篇

征戰高雄夜花園

民國 49 年（1960）4 月 25 日美黛照片

藝工隊的女同事皆是應聘進來的雇員，每隔一段時間就有人員異動，離職的空缺得遞補新人，管理階層難免有點傷腦筋。所幸人才還不難找，藉此人員更迭增加些新面孔，不但有新鮮感，大家亦可趁機多交幾個新朋友。揚威隊是打從我就職以來待的較久的單位，咦！沒有跳槽很奇怪是吧？毋須懷疑，本山人那時月薪一千八百元，堪稱全國所有雇員最高的一位，暫無其他機會可跳。工作將近二年後，我又結識一位新同事，她來自台南，名叫黃秀蘭，藝名為「黃鶯」，皮膚白皙如玉，長髮飄麗秀逸，逢人就笑咪咪。像水蜜桃般甜美，人緣極佳，我們共事一段時日，約莫民國 49 年（西元 1960 年）春，她說高雄有一家歌廳力邀她去唱，可她不敢接，深覺自己會的歌曲太少，提議由我去接這份差事，誇讚我歌唱得好、熟悉的歌曲也多！天啊！心想是老天爺要給我機會嗎？隨口便回絕此事，表明老闆是請妳去而非我去，她又再度強調，如果我有意願，她介紹我去不是問題。就這樣等待一段時間由她與老闆交涉同意後，我手中興奮的握著通訊地址，無牽無掛開始辦離職手續，準備跟揚威說拜拜。臨別時澎湖的司令官送我澎湖特產文石印章一枚，以示獎勵也是紀念。

扛著行李先回桃園，稍作休息，然後再進行後續洽商。打從有錢賺開始，我絕大部分都在軍中轉來轉去，每一隊的排練、演出等工作也都大同小異，生活規律單純，沒什麼差別。未曾多加明瞭什麼是歌廳？竟然不假思索的就把最高薪的工作給辭了，若有個萬一，我豈不是兩頭空？俗話說得好：「傻人有傻福」，算我運氣不錯，聯絡上歌廳負責人陳霖先生，告知他是哪一天搭哪一班火車南下高雄，穿著什麼顏色的洋裝、繫白色腰帶、身高等資訊，請他自行向站務人員查詢班車抵達時間，以便屆時高雄站見。

於是我單槍匹馬拎了皮箱南下，儘管那個年代已漸繁榮進步，但從桃園到高雄還是得耗費一整天的時間，要不是年輕力壯，哪兒吃得消，真的是舟車勞頓呀，挺累人的！幸好一出高雄站就見到陳霖老闆，直接前往他三民區的住家，放眼望去一整排都是日據時代的木造房屋，進

高雄夜花園歌廳與「三寶」之一
藍夢真小姐（左側者）合影

門脫鞋沿小台階上盡是榻榻米，室內隨意走動，空氣流通、陽光充足，令人覺得很舒服、很健康。

陳老闆是將軍退下來，家裡人口簡單，加上陳太太及二位公子一共是四口人。做飯有幫佣，生活安定，只因喜愛老歌，陳老闆便在炎熱的夏天策畫投資一個消暑的好去處。正巧在鹽埕區圓環邊找到三軍休假中心陸軍服務社後面的花園，寬敞的空間有樹、花、和草，利用花欉的間隔擺茶几，再覓一處小舞台讓所有愛聽歌的人們付一點茶資，邊品茗邊欣賞歌者與樂隊的表演，享受約三小時仲夏夜乘涼的悠閒時光。可惜露天的高雄「夜花園」歌廳【備註4】偶而也會有狀況，就怕無預警的夏季驟雨來臨，跑都來不及，好在雷雨通常發生在午後，晚間六點過後就很涼爽。

安頓好住宿之後第二天勘察「夜花園」現場，也當場聽了歌手的演唱，對我來說這一片園地宛若仙境。愜意的喝茶，悅耳的歌聲，何止能消暑，簡直到蝕骨銷魂的地步，在微沁樂揚的夏夜，真是人生一大享受。很

軍人音樂茶座
港都高尚音樂之宮
三軍唯一納涼勝地
情商
寶島歌后
紀露霞
小姐
今日起義務客串
情商
醜小鴨
金露
客串
抒情歌后
美黛
小姐主唱
歌壇翹楚
丁萍
小姐客串
吳添晴先生領導美聲大樂隊伴奏
時間：每日午後七時半至十時半
地點：高雄陸軍服務社後花園內
天雨九時以前落雨移餐廳舉行九時後作一場算
星期日加演日場時間午後二時至四時半
49.9.25
新生報

民國49年（1960）
9月25日
新生報「夜花園－抒情歌后美黛」登台廣告

快第三天陳老闆便將「美黛」斗大二個字的海報貼在「夜花園」入口處的門牆邊，當晚就正式登台獻藝，那時顏華小姐是壓軸主唱，至於我根本不懂唱前面或唱後面有什麼區別？再者海報上面寫我是客串，說不定今晚初試啼聲之後，明天就拍拍屁股走人？因為老闆與我什麼工作、酬勞等細節未談，就直接上場，故心中合理的懷疑有此可能。沒想到老闆把我擺在主唱者前面上台演出，會不會是因為新人的第一天才有此禮遇？算了，不要想太多，聽命行事就對了。就這樣唱了大概三、四天，台下觀眾反應不錯、口碑極佳，一傳十、十傳百之下每晚高朋滿座，歌迷也越來越多，我很開心，老闆更是笑得合不攏嘴。卻在這個時候有人暗地裡不爽，因為很多歌迷喜歡我，每唱完一首歌掌聲滿堂，只要我唱完下台一鞠躬後，他們全部離席走人，所

民國49年（1960）9月23日高雄夜花園歌廳「三寶」之一顏華小姐贈照留念（正面）

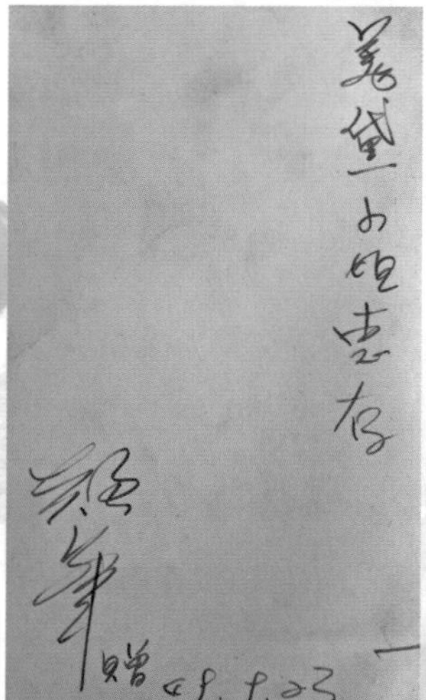

民國49年（1960）9月23日高雄夜花園歌廳「三寶」之一顏華小姐贈照留念（背面）

以後面接棒唱的人，心裡很不是滋味。但這不是我的錯，那是觀眾的權利自由，非我所能掌控左右，終於紙包不住火，主唱者真的受不了觀眾的舉止，在我登台約五天後，真的生氣離開了，這下毋庸置疑肯定是我留下繼續撈錢養家，心上一塊大石落了地。黃秀蘭小姐是我生命中第二個貴人，給我機會進入歌廳賺錢，美黛這廂有禮向您說聲謝謝啦！

進了「夜花園」才漸漸明白歌廳的形態與情況，掛名主唱者是一家歌廳的靈魂人物，與票房息息相關。如不是一等一的大牌，怎能當吸票機唱壓軸擔此等負成敗的大位？原主唱顏小姐斷然離去，照理說老闆應盡快覓人才補空缺才是，為何老闆一派老神在在，硬是讓我這隻三腳貓頂著撐過盛夏？滿心狐疑思忖著，究竟是人才難尋？還是票房不錯就湊合著用，省去請大牌的昂貴費用？初來乍到的我不敢妄言，唯有盡本份每晚把歌唱好便是。久而久之與歌迷的距離愈來愈近，尤其是常客，慢慢地就會互相禮貌性的招呼一下，他們不止是歌

與學生兼歌迷鄭富美小姐（左）在高雄合照

迷，也是朋友。高雄是個國際性港口，往來船隻不少，有許多跑船的朋友，只要船一靠岸晚上便會來「夜花園」聽歌。某一晚有位跑船的歌迷，特別從香港買一本當時最流行的電影插曲歌本送我，我欣喜若狂，如此難得的寶貝，正是我最喜歡的，便趕緊唱幾首好歌回饋他的隆情高誼。另外有兩位女粉絲，一位是鄭富美小姐，另一位是黃育錦小姐，直接到老闆家拜訪表明希望跟我學唱歌。其實我從未拜師學藝，只憑一點兒愛唱的天性與膽量，在軍中藝工隊一點一滴學來的，談不上本事，更遑論教人唱歌。當下沒敢答應，就怕誤人子弟，但是她們很誠懇的想跟我學，無法婉拒的情況下，只好應允她們一週當中的某一天下午來學兩小時，其餘時間我自己也要背歌。回想黃秀蘭小姐說我會的歌多，現在終於體會到軍中與歌廳不同，在歌廳每晚演唱的歌都不一樣，相形之下軍中輕鬆多了。第一次當老師，請徒兒先練譜和打拍子，然後再把歌詞兜上去唱。記得我教的第一

與學生兼好友黃育錦（左，又名黃端儀）小姐合照 -1

與學生兼好友黃育錦（右，又名黃端儀）小姐合照 -2

首歌是吳鶯音小姐所唱〈月落烏啼〉，結果徒兒黃小姐反應魯鈍，而且有唱錯的地方，如壞掉的唱針般，很難糾正過來。對我而言很容易的事，對黃小姐而言卻是辛苦異常，只好針對有錯難改的那一句不斷重複練習，直到熟悉為止。果若不行，隔天繼續再練習，因為這樣我嚇到魂不附體，不過是教教唱歌竟然這麼累人？這陰影久久無法散去，導致好長一陣子都不幹「老師」這個活兒。為了不辜負聽眾的厚愛與顧及生計，每日鞭策自己懸樑刺股猛背歌，心理壓力沉重不言而喻，輾轉反側幾度不成眠，失眠情況嚴重。

數月來寄居在老闆家，老闆看我很乖巧又膝下無女，便收我和徒兒黃育錦小姐為乾女兒，我們倆都很高興，雖無正式磕頭，有一張陳老闆全家福照包含我們在內，爾後我們亦改口稱「陳伯伯」、「陳媽媽」。陳家二位公子年紀比我們稍長，所以我們改稱「大哥」、「二哥」。氣候漸轉涼，秋季即將來臨，「夜花園」的營業也快告一段落，這美好夏天讓我著實收穫不少，例如第一次唱歌廳的經驗，擁有廣大又愛我的

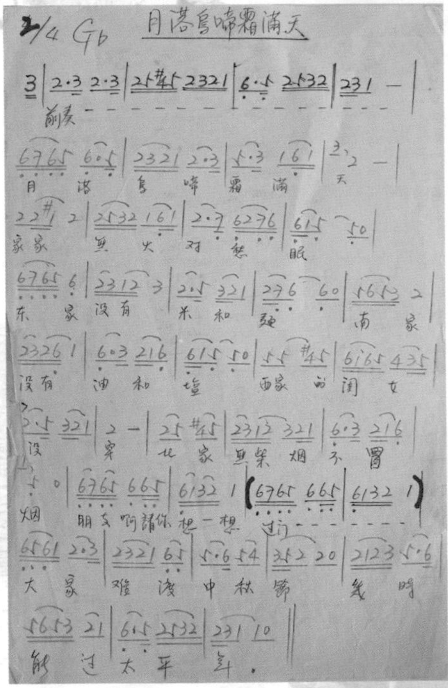

2/4 Gb
月落烏啼霜滿天

吳鶯音唱「月落烏啼」
（正確歌名）之美黛手抄譜

一群迷哥迷姊，給沒沒無聞的我紮下牢固的基礎，同時又多了一家人的照顧和關愛。我真的很不捨，接著擔心我又得找新的工作，正在煩惱時，陳伯伯對我說已有所安排，待「夜花園」工作結束後，我自然會知曉。

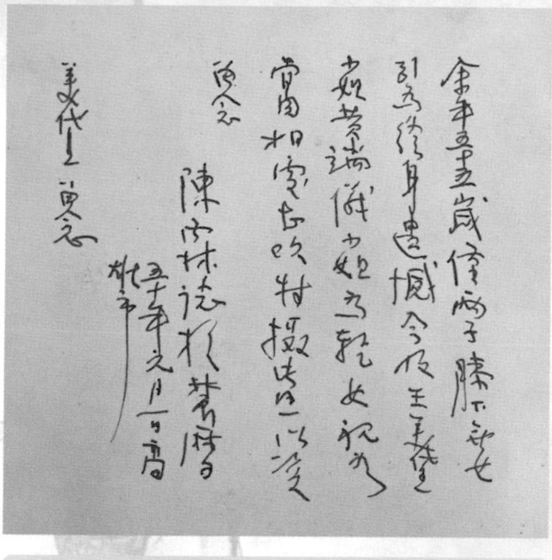

民國50年（1961）1月1日
夜花園歌廳老闆陳霖先生收王美黛、
黃端儀小姐為乾女兒之全家福照（背面）

民國50年（1961）1月1日高雄夜花園歌廳
老闆陳霖先生（右二坐者）收王美黛（左一）、黃端儀小姐（右一）為乾女兒之全家福照（正面）

揮軍北上前進台北

不敵料峭寒意，在「夜花園」的演唱畫下完美的休止符，一心企盼來年若有機會重遊舊地再創榮景。臨別前陳伯伯親自囑咐到台北市漢口街「朝陽樓」餐廳，接洽李蘋小姐，要我記住找到她工作就沒問題，顯見交情有夠深厚。俗話說得好：「有娘的孩子是個寶，沒娘的孩子像根草！」寄人籬下的我，既無顯赫家世背景可堪比擬，又無穩若磐石的靠山可倚重，一如往常凡事打燈籠照舊隻身去闖。台北，這個曾經讓我失意的地方，為尋新工作先回桃園家中休整一下，之後搭火車北上再出發，第二次又回到了台北。「朝陽樓」位於重慶南路與中華路中間的漢口街上，武昌街隔壁，房屋顯得十分老舊，感覺生意不是很暢旺。大約晚上八點起便可泡茶聽歌，我向餐廳的人稟告來意，很快就見到李蘋小姐，因先前不曾見過所以互相都覺得很陌生，主要是陳伯伯介紹的關係，也沒有多談就安排我可以上班了。演唱者大概六、七位，李蘋小姐將我擺在開場後第三位，所以唱完後我有充分的時間搭火車回家，又再次每日往返

美黛旗袍黑白照

桃園與台北之間。剛開始唱只有晚上場，肇因老闆年事已高，又白天餐飲生意不佳，眼看晚上聽歌的人數越來越旺，他與李蘋小姐磋商，請她乾脆將整個場子包下，營業時間改為每晚七點至十點，逢週六、週日外加下午場二點至五點。有一批聽完下午場的常客要請我吃飯，那時涉世未深又不懂人情世故的我，一根腸子通到底硬頂了句：「我是來唱歌的，不是來陪你們吃飯的！」這才發現我無意間惹了大禍，糟糕得罪人啦！往後這批客人照舊來聽歌，卻一點掌聲都不給我。另有些知音打從心底兒為我抱屈，並為我探口風詢問這批客人：「美黛的歌唱的那麼好，為什麼不拍手？」這批客人冷冷地回應道:「我們是來聽美黛的歌，捧別人的場。」幸好他們還是聽我的歌，沒讓老闆教我捲鋪蓋走路，已是不幸中的大幸。

據說李蘋小姐是來自香港電影界的明星，身材雖胖卻很結實魁梧，故外號「女泰山」。在那個年代從香港來的明星極為吃香，因為台灣所有電影或流行歌曲均

美黛旗袍演唱黑白照

來自香港，演藝娛樂事業不似香港蓬勃發展，仍處於先填飽肚皮拼經濟為主的年代，之後經濟繁榮才帶動演藝事業的成長。自「朝陽樓」開唱後，陸陸續續有人向我推薦新的工作機會，如果薪資優渥就考慮跳槽換老闆。倘若與「朝陽樓」演出時段錯開不衝突，則向老闆報備一聲，再加上不是大牌歌星，便可唱其他家跑場，努力多攢些錢在身邊。如此看來我必須趕緊在台北找房子落腳，萬一錯過末班車回桃園就慘啦！

惱人的租房一事，我靈機一動想到在金門八二三砲戰一起共患難的徐麗琴小姐，她娘家位於台北橋下靠淡水河沿岸的台式木造屋，看得出經過好長一段歲月風霜的洗禮。麗琴已嫁作人婦，帶我回原生家庭謁見徐媽媽談租屋一事，起初徐媽媽的表情頗為嚴肅，但她嘴角略帶微笑懇切說明：「房子是兩家

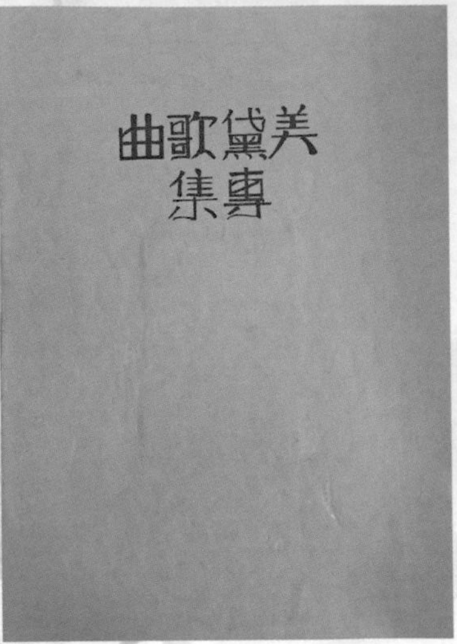
美黛歌曲
專集

民國 54 年（1965）5 月 10 日
新竹湖口「熾」弟兄手作
《美黛歌曲專輯》冊封面

五十四年
五月
十日
于
新竹
湖口

民國 54 年（1965）5 月 10 日
新竹湖口「熾」弟兄手作
《美黛歌曲專輯》冊內頁玉照

民國54年（1965）5月9日
新竹湖口「熾」弟兄手作《美黛歌曲專輯》
冊內頁玉照（正面）

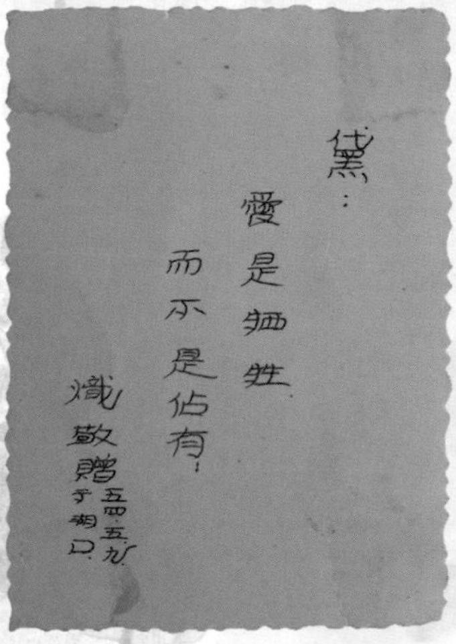
黛：
愛是犧牲
而不是佔有！
熾敬贈
五四.五.九
于湖口

民國54年（1965）5月9日
新竹湖口「熾」弟兄手作《美黛歌曲專輯》
冊內頁玉照（背面）

人合租的，我們住樓上閣樓，樓下另一家是做皮鞋的，兩張床一張是二個兒子一起睡，另一張床原本是我和麗琴睡，她已經結婚了，若妳不嫌棄就跟我擠一擠吧！」徐媽媽闡述時面容慈祥，一掃心中陰霾。每月只需補貼一點水電伙食費即可，敲定住宿一事我就免去了上班奔波之苦，頓時整個人輕鬆無比。徐媽家房子雖老舊，卻有著絕佳的地理位置，出家門口右轉，由北往南走穿過台北橋下，就是人聲鼎沸的迪化街；貼隔壁左邊平行的就是當時最繁華的延平北路，著名的第一劇場、波麗路西餐廳、黑美人大酒家等都在這一區。之後包括我唱過的西餐廳金門飯店（位於延平北路、南京西路交叉口），長安西路的正聲廣播公司，這腹地由延平北路再直走過了鐵道就是中華路，右邊方圓是西門町。說起來也真巧，冥冥之中這條路線像是為我而鋪，各位看官繼續看下去就會發現，我跳來跳去都不脫這塊風水寶地。

住在徐家這段時間，徐媽媽無微不至的照顧，讓我感受很深，因為娘走得早，六歲以後便與養姊相依為命，過著沒人疼愛酷似孤兒的生活，從沒想過我也會有這樣的機緣享受徐媽媽如慈母般地疼惜，說真格的徐媽媽對我的好很誇張，連她自己的兒女都大吃飛醋。共同租屋的兩家人，用餐時都在樓下，某一天兩家人不約而同齊聚一堂吃飯，邊吃邊拿我當話題，異口同聲都稱許我乖巧。徐媽媽還笑瞇瞇的說：「是啊！我準

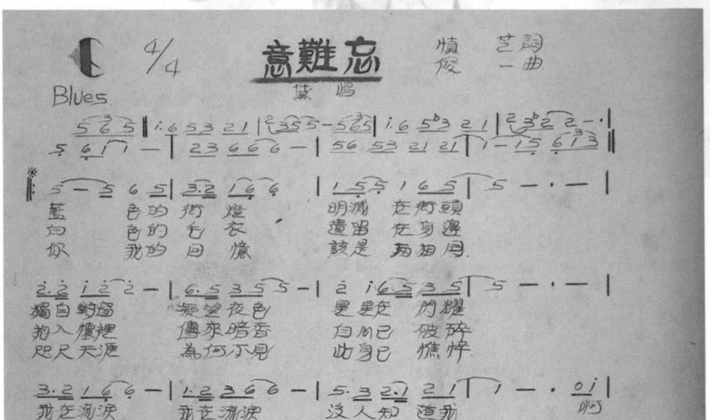

意難忘
4/4
Blues
黛 唱
真正的愛情，是稀世珍品，財富買不到，
權勢也佔不了.

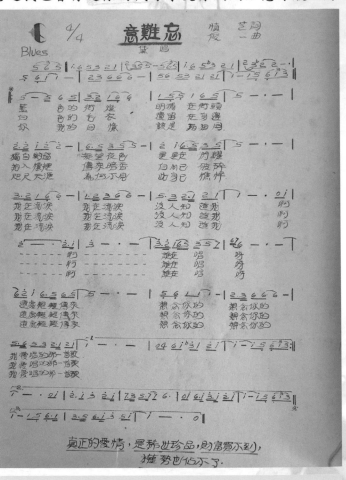

民國54年（1965）5月10日
新竹湖口「熾」弟兄手作《美黛歌曲專輯》內頁〈意難忘〉手抄本

備把她收起來做媳婦呢！」，我聽了覺得怪不好意思的。徐媽媽共有五位兒女，前面三仙女已出嫁，尚留二位公子未娶。或許是近水樓台的緣故，徐大公子對我很好，他人長得很帥、個性正直、有一點嚴肅、挺安靜的不太說話，職業是建築繪圖設計師。當時我也挺喜歡他，徐媽媽看在眼裏，就任由我們自然發展。有一回趁我上班之餘抽空帶他回桃園見養姊，因為我年紀尚長徐大公子二歲，養姊認為結婚對象若屬「女大男小」姐弟戀類型不妥，因為女人生完小孩後很容易老，基於此點養姊未點頭答應，故沒能嫁給他。再說我在台北的情況開始步步高升，每接一份新工作薪資就往上調，可以說一帆風順。暫時仍住徐媽媽家，徐大公子也仍鍥而不捨，養姊是為我著想，深思熟慮之後，我開始以工作為重，賺錢還債為第一要務。

至於沉甸甸的債從何而來？這就不能不提家鄉的一位大恩人。話說我出了校門就直奔桃園跟養姊住在一起，當時養姊娘家經營一間小小的雜貨鋪，我在打零工時，只要有空也得幫忙照看。附近周邊人家常來光顧，這位大恩人便是其

民國50年(1961)3月5日
可能是傳說中的「徐大公子」

中之一，因此常會碰面，久而久之便熟稔。有時買瓶汽水喝，他會在店裏坐一下東聊西聊，一回生二回熟，因此我便認識他叫楊乾坤。由於年紀較小，便稱呼他楊哥哥，他知道我處境艱困，又一副營養不良的模樣，激起了他的愛心，有事沒事送一串香蕉給我，這是我最常吃到的水果，總不時問起還想要吃什麼？只要我開口就有得吃。當我還在餐廳當小妹時，他也常請客戶去捧場，除此之外楊哥哥說有空可以去他的工廠玩。參觀過後方知他開了一家頗具規模的鑄模翻砂工廠，有幸福美滿的家庭，生意也做得有聲有色，很會賺錢人也慷慨，道道地地什麼都不缺的大老闆。看看人家想想自己，在別人屋簷下不得不低頭，從軍中康樂隊一直到台北發展，這個時候已有固定收入，於是我與養姊找楊哥哥商量，可否先借我們一筆錢買房子？楊哥哥二話不說，馬上提領五萬元借我們，當年此數目雖為數不多，但對一貧如洗的我們，卻是一筆為數不小的龐大負擔。除了感謝楊哥哥鼎

民國50年（1961）3月5日可能是傳說中的
「徐大公子」於台北陽明山公園照片（正面）

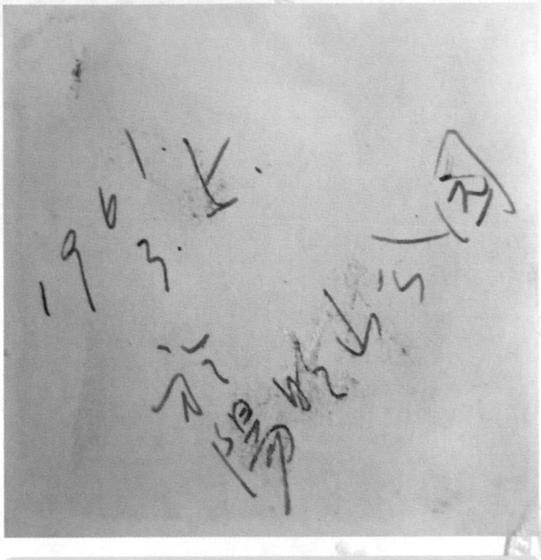

民國50年（1961）3月5日
可能是傳說中的「徐大公子」於台北陽明山公園
照片（背面）

力相助，還強調這筆錢一定會雙手奉還。楊哥哥貼心地說道：「不急！不急！我不收利息，等妳有錢再還。」像楊哥哥這般富有又古道熱腸之人，在社會上實屬難得。五萬元於民國52年（西元1963年）6月15日於桃園買一塊地，熱心的楊哥哥又幫忙找師傅蓋屋。在有限的預算、又要能遮風避雨的情況下，楊哥哥一路細心照料著，若沒有他，我與養姊什麼都不懂的情況下，後果可想而知。

雖然我在台北工作忙碌，和楊哥哥一直保持連絡，相互往來到我結婚生子。年紀漸大，楊哥哥身體逐漸退化，眼睛、耳朵、骨骼等等毛病一堆，人生的末端每個人都無法逃避病痛的折磨而告別親人，楊哥哥亦不例外。所幸我沒讓楊哥哥失望，在他身體仍硬朗時如數歸還借款，他亦堅持不收利息，讓我賺了便宜，楊哥哥的恩情讓我畢生難忘！

搶錢三部曲

由於小時候家裏窮吃不起白米飯，天天只能吃地瓜刨絲曬乾所煮的「稀粥」，台語俗稱「蕃薯籤」，吃到我流淚害怕。這種在飢餓貧窮線下的苦日子，我真的是窮怕了，暗自立誓一定要努力賺錢改善家中窘迫的經濟狀況，不再為錢所苦。現代人為了養生而吃地瓜，我卻因為小時候的陰霾，拒吃地瓜好幾十年，自己不買，他人送亦婉拒，直到現今風燭殘年為健康促進腸胃蠕動以利通便，才重新接納「地瓜」這項令我恐懼的食物。話說回來，就因為一股腦兒滿是賺錢的慾望，「朝陽樓」的演唱只是台北「搶錢三部曲」開跑的起點，記得並沒有花很多時間，我已擁有些知音，歌迷接受度慢慢爬升，很快就有了一點知名度。「搶錢第一部曲」—

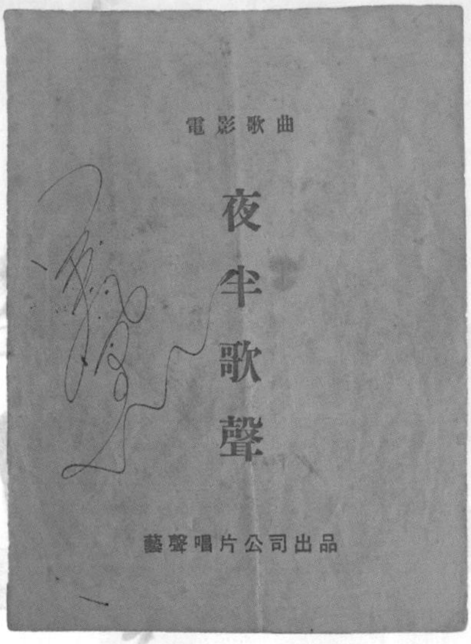

電影歌曲
夜半歌聲
藝聲唱片公司出品

〈夜半歌聲〉藝聲唱片公司歌譜__封面

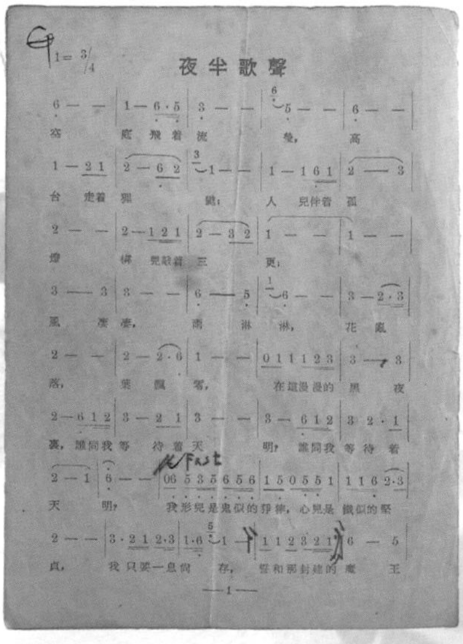

夜半歌聲

〈夜半歌聲〉藝聲唱片公司歌譜__第一頁

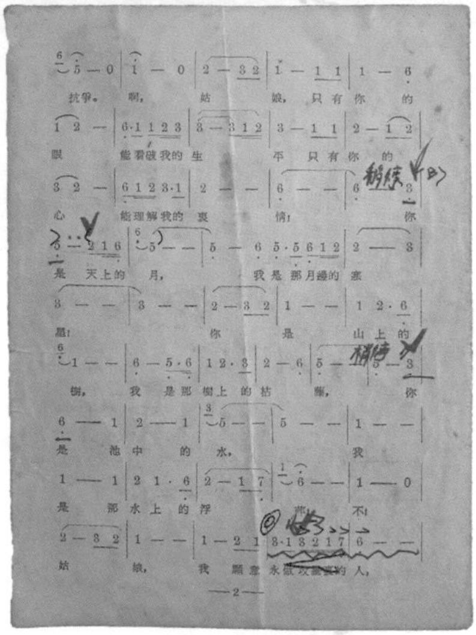

〈夜半歌聲〉藝聲唱片公司歌譜__第二頁

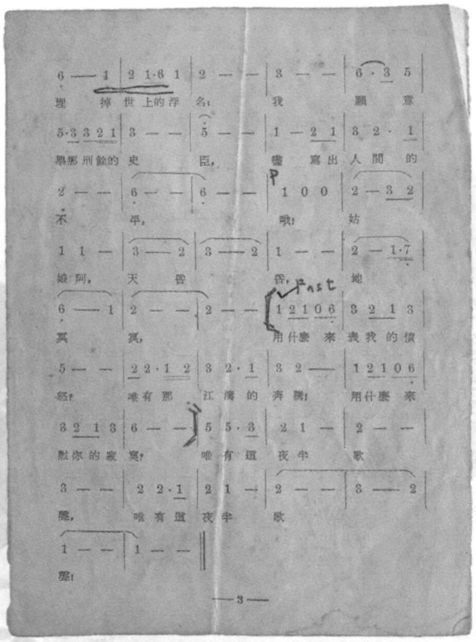

〈夜半歌聲〉藝聲唱片公司歌譜__第三頁

星期一至星期五下午跑電台節目，晚上「朝陽樓」七點至十點駐唱，遇週六、週日外加「朝陽樓」下午場二點至五點。在還沒有電視的年代，廣播電台最為風行，有歌唱節目通常會是下午現場播出。長安西路的正聲廣播公司，武昌街的民本電台，及廈門街的民聲電台經常受邀去唱。我會唱〈夜半歌聲〉【備註5】是在民本電台學來的，因為上張俊先生的節目，才有機緣聽到張俊先生唱這首鮮少有人會唱的經典名曲。我牢牢記住他不規則的唱法，苦練苦背很長一段時間，在台北時苦無機會表現。反而在婚後南下高雄藍寶石歌廳作秀時當最後壓軸曲，事前親自跟樂隊老師講解不規則的唱法，告訴燈光要怎麼打，何時敲三更木魚等……在當時這樣的唱法很特別、很新鮮、很好聽，一曲終了，掌聲如雷灌耳。

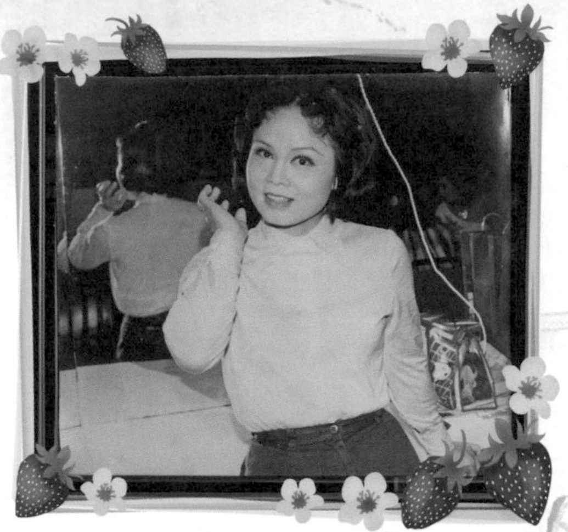

美黛梳化間照片

民國 55 年（1966）甬江餐廳後台

「搶錢第二部曲」—星期一至星期五下午照常跑電台節目，晚上「甬江餐廳」六點至七點唱晚餐時間，緊接著跑場唱「真川味餐廳」七點至十點。原則上若有人跟我接洽，只要時間不相撞我就跑場多撈一些錢進口袋；若是會影響票房的話，老闆不一定同意我跑場。為什麼不行呢？例如我同時唱兩家，歌迷是不會跟我一起跑場，只會選擇哪一家場地比較好就去哪一家，反正都能聽到我唱，所以就產生利益衝突的問題。我如果遇到「不可以」的情況，就徹底發揮「牆頭草」精神—哪邊錢多哪邊倒！因此請辭「朝陽樓」，倒向「甬江餐廳」與「真川味餐廳」懷抱中。當然不可能現實到說不唱就馬上不唱，俗話說好聚好散，離職總要約定一段時間方可離去，千萬不可以做得太絕，地球是圓的，說不定哪天又見面呢！

「搶錢第三部曲」—星期一至星期五下午依舊跑電台節目，晚上續唱「甬江餐廳」六點至七點晚餐時間，再接再厲「宏聲歌廳」七點至十點駐唱，再跑場唱舞廳「萬國聯誼社」十點至十一點，不久後又接「金門飯店」午夜十二點至凌晨一點宵夜場。繼續發揚光大我「錢嫂」特質，找到新東家「宏聲歌廳」汲汲營營我的賺錢事業。據傳當時有些大牌歌星向老闆撂狠話：「有美黛，我們不唱！」真是聽了好生心酸，我究竟是招誰惹誰了？不過是靠自己賺點錢圖個溫飽，既不爭唱時間長短、也不爭唱後面壓軸、更不爭排名先後，居然還是免不了被排擠的命運……是人紅遭嫉嗎？至於宏聲的老闆用什麼方法安撫她們、消弭雜音，我無從得知，總之我可以按部就班專心唱歌便是。「萬國聯誼社」是當時最具規模的大舞廳，歌廳是純聽歌，

歌廳演出照_1

舞廳是以舞客跳舞為主，歌星演唱只有五、六個小時當綠葉陪襯一下，唯有會唱的歌曲廣博且是實力派唱將的歌手才能獲選進入，這一次受邀入「萬國聯誼社」舞廳駐唱其中一個小時，算是職涯又更上一層樓。客層不一樣，唱的時間亦不衝突，故我可以電台、餐廳、歌廳、及舞廳四處亂竄攢錢。

Hsin, Mei-fen （2012）, Popular Music in Taiwan: Language, Social Class, and National Identity, University of Durham, UK

以下是有關美黛老師出現在我的論文頁數的部分
P. 67-68 當時歌廳分為國語歌曲的歌廳和台語歌曲的歌廳

Ji Lu-sia < 註： 紀 露 霞 > said that she performed in the first ever nightclub, ‘Biyuntian Geting < 註：碧雲天歌廳 >（Biyuntian Singing Hall）’ ,which was located in Ximen in the centre of Taipei and was lavishly furnished like a café,with round tables and sofas. Because the wealthy audience members in this venue were almost entirely Chinese immigrants, the singers’ sets consisted entirely of Chinese-language popular songs. Ji pointed out to me that the singing halls located on the other side of Taipei city, alongside section 2 of Yanping Road < 註：經考證是延平「北」路 >, attracted an entirely different sector of society, specifically upper class Taiwanese who had gained their high social position during Japanese colonial rule < 註：

日本殖民時期＞（from Department of Cultural Affair, Taipei City government website accessed in Nov. 2009）. Not surprisingly, in these venues, the singers performed Taiwanese-language popular song. Mei-dai confirmed that, until the 1960s, singing halls exclusively featured either Chinese- or Taiwanese-language popular song.

Ji Lu-sia, Mei-dai, and Jheng Rih-cing＜註： 鄭 日 清＞all recalled how individual singers were allocated a place in the programme according to their popularity; the most popular singers would be given a

民國 94 年（2005）5 月 26 日「鐵馬歌王」鄭日清（左）與美黛

period of 30 minutes to 1 hour at the end of the programme following a number of support acts.

P.69 歌廳的收入狀況

The singing halls became the performance venues of choice for singers because of the high payment that was offered. Ji Lu-sia and Mei-dai told me that they received thousands of dollars per day when they performed at the singing halls in the 1960s;

P.69-70 舞廳的出現 - 美黛老師受邀於舞廳表演

In the meantime, dance halls and hongbaochang < 註： 紅 包 場 > （lit. ‘red envelope places’ ） were other venues for performing popular song. The dance halls invited singers to perform for one hour each, generally between 6:00pm and 10:00pm every night（see Figure 1.8）.

萬國
大舞廳
洪光
美黛
Figure 1.8

P.71 民國 51 年 (1962) 9 月 2 日聯合報廣告美黛於萬國聯誼社大舞廳主唱（見圖 Figure1.8）

Figure 1.8：An advertisement for Wanguo dance hall, emphasising that the main singer was Mei-dai（from United Daily News Sept. 2, 1962）.

「萬國聯誼社」是高級的交誼廳，均是達官顯貴、財團、生意人等招待外賓或客戶的應酬場所，傳聞舞小姐皆是經過嚴選的絕色美女，只要光顧過，就永難忘懷美女如雲、美腿如林這般雲香鬢影的畫面。以我女人看女人的角度都被迷的神魂顛倒，更何況那些大爺們又怎能抵擋這致命的吸引力？再加上宋國祥老師優美音樂的催情之下，流轉於歌臺舞榭雙雙對對的爺兒與姐兒們都醉了，更何況是我。再來應該是我的歌也合他們的脾胃，故我也討了個便宜。當時台北還未有大型百貨公司矗立，位於西門町的成都路一帶百分之八十全是委託行。客人對舞小姐也會額外照拂，譬如說上班時帶進場消費，下班時帶出場吃飯購物。就因不分男女，大家都喜愛我的歌，於是我也常常有機會獲邀一起參與用餐及購物行程。逛委託行時，客人總是大方地說:「美黛，

歌廳演出照 _2

妳要什麼自己挑。」或者說：「美黛，妳自己去天文鐘錶行挑一支手錶，掛我的名字。」等等，位於中山堂前面博愛路的天文鐘錶行，屬於當時最豪華昂貴的精品店。時來運轉，常常有禮物收，讓我很開心、很享受。各行各業因經濟起飛，使國民所得向前邁進一大步，有收入就有消費，於是娛樂界誕生新的消費處—「宵夜」場。金門飯店是開路先鋒第一家，宵夜設定晚上十點到凌晨兩點，我演唱的時間是午夜十二點至凌晨一點，時間緊湊卻不衝突，「萬國聯誼社」舞廳從容唱完，轉身便到一天工作的最後一站「金門飯店」，唱完宵夜場就算下班了。從有宵夜開始，舞廳的客人與舞小姐們聯袂跟我跑來金門飯店宵夜，因為在舞廳演唱時間有限，只有一小時不過癮，到金門飯店來舞臺與客人間隙小，客人想聽什麼歌，轉個圈在舞臺前吩咐一聲便可，比較親切無距離感。只要我會唱的，一一如數家珍獻唱，滿足客人的需求。經常每一個晚上，會有兩、三位客人要請我吃宵夜，對我說想吃什麼就自己點，天啊！每一位都讓我點，我怎麼吃得完呢？但如果不點，老闆就少了收入放口袋；拒絕客人的話，他們會覺得沒面子不開心。這下可好了，簡直是「豬八戒照鏡子，裏外不是人」，終於苦思之後，想到一個兩全其美的法子擺平老闆裏子、客人面子問題。店裡點一份烤雞是半隻的份量，每次客人要請我吃宵夜，我不做他想就是點烤雞，果若有三位客人請我吃，我就有一隻半可吃。算好彙整後跑去廚房找大廚，請他只烤一份給我吃，剩下未吃的一隻雞留待日後想吃時再烤。當我大快朵頤啃著香噴噴的那一份半隻烤雞，那三位客人都各自以為就是他請我的那一份。日積月累客人已預付尚未消化的烤雞，數量也挺驚人的，所以我幾乎每週請大廚一次烤約七、八隻左右的雞，用紙箱裝好拎回桃園予養姊。所謂「獨樂樂，不如眾樂樂」，除了自己吃也分享給曾經幫助我們的親友，也算是我們回饋人家的一點心意。

上中央廣播電台節目當來賓

合眾唱片意難忘

合眾唱片公司老闆陳萬龍先生，在六位兄弟中排行老大，唱片事業歸他負責。排行老三的陳福壽先生經營貿易公司，某一天晚上他招待日本客戶來萬國聯誼社跳舞，當我上台演唱時，他忽然跳到靠近我的舞臺前對我說：「美黛，妳想不想錄唱片？」當時我正忙著唱歌沒法兒回話，心裡卻急得像熱鍋上的螞蟻，巴不得趕快回一句：「當然想！」還不到下班時間，我不克走下舞臺，只好按捺興奮之情唱完再答覆。在三哥引薦之下，我見到老闆—大哥陳萬龍先生及有試錄唱片的機會。見了面老闆告訴我，自己喜歡什麼歌，挑

華視 CTS

民國 86 年（1997）5 月 7 日華視《勁歌金曲五十年》節目特邀〈寒雨曲〉中文作詞者「詞聖」陳蝶衣先生及「銀嗓子」姚莉小姐來台記者會（第一排左一陳蝶衣，左二姚莉，左三美黛）

八首出來交給他好拿去編曲。於是利用閒暇時間把自己手邊所收藏的歌本全搬出來，一頁一頁地翻，我翻到了〈意難忘〉【備註6】、〈寒雨曲〉【備註7】、〈春風秋雨〉，另外一首〈黃昏的街頭〉【備註8】是萬國聯誼社樂隊老師送給我的，交給我時還特別聲明一般人都認為是日本歌，其實是東北國人所寫的詞曲，被日本人搶先拿去錄，教我借此次機會錄成唱片，匡正先前錯誤的認知。還有四首是唱片公司給的新歌，練好也定調之後向陳老闆交差。接下來班照上、等後續進一步通知，忙到天翻地覆的我，雖然徐媽媽很照顧，拼命跑場食量又少的可憐，導致我身體抵抗力差，酷暑大熱天還需毛衣保暖。工作場所每家皆有大型冷氣機，頻繁進出，時冷時熱，所以我長年感染風寒未癒。合眾公司預約我民國 51 年 11 月 12 日要錄音，我向上蒼祈禱感冒不要再惡化，要把握這得來不易的機會，希冀試唱能一舉過關。怎奈天不從人願，眼看時間慢慢逼近，傷風卻益發嚴重。

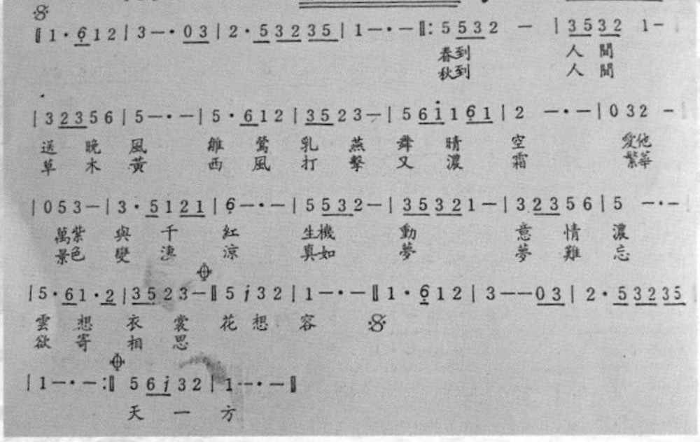

453
C
春風秋雨
Slow Trot
春到 人間
秋到 人間
送晚風 雛鶯乳燕舞晴空 愛他
草木黃 西風打擊又濃霜 繁華
萬紫與千紅 生機動 意情濃
景色變淒涼 真如夢 夢難忘
雲想衣裳花想容
欲寄相思
天一方

〈春風秋雨〉歌譜

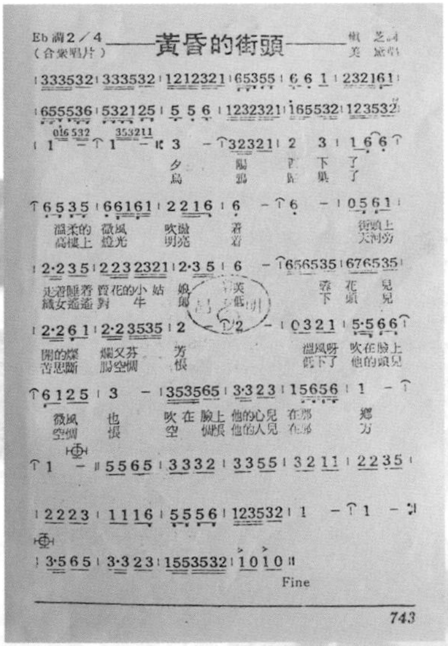

Eb調2／4
（合衆唱片）
黃昏的街頭
Fine
743

〈黃昏的街頭〉歌譜

表一　歷年人口總數、年增加、自然增加、出生數、死亡

按登記日期統計

年別	年底人口總數	人口總增加：年增加率（‰）	人口總增加：增加指數	自然增加：人數（人）	自然增加：自然增加率（‰）	出生：人數（人）	出生：粗出生率（‰）
民國46年 1957	9,748,526	—	100.00	—	—	—	—
民國47年 1958	10,091,928	35.23	103.52	338,266	34.10	413,679	41.70
民國48年 1959	10,484,725	38.92	107.55	349,296	33.95	423,863	41.20
民國49年 1960	10,850,685	34.90	111.31	348,107	32.63	422,319	39.59
民國50年 1961	11,210,084	33.12	114.99	348,388	31.58	422,740	38.33
民國51年 1962	11,574,942	32.55	118.74	352,877	30.97	426,325	37.42
民國52年 1963	11,949,260	32.34	122.58	354,946	30.18	427,212	36.32
民國53年 1964	12,325,025	31.45	126.43	350,023	28.84	419,797	34.59
民國54年 1965	12,698,700	30.32	130.26	341,206	27.27	409,620	32.74
民國55年 1966	13,065,473	28.88	134.03	348,023	27.02	418,327	32.47
民國56年 1967	13,371,083	23.39	137.16	304,455	23.03	376,806	28.51

民國 51 年（1962）年底人口總數是 11,574,942
（見「百年人口歷年資料表」，資料來源：內政部戶政司全球資訊網）

合衆唱片 UNION RECORD
CM-7
合衆國語歌曲
第七集
美黛唱
Chinese Popular Songs Vol.7

美黛首張紅遍全台銷售冠軍唱片專輯
《合眾國語歌曲第七集 CM-7》，
由合眾唱片於民國 52 年初（1963）發行

TAIWAN UNION RECORD CO. LTD.
合衆唱片 UNION RECORD
合衆國語歌曲
第七集
美黛唱
版權所有 翻製必究
高級片 CM-7
第一面
2.意難忘
3.春風秋雨
LONG 33⅓ PLAY

《合眾國語歌曲第七集 CM-7》
唱片圓標第一面第二首〈意難忘〉風靡全台

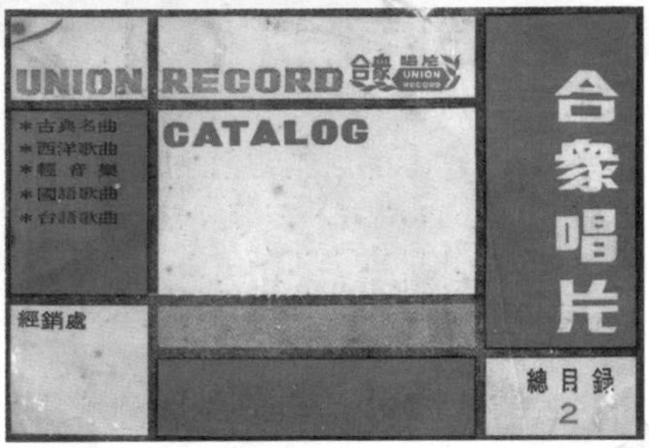
UNION RECORD
CATALOG
經銷處
合衆唱片
總目錄
2

合眾唱片總目錄 2_ 封面

失落感不住上心頭，也只能順其自然，隨老天安排。11 月 12 日是國父誕辰紀念日，台北市南海路美國新聞處放假，葉和鳴先生原本就是美國新聞處錄音師，當時台北還沒有錄唱片專用的錄音室，合眾公司可能是透過葉老師商借假日錄音室的空檔幫我錄音。我不好意思地對老闆說：「我已經很小心，沒想到傷風更厲害？」他則說：「不要有壓力，反正試試看，就開始吧！」八首歌就在預定的時間內完成，好與不好我都不懂，因為我沒這方面的經驗，仍舊回工作崗位等消息。據說合眾公司在民國 52 年初就發片到各電台，同時也對外發行唱片，未被告知、不明就裡的我，大約半年光景瞬間爆紅。根據業界消息靈通人士透露，當時全國人口約一千一百萬，我的首張《意難忘》專輯賣一百多萬張，平均每十一人就擁有一張，亮眼的銷售佳績震撼同行。想必老闆也始料未及，我更是興奮地睡不著覺，在台語歌當道的年代，我身先士卒開啟台灣同胞欣賞國語流行歌曲的先河，引領國語歌蔓延入人們心扉，歌星之路更寬廣，事業更是鴻圖大展。陳萬龍老闆的雙親認定我是個福星，無女承歡膝下，僅口頭非正式收我為乾女兒，未正式磕頭。基本上我也樂此不疲，多些乾爹、乾娘照應，好處多多；至於六位乾哥哥依排行稱呼，大哥主掌唱片、二哥很少照面、三哥是我打從心底最感謝的人，若不是他發現我這塊

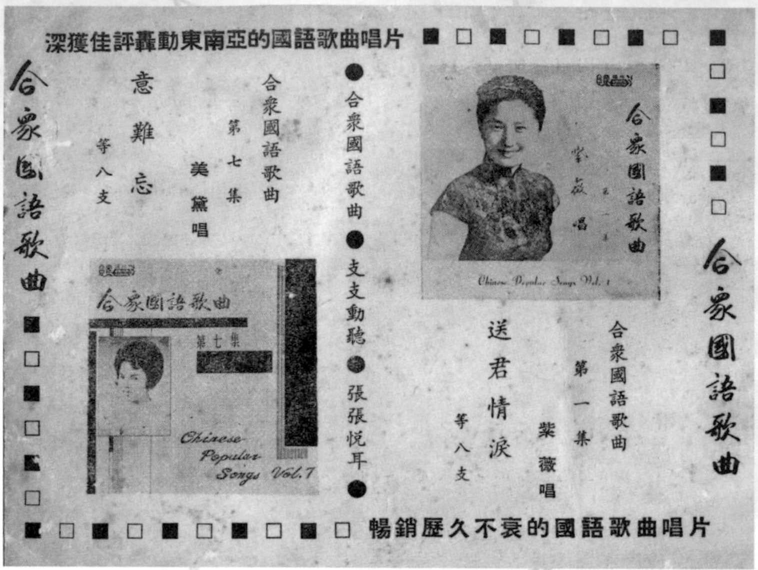
深獲佳評轟動東南亞的國語歌曲唱片
合衆國語歌曲
意難忘
等八支
合衆國語歌曲
第七集
美黛唱
合衆國語歌曲
合衆國語歌曲
第七集
Chinese Popular Songs Vol.7
合衆國語歌曲
支支動聽
張張悅耳
合衆國語歌曲
紫薇唱
Chinese Popular Songs Vol. 1
合衆國語歌曲
第一集
紫薇唱
送君情淚
等八支
合衆國語歌曲
暢銷歷久不衰的國語歌曲唱片

合眾唱片總目錄 2_ 內頁

CM-7	合衆國語歌曲　第七集 如何能嫁他 意難忘 春風秋雨 楓紅柳黃時	四季春 更鼓催天明曉 寒雨曲 黃昏的街頭	美黛唱
CM-101	合衆輕音樂　第一集 彩紅妹妹 繡荷包 拷紅 飄零的落花	紅豆詞 康定情歌 故鄉 大地回春	跳舞音樂
CM-102	合衆輕音樂　第二集 丁香樹下 搭錯線 空幃殘夢 我忘不了你	情人的眼淚 百花香 我要告訴你 湖畔情侶	跳舞音樂
CM-103	合衆輕音樂　第三集 偷偷摸摸 真假鴛鴦 搖船曲 明月千里寄相思	夫妻相罵 送郎 做針線 黃葉舞秋風	跳舞音樂
UT-501	合衆台語歌曲　第一集 我愛我君我愛于 媽媽的眼淚 明月等苦情 深月的懷念	(電影「我愛我君我愛于」全部插曲) 何時見媽媽 斷不了的情 難忘的聲 夜半的流浪漢	張淑美唱
UT-502	合衆國語歌曲　第二集 漁村的新娘 我永遠信用你 夜販少女愁 文明三姊妹	(文明三姊妹) 二人心相同 月娘那出心就悶 你是一個男性嗎? 實在真無疑	白櫻唱
UT-503	合衆國語歌曲　第三集 故鄉好消息 離開夜都市 黃色的內衫 愛情風	(愛情風) 綠色山畜 月夜的吉他 無關心 怎樣叫阮來忘記	張淑美唱

—80—

合眾唱片總目錄 2_《合眾國語歌曲第七集 CM-7》美黛專輯歌曲目錄(第 80 頁)

CM-8	合衆國語歌曲 第八集 杭州姑娘 你在我身邊 還是走吧 兩柔浪花	迴夢曲 祇怕別離 柳葉迎風芙 歡喜冤家	美黛唱
CM-9	合衆國語歌曲 第九集 西湖春 銀花飛 西廂吟 戀痕	藍色的回憶 秋詞 月圓花好 黃葉舞秋風	蘇倩唱
CM-10	合衆國語歌曲 第十集 昂頭向前走（壽喜燒） 竹籬笆 空閨怨 小丁香	夢中的你 明月故鄉 海鳥夜夜啼 薔薇處處開	美黛唱
CM-104	合衆輕音樂 第四集 杭州姑娘 祇怕別離 歡喜冤家 迴夢曲	西湖春 兩朵浪花 戀痕 月圓花好	跳舞音樂
CM-105	合衆輕音樂 第五集 草蜢弄雞冠（公） 茶山相褒 六月茉莉 思相起	丟丟咚 五更鼓 流傘調 牛犁歌	跳舞音樂
UT-504	合衆中國民謠 第一集 台灣篇 六月茉莉 草蜢弄雞冠（公） 思相起 牛犁歌	流傘調 哭調仔 更鼓相思 五更鼓	張淑美 吳晉准 唱
UT-505	合衆中國民謠 第二集 台灣篇 含台灣山地民謠 丟丟咚 茶山相褒 都馬調 桃花過渡	杵歌（山地民謠） 馬蘭之戀（山地民謠） 卜卦調 十月花胎	吳晉准 張淑美 唱 阿美娜

—81—

合眾唱片總目錄 2_《合眾國語歌曲第八集 CM-8 與第十集 CM-10》
美黛專輯歌曲目錄（第 81 頁）

曲歌國中衆合

已經出版

- 第一集、第三集、第五集、第六集：紫薇唱
- 第二集、第四集、第廿八集、第卅七集：李小梅唱
- 第七集、第八集、第十集、第十一集、第十五集、第十六集、第十八集、第十九集、第廿三集、第廿四集、第廿七集、第廿九集、第卅集、第卅一集、第卅二集、第卅四集、第卅五集：美黛唱
- 第九集：蘇倩唱
- 第十二集：黃茜霞唱
- 第十四集：美黛合 孫樸生唱
- 第十七集、第卅三集：洪蕙唱
- 第二十集、第廿五集：藍星混聲合唱團
- 第廿一集：夏心唱
- 第廿二集：張清真唱
- 第廿六集、第卅六集：憶如唱

合眾唱片中國歌曲專輯目錄

璞玉，如今歌壇哪有我一席之地？人生七十才開始，三哥現今八十餘歲，誠心祝禱您永遠身體健康、福壽雙全。《意難忘》唱片暢銷之後，大哥就積極籌畫下一張專輯，走紅後更是密集出片，每張唱片都無比暢銷，只可惜當年不講究智慧財產權，我沒有唱片版權，每出一張唱片只收一千元酬勞，假如像現在有版權費可收，就住得起台北市「蛋黃區」貴得令人咋舌的豪宅囉！

Hsin, Mei-fen （2012）, Popular Music in Taiwan: Language, Social Class, and National Identity, University of Durham, UK

以下是有關美黛老師出現在我的論文頁數的部分
P.59-60 談到“意難忘-Yinanwang”的流行、錄製過程
及成為歌手的過程

The first Chinese-language popular song to achieve hit status was probably ‘Yinanwang （How Difficult for me to Forget you）’, based on the number of records estimated to have been sold in record shops, amounting to approximately one million. Every army unit had its own broadcasting station, and every one of these is said to have owned the album on which the song featured （Jhang 1974: 4）張樹正（1974），《二百歌星成名奮鬥史》，高雄：自行出版。

Jheng Hong-sheng, who lived in Tainan （South

Taiwan）,remembered that his father brought ‘Yinanwang’ album home one day, and remarked that this surprised him because Chinese-language popular song albums were not usually popular in the Taiwanese areas. This possibly marked a new period of greater acceptance of Chinese-language song among Taiwanese families in the early 1960s （Jheng 2010: 196）. 鄭鴻生（2010），〈從美黛到蕭斯塔科維奇：一九六〇年代府城一個角落的眾聲喧嘩〉，《印刻文學生活誌 INK》，臺北：印刻文學生活雜誌出版有限公司，第六卷，第十一期，頁 194-213。

Mei-dai, who sang the vocals on the album, had been performing in singing halls and dance halls in the late 1950s, and it was based on a performance at the ‘Wanguo Lianyishe’ dance hall < 註： 萬國聯誼社舞廳 > that a record company owner decided to record an album with her（see Figure 4）< 註： 經考證是 Figure 1.4>.The album was produced by Hejhong record company< 註：合眾唱片公司 > in 1962, before the first singing programme had been launched on TV, broadcasting music to the whole of Taiwan. It was recorded at the United States Information Service studios because the recording engineer Ye He-min < 註： 葉和鳴 > was working there（prior to setting up his own studio in his home）.Mei-dai told me that there was no air conditioner in the room, so they put a basket containing ice in front of a fan to make it cooler, and sometimes when an aeroplane was flying past or someone was shouting outside to sell food, they would have to restart their recording. Although the album did not earn her much money, it did bring her fame – and this was also the same for other albums produced at that time（Mei-dai personal communication on July 30, 2009）.

Figure1.4: 合眾唱片《意難忘 / 重相逢 MCM-1038》
專輯封面（見圖 Figure1.4）

Figure 1.4: The cover of the album‘Yinanwang’,featuring Mei-dai（from http://www.vinylparadise.com/3pop_man/1/mpopfmn.htm, accessed in Nov. 2010）.

Figure: 1.4

金門飯店生意不錯，只可惜老闆太累不想做，大廚想順勢接手無奈資金不足。至於我就算金門飯店換老闆而換班底，頂多少唱一場金門飯店宵夜場，不至於挨餓沒飯吃。自金門飯店為宵夜場的開山始祖，在潮流推波助瀾下陸陸續續又開了二、三家，其中最大的就是豪華夜總會，所以不乏新的賺錢商機。或許是命運的牽引使然，大廚不知如何找到一位願意接手的新金主，將金門飯店整個盤下來，並且對新東家熱血諫言：「別的夥計隨您做主取捨，唯獨這個小姐您不可讓她走，因為客人都是衝著她來！」故換了主子，我這奴才依舊留用伺候著。令人意想不到的是，有一天晚上徐媽媽家隔壁房子火燒，當晚我都在上班不知情，下班回租屋處才知道。據

聞發生火災時，徐媽媽一股腦兒只收拾所有我上班穿的旗袍奪門而出，其餘私房家當皆遺留原地，生怕我有所損失。她這般處處為我著想，我與徐大公子卻像短暫交錯後的平行線有緣無份，無法遂其所願成為她的兒媳婦，令人遺憾。火災後現場清理出十幾具屍體，依序排列在廊簷邊以白布覆蓋，如此震懾駭人的恐怖情景，對每日深夜下班歸來的我，心中免不了毛毛的，冷不防寒顫直打哆嗦，事後雖然搬離清除，仍覺驚悚異常、陰影揮之不去。話說金門飯店的新主兒，姓賀名天恩，是來自香港的僑生，就讀台大商學系。他一面唸書、一面傳承父親手錶買賣，在台代理諾貝爾名錶生意。為了能長期留在台灣不受港澳僑生簽證限制，實施大四延畢策略，每逢期末考就故意當掉留級一年，如法炮製三、四年。

正聲歌選
17

民國 47 年（1958）5 月 1 日《正聲歌選》第十七集_封面葛蘭小姐〈第 28 頁意難忘〉

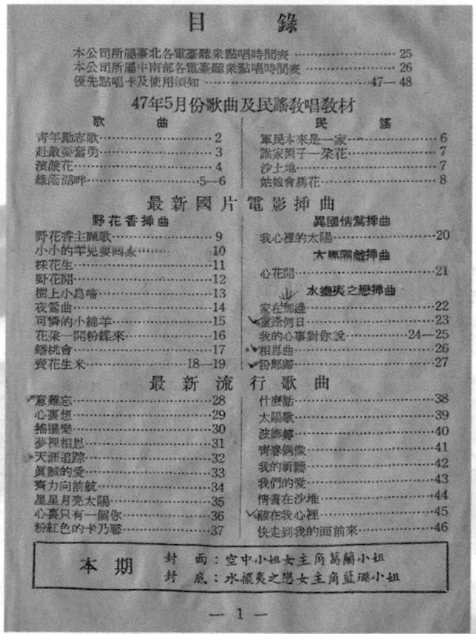

目　　錄

本公司所屬臺北各電臺聽衆點唱時間表 …… 25
本公司所屬中南部各電臺聽衆點唱時間表 …… 26
優先點唱卡及使用須知 …… 47—48

47年5月份歌曲及民謠教唱教材

歌曲		民謠	
青年勵志歌	2	軍民本來是一家	6
赴敵要奮勇	3	誰家園子一朵花	7
薇薇花	4	沙土塊	7
綠蔭湖畔	5—6	姑娘會綉花	8

最新國片電影插曲

野花香插曲		異國情鴛插曲	
野花香主題歌	9	我心裡的太陽	20
小小的羊兒要回家	10	大馬戲團插曲	
採花生	11	心花開	21
野花開	12	水擺夷之戀插曲	
樹上小鳥啼	13	家在那邊	22
夜鶯曲	14	重逢何日	23
可憐的小綿羊	15	我的心事對你說	24—25
花朵一開粉蝶來	16	相思曲	26
蟠桃會	17	盼郎歸	27
賣花生米	18—19		

最新流行歌曲

意難忘	28	什麼話	38
心裏想	29	太陽歌	39
搖擺樂	30	淚滿襟	40
夢裡相思	31	青春偶像	41
天涯追踪	32	我的新歡	42
真誠的愛	33	我們的愛	43
齊力向前航	34	情書在沙堆	44
星星月亮太陽	35	藏在我心裡	45
心裏只有一個你	36	快走到我的面前來	46
粉紅色的卡乃馨	37		

本期　封面：空中小姐女主角葛蘭小姐
　　　封底：水擺夷之戀女主角藍瑛小姐

— 1 —

民國 47 年（1958）5 月 1 日《正聲歌選》第十七集_目錄顯示第 28 頁為〈意難忘〉歌譜

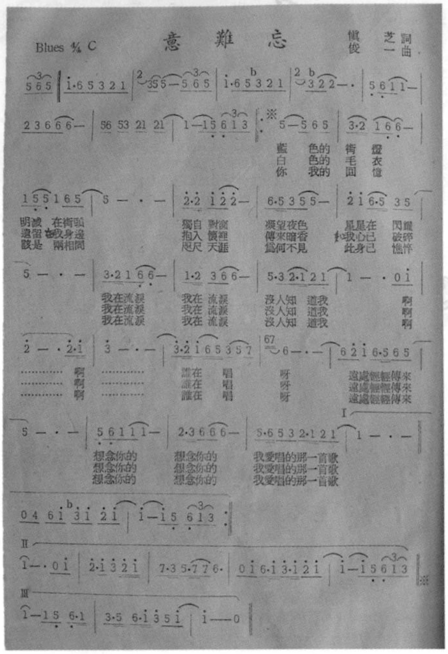
Blues 4/4 C
意難忘
慎芝 詞
俊一 曲
藍 色的 街 燈
白 色的 毛 衣
你 我的 回 憶
明滅 在街頭
咫尺 天涯
爲何不見
此身已 憔悴
我在流淚 我在 流淚 沒人知 道我 啊
誰在 唱 呀 遠處輕輕傳來
想念你的 想念你的 我愛唱的那一首歌

民國 47 年（1958）5 月 1 日《正聲歌選》第十七集 _ 第 28 頁〈意難忘〉歌譜

CS5-41 型 五燈收音機
正聲牌收音機
五大特點
款式新穎 美觀大方
構造堅固 選料認真
音質清晰 優美柔和
設計精良 性能優異
逐一檢驗 符合標準
本公司榮譽出品
地 址：台北市長安西路140號
電 話：42400 號
正聲歌選 第十七集
每月一集
中華民國四十七年五月一日出版
出版及發行人：正聲廣播公司
地 址：台北市長安西路一四〇號
郵政劃撥：一 三 六 四 二
發行處：台中市：農民廣播電台
嘉義市：公益廣播電台
岡山鎮：正言廣播電台
岡山郵政劃撥二四號
定價三元 四集一次付款十元 六集一次付款十四元

民國 47 年（1958）5 月 1 日《正聲歌選》第十七集 _ 封底〈第 28 頁意難忘〉

接掌金門飯店之後，他更忙碌不堪，白天唸書兼營手錶生意，午餐開始到金門飯店監督直到晚餐及宵夜場結束，再行稽核盤點作業，回到台大宿舍大約是凌晨四點。沒有一例一休，每天周而復始、披星戴月的結果，一個月之後他就病倒了。住進當時位在南門的宏恩醫院，醫生診斷患黃疸病需長期休養，快則半年、慢則一年才會康復。於是金門飯店由大廚代為經營，夥計暫時都不動，我亦是夥計之一。探病慰問是人之常情，原本想禮貌上致意一下便可，後來覺得老闆一人孤身在台，朋友不多，親人不在身旁，推敲他也不想讓父母擔憂，所以沒有家書聯絡。惻隱之心油然而生，我就常常去照顧他，約莫半年後的某一天，他拉著我的奶油桂花手向我告白，出院後開始正式交往。一路從徐媽媽家的火災事件讓我每晚下班膽戰心驚、毛骨悚然，到金門飯店賀老闆生病住院，同時間我又馬不停蹄找房準備搬家，最後落腳在南京東路二段與吉林路交叉口第一飯店斜對面附近，這一帶全是空軍眷區，每戶空間都很寬廣，有客廳、房間、還有小小廚房，足供我一個人住綽綽有餘。

民國53年（1964）電影《綠島之夜》中，
美黛客串飾演歌手，在夜總會演唱〈意難忘〉，
空前絕後唯一的電影演出（參閱第452頁美黛放大版）

民國57年（1968）9月16日
美黛與夫君賀天恩攝於龍德飯店

我為你歌唱／群星會

民國 52 年（西元 1963 年）下半年，因《意難忘》一炮而紅為成名代表作，才真正嚐到走紅的滋味！台視正式開播我加入《群星會》，同時也應邀至重慶北路底新喬遷落成的正聲廣播公司【備註 9】，主持《我為你歌唱》節目。原本遊走於正聲、民本、民生三電台演唱當搶錢一族，如今定居於正聲廣播公司專司固定節目主持人。說到正聲廣播公司屬廣播界的佼佼者，分公司遍佈國內每一個縣市，收聽率一向傲人，想要踏入這個大門可不簡單呢！尤其是播音員一職，音色甜美、發音準確、口齒清晰是不可或缺的必備條

中華民國五十二年十月十日　正廣月刊　星期四　（第四版）

公益台縣運服務台

瞭解大衆需要　把握服務機會

零碎珠玉

話正言

農民台及新台農牧公司聯合舉辦有獎徵答遊戲

節目表

正聲公司

第一部份

BEV34　週率820千週

05.00—05.05	國歌、進行曲
05.05—05.30	正聲初級英語（張澍）
05.30—06.00	美國梯階英語（雷熚、張澍主持）
06.00—06.30	正聲英語讀本（張澍）
06.30—07.00	正聲初級英語（張澍）
07.00—07.05	新聞
07.05—07.35	美國梯階英語（雷熚、張澍）
07.35—07.40	你說對不對？
07.40—08.00	早晨音樂
08.00—09.00	氣象、新聞、早晨的話（林雲）（8.30—08.35鐵路服務）（2.5）
09.00—09.30	新聞、婦女俱樂部（舒宜）
09.30—10.00	正聲歌選選播（林雲）
10.00—10.30	新聞、正聲歌選選播（林雲）
10.30—11.00	申曲（朱也娥）
11.00—12.00	新聞、平劇（李寶淦）
12.00—15.00	我為你歌唱（12.00—13.00 李小梅主持）（13.00—14.00 于璇主持）（14.00—1.500 美黛主持）
15.00—16.00	新聞、西洋音樂（費雯）
16.00—17.00	新聞、正聲歌選選播（費雯）
17.00—17.30	新聞、音樂花籃（亞琪）
17.30—18.00	西洋歌曲

民國 52 年（1963）10 月 10 日《正廣月刊》正聲廣播公司節目表，
下午 2～3 點由美黛主持《我為你歌唱》節目

中華民國五十二年十月十日

節目表

正聲公司

第一部份

BEV34 週率820千週

05.00—05.05	國歌、進行曲
05.05—05.30	正聲初級英語（張澍）
05.30—06.00	美國梯階英語（雷輝、張澍主持）
06.00—06.30	正聲英語讀本（張澍）
06.30—07.00	正聲初級英語（張澍）
07.00—07.05	新聞
07.05—07.35	美國梯階英語（雷輝、張澍）
07.35—07.40	你說對不對？
07.40—08.00	早晨音樂
08.00—09.00	氣象、新聞、早晨的話（林雲）（8.30—08.35鐵路服務）（2.5）
09.00—09.30	新聞、婦女俱樂部（舒宜）
09.30—10.00	正聲歌選選播（林雲）
10.00—10.30	新聞、正聲歌選選播（林雲）
10.30—11.00	申曲（朱也娥）
11.00—12.00	新聞、平劇（李寶淦）
12.00—15.00	我爲你歌唱（12.00—13.00 李小梅主持）（13.00—14.00 于璇主持）（14.00—1.500 美黛主持）
15.00—16.00	新聞、西洋音樂（費雯）
16.00—17.00	新聞、正聲歌選選播（費雯）
17.00—17.30	新聞、晉辯花鱶（亞琪）
17.30—18.00	西洋歌曲
18.00—18.30	新聞、輕音樂
18.30—18.55	居家之道（林雲）
18.55—19.00	你說對不對（李寶淦）
19.00—19.05	氣象、新聞
19.05—19.30	快樂之門（吳明、鄭婉）（2.4.6）國語歌曲（1.3.5）
19.30—20.00	廣播劇（正聲空中影劇團）
20.00—20.30	全國電臺聯播（國語）
20.30—21.00	三千六百行（李炳坤）
21.00—22.00	新聞、正聲歌選選播（亞琪）
22.00—22.30	正聲歌選選播（亞琪）
22.30—23.00	名曲精華（秦華）
23.00—23.05	新聞
23.05—23.35	燈前良伴（丁珊）
23.35—24.05	新聞、夜深沉（藍明）
24.05—00.15	氣象、新聞

民國52年（1963）10月10日《正廣月刊》正聲廣播公司節目表（完整版），下午2～3點由美黛主持《我為你歌唱》節目

件，經過嚴謹的考核才得其門而入。幸運的是，公司對我備極禮遇，免除層層考關直接逕行聘用。那時的我對播音室並不陌生，但主持這一項算是新的嘗試，《我為你歌唱》是每週一至週五中午十二點到下午三點連續三小時現場播出的常態性節目。正聲廣播公司觸角亦朝向多角化經營，將最新電影歌曲或歌星發片的新歌，歸納收錄於新一集《正聲歌選》中販售。歌本裏面還附上一年一度的歌唱比賽報名表及四張點歌卡，聽眾可以透過打電話或寫信的方式，進行「報頁播唱」的活動，指名《正聲歌選》第幾集第幾頁的歌曲名點播，只要不是政府禁播的黑名單，便可由正聲廣播公司每年舉辦歌唱比賽選出的前五名歌手和我輪流分配演唱，若遇上不會唱的歌，則由我這位外聘月薪八百元的主持人充當救火隊，演唱這些難度高的歌曲，進行神救援，一飽聽眾耳福，有些聽眾甚至遠從金門大老遠寫信來

正聲歌選
35

1. 民國 51 年（1962）2 月《正聲歌選》第三十五冊 _ 封面〈正聲廣播公司 - 第六次歌唱比賽〉

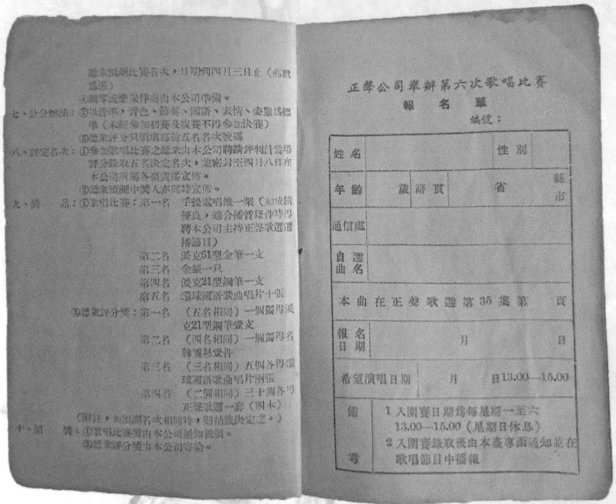

正聲公司舉辦第六次歌唱比賽
報名單
編號：
姓名
性別
年齡
歲籍貫
省
縣市
通信處
自選曲名
本曲在正聲歌選第 35 集第　頁
報名日期
月
日
希望演唱日期
月
日13.00—15.00
備考
1 入圍賽日期爲每星期一至六 13.00—15.00（星期日休息）
2 入圍賽錄取後由本臺專函通知並在歌唱節目中播報

3. 民國 51 年（1962）2 月《正聲歌選》第三十五冊 _ 第 1 頁，〈正聲廣播公司 - 第六次歌唱比賽辦法之 2 及報名單〉

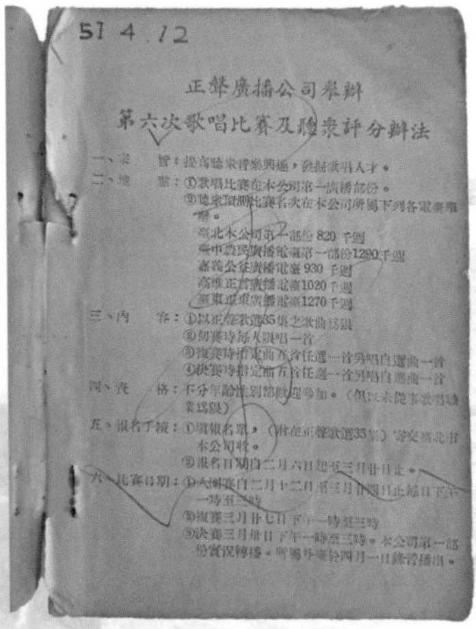

正聲廣播公司舉辦
第六次歌唱比賽及聽衆評分辦法

2. 民國 51 年（1962）2 月《正聲歌選》第三十五冊 _ 封裡，〈正聲廣播公司 - 第六次歌唱比賽辦法之 1〉

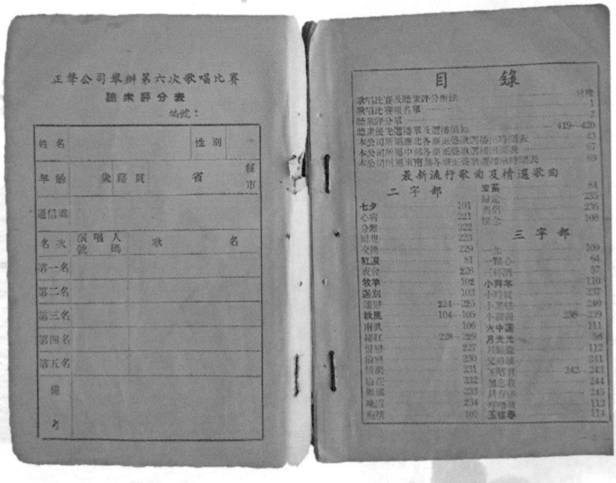

正聲公司舉辦第六次歌唱比賽
聽衆評分表
編號：
姓名
性別
年齡
籍貫
省
縣市
通信處
名次
演唱人號碼
歌
名
第一名
第二名
第三名
第四名
第五名
備考
目錄
最新流行歌曲及精選歌曲
二字部
三字部

4. 民國 51 年（1962）2 月《正聲歌選》第三十五冊 _ 第 2 頁，〈正聲廣播公司 - 第六次歌唱比賽聽眾評分表及目錄〉

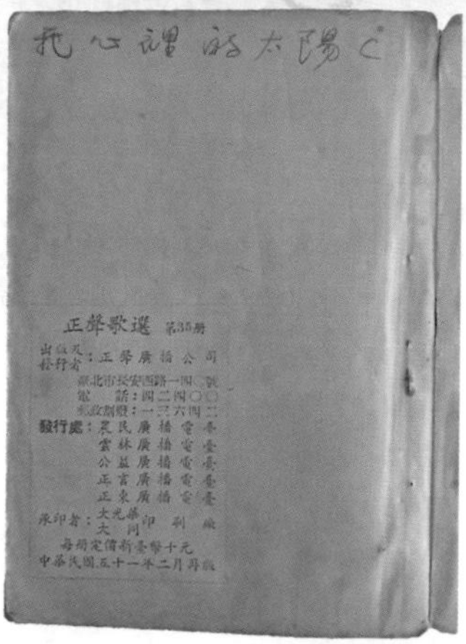
我心裡的太陽
正聲歌選 第35冊
出版及發行者：正聲廣播公司
臺北市長安西路一四〇號
電　話：四二四〇〇
郵政劃撥：一三六四二
發行處：民本廣播電臺
雲林廣播電臺
公益廣播電臺
正言廣播電臺
正東廣播電臺
承印者：大光華 大同 印刷廠
每册定價新臺幣十元
中華民國五十一年二月再版

5. 民國51年(1962)2月《正聲歌選》
第三十五冊_封底
〈正聲廣播公司－第六次歌唱比賽〉

民國53年(1964)在正聲廣播公司的巡迴演唱會上
(左起吳靜嫻、美黛、于璇、王慧蓮)

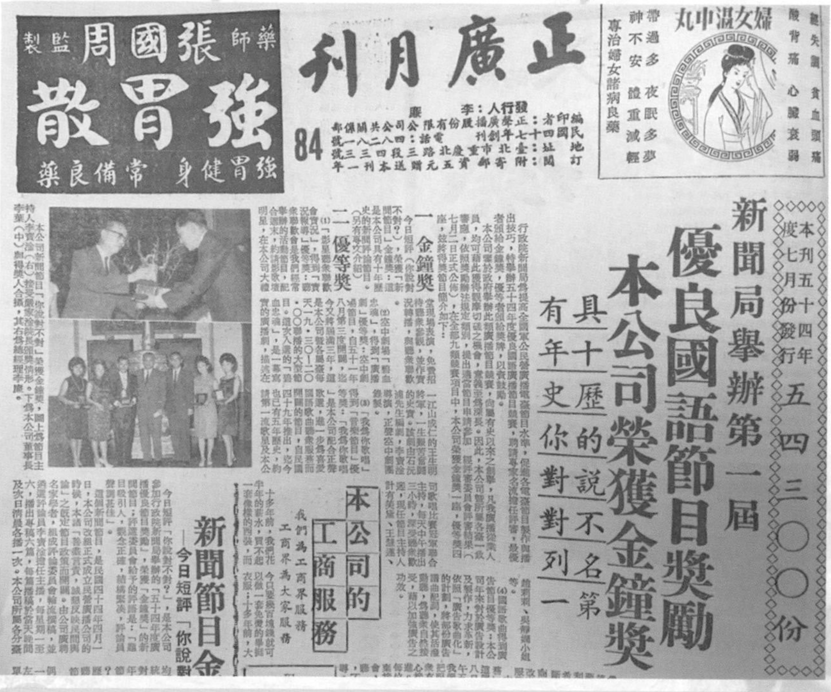

正廣月刊

84

發行人：李　康
編印者：正聲廣播股份有限公司公共關係部
民國四十七年創刊　電話：四八二八一一號
地　址：臺北市重慶北路三段四三三號
訂　閱：附寄郵資五元贈送本刊一年

藥師 張國周 監製
強胃散
強胃健身　常備良藥

婦女溫中丸
經失調　貧血頭痛
腰背痛　心臟衰弱
帶過多　夜眠多夢
神不安　體重減輕
專治婦女諸病良藥

本刊五十四年度七月份發行 五四三〇〇份

新聞局舉辦第一屆
優良國語節目獎勵
本公司榮獲金鐘獎
具有十年歷史的「你說對不對」名列第一

一　金鐘獎

二　優等獎

本公司的工商服務
我們為工商界服務　工商界為大家服務

新聞節目金
——今日短評「你說對

民國54年(1965)7月美黛代表正聲廣播公司《我為你歌唱》節目
領取新聞局第一屆優良國語廣播「音樂節目」優等獎

中華民國五十四年
優良廣播節目獎勵
優等獎
音樂節目
『我爲你歌唱』
正聲廣播公司製作
行政院新聞局頒贈

民國 54 年（1965）7 月正聲廣播公司《我為你歌唱》節目榮獲新聞局「音樂節目」優等獎獎牌

正聲歌選
39

民國 53 年（1964）2 月《正聲歌選》第三十九集 _ 封面，《我為你歌唱》節目主持人美黛小姐

點歌呢！《我為你歌唱》是健康又很受普羅大眾歡迎的節目，所以民國 54 年（西元 1965 年）我曾代表在中山堂自嚴前副總統家淦手中領取行政院新聞局所頒第一屆優良國語廣播音樂節目優等獎，與有榮焉。難得的是又與多年不見的孫樸生老師一起在節目中工作，他擔任鋼琴伴奏，其後的《群星會》電視節目亦然，不僅琴藝超凡入聖，男聲的演唱別有一番韻味，尤其是黃梅調，其他男女對唱、合唱曲等更是一絕，非他莫屬。工作上我們成了最佳夥伴、默契十足，故合眾唱片錄製〈夜夜夢江南〉那首歌時，我便推薦他予老闆，不作第二人想。

原民本電台舊址武昌街尾蓋了許多新建築，其中一幢就是台北歌廳。政府亦開放核准外國藝人可來台作秀，限制的藩籬打破後，新場地、新裝潢、豪華寬敞、舞臺宏偉，如同高貴的劇場，為迎接外國藝人紛紛跟風

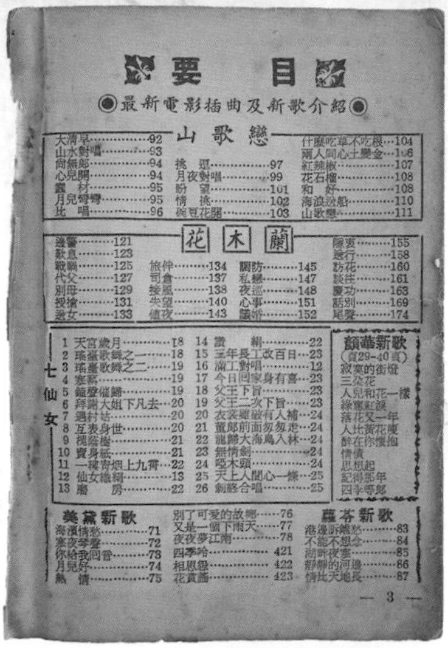
要 目
最新電影插曲及新歌介紹
山歌戀
花木蘭
七仙女
美黛新歌
— 3 —

民國 53 年（1964）2 月《正聲歌選》第三十九集＿第 3 頁要目（美黛新歌〈夜夜夢江南〉第 78-80 頁）

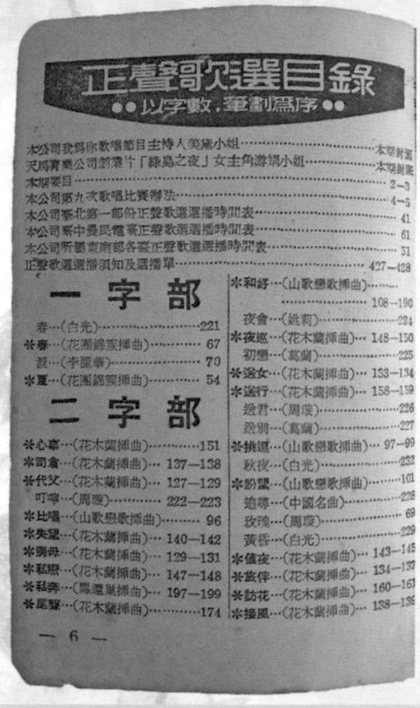
正聲歌選目錄
以字數，筆劃為序
一字部
二字部
— 6 —

民國 53 年（1964）2 月《正聲歌選》第三十九集＿第 6 頁目錄

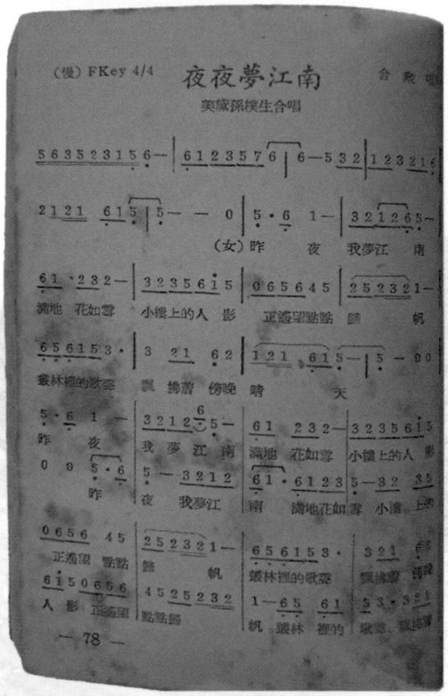
(慢) FKey 4/4
夜夜夢江南
美黛孫樸生合唱
— 78 —

民國 53 年（1964）2 月《正聲歌選》第三十九集＿第 78 頁美黛新歌〈夜夜夢江南〉-1

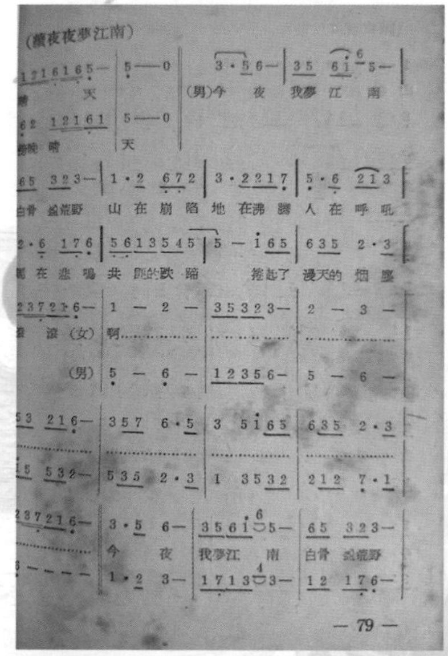
(續夜夜夢江南)
— 79 —

民國 53 年（1964）2 月《正聲歌選》第三十九集＿第 79 頁美黛新歌〈夜夜夢江南〉-2

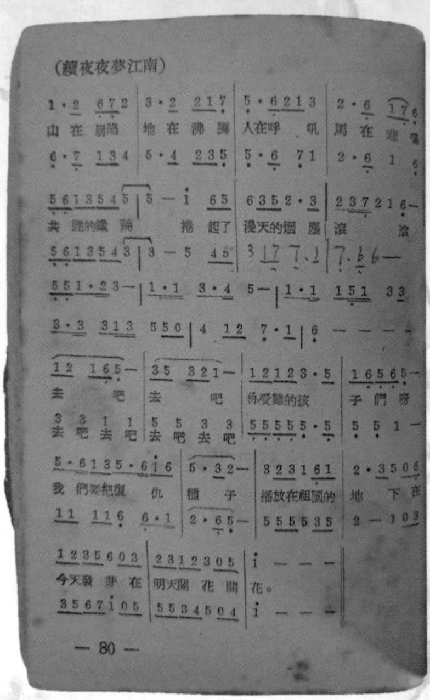
(續夜夜夢江南)
— 80 —

民國53年（1964）2月《正聲歌選》第三十九集＿第80頁美黛新歌〈夜夜夢江南〉-3

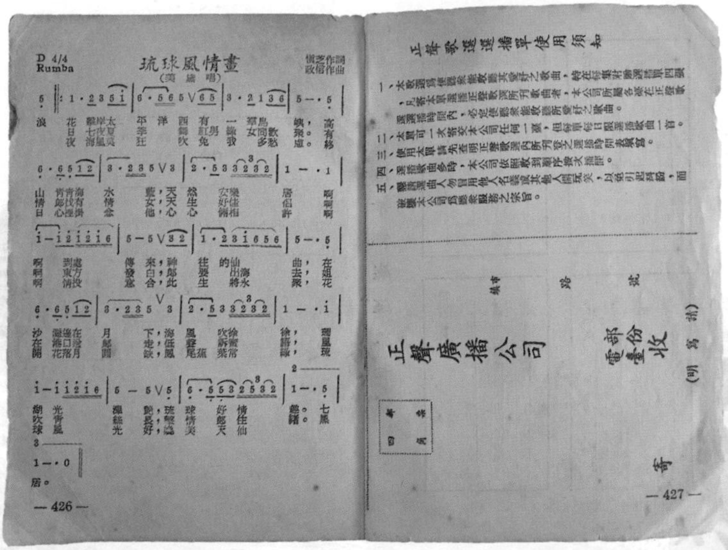
D 4/4
Rumba
琉球風情畫
— 426 —
正聲歌選選播單使用須知
正聲廣播公司
— 427 —

民國53年（1964）2月《正聲歌選》第三十九集＿第426頁美黛之歌〈琉球風情畫〉及第427頁《正聲歌選》選播單須知

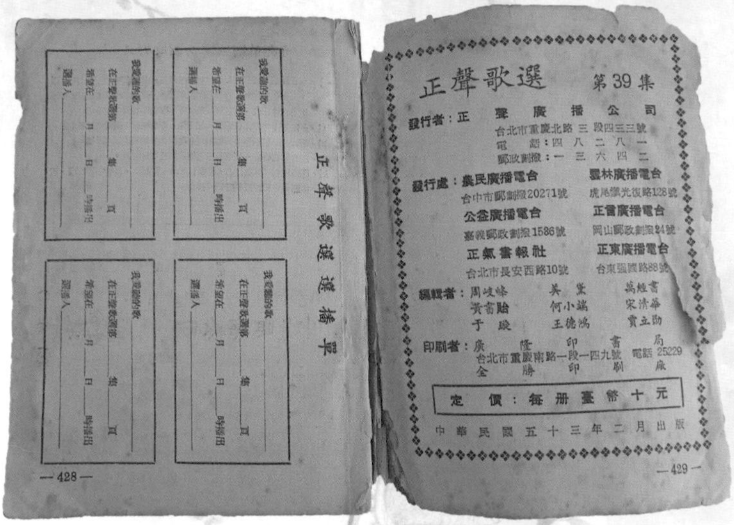

正聲歌選選播單

我愛聽的歌＿＿＿＿
在正聲歌選第＿＿＿集＿＿＿頁
希望在＿＿＿月＿＿＿日＿＿＿時播出
選播人＿＿＿＿

—428—

正聲歌選　第39集

發行者：正聲廣播公司
台北市重慶北路三段四三三號
電　話：四八二八一
郵政劃撥：一三六四二

發行處：農民廣播電台
台中市郵劃撥20271號
雲林廣播電台
虎尾鎮光復路128號
公益廣播電台
嘉義郵政劃撥1586號
正言廣播電台
岡山郵政劃撥24號
正氣書報社
台北市長安西路10號
正東廣播電台
台東強國路88號

編輯者：周岐峰　美黛　萬經書
黃富貽　何小端　宋清華
于璇　王德鴻　賈立勛

印刷者：廣隆印書局
台北市重慶南路一段一四九號　電話 25229
全勝印刷廠

定價：每冊臺幣十元

中華民國五十三年二月出版

—429—

民國 53 年（1964）2 月《正聲歌選》第三十九集＿第 428 頁《正聲歌選》選播單及第 429 頁封底

民國 54 年（1965）在台北正聲廣播公司禮堂演出（左為美黛，右為費雲）

林立，老闆突破以往泡茶聽歌的方式，改像看電影一樣買票進場。為了使新開幕能一炮而紅，老闆特地從香港聘請影歌雙棲紅星顧媚小姐當主唱，我與剛出道的鄧麗君小姐亦受邀演出。當時黃梅調電影《狀元及第》剛上映，同時我也在渝園餐廳唱，王菲先生請我幫《狀元及第》打歌宣傳，因跑場分身乏術無暇背歌，他看我經過數日都沒動靜，於是某一天等我唱完下台，他就拍桌翻臉指著鼻子對我破口大罵：「大牌啦？」我亦不客氣回應道：「你莫名其妙，沒有背好詞兒我怎麼唱？」就這樣吵架不歡而散，我繼續趕場賺銀子，懶得跟他一般見識。

民國 53 年（1964）在台北歌廳

這時唱片也積極灌錄，按理說出片太過密集會自己打到自己，但對於紅透半邊天的我並未受此魔咒影響，片片都讓公司的業績突飛猛進，所以公司犒賞我一週香港假期。我一邊辦香港簽證，一邊向已交往的男朋友賀天恩透露此事，然後再向各演唱場子的老闆一一報備。那時香港隸屬英國管轄，簽證審查嚴格又冗長，期間男友與香港家人已聯絡好，屆時會有人到機場接機並安排住到他家。

時任男友賀天恩之父母，
賀人欽伯父與賀齊毓芳伯母

早也盼、晚也盼，就在望穿秋水之際，港簽總算核准可以飛了。生平頭一遭出遠門坐飛機，興奮之情溢於言表，卻又莫名擔心沒人接機或迷路怎麼辦？反正船到橋頭自然直，索性走著瞧吧！一小時又十五分鐘後飛機降落香港，跟著人群魚貫排隊出關，很快就看到我的名牌，賀伯父與賀伯母兩老親自來接機，消除我心中的不安與焦慮。香港啟德機場位於九龍、觀塘一帶，從機場坐計程車到天星碼頭，再轉搭渡輪過海才是香港本島，從中環坐計程車抵達銅鑼灣大坑道賀宅。進駐賀家方知人丁單薄，除了兩老只有一位佣人名喚「阿蕾」，加上我才算人氣旺一些，不再冷冷清清。翌日賀伯父照常去公司照看生意，賀伯母則陪我四處吃喝玩樂及購物等等，晚上回家偶而會閒聊，訴說他們如何從上海帶著二個兒子逃難到香港，安頓以後計畫想生個女兒，孰料間隔十八年後再懷孕還是生兒子，不死心隔年又播種，結果依然生個「帶把的」！故就此打住不想再生了。

隨歲月流轉四個兒子為就學就業散落異鄉，老大賀天恩在台北混，老二賀頌恩住美國聖荷西是 IBM 工程師，老三賀山恩住美國芝

民國 47 年（1958）男友賀天恩全家福照【第一排由左至右：賀齊毓芳（母）、賀人欽（父）；第二排由左至右：賀賜恩（四弟）、賀頌恩（二弟）、賀天恩（大哥）、賀山恩（三弟）】

加哥是西北大學醫學院神經學臨床副教授，老四賀賜恩住美國紐約任財務顧問一職。七天的假期非常短暫，縱然有些依依不捨，還是得揮揮衣袖告別，道謝賀伯父與賀伯母的招待與照顧，動身返回台北，結束購物天堂美麗的香江之行。

之後成都路的「國之賓歌廳」及西寧南路宏聲歌廳樓上三樓的「新加坡舞廳」以更誘人的薪水相邀，無法抗拒高薪的魅力，於是紛紛請辭「金門飯店」與「萬國聯誼社」，幾乎之前的工作全部汰舊換新，只保留「甬江餐廳」。洗牌後每日上、下班順序揭櫫如下：

早上 11 點 30 分 → 抵達正聲廣播公司午餐
中午 12 點～下午 3 點 → 進正聲播音室，主持《我為你歌唱》節目
下午 4 點 ~5 點 → 唱新加坡舞廳下午場
下午 6 點 → 唱甬江餐廳晚餐時間，唱完吃晚餐稍休息
晚上 8 點 30 分 ~9 點 30 分 → 唱國之賓歌廳
晚上 10 點 → 再回新加坡舞廳唱晚場
晚上 12 點～凌晨 1 點 → 唱第一飯店漢宮廳宵夜場

《群星會》【備註10】初期是每週三晚上現場播出，但演唱者不固定，有接到電視台通告才上節目，收視創佳績後，新增每週日下午時段。製作人慎芝小姐開始構思「老歌系列」、「春夏秋冬」、「花」（例如：〈春天的花朵〉—歐陽飛鶯原唱）等一連串節目主題，發上節目通告時便針對每集她已

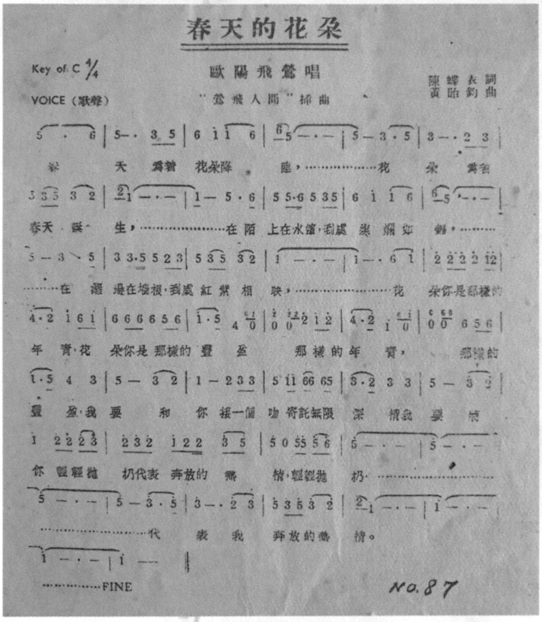
春天的花朵
Key of C 4/4
歐陽飛鶯唱
VOICE (歌聲)
"鶯飛人間"插曲
陳蝶衣詞
黃貽鈞曲
FINE
NO.87

台視《群星會》節目，製作人慎芝小姐
指派美黛唱歐陽飛鶯〈春天的花朵〉一曲

篩選符合主題的歌曲，指派歌星演出【備註11】。基於我看歌譜十分「快、狠、準」的特性，外加我音域寬廣又勤奮好學的理由，每每雀屏中選演唱較冷門、高八度音、或歌詞繁瑣冗長等難如登天的神曲，本山人亦耗費不少心神練曲背詞，奈何跑場賺錢已疲累不堪，雖說「合理的要求是訓練，不合理的要求是磨練」，我可不想先一步作古成仙。再者，上一次通告是一百元酬勞，歌廳如雨後春筍般興起，嗜錢如命的我，終於抵擋不住錢潮來襲的誘惑，《群星會》開播七年多後，琵琶別抱轉投入歌廳豐厚唱酬的懷抱。

TTV
WEEKLY
電視周刊
11

民國 51 年（1962）12 月 24 日
《電視週刊》第 11 期 _ 封面
（《群星會》節目播出時間表）

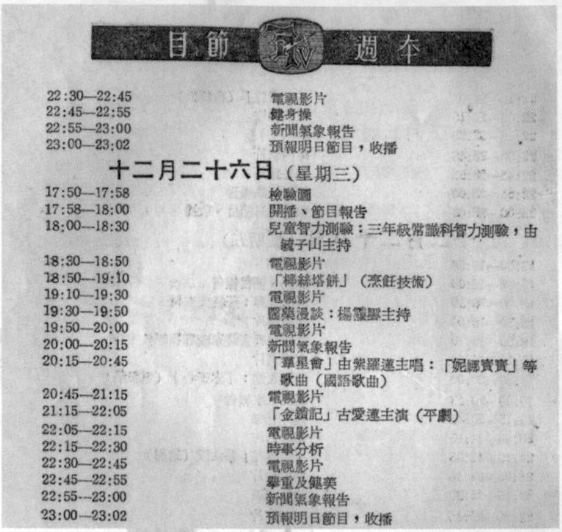

本週節目

22:30—22:45	電視影片
22:45—22:55	健身操
22:55—23:00	新聞氣象報告
23:00—23:02	預報明日節目，收播

十二月二十六日（星期三）

17:50—17:58	檢驗圖
17:58—18:00	開播、節目報告
18:00—18:30	兒童智力測驗：三年級常識科智力測驗，由臧子山主持
18:30—18:50	電視影片
18:50—19:10	「椰絲塔餅」（烹飪技術）
19:10—19:30	電視影片
19:30—19:50	醫藥漫談：楊靈墨主持
19:50—20:00	電視影片
20:00—20:15	新聞氣象報告
20:15—20:45	「羣星會」由紫羅蓮主唱：「妮娜寶寶」等歌曲（國語歌曲）
20:45—21:15	電視影片
21:15—22:05	「金鎖記」古愛蓮主演（平劇）
22:05—22:15	電視影片
22:15—22:30	時事分析
22:30—22:45	電視影片
22:45—22:55	舉重及健美
22:55—23:00	新聞氣象報告
23:00—23:02	預報明日節目，收播

民國 51 年（1962）12 月 24 日《電視週刊》
第 11 期 _12 月 26 日星期三晚上 8 點 15 至 8 點 45
《群星會》節目播出時間表

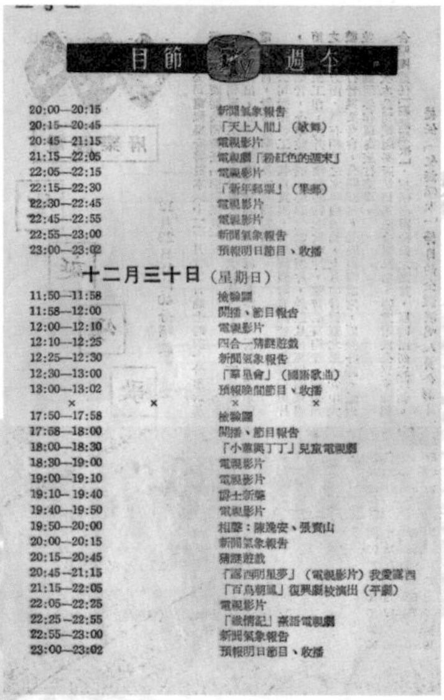

本週節目

20:00—20:15	新聞氣象報告
20:15—20:45	「天上人間」（歌舞）
20:45—21:15	電視影片
21:15—22:05	電視劇「粉紅色的週末」
22:05—22:15	電視影片
22:15—22:30	「新年郵票」（集郵）
22:30—22:45	電視影片
22:45—22:55	電視影片
22:55—23:00	新聞氣象報告
23:00—23:02	預報明日節目、收播

十二月三十日（星期日）

11:50—11:58	檢驗圖
11:58—12:00	開播、節目報告
12:00—12:10	電視影片
12:10—12:25	四合一猜謎遊戲
12:25—12:30	新聞氣象報告
12:30—13:00	「羣星會」（國語歌曲）
13:00—13:02	預報晚間節目、收播
× ×	× ×
17:50—17:58	檢驗圖
17:58—18:00	開播、節目報告
18:00—18:30	「小蕙與丁丁」兒童電視劇
18:30—19:00	電視影片
19:00—19:10	電視影片
19:10—19:40	爵士新聲
19:40—19:50	電視影片
19:50—20:00	相聲：陳逸安、張寶山
20:00—20:15	新聞氣象報告
20:15—20:45	猜謎遊戲
20:45—21:15	「露西明星夢」（電視影片）我愛露西
21:15—22:05	「百鳥朝鳳」復興劇校演出（平劇）
22:05—22:25	電視影片
22:25—22:55	「幾情記」臺語電視劇
22:55—23:00	新聞氣象報告
23:00—23:02	預報明日節目、收播

民國 51 年（1962）12 月 24 日
《電視週刊》第 11 期 _12 月 30 日
星期日中午 12 點 30 分至下午 1 點
《群星會》節目播出時間表

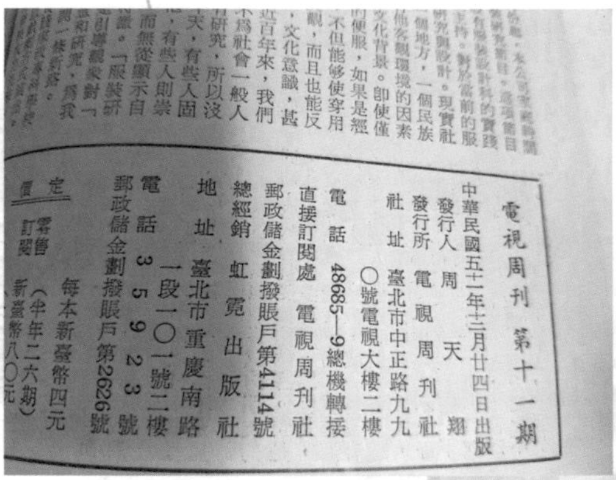

電視周刊 第十一期
中華民國五十一年十二月廿四日出版
發行人 周天翔
發行所 電視周刊社
社址 臺北市中正路九九〇號電視大樓二樓
電話 48685—9總機轉接
直接訂閱處 電視周刊社
郵政儲金劃撥賬戶第4114號
總經銷 虹霓出版社
地址 臺北市重慶南路一段一〇一號二樓
電話 3 5 9 2 3 號
郵政儲金劃撥賬戶第2626號
定價
零售 每本新臺幣四元
訂閱 （半年二十六期）新臺幣八〇元

民國 51 年（1962）12 月 24 日《電視週刊》
第 11 期 _ 封底（《群星會》節目播出時間表）

台視《群星會》節目星光熠熠，嬌小美黛位於中央（左六或右六，照片來源：慎芝弟弟邱正人提供）

Hsin, Mei-fen （2012）, Popular Music in Taiwan: Language, Social Class, and National Identity, University of Durham, UK

以下是有關美黛老師出現在我的論文頁數的部分
P. 78 群星會 <Pop Stars> 的演出狀況

'Pop Stars' initially only featured a small ensemble of six to eight instrumentalists instead of a 40-strong orchestra made up primarily of brass instruments, which was introduced later. Mei-dai explained to me that there was also no anchorman when it was first launched. Instead, the names of singers and songs were provided in subtitles. She remembers that the producer Shen-jhih< 註： 慎 芝 > would tell the singers what to sing and what to wear, sometimes providing the clothes herself. The singers would help to ensure their own success by presenting Shen-jhih with gifts.

P.79 群星會 <Pop Stars> 和歌廳演唱的所得對比

In the 1960s, Mei-dai only received 100 dollars for each performance on ‘Pop Stars’ ,while she could earn 2000 NTD for a single night in a singing hall.

以上除了正聲廣播公司與台視距離較遠，其餘地點皆落在西門町範圍內，只要使用「11路（意即『雙腳』）公車」即可，連車資都免啦！隨後又接了第一飯店十二樓漢宮廳宵夜場，凌晨一點下班後五分鐘就回租屋處，真的方便極了。唱的場子多，每家發薪日亦不同，有的月薪、有的週薪、有的應我要求先拿錢後唱，可以說每天皮包都是白花花的銀子，就這樣很快把桃園房貸清償還楊哥哥，一帆風順的滋味真幸福。縱然是無債一身輕，但我與養姊的日子還是要過，趁著名氣鼎盛之際，能賺就盡量賺，不因賺得容易而豪奢浪費，未來是一條很長的路，我不能忘了繼續存錢做好規畫。

群星會

台視《群星會》節目電視畫面

民國52年（1963）2月13日第一次上台視《群星會》節目電視畫面（照片來源：慎芝弟弟邱正人提供）

沒想到和我同甘共苦的養姊遇人不淑，還有了孩子，慶幸我的收入算穩定，幫幫她不至於餓肚子。說真的她的運氣不曾好過，從小到大一直都很倒霉，或許等孩子長大才能好些吧，我那時候這麼想著。雖然我每天像滾動的車輪般不停的跑場，一想到錢財滾滾而來，總是樂此不疲極為開心。金門飯店賀老闆出院後，依舊回台大宿舍住，黃疸病需要長期靜養，偶而要見面會約在金門飯店，因為他常在那邊用餐。同一時期新加坡舞廳有二位樂師對我好，其中姓江的小夥子特別上心，有一天他約我去府上，正式向我告白，我很誠懇地回答他：「對不起，我已有對象。如果我沒有對象，我也不會答應你。」他苦苦追問：「為什麼？」，我回說：「我不想嫁給圈內人！」，結果他眼淚直流並呼喊：「我怎麼運氣這麼差……」彷彿整個世界因我而崩潰，當場我也萬分抱歉，就此斷他心念，希冀他莫將心思浪費在我身上。

TTV
TTV
WEEKLY
電視周刊
19

民國 52 年（1963）2 月 18 日《電視週刊》
第 19 期_封面（《群星會》節目
〈每週一星～美黛〉慎芝撰文第 32 頁）

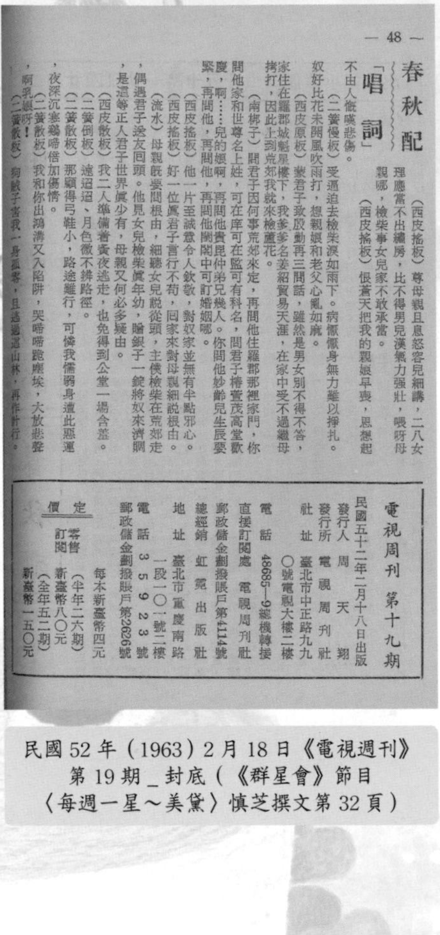

— 48 —

春秋配

「唱詞」

（西皮搖板）尊母親且息怒容兒細講，二八女理應當不出繡房，比不得男兒漢氣力強壯，喂呀母親哪，檢柴事女兒家不敢承當。

（西皮搖板）恨蒼天把我的親娘早喪，思想起不由人慨嘆悲傷。

（二簧慢板）受逼迫去檢柴淚如雨下。病懨懨身無力難以掙扎。奴好比花未開風吹雨打，想親娘和老父心亂如麻。

（西皮原板）蒙君子致殷勤再三問話，雖然是男女別不得不答，家住在羅郡城魁星樓下，我爹爹名姜紹貿易天涯，在家中受不過繼母拷打，因此上到荒郊我就來檢蘆花。

（南梆子）問君子因何事荒郊來定，再問他住羅郡那裡家門，你問他家和世尊名上姓，可在庠可在監可有科名，問君子椿萱茂高堂歡慶，啊……兒的娘啊，再問他貴昆仲弟兄幾人。你問他妙齡兒生辰要緊，再問他，再問他，再問他閨閣中可訂婚姻哪。

（西皮搖板）他一片至誠意令人欽敬，對奴家並無有半點邪心。

（西皮搖板）好一位眞君子言行不苟，回家來對母親細說根由。

（流水）母親既要問根由，細聽女兒說從頭，主僕檢柴在荒郊走，偶遇君子送友回頭。他見女兒檢柴眞年幼，贈銀子一錠將奴來濟賙，是這等正人君子世界眞少有，母親又何必多疑由。

（西皮散板）我二人準備着黃夜逃走，也免得到公堂一場含羞。

（二簧倒板）遠迢迢、月色微不辨路徑。

（二簧散板）那顧得弓鞋小，路途難行，可憐我懦弱身遭此惡運，夜深沉塞鷄啼倍加傷情。

（二簧散板）我和你出鴻溝又入陷阱，哭啼啼跪塵埃，大放悲聲，啊乳娘呀！

（二簧散板）狗賊子害我一身孤零，且逃過山林，再作計行。

電視周刊 第十九期
民國五十二年二月十八日出版
發行人 周天翔
發行所 電視周刊社
社址 臺北市中正路九九〇號電視大樓二樓
電話 48685—9總機轉接
直接訂閱處 電視周刊社
郵政儲金劃撥賬戶第4114號
總經銷 虹霓出版社
地址 臺北市重慶南路一段一〇一號二樓
電話 3 5 9 2 3 號
郵政儲金劃撥賬戶第2626號
定價 每本新臺幣四元
訂閱 （半年二六期）新臺幣八〇元
（全年五二期）新臺幣一五〇元

民國 52 年（1963）2 月 18 日《電視週刊》
第 19 期_封底（《群星會》節目
〈每週一星～美黛〉慎芝撰文第 32 頁）

歌曲

每週一星

美黛

三、四年前，現已由臺赴港的名歌星薇莉，有一次從南部回來對我說：高雄有一位歌星歌唱得非常好。不但好，歌還特別多；任何冷門的歌她都會唱。當時，我也沒有注意地問這位歌星叫什麼名字。等到前年她由高雄來此，才知道薇莉說的就是目前大紅特紅的美黛小姐。

美黛是桃園人，畢業桃園中學；唱歌的經歷已有五六年了。起先是參加軍友社主辦的各界勞軍團前線，後方任何地方她都到過。後來就在高雄的夜花園主唱了不少日子，民國五十年才開始在臺北過她的演唱生涯。先後在朝陽樓，眞川味，萬國聯誼社，華都舞廳，金門餐廳等地主唱。她那清脆嘹曉的歌聲不知風靡多少顧曲周郎。我就有一批朋友，每晚都要放下正在進行中的竹城之戲，去聽她幾支歌之後，才又回去繼續。可見她歌聲之吸引人了。

目前她在「民本電臺」主持一個歌唱節目，並灌有「難忘」等好幾首歌曲的唱片。本月十三號她在「羣星會」中唱出了她得意的歌曲「春風春雨」和「雷夢娜」。 慎芝

羣星會

民國52年（1963）2月18日《電視週刊》第19期_第32頁
《群星會》節目〈每週一星〉美黛，慎芝撰文民國52年
（1963）2月13日美黛第一次上台視《群星會》節目演唱
得意歌曲〈春風春雨〉和〈雷夢娜〉
（參閱第458-459頁報導內容錯誤資料更正說明）

歌廳與婚後時期

第三篇

提攜後輩

我是個工作狂，可以說要錢不要命，每天忙碌跑場，只為進帳而樂。小鳥胃又不懂進補，加上經年累月體力透支，有一回嚴重到不能不休息，必須請一個月長假。歌廳、餐廳唱的人多，每位歌星多唱一首，即可彌補空缺時間。唯獨新加坡舞廳老董特別器重我，在我登台時打造一塊彩色壓克力板，雕刻「美黛」二個大字高掛舞台中央上空，由樂隊老師掌控，該我唱時燈就亮，唱完燈就熄，此舉令人窩心，所以想起正聲公司歷屆奪冠新秀，覺得王慧蓮小姐不錯，故情商她代班新加坡舞廳請假的缺，順道讓粉絲認識，其次也算幫我的忙。渝園餐廳也想找新人介紹予觀眾，從人才濟濟正聲公司中推薦新出爐的歌唱比賽冠軍吳靜嫻小姐出線，此後就跟我一樣有「錢」途。

美黛（右）與民國52年（1963）8月正聲廣播公司第八次國語歌唱比賽第一名王慧蓮（左）合影

Apple 2004

民國 53 年（1964）正聲廣播公司
巡迴演唱會，美黛（左）與王慧蓮（右）
外出看瑞芳金瓜石的歌迷

正聲歌選
42

民國 55 年（1966）1 月 10 日《正聲歌選》
第四十二期封面吳靜嫻小姐

秀山攝影

民國 53 年（1964）正聲廣播公司第九次
國語歌唱比賽冠軍吳靜嫻小姐

合約成了絆脚石
美黛行不得

美黛是目前紅歌星之一，她白天在正聲廣播公司主持「我為你歌唱」節目，晚間在金龍音樂廳及新加坡舞廳主唱，收入頗豐。最近日本五家夜總會，推派代表兩人來台，擬物色兩位國語歌星前往東瀛獻唱，美黛首先入選。這兩位代表是研究聲樂的，他們覺得美黛的音色，剛中有柔，丹田氣充沛，非一般從喉間逼出聲音來的歌手可比。可是合衆唱片公司兩年前與美黛簽了一項契約，限定她不得担任影片幕後主唱，也不能為其他唱片公司灌錄唱片，這塊絆脚石，終於阻礙了她扶桑三島的行程。

十九芳齡的吳靜嫻（去年正聲歌唱比賽冠軍）被列為第二入選者，她的遭遇與美黛大同小異，因為她的父母捨不得掌上明珠遠離膝下，迫使她甘願放棄日本之行。眞使兩位東瀛夜總會的代表，徒興「美材難求」之嘆！（呂伯周）

民國 54 年（1965）3 月 6 日聯合報
「合約成了絆腳石，美黛行不得」報導

百家爭鳴的歌廳

初期接國之賓時我不是主唱，因為有前輩霜華、雪華姊妹倆同台。在後台停留的時間不多，故與她們沒什麼交集，不久後演唱陣容重新調整，霜華、雪華姊不唱了，我掛主唱一職，另外新血輪王慧蓮小姐加入，王媽媽每天形影不離護駕，真令人羨慕。市面越來越興盛，飯店、酒店、夜總會、西餐廳等都設有表演秀場，歌廳也是越蓋越大又漂亮，當時在國之賓歌廳主唱的我，又有一家新的歌廳—樂聲戲院樓上二樓的樂聲歌廳來挖角，它透過演藝界的朋友來找我談，條件談妥、訂金亦落袋為安，離開幕尚有一個月的時間，先向國之賓請辭。無奈老闆在剩下兩週的光景，使出殺手鐧反悔不讓我辭職，硬是開了一張支票塞給我，而我堅決不收，來來回回推辭多次，最後老闆說：「妳就先收著吧！確定不來唱再把支票還給我……」就這

美黛謝雷 將駐唱樂聲

南國一朵花 敏華新歌

△歌星美黛與謝雷，本月十二日起，將駐唱於樂聲歌廳。以他們兩個人的名氣，可能為樂聲帶來一番好景。樂聲歌廳自七重天興起，夜巴黎到了崔萍後，生意一變冷落，現在力圖振作，並決定自十五日起，在夜場歌唱節目後，並做宵夜的「副業」。樂聲方面透露說：美黛和謝雷和他們訂的合約是「駐唱」，不得跑場。

△張琪近日搖身一變，成了「白花油小姐」，一方面在電視廣告上露臉，而且駐陣第一百貨公司為百花油作服務工作。張琪是個大忙人，既獻唱於日新歌廳，又為電台主持歌唱節目，且常出現於電視，現在又成了白花油小姐，其忙碌只有恨分乏身術的份兒。

△劉麗麗和施茵茵在樂聲的客串獻唱，定十日結束。至於兩個人唱得是好是壞？說法不一，看各人的胃口而定了。

劉麗麗近日在華僑百貨公司為迷你髮梳、迷你燈服務，華僑公司並派有專人，拿着麥克風，大喊劉麗麗如何美艷動人。

△敏華重返七重天，新歌也跟着出籠。如「南國一朵花」，是由敏華新唱的一首電影主題曲；「良夜莫錯過」，是她新灌的唱片；另外她還練了席靜婷的一些新歌，像電影「明日之歌」裡的插曲「寂寞」、「昨天」等。

敏華是老牌歌后，對重行登台與台北歌迷見面，卻一點沒有馬虎，她一連在七重天和樂隊配了好幾天的歌。

△莊嘉玲近日來喜氣洋洋，問是什麼原因？原來是她獻身歌壇以來的第一張唱片問世了。這張唱片裡，她灌製了「愛的心聲」、「誰要你理睬」、「愛人如美酒」、「雨的旋律」、「好預兆」、「新盼」、「迢迢千里路遙遠」、「鄉村姑娘」、「靜靜的月夜」、「我在靜靜等你」」等歌曲。（劉朗）

彩虹曲

美黛自民國57年（1968）4月12日起駐唱樂聲歌廳，為不得跑場合約（資料來源：民國57年（1968）4月11日經濟日報「彩虹曲」專欄）

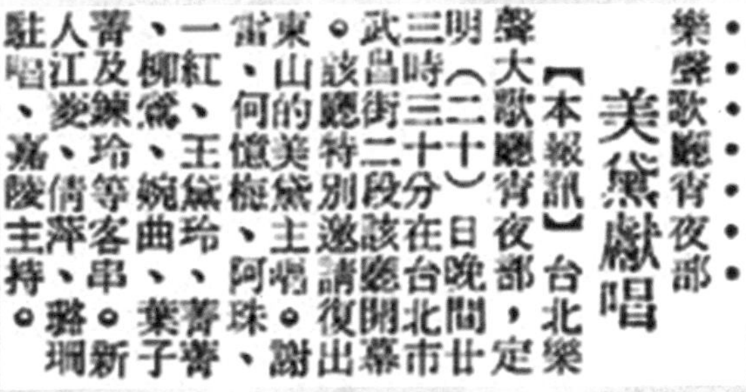

‧樂‧聲‧歌‧廳‧宵‧夜‧部‧
美黛獻唱
【本報訊】台北樂聲大歌廳宵夜部，定明(二十)日晚間廿三時三十分在台北市武昌街二段該廳開幕。該廳特別邀請復出東山的美黛主唱。謝雷、何憶梅、阿珠、一紅、王絲玲、菁菁、柳黛、婉曲、葉子菁及鍊玲等客串。新人江麥、倩萍、嚭瑚駐唱、嘉陵主持。

美黛自民國57年（1968）4月20日
晚間11:30起主唱台北市武昌街二段新開幕
樂聲歌廳宵夜部
（資料來源：民國57年（1968）4月19日經濟日報）

樣傻傻信了他的話，準備樂聲歌廳上班之後再將支票完璧歸趙，殊不知埋下禍根；眼看樂聲開幕在即，想趕快退回支票，結果居然踢到鐵板，國之賓老闆非但拒收支票，有時索性躲著不見我，暫時無解的狀況下，只好依約先去樂聲歌廳上班。怎料國之賓老闆差人跟樂聲老闆散播不實謠言，栽贓我腳踏兩條船，拿了他的錢不上班。我雖窮，卻從不收不義之財，也無貪圖他人錢財有非份之想，皆是胼手胝足、篳路藍縷的血汗錢。唉！怪只怪我太愚蠢，不解人心險惡。傷透腦筋的當口，賀伯母突然從香港來台，說是旅遊其實是兒子已到適婚年齡，煩惱婚姻一事。歌廳的事懸而未決，班無法不上，勉強湊出飯局的時間陪賀伯母吃飯，所以離開台北市去玩的差事只好交由男友賀天恩全權負責。直到樂聲開幕前，與國之賓老闆無數次溝通無效；樂聲報到上班後，國之賓老闆依然不放過我，天天來找碴，搞得樂聲的老闆不得安寧，轉對我抱怨，請我自己想法子解決，兩邊都不放人，這下可好我真的一個頭兩個大，不知如何是好？退一步想，留得青山在，不怕沒柴燒，只有兩家都不唱，便毋須在國之賓歌廳與樂聲歌廳之間永無止境拔河。於是已經唱了二週的樂聲歌廳，該是支薪的時候，想先結帳再向老闆說明，才赫然發現我的薪資已被當初居中牽線的演藝界朋友領走，我渾然不知情。當下傷心、難過、氣憤不已去找中間介紹人討回辛苦賺來的酬勞，他見已東窗事發，就惱羞成怒、藉酒裝瘋、無理取鬧對我耍賴。盜領我的銀兩，還要作勢打人？欺負我一個弱女子又沒有幫手，實在是氣急敗壞了，明知自己勢單力薄便衝著他說：「這筆錢，我就當車禍去醫院花掉了，有生之年，若菩薩仍給我機會，被你捲走的款項，我一天就要賺回來！」說完就忿恨不平地趕場去了。

正聲
38

民國 52 年（1963）8 月《正聲歌選》第三十八集
_封面于璇小姐（第 4 頁聰慧歌星－美黛）

聰慧歌星—美黛

美黛小姐是桃園人，從小就喜愛歌唱，而且有天賦的才華，音色柔美而嘹亮，雖然年紀不大，但已有六七年的歌唱經驗，曾經在歌廳及電台演唱都極受聽衆歡迎，最值得一提的是她對勞軍工作有偏愛，四十七年八、二三炮戰時，她正在金門勞軍，因此她時常說起這件有紀念義意的事。

美黛小姐是本公司第一部份「我爲你歌唱」節目主持人之一，她的記憶力特別好，凡是新歌只要哼上一兩遍，就能上台表演而且表情生動，很多人都說：「美黛高歌一曲，繞樑三日不絕！」可見她的歌聲感人之深！

美黛長得一副聰明相，對人和藹，自己却是個大忙人，一天到晚爲工作趕東到西。前一個時期身體有點不適，她才忽然領悟的辭去一些工作，靜養了一個月後，專在本公司播唱。看來還是聽衆耳福不淺呢！

民國 52 年（1963）8 月《正聲歌選》第三十八集
_第 4 頁介紹〈聰慧歌星－美黛〉

本期要目

【梁山伯與祝英台插曲】

千年瓦上霜……111　兩地相思……146
鏡山含笑……112　是男是女……147
女兒不許出閨房……113　訪英台……148
草橋結拜……115　（即回十八）
大學之道……117　鐵樹開花……151
……120　樓台會之一……153
……123　樓台會之二……153
求謀……126　樓台會之三……155
十八相送之一……128　樓台會之四……158
十八相送之二……130　樓台會之五……159
十八相送之三……133　樓台會之六……162
十八相送之四……136　不到黃河心不死……164
十八相送之五……137　永訣……166
十八相送之六……140　花轎先往南山旁……168
十八相送之七……142　哭靈……169

紅樓夢全部插曲詳見目錄

本公司歌星　所灌新唱片

美黛
明月故鄉……108
還是走吧……359
夢中的你……26
昂首向前走……17
杭州姑娘……92
兩朵浪花……347
你在我身邊……346
……348

于璇
落花恨……106
小城春……14
再生緣……105
難忘記……15
戒賭……107
……13
夕陽無限好……12
逢人笑時背人淚　16

李小梅
海邊情歌……40
喝一杯……38
太感冒……39
魚水歡……41

舒宜
……351
……350
……349
……352

— 3 —

民國 52 年（1963）8 月《正聲歌選》第三十八集
_ 第 3 頁美黛新歌目錄（第 4 頁聽慧歌星－美黛）

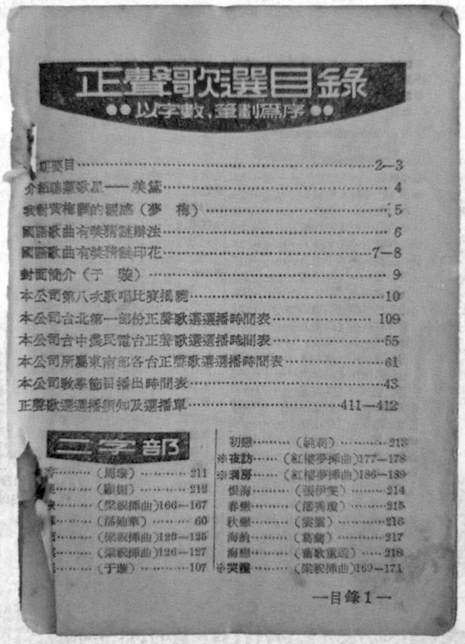

正聲歌選目錄
●●以字數，筆劃爲序●●

二字部

—目錄 1—

民國 52 年（1963）8 月《正聲歌選》第三十八集
_ 目錄 1（第 4 頁　介紹〈聽慧歌星 － 美黛〉）

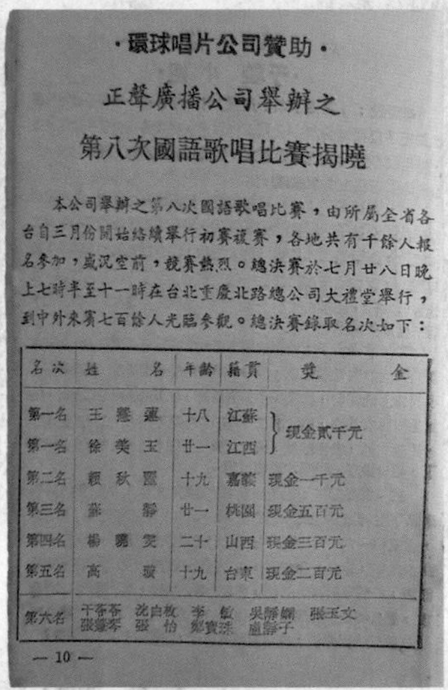

·環球唱片公司贊助·

正聲廣播公司舉辦之

第八次國語歌唱比賽揭曉

本公司舉辦之第八次國語歌唱比賽，由所屬全省各台自三月份開始陸續舉行初賽複賽，各地共有千餘人報名參加，盛況空前，競賽熱烈。總決賽於七月廿八日晚上七時半至十一時在台北重慶北路總公司大禮堂舉行，到中外來賓七百餘人光臨參觀。總決賽錄取名次如下：

名次	姓名	年齡	籍貫	獎金
第一名	王慧蓮	十八	江蘇	現金貳千元
第一名	徐美玉	廿一	江西	
第二名	賴秋霞	十九	嘉義	現金一千元
第三名	蔡　靜	廿一	桃園	現金五百元
第四名	楊麗雯	二十	山西	現金三百元
第五名	高　璇	十九	台東	現金二百元
第六名	張玉文			

— 10 —

民國 52 年（1963）8 月《正聲歌選》第三十八集
_ 第 10 頁第八次國語歌唱比賽第一名
王慧蓮小姐
（第 4 頁　聽慧歌星 － 美黛）

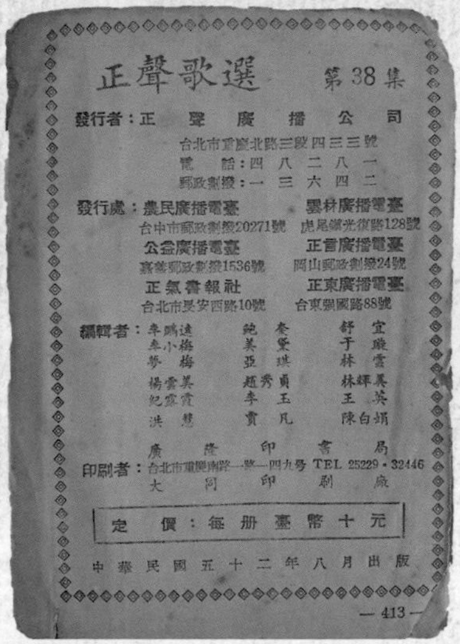

正聲歌選　第 38 集

發行者：正聲廣播公司
台北市重慶北路三段四三三號
電話：四八二八一
郵政劃撥：一三六四二

發行處：農民廣播電臺　台中市郵政劃撥20271號
雲林廣播電臺　虎尾鎮光復路128號
公益廣播電臺　嘉義郵政劃撥1536號
正言廣播電臺　岡山郵政劃撥24號
正氣書報社　台北市長安西路10號
正東廣播電臺　台東興國路88號

編輯者：李鵬遠　李小梅　夢梅　楊雲美　洪慧　美黛　李玉　舒宜　于璇　林雲　王英　陳白娟

印刷者：廣隆印書局　台北市 TEL 25229・32446
大同印刷廠

定價：每册臺幣十元

中華民國五十二年八月出版

— 413 —

民國 52 年（1963）8 月《正聲歌選》第三十八集
_ 封底（第 4 頁聽慧歌星－美黛）

白光攝影社

民國55年（1966）12月24日熊美黛（左）、賀天恩（右）結婚照

民國55年（1966）12月24日結婚，席設豪華酒店宴客（由左至右婆婆賀齊毓芳、新郎賀天恩、新娘熊美黛、養父熊連欽）

回顧在台北五年多的日子以來，從不曾有過這麼不順的工作磁場，可能我貴人多、人緣佳，不遭人嫉是庸才吧？也只能這麼自我安慰一下囉！俗語說得好，危機就是轉機，素來有規劃的我，生活不拮据，只可惜收入少了些。或許是天意使然，某天男友賀天恩約我到他公司去，賀伯母也在，他當著母親的面問我：「我們結婚好不好？」我潸然淚下，想起這一陣子工作被整、錢被坑，滿肚子的心酸和委屈。交往四年的男友，終於要給我幸福了，剎那間喜極而泣，點頭應允，準備做黃臉婆啦！年關在即，時間迫在眉睫，賀伯母說辦完婚事她要回香港過年，於是三人一起回桃園

民國 55 年(1966)12 月 24 日結婚喜宴照
(由左至右新郎賀天恩、婆婆賀齊毓芳、
新娘熊美黛)

民國 55 年(1966)12 月 24 日
結婚喜宴新郎賀天恩牽新娘熊美黛進場照

民國 55 年(1966)12 月 24 日結婚喜宴新郎
賀天恩與新娘熊美黛連袂敬酒照 -1

民國 55 年(1966)12 月 24 日結婚喜宴新郎
賀天恩與新娘熊美黛連袂敬酒照 -2

養姊家,養姊說訂婚、結婚可以在同一天舉行,其餘繁文縟節由我們兩人自己處理。譬如找新房、訂禮餅、做禮服、印帖子等等……所以為了籌備婚事辭去所有工作,國之賓歌廳與樂聲歌廳搶人大戰也落幕,唯獨新加坡舞廳的棒子我介紹王慧蓮小姐去接,總算於民國 55 年(西元 1966 年)12 月 24 日聖誕節前夕結婚,席設豪華酒店宴客。

政府有鑑於外來藝人已經影響本土藝人的生計，於同一年民國55年（西元1966年）頒布禁止令，已在台灣境內演出的團體或個人，必須在民國56年（西元1967年）4月底全部停止演出然後離境。因此風靡一時的秀場，漸漸回歸為本土藝人的天下。高雄藍寶石歌廳受限於法規，新的秀表演者無法入境，現有的歌舞團日本秀也即將在民國55年（西元1966年）底結束，或許是怕下一檔開天窗的緣故，在我婚後第三天，中廣公司的名主持人丁秉鐩先生抱一包現鈔光臨寒舍請我南下充當救火隊，婚前既因滿腹委屈才宣布不唱而順勢結婚，本就不想再拋頭露面。可是那堆閃亮亮的鈔票著實誘人，心動卻不能行動，畢竟已洗手做羹湯為人婦，總得尊重丈夫的意見。只聽到老公說：「我們結婚才第三天，要嘛過一陣子再說。」丁先生鼓起如簧之舌，說明檔期接不上，十萬火急幫幫忙，兩個禮拜就好等等……老公終於拗不過舌燦蓮花「丁名嘴」的請託，心軟同意幫忙兩週，我開出的條件是一天壹仟元薪資，來回交通、住宿、膳食費由老闆負責，一切繩墨平準有度，鈔票點收，預備再一次南下看看許久不見的高雄。

闊別六年的高雄也有了秀場，本姑娘鎮日埋首賺錢，卻從未注視台北市以外的天空。當時觀光號火車是生活進步的產物，以豪華、舒適、快速著稱，從台北南下到高雄約莫5、6個鐘頭，每節車廂皆配有一位美麗的服務天使，是經過考試篩選後的菁英，與空姐沒什麼差別。榮星兒童合唱團團長呂泉生老師將搭乘觀光號火車的情景，譜成〈飛快車小姐〉由我錄成唱片曾經橫掃披靡一時。

我這井底之蛙頭一回嚐鮮趕時髦，搭觀光號下南部作秀，傍晚時分抵達高雄，與蔡有望老闆吃過晚餐約晚間八點左右，一起進藍寶石歌廳現場勘察。日本歌舞團表演的最後一天，環視全場四百多個座位，只坐了一半，客人不多票房並不好。不知老闆對

G調2／4
輕快 Swing
飛快車小姐
美 黛唱
慎 芝作詞
呂泉生作曲
(合衆唱片)
小姐隨着飛快車，風雨無阻
笑臉迎人領座位，男女老少
車前車後來回看，報紙毛巾
坐車顧客各種樣，不少年輕
要負責，那有閒情渡愛河，
不管誰，人人都有好座位，
送遞忙，服務旅客不嫌煩，
俏兒郎，小姐芳心難猜想，
招呼顧客有心得。飛快車小姐，
忙來忙去够疲憊。
車上虛度好春光。
意中是誰不肯講。
飛快車小姐，我要下車，再見了，
飛快車小姐，飛快車小姐，我要下車
再見了。Fine

榮星兒童合唱團團長呂泉生老師作曲〈飛快車小姐〉歌譜

我明天上檔的秀，抱著什麼樣的期待？多年前「夜花園」掛主唱是無心插柳，人家不唱我撿到的；這回真的掛主秀，節目最後的六十分鐘，端看我一人如何壓台？我既不會跳舞也不會搞笑，無法預估明日登台的情況……看著舞台上最後一場表演，小腦袋瓜兒也不停的轉呀轉，一刻也不得閒……曲終人散，樂隊老師稍作休息後，便徹夜彩排明天下一檔新節目，尤其是我的部份，一小時歌曲長短穿

插大概八首跑不掉，安可曲準備二、三首理應綽綽有餘。第一次作秀，猶如瞎子摸象，憑直覺和一般人的愛好，選擇各式各樣不同的曲目組合，不用說我的招牌歌〈意難忘〉是出場第一砲，因為它的前奏如磁吸效應般迷人。秀場規則是每週更新節目彩排一次，所以只要是換檔樂隊老師是非常辛苦的，七嘴八舌彩排完畢後，老闆娘安排我住在宿舍，三餐由阿秀負責料理，出門在外，我總是隨遇而安。

民國56年（1967）高雄市「藍寶石歌廳」作秀照

外來的和尚會唸經嗎？藍寶石老闆可以佐證「土雞」比「洋雞」更有魅力，第一天下午場就有八成滿的票房，晚場比白天又多一成以上，成績斐然。首檔六十分鐘我安排曲目饗宴涵蓋小調、黃梅調、藝術歌曲等，每一首都是一時精選加上緊湊的流程，一舉擄獲觀眾的心，反應空前熱烈，高喊「安可！安可！」呼聲不斷，於是預備的安可曲傾巢而出，答謝觀眾的厚愛。觀眾的好口碑一傳十、十傳百，第二天開始場場爆滿，購票得提早卡位。上至老闆下至員工見狀莫不雀躍無比，大夥兒忙得不亦樂乎，董娘趕緊吩咐阿秀，只要我這「招財貓」開口想吃啥，一律照辦不得有誤！進入第二週檔期將屆，老董希望我再留兩個禮拜，但礙於新婚可不能棄老公於不顧，還是得尊重先生的想法。老董說一切包在他身上，交給他處理就好，也不知他如何說服我先生？反正先生同意，細節部分也就不再追問。光陰似箭，返回台北的日子越來越近，我受歡迎的程度有增無減，有一晚我竟然時間到仍下不了台，依慣例再唱二、三首安可曲，聽眾彷彿像瘋了一樣久久不肯散場，安可聲此起彼落不絕於耳，主持人擋都擋不住，哭著溜到後台去，不一會兒我只好再度上台，看看究竟如何能滿足觀眾？結果他們點了好幾首歌，我一首接一首馬不停蹄地唱，還沒來得及唱完，老董被警察盤問為什麼這麼晚還不散場？老董則回是觀眾不讓美黛下台，這便是轟動一時的「十三首安可曲」事件，至今無人能打破！

祝寶島全能歌后美黛小姐
蒞高雄市藍寶石大歌廳獻唱留念
歌舞之冠
陳贈
民國56年（1967）高雄市「藍寶石歌廳」贈「歌舞之冠」袖珍金箔錦旗一面，內文如下：「祝寶島全能歌后美黛小姐，蒞高雄市藍寶石大歌廳獻唱留念 – 歌舞之冠，陳贈」

老董見我人氣鼎盛，想趁勝追擊，希望再展延十四天，這燙手山芋還是丟還老董自行解決，

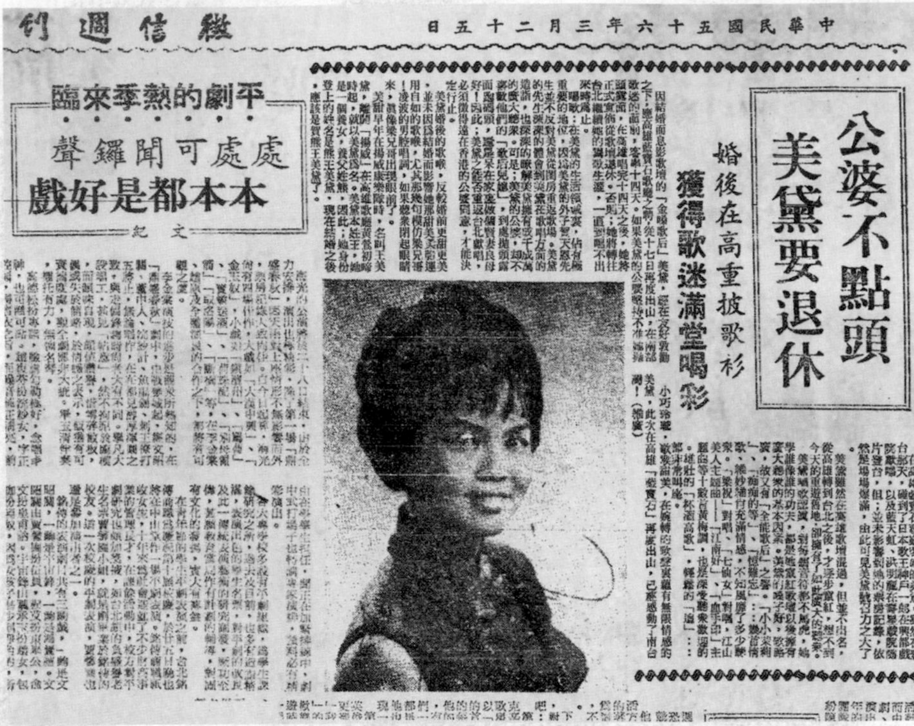

徵信週刊　中華民國五十六年三月二十五日

公婆不點頭 美黛要退休

婚後在高重披歌衫 獲得歌迷滿堂喝彩

平劇的熱季來臨 處處可聞鑼聲 本本都是好戲

文紀

民國56年（1967）3月17日起在高雄市「藍寶石歌廳」客串演出十四天，場場爆滿。
美黛的嗓子好，歌路廣，故又有「全能歌后」之譽！
（資料來源：民國56年（1967）3月25日徵信週刊「公婆不點頭，美黛要退休」報導）

能言善道的老董又再一次成功讓老公點頭應允，只不過這是最後通牒，無法再延第三次。高雄的迷哥迷姐死心塌地的愛我，直到最後一天演出仍然盛況空前，結束後董娘以金箔打造一面巴掌大的錦旗餽贈予我，名副其實功成身退，救援成功皆大歡喜，我也很有面子地回到台北。新聞界的朋友也多有鼓勵，猶記當年高雄聯合晚報的王陽先生，曾報導我唱〈夜半歌聲〉時，全場觀眾鴉雀無聲，靜到一根細針掉地都清晰可辨。另一家台灣新聞報小魚先生，恭維我是

「台灣的安迪威廉」。這二家報界朋友在我演唱六週的日子裡，常給我加油打氣，每次報導總是評語滿分，並敕封我為「全能歌后」。

短暫休息後，新加坡有位劉有福老闆造訪，他想招聘台、港藝人組團前往新加坡、馬來西亞各大城市巡迴公演。香港已敲定張露、崔萍小姐，台灣他希望我能共襄盛舉，又是一次難得的機會，出國賺外匯也不錯。先前藍寶石歌廳豐富的作秀經驗為後盾，自認有信心可勝任這份工作，丈夫則認為就當是出國旅遊吧！於是我向劉老闆提出遊戲規則，來回交通費與食宿由老闆一手包辦負責，薪資論場次計算，先付總場次金額的百分之五十，其餘的百分之五十等海外演出時再支付。第一次與新加坡劉老闆合作，又是出遠門，這樣做比較有保障，劉老闆倒也乾脆，照單全收。至於還有何人同行？就不得而知。啟程那天在機場集合，方知另有一位電影明星

民國 56 年（1967）5 月 3 日
攝於新加坡機場 -1（戴墨鏡）

民國 56 年（1967）5 月 3 日
攝於新加坡機場 -2（拿下墨鏡）

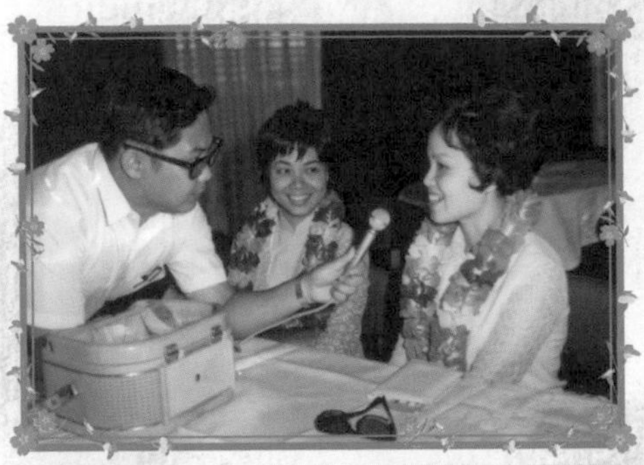

民國 56 年（1967）5 月 3 日下午 5 點於新加坡機場餐室「麗的呼聲」訪問 -1

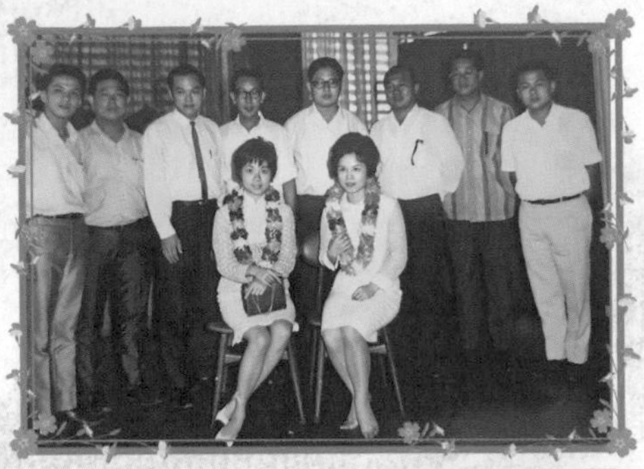

民國 56 年（1967）5 月 3 日下午 5 點於新加坡機場餐室「麗的呼聲」訪問 -2

林唯君及歌手應家鍾同行搭下午班機，天黑抵達目的地新加坡，翌晨一覺醒來已日上三竿，看到宣傳廣告才知道除了港台藝人，新加坡本地的藝人亦名列其中，尤其是兩位相聲搞笑的諧星，整體節目豐富熱鬧極了。晚間第一場演出是在新加坡露天大劇場，在民國 56 年（西元 1967 年）相當於國家劇院，演出非常成功，很可惜只有一場。隔天一早過橋進馬來西亞，行程緊湊不能耽誤，一路走一路演，所到之處票房都不理想。劉老闆面對這一團人每天睜開眼就得支出一大筆費用，同時還要發薪資，似乎有些捉襟見肘。原本寄望賣票收入可沖抵開銷，但情況一直沒有起色。某一晚在演出前，劉老闆非常急迫地向我借伍佰美金。我問他怎麼回事兒？他說有幾位演員表明如果他不付錢就不上台，當下他身上數目不夠，所以要我先幫他度過眼前的難關，不讓演出開天窗，事後他定會奉還。早在出國前我已先拿一半薪餉入袋，身上這筆伍佰美金是備用的零用錢，離鄉背井在外不能不防。但俗話說得好：「一文錢逼死

民國 56 年（1967）5 月 3 日起新加坡與
馬來西亞 45 天歌唱演出照 -1

民國 56 年（1967）5 月 3 日起新加坡與
馬來西亞 45 天歌唱演出照 -2

英雄好漢！」沒錢的窘境我也曾感受過，因此錢就長翅膀飛了……我幫忙救急讓劉老闆擺平危機，才知道大部份的表演者事前未部分預收工資。大夥兒繼續趕行程，這一站到了吉隆坡，最希望首都這一場能大豐收，那麼劉老闆的燃眉之急暫可解決。殊不知是陣容不夠強或是宣傳有誤，總之當晚進場的觀眾稀少，無法想像人口眾多的首都人情這麼冷，牽不動觀眾的心？一團人的心都很困惑、難過，無論心情好壞，管他人數多寡，藝人們上了舞台全是拼命三郎，任何事下台再說。原本為了趕行程，每天起早趕晚的，為何吉隆坡的早晨如此清閒？結果發現劉老闆居然一聲不響、不告而別，旅館錢沒付、食宿出問題、回程飛機票不在手上無法離境，

民國 56 年（1967）5 月 5 日
攝於星馬一帶
東海大酒店門口

民國 56 年（1967）5 月 8 日
馬來西亞怡保金禧大酒樓 -1
（第一排右四美黛）

民國 56 年（1967）5 月 8 日
馬來西亞怡保金禧大酒樓 -2
（第一排右一美黛）

更慘的是我帶來的錢又借給劉老闆，等於身無分文可用。新加坡與香港藝人們認栽自掏腰包離去，只留下我們台灣五位團員，因為旅館去報警，引起軒然大波。當地報界大肆報導台灣知名度高的美黛等五位藝人，來馬來西亞表演沒有拿到酬勞還遭遺棄、流浪街頭等不堪的頭條新聞，我成了每天的焦點人物，因為行程沒走完，在台北又先拿一半的酬勞，真正損失只有借出去的伍佰美金。其他四位團員就沒這麼幸運，還好當地的一家唱片公司，還有華籍藝人好多位伸出援手照顧我們食宿。唱片公司則負責買機票，讓我們於五天後平安出境回到台北。

兩個女歌星流落吉隆坡
一文莫名進退不得
美黛哭着說眞丟臉

【合衆國際社吉隆坡二十四日電】兩個來自中華民國的女歌星，成了馬來西亞一家大報第一版上的消息人物。但這不是因爲她們唱歌成了新聞，據馬來郵報報導說：歌星美黛曾哭泣着說：「呵！眞是丟臉」她和季華小姐來此演唱未能成功，以致一文莫名，進退不得。

這兩個女子，於四十八天以前抵達吉隆坡，夢想她們將會在馬來西亞的夜總會交好運。但她們甚至未能賺得足够返回臺北的錢。

美黛說：「我不要再在此間多呆一天。我現在祗要回家看我的雙親和朋友。」

她說：「在這兒受窘已經够了，但這對我在臺灣所灌的唱片銷路有何影響呢？我想一定會降落。」

馬來郵報說，這兩個小姐刻正住吉隆坡的一個普通旅館，處境艱困。

民國 56 年（1967）6 月 25 日中央日報
「兩個女歌星流落吉隆坡，一文莫名進退不得，美黛哭著說真丟臉」報導

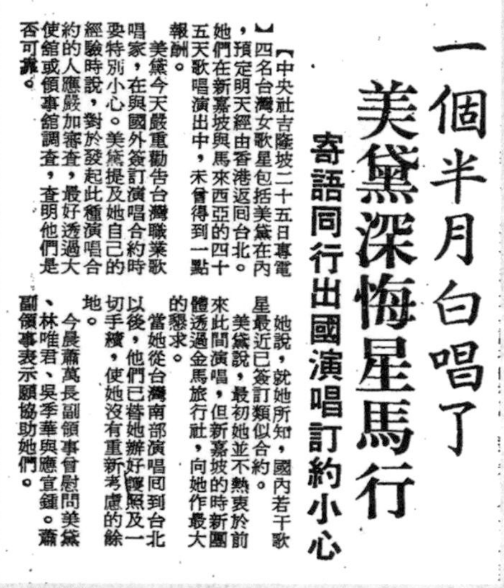

一個半月白唱了
美黛深悔星馬行
寄語同行出國演唱訂約小心

【中央社吉隆坡二十五日專電】四名台灣女歌星包括美黛在內，預定明天經由香港返回台北。她們在新嘉坡與馬來西亞的四十五天歌唱演出中，未曾得到一點報酬。

美黛今天嚴重勸告台灣職業歌唱家，在與國外簽訂演唱合約時要特別小心。美黛提及她自己的經驗時說，對於發起此種演唱合約的人應嚴加審查，最好透過大使館或領事館調查，查明他們是否可靠。

她說，就她所知，國內若干歌星最近已簽訂類似合約。

美黛說，最初她並不熱衷於前來此間演唱，但新嘉坡的時新團體透過金馬旅行社，向她作最大的懇求。

當她從台灣南部演唱回到台北以後，他們已替她辦好護照及一切手續，使她沒有重新考慮的餘地。

今晨蕭萬長副領事曾慰問美黛、林唯君、吳季華與應宜鍾。蕭副領事表示願協助她們。

民國 56 年（1967）6 月 26 日經濟日報
「一個半月白唱了，美黛深悔星馬行，寄語同行出國演唱訂約小心」報導

回到台北出關後，新聞界記者也是蜂擁而至，層層包圍十分傷腦筋。老公接到我趕緊突圍駕車回到家，並關照我不要開門、不接電話，就這樣不久後風波平息，漸漸為人們所淡忘。這段慌亂的時

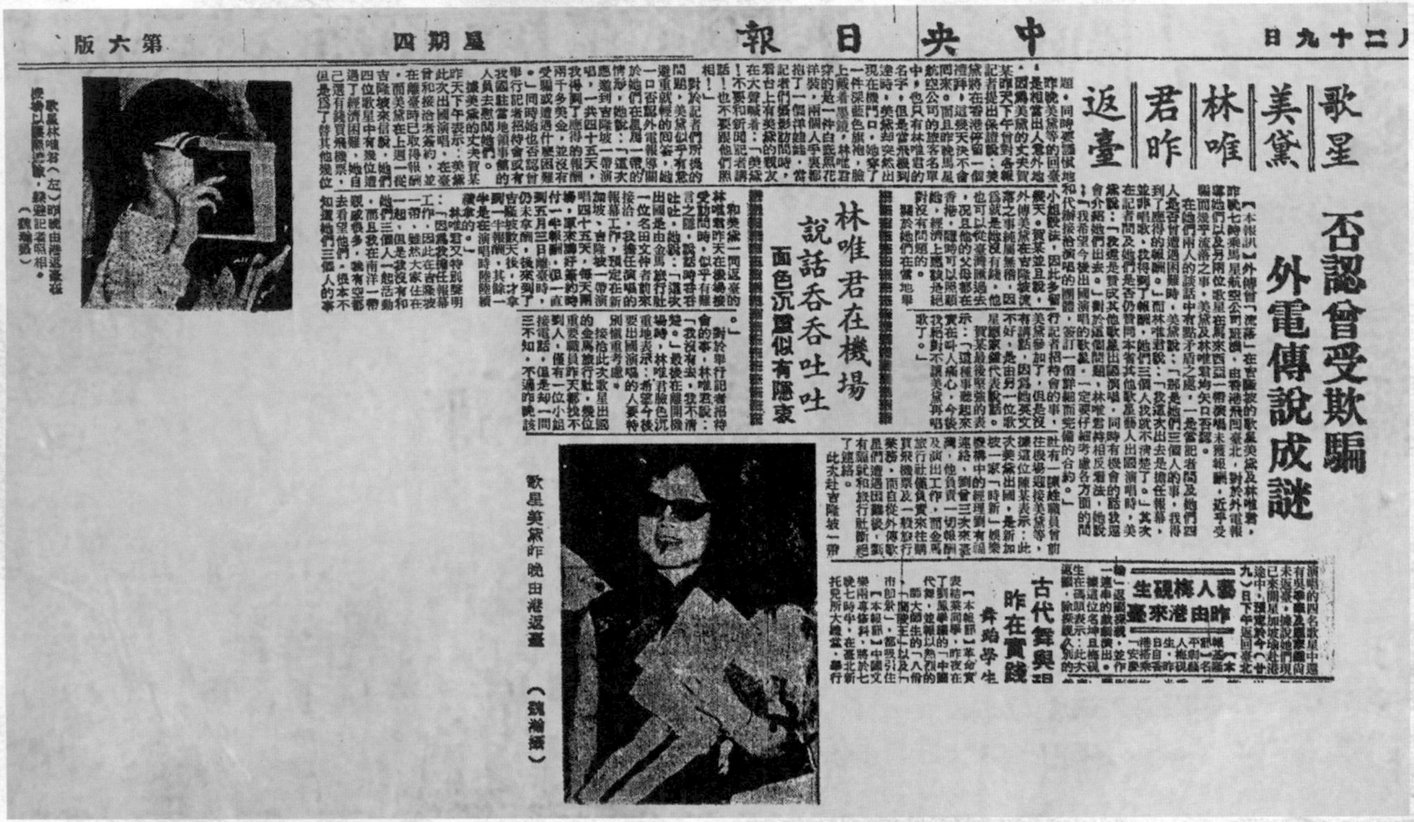

（二十九日　中央日報　星期四　第六版

歌星美黛、林唯君昨返臺
否認曾受欺騙　外電傳說成謎

林唯君在機場　說話吞吞吐吐　面色沉重似有隱衷

藝人梅視生　昨由港來臺

古代舞與　昨在實踐　舞蹈學生

歌星林唯君（左）昨晚由港返臺在機場以照相機擋住了記者的照相。（魏瀚攝）

歌星美黛昨晚由港返臺（魏瀚攝）

民國56年（1967）6月29日中央日報「歌星美黛、林唯君昨返臺，否認曾受欺騙，外電傳說成謎」報導

民國56年（1967）11月6日在
高雄金都樂府

空，因不斷要避開採訪的記者群，心煩意亂無法冷靜，忘了詢問清楚所有在異鄉熱心幫忙的朋友大名予以答謝，這是我最深的遺憾。在此先感謝當年對我們伸出援手的每一位恩人，祈願有人看到或知情，與我聯繫，了卻一樁憾事。

就藝人而言，新聞不論好壞，總是大眾茶餘飯後關注的焦點，勝過一點新聞都沒有從人們腦海中徹底消失。馬來西亞吉隆坡遭丟包事件，經新聞報導熱炒後「藍寶石歌廳」蔡董知道我回國了，比第一次的價碼主動提高雙倍為二千元一天簽一個月合約，捷足先登。此番第二次南下高雄作秀，蔡董笑說宿舍沒我的份，直接升級住飯店。演出時人氣依舊、盛況空前，絲毫不受藝人結婚就得退居螢光幕後結

郭金發照片（正面）

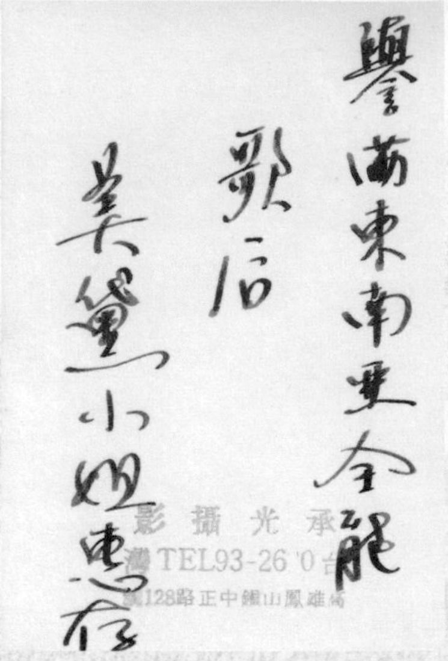
譽滿東南亞全能
歌后
美黛小姐惠存

郭金發照片（背面）

民國 56 年（1967）高雄金都樂府演出於後台合影，左二美黛，左三謝雷。

東演藝生涯的桎梏，邀約不斷比婚前更紅、更忙碌，鈔票數到手抽筋！秀場最蓬勃的時期，一年幾乎有半年在高雄，故「藍寶石歌廳」之後，「金都樂府」在高雄開張大吉，可容納一千一百個座位，氣勢磅礴宛若豪華歌劇院，新東家親自到台北談合約，為人誠懇，故一切比照藍寶石模式，雙方無異議一拍即合。當時的海報也沒特別設計或放大的照片，都是員工手書的大字報，王慧蓮小姐很多年後曾提起「金都樂府」在我上檔前，海報很簡單就四個大字「美黛來了」。我從來不曾注意海報的事，只記得「金都樂府」地點不錯，位於大馬路十字路口的三角地帶，設備新穎、座位多。彩排時望著偌大的場地，心想萬一票房慘遭滑鐵盧鐵定死得難看。幸上天垂憐，打從「夜花園」開始到「藍寶石」歌廳深耕高雄這福地，已小有成績基礎紮實。「金都樂府」頭一天上檔時，先唱幾曲打頭陣，待客座燈光一亮與觀眾話家常時，赫然發現歌劇院形式的樓中樓建築，樓上樓下滿坑滿谷都是人，座無虛席沒讓老闆失望。薛董娘馬上交代廚師以最新鮮的活跳蝦、魚類等額外關照我的伙食，幸好我不是吃貨，不至於害老闆多花錢。臨走時又簽了下一檔合約，唱完「金都樂府」

電視周刊
TTV WEEKLY
330期
2月3日-2月9日
電視劇明星 吳影

民國58年（1969）2月3-9日《電視周刊》第330期_封面（第22-23頁美黛自1月25日起在台北歌廳主唱）

龍沙
人語
尾。風

△老牌歌星美黛東山再起，自元月廿五日起，又再度在台北歌廳主唱了，據說第一晚應歌迷要求，唱了支當年的成名歌「我在你左右」，並在連連「安可」聲中，唱了「意難忘」等五支曲子，其歌藝與台風，均不失大將風範。

美黛私下表示，婚後生活愉快之至，但禁不住友好們的敦促，只有再出來作短期演唱了，如果電視觀衆們不嫌棄，她樂意隨時上電視的。

△與美黛同時在台北登台的紅歌星，尚有經常在「羣星會」裏出現的姚蘇蓉、王慧蓮、吳靜嫻、鄧麗君、閻荷婷、李黛華、陳麗卿、張貴芝等。據幕後的消息說，台北此次重新整頓後，已採取歌星「包底分賬」制度，如果生意興隆，則水漲船高，歌星們的酬勞就相對的提高了。

△外型豔麗的孔蘭薰和珠圓玉潤的王慧蓮，從元月廿六日起，聯袂在台北今日世界育樂中心的話劇「女人女人」裏客串演出，兩人的演技，居然也和她們的歌聲一樣的出色，使台下觀客們大感外。

孔蘭薰俏皮地說：「本姑娘不但是能歌善舞，而且想當年曾是康樂隊裏的話劇明星，如果不是要跑場唱歌的話，早就演電視劇了啦！」

△有「千面女郎」之稱的電視紅星劉明，最近在主演台製新片「小鎮春回」之餘，曾抽暇參加話劇「天花亂墜」的演出，在劇中扮演一個本省籍的下女，其「台式」國語堪稱一絕，至於演技之精湛洗鍊，當然更是不在話下了。

其實，劉明的語言天才，是多方面的。據沙龍主人知悉，劉明更精通「山東國語」和「廣東官話」，甚至「山東曼波」和「粵式流行歌曲」，都能朗朗上口，而且保證聽者笑痛肚皮。

△有「歌壇靚女」之稱的紫蘭說，她今天要回家了，因爲她投身影壇的第一部新片「今天不回家」，已經順利完成，從此她也多了一個電影明星的新頭銜了。

紫蘭在這部白景瑞執導的得意傑作裏，據說有極精彩的表現，因此甚得這位「博士」導演的器重。這部意境清新的影片，是由甄珍、鈕方雨、崔福生、以及韓甦、高幸枝、李芷麟、錢璐、陶述、張冰玉等電視明星聯合演出。

最近，紫蘭跟着歌后敏華等在某歌廳主持「阿哥哥之夜」節目，在舞台上大跳「阿哥哥」。她說，她原本最怕跳舞和毛毛蟲，只是想到毛毛蟲，她的「阿哥哥」就跳出來了。

△以台風著稱的紅歌星袁曉陽，自從去年購進了一部「青鳥」小轎車後，又多了一個「香車美人」的美譽。新近，她又貼錢換了一部華麗的綠色美型敞篷小跑車，每日馳騁在新店香閨與台北之間，果然更是名車美人相得益彰，連開着紅色警車在馬路上巡邏交通的警員們，都不禁爲之側目。

袁曉陽歌聲嘹亮，儀態萬千，月前南下高雄獻藝，風靡一時，本月初又再度返回娘家，在豪華酒店登台演唱。

△在閩南語連續劇「藕情」裏出現的天才童星小游，最近又以游龍的藝名，打入國語片圈，在新片「封神榜」裏，飾演哪吒一角。小傢伙說，演「法力無邊」的哪吒，眞是又神氣又好玩，祇是要戴上個好像女生的假頭髮，眞沒有道理！小游原名游象燉，今年十歲，現在是台北老松國小的三年級生，他得意的說，好多女生都喜歡跟他玩，沒意思！

右：美黛
中：小游
左：袁曉陽

民國 58 年（1969）2 月 3-9 日《電視周刊》第 330 期 _ 第 22-23 頁
美黛自 1 月 25 日起在台北歌廳主唱

第二檔不久後，藍寶石旁又新開一家「今日歌廳」也唱了二檔，每一檔以一個月為限。民國 57 年（西元 1968 年）台北麗聲歌廳開幕，老闆約在中華路的第一公司洽談，因為價碼談不攏而作罷。

第四次回鍋藍寶石歌廳過程曲折，整檔秀外包，故有位道上兄弟來台北商談，一聽我要先拿錢後唱，怒火中燒覺得我是看不起他。我告訴他，現在我人坐在這兒，哪兒也不去，請他致電藍寶石老董或董娘求證我美黛是否先拿錢後唱？ 表明並非看不起他，而是放諸四海一貫準則，皆一視同仁。待他打完電話回來，隨即奉上即期支票，當我南下履約時，他一直很客氣也很欣賞我的工作態度。所以當他因為檔期有點延誤，請我幫忙多唱兩天，絲毫不考慮相挺，他非常高興也覺得臉上有光。事成之後不但薪資照算，還給我一張名片說道：「美黛姐，往後來高雄有任何麻煩事，妳就打電話找我！」接過名片道聲謝，至今還未遇上什麼麻煩事請他幫忙，也少揹了份人情債要還。

民國 58 年（西元 1969 年）新春，接一檔秀在台灣尾端屏東黑天鵝歌廳，結束後搭屏東公路局客運到高雄再轉觀光號火車回台北，詎料半路殺出程咬金，「金都樂府」薛董在高雄站將我攔截下來，十萬火急請我務必幫幫忙。過年薛董特別從香港請名歌星崔萍小姐登台以酬謝觀眾，萬萬沒想到票房奇慘無比，崔萍小姐也不願意再留下來。拗不過薛董殷切懇託，硬著頭皮代替崔萍姐把檔期埝滿，我一點頭當晚火速將「美黛來了」的大字報張貼告示，扭轉票房劣勢薛董笑開懷，一夜之間兩樣情，時值農曆新春期間大家發財、賓主盡歡。

Apple 2004

民國 58 年（1969）屏東黑天鵝歌廳 -1

民國 58 年（1969）屏東黑天鵝歌廳 -2

歌唱公務員

早在婚後就有購屋計畫，當我專心接秀時，我老公便到處看房子，那個年代流行四樓或五樓公寓，我先生在木柵找到了喜歡的房子，直接下訂二間，一間是三樓，另一間是對面一棟的四樓。原本希望二間都買四樓，因隔壁四樓售罄，故改買三樓。所以在民國56年（西元1967年）10月搬離租屋當新房的六條通，住進木柵新居，脫離無殼蝸牛行列。民國59年（西元1970年）3月有了愛的結晶，婚後第四年才有孕事令人振奮，想不到害喜那麼辛苦，嘔吐狀況頻頻，縱然吃了很多食物也是枉然，吐到膽汁都出來了，人虛脫活像生了一場大病。撐過害喜的日子，漸漸小腹微凸，想工作旗袍也塞不下，索性家裡蹲看看育嬰常識及按時產檢，年底12月19

台灣歌后美黛小姐
廿二客串無綫演唱

以「意難忘」一曲歌譽東南亞達七年之久，有台灣全能歌后之稱的美黛小姐，自一九六七年于歸後，息影歌壇與熒光幕，年來台港歌壇與夜總會一片好景，雖由友好許以重金屢次挽其復出以慰歌迷之渴望，却因美黛小姐夫家係本港殷商，弗願彼重披歌衫，誠爲港台歌壇之憾事。此次美黛小姐由台來港探視翁姑，爲無綫電視製作人偵知，特挽友好情商邀其客串，美黛小姐在情面難却之下，幷徵得其翁姑同意，允於廿二日在無綫電視台「歡樂今宵」節目中客串演唱，並以其成名拿手新歌數支以答謝歌迷雅意。

民國59年（1970）4月22日上香港無線電視台《歡樂今宵》節目中客串演唱
（資料來源：民國59年（1970）4月19日香港華僑日報，香港歌迷會副會長暨電台主持人Eric提供）

民國59年(1970)12月19日
美黛女兒誕生

美黛身懷六甲牽女兒散步照

日女嬰呱呱落地，婆婆拍手稱慶，因為她自己生四個兒子，沒有女兒作伴，很開心長孫女來報到。出院後我回桃園養姊家坐月子，她照護我並幫忙帶小孩。滿月後回台北適逢要過農曆年，以往過年總是秀約滿檔一刻不得閒，難得可以陪家人過節，哪知道新開的日新歌廳來談一年一聘，月薪四萬，到期未續約就結束，條件如此優渥我當然簽啦，至少女兒的奶粉錢有著落了，不虞匱乏。

開始在日新歌廳上班，每天按時打卡，一天三場，下午二點半到四點半一場，晚上二場分別是七點到九點與九點半到十一點半。我演唱排在所有歌星的最後，我的後面則是爆笑短劇壓軸，日復一日穩定上、下班活脫脫就像公務員，掛頭牌主唱基本上不可以跑場，如果離開台北市以外地區作秀則必須請假，作完秀回來銷假

民國 61 年（1972）6 月 1 日美黛二寶兒子誕生

CHINA AIRLINES

美黛全家福照

民國 64 年（1975）4 月向「日新歌廳」請假，帶 5 歲女兒及 3 歲兒子回香港見公婆，攝於夫家屋頂

上班還得補足請假的天數。日新工作環境不錯，管理也很有原則，所有演員在舞台上各憑本事，也存在良性競爭，在愉悅氛圍中不知不覺孕事跟著來。第二胎害喜情況較和緩，感覺要吐時就吃一粒酸梅，就這樣混到衣服遮不住了，歌廳讓我告假在家待產。利用這段期間在住家附近找到一位幫傭，約定生產出院後，所有坐月子、家事等等由她統籌處理，兒子在民國 61 年（西元 1972 年）6 月 1 日誕生，親朋好友都異口同聲說一女一子是標準的「好」字，圓滿達陣一百分，說得也是，

一家四口滿足又幸福。日新歌廳在我坐完月子後急催銷假上班，雖然生產二次，幸好身材依然苗條，省下不少治裝費。

年輕時常聽老人家說，小孩一出娘胎見風就長，果然經過三、四年撫育，一對寶貝活潑可愛，出生以來爺爺奶奶還沒見過，故在民國 64 年（西元 1975 年）4 月向「日新歌廳」請假，帶孩子去香港見長輩順便度假，沒想到前一晚才到達，卻在隔天一早公公告知

民國 64 年（1975）12 月 26 日攝於香港啟德機場起程返台（由右至左美黛，3 歲兒子，5 歲女兒，婆婆賀齊毓芳）

民國 64 年（1975）12 月 5 日攝於香港夫家（由左至右第一排 3 歲兒子，婆婆賀齊毓芳，5 歲女兒；第二排美黛，弟妹司徒亦琮 Pauline）

民國 64 年（1975）12 月 26 日攝於爺爺奶奶香港啟德機場送行回台（由右至左奶奶賀齊毓芳，爺爺賀人欽，3 歲兒子，5 歲女兒）

民國 64 年（1975）12 月 5 日攝於香港夫家（由右至左第一排美黛，3 歲兒子，5 歲女兒；第二排弟妹司徒亦琮 Pauline）

台北日新歌廳時期美黛（左）與王芷蕾（右）

蔣介石逝世並拿報紙給我看，這晴天霹靂的消息舉世譁然，至今依舊讓我記憶深刻。假期結束返台，國喪期間所有娛樂場所皆停止營業，喪禮儀式辦完解除禁令才返回工作崗位上。日新連續簽了四年合約，我算是待的最久的一位，人來人往之中我發掘一位王芷蕾小姐，年輕乖巧，歌唱得不錯，是可塑之才。某一天馬來西亞吉隆坡的大連唱片公司到日新歌廳來找我，希望舉薦一位可造之材，難得的機會便將王芷蕾推銷入市，一次簽五年合約。果真不負眾望，迅速自南洋竄紅一路紅回台北，亦不枉我獨具慧眼，以精準眼光發掘後起之秀。

民國 68 年（西元 1979 年）麗聲歌廳創辦人因年紀大退休，將麗聲外包租借給他人經營，結果繞一大圈後機會又落在我頭上，民國57年（西元1968年）開幕時合作未談成是遺珠之憾，相隔十一年後圓夢真應了一句「命裡有時終須有，命裡無時莫強求」的老生常談。西門町峨嵋街今日百貨公司內有一家鳳凰歌廳，原班人馬遷至永和改名為「中信歌廳」也曾與我接洽過，因價碼談不攏而作罷。各位看官想必認為沒唱大歌廳，我就過閒雲野鶴的生活，這您就大錯特錯啦，秀場蓬勃發展，連西餐廳也要有秀，想要休息除非不接秀約，我也不捨將財神往外推，財源廣進好些年。

台北日新歌廳演出

民國68年（1979）在台北麗聲歌廳後台，美黛（中）與同事百里香（左）及7歲兒子（右）合影

中華民國六十八年十二月二十六日

民

銀色

『往日』情懷

果眞令人「意難忘」！

二十年歌壇．自在的美黛

『藍色的街燈，明滅在街頭，猶自對窗，凝望夜色，星星在閃爍……想念你的，想念你的，我愛唱的那一首歌……。』婉轉動人的歌聲，伴著幾許哀怨，這就是美黛十六年前風靡全省的「意難忘」。

美黛在歌壇立足整整廿年了，在這二十年當中，美黛從年輕的小姑娘而步入中年，眼角多了幾道歲月刻劃的痕跡，身邊也多了三個人：一個是能體諒她從事歌唱事業的先生，以及一對可愛的兒女，老大是女孩，今年九歲，老二是男孩，現年八歲。一家四口，組成了一個甜蜜，溫馨的「窩」。

對於自己在歌唱界的成就，美黛一點也不在乎，但是提起和從奮鬥的先生所共同建立的家，美黛打從心底笑了出來，露出兩顆金牙。

自在的美黛，與她九歲的女兒合影（本報記者 卜人美攝）

對一個女人來說，尤其是演藝人員，事業與家庭，很難兩者兼顧，美黛却做到了，多麼神奇！美黛淡淡一笑說：『任何事我都順其自然，不能出去唱歌的時候，我就待在家裏，等到我可以去唱，我就很自然的繼續我的歌唱生涯。我唱歌並不靠「美貌」，因此，我的歌唱事業不受年齡的限制。』

薄施脂粉的臉龐，配上清湯掛麵似的削薄短髮，今日的美黛顯得平易可親，加上她柔美的嗓音，寬廣的音域，這些「眞才實學」使她成爲歌壇的「長青樹」。

除了歌藝，最令圈內人稱道的是美黛的節儉美德。美黛的先生做進出口生意，家境富裕，然而美黛卻每天搭乘公共汽車上下班，她的家在木柵，離市區有一段不算短的距離，美黛却不引以爲苦，她曾自嘲的說：『我大概是吝嗇的人吧！』

美黛的純樸，與時下歌星迥然不同，從她的身上可以找到舊式歌星的風格。美黛很懷念過去的歌唱生涯：『我們那時候比較嚴謹，現在的歌星比較新潮，勾心鬥角也比我們厲害；尤其現在的歌壇，重視外貌而不注重歌藝。』

二十年了，美黛共出了二十餘張專集唱片，現在她仍然喜歡唱令人迴腸盪氣的老歌，對於時下的流行歌曲以及校園歌曲，美黛說：『我常常聽，却很少唱。流行歌曲我很容易學會，但校園歌曲就比較麻煩了，到底「味道」不同！不過，若要唱，我相信可以唱得好。』

美黛的信心並未隨著歲月而消逝，她那獨具一格的歌聲奠定她的自信，對於以往她走紅的時期，以及目前平淡的情況，美黛很坦然的說：『我不覺得我以前很紅，我更不覺得我現在走下坡。我還是我，一點也沒有變，只不過時代變遷罷了！』

的確，那一連串韻味十足的「意難忘」、「我在你左右」、「大江東去」、「重相逢」、「杭州姑娘」等，有誰比她唱得更具韻味？

本報記者 卜人美

民國68年（1979）12月26日「果真令人〈意難忘〉～二十年歌壇，自在的美黛」
民生報卜人美於台北麗聲歌廳後台採訪報導

感性時間
懷念金曲
5月30日~6月5日
情難忘主唱人
美黛
魂縈舊夢
閻荷婷
(訂座請早!!勿失良機!!)
中廣名主持人
李季準
現場幸運觀眾
贈送卡帶
情人橋 主唱人
張琪
趙曉君
花好月圓
孔蘭薰
苦酒滿杯主唱人
謝雷
最後一夜主唱人
蔡琴
淚的小花主唱人
青山
六〇年代的風格、八〇年代的情調
多少好歌君記否,
最是懷念舊時情!
誠摯的邀您進入
太陽城的感性世界!!
蔡幸娟
大小百合
夏台鳳
葉蔻
太陽城夜總會
台北市林森北路(欣欣百貨3F)
訂座熱線:561-1152
第一場:7:20 第二場:9:40
週日特加午場2:30
節目策劃:感謝莊奴老師協助
李季準 張 琪

民國 77 年(1988)5 月 30 日至 6 月 5 日台北太陽城西餐廳(夜總會)登台海報

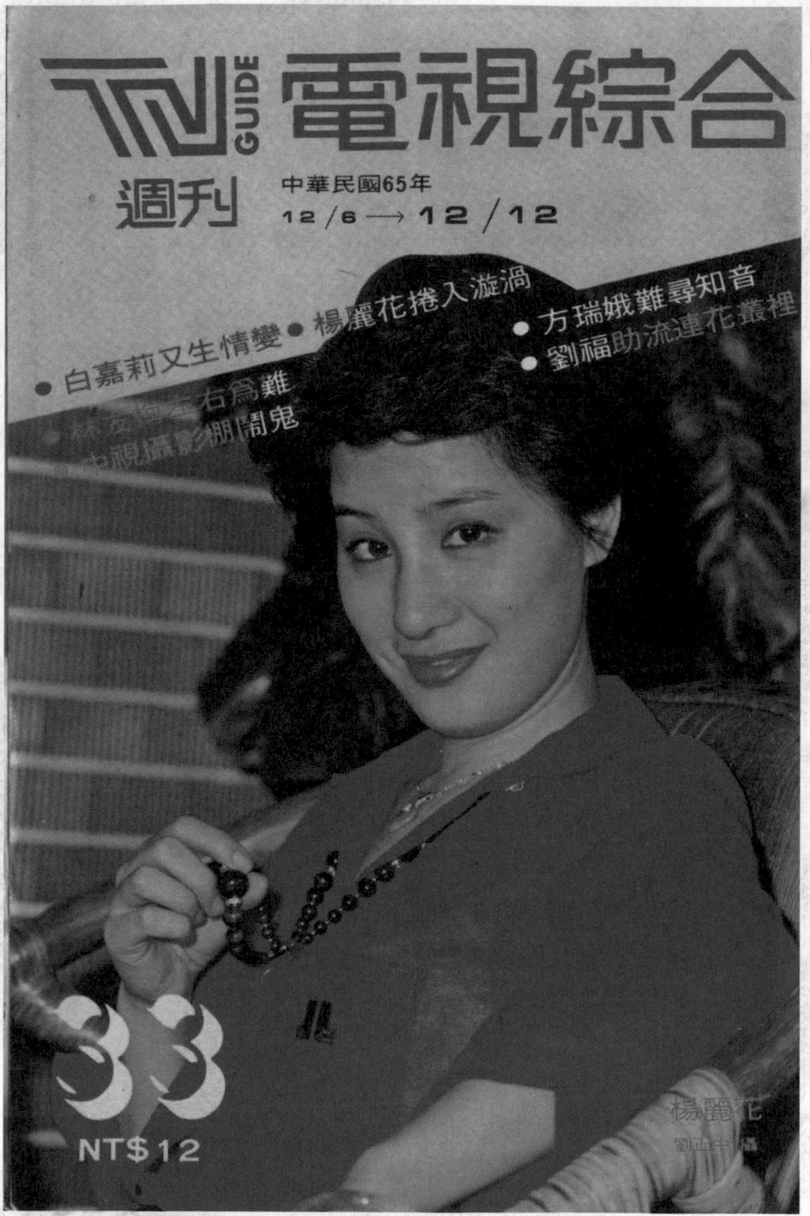
TV GUIDE 電視綜合
週刊
中華民國65年
12/6→12/12
●白嘉莉又生情變●楊麗花捲入漩渦
●方瑞娥難尋知音
●劉福助流連花叢裡
33
NT$12
楊麗花

民國 65 年（1976）12 月 6-12 日《電視綜合週刊》
第 33 期 _ 封面（第 104-106 頁美黛風靡歌壇二十年，當年唱紅〈意難忘〉）

懷念的旋律

美黛

風靡歌壇二十年 當年唱紅「意難忘」

薇薇

歌星，尤其是久享盛名的老牌歌星，在一般人的印象中，總離不開：艷麗的外型，豪華的服飾，高級的汽車、洋房，與不正常的生活。

然而，足足演唱了二十年的美黛，却依舊儉樸得像剛初道的「她」，實在令人感到驚訝與好奇。

音域廣．音質美

二十年的歌唱生涯，使美黛成了家喻戶曉的老牌歌星，也使美黛歷盡了各種「滄桑」，一頁頁心酸，即使說出來，也不見得能爲人所瞭解。

音域寬廣，音質優美，美黛擁有女高低與女中音的歌喉，就「唱歌」而論，她的條件是够了。

但是，美黛自稱是歌壇最「醜」的歌星，又不擅於交際，於是，在一連串的表演生涯中，「外型」的確爲她帶來了困擾，到處受氣。

歌廳與歌廳間的糾紛，歌星彼此間的妬嫉，在歌壇上是司空見慣的。說起美黛的「結婚」，還不得不歸功於那場「糾紛」。

美黛說：「民國五十五年，當我二十八歲時，兩家歌廳爲了爭取我，鬧得一塌糊塗，我一氣之下，不聲不響地步入禮堂，一家也不唱，我想，這下可好了，休息個過癮！」

怎料，新婚十三天後，高雄「藍寶石歌廳」一再邀美黛去演唱，那時，正值政府規定不准外國人在臺做「秀」，於是，美黛就成了由臺北到南部「做秀」的第一人。

意難忘．眞難忘

美黛在一年之內，跑六趟高雄，每次駐唱一個月，着實爲歌廳老板大賺一筆，同時也爲美黛創下了紀錄——由演唱三首歌「安可」至十二首歌。據說，目前尙無人打破她的此一紀錄。

爲美黛創立「知名度」的，應該推溯於民國五十二年，合衆唱片公司爲美黛出版的唱片「意難忘」。

在那個時候，「意難忘」這首歌響遍了全省，美黛亦成爲有名的歌星，接着而來，電影「意難忘」出現，美黛爲了替電影宣傳，到新加坡、馬來西亞，各處演唱，紅極一時。

除了演唱之外，美黛又被正聲電臺請去主持「我爲你歌唱」節目，每天三個小時，儘管累死了，全省聽衆給她的來信，也確實成爲她精神上的

與魏少朋合唱

日新歌廳近照

在高雄金都樂府演唱

美黛在歌廳演唱的巨型廣告

年輕時的美黛

在港與家人合照

105 電視綜合週刊

民國 65 年 (1976) 12 月 6-12 日《電視綜合週刊》
第 33 期__第 104-105 頁美黛風靡歌壇二十年，當年唱紅〈意難忘〉

高歌一曲「憶難忘」

美黛的女兒與兒子

安慰與支持。

穿旗袍．是標誌

當一個人大紅大紫的時候，也遭妒最多！

美黛回憶着說：當時我在歌廳演唱，曾經有數位同事，聯合要脅老板，有「美黛」他們就不表演，結果，美黛又打勝了一仗——老板繼續請她唱歌。

美黛過去最拿手的幾首歌，像「意難忘」、「黃昏街頭」、「寒雨曲」、「臺灣好」、「船」，黃梅調「梁山伯與祝英台」，在最近，又重新灌製了唱片，由中外唱片行出版，由這件事，美黛覺得很「欣慰」，過去的努力是沒有白費的。

身材矮小，美黛認爲自己穿什麼都不好看，只有穿「長旗袍」上台，是最合適的。所以從二十年前出道至今，「長旗袍」一直是美黛的「標誌」，到底有多少件「長旗袍」？美黛也數不清了，她總堅持，旗袍可使她在台上，顯得高些瘦些。

憶往事．多辛酸

說話直爽，美黛毫不隱瞞自己出道的動機與經過。

自小在桃園鄉下長大，美黛家境困苦，只讓她讀完小學就沒再繼續唸書，於是當她十六、七歲時，便開始想到臺北賺錢打天下。

有一次，她的哥哥帶她去民本電台參觀，自我推薦的，認識了當時的「廣播皇帝」吳非宋，美黛以「學歌」爲理由，吳非宋就留下了她。

美黛說，當時，吳非宋大概是缺一個「小妹」，所以才把我留下，三個月下來，我沒有學過一首歌，却倒了三個月的茶，洗了三個月的毛巾。

之後，回到桃園，美黛乃加入軍中康樂隊，開始了演唱的生活。直到四十九年離開康樂隊，才正式踏入了歌壇。

一段淒涼的往事，與一段紅極一時的盛況，在一位成名的歌星生涯中，是並存的，永不磨滅的，它值得讓人回味，也值得讓人做爲「借鏡」。

結婚十年，目前美黛擁有一個溫馨的家，一女一男皆已上幼稚園，她在先生「不反對」的情況下，把「日新歌廳」演唱的工作，看成是一種保持中年人身材的「運動」，以打發休閒的時間。

電視綜合週刊 106

民國 65 年 (1976) 12 月 6-12 日《電視綜合週刊》
第 33 期__第 106 頁美黛風靡歌壇二十年，當年唱紅〈意難忘〉

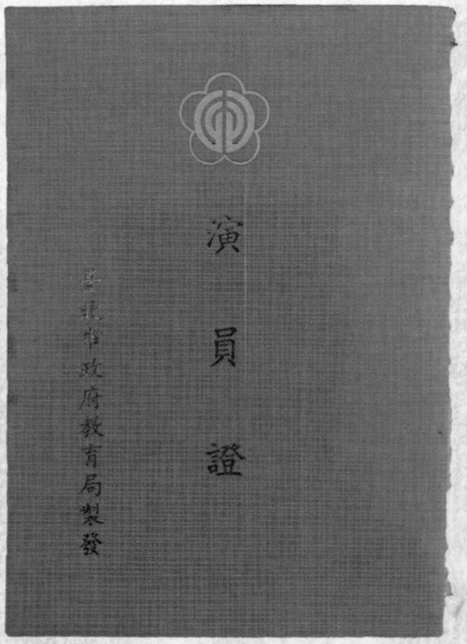
演員證
臺北市政府教育局製發

民國 74 年（1985）7 月 22 日臺北市政府教育局核發美黛第 037 號演員證 _ 封面

民國 74 年（1985）7 月 22 日臺北市政府教育局核發美黛第 037 號演員證 _ 封裡

民國 74 年（1985）7 月 22 日臺北市政府教育局核發美黛第 037 號演員證 _ 封底

以下一起回顧我曾作秀的地方，前面提過的不再贅述：

演出類型	演出地點	備註
歌廳	國聲酒店	台北寧夏路
	台中酒店	台中
	大光明戲院	台北延平北路，後改歌廳
	獅子林歌廳	台北獅子林商業大樓6樓
	愛愛歌廳	中壢
	聯美歌廳	台中
	嘉義歌廳	嘉義
	台南大歌廳	台南
西餐廳	狄斯角夜總會	台北南京東路
	帝國夜總會	台南
	太陽城西餐廳	台北林森北路
	好萊塢西餐廳	台北民生東路
	星船西餐廳	台北
	豪門西餐廳	台北
	南夜西餐廳	台中
	熱城西餐廳	台南
紅包場	白金西餐廳	台北漢中街
	安迪歌廳	台北西寧南路
	國際歌廳	台北西寧南路
	山海關	台北中華路
	神仙窩	台北成都路

演出類型	演出地點	備註
演唱會／講唱會	板橋文化中心	個人演唱會，個人講唱會
	台中文化中心	個人講唱會
	新營文化中心	個人講唱會
	台北中山堂	個人演唱會
	台北社教館	個人演唱會
	台北國父紀念館	個人演唱會
	台北國際會議中心	老歌演唱會
	中壢社教館	老歌演唱會
	新竹交通大學禮堂	老歌演唱會
	台中中山堂	老歌演唱會
	台中中興堂	老歌演唱會
	台南文化中心	老歌演唱會
	高雄文化中心	老歌演唱會
	高雄師範大學禮堂	老歌演唱會，與楊佩春二人共同演出
	高雄霖園大飯店	老歌演唱會暨文物展，與楊佩春二人共同演出
	台北中廣公司	老歌演唱會

日漸式微的歌廳秀已漸褪色，西餐廳逐漸轉型為「紅包場」營業，老闆必須慎選主唱台柱，方能滿足愛聽歌的觀眾一飽耳福，在長達三小時營業時間中，隨意指定歌手點唱想聽的曲目，以紅包打賞唱的好或喜愛的歌者，在西門町蔚為風潮。台北市中華路、成都

路、康定路、漢口街一帶就有十家之多，競爭在所難免，但百花齊放經營的有聲有色，生意都不錯。幾乎每一家皆唱過，普遍待一、二個月，唯獨「白金西餐廳」和「國際歌廳」唱的最久，約莫各二年。民國 75 年（西元 1986 年）於白金西餐廳駐唱時，有一位女粉絲常來聽歌捧場，每次來必點同一首歌〈飛快車小姐〉，令人費疑猜。一般而言，客人不喜歡常聽同一首歌覺得生膩；再者，台上的歌者極其重視每場換歌，尤其是我，那代表主唱

民國 82 年（1993）6 月 19 日紅包場
演唱喜獲觀眾打賞紅包

白金西
一代歌后美黛
登台演唱

民國 74 年（1985）台北市西門町
白金西餐廳門口「一代歌后－美黛」
登台廣告看板

1985. 9. 28

民國 74 年（1985）9 月 28 日
台北市西門町白金西餐廳

台北市西門町白金西餐廳
身穿亮綠色富貴旗袍演唱照 -1

台北市西門町白金西餐廳
身穿艷紅色喜氣旗袍演唱照 -2

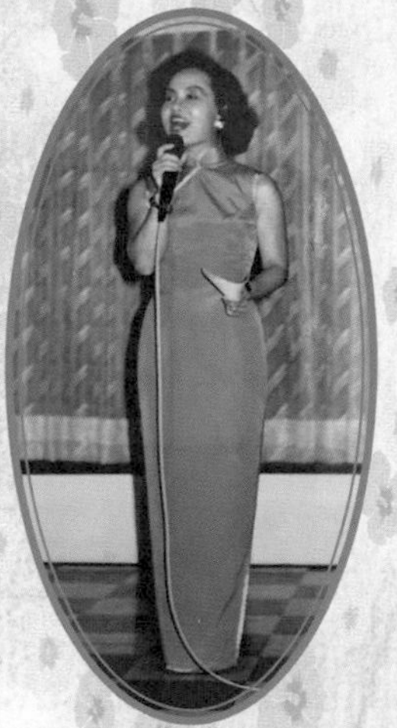

台北市西門町白金西餐廳
手持現場點歌單
演唱觀眾指定曲

民國 80 年（1991）4 月 4 日
與學生兼好友黃育錦小姐
紅包場高歌同歡

中華民國八十年 當代15版 聯合晚報 四月十一日 星期四

《文化觀察》 撰文、攝影／黎大康

紅包場 心事誰人知？

他們將自己的青春獻給國家或工作，將退休金與晚年清福獻給'紅包場'自己却甘願一生受苦。

西門町一家歌廳數月前開幕後，一改傳統，倡行「不收紅包」，經營情況卻一直不太好，其他有「紅包場」的歌廳，則歷久不衰。

「紅包場」是台灣歌廳業界行之有年的規矩。歌星或演員在舞台上表現好，台下的聽眾賞個紅包，只要觀眾送得起，領賞的受得起，雙方倒也各得其樂，皆大歡喜。但壞就壞在現在的「紅包場」裡，賞錢者與受賞者間出現了一些「社會問題」。

會去聽歌的人大多是上了年紀、無法忍受現代科技休閒的退休者，這些老人主要是靠退休金生利息過活，物質生活大體上不很寬裕。但這些「泥菩薩」在歌廳裡，看到自己欣賞的歌星時，一百、一千的出手時，往往連眼睛都不眨一下；等歌畫散場時，自己卻在騎樓下啃饅頭，而退休金被自己送光或造成老夫老妻臨老反目的例子也不少，還有些老榮民甚至向歌廳借錢來給紅包。

當然，家家有本難唸的經，在「紅包場」裡，賞錢的有點打腫臉充胖子，歌星們也有苦說不出。為了鞏固老顧客，希望他們天天來捧場，歌星們唱完後，常會在台下穿梭進行親善交誼，叔叔伯伯聲此起彼落，叫得還在台上唱的歌星火冒三丈卻又莫可奈何，因為她知道待會兒唱完後，自己也會在台下「滿場飛」。

歌星的心事誰人知，有時候紅包收多了，還得「回饋」老顧客一番，通常都是代簽茶資或老顧客有什麼喜慶宴會，總得去應酬。

不要紅包的歌廳慘澹經營，要紅包的歌廳都十分興旺，這種現象也反映出退休者對「金錢」與「享受」自有一套詮釋，他們將自己的青春獻給國家或工作，將退休金與晚年清福獻給「紅包場」，而他們自己卻甘願一生受苦。

▲不收紅包，雖是業者堅持的原則，但對老歌迷來說，似乎總像少了一點什麼。

《人的故事》 美黛 撰文、攝影／黎大康

唱不完 意難忘

美黛走在西門町的人潮中，很少人會相信這位嬌小的女人，在台灣歌壇已經是元老級的歌星。三十年來，多數老牌歌星紛紛淡出或退居幕後，美黛的歌聲卻仍真實的在老歌聽眾耳畔流轉。

美黛今天仍在歌壇屹立，植基於其困苦流離的童年。她生於抗戰勝利之年的台灣，父親是水泥工，收入微薄，日子過得捉襟見肘，美黛很小的時候，就由鄰居長輩抱離父母，成為養女。

美黛的養父日據時代是礦工，家境也不寬裕，結果美黛小學畢業後考取了初中，但念了一年就休學。

■ 第一次看到收音機

偶爾的一大機會裡，美黛由家鄉北上台北，探望在鐵工廠當學徒的親哥哥，也有了機會看到收音機，聽到收音機傳出的聲音。當時，她以為是牆壁在講話。

台北之行改變了美黛一生，她的親哥哥有一天帶她參觀民本電台，大膽問電台製作人是否能讓美黛在電台裡學歌，製作人也許太忙了，隨口答應下來。

「結果我三個月裡，什麼歌也沒學到。」美黛說：「電台裡的人把我當小妹使喚，一下叫我洗毛巾，一下出去買東西，我當時雖然年紀小，但也深感前途茫茫。於是又回到老家。」

■ 踏上勞軍歌涯

回家待了一段短時間，聽到軍友社招募康樂隊員，又興沖沖去報名，主考官認為美黛好歹也在民本電台待了三個月，而美黛也正愁找不到事，於是在雙方都很滿意的狀況下，年輕的美黛終於踏上了勞軍歌涯。

唱了幾年勞軍，美黛的足跡踏遍金馬澎湖，甚至東沙南疆，更經朋友介紹，到台北漢口街的朝陽樓餐廳唱，美黛說：「我就是這樣一腳踏進歌廳，然後又從歌廳唱到舞廳、夜總會和飯店。」

■ 一曲成名意難忘

民國51年，美黛在台北萬國聯誼社駐唱，合眾唱片老闆的弟弟去跳舞，聽了美黛的歌，問她想不想灌唱片。

「我怎麼可能放棄這麼好的機會？」美黛說：「我選了『意難忘』這首別人已經唱過的歌，結果沒想到一曲成名。」

唱紅「意難忘」，美黛從此平步青雲，美黛表示，那時候一年出個三、四張唱片很平常，而且保證片片暢銷。

28歲那年，美黛在台北的金門飯店駐唱，那位台大學生兼飯店老闆擄獲了美黛的芳心，成為美黛人生旅途上的終生頭家。

■ 堅守崗位餘音不絕

美黛婚後演唱酬勞節節升高，25年前，當多數人月薪還停留在幾千台幣時，美黛一天演唱的酬勞，除了食宿，歌廳老闆還得付一千元。據美黛透露，當時第一位聽到她提出這個價碼的歌廳老闆差點昏倒。

多年來，美黛始終堅守崗位，她幾乎每天都從下午唱到夜，但歲月不饒人，從前她一場唱40分鐘仍餘韻無窮，現在唱個30分鐘就很吃力了。

美黛認為老歌含蓄，詞曲意境美，作詞作曲家的造詣和人生閱歷，遠非今日同行能比。美黛說：「這是我願意不停唱下去的原因，我要唱到牙齒掉光，沒辦法唱『意難忘』了才停止。」

▲美黛像是一個盡職的公務員，依然堅守歌唱崗位。

《中國兒童水墨展》 選輯／李玉玲

侗族姐姐

作者：貴州 税悅 7歲

「爸！」

怎麼！侗族姐姐一聲「爸」，竟奇妙地成為永久的圖像。7歲的税悅，不但筆觸大膽、無拘，連思想也自由地令人發出會心一笑。

《大城小調》 吳仁麟

唯有飲'招'留其名

在台北一處譯號叫做「酒徒教室」的酒館裡，曾經有這麼一段對話。

「台灣人喝酒，花樣多得數不清」。酒客甲捧著100cc的「人道杯」（可以一口飲盡的啤酒杯），帶著三分酒意喃喃的說。

「那可不，不過有些喝法光聽起來就嚇死人。」酒客乙一臉闖蕩江湖多年的神情。

結果甲、乙兩人在不到10分鐘內列舉了至少20種「嚇死人」的喝法，茲摘錄精華如下：

深水炸彈：100cc的人道杯裝滿啤酒，再將裝滿紹興酒的小酒杯丟進人道杯裡面，杯內立刻「炸」出滿天泡沫，趁這個時候一口喝乾，再把小酒杯從嘴巴裡勾出來，就是一記會拋殼的「深水炸彈」。

黑白雙雄：視個人酒量而定，以50%的台灣啤酒配合50%的外國黑啤酒，一飲而盡，是非黑白，盡在胸懷之中。

椰林大道：70%的紹興酒加30%的椰子汁，喝的時候甘醇溫潤，愈喝愈順口，愈順口就愈喝愈多，不多時，就像走在午夜的椰林大道一般——滿天星斗。

無鉛汽油：是高速公路上卡車司機的常備恩物，牽強的說也算是一種酒，準備一罐罐裝咖啡，再買一瓶威士比、好蘭迪之類的「英雄飲料」，把咖啡倒進英雄飲料裡面，就是味道十足的無鉛汽油，據說這種燃料對於情緒的加速有神奇的功用，能夠使人亢奮，卻不會醉酒誤事，功能一如九五無鉛汽油——無汙染。

酒在中國人眼中是情緒性的飲料，喝酒的時候不是「飲酒作樂」就是「借酒澆愁」，現代人的情感比較複雜，多混幾種酒來喝，也是可以理解的事，這些奇奇怪怪的飲料也多少有其時代背景。

從宋太祖的「杯酒釋兵權」到今天阿港伯的「表面張力」，酒在中國社會一直有種微妙的象徵意義，政治人物喝酒，為了向朋友和敵人致敬或宣戰；升斗小民喝酒，為了求個爽快。台灣在這樣的時空中，自創出如此多喝酒的花樣，到底能牽扯上什麼樣的時代意涵，則有待百年之後的人來穿鑿附會了。

《道法自然》老子的生態 文／孟東籬 圖／楚戈

不出戶，知天下
不窺牖，見天道
其出彌遠，其知
是以聖人不行而
不見其名，無為

無可諱言，現在是「知識爆炸」的時代，是「多做多為」的時代。而知識爆炸與多做多為，都是人的發展史上有其特定意義與重要性的歷程。

然而在這知識爆炸和多做多為的時代，我們是否也可聽聽另一種聲音？一種深沈的、潛伏的、甚至於是潛藏在每個人心底的聲音？

老子說：不必走出屋子，就可以知道天下的事情在怎麼發生，怎麼運作；不必看出窗外，就可以知道天理天道宇宙星辰在怎麼運行，在怎麼運作。

老子說，你向外走得越遠，你遊歷得越多，看的事物越多，知道得反而越少。

所以，一個真正用心做人的人，一個真正關懷天道的人，他可以不用出門就可知道他該知道的事，不必親見，就可以明白世間的大原則大道理。

他不須刻意去做什麼，他只讓萬物各自依其所生，順其自然，他已經成就了莫大的成就。

對為了瞭解人類、為了瞭解世界而努力鑽研的學者而言，對為拯救人類、為拯救世界而投身運動的運動者而言，老子的這些話似乎是不負責任的，虛妄的，甚至是逃避而貴乖的。

但在我們忙碌與投身之餘，仍可略做反省：世界之所以有事，是因為有好事者，而「知識分子」乃是好事者之大宗，所以說，「人多伎巧，奇物滋起」，由於「奇物滋起」，才使得「朝（或民）多利器」，而由於利器多，才使「國家滋昏」；而「奇物滋起」和「國家滋昏」的結果，是民心大亂，於是才必須「法令滋彰」；但法令必有漏洞，於是人民乃鑽漏洞以求利，或壞法橫行，乃演變為「盜賊多有」（第五十

民國80年（1991）4月11日聯合晚報「紅包場心事誰人知」、
「美黛－唱不完意難忘」報導

Hsin, Mei-fen (2012), Popular Music in Taiwan: Language, Social Class, and National Identity, University of Durham, UK

以下是有關美黛老師出現在我的論文頁數的部分

P.70 紅包場 < hongbaochang / red envelope place> 的由來

The hongbaochang was essentially a form of singing hall in which the audience members would express their admiration for a particular singer by giving them a red envelope with money in it (see Figure 1.9); the singers did not receive any wages and rarely made as much money as in the singing halls. Mei-dai told me that this practice was brought over from South-East Asia in the 1960s by singers who had experienced it while on tour.

Figure 1.9民國80年(1991)4月11日聯合晚報「紅包場心事誰人知」報導之紅包場內部照片

Figure 1.9: The interior of a hongbaochang ('red envelope place') (from United Evening News April 11, 1991).

孔蘭薰吐槽唱酬膨風

3天撈50萬 除非老闆想賠錢

【吳禮強、張瑞振、杜偉莉／台北報導】夏禕唱紅包場，歌廳老闆張祐瑄透露她三天賺五十萬元，昨曾在紅包場演出的前輩美黛、孔蘭薰紛紛表示：「不可能。」孔蘭薰笑說：「用膝蓋想也知道（不可能），除非老闆想賠錢。」

近年因紅包場文化改變，已不再到紅包場演唱的美黛透露，二十年前她唱紅包場的月薪是十五萬元，每天唱兩場，還有紅包可以拿，在當時憑著知名度場場爆滿。

紅包回饋老闆

孔蘭薰不願明白透露唱酬是多少，但表示都是抱著「回饋」知音老友，不會亂開價，每場紅包最多可拿一萬元。

其他唱過紅包場的藝人，還有楊佩春、華怡保、吳靜嫻、金燕、田路路等人，她們都是有名度藝人，唱一場價碼約四至五萬元，而且通常只唱一場；一般歌手則採月薪制，一個月底薪一萬元，大部分收入全來自紅包，有歌手人脈廣，生日當天，光紅包就可進帳十幾萬元。

對於夏禕被爆三天酬勞五十萬元，當初遊說她唱紅包場的張琪昨說：「是誤傳，真的沒有這麼多！有三分之一就不錯了。但老闆很幫忙，還花錢幫她打廣告，讓她也回饋老闆把收到紅包私下還給歌廳，未來還想把紅包拿來做公益。」

■孔蘭薰喜歡到紅包場會老歌迷，常在周末登台。

■楊佩春是紅包場赫赫有名的歌手。

■美黛表示紅包場文化變質，近年她已不唱了。

■李麗華（右）對夏禕的退出不願回應，左為田路路。

民國 95 年（2006）3 月 5 日蘋果日報「孔蘭薰吐槽唱酬膨風」報導
（紅包場文化變質，美黛不唱。）

人是否具備歌懂得比別人多的必備條件，亦讓聽眾值回票價而再度蒞臨。終於抵不住好奇心的驅使，點〈飛快車小姐〉女客一如往常般光顧，唱完時請服務生邀她來就近聊聊，為什麼總是點唱同一首歌？原來她曾夢想當飛快車小姐，也曾參加考試，只因落榜無法圓夢，所以每次點同一首歌撫慰一下往日受傷的心靈。

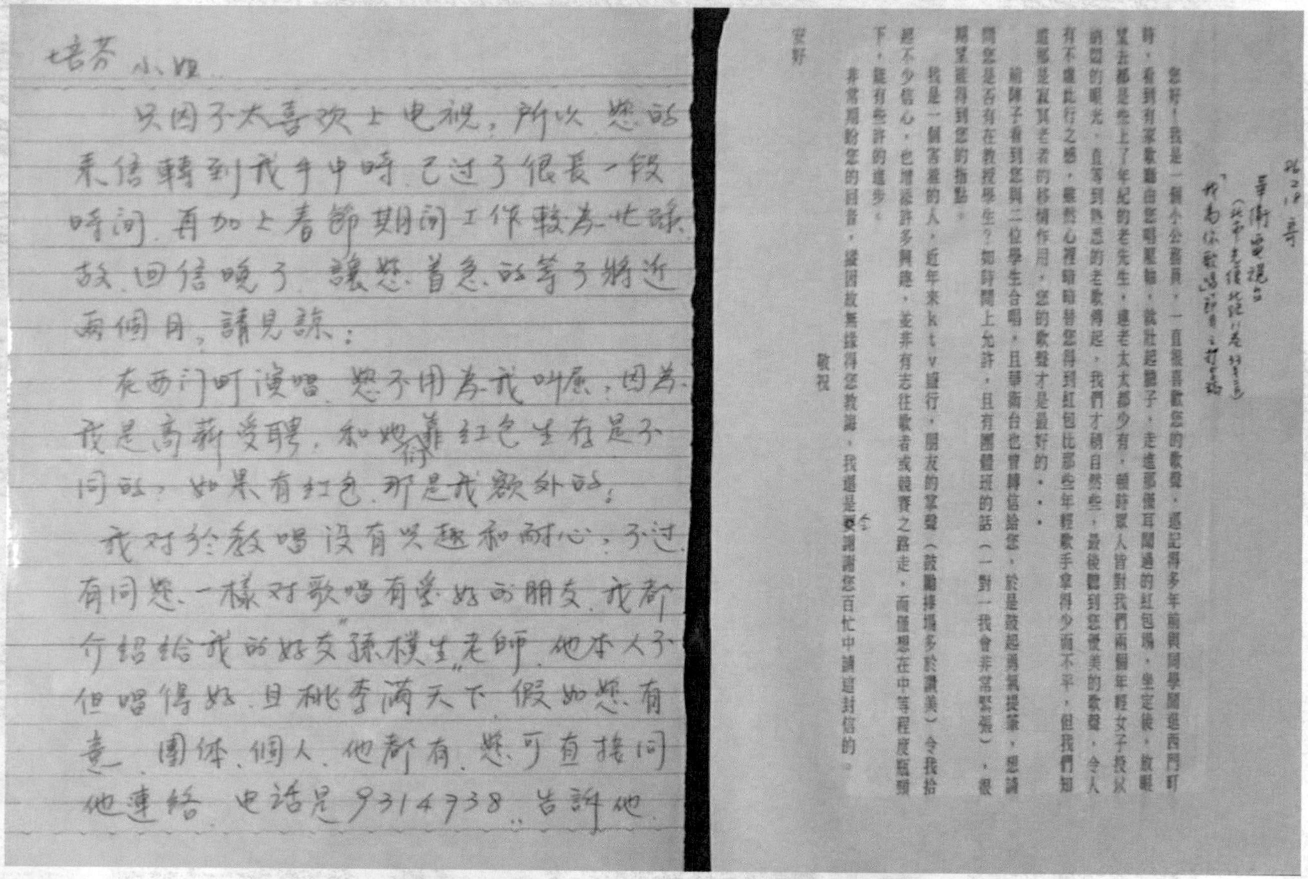

培芬小姐

只因了太喜欢上电视，所以您的来信转到我手中时，已过了很長一段時间，再加上春節期间工作較為忙碌，故回信晚了，讓您着急的等了將近兩個月，請見諒：

在西门町演唱，您不用為我叫屈，因為我是高薪受聘，和她們靠紅包生存是不同的，如果有紅包，那是我額外的：

我对於教唱没有兴趣和耐心，不过有同您一樣对歌唱有爱好的朋友，我都介绍给我的好友"孫樸生"老師，他本人不但唱得好，且桃李滿天下，假如您有意，團体、個人，他都有，您可直接同他連络，电話是9314738，告訴他

86.2.18 寄

華衛電視台

「我為你歌唱」節目

您好！我是一個小公務員，一直很喜歡您的歌聲，還記得多年前與同學闖進西門町時，看到有家歌廳由您唱壓軸，就壯起膽子，走進那僅耳聞過的紅包場，坐定後，放眼望去都是些上了年紀的老先生，連老太太都少有，頓時眾人皆對我們兩個年輕女子投以訝異的眼光，直等到熟悉的老歌傳起，我們才稍自然些，最後聽到您優美的歌聲，令人有不虛此行之感，雖然心裡暗暗替您得到紅包比那些年輕歌手拿得少而不平，但我們知道那是寂寞老者的移情作用，您的歌聲才是最好的・・・

前陣子看到您與二位學生合唱，且華衛台也曾轉信給您，於是鼓起勇氣提筆，想請問您是否有在教授學生？如時間上允許，且有團體班的話（一對一我會非常緊張），很期望能得到您的指點。

我是一個害羞的人，近年來ktv盛行，朋友的掌聲（鼓勵捧場多於讚美）令我拾起不少信心，也增添許多興趣，並非有志往歌者或競賽之路走，而僅想在中等程度瓶頸下，能有些許的進步。

非常期盼您的回音，縱因故無緣得您教誨，我還是要謝謝您百忙中讀這封信的。

敬祝

安好

民國 86 年（1997）2 月 18 日歌迷李棓芬小姐寫信（右）致華衛電視台《我為你歌唱》節目轉交美黛，美黛回信（左）

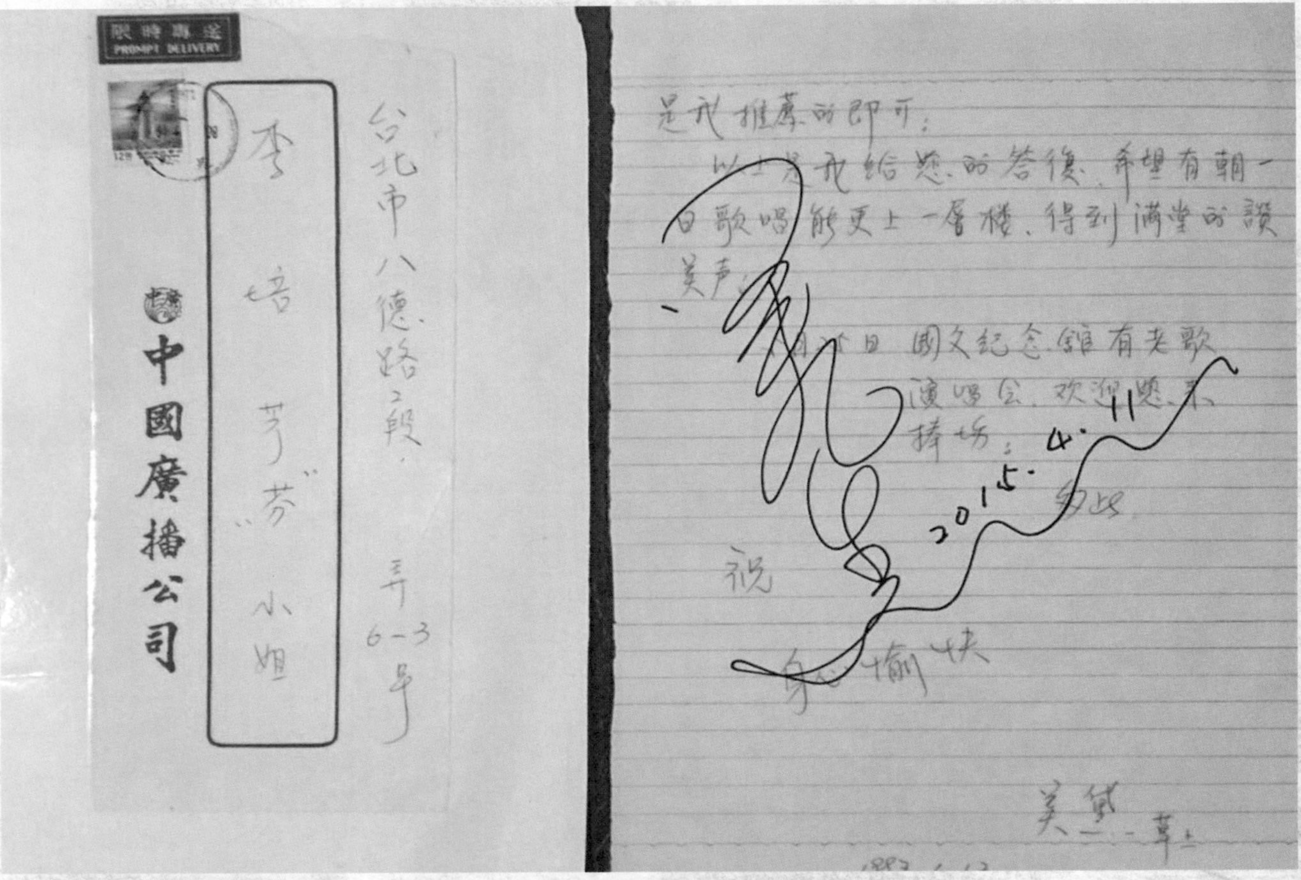
限時專送
PROMPT DELIVERY
中國廣播公司

民國 86 年（1997）4 月 12 日美黛回覆歌迷李蓓芬小姐信件（右）並於相隔 18 年後民國 104 年（2015）4 月 11 日簽名予學生李蓓芬小姐留念

緣份真的很奇妙，李蓓芬小姐與女同學曾至西門町二樓白金西餐廳泡茶聽老歌，之後民國 86 年（西元 1997 年） 李小姐看吳靜嫻小姐在華衛電視台主持的《我為你歌唱》節目，節目中說明可幫觀眾代轉信件，於是乎李蓓芬小姐興奮地提筆寫信寄到華衛台，當我輾轉收到這封民國 86 年（西元 1997 年）2 月 18

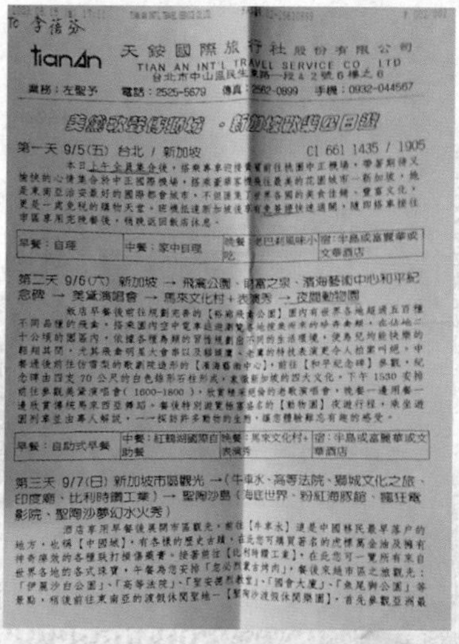
To 李蓓芬

tianan 天銨國際旅行社股份有限公司
TIAN AN INT'L TRAVEL SERVICE CO., LTD
台北市中山區民生東路一段 42 號 6 樓之 6
業務：左聖予 電話：2525-5679 傳真：2562-0899 手機：0932-044567

美黛歌聲傳獅城．新加坡歡樂四日遊

第一天 9/5(五) 台北 / 新加坡 CI 661 1435 / 1905

早餐：自理	中餐：家中自理	晚餐：老巴剎風味小吃	宿：半島成富麗華或文華酒店

第二天 9/6(六) 新加坡 → 飛禽公園、財富之泉、濱海藝術中心和平紀念碑 → 美黛演唱會 → 馬來文化村 + 表演秀 → 夜間動物園

早餐：自助式早餐	中餐：紅鶴湖國際自助餐	晚餐：馬來文化村 + 表演秀	宿：半島成富麗華或文華酒店

第三天 9/7(日) 新加坡市區觀光 →（牛車水、高等法院、獅城文化之旅、印度廟、比利時鑽工業）→ 聖陶沙島（海底世界、粉紅海豚館、瘋狂電影院、聖陶沙夢幻水火秀）

民國 92 年（2003）9 月 5-8 日
重相逢歌唱班「美黛歌聲傳獅城，
新加坡歡樂四日遊」行程表

民國 92 年（2003）9 月 5-8 日重相逢歌唱班「美黛歌聲傳獅城，新加坡歡樂四日遊」
合照（第一排右三美黛老師，右五劉春杏，右六李蓓芬）

日歌迷李小姐的信，那時忙碌不堪的我，壓根兒就沒想到要開歌唱班收學生教唱，所以回信推薦她另找孫樸生老師學歌。事後得空詢問孫老師，結果李小姐沒有與他聯繫，爾後李蓓芬小姐因緣際會在卡拉 OK 認識的朋友，已參加我所授課的歌唱班，在歌唱班成立的隔年民國 87 年（西元 1998 年）在卡拉 OK 朋友引領下進入歌唱班成為我的學生，才了解她主要是想跟我學唱歌，所以未與孫樸生老師連絡。李蓓芬小姐因歌唱班成立時沒有登廣告，只在同年 10 月中山堂老歌演唱會結束後當眾宣布，其時李小姐並未參與所以不知

'91 6 10

民國 80 年（1991）6 月 10 日美黛前往台灣外島勞軍 -1

民國 80 年（1991）6 月 12 日美黛前往台灣外島勞軍 -2

情，陰錯陽差之下故未於成立時報名歌唱班。第一次李蓓芬小姐來上課，她說我剛好是第一次教〈天長地久〉這首歌，然後因本身公務員業務由總處調到分處，忙於新業務故歌唱班只報名一期、上三次課就打住。民國 91 年（西元 2002 年）工作適應較穩定後，第二次回鍋當學生並與劉春杏同學等一起參加我新加坡登台演出的活動，年底歌唱班五週年成果發表會參加團體合唱〈桃花江〉其樂融融，就這樣一路持續做我學生直到罹患癌症離開歌唱班專心化療，抗癌成功後第三次回鍋當我學生。民國 104 年（西元 2015 年） 李蓓芬小姐將當年我寫給她的回信影印給我看，我才有點記憶，並在

天下為公

七十八年榮家巡迴演出「愛心訪問團」合影留念78.8.23

民國78年（1989）8月23日全台榮民之家巡迴演出「愛心訪問團」合影留念
（第一排右二美黛，第二排左四侯麗芳，第四排左一葛小寶）

回信上簽名留念，至今她細心保存十八年以上。她不但有心，唱得還真不錯，文筆也很棒；除此之外，她是我女兒衛理女中的學姐，從歌迷到學生到我女兒的學姐，不得不說緣份真的是很奇妙啊！

前綜述秀場、個人演唱會／講唱會，或大型演唱會的場地，每一處至少回鍋二次以上，時間落在婚後民國56年（西元1967年）至民國76年（西元1987年）這二十年左右的光景，還包含前往馬祖、烏坵、東沙等外島勞軍，以及連續五、六年參與由退輔會主辦，葛小寶夫婦領隊至各縣市榮民之家慰問表演。民國56年（西元1967年）發生馬來西亞吉隆坡流浪驚魂記後，好長一段時間不曾出國，很意外地吉隆坡香格里拉夜總會邀約作秀，這回與上回趕行程公演不同，但我仍小心接洽，避免重蹈覆轍。原本簽一個月的演出，因大受歡迎又順延兩週，隔年又再去一次，隨後去新加坡唱二個月。

美黛於馬來西亞吉隆坡「香格里拉夜總會」作秀

美黛攝於馬來西亞吉隆坡

宣慰僑胞

民國 76 年（西元 1987 年）夏末在台北縣永和市「頂點夜總會」登台演出，轉眼民國 77 年（西元 1988 年）農曆新年後，傳來蔣總統經國先生逝世噩耗，國殤期間舉國哀悼、娛樂場所暫停營業，也就多出時間陪陪家人。葛小寶夫婦召集一群演藝精英，民國 78 年（西元 1989 年）9 月飛往南美洲宣慰僑胞，我是其中之一，印象中尚有羅江、夏萍、蔣光超、陳美鳳、周雅芳等藝人。從巴西聖保羅機場入境，演出以外，一邊趕行程，一邊沿途欣賞旖旎風景，參觀巧克力工廠、里約熱內盧耶穌山、晚上夜總會看森巴舞秀，亦見到

民國 78 年（1989）9 月南美洲巴西、巴拉圭宣慰僑胞
（右二周雅芳、右四美黛、右六蔣光超）

美黛（右）與南美洲宣慰僑胞團員到巴西伊瓜蘇大瀑布一遊

南美洲巴拉圭首都亞松森
全體僑民敬贈皮革掛飾

氣勢磅礴宏偉的伊瓜蘇大瀑布，當晚進駐瀑布旁全以粉紅色系裝飾的飯店，真是無比夢幻與浪漫。隔天搭巴士過橋後，才知橋的那一端是巴拉圭，過關後入住飯店，旋即趁著黃昏大夥兒溜逛邊境市集，還挺熱鬧新鮮呢！由於巴拉圭是行程的尾聲，當地僑胞舉行慶功宴盛情款待吃名菜響尾蛇肉，絕大多數的人都敬謝不敏，只有葛小寶「寶哥」不但大快朵頤，還帶著蛇尾巴，從巴拉圭回聖保羅路上，想到了就拿出來搖二下，挺嚇人的。從聖保羅搭機返回台北，好一趟工作愉快的行旅，圓滿畫下句點。

宣慰僑胞是僑委會每年重要業務之一，大約八月底左右由台視、中視、華視透過抽籤或指派的方式輪流組團，前往海外各地慰勞僑胞。三台各自構思安排節目與演藝人員名單，底定後提交僑

民國 79 年（1990）10 月台視華夏綜藝訪問團於
美國加州屋崙（即「奧克蘭 Oakland」）演出

民國 79 年（1990）10 月 10 日美黛（右）與二弟妹
吳素屏（左，Su Ping）攝於美國加州舊金山
（San Francisco）-1

美國二弟賀頌恩之子賀賢懋（Michael C.Ho）
三、四歲時於美國的照片

民國 79 年（1990）10 月 10 日美黛（左）與二弟妹
吳素屏（右，Su Ping）攝於美國加州舊金山
（San Francisco）-2

民國 78 年（1989）美國加州聖荷西（San Jose）
二弟全家福照【由左至右二弟妹吳素屏（Su Ping）、
二弟賀頌恩（Chung）、姪子賀賢懋（Michael）、
姪女賀靜憶（Michelle）】

民國 79 年（1990）10 月 10 日美黛（中）與二弟
夫婦攝於美國史丹佛大學 Stanford University
【由左至右二弟妹吳素屏（Su Ping）、
美黛（Mei Dai）、二弟賀頌恩（Chung）】

民國 79 年（1990）10 月 10 日美黛（右）與二弟妹吳素屏 Su Ping（左一）、姪女賀靜憶 Michelle（左二）攝於美國史丹佛大學（Stanford University）

民國 79 年（1990）10 月 11 日美國紐約僑界慶祝雙十遊行－台視華夏綜藝訪問團＿美黛（右）與張琴（左）

民國 79 年（1990）10 月 10 日美黛（左）與姪女賀靜憶 Michelle（右）攝於美國加州聖荷西（San Jose）二弟自宅庭院

民國 79 年（1990）10 月美國紐約僑界於機場歡迎台視華夏綜藝訪問團

民國 79 年（1990）10 月 11 日美國紐約僑界慶祝雙十遊行－台視華夏綜藝訪問團＿美黛

民國 79 年（1990）10 月美國紐約與四弟賀賜恩一雙兒女合影（左一賀賢鳳 Christine，左二美黛 Mei Dai，左三賀賢龍 Raymond）

委會審查，核准後進行一連串密集訓練彩排，僑委會驗收後方能成行。民國 79 年（西元 1990 年）第一次接到台視徵召令，深覺義不容辭也是身為藝人濃厚愛國情操的具體展現，9 月 20 日左右照暨定行程表飛往美國及加拿大，各大城市華人僑居地演出。每天每人領的美金酬勞都一樣，無大、小牌之分，雖是薄酬，團員皆是一時之選，能被選上莫不與有榮焉，代表國家一解海外遊子的思鄉

聯合晚報　9版　中華民國八十年十一月九日　•星期六•

今年歌壇　誰領風騷？

金曲獎今晚頒獎

童安格周華健旗鼓相當
女歌手陳淑樺一枝獨秀

記者潘婷婷／台北報導

金曲獎頒獎典禮中視今晚10時播出。目前歌壇看好的國語歌曲最佳男歌手中，童安格及周華健競爭激烈，女歌手方面陳淑樺似有一枝獨秀的趨勢。方言歌手方面，以李茂山及許景淳十分看好。

入圍最佳男演唱人獎的周華健在第一屆金曲獎中敗給殷正洋，今年二度入圍，呼聲更高。可是童安格純熟的歌唱技巧也不差。

女演唱人方面，各方矚目的陳淑樺，去年敗給蔡琴，今年其他入圍者蔡幸娟、江念庭、高勝美等人資歷較淺，一般認為陳淑樺得獎機會最大。

方言女歌手中，許景淳主唱的「嘸通嫌台灣」，突破傳統台語歌曲的日式唱腔，曲風也很有特色。

方言男歌手中，李茂山處於新人王識賢及創作型歌手鄧百成兩個對手中最被看好。

最新科技　奇事共賞

穿梭2000年　華視明天上檔

記者劉桂蘭／台北報導

華視本週日下午3時10分，推出「穿梭2000年」新節目，介紹最新科技的奇聞異事，是一部具有教育價值的報導影片。

「穿梭2000年」是從澳洲引進，這個節目已在澳洲電視台黃金時段播出300集，很受觀眾喜愛，內容包括食、衣、住、行的各項新發明，例如以小麥製可以吃的免洗餐具、折疊式超輕型飛機、防止皮膚癌的日光浴及介紹世界第一家私人火箭發射公司，以國語配音播出。

美黛　鍍金

為表揚資深歌唱藝人的貢獻，今晚第三屆金曲獎晚會中，要頒發特別獎給老牌歌星美黛。美黛(左)在昨晚金曲獎彩排會中，非正式的接過新聞局長胡志強頒發的獎座，先享受了得獎的喜悅。圖文／陳炳坤

選台情報

民國 80 年（1991）11 月 9 日榮獲金曲獎特別獎－「美黛鍍金」聯合晚報報導

情愁。這一趟密集趕行程與緊湊不間斷的演出，簡直多到喘不過氣來，全團都累趴了。回國後反應予僑委會，之後便一分為二，美東、美西各一團宣慰僑胞，不久也陸續開放予中廣公司及中央電台加入。民國 80 年（西元 1991 年）在忙碌之餘，應行政院新聞局之邀當金曲獎評審，某一天在評審過程中忽然神祕地被請出場，未告知原因，事後也無任何訊息。直到 11 月 9 日金曲獎典禮當晚，獲頒一座「特別獎」才恍然大悟，表彰我帶動全民唱國語流行歌曲的貢獻，對《意難忘》專輯而言，算是意外又難忘姍姍來遲的獎勵，亦開拓金曲獎頒發「特別獎」之先河。

爲國宣勞
譽滿海宇
僑務委員會
委員長章孝嚴
中華民國八十二年十二月九日

民國 82 年（1993）12 月 9 日
中廣公司海華綜藝
訪問美西團僑委會獎座

民國 82 年（西元 1993 年）中國廣播公司第一次得標僑委會宣慰僑胞美西團行程，演出相當成功、佳評如潮，於是僑委

民國 82 年（1993）美黛與鮑立（左）美國宣慰僑胞合照

世界華語

民國 82 年（1993）中廣公司
海華綜藝訪問美西團演出

會再度派原班人馬民國 83 年（西元 1994 年）前往美東巡迴演出，博得當地僑胞滿堂喝采。第三次民國 84 年（西元 1995 年）中廣再次授命宣慰美西僑胞，連續三年跟著中廣跑遍美國東西兩岸華僑所在地大小城市，僑胞們盛情款待，與許久不見的親友話家常，瀏覽異地風土人情等，留下難以磨滅的印記。一般人得花大把銀子

民國 83 年（1994）11 月 28 日中廣公司
海華綜藝訪問美東團僑委會獎座 -1

為國宣勞
譽滿海宇

民國 83 年（1994）11 月 28 日中廣公司
海華綜藝訪問美東團僑委會獎座 -2

民國 83 年（1994）美黛隨中廣公司海華綜藝
訪問美東團至尼加拉瓜大瀑布遊玩

民國 83 年（1994）10 月 10 日中廣公司
海華綜藝訪問美東團「國慶之夜」活動
【第一排美黛（右），侯麗芳（左）】

參加旅行團赴美遊覽，我因工作之故順道遊歷，膳宿交通由僑委會一手包辦，不但不花一毛錢，還可以賺美金薪資，真的是一舉兩得。有二次最後一場表演在關島，離台灣只需三個半小時飛行時間較輕鬆；另外一次從夏威夷返台耗費九小時較累人。第四次民國 85 年（西元 1996 年）中廣前進歐洲，從荷蘭阿姆斯特丹入關，經比利時、法國、英國、德國、西班牙、奧地利、瑞士等國，難得演出空檔趁機去柏林摸一下倒塌的圍牆，若平素在台北只顧埋首上班賺錢，沒什麼閒情逸致可言，與民歌黃大城等人跟著中廣宣慰僑胞，等於每年給自己放一個月的年假，行萬里路勝讀萬卷書，增廣見聞。

海華綜藝團 宣慰芝城僑胞

台上載歌載舞 台下熱烈回應 藝人與觀眾融為一體

83.11.18 中央日報海外版

芝加哥／就在海華綜藝團全體團員揮舞著中華民國國旗與台下熱血沸騰的觀眾起立共同合唱《中華民國頌》、《國家》及《梅花》聲中，一九九四年雙十國慶的慶祝活動，終於譜下了雄壯動人的休止符。雖然IIT的荷蒙廳未曾坐滿滿場的觀眾，但近八百人的觀眾所匯流出的激情，與台上團員們不畏旅途勞頓，盡心盡力地演出，卻為芝加哥慶祝中華民國國慶的活動，擊出了一個滿壘全壘打。

十月十八日星期三晚上八點的IIT荷蒙廳，在中華會館伍健生主席、中華民國駐芝臺北文化經濟辦事處烏元彥處長分別致歡迎詞後，海華綜藝團團長李壬春只說了一句話，「我保證全體團員會盡全力的演出。」隨即與中華會館董事長孫序彰教授互贈了紀念牌。

在中廣國樂團笙、笛、鼓、琴及結合西樂電子琴、電子合成器的序曲裡，主持人侯麗芳以一曲《午夜香吻》揭開了表演的序幕，她略帶沙啞的嗓音，告訴大家經過二十天十場演出後，全團團員幾乎或多或少感冒了，但面對僑胞的熱情，他們仍然會唱好、演好他們每一個人的角色。中場時，她並以略帶哽咽的聲音，敍述了全團在邁阿密演出後，當夜即搭巴士離去，而一位去國八年的婦女，帶著三個小孩，在深夜黝黑的停車場，一輛車一家人，猶自奮力向巴士上所有的團員揮手告別……這樣的情景，使全團心情更為激昂，更覺得這次來到美加宣慰僑胞及慶祝雙十國慶的意義深重。

由聞名國際的特技師傅李棠華嫡傳弟子陳建昌、陳建和及陳建旭組成的天瓏特技團，以逗趣方式，將特技穿插在「祥獅獻瑞」節目裡，獅子活氣十現，登時博得滿場彩。

當年「星星、月亮、太陽」少女合唱團的「太陽」金玉嵐，「迎春報喜」地帶來了洋洋喜氣，她並唱了目前海峽兩岸觀眾均為之動容的「包青天」劇的尾曲《新鴛鴦蝴蝶夢》，端是不同凡響。

被侯麗芳稱為敦厚老實一付好女婿狀的王建傑，以《廟會》打頭陣，以《最愛的人》臺語歌曲殿後，唱出「鄉音鄉情」，贏得全場觀眾的喜愛。

接著的則是難得一見的「竹板快書」民間藝術，這個結合歷史、文化、風俗、民情於一爐的「竹板快書」，在道道地地臺灣人，卻以道道地地北京話演出的林文彬說起書來，有板有眼，手中竹板愈打愈快，口裡說書一字一緊，臉上表情忽冷忽熱，身上姿態有模有樣，氣勢磅礡地將一大段《武松打虎》，從頭至尾，滴水不露地就這樣說將道來，一氣呵成，唰地一下板停聲止，觀眾猶沉醉在武二爺打虎的淋漓盡致的情節裡，頓時間滿堂掌聲，烏元彥處長更起立鼓掌，和全場觀眾一起為滿頭大汗林文彬的精彩演出致意。林文彬接著又說了一小段講中國文字之美的《酒迷》，以及一小段玩世不恭的《賣我》，至此當晚的節目已讓全場觀眾覺得不虛此行。

身著紅色迷你裙，活潑動感的任潔玲，為大家帶來「歡唱一百」，一首近日在臺灣甚為流行的《出嫁》，配上她的紅衣紅裙，將「我用一生一世的心，換你一生一世的情……」的出閣小女兒的心情表露無遺。

自己編曲、自己填詞、自己唱！陳百潭的商標歌曲《要拚才會贏》，在他渾厚的音質裡，聳動全場，讓不少觀眾沉迷於「唱咱的歌」的鄉懷情緒裡，陳百潭更飛躍下台，與現場的鄉親們握手問好，帶起高潮。

星馬歌后龍飄飄能自諸也善歌能唱，四十九張唱片，千萬銷售量的她，在「東方之珠」演唱裡，將《風說你要來》中的「是誰為我唱那首小小情歌，叫我整夜不能睡」的情意一一傾訴。

天瓏特技團再度出場，先是人疊羅漢、大圓圈小圓圈反身起跳套腳的特技等，再來是希望大家不要用閃光燈的「高竿飛人」絕活，因高度故還特別下台來表演，但見丈八高許的粗竹由陳健和單肩撐著，陳建昌揉身上竿，於竿頂上縱躍自如，驚險十分，吊人心弦。

集金鐘獎、金鼎獎、金曲獎得主於一身的文章，歌唱時收放自如，時而豪邁，時而溫婉，唱出「中華之愛」中的遊子思鄉的片段，從《遊子曲》而《三百六十五里路》，繼而《故鄉的雲》與《古月照今塵》，終而《望天》，全場觀眾為之動容、嘆息，就在全場如癡如狂的安可聲裡，文章唱了《讓我歡喜讓我憂》，最後並將歌詞改為「就是為了僑胞們，我從臺北來，因為你們讓我歡喜讓我愛」！

蔡一紅，這位民國五十五年唱紅《淡水河邊》、五十七年唱紅《負心的人》的歌壇老將，聲域寬闊宏亮，人又說話爽快，此次參加海華綜藝團雖然腎病纏身，天天挨針，出場時仍是精力旺盛，一如她的外號「大力水手」，分別演唱了她的成名之曲以及《誰來愛我》、英文歌曲《MY WAY》中英文雙聲唱，並在觀眾熱烈的安可及點唱聲裡，唱出《雷夢娜》，最後一句「夢娜」盪氣迴腸，「動歌組曲」，絕倫一時。

歌壇長青樹，凡是在臺灣聽國語歌曲的人沒有不知道的美黛，自她民國五十二（一九六三）年的第一張金唱片《憶難忘》起，卅多年如一日地，做了侯麗芳所說的歌壇公務員，寶刀未老猶尚新地唱了《忘不了》、《上海灘》及《相見不如懷念》，雖然因旅途勞頓，感冒後聲音略為嘶啞，但不愧是歌壇主盟者，音色一如卅年前，而音質更見圓潤。她並在觀眾當場點歌裡，將《憶難忘》、《最後一夜》及《我在你左右》串聯各唱一段，並當場請樂隊注意音階的變動，從容之中，讓大家徜徉於「往日情懷」旋律裡。

最後，全體團員與台下觀眾一起合唱《中華民國頌》、《國家》及《梅花》，全場情緒激昂到了最高潮，匯聚在IIT荷蒙廳裡的熱流久久不去，令人流連不已。所有節目在深秋的夜色案，意猶未盡地劃上一筆休止符。（王全民）

民國 83 年（1994）11 月 18 日「海華綜藝團宣慰芝城僑胞」中央日報芝加哥報導，美黛演唱〈忘不了〉、〈上海灘〉、〈相見不如懷念〉，觀眾當場點歌再加唱〈意難忘〉、〈最後一夜〉、〈我在你左右〉組曲

溫哥華僑界慶祝中華民國八十四年國慶晚會
歡迎中華民國華夏訪問團蒞臨公演

民國 84 年（1995）中廣公司華夏綜藝訪問團
加拿大溫哥華僑居地國慶晚會美黛演出

民國 84 年（1995）中廣公司華夏綜藝訪問團
三美人（從左至右中廣副理李蝶菲、侯麗芳、美黛）

The Butchart Gardens

民國 84 年（1995）美黛逛加拿大布查花園 -1

民國 84 年（1995）美黛逛加拿大布查花園 -2

藝訪問團授旗典禮

民國 85 年（1996）中廣公司歐洲華光綜藝
訪問團授旗典禮（第一排左一美黛）

慶祝中華民國八十五年雙十國慶
歡迎華光綜藝訪問團蒞臨法蘭克福表演

民國 85 年（1996）10 月 6 日中廣公司
歐洲華光綜藝訪問團德國法蘭克福表演
（左為黃大城，右為美黛）

民國 85 年（1996）10 月英國倫敦大英博物館
美黛與木乃伊相見歡

民國 85 年（1996）10 月 18 日法國巴黎羅浮宮
附近「卡盧塞勒凱旋門」美黛來了！

民國 85 年（1996）10 月美黛英國倫敦
大英博物館到此一遊

民國 85 年（1996）10 月美黛佇立德國
柏林布蘭登堡大門

85
華光
華光
綜藝訪問團
慶祝中華民國八十五年雙十國慶
HWA-KUANG GOODWILL MISSION R.O.C
演出時間
演出地點
輔導單位／
僑務委員會
演出單位／
中國廣播公司

民國 85 年（1996）中國廣播公司
歐洲華光綜藝訪問團演出海報

華光訪問團巴黎演出 凝聚僑心

精彩歌舞節目及京劇粵曲表演贏得滿堂采 全體合唱梅花展現海內外一條心

【本報記者郭乃雄巴黎報導】華光訪問團慶祝中華民國八十五年雙十國慶演出，十八日晚在五區「互助之家」劇院盛大舉行，一幕幕精彩絕倫的歌唱、劇藝表演，贏得在座二千名僑胞不斷熱烈鼓掌喝采。許多僑胞滿意地表示，歷年華光訪問團都給僑界帶來自由祖國最好的演出，今年也不例外，由中廣公司組織的華光團，再一次以其精彩的表演，撫慰海外的廣大僑心。

國府駐法代表邱榮男爲晚會致開幕詞，華光訪問團團長周從燾與雙十慶典籌委會主任江基民互相致贈紀念品，接著晚會宣布拉開雅幕。嗓音甜美，漂亮大方的主持人侯麗芳，首先亮相，載歌載舞，唱出一曲「午夜香吻」。

政大社會系畢業的何方，唱了幾首懷舊歌曲，再加一首英文歌 Yesterday Once More，台風歌聲俱佳。閩南語歌壇王子王建傑以富於磁性的嗓音，唱出系列台語歌：「青春嶺」、「思慕的人」、「針線情」、「雙人枕頭」……等，侯麗芳向僑胞透露王建傑家中養了七十多隻貓、廿多隻狗，並說「愛動物的男人必定很尊重女人」，她願爲王建傑在巴黎牽紅線，台下立刻有人響應，隨之而來是一片哄笑聲。

台灣土生土長的林文彬，能說得一口溜得不能再溜的京片子，他身穿長袍，左右手分持大小竹板，表演快板書「武松打虎」，一人分飾三角，既說且演，角色換得快如跑馬燈，嘴巴說話滴溜溜的，疾如奔馬，而竹板亦如驟雨敲窗，響個不停，看得觀眾無不眉飛色舞，尤其林文彬在演繹打虎的高潮戲時，手舞足蹈，說話如連珠砲，最後還臉不紅、氣不喘，真格兒了得！

金韻獎歌王黃大城的歌聲既渾厚又富感情，他唱的幾首民歌：「廟會」、「出塞曲」、「金山古道」等，扣人心弦，撫慰海外遊子的心。龍飄飄是大家所熟悉的唱將，她除了唱出「晚風」、「怎能再回頭」、「愛情傀儡」等成名曲外，還加唱一首廣東抒情曲「順流逆流」，歌聲悅耳動聽。

台灣唯一女花臉王海波，六年後重臨花都，雖然還是演包公，但「變臉」手法推陳出新，這次當唱完「粉墨春秋」，搖身一變，由扮相威嚴的大花臉，竟然變爲一個姿態婀娜的俏女郎！紅虹盛裝出場，演唱乃父馬師曾的首本粵曲作品「苦鳳鶯憐之你莫謂我癡狂」，以及「西廂記之紅娘」，她的「女腔」盡得乃母紅線女真傳，使在座粵劇迷聽出耳油。壓軸出場是歌壇長青樹美黛，年紀將屆六十的她，歌聲仍保持清脆明亮，她的一曲「意難忘」，舉座爲之陶醉不已，彷彿時光倒流，大家又回到昔日的播音時代，聲聲感人肺腑。她後來與黃大城二部合唱「香格里拉」，更令全場沸動，掌聲震耳。臨閉幕時，全體華光團團員出場合唱「梅花」，台下亦一片青天白日滿地紅旗海，充份展示自由祖國與海外僑胞的心手相連，共迎美好的明天。

▲華光訪問團十八日晚在「互助之家」劇院慶祝雙十國慶演出，吸引約二千名僑胞前往觀賞，充份說明海外僑胞對自由祖國的向心力。

▲美黛的一曲「意難忘」，當年透過收音機風靡無數歌迷，時隔卅餘年，她再唱出此一經典名曲，教人陶醉之餘，感到時光倒流。（本報記者郭乃雄攝）

民國85年（1996）10月18日「華光訪問團巴黎演出凝聚僑心」報導

Apple 2004

民國 85 年（1996）10 月 9 日中廣公司華光綜藝訪問團西班牙馬德里表演，美黛（中）接受熱情僑胞獻花

民國 85 年（1996）10 月 17 日中廣公司華光綜藝訪問團法國巴黎凡爾賽宮花園內，太陽神阿波羅噴泉美黛許願

民國 88 年（西元 1999 年），由龍飄飄小姐標下僑委會的案子，這一趟宣慰僑胞的行程主要在南美洲與大洋洲，她召集鄒美儀、台語歌走紅的高怡萍與我等若干人，九月中旬出發由美洛杉磯轉機前往南美洲。深深烙印心中難以忘懷的一天，就是九月二十一日在巴拉圭看見電視新聞播送台北大地震的消息，剎那間整個人震懾無法言語、心情盪到谷底，待回過神來又忙不迭打越洋電話回家，電話不通思緒陷入慌亂、六神無主狀態，規模七點多如此大的地震，會斷訊是理所當然，只是每位團員皆憂心忡忡掛念親人的安危，煎熬了一天一夜總算在第二天黃昏時分打通家中電話，我女兒接的，她告訴我家裏皆平安無事、不必擔心，頓時鬆了口氣繼續工作行程。南進阿根廷，再飛大溪地、紐西蘭表演，輾轉抵達澳洲入境雪梨，第一場於名聞遐邇的雪梨歌劇院宣慰僑胞，這一天恰巧是十月十日國慶

聲揚寰宇
為國宣勞

民國 88 年（1999）寶島綜藝
訪問團紀念僑委會獎座_
聲揚寰宇．為國宣勞（正面）

聲揚寰宇
為國宣勞

民國 88 年（1999）寶島綜藝
訪問團紀念僑委會獎座_
僑務委員會
委員長焦仁和，中華民國
八十八年十一月十二日
（左側面）

聲揚寰宇
為國宣勞

民國 88 年（1999）寶島綜藝
訪問團紀念僑委會獎座_
賀熊美黛（美黛）
小姐參加中華民國八十八年
寶島綜藝訪問團紀念
（右側面）

寶島鄉親辛苦了
歡迎您們蒞臨巴西
世台會巴西台灣同鄉會

民國 88 年（1999）寶島綜藝訪問團蒞臨巴西（左三鄒美儀，左七美黛，左九龍飄飄）

民國 88 年（1999）
寶島綜藝訪問團美黛表演

民國 88 年（1999）寶島綜藝訪問團澳洲小島吃海鮮
（左一美黛，左二龍飄飄）

日。走過墨爾本與黃金海岸，順便一個小島上吃海鮮，天黑前看成群結隊的企鵝從海中上岸返家，搖搖擺擺的模樣煞是可愛。最後一站布里斯班，演出前逛動物園，看袋鼠及花一點澳幣抱無尾熊拍照留作紀念，工作順利圓滿達成，直接從布里斯班搭機回台。

民國 88 年（1999）
寶島綜藝訪問團美黛澳洲袋鼠尋訪記

民國 88 年（1999）
寶島綜藝訪問團美黛澳洲袋鼠握手言歡記

歷經結婚生子，這些歌壇魔咒非但未使我星途黯淡，相反地讓我節節高升。歲月不饒人，闖蕩歌壇已屆六十耳順之年，世面也是千變萬化，「紅包場」經營方式變了樣，年輕花蝴蝶在場間不停穿梭向客人打招呼，嚴重擾亂喜好聽歌觀眾的權益，生意如江河日下，知音凋零也提不起勁兒唱。本人奉為圭臬所謂「危機就是轉機」的理論又發酵啦，台北國父紀念館剛落成啟用，那時國語流行歌曲被視為靡靡之音，上不了國父紀念館藝術的殿堂表演，經有心人士長期奔走請命，終於批准演出。很興奮第一批上國父紀念館舞台表演的歌星，我亦名列其中，就此揭開序幕，大大小小的演唱會前仆後繼在國父紀念館舞台上發光發熱，不消說我更是舞台上的常客，老歌總是少不了我這一角。中廣公司、華風文化事業有限公司、高雄大大國際娛樂股份有限公司（前身「巴黎國際傳播事業有限公司」）等，皆是老歌演唱會或講唱會密切合作的好夥伴。

自由時報

影視焦點

中華民國九十年
十二月十二日/星期三 28

同病相惜 胡錦打氣

凌波拉嗓 梁祝餘音繞樑

■凌波唱幾句黃梅調，展現深厚功力。（記者沈昭良攝）

〔記者李九妹／台北報導〕「遠山含笑，春水綠波映小橋…」，當凌波拉開嘹亮嗓子，唱出這幾句經典黃梅調曲音時，連胡錦、青山、王慧蓮、美黛等資深歌手，都忍不住讚凌波姐的嗓子，還是「完美無瑕」。

有一年多沒有在台灣公開演唱，凌波這次投入「懷念金曲與黃梅調演唱會」，將在本週五、週六於國父紀念館演唱兩場，和胡錦、青山、王慧蓮、美黛等好友搭檔演出「梁祝」中的黃梅調歌曲。

凌波談起前陣子得知罹患乳癌的震驚：「剛開始真的很害怕，還好胡錦、老公金漢、主治醫師等人都安慰我。想想，在親朋的包圍下，人生還有什麼可怕的事呢！」

凌波覺得能夠平靜面對病情，是讓她很快痊癒的最大功臣，凌波透露，這兩場演唱會讓她可以順道探視小兒子，又能回饋波迷，才同意演出。

凌波說，醫生要求她得放鬆心情過日子，未來公演的先決條件，是沒有太大壓力下才會演唱，日前有美國賭城秀場提出邀約，希望她和胡錦能在農曆年期間演出，她和胡錦都拒絕，原因是美國冬天太冷，過年也只想和家人相聚。

胡錦和凌波昨天第一次對詞，胡錦老公、台視的副總顧安生親往陪伴，並且叮嚀再三，不許她唱得太久；凌波一切都交給主辦單位安排，只是刪掉不少早先安排的訪問，只接受一、二家談話性節目專訪。

凌波這次來台北唱兩場，除「梁祝」中的多首名曲，包括「訪英台」、「十八相送」等等，她還會唱「郊道」，還外加一首台語歌曲。比生病前更顯美麗動人的胡錦，除配合演唱祝英台部份，還會唱「香格里拉」、「魂縈舊夢」等老歌。

胡錦透露，自從割除乳房後，在飲食上很小心，油炸、過膩、太辣等的刺激性食物一律拒吃，或許這就是變美的原因吧！

這次「梁祝」演出，前半場青山、王慧蓮、美黛等三位重量級的實力派歌手，他們也有精彩的演唱，包括青山獨唱的「心戀」、「我想忘了你」、「鵬程萬里」，王慧蓮的「煉獄兒女」、「西湖春」、「人隔萬重山」，以及兩人合唱的「歌唱姻緣」、「一條橋」；美黛則會演唱「馬來山歌」、「一枝梅」、「歌女之歌」等動聽的老歌。

■胡錦飲食很小心，越來越美麗。（記者沈昭良攝）

■青山（右起）、美黛、凌波、胡錦、王慧蓮，這些實力唱將，將有精采演唱。（記者沈昭良攝）

民國 90 年（2001）12 月 12 日自由時報「凌波拉嗓，梁祝餘音繞樑」報導

巴黎劇院
Paris Theater
凌波黃梅調
演唱會&國語老歌
懷念金曲~巨星獻唱
王慧蓮
青山
美黛
胡錦
依照姓氏筆劃排列
梁祝~樓台會、十八相送…等
12.14
(五)Pm7:30
台北國父紀念館
票價 700.1500.2000
12.15
(六)Pm7:30
台北國父紀念館
票價 700.1500.2000
12.23
(日)Pm7:30
高雄文化中心至德堂
票價 700.1500.2000
★購票請洽全省年代服務中心 台北/(02)2391-1295 2371-0306 2781-0987 高雄/(07)225-6360
團體購票10張以上9折．30張以上85折 請洽票務陳小姐(07)3368080 刷卡傳真訂票:(07)336-7070(請先索取表格或上網列印使用)
主辦單位：巴黎國際傳播 07-3368080 www.parisint.com.tw 協辦單位：民生報、高雄市文化中心

民國 90 年（2001）12 月 14-23 日巴黎國際傳播事業有限公司主辦
「凌波黃梅調 & 國語老歌演唱會」海報

梁祝 要變音樂舞台劇啦！

Posted on 2001-12-17

金漢（左起）、凌波、青山、胡錦、王慧蓮、美黛和顧安生為「懷念金曲與黃梅調演唱會」圓滿成功舉杯！記者林承樺／攝影

【記者朱立群／報導】凌波台北兩場演唱落幕，黃梅調的餘韻卻仍在「波迷」心中飄盪，主辦單位巴黎傳播在「波迷」的熱情回應下，計畫明年把「梁山伯與祝英台」改編成音樂舞台劇，馬來西亞方面也積極邀訪凌波演出，進行亞洲巡演。

「懷念金曲與黃梅調演唱會」兩場爆滿演出，前晚慶功，參與這次演出的凌波、胡錦、青山、美黛、王慧蓮都出席了慶功宴，這群資深的藝人，很開心這次演出如此成功。凌波表示，她十分開心，但也對許多老人家很心疼，她知道場外黃牛票的事，而有些老人家以為到現場就可以買票，但為了看表演，還是多花錢買了黃牛票。

這次的演出原本在高雄也有一場，但因為是貨櫃藝術節，場地在戶外而作罷。凌波表示，她知道有些觀眾來自花蓮、苗栗，還有高雄包遊覽車來的，她希望如果明年再辦，一定要到中、南部。

慶功宴上，馬來西亞的經紀人也到場，和這次主辦的巴黎傳播總經理林明智討論，明年度計畫把「梁祝」重新整理，以音樂舞台劇的形式呈現，除了唱還有劇情，服裝上也更有看頭，當然由「梁兄哥」凌波領銜主演，金漢一聽，心疼老婆身體狀況，直說：「不可能！」不過凌波馬上接腔：「你不去，我要去！」，惹得全場哈哈笑。

凌波在演出第一場時，哭了，在第二場演出時就一直告訴自己千萬不能哭，她不喜歡給人感覺好像每次唱「梁祝」都要哭，但演出時還是哭了。金漢打趣說，「梁山伯與祝英台」這劇，真的是太悲了，那份情可說是「寫絕了」，空前也可能是絕後，難得返台，表演結束，凌波笑言，終於可以打牌了，這幾天與老朋友見見面敘舊，並打打高爾夫。【2001/12/17 民生報】

民國 90 年（2001）12 月 17 日民生報「梁祝要變音樂舞台劇啦！」報導

教學與傳承

許多歌迷曾詢問杖鄉之年是否有退休的打算？也不少人問是否有意願教唱歌？說實話，工作邀約仍紛至沓來，白花花的銀子放著不賺太對不起自己的良心，無奈歲月催人老，皺紋多了、皮也鬆了、體力不若以往。恰巧中山堂主任李德嫻女士有意活化中山堂增進市民活動空間，與華風文化事業有限公司總監劉國煒先生研議於民國 86 年（西元 1997 年）10 月舉辦「走過黃金歲月—中山春系列」活動，老歌演唱會之前在中山堂展示與老歌有關的老唱片、老歌本、

民國 86 年（1997）10 月「走過黃金歲月．中山春系列活動」迷哥迷姐重相會
（由左至右王慧蓮、美黛、青山、謝采妘）

民國 91 年（2002）6 月 21 日重相逢歌唱班新加坡獅城遊歷記（中央站立手持礦泉水者為美黛老師）

民國 91 年（2002）6 月 23 日美黛老師與重相逢歌唱班侯登彪（右）、詹依縈（左）夫妻檔學生與新加坡牛車水老歌俱樂部交流活動合照

留聲機、還有早期的黑白電影、海報等懷舊文物，並邀請所有參與老歌演唱會的歌星，輪流固定在文物展現場與民眾進行面對面對話。為期二週的活動，引發不少民眾熱情，一再詢問我何時可開班授課教唱？靈機一動，看著中山堂有很多廳可以當教室，只要再找一位琴師便可開班，於是與華風文化事業有限公司總監劉國煒先生

民國 102 年（2013）1 月 27 日重相逢歌唱班 B 班班長張台芬次女汪育如小姐天成大飯店翠庭婚宴
（由右至左第一排曹永鑫、侯登彪、王會雲、賀董、美黛老師、劉春杏、許美紅；
第二排陳正改、林蘭貞、張台芬、李金玩、桂承瓊）

商討此提案，順勢慫恿他向中山堂「堂主」覆議可行性，結果愛唱歌的「堂主」李德嫻隨即響應定案。於是民國 86 年（西元 1997 年）10 月 18 日老歌演唱會當晚，我當眾宣布歌唱班明日起可報名。據說隔天中山堂辦公室電話沒停過，報名人數非常踴躍，旋即策畫開班事宜，以我的歌「重相逢」為歌唱班名，藉以傳承老歌、繼往開來。12 月開班，每週六下午二點到四點在中山堂授課。愛好唱歌的朋友還真不少，雖然已設限年齡四十歲以上才能參加，排隊候補的人依然很多，符合四十歲參加資格又忙於工作的上班族建議增開星期五晚班，方便他們下班後直接來上課，周末假日可陪家人，故不久後又成立第二班。這個階段是歌唱班的全盛時期，每班學員八十五人左右，由小廳換至大一點的堡壘廳上課，還是有一百多位向隅者排候補。由於國內、外的演出陸陸續續不曾間斷，我已分身乏術，所以第三班與堂主商量請紀姐（紀露霞老師）擔任授課教師，滿足學員的需求。教唱這條路，是退休以外另一個選擇，嘉惠銀髮族有健康愉悅的退休生活，也開展個人歌唱生涯的第二春。

我這師傅只管教唱，徒兒們是否成器就端看他們個人修行的造化。「快樂學習、樂齡生活」是本班一貫宗旨，但我不因此在教學上打馬虎眼，鞭策學員每一首歌從練樂譜開始由生份練到滾瓜爛熟，算節拍、打拍子更是不講情面，只要我的順風耳察覺有誤，馬上打掉重練。曲譜熟了之後，再將歌詞兜上，依樣畫葫蘆逐字逐句反覆重唱，直到會為止。徒兒們總被我在耳邊嘮叨：「就算是玩，也得給我玩出一點『名堂』來！」正經八百的課堂上，偶爾說說笑話調劑一下嚴肅的氛圍，或有甚者扮起「『黃』帝」開開黃腔，娛樂一下被操到人仰馬翻的學員，活絡身心。近下課時分，來一首輕快的曲目，讓學員離開座位手舞足蹈，伸展筋骨後帶著燦爛的笑容回家。偶遇颱風停課，學員一致反應不來上課無精打采好無聊，可見師生打成一片的我們玩得多開心。由於中山堂人事異動，堂主李德嫻主任調派至台北市政府文化局，故中山堂無法繼續作為上課的場地。故「重相逢歌唱班」彷彿遊牧民族，開始過著逐水草而居的生活，居無定所。衡陽路（前新生報）大樓第十三樓、桂林路高架橋下、南門市場的行政中心、中華路福星國小等地，都曾作

民國 103 年（2014）重相逢歌唱班中正公民會館 802 教室上課照 -1

民國103年（2014）8月9日重相逢歌唱班攝於台北市中正公民會館（第一排右一美黛老師）

為上課的場所。常常搬遷導致不少學員流失，雖然仍是二班，但人數少了很多，後來在忠孝東路華山里民活動中心（現更改為公民會館）落腳，位於捷運善導寺站出口，場地又寬敞，是離開中山堂後待的最久的教室。

民國 103 年（2014）重相逢歌唱班中正公民會館 802 教室上課照 -2

剛開班時每週只有星期六下午二點到四點一堂課，但是我請來的鋼琴老師每次遲到三十分鐘，還邊彈邊打瞌睡，偶一為之也就算了，經溝通後非但無效反而變常態。我無法容忍這種不守規則的人，便私下另覓接替人選。民國 83 年（西元 1994 年）警官學校的教官希望我能參與兒子警大畢業典禮的演出，故個人無酬擔綱表演以謝師恩，另請廖秋成老師幫忙擔任鋼琴伴奏部份自掏腰包貼補其油資。交情雖不深，幾次合作下來覺得廖老師應是可接替原鋼琴老師的人選，詢問他是否有意願來歌唱班試試？他稍加思索後便點頭應允。連他自己也想不到與歌唱班我們這批老頑童越玩越有趣，編曲由一部、二部、三部、四部，「部部」高升，使這群高齡學員的確有所進步。

2014 / 03 / 06

民國 103 年（2014）3 月 6 日重相逢歌唱班 A 班班長袁松月帶隊新竹縣五峰鄉山上人家出遊照
（第一排左三袁松月，第二排左三美黛老師）

2014/03/06
61

民國 103 年（2014）3 月 6 日重相逢歌唱班新竹縣五峰鄉山上人家出遊美黛獨照

Apple
2004

鏡花水月隨緣行

第四篇

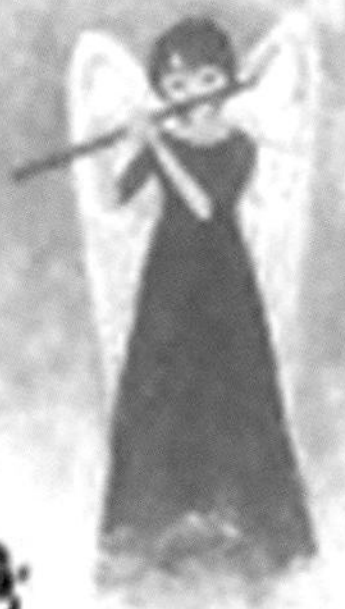

Merry Christmas

失怙孤鳴淚

生老病死是每個人必經的歷程，民國 80 年（西元 1991 年）我的養父熊連欽先生住院，因為晚上仍在上班的緣故，忙碌的我只要有空，利用晌午前的時間趕到桃園去醫院陪他，下午三點就得開車返回台北，其餘時間則交由住在桃園的養姊及弟弟就近分攤照料。某日養父突然有話交代我，萬一有一天忽然他人好轉時要特別注意，這話聽是聽進耳裡了，卻沒有刻意放在心上……眼巴巴看著虛弱的他，心裡只想著他全身不是插針、就是插管，教人很是心疼。

中華民國八十年十一月十三日／星期三

民生報

“霸王”臨陣“別姬”
尊龍取代張國榮

特派員 葉蕙蘭／香港12日電

●預定明年2月中旬開拍的湯臣公司鉅製「霸王別姬」，正積極籌備中，而原定飾演片中「虞姬」程蝶衣角色的張國榮，也於前天由加拿大返港。但「湯臣」負責人徐楓今天卻宣布，程蝶衣一角已改由著名美籍華裔影星尊龍演出，雙方並於今天上午簽妥拍片協議。

徐楓指出，他們一直是以口頭協議方式邀請張國榮演出程蝶衣一角。但張國榮返港後，必須接拍黃百鳴監製的賀歲片「家有囍事」和永盛公司的「藍江傳之反飛組風雲」，於明年1月15日以前無法前往北京，他要求將原本計畫延後一個月進行。然而導演陳凱歌在不想耽誤他和怕他同時軋戲太辛苦，體力吃不消的權衡情況下，決定臨陣換角，待兩人日後有機會再合作。

由於有不少外國人向「湯臣」推薦尊龍演出，同時尊龍也曾與陳凱歌談過有興趣飾演這個角色，當湯臣與尊龍經紀人洽詢時，很順利便談妥此事。為表示演出的誠意，尊龍不僅願意將片酬從180萬美元減為150萬美元，還立即推掉其他工作，包括演出一部西片、一齣百老匯舞台劇和拍一支法國廣告，來參加「霸」片的演出。他開出的唯一條件是，若中途撤換導演則拒演，亦即陳凱歌執導他才拍。

至於「霸王」段小樓一角，迄今仍未確定由誰演出。如果陳凱歌能如期赴台，他將順便與一些獲推薦的京劇演員，如吳興國等見面晤談，而對於日前有報導稱，梁俐將加入「霸」片的演出，徐楓則說，她不清楚此事。

↑尊龍將主演「霸王別姬」。

歌手 作曲家 同賞52年前的“街頭月”
美黛 張昊 “回到上海”

記者 歐銀釧／報導

●剛獲得今年金曲獎特別獎的美黛，昨天特別為今年中山文藝創作獎得主張昊，演唱他在民國28年為周璇電影「解語花」創作的「街頭月」一曲。80歲的名作曲家張昊靜靜的坐在台北西門町區的老歌歌廳中，與滿座的中老年觀眾一起聆賞這首已有52年歷史的歌曲，他說，聽起來很傷感，回憶帶著他回想那個年代在上海為電影奉獻心力的往事。

「街頭月，月如霜，冷冷的照在屋簷上。母女淪落長街，飢寒交迫得把歌唱，唱呀唱，唱不盡悲歡離愁……。」昨天下午4點在台北新國際大歌廳，美黛以婉約柔美的聲音演唱這首「街頭月」。在演唱之前，她特別向全場觀眾介紹80歲的張昊，並請張昊指點她。美黛說：「這首歌傳唱久遠，歌詞常會稍有不同，請張老師指教。」張昊點頭微笑，全場觀眾熱烈鼓掌，時光彷彿又回到抗戰前的上海。

日前才獲得中山文藝創作獎西樂作曲獎的張昊昨天在資深廣播人林蜀平的陪同下，遠從陽明山趕到西門町區聽這首歌。

←林蜀平（左起）、張昊、美黛喜相逢。

記者 楊海光／攝影

張昊昨天手握鉛筆在紙上記下美黛及歌廳的名字，他說，當年創作時，國家正在紛亂中，感觸深深。那時他邊唸上海音專邊為上海明星電影廠的電影作曲，曾與周璇、白光、白虹、夏霞、梅熹、龔秋霞等藝人多所來往，周璇還邀張昊到她家喝茶，如今一切已物是人非。

羅賓威廉斯帶來疱疹？
前任女友要他賠償

●主演「早安越南」、「春風化雨」等片男星羅賓威廉斯最近挨告，而必須於明年1月在舊金山上法庭。

羅賓威廉斯的前任女友米雪卡特指稱，她與羅賓威廉斯交往期間，被傳染到難以治癒的疱疹。她提出6,200萬美元的告訴。

羅賓威廉斯也不甘示弱，提起反告，指米雪存心敲詐，說她1986年在檢驗時並未查到罹患疱疹。

運用科技手法 以特殊效果製造聲影之美
恩雅MTV“打”進新聞節目

記者 王昶壽／報導

視覺效果的欣賞，傳播的觀感與綜藝節目時常予人「打歌」印象有明顯分別。

民國 80 年（1991）11 月 12 日歌手美黛在台北市西門町新國際大歌廳演唱中山文藝創作獎西樂作曲獎得主張昊先生，民國 28 年（1939）為上海周璇電影《解語花》創作的〈街頭月〉一曲
（資料來源：民國 80 年 11 月 13 日民生報報導）

民國 80 年（西元 1991 年）11 月 3 日，和往常一樣再見到他時，所有的針管全都拔了，醫生告知可以回家了，看養父精神奕奕大夥兒都很開心，將先前他所叮嚀的話忘得一乾二淨……高高興興從桃園醫院返回台北住處才不過十個鐘頭，馬上接到弟弟來電，直說老爸不行了趕快回來，待我趕到時他已駕鶴西歸，幫他穿壽衣時方才恍然大悟，原來他早上人突然好轉，有說有笑是瀕死前「迴光返照」的現象，很懊悔當初未將他的話擱在心上，來不及見養父最後一面送終！

在等待養父出殯的同時，我又接到香港來電，公公摔一跤住院了，真的是一波未平一波又起。婆婆身子骨一向欠安，早在幾年前已仙逝，話說回來我是長媳，又台北離香港路程最近，一根蠟燭二頭燒的我，將養父出殯一事勞煩養姊與弟弟全權處理，專注送急件申辦港簽。英國辦事處只核准七天的簽證，因公公病況不明，住院不可能一週痊癒，央請能再多延長停留一星期，無奈英國辦事處不同意。匆匆收拾行囊趕搭午後班機，天黑前抵港，再轉搭 A5 巴士到銅鑼灣，換搭電車至跑馬地公公的家，行李一放便三步併二步衝至醫院。見公公躺在病床上，本來很擔心，看他精、氣、神還不錯，便寬心不少。婆婆作古後他一人獨居，但並不孤單，一直有位好朋友就近照顧他，通知住院的電話也是那位友人協助，她了解我受限於簽證無法長留香港，縱使我人已抵港，依然幫襯處理許多要務，真的萬分感謝！公公見我來了很高興，聊著聊著忽然對我說：

「之前訂做二套西裝，該去拿了！」讓我陪他去拿。這話不免憶起養父那一次「迴光返照」的特殊經歷，腦海中靈光一閃：「這西裝會不會是他臨終那一天要穿的？」心中不祥之感油然而生，總覺得不是什麼好兆頭，深埋在心裡，希望不是如此。到了西裝店，只做好一套，公公交代店家另一套不做了，讓我拿這套新西裝陪他慢慢走回家。一路上未見公公有任何疲憊感，正喜出望外之時，怎知他老人家說什麼也不肯回醫院療養，其實醫院、西裝店、住家都在跑馬場周邊很近，無論怎麼勸都勸不動，醫院也拿他沒轍，索性乾脆讓他待在家裡，四、五天下來倒也平安無事！出乎意料之外的是民

息安懷主

民國 81 年（1992）1 月 15 日公公賀人欽仙逝於香港與小叔們籌辦喪事 -1
（由右至左二弟賀頌恩、三弟賀山恩、美黛、四弟賀賜恩）

國 81 年（西元 1992 年）1 月 15 日，我將離港的前一日，家中電話鈴聲響個不停，公公不想接，我接了回應對方他生病無法接聽，很奇怪就算掛了電話，對方仍一直奪命連環打，怎麼擋也擋不住。就這樣終於惹毛了公公，一氣之下病又發了……我一看苗頭不對，請公公的好友趕快叫救護車送醫，說時遲那時快，到院已無生命跡象……心肌梗塞發作前後不到四十分鐘人就去世了，果然是一個不好的徵兆應驗了……遺體先送香港殯儀館安置，再打長途電話通知美國三位小叔噩耗，之後火速撥打台灣旅行社買一張台、港來回機票，預備從港返台後，馬上再回頭來一趟香港辦喪事。冥冥之中就是這麼巧，當初英辦事處拒發多留一星期的港簽，教我若到期時真有需要，先出境一天，再入境即可，居然絲毫不差完全符合……又是另一個毛骨悚然的預言成真！先出境一下回台北，再入境香港時三位小叔陸陸續續自美回港，由於每個人皆有工作時間有限，不宜請假太久，共同將公公的後事儘速料理完畢。有關公公遺產一事，

民國 81 年（1992）1 月 15 日公公賀人欽仙逝於香港與小叔們籌辦喪事 -2

NOODLE MAKING
SNACK & DIM SUM

民國 81 年（1992）1 月完成公公喪禮在香港與二弟賀頌恩（右）、三弟賀山恩（左）合影

民國 95 年（2006）5 月 21 日美黛兒子結婚，
時任國泰人壽慈善基金會董事長錢復證婚

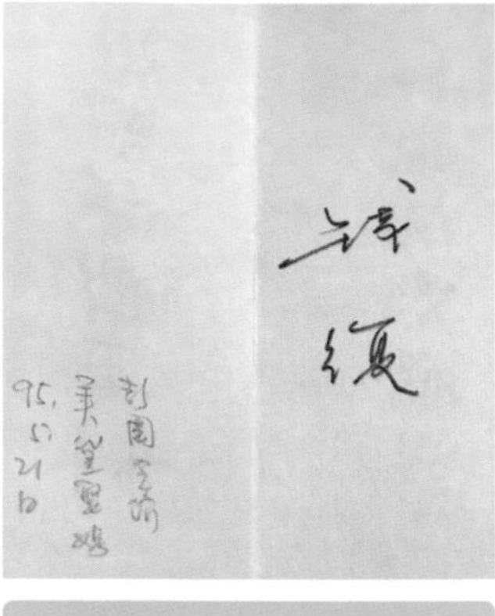
錢復

民國 95 年（2006）5 月 21 日
美黛兒子彭園會館婚宴，
時任國泰人壽慈善基金會董事長
錢復親簽留念
（照片來源：陳昌枬先生）

民國 95 年（2006）5 月 21 日美黛兒子結婚，
時任國泰人壽慈善基金會董事長錢復偕同夫人錢玲玲
出席彭園婚宴與陳昌枬先生閒談

香港政府規定人過世之後所有財產全部凍結，包括銀行、保管箱等，配合律師樓的遺囑，全部兩年後清查核對無誤，扣除該繳港府的稅金後才能發還，三位小叔商議後這事由輩分最小的小叔全權負責，就這樣我們互道珍重各自回居住地保持聯繫！分居美國聖荷西、芝加哥、紐約與台灣台北的賀家四兄弟，雖雙親已不在人世，路途遙遠也不常能見面，卻是走得很親，時常透過電話、卡片或電子郵件等互相關懷問安。有一件畢生最難忘又感動的事，民國 95 年（西元 2006 年）5 月 21 日

民國 95 年（2006）5 月 21 日美黛與來自美國參加兒子彭園婚宴三對小叔夫妻檔留影紀念
（由右至左二弟賀頌恩、二弟妹吳素屏、三弟妹唐慧蓮、四弟賀賜恩、四弟妹司徒亦琮、三弟賀山恩，中央為美黛）

民國 95 年（2006）5 月 21 日
重相逢歌唱班 A 班班長
袁松月擔任美黛兒子彭園婚宴
美女招待要職

民國95年（2006）5月21日
參加美黛老師娶媳婦重相逢歌唱班三寶－
封秋霞（左）、馮南蘋（中）、袁松月（右）

民國95年（2006）5月21日
好友李靚妃小姐9歲千金黃瀅璇恭賀美黛奶奶兒子
結婚於彭園餐廳給愛的抱抱

民國95年（2006）5月21日
好友李靚妃小姐3歲公子黃子睿恭賀美黛奶奶兒子
結婚於彭園餐廳當愛的小花童

犬子小登科，小叔們三對夫妻相約遠從美國飛來台共享盛事，藉婚宴我們齊聚一堂開心無比，一想到他們風塵僕僕不遠千里而來，沿途舟車勞頓、還得克服時差問題，又所費不貲……內心澎湃不已、感動莫名！很慚愧沒能好好招呼，略盡棉薄地主之誼，又讓他們匆匆離去，除了特別感謝外，心中更充滿許多不捨之情……隨歲月洗禮漸烙下痕跡，大夥兒有緣再聚首時，感嘆將不知是何年何月？

星馬驛動展公益

坐五望六時，曾應聲樂家呂麗莉小姐相邀去凱悅飯店演唱，向林雲大師祝壽。當晚大師面對舞台正中央坐著聽歌，在我唱完緩緩走下台階時，他手指著我並對身旁愛徒呂麗莉小姐說：「這個人會唱到六十歲！」聽在耳裡樂在心裡，因為節目仍在進行中，我擱在心上，點頭微笑答謝，急匆匆趕場去也！轉瞬過花甲之年，有幸再度為林雲大師引吭慶生，場景人物依舊、熱鬧非凡，這一回換我下台後親自走到大師跟前請益，年過耳順是否還有機會再唱下去？大師回應：「妳愛唱到何時，就唱到何時！」雖然喜不自勝，但體力不濟終究是鐵錚錚的事實，故開始調整工作範疇，每週六固定留給重相逢歌唱班，其餘時間則選擇性參與國內外大型演唱會。民國89年（西元2000年）以後常至東南亞新加坡及馬來西亞一帶演出，尤其新加坡老闆沈文耀先生年輕有為，不但給我很多工作機會，照顧我更是無微不至，這個孩子不只是賺錢一把罩，人際關係也掌握得天衣無縫。近年來他常光臨台北，逢中秋節

民國106年（2017）5月19日台北拉拉熊餐廳美黛（左）
與新加坡帥哥老闆沈文耀總裁（右）合影
（靜宜大學台灣文學系羅伶育攝）

總會留一盒月餅交代飯店櫃台人員通知我領取；如遇農曆春節則會請我吃飯，奉上紅通通份量十足的大紅包，不僅禮數周到、舉止貼心，更讓我很窩心開運一整年！俊俏的沈老闆與我生肖相同屬兔寶寶，天南地北無話不談，年紀與我兒女相仿，活脫脫像我的乾兒子，是不可多得長達十五年之久的忘年之交！

【民國 89 年（西元 2000 年）至民國 104 年（西元 2015 年）參與新加坡、馬來西亞大部分由沈文耀老闆主辦或協辦活動一覽表】

【1】 民國 89 年 5 月 13-14 日（西元 2000 年）馬來西亞「台灣金曲三王五后千禧母親節演唱會」

【2】 民國 89 年 8 月 25 日（西元 2000 年）新加坡「群星照耀，光華四射」同濟醫院慈善義演晚會

【3】 民國 90 年 5 月 12 日（西元 2001 年）新加坡「五朵金花母親節敬老慈善演唱會」

【4】 民國 92 年 2 月 22-23 日（西元 2003 年）新加坡旅遊局贊助於馬來西亞新山舉行「風華年代巨星－懷舊金曲再獻」歌友會

【5】 民國 92 年 4 月 6 日（西元 2003 年）新加坡「風華年代巨星－懷舊金曲再獻」美黛與吳秀珠搭檔演出

中國報 CHINA PRESS　精品娛樂　2000年4月25日　星期二

e樂放大鏡

鳳還巢　意難忘

今朝再記當年夢

撰文／照片提供：傑雄

歌壇夜鶯　美黛

一九六二年，台灣老牌歌星美黛灌錄了一首改編自日本歌曲《東京夜曲》，由名撰詞人愼芝塡寫歌詞的《意難忘》，萬沒料到她的第一張唱片便拉開了她的夢想，序幕也因擁有高達一百多萬張的驚人銷售紀錄，美黛頓時成爲紅透半邊天的歌壇新人。

當年廿三歲的美黛，完成了她的童年美夢，讓自己的歌聲從收音機中播出，唱歌給千千萬萬的人聽。

《意難忘》哄動了大街小巷，人人會哼愛唱。福華影業公司特別投下鉅資，開拍了台灣民營公司第一部彩色大銀幕電影，以《意難忘》爲名，由柯俊雄與初上銀幕之青春玉女艾黎領銜主演。此部被喻爲哀艷的愛情歌唱佳片推出後，大大旺台。

片中，美黛幕後除了代唱主題曲《意難忘》外，更唱出同一旋律的《夜茫茫》、《斷腸人》、《孤星淚》及終曲男女混聲合唱的《意難忘》，哀怨的詞境讓人感動：一首以輕鬆旋律同曲調的《熱與光》，也教人感染到那份喜悅，至今記憶猶新。

從小愛唱歌的美黛，原名王美黛，是土生土長的台灣桃園姑娘。一心想朝歌唱界發展的美黛，十五歲當上電台「節目助理」，工作不外是燒開水、倒茶抹桌椅的雜役，幾個月後，心灰意冷下回到故鄉，參加一些晚會及康樂隊的表演磨練歌藝。

一九五五年，美黛加入桃園更寮腳軍中康樂隊的歌唱表演，直到一九六零年在台北幾家夜總會歌廳駐唱，從而開始她的歌唱生涯。一九五三年主持心聲廣播公司《我爲你歌唱》節目，另也參加台視的《群星會》，都不離歌唱。

美黛不停地唱，唱片也一張張的錄，擁有「歌簍子」的封號。一九六四年曾參加電影《綠島之夜》的拍攝。一九六六年，日本日活電影公司開拍《台北姑娘》，主題曲《台北的姑娘》與插曲《多情的雙眸》擁有中文及日文版本，中文版則由美黛演繹。

美黛於一九六九年十二月結婚，婚後偶爾參加電視及歌廳演唱，也曾在港台舉辦過無數次演唱會。擁有一子一女現已長大成人的美黛表示，她還要繼續唱歌給更多知音人聽，因爲她婚後以客串的身份獻唱，豈料一開戒即收不了場，只好一路唱下去。

美黛於一九九一年曾獲頒「金曲獎」特別貢獻獎；一九九三年舉行過《美黛之歌》獨唱會。現在在台北除了唱歌外，她也收學生教唱歌。

一生對歌唱樂此不疲的美黛，是歌壇的長青樹。六十年代繼紫薇、張清眞、金音來馬演唱後，第一次來馬巡迴演唱，當然不忘以《意難忘》爲招牌歌曲。到了七十年代，她也曾在夜總會及七點場演唱會以歌會友。事隔多年，難得她再次與歌迷重聚，歌迷當然不會忘記她的《意難忘》、《熱與光》、《我在你左右》……以及她最拿手的不朽老歌。

↗一曲《意難忘》，讓美黛的第一張唱片創下高達一百多萬張驚人的銷售紀錄，頓時紅透半邊天。

↙葛光超雖沒有白馬王子或小生的俊俏外型，但從影數十年，相信是影圈中拍片最多的影星。

五十年代台灣歌壇上的兩位紅歌星：美黛（左）、紀露露（右），兩人在當時分佔華語、台語的龍頭地位。

【1】民國 89 年（2000）4 月 25 日
馬來西亞中國報「鳳還巢意難忘，今朝再記當年夢」報導

美 黛小姐 惠存
光华学校校友会为同济医院筹办
"群星照耀，光华四射"
同济医院 慈善义演 晚会
热心为善
新加坡同济医院 敬赠
2000年8月25日

【2】民國89年（2000）8月25日新加坡「群星照耀，光華四射」同濟醫院慈善義演獎座

【4】民國92年（2003）2月23日由新加坡旅遊局贊助在馬來西亞新山舉行「風華年代巨星，懷舊金曲再獻」演出後慶功宴（左三是新加坡28歲帥哥老闆沈文耀、左四孔蘭薰、左七是當天64歲生日的美黛、左八吳秀珠、左九于櫻櫻）

台灣老牌歌手將從星國到馬國新山演唱兩天

更新 2003-02-21 7:15 PM　人氣 1　　標籤:

分享　分享　分享　複製鏈接　打印　　正體 简体【字號】大 中 小

【大紀元2月21日訊】（中央社記者吳顯申新加坡二十一日專電）台灣流行歌曲一直在東南亞華人娛樂業中擁有可觀的市場。在新加坡旅遊局的牽線下，四名國語流行歌曲樂壇的台灣老牌歌手美黛、吳秀珠、孔蘭薰和于櫻櫻，將從明天起在馬來西亞新山登台演出兩天。

雖然最近星、馬兩國關係不很融洽，但是音樂無國界，在星國旅遊局的支持下，一項名為「風華年代巨星，懷舊金曲再獻」演唱會從明天起一連兩天將到和星國只有一水之隔的新山CitySquare開唱。

　　新加坡旅遊局南馬地區署長潘景開認為，馬國喜愛華語歌曲的歌迷們這次將能聽到當年響噹噹的台灣老牌歌手再度演唱她們當年悅耳和令人懷念的老歌金曲，機會難得

　　除了四名老歌手美黛、吳秀珠、孔蘭薰和于櫻櫻外，七零年代的名歌手凌霄將擔任演唱會的主持人，他也會打頭陣唱他當年的那首名曲《可愛的人生》。

　　在一項記者會上，美黛說，懷舊歌曲是小市民們調劑身心的好藥方。這兩場新出的演唱會將會健康、和溫馨的活動。

　　為了加入這越盛會，有「小野貓」稱號的吳秀珠不惜自零下幾度的倫敦，趕了好幾趟飛機飛到攝氏三十多度的獅城。

不但沒有倦容，還一臉燦爛的吳秀珠說，「我們有使命感把好的老歌代代相傳下去。」

對於老牌歌手，吳秀珠有一番看法。她認為，一個歌手過了五十歲，才是造詣最高的時候，由於人生經歷豐富，各方面也成熟，演繹起來，就是特別有味道。

　　當年有「寶島周璇」稱譽的孔蘭薰也信心十足的說，「我會帶給聽眾美好的回味。」

　　「風華年代巨星，懷舊金曲再獻」將從今年二月至五月也在星國演出，打頭陣的是本月三日的潘秀瓊；接下來在三月到五月的演唱會將採取搭檔形式演出。

　　三月二日是孔蘭薰搭劉福助；四月六日是《意難忘》原唱美黛搭吳秀珠；五月四日壓軸演出則是「梨花歌后」于櫻櫻配首次來新演出的吳靜嫻。

　　于櫻櫻將演唱《飄香夢》、《一縷相思情》、《愛在夕陽下》和《梨花淚》等成名曲；孔蘭薰演唱多首周璇名曲如《拷紅》、《漁家女》、《五月風》和《訴衷情》等。

凌霄希望，這回在新山的演出，能夠吸引一些老歌迷前來星國捧場，讓大家一同享受老歌帶來的歡樂。

　　令人好奇的是，將這批資深唱將千里迢迢邀請來星國演出的是年僅二十七歲的沈文耀。

【4】民國 92 年（2003）2 月 21 日新加坡大紀元報導「台灣老牌歌手將從星國到馬國新山演唱兩天」

風華
年代巨星
懷舊金曲再獻
于櫻櫻
孔蘭薰
吳秀珠
美黛
歌友会
日期 / Date:
22/2/03 &
23/2/03
时间 / Time:
4.00pm
Supported By
Official Airline
Official Venue
Singapore
CITY SQUARE
www.newasia-singapore.com

【4】民國 92 年（2003）2 月 22-23 日由新加坡旅遊局贊助於馬來西亞新山舉行「風華年代巨星，懷舊金曲再獻」歌友會海報

【懷舊金曲再獻】
Venue
The Pavilion • Far East Square
風華年代巨星
Date of Event : 03 / 02 / 2003
Artiste : 潘秀琼
Time of Event : 4.30 - 5.30 pm / 7.00 - 8.00 pm
Ticket Price : $25
Date of Event : 02 / 03 / 2003
Artiste : 孔蘭薰 & 劉福助
Time of Event : 4.00 - 5.30 pm / 7.00 - 8.30 pm
Ticket Price : $25
Date of Event : 06 / 04 / 2003
Artiste : 美黛 & 吳秀珠
Time of Event : 4.00 - 5.30 pm / 7.00 - 8.30 pm
Ticket Price : $25
Date of Event : 04 / 05 / 2003
Artiste : 于櫻櫻 & 吳靜嫻
Time of Event : 4.00 - 5.30 pm / 7.00 - 8.30 pm
Ticket Price : $25
Tickets are available at the following outlets :
Ticketing Enquiry : 9029 6526 (h/p)
LAM

【5】民國 92 年（2003）4 月 6 日新加坡「風華年代巨星」美黛與吳秀珠登場海報

【懷舊金曲再獻】
Venue
The Pavilion • Far East Square
風華年代巨星
Date of Event : 12 / July / 2003
Time of Event : 4.00 pm / 7.00 pm
Ticket Price : $25
Date of Event : 02 / Aug / 2003
Time of Event : 4.00 pm / 7.00 pm
Ticket Price : $25
Date of Event : 06 / Sept / 2003
Time of Event : 4.00 pm / 7.00 pm
Ticket Price : $25
Ticketing Enquiry : 9029 6526 (h/p)

【6】民國 92 年（2003）9 月 6 日新加坡「風華年代巨星」美黛與新加坡歌手凌霄登場海報

【6】民國 92 年（2003）
9 月 6 日新加坡
「風華年代巨星」美黛（右）、
新加坡歌手凌霄（左）
同台演出

【6】民國 92 年 9 月 6 日（西元 2003 年）新加坡「風華年代巨星－懷舊金曲再獻」美黛與新加坡歌手凌霄搭檔演出

【7】民國 92 年 11 月 1 日（西元 2003 年）新加坡「風華年代慈善群星會」演唱會，替腎臟透析基金募款

【8】民國 92 年 11 月 22 日（西元 2003 年）馬來西亞檳城光華日報主辦「第 9 屆 TCBoy 杯—全國舊曲重溫華語歌唱比賽總決賽」，美黛擔任總評判與義演特別嘉賓演唱

【9】民國 93 年 5 月 9 日（西元 2004 年）新加坡（獅城母親節）「世上只有媽媽好—金曲頌」演唱會，擔任靜婷特別嘉賓演出

【10】民國 95 年 10 月 15 日（西元 2006 年）新加坡「風華年代」演唱會，美黛與新加坡歌手凌霄搭檔演出

【11】民國 95 年 11 月 18 日（西元 2006 年）馬來西亞檳城理科大學端姑禮堂「第 12 屆—全國舊曲重溫華語歌唱比賽總決賽」，美黛擔任總評判與義演演唱嘉賓，籌募培新校舍擴建基金

【12】民國 97 年 2 月 22 日（西元 2008 年）馬來西亞檳城光華日報主辦檳州大會堂「經典名曲講唱會」，籌募聖約翰醫療救傷車及設備

新明日報

为《风华年代》慈善演唱出力

美黛记者会揭露 夫生病半边瘫痪

游桂娥 报道

丈夫最近半边瘫痪，美黛有感人生无常，尽力帮助有需要的不幸人士。

曾经红极一时的资深歌手美黛，昨天出席《风华年代慈善群星会》的记者会时透露，她的丈夫最近身体半边瘫痪，无法自己照顾自己，令她感触非常深。

她说，她的丈夫是因病半身瘫痪的，目前她与儿女都负责照顾他的饮食起居。

"看到他这个样子，我有时会想，幸好他有我们这些家人在身边照顾他，如果他是独居老人的话，他不知道应该如何生活。"

正因为这样，美黛更有感社会上还有许多更不幸的人，其实都很需要我们的帮助。

所以，当她受邀参与《风华年代慈善群星会》的慈善筹款演出时，她知道这个演唱会是为了帮新加坡肾脏透析基金与牛车水乐龄活动中心筹款，她义不容辞的答应了。

与她有同样想法的另外11名新马、港台的资深艺人，也都对这次的慈善演唱会表现得非常积极，希望能为这两个慈善团体筹得6万元的义款。

这个投资10万元的演唱会，请来了《风华年代巨星》系列的多名歌手，还有久未露面的邵氏影星贝帝、杨庆煌和刘韵担任特别表演嘉宾。

▲▶多位台湾及新马资深歌手，昨日在记者会上宣布慈善演出详情，他们也到了新加坡肾脏透析基金探访病友及老人。

多位资深歌手 参与慈善演出

参与《风华年代慈善群星会》的慈善筹款演出的歌手有本地乐坛长青树潘秀琼，凌霄、台湾知名艺人美黛、杨小萍、刘福助、孔兰薰、于樱樱、林淑娟，还有马国歌手姚乙。

除了演唱歌手外，主办单位In Tune With You还特地请来了曾晓英和张永权担任主持，还有马来西亚的一支知名乐团、本地的旅者乐队担任伴奏，和12名舞蹈员。

场演唱会的制作费将高达10万元，其中一半以上的费用将是花在场地租用与行政费用上，艺人们都是抱着做慈善的心情来表演，因此每人只会收一个象征性的红包，不会有酬劳。

演唱会日期是11月1日晚上7点30分，地点是滨海艺术中心音乐厅，票价分为69元、89元、109元、119元与139元。有意购票观赏这场难得的演出的公众，可拨电到SISTIC热线63485555，

【7】民國 92 年（2003）9 月 11 日
新加坡新明日報「美黛記者會揭露，
夫生病半邊癱瘓」報導

風華年代慈善群星會
"Reliving The Glorious Years"

【7】民國 92 年（2003）11 月 1 日
新加坡「風華年代慈善群星會」演唱會海報

PRESENTER
世上只有妈妈好
金曲颂
静婷
原唱者
我的心里没有他、江山美人、明日之歌、痴痴的等…
大会司仪
凌霄
特别嘉宾
美黛
原唱者
意难忘、我在你左右
Venue : Esplanade Theatre
Date of Event : 9th May 2004 (母亲节)
Time of Event : 7.30pm
Ticket Price : $88 $78 $68 $58 $48
(Prices not inclusive of sistic charge)
Ticketing Enquiry : 6348 5555
Web Site : www.sistic.com.sg

【9】民國 93 年（2004）5 月 9 日新加坡
「世上只有媽媽好－金曲頌」演唱會海報

廣告
光華日報
TC BOY
PREMIUM QUALITY
夜鶯文娱社
锺灵校友会总会
第9届 TC BOY杯
全國舊曲重溫
华语歌唱比赛总决赛
发刊词
献词
献词
献词
献词
爱护华教
支持华校
总评判及演唱嘉宾
全国旧曲历年所筹得义款
1. 1995年RM210,000.00
2. 1996年RM355,856.00
3. 1997年RM381,000.00
4. 1998年RM500,000.00
5. 1999年RM560,000.00
6. 2000年RM660,000.00
7. 2001年RM940,000.00
8. 2002年RM1,591,003.87
9. 2003年RM2,177,879.87
大会仪式
日期：22-11-2003（星期六）
时间：7.00PM

【8】民國 92 年（2003）11 月 22 日馬來西亞檳城光華日報
「第 9 屆 TC Boy 杯－全國舊曲重溫華語歌唱比賽總決賽」廣告

TC BOY
光華日報

【8】民國 92 年（2003）11 月 22 日馬來西亞檳城「第 9 屆 TC Boy 杯－全國舊曲重溫華語歌唱比賽總決賽」總評判紀念品

Looking good is such a pain

High heels give singer Mei Dai much pain because of a damaged nerve, but she still wears them for her audience

Lee Sze Yong

PAIN is no excuse for not dressing up.

That's the philosophy of veteran singer Mei Dai, who wears high heels on stage even though they bring her much pain.

Her sciatic nerve, which connects from the spinal nerve to her legs, was damaged when she bent down too quickly at her Taipei home about two years ago.

Speaking over the phone from her home on Monday, Mei Dai, 68, best known for her hit Mandarin song Yi Nan Wang (Unforgettable), said: "If I look good on stage, the audience will be happy, then I'll be happy, too. Dressing well is showing respect for your audience."

She has to wear a hip brace sometimes so she no longer wears the cheongsam, which used to be her signature stage wear.

However, her ailments will not stop her from performing here on Sunday at the NTUC Auditorium.

A regular face at Glorious Years — a series of concerts started in 2003 featuring veteran singers — she will join Singapore singer Ling Xiao, 56, this year to belt out classic oldies.

Two more shows will be held at the same venue. Singer S.K. Poon performs on Nov 19, while the likes of Yu Yingying, Lin Suh Jen and Liu Songyi will sing on Dec 16.

Mei Dai, who is married to a retired businessman and has two children, hopes to encourage her fans to live life to the fullest.

"I want them to realise that you can still lead an active lifestyle even if you are ageing like a yellowing flower," said the woman who also teaches singing in Taiwan.

Besides, being in her 60s has its advantages.

She said with a laugh: "If I sing well, the audience must let me know by clapping loudly. If my performance is not up to par, well, that's forgivable too, because I'm no longer a young and pretty lady."

> Mei Dai and Ling Xiao will perform at Sunday's Glorious Years concert at the NTUC Auditorium, NTUC Centre, 1 Marina Boulevard 07-00 at 7.30pm. Tickets at $30, $40 and $50 are available at Celebrity Music, Bras Basah Complex, 231 Bain Street 01-51/53. For details, call 6339-5801.

NO MORE CHEONGSAM: **Mei Dai (right) can't wear her signature outfits anymore because of a hip brace.**

【10】民國95年（2006）10月12日新加坡海峽時報（Straits Times）英文報導 "Looking good is such a pain"

BERASMAS 杯
12 全国旧曲重温
华语歌唱比赛总决赛
衷心感谢
美黛 惠存
宝岛夜莺
来会评判 演唱嘉宾
18-11-2006

【11】民國95年（2006）11月18日馬來西亞檳城「第12屆－全國舊曲重溫華語歌唱比賽總決賽」總評判與義演嘉賓獎座

DIAMOND
不老之歌演唱會
青山
2009年5月2日
(星期六) 2pm
Suntec City
新达城国际会议中心
$38 $48 $58 $68
青山
潘秀琼
美黛
SISTIC 购票热线: 6348 5555 or visit www.sistic.com.sg

【13】民國98年（2009）5月2日新加坡「青山不老之歌」演唱會海報

经典名曲
讲唱会

【12】民國 97 年（2008）2 月 22 日
馬來西亞檳城「經典名曲講唱會」大合照
（中央紫色洋裝美黛，右粉紅色洋裝
馬來西亞拿汀溫雅妮董事）

【12】民國 97 年（2008）2 月 22 日
馬來西亞檳城「經典名曲講唱會」與
拿汀溫雅妮董事合照（左粉紅色洋裝
馬來西亞拿汀溫雅妮董事，
右紫色洋裝美黛）

【12】民國 97 年（2008）2 月 22 日
馬來西亞檳城「經典名曲講唱會」
提前慶祝美黛農曆 70 大壽

光華日報
PASSION
PASSION TRADING SDN.BHD.
筹募购买圣约翰救伤队紧急医疗支援服务EMAS
救伤车及设备基金
经典名曲
讲唱会
日期: 22/2/2008(星期五)
时间: 7.30pm
地点: 槟州大会堂
Dewan Sri Pinang
EZ Match Venture
Noise Performance House
Show Gear Production Sdn
FIBRE STUDIO

【12】民國 97 年（2008）2 月 22 日
馬來西亞檳城「經典名曲講唱會」
籌募聖約翰醫療救傷車及設備

LOTUS ON WATER
美黛
刘韵
青山
潘秀琼
华娃
爸爸最爱经典演唱会
2011年06月12日(星期日)
$48 $68 $88 $108
3.00pm (中华医院募款) / 7.30pm
滨海艺术中心音乐厅 Esplanade Concert Hall
DIAMOND
958

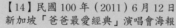

【14】民國 100 年（2011）6 月 12 日
新加坡「爸爸最愛經典」演唱會海報

Giant
Presents:
静婷
潘秀琼
刘韵
美黛
四大太后
2014 演唱会
01月05日 7.00PM (星期日)
滨海艺术中心剧院 Esplanade Theatre
$128 $118 $98 $88 $78 $58
SISTIC 热线: 6348 5555 www.sistic.com.sg
青山
esplanade
958

【15】民國 103 年（2014）1 月 5 日
新加坡「四大太后」2014 演唱會海報

【13】民國 98 年 5 月 2 日（西元 2009 年）新加坡「青山不老之歌」演唱會，美黛擔任特別嘉賓

【14】民國 100 年 6 月 12 日（西元 2011 年）新加坡濱海藝術中心音樂廳「爸爸最愛經典」演唱會，替中華醫院募款

【15】民國 103 年 1 月 5 日（西元 2014 年）新加坡濱海藝術中心劇院「四大太后」2014 演唱會—靜婷、潘秀瓊、劉韻、美黛，青山擔任特別嘉賓

【16】民國 104 年 11 月 22 日（西元 2015 年）新加坡聖淘沙名勝世界劇場「四大太后」2015 演唱會—楊燕、張萊萊、劉韻、美黛

杨燕
张莱莱
美黛
刘韵
四大太后
2015 演唱会
11月22日(星期日) 7.30PM
$148 $128 $108 $88 $68 $48
名胜世界剧场．新加坡圣淘沙名胜世界

【16】民國 104 年（2015）11 月 22 日
新加坡「四大太后」2015 演唱會海報

海內外的公益活動也是我不遺餘力贊助的項目之一，回顧寫書前三十年，我參與過的公益活動有民國 78 年（西元 1989 年）「愛心訪問團—榮民之家巡迴演出」、民國 87 年（西元 1998 年）6 月 28 日法國巴黎育英學校籌措獎助學金、民國 90 年（西元 2001 年）由臺北榮總與民生報公益基金會合辦的「耶誕聯歡演唱會」於臺北榮總演出、民國 98 年（西元 2009 年）3 月 21 日赴美加州「南海岸中華文化協會暨爾灣中文學校年會及募款餐會」晚宴義演、台大醫院安寧病房、內湖翠湖山莊、北市／基隆／高雄等縣市無數的養老院表演撫慰長者孤寂的心、新加坡養老院、馬來西亞檳城中文學校籌資等。凡屬名正言順、濟弱扶傾的公益活動，皆以藝人之姿貢獻一己之力，也能體恤主辦單位經費資源有限，酌情收些微車馬費襄助演出行程。

Merry Christmas

④ 歐華動態 23-25, 05, 1998 歐洲日報

七七區漢聲中國文化歌曲電台特邀 為育英學校優秀學生籌措獎助學金

潘秀瓊、美黛來法義演 演唱懷舊老歌

【巴黎訊】國語歌壇一代唱將潘秀瓊、美黛，應此間七七區漢聲中國文化歌曲電台邀請，六月廿八日將聯袂來巴黎登台，爲育英學校優秀資深學生籌措獎助學金，以便他們今年暑期能赴北京、台北進修中文，而作專場義演，主辦單位近日已開始在多個華人社區預售門券。

蜚聲東南亞，有「低音歌后」美譽的潘秀瓊，曾唱紅多首國語經典歌曲：「不了情」、「情人的眼淚」、「家家有本難念的經」、「香格里拉」、「綠島小夜曲」……。其中的「情人的眼淚」，更是潘秀瓊的代表作，風靡六十年代全球華人，現今許多已成爲祖母級的歌迷，大都能哼上幾句：「爲甚麼要對你掉眼淚，你難道不明白爲了愛……」今日潘秀瓊在所有歌迷心中，偶像地位始終屹立不倒，她的歌曲永遠令大家百聽不厭。

「歌壇長春樹」美黛，是另一位應邀來花都義演的老牌唱將，她當年憑一曲「意難忘」，而在東南亞紅透半邊天，每當電台播出她那輕柔而又帶有揮不去，斬不斷的濃濃哀愁歌聲：「藍色的街燈，明滅在街頭，獨自對窗凝望，夜色……」人人幾乎都放下手中的工作，圍在收音機旁專注聆聽，不論是富人的名門閨秀，或是平凡的工廠妹，無不被她的「意難忘」所感動。當時電影公司還以「意難忘」作爲題材拍成電影，捧紅了艾黎。美黛前年曾隨華光訪問團來巴黎爲慶祝雙十節演出過，此間歌迷重溫這位悲情歌后的美妙金嗓，咸讚歎韻味之純彷如佳釀，不隨歲月飛逝而褪色！

潘秀瓊、美黛兩位到花都義演，將選唱大家熱愛的四十至七十年代金曲，地點就在燈光、音響均臻一流水準的九二區 Issy Lesmoulineaux 的藝術暨會議宮，時間定爲六月廿八日下午三時半。天王巨星的表演，配上專業水準的場地，肯定會給大家帶來一個難忘的懷舊老歌欣賞機會。

義演獲得以下單位及人士贊助：歐洲日報、億商海產凍品、十九區華麗都大酒樓、林子崇、環亞旅遊公司、藝華彩色印刷公司、許集明、中華航空公司、中南高級影視中心、徐敬松、國泰航空公司。工作人員：總策劃王東興、黃海量；漢聲電台工作群，燈光指導 Vincent Wang。

售票處：①十區通樂 01.42.00.98.99。②廿區金興隆 01.43.58.70.98。③十三區通利 01.45.82.75.64。④十三區金興隆 01.45.85.27.88。⑤七七區南興隆 01.60.17.35.74。

民國 87 年（1998）5 月 23-25 日歐洲日報「潘秀瓊、美黛來法義演，演唱懷舊老歌」報導，「悲情歌后」美黛為法國巴黎育英學校籌措獎助學金

國語懷舊金曲演唱會義演成功 30.06.1998

美黛、潘秀瓊歌聲動聽 令人回味無窮

【本報記者郭乃雄巴黎報導】正當廿八日下午法國與巴拉圭爲爭取晉級世界杯八強而打得天昏地暗之際，一場充滿柔情蜜意，令人回味無窮的國語懷舊金曲演唱會，正在九二區 Issy des Moulineaux 大劇院上演。七百多名華人，大部分爲女性及祖父母級的歌迷，遠離世界杯的喧囂，從潘秀瓊、美黛的繞樑歌聲中，找到足球熱潮外的慰藉。

由漢聲中國文化電台主辦的國語懷舊金曲演唱會，係爲育英學校優秀學生暑期赴北京、台北進修籌措獎助金。此一義舉獲得老牌歌星潘秀瓊、美黛熱烈響應，千里迢迢飛來巴黎聯袂登台，而僑胞亦紛紛購票進場，既爲一聆偶像的美妙歌聲，也爲了僑教事業貢獻棉力。

育英學校負責人王東興致詞感謝歌迷在世界杯熱潮中仍能踴躍捧場，這份情誼實在難能可貴。王東興指出，世間有些事物是愈陳愈好，例如自己太太、佳釀、朋友，都是愈久遠愈珍貴，其實好聽的老歌亦如是，許多老歌均禁得起時間的考驗，百聽不厭，在座許多知音家中有老妻，外面有老友，桌上有老酒，現在再加上有機會聽老歌，算是不枉此生。

美黛率先登場，以她的成名曲「意難忘」揭開演唱會序幕，接下來她唱出多首六、七十年代的流行曲「癡癡的等」、「我在你左右」、「寒雨曲」等。更特別是，她選唱以漁家爲題，有共同濃郁的鄉土風格的「月兒彎彎照九州」、「漁光曲」、「太湖船」，洋溢漁家情懷，感人肺腑，聆者皆心情盪漾，久久難以平復。

←國語懷舊金曲演唱會，廿八日下午在 Issy 大劇院舉行，反應相當良好。美黛（左起）、潘秀瓊兩位實力派老牌歌星的演出，贏得全場熱烈掌聲，另一位新秀歌手徐恩恩亦表現出色，大受好評。（本報記者郭乃雄攝）

與美黛的溫馨鄉土，有截然不同風格的潘秀瓊，以其帶有磁性及現代味道的嗓音，一一唱出「你是春日風」、「江水向東流」、「情人的眼淚」。後來，還帶出一系列富於南洋熱帶情調「梭羅河之戀」、「峇里島」、「香格里拉」、「晚霞」，節奏輕鬆，旋律悅耳，令歌迷聽來如沐春風。潘秀瓊壓軸唱出的「家家有本難念的經」，引起全場共鳴，有些歌迷情不自禁跟著哼起來。

美黛、潘秀瓊在知音大樂隊落力伴奏下，將她們的成名金曲，盡情演繹出來，歌迷彷似走進時光墜道，重回到青春的歲月，所有逝去的回憶一下子像潮水般湧到眼前。當日尚有三位非常出色的後起之秀：徐恩恩、吳家恩、吳詠紅，客串登台，她們的演出贏得不少讚許掌聲。另外，蔡雪微小朋友的演講「人面桃花」，也大受好評。

主辦單位將今次演唱會之成功，歸功社會熱心人士的鼎力贊助，主辦單位爲此特向本報，以及下列人士、團體致以衷心謝意：億商海產凍品、華麗都大酒樓、林子崇、環亞旅遊公司、藝華印刷公司、許集明、中華航空公司、中南高級影視中心、徐敬松、國泰航空公司。

民國 87 年（1998）6 月 30 日「美黛、潘秀瓊歌聲動聽，令人回味無窮」報導，為法國巴黎育英學校籌措獎助學金

'97 10 18

民國 86 年（1997）10 月 18 日
潘秀瓊（左）與美黛（右）

民國 87 年（1998）6 月攝於法國巴黎僑胞徐敬松先生府上
（由左至右徐思恩、潘秀瓊、美黛、徐敬松夫婦）

民國 87 年（1998）6 月美黛（左）
與徐思恩（右）攝於
法國巴黎僑胞徐敬松先生家中庭院

民國 87 年（1998）6 月攝於法國巴黎僑胞徐敬松先生府上
（由左至右潘秀瓊、徐敬松夫人、徐思恩、美黛）

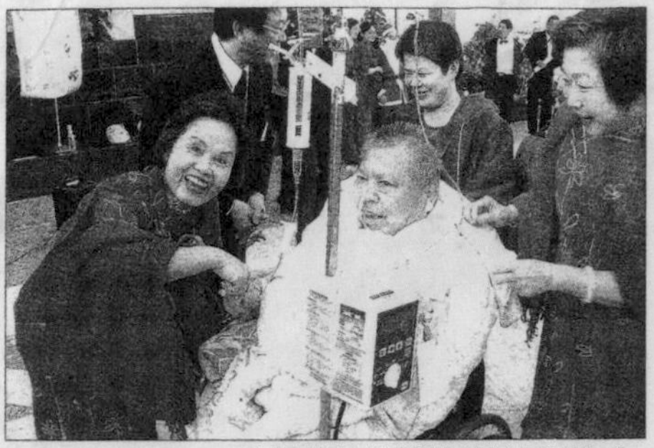

美黛高歌 老榮民感動

本報與台北榮總合辦耶誕聯歡演唱會 氣氛溫馨感人

【記者吳佩蓉／報導】耶誕節各地都有許多應景的慶祝活動，耶誕樂聲處處可聞，不過，昨日臺北榮民總醫院有一場特別的耶誕慶祝活動，請來重相逢合唱團及「金嗓歌后」美黛爲住院老榮民演唱懷念老歌，不少老人聽到許久未聞的歌聲，感動得熱淚盈眶；而三總則請來美髮師爲住院病人「義剪」，讓病患以全新面目過節。

由臺北榮總與民生報公益基金會合辦的「耶誕聯歡演唱會」，昨日特別請來金嗓歌后美黛及她所指導的重相逢合唱團，藉由懷念老歌的演唱，撫慰病患及醫護人員辛勞；懷念老歌對在場的老病患而言，顯得特別對味，親眼見到美黛的風采，聽她唱出「意難忘」等老歌時，不少現場的老榮民，更感動落淚，久久不肯離去，氣氛溫馨感人。

重相逢合唱團團長李德賢表示，這個合唱團規定四十歲以上才能加入，年齡最長的團員達八十五歲，團員平均年齡六十歲，而美黛更是從民國八十六年該團成立以來，即擔任指導老師；她說，透過合唱團表演，不但讓年長者可自我肯定、練氣健身，對於傳統藝術傳承也有意義。而民生報公益基金會執行長石敏昨日也帶了許多禮物分送榮總住院病患，爲醫院增添了過節的歡樂氣氛。

而三總昨日也爲住院病人「除舊佈新」，由民間美髮師贊助的「義剪」活動，派出四十名專業美髮師，爲三總安寧病房患者及住院病患修整面目，昨日共有六十名病患受惠，許多患者頂著新髮型，也對醫院推出的耶誕貼心活動相當滿意。

90.12.25.民生報

↑金嗓歌后美黛（左）帶領歌唱班與民生報聖誕禮物，慰問榮民總醫院病患。 記者楊海光／攝影

民國 90 年（2001）12 月 25 日民生報「美黛高歌老榮民感動」
報導 12 月 24 日台北榮總與民生報公益基金會合辦的「耶誕聯歡演唱會」活動

民國 90 年（2001）12 月 24 日
台北榮民總醫院
「耶誕聯歡演唱會」美黛（左）、
吳香達副院長（右）

民國 90 年（2001）
12 月 24 日台北榮民總醫院
「耶誕聯歡演唱會」－
「金嗓歌后」美黛高歌

南海岸中華文化協會暨爾灣中文學校

South Coast Chinese Cultural Association & Irvine Chinese School

2009 年籌款晚會

2009 Annual Fund-Raising Banquet

日　期(Date)：　March 21, 2009 (Saturday)

時　間(Time)：　4:00 PM – 10:00 PM (Seminar & Exhibits – open to public)
(Early Bird door prices drawing at 6:30PM)
6:30 PM – Midnight (Dinner, Entertainment and Dance)

地　點(Place)：　Hilton Orange County/Costa Mesa
3050 Bristol, Costa Mesa, CA 92626 Tel: 714-540-7000

聯絡人(Contact)：

趙彩齡 Tracy Wang	(949) 559-6868 Ext. 572
黃惠雯 Hui-Wen Huang	(949) 559-6868 Ext. 585
程東海 Tim Cheng	(949) 559-6868 Ext. 502
張淑華 Sue Liu	(714) 335-4608

入場券(Ticket)：　嘉賓券 **(Regular ticket) $65**
貴賓券 **(Premium ticket) $120** (Payable to **SCCCA**)

節　目(Program)：　**情商名主持人—林慧懿女士、倪北嘉先生共同主持**
晚宴，武當功夫，著名歌星表演，現場樂隊，名貴禮品義賣及抽獎。
Dinner Show, Wudang Kung Fu, Renowned Taiwan Singer, Live Band, Live & Silent Auction and Raffle.

籌款晚會
特別情商美黛小姐贊助義演
籌款晚會
© Muzikland
歡迎各界人士踴躍參與及支持

民國 98 年（2009）3 月 21 日美國加州
「南海岸中華文化協會暨爾灣中文學校 2009 年籌款晚會」宣傳海報

SUPER
南海岸中華文化協會

民國 98 年（2009）3 月美國加州「南海岸中華文化協會暨爾灣中文學校年會及募款餐會」記者招待會（左一劉淑華、左二陳淑芬、左三美黛、左四鄢志寬、左五林慧懿、左六倪北嘉）

SUPER

民國 98 年（2009）3 月美國加州「南海岸中華文化協會暨爾灣中文學校年會及募款餐會」記者招待會（左一劉毓先，左二胡安瀅、左三美黛，左四劉毓勤）

民國 98 年（2009）3 月美國加州「南海岸中華文化協會暨爾灣中文學校年會及募款餐會」記者招待會，早年中影演員羅興華（左）與美黛（右）

SCCA
南海岸中華文化協會
South Coast Chinese Cultural Association
PREMIER

民國 98 年（2009）3 月 21 日美國加州「南海岸中華文化協會暨爾灣中文學校年會及募款餐會」晚宴義演（左一南加州電台播音員倪北嘉，左二美黛，左三鄒志寬南海岸中華文化協會會長，左四南加州名主持人林慧懿）

South Coast Chinese Cultural Association
爾
灣
之
夜

民國 98 年（2009）3 月 21 日美國加州「南海岸中華文化協會暨爾灣中文學校年會及募款餐會」晚宴義演羅兆鈞（右）獻花

民國 98 年（2009）3 月 21 日美國加州「南海岸中華文化協會暨爾灣中文學校年會及募款餐會」晚宴義演（左一羅興華，左二倪北嘉，左三胡安瀅曾任爾灣中文學校校長，左四美黛，左五南加州畫虎出名畫家何念丹）

民國 98 年（2009）3 月 21 日
美國加州「南海岸中華文化協會暨爾灣中文學校年會及募款餐會」晚宴義演（左一劉毓勤，左二美黛，左三劉毓先）

民國 98 年（2009）3 月 21 日
美國加州「南海岸中華文化協會暨爾灣中文學校年會及募款餐會」晚宴義演，美黛（左）與南海岸中華文化協會理事張淑華（右）合影

民國 98 年（2009）3 月 22 日
美國加州南海岸中華文化協會理事張淑華家合影（左一美黛，左二劉毓先，左三劉毓勤，站立者張淑華）

慈善心服務情

民國 90 年（西元 2001 年）因外子在家無預警腿軟跌倒，一時心急反射動作轉身彎腰欲扶起癱坐在地的先生，不慎拉傷坐骨神經，自此之後疼痛形影不離，每天持續做復健，數年後情況並未改善，痛徹心扉的感覺日益加劇，我這「老美人魚」嚴重到走一步、痛一步，甚至舉步維艱無法行走……後來經犬子的友人和信

民國 100 年（2011）4 月 12 日
美黛攝於台北振興醫院神經外科病房

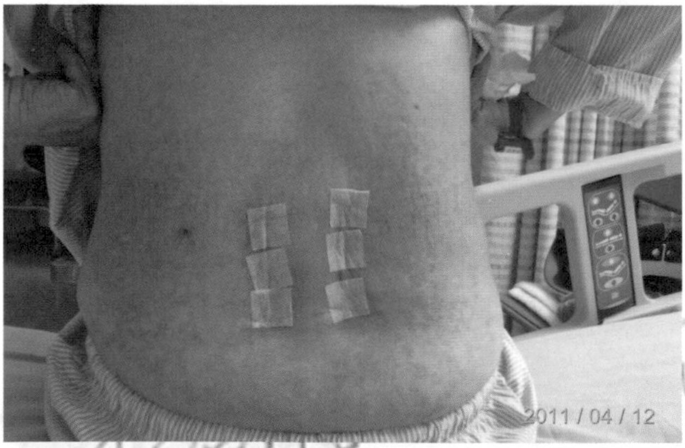

2011 / 04 / 12

民國 100 年（2011）4 月 12 日
美黛攝於台北振興醫院神經外科病房展示背部傲人的 6 個鋼釘

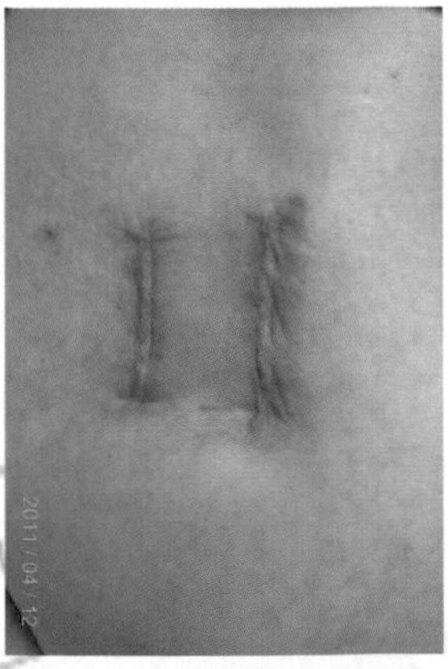

2011 / 04 / 12

民國 100 年（2011）4 月 12 日
美黛攝於台北振興醫院
神經外科病房高喊終於變身
「鋼鐵人」啦！

MORE 32 娛樂 2011 04 27 星期三 U paper

蘋果老闆黎智英 自爆媽媽是小三

香港傳媒大亨黎智英一向給人威風凜凜的感覺，私下卻有顆柔軟細膩的心，他昨上「台灣亮起來」接受陳雅琳專訪，提及父親，淚流不停，還意外爆出自己是「小三」的孩子。

黎智英從佐丹奴起家，再創辦媒體集團，但今日的風光，卻無緣讓最愛的父親看見，訪談間他對父親又愛又恨，氣父親搞砸家庭，因為父親有多位妻子，母親排行第二，母親的委屈他都看在眼裡，黎智英說：「一個大男人怎會把家搞成這樣，但不管怎樣他都是我父親，是我最尊敬的人。」邊說邊流淚。

不願自己重蹈覆轍，無奈他和前妻也因她外遇分道揚鑣，提起此事他再次哽咽：「我跪著求她不要走，她走了我只是沒了太太，但孩子卻沒了媽。」前妻仍選擇離開、留下3個孩子，黎智英悔恨：「她管家、我管事業，如果多點關心，也許情況不會這樣。」

前妻一走，他決定不再結婚，但一見到現任太太李韻琴就改變心意，太太當時是記者，兩人因採訪結緣，後來太太到法國讀書，黎智英也追過去，每天接她上下學，終抱得美人歸，他說：「跟太太結婚後，我就沒再碰過任何一個女人！」（記者白喬茵）

▲黎智英談父親、前妻，兩度哽咽。 三立提供

被選為最不想看的藝人 馬國賢當場變臉

通告藝人殘酷舞台相互廝殺，好勝心強的馬國賢遭同行、觀眾票選為「看了最想轉台」藝人，臉色大變、坐立難安，蔡康永說：「這調查最後的重點已不在於名次，而是看到平時友好的朋友，此時竟然背叛，回到家肯定睡不著覺。」

「康熙來了」昨進行「通告藝人調查局」單元，參與的10名通告咖，為了求勝，甚至出現人身攻擊，例如瑤瑤評個性柔弱的許建國像「清朝太監」，許建國罵瑤瑤「聒噪像八爪章魚」，馬國賢被嫌「不帥都在擺爛」，藏在心中的對白全展現在鏡頭前。

這次受評的通告藝人包括沈玉琳、白雲、馬國賢、瑤瑤、許建國等10人，結果出人意料，例如沈玉琳常催眠自己是帥哥，「有一天早上起床，我看到劉德華坐在旁邊，我問他怎麼來了，他不回答，我定眼一看，原來我看到的是鏡子。」不要臉讓他成了觀眾「最想看」第1名，藝人「最想看」第2名。

馬國賢、劉伊心分別被同行、觀眾評為最不想看的藝人，兩人表情難看到極點，馬國賢發現友好的屈中恆沒投他票，馬上爆料：「他錄『國光幫幫忙』時，看到女助理穿低胸，全場放空，眼睛一直盯著女模看。」（記者葉君遠）

▲▶馬國賢得知自己在觀眾、同行心中評價，臉色大變，大家起身安慰他。 記者葉君遠

為演唱會 美黛變身鋼鐵人

有歌唱公務員之稱的美黛，在歌壇已唱了54個年頭，愛唱歌的她，為了能繼續在舞臺上演唱，上月中進醫院開刀，徹底治療11年來因椎間突出壓迫神經疼痛的問題，腰脊多了6根鋼針的她笑說，自己現在是鋼鐵人，為了母親節的演唱會，她已開始密集排練，不讓歌迷失望。

美黛透露，對多年的痼疾，她原想能拖就拖，但結果卻是越來越痛，還痛到無法站立，連每周教唱歌時，都得靠止痛藥硬撐，舞臺演出也受影響，心想長痛不如短痛，開刀前她還特別跟群星歡唱主辦單位說，如果開刀不順利，就得跟歌迷說抱歉，還好手術相當成功。

經過近1個月的復健，美黛已經可以正常行動，原本擔心的舞臺演出，醫生也告訴她沒問題，除了「群星歡唱50年」演唱外，6月中她還要去一趟新加坡演出。與她同台演出的吳靜嫻，除了在萬華等3個社區大學教唱歌外，其餘時間或跟友人吃飯或出遊，她說，心情愉快身體就不會出狀況，下半年她也將前往大陸演出。

◀吳靜嫻下半年準備赴大陸演出。

▶美黛已開始密集為演唱會排練。

民國100年（2011）4月27日 U paper「為演唱會美黛變身鋼鐵人」報導

治癌中心醫院護理部護理長張念雪小姐推薦振興醫院神經外科主任宋文鑫醫師，經門診與 X 光儀器檢查，原來病灶是第 3、4 節脊椎椎間盤突出及 4、5 節脊椎滑脫錯位導致脊椎管狹窄壓迫神經所致。名醫宋主任於民國 100 年（西元 2011 年）3 月 21 日施作耗時 9 小時脊椎板切除術及背部置入六個鋼釘固定的改造術後，終於讓我脫胎換骨成為名符其實的「鋼鐵人」！術前曾在天秤的二端衡量，不開刀治療根本無法走路，如果開刀途中因年事已高有個三長兩短見閻王，也是美事一樁，就怕急救後無法甦醒變植物人，這不是我想要的。抱著死馬當活馬醫破釜沉舟的決心，生死有命就交給老天爺看著辦。結果運氣不錯，宋神醫妙手回春，讓我又逍遙快活過了五、六年好日子！亦感謝張念雪護理長，長年累月細心呵護咱們一家老小，舉凡大

2011金嗓金曲演唱會
群星歡唱50年
100年5月8日(星期日) 19：30 台北市國父紀念館
孔蘭薰
吳靜嫻
青山
孫樸生
憶如
主持人 侯麗芳
指揮 楊水金(前台視大樂團團長)
購票洽詢：02-23419898 02-26425363
票價：500.800.1200.1600.2000
售票：年代電腦售票系統
網路售票：http://www.ticket.com.tw (24小時)
主辦單位：華風文化事業有限公司 02-26425363
民國 100 年（2011）5 月 8 日「金嗓金曲演唱會－群星歡唱 50 年」宣傳廣告單

2011金嗓金曲演唱會
周藍萍 時代經典回想曲
100年11月10日(星期四) 19：30 台北市中山堂中正廳
周藍萍 1925～1971
紀露霞
美黛
孔蘭薰
王慧蓮
金澎
大百合
李明德
侯麗芳
指揮 楊水金(前台視大樂團團長) 樂隊 楊水金管弦樂團
購票洽詢：02-23419898 02-26425363
票價：500.800.1200.1600
售票：年代電腦售票系統
網路售票：http://www.ticket.com.tw (24小時)
主辦單位：華風文化事業有限公司 02-26425363
民國 100 年（2011）11 月 10 日「周藍萍時代經典回想曲」宣傳廣告單

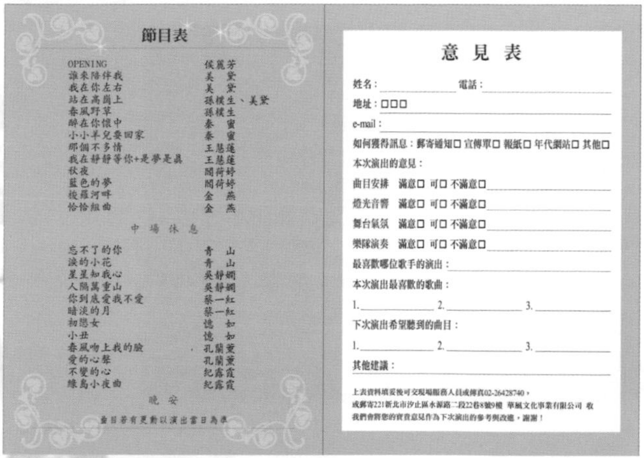

節目表

OPENING	侯麗芳
誰來陪伴我	美　黛
我在你左右	美　黛
站在高崗上	孫樸生、美黛
春風野草	孫樸生
醉在你懷中	秦　蜜
小小羊兒要回家	秦　蜜
那個不多情	王慧蓮
我在靜靜等你+是夢是眞	王慧蓮
秋夜	閻荷婷
藍色的夢	閻荷婷
梭羅河畔	金　燕
恰恰組曲	金　燕

中 場 休 息

忘不了的你	青　山
淚的小花	青　山
星星知我心	吳靜嫻
人隔萬重山	吳靜嫻
你到底愛我不愛	蔡一紅
暗淡的月	蔡一紅
初戀女	憶　如
小丑	憶　如
春風吻上我的臉	孔蘭薰
愛的心聲	孔蘭薰
不變的心	紀露霞
綠島小夜曲	紀露霞

晚 安

曲目若有更動以演出當日為準

意 見 表

姓名：＿＿＿＿＿＿ 電話：＿＿＿＿＿＿

地址：□□□＿＿＿＿＿＿

e-mail：＿＿＿＿＿＿

如何獲得訊息：郵寄通知□ 宣傳單□ 報紙□ 年代網站□ 其他□

本次演出的意見：

曲目安排　滿意□ 可□ 不滿意□＿＿＿＿＿＿

燈光音響　滿意□ 可□ 不滿意□＿＿＿＿＿＿

舞台氣氛　滿意□ 可□ 不滿意□＿＿＿＿＿＿

樂隊演奏　滿意□ 可□ 不滿意□＿＿＿＿＿＿

最喜歡哪位歌手的演出：＿＿＿＿＿＿

本次演出最喜歡的歌曲：

1.＿＿＿＿ 2.＿＿＿＿ 3.＿＿＿＿

下次演出希望聽到的曲目：

1.＿＿＿＿ 2.＿＿＿＿ 3.＿＿＿＿

其他建議：＿＿＿＿＿＿

上表資料填妥後可交現場服務人員或傳真02-26428740，
或郵寄221新北市汐止區水源路二段22巷8號9樓 華風文化事業有限公司 收
我們會將您的寶貴意見作為下次演出的參考與改進，謝謝！

民國 100 年（2011）6 月 25 日「金嗓金曲演唱會－群星歡唱 50 年」節目表

周藍萍時代經典回想曲 演唱會曲目《演出曲目以當日為主》

月光小夜曲	李明德
家在山那邊	李明德
一朵小花	李明德
美麗的寶島	大百合
碧蘭村的姑娘	大百合
出人頭地	大百合
山歌姻緣	金澎
月圓之夜	金澎
龍歸大海鳥入林	金澎
願嫁漢家郎	孔蘭薰
山前山後百花開	孔蘭薰
茶山情歌	金澎、孔蘭薰
傻瓜與野丫頭	金澎、孔蘭薰
一山還有一山高	金澎、孔蘭薰
當我們小的時候	王慧蓮
昨夜你對我一笑	王慧蓮
菟絲花	王慧蓮
千年瓦上霜	美黛
滿工對唱	王慧蓮.美黛
回想曲	美黛
春風春雨	金澎、美黛
高山青	紀露霞
綠島小夜曲	紀露霞

演出時間/2011年11月10日 19:30　演出地點/台北市中山堂
製作人/劉國煒　音樂總監/揚水金　樂隊/揚水金管弦樂團　票務/年代電腦售票系統
燈光音響/敦煌樂器　舞台工程/藝升舞台　美編/許月齡　印刷/捷力美廣告設計制作所
主辦單位/華風文化事業有限公司　221新北市汐止區水源路二段22巷8號9樓
電話：02-26425363　傳真：02-26428740

民國 100 年（2011）11 月 10 日「周藍萍時代經典回想曲」節目表

民國 100 年（2011）
11 月 10 日
「周藍萍時代經典回想曲」
美黛演唱〈梁山伯與
祝英台－千年瓦上霜〉

民國 100 年（2011）
11 月 10 日「周藍萍時代
經典回想曲」美黛（左）與
王慧蓮（右）演唱
〈滿工對唱〉

民國 100 年（2011）
11 月 10 日「周藍萍時代
經典回想曲」美黛（左）與
金澎（右）演唱〈春風春雨〉

小病痛，皆熱心提供良醫與良方，這又得好好感謝上蒼的巧安排！

我這一輩子一路走來都有貴人扶持，王會雲女士是非常優秀的護理長，自臺北榮民總醫院退休後不得閒，很快的梅開二度被振興醫院挖角，再從振興醫院退休後於民國 89 年（西元 2000 年）10 月 13 日正式註冊成為重相逢合唱團的學員，因此我有幸認識她。話說民國 100 年（西元 2011 年）3 月 21 日以七十二歲老命挺過開脊椎的大刀後，會雲跟前跟後可忙活的緊呢，使出護理長的看家本領，親送一大箱無糖亞培安素至病房補充營養不說，還親自出馬以塑膠袋包覆傷口防水，幫我洗澡刷背去污解垢，整個人煥然一新也神清氣爽的多，順利復原行走從振興醫院出院！後續一年的復健之

民國 100 年（2011）6 月 12 日新加坡
「爸爸最愛經典」演唱會濱海藝術中心音樂廳後台，美黛（左）與私人貼身護理長王會雲（右）

路，她像男朋友一樣可黏人呢，一會兒找離我家近的復健科診所，不一會兒陪著我做復健與醫生溝通配合，半年後由硬式護腰改穿軟式護腰，再過半年則完全揚棄軟式護腰，如正常人般毋需穿戴護具出門。這期間民國 100 年（西元 2011 年）6 月 12 日特別請王會雲女士當我私人貼身護理長，陪同至新加坡參與「爸爸最愛經典」慈善演出，萬一有個什麼事兒她可以照應我，結果她謙稱此行居然一點用處都沒有，還瘦了 3 公斤，真是沒用啊，哈哈！雖說打從中山堂始至華山里民活動中心末，有堅若磐石長達十五年的師徒之情，但其實亦有朋友之誼，亦師亦友，機緣難得，夫復何求。

三位女諸葛台南桂田酒店一日遊（由左至右賀董、美黛、王會雲）

股海蛟龍闔家歡

演藝圈的收入不似一般上班族固定月領薪餉，很多人兼營副業未雨綢繆，我自然也不例外投身當「菜籃族」的一員，上市場買菜前看電視股市資訊，搶大清早八點半打給證券公司營業員下單，趁徐徐涼風逛市場採買生鮮蔬果，順便與攤商老闆交換股票情報，回程時陽光正烈進「號子」（即「證券公司」）休息站吹冷氣納涼，看盤與營業員或鄰居婆婆媽媽們分享實戰經驗與心得，之後拎著菜籃返家下鍋炒菜，餵飽一家老小飢腸轆轆的五臟廟後，看電視下午一點半收盤狀況，如有成交趕銀行轉帳刷存摺或刷集保簿確定金額與張數，晚上看財經新聞拓展新知與掌握產業脈動。初期懵懂跟進聽消息面搶短線，有賺有賠，大部分賠錢居多，在股市繳了不少學費，漸漸也摸索

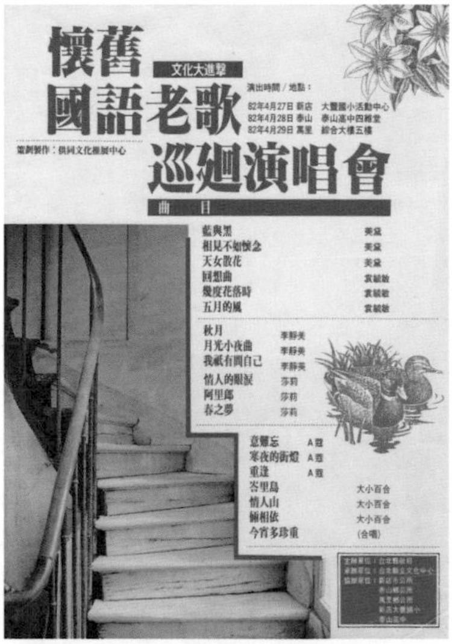
懷舊
國語老歌
巡迴演唱會
文化大進擊
演出時間／地點：
82年4月27日 新店 大豐國小活動中心
82年4月28日 泰山 泰山高中四維堂
82年4月29日 萬里 綜合大樓五樓
曲目
藍與黑 美黛
相見不如懷念 美黛
天女散花 美黛
回想曲 雲嵐敏
幾度花落時 雲嵐敏
五月的風 雲嵐敏
秋月 李靜美
月光小夜曲 李靜美
我祇有間自己 李靜美
情人的眼淚 莎莉
阿里郎 莎莉
春之夢 莎莉
意難忘 A群
寒夜的街燈 A群
重逢 A群
峇里島 大小百合
情人山 大小百合
倆相依 大小百合
今宵多珍重 （合唱）

民國 82 年（1993）4 月 27-29 日台北縣政府「懷舊國語老歌巡迴演唱會」海報

懷念國語老歌～驀然回首
美黛之音

民國 83 年（1994）1 月 22 日
台北縣立文化中心「懷念國語老歌～驀然回首－美黛之音」演唱會海報

溫馨感性
演唱會
落地生根
族群歡聚之夜
數十年修得同船渡、落地生根共甘苦、透過和諧優美的音樂饗宴，帶給您溫馨、感性的夜晚……

行政院國軍退除役官兵輔導委員會
九十三年端午節赴安養機構巡迴宣慰演出
端午

民國 84 年（1995）1 月 12-15 日台北縣政府
「落地生根族群歡聚之夜」溫馨感性演唱會海報

民國 93 年（2004）6 月 11-21 日
全省榮民之家端午節巡迴演出海報

出門道，放長線釣大魚，小賺支應家用、紅白帖炸彈、請客送禮等額外開銷。雖無大富，但有小確幸，日子過得去沒有經濟壓力，這年頭一伸手跟人家借錢，通常是面有難色嚇得逃之夭夭，能養活自己不成為救濟的對象、社會的負擔，是我的不二法條。因此，我的兒女前仆後繼也慢慢在股市打滾，不為別的只為能有一份業外收入，以應付人生的突發事件，不必面臨「一文錢逼死英雄好漢」的窘境。在這資訊爆炸、高壓競爭的時代，多數上班族屬於「無產的佃農」，本身沒有任何財產、耕的是老闆的田、薪資微薄工時長，時不時被老闆的牛兒不爽，拗起牛脾氣來踹二腳被陷害……身心健

7/29(六)
晚上7:00~9:30
策劃單位：藝驥藝術管理國際有限公司
金曲傳情 憶當年 老歌演唱會
演出地點
永和國父紀念館

民國95年（2006）7月29日
藝驥藝術管理國際有限公司
「金曲傳情－憶當年－老歌演唱會」
於台北縣永和國父紀念館演出

康亮紅燈，賺的錢不夠付醫藥費還倒貼，因為我不是電影裡的「超人」無法擁有超能力打擊壞人（雖然我內心極度渴望我是……），只希望兒女活得沒有壓力快樂度日，我也不想成為兒女的壓力來源，所以全家先後縱身躍入股海成為不折不扣的股民。股市分析師常掛在嘴邊的一句話：「好的老師帶你上天堂，不好的老師帶你住套房。」我沒有花任何一毛錢繳會費參加投顧老師的會員，有演出時在後台與樂隊老師切磋選股祕訣，親朋好友聚餐時報潛力股也豎起耳朵聽著，雖然沒有「上天堂」成富豪，偶爾「住套房」股票被套牢，整體而言是小賺，最大的心得感想是有紀律的買進績優股，視存股如存錢，將手邊扣除必要支出所留完全動不到的閒錢，在低檔時買進，如果工作忙無法買在股價低點或無法

民國 99 年（2010）11 月 28 日美黛提前於
台北蓮香齋餐廳慶祝孫女翰翰兩歲生日

民國 99 年（2010）11 月 28 日
美黛與三歲孫子達達提前於台北蓮香齋餐廳
慶祝孫女翰翰兩歲生日

20 1/02/20

民國 100 年（2011）2 月 20 日
美黛乾兒子張永仁、翁瓊娘夫婦嫁長女張雅欣於台北市中山北路六段僑園餐廳宴客
（第一排左二好友周秀卿、左三好友張朝盛、左四長女張雅欣、左六乾兒子張永仁、
左七乾媳婦翁瓊娘）

2011/02/20

民國100年（2011）2月20日美黛於台北市士林僑園餐廳恭賀好同事兼好友周秀卿長孫女出閣

判斷何時是低點？那也不打緊，有用不著的資金有空就買，千萬不要借錢融資買股票，這犯了兵家大忌，身上莫背債生活才會輕鬆愉快，長期十年平均來看還是會賺，若有幸買在低點則可以荷包多賺點，以領股息為主。倘若個人或家中臨時有急用，股票賣出後三個工作天錢就撥入銀行戶頭，流動性、變現性強是二大特點，不像保單提前解約會損失大部分本金很心痛，如不解約以保單借款還要付比銀行存款利息高的貸款利息。善用績優股理財，風險低、保障高、彈性強，不啻是簡易好上手闔家歡的投資工具。

以下是賀媽媽精選「股海蛟龍—六六大順」績優股套餐，供看官們參考：

股票交易資訊		2008~2013 現金股利							
股票代碼	股票名稱	2013	2012	2011	2010	2009	2008	年平均值	年殖利率
1101	台　泥	2.30	1.90	1.90	2.00	1.80	1.32	1.87	4.68%
2382	廣　達	3.80	4.00	4.00	3.60	3.68	3.50	3.76	6.27%
2542	興富發	2.00	3.00	3.00	6.10	5.04	2.30	3.57	7.14%
2892	第一金	0.50	0.45	0.40	0.30	0.50	0.50	0.44	2.01%
3045	台灣大	5.60	5.50	5.16	4.16	5.03	4.69	5.02	4.41%
8926	台汽電	1.20	1.20	1.50	0.70	1.00	1.20	1.13	3.66%

股票交易資訊		2014~2019 現金股利							
股票代碼	股票名稱	2019	2018	2017	2016	2015	2014	年平均值	年殖利率
1101	台　泥	2.50	3.31	1.50	1.45	1.33	2.49	2.10	5.24%
2382	廣　達	3.70	3.55	3.40	3.50	3.80	4.00	3.66	6.10%
2542	興富發	3.00	3.50	3.50	5.00	6.00	4.00	4.17	8.33%
2892	第一金	1.05	1.00	0.90	1.20	0.95	0.70	0.97	4.39%
3045	台灣大	4.75	5.55	5.60	5.60	5.60	5.60	5.45	4.78%
8926	台汽電	1.70	1.50	1.30	1.20	1.30	1.60	1.43	4.62%

民國 105 年（西元 2016 年）2 月 6 日除夕前一天，因患重感冒未癒又尿道感染大腸桿菌引發敗血症，導致了無食慾昏迷被火速送往振興醫院急診室，事後由兒女告知神經內科尹居浩醫師細心照護一天呈現休克狀態的我，之後會診腎臟內科洪秋榮醫師轉住院打抗生素治療。這農曆大過年的以醫院為家，還是大姑娘我上花轎頭一遭呢！因解瀝青黑便之故，院內進一步檢查才知又趕時髦罹患食道及胃潰瘍出血，由於 2 月 10 日血色素 6.6 遠低於正常值 13 會喘，醫生輸血讓我 2 月 12 日緩解恢復正常值，仍得遵醫囑服用制酸劑治療潰瘍。心想這下可好，得在醫院窩上好一陣子，無法忘情新台幣的我，過完年股市開盤戴上老花眼鏡，緊盯著病房電視繼續「拚經濟」是也。民國 105 年（西元 2016 年）2 月 16 日大盤指數下滑連帶影響個股表現不佳，電信業股票代碼 3045 的台灣大開盤價 99.60 元，股價由三位數變二位數，咱們家丫頭是「春天下面二條蟲」～「蠢蠢」欲動，股市菜鳥正愁不知掛何種買進現股價才好時，我這老鳥在病房一旁看盤親下指導棋，她打電話予股市營業員

以 100.50 搶掛買進一張，盤中成交母女倆樂不可支挺開心的呢，當天最高價 101 元、最低價 99.60 元，比上不足、比下有餘，算是理想中成本價投資績優藍籌股，不知不覺中病也好了一大半呢，十三天後順利出院返家不亦樂乎！

民國 102 年（西元 2013 年）5 月 19 日四弟王文邦先生長公子王國棟姪子的結婚紅包，與民國 105 年（西元 2016 年）4 月 10 日先生美國三弟賀山恩先生千金賀進賢姪女一家自美來台遊玩齊聚「羊城小館」午膳等等，其經費皆源自我在波濤洶湧、瞬息萬變的股市汲汲營營的小小成績，對於賺錢這碼事，向來樂此不疲，能將錢應用在該花的地方，絕不失禮數，該省則省，也絕不鋪張浪費！

民國 100 年（2011）12 月 18 日台北夏諾瓦餐廳女兒慶生餐會 -1（由左至右美黛、王聿婇、蔡逢進、蔡亦宣、賀賢琳、李覬妃）

民國 100 年（2011）12 月 18 日台北夏諾瓦餐廳女兒慶生餐會 -2（由左至右美黛、王聿婇、蔡逢進、蔡亦宣、黃子睿、賀賢琳）

民國 102 年（2013）5 月 19 日姪子王國棟大喜之日於桃園大溪山水餐廳宴客（由左至右廖松亮、廖珮均、王國棟、王文邦、江美玉、賀賢琳、前排戴眼鏡者美黛、美黛 6 歲孫子達達）

民國 105 年（2016）4 月 10 日美黛全家於台北羊城小館與美國姪女賀進賢（Amy Ho）一家聚餐（由左至右第一排陶芳芳 Victoria、黃悧珊 Alyssa、黃泰郎 Tai、美黛 8 歲孫女翰翰 Winnie、美黛奶奶 Mei Dai、美黛 9 歲孫子達達 William；第二排黃明山 Jeffrey、黃榮燦 Thomas、賀進賢 Amy、賀賢琳、賀賢道、美黛兒媳婦）

化作春泥更護花

　　頂著這副臭皮囊行走江湖七十餘載，也無法抵擋歲月風霜的蹂躪，內部零件老化也免不了病痛襲身。有一陣子飽受暈眩所苦，會忽然天旋地轉無法站立或行走。某天送禮至士林的好友，回程時她送我到捷運芝山站，整個人像喝醉酒搖晃快跌倒，好友一個箭步衝上前攙扶到一旁歇息，臉上滿是驚恐直嚷嚷要陪我回家，我要她安心回家忙，自個兒返家不礙事。意識到這樣的情況，發生次數愈來愈頻繁，直至亡夫於民國 101 年（西元 2012 年）5 月 26 日因患胃腺癌圓寂，後續至兆豐銀行辦理繼承事宜幾乎暈不能行，熱心助人的白衣天使和信醫院張念雪護理長舉薦振興醫院神經內科尹居浩醫師，果然是「行家一出手，便知有沒有！」暈眩宿疾根除，尹醫師猶如華陀再世讓我重新品嚐自

群星會
國台語懷念老歌演唱會

民國 86 年（1997）8 月 8-9 日
巴黎國際傳播事業有限公司於台南、高雄舉辦「群星會－國台語懷念老歌演唱會」廣告宣傳單

巴黎劇院
12 高雄市文化中心
17 台北國父紀念館
你有多久沒有陪父母親參加活動？
一代巨星．歌舞憶當年
www.parisint.com.tw

民國 89 年（2000）11 月 12、17 日
巴黎國際傳播事業有限公司「一代巨星．歌舞憶當年」演唱會廣告宣傳單

由行走的樂趣。爾後每三個月定期回尹醫師門診追蹤降血壓藥物服用狀況，我的「醫療隨扈」王會雲護理長皆會陪同看診，主動當起溝通的橋樑與尹醫師在專業上守護我的健康，克盡「有事弟子服其勞」的職責，應該是我上輩子有燒好香方能享此福份！民國 106 年（西元 2017 年）9 月 29 日一如往昔回尹醫師門診，心細如髮的他特別提醒上次驗 AST、ALT 肝功能指數已逾一年，因為我有 C 型肝炎，最好按常規每年檢查一次追蹤較佳，建議請上次檢查的腸胃科洪宏緒醫師看一下較妥當。碰巧咱們家千金犯胃潰瘍主治醫師就是洪醫師 10 月要回診，所以母女倆掛號決定聯袂於民國 106 年（西

勁歌金曲
母親節演唱會
獻給母親最佳的禮物～
特別呈獻
新 姚蘇蓉 VS 小 鄧麗君
5/14
5/15
5/16

民國 91 年（2002）5 月 14-16 日
巴黎國際傳播事業有限公司
「勁歌金曲母親節演唱會」海報

群星會
～懷念老歌演唱會
演出歌手
孔蘭薰
美黛
吳靜嫻
金澎 VS 張琴
金燕
劉福助
曲目
憶難忘
藍色憂鬱
桃花江
鳳凰于飛
午夜香吻
小小羊兒要回家
藍與黑
水長流
把握……等
膾炙人口經典
懷念名曲
11/21
11/22

民國 86 年（1997）11 月 21-22 日
巴黎國際傳播事業有限公司
「群星會－懷念老歌演唱會」海報

元 2017 年）10 月 16 日看洪醫師。說也奇怪，在看診前一個禮拜右上腹忽然隱隱作痛，10 月 16 日當日診察時除告知尹醫師所交代需驗的肝功能指數外，也一併主訴右上腹痛這新玩意兒。洪醫師定睛瞧著我的雙眼詢問我是否有黃疸？我答覆沒有，他手腳俐落地下令我抽完八管血才能回家，並約三星期後回診進一步做腹部超音波與無痛胃鏡檢查。民國 106 年（西元 2017 年）11 月 6 日洪宏緒醫師執行腹部超音波檢查時，探頭行經右上腹某一點稍微停頓了一下，好像有東西，爾後完成進胃鏡室要做下一項檢查前，眼尖的我發現洪醫師在與我隔一段距離的不遠處，悄悄附耳在女兒身邊不知耳語些什麼？知女莫若母，聲如洪鐘的我不自覺提高嗓門說：「有什麼事？不要瞞我！」只見女兒匆匆囁嚅回應道：「沒什麼事……醫生說還要多安排幾項檢查罷了……」就這樣帶著滿臉狐疑的我，麻醉後走完胃鏡檢查的流程，領止痛藥先打道回府，明天繼續再戰電腦斷層掃瞄項目。

大大娛樂
五大巨星春光
金曲演唱會
史無前例的閃耀組合
盡現群星會風采！
吳靜嫻 青山 美黛 萬沙浪 謝雷
3/5 7:30pm 台中市中山堂 500/700/900 1200/1500
3/19 7:30pm 高雄市文化中心至德堂 500/700/900 1200/1500
3/26 7:45pm 台北國際會議中心 600/800/1000 1200/1500/2000
02-2391-1295
07-537-3033 輸入9再輸入0001
大大國際娛樂

民國 94 年（2005）3 月 5-26 日
大大國際娛樂（股）公司
「五大巨星春光金曲演唱會」廣告宣傳單

晚餐後服用止痛劑，到了凌晨三點因肚子餓喝亞培安素，豈料半小時後抱馬桶狂吐不已，將亞培安素全部吐了出來，人咳嗽、冒冷汗、暈眩幾近虛脫，兒女們火速送振興醫院急診室。之後照X光、電腦斷層掃瞄、腸胃科洪宏緒醫師當天民國106年（西元2017年）11月7日收住院變更止痛劑處方，右上腹部不再疼痛。接下來好幾天超英趕美地做肝臟穿刺引流切片、全身核子醫學掃瞄、無痛大腸鏡，其間不乏會診外科蘇正熙醫師及血液腫瘤科陳國維醫師。猶記陳國維醫師晚上十點來病房問診，除受寵若驚外，雙眼泛紅真是辛苦他了；主治醫師洪宏緒更是不遑多讓，一天早晚二次巡房不說，連11月11日星期日早上也不缺席，來瞧瞧我這老太婆有沒有缺胳臂、缺腿的，噓寒問暖令我老人家窩心又感動呢！只是五天後，11月16日，洪醫師下午巡房卻是娓娓道來我生命的重大轉捩點，這些天所有檢查結果確診為原發性肝內膽管癌，屬惡性腫瘤腺癌，在右肝很靠近門靜脈的位置，如果外科手術有大出血的高風險，加上我年紀大這種大手術亦有可能導致由肝連接心臟的上腔

百代歌謠大展
THE LAST CENTURY POP MUSIC OF CHINA,IN TAIPEI!
特邀當代華語時代曲大師
孔蘭薰、金澎、美黛、楊佩春 蒞臨演出
第一首華語時代曲 毛毛雨 首度曝光
錯過此次 再等百年
尊榮座位200席 僅獻時代曲歌迷
百代歌謠 華語時代金曲24bit雙CD專輯 同步發行
蘇霈演唱
天涯歌女 永遠的微笑
限定版復刻經典
78轉留聲機 限時發賣
時代曲珍藏書籍特展
時代曲絕版專輯特展
九十四年四月二十三號(週六晚上八點)
台北市紅樓劇場
02-25159068
http://www.befun.com.tw
年代電腦售票系統
02-23419898 02-23911295
票價：600元
KALATECH
民國94年（2005）4月23日台北西門町紅樓
EMI 百代唱片「百代歌謠大展」海報

靜脈破裂出血，就算手術順利，預後狀況也很差。假設不動手術，估計剩四到六個月的生命，因此建議轉診林口長庚黃炳勝醫師評估質子光束射線治療的可能性，優點在治療期間病患有生活品質、副作用較少，缺點是治療費用昂貴。我當下不假思索，決定勇闖林口長庚尋求一線生機，隔天11月17日洪醫師非常有效率準備一整套住院10天所有書面檢驗報告與影像光碟片，讓我出院銜接下一關。

2005 4 23
民國94年(2005)4月23日台北西門町紅樓EMI百代唱片「百代歌謠大展」左起金澎、美黛、孔蘭薰、楊佩春

民國106年(西元2017年)11月20日風塵僕僕至林口長庚，提供振興醫院的資料予放射腫瘤科的黃炳勝醫師。黃醫師詳細說明質子治療方式與規劃方案，一星期內測呼吸加上精密電腦斷層與核磁共振掃瞄儀定位治療點，亦繳納新台幣221,561含治療用依身形客製化模具製作費、定位點儀器攝影費、材料費、顯影劑及治療規劃費。滿心期望透過質子療法能延壽一年將紅塵俗事料理完再走，奈何天不從人願，右肝除了原先的五公分腫瘤外，還增生許多徒子徒孫形成瀰漫性小腫瘤，更不妙的是左肝也開始漸漸群聚叢生瀰漫

眷戀
10/8~10/16
2016 桃園眷村文化節
活動總表
關於眷村文化節
協辦單位
開幕系列活動
眷村社區活動

民國 105 年（2016）10 月 8 日桃園市政府文化局舉辦桃園眷村文化節
「眷戀．我們的音樂故事」演唱會廣告宣傳單

性小腫瘤，因此不似先前只針對單一腫瘤治療即可，需改為全身治療為主，故不適合採用質子治療。老天爺真替我著想，治療模具不必做了省新台幣 178,500，加上治療規劃費也免了又省下新台幣 11,483，林口長庚辦理退款手續，在蕭瑟寒風中返回台北，思忖下一步是否該接受化療？那僅存的單一選項。

民國 106 年（西元 2017 年）11 月 28 日掛振興醫院血液腫瘤科陳國維醫師諮詢化療事宜，素來形影不離的「醫療保鑣」王會雲護理長，怕她太累沒讓她跟診，晚上兒子與她聯繫轉告將進行化療時，她躊躇許久因她先生之前亦罹癌化療，過程辛苦異常，最後放棄化療離世。她怕我承受不住，所以不敢啟齒要我做化療；但不做化療，卻又喪失一線生機，很是痛苦，勸諫我賭一把……得知此訊息，十分心疼我忠肝義膽的學生為我飽受折磨，同時告知她我決定踏上化療抗癌之路，而她是我最可靠的夥伴。緊接著在民國 106 年（西元 2017 年）12 月 10 日重相逢歌唱班最後一次上課，向全體學員當面清楚交代膽管癌發現的來龍去脈後，正式請辭教職畫下句點，也謝謝同學二十年來一貫支持至今。如此這般從容慷慨於隔日民國 106 年（西元 2017 年）12 月 11 日進駐振興醫院 7329 病房，12 月 13 日外科楊明勳醫師安裝人工血管，12 月 15 日下午進行第一次化療，無異常現象故不必留院觀察。陳國維醫師 12 月 16 日早上巡房安排出院事宜，並告知昨天他去榮總開會，榮總血液腫瘤科陳明晃醫師有一個膽管癌病人計畫專案，美國方面會提供新藥做臨床實驗，詢問我本人的意願。對身處癌症沙漠的我，毋疑來說是天降甘霖，二話不說願意嘗試新療法，陳國維醫師預約 12 月 26 日做第二次化療、驗血與解說榮總膽管癌專案細節。

完成第一次化療後出院返家，不啻是噩夢的開始，嗜睡、噁心、嘔吐、頭暈、呼吸不順急促等等，所有副作用接二連三、排山倒海而來，只覺得人好累好疲乏……自民國 106 年（西元 2017 年）12 月 20 日起，華風文化事業有限公司劉國煒總監為籌備民國 107 年

9 7 2008
7:50:09PM

民國 97 年（2008）9 月 7 日台北市中山堂「回首 70－我在你左右美黛（個人）演唱會」演出服展示

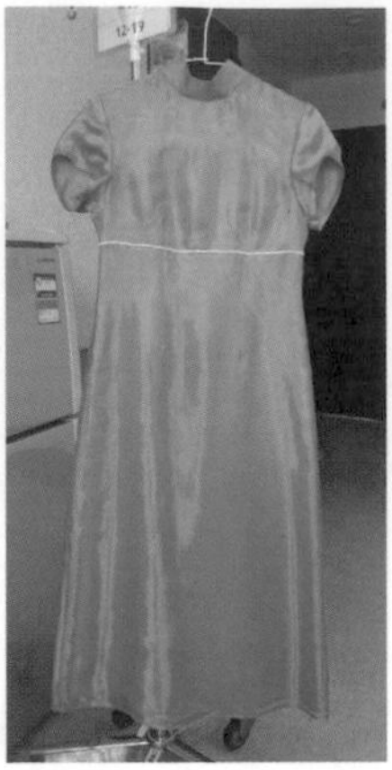

民國 106 年（2017）12 月 27 日台北振興醫院 1219 病房挑選「意難忘－美黛歌唱故事特展」藍色展示禮服

表示您是我們真正的知音

民國 103 年（2014）12 月 28 日台北國父紀念館「時代之歌－懷念金曲演唱會」演出服展示

民國 106 年（2017）12 月 27 日台北振興醫院 1219 病房挑選「意難忘－美黛歌唱故事特展」黃色展示禮服

民國 104 年（2015）10 月 25 日台北市中山堂「2015 臺灣光復（70 週年）紀念音樂會」與台北市立交響樂團共同演出之演出服展示

民國 106 年（2017）12 月 27 日台北振興醫院 1219 病房挑選「意難忘－美黛歌唱故事特展」綠色展示禮服

民國 104 年（2015）9 月 1 日外交部「抗戰勝利 70 週年紀念短片發表音樂會」演出服展示

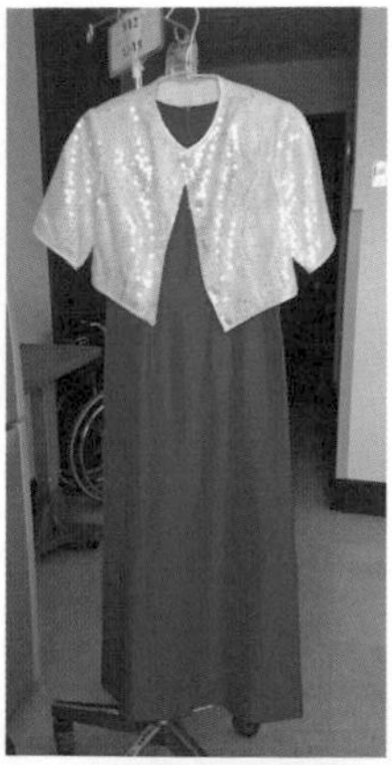

民國 106 年（2017）12 月 27 日台北振興醫院 1219 病房挑選「意難忘－美黛歌唱故事特展」桃色展示禮服

民國 105 年（2016）12 月 10 日台北國父紀念館「2016 金嗓金曲演唱會」演出服展示

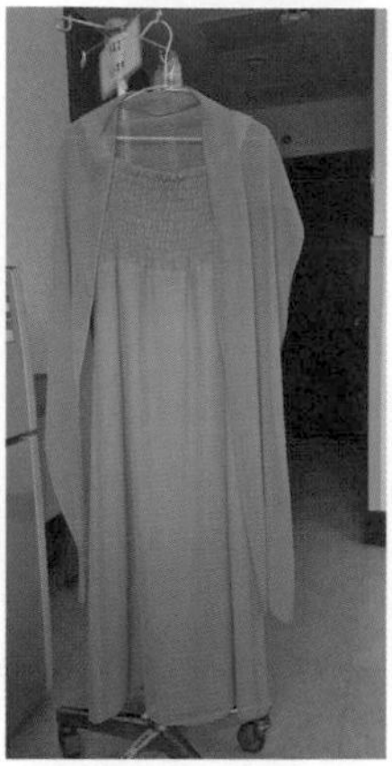

民國 106 年（2017）12 月 27 日台北振興醫院 1219 病房挑選「意難忘－美黛歌唱故事特展」粉色展示禮服

民國 106 年（2017）1 月 21 日台北國際會議中心「寶島回想曲－周藍萍經典作品演唱會」與台北市立國樂團共同演出之演出服展示，本服裝由新加坡設計師鄭志強（Ah Ben）先生所縫製

民國 106 年（2017）12 月 27 日台北振興醫院 1219 病房挑選「意難忘－美黛歌唱故事特展」紫色展示禮服

演出服裝
桃園市政府藝文設施管理中心

民國 107 年（2018）2 月 23 日桃園市政府文化局「意難忘－美黛歌唱故事特展」美黛六套演出服展示

（西元2018年）2月23日至4月8日，於桃園光影文化館舉辦的「意難忘—美黛歌唱故事特展」，與女兒不斷透過Line傳輸方式，將照片、輔大徐玫玲教授策展規畫的想法、演出資料、家庭成長背景等等，請女兒在我短暫清醒的瞬間，抓緊時間詢問與釐清要點，每每不敵瞌睡蟲殷殷呼喚夢周公時，咱們家妹妹趕緊順手整理、依序答覆劉總監。民國106年（西元2017年）12月25日聖誕節這天是腸胃科洪宏緒醫師回診日，化療後小肚肚不吃也脹、吃了更脹，更慘的是腦袋膨脹暈眩、人站不住再加噁心嘔吐，糞便在肛門口硬是出不來，頭一直冒冷汗，得靠甘油球擠進肛門通便，才解除肚脹冒冷汗的狀況。洪醫師耐心聽完主訴症狀後，起身查看坐在輪椅虛弱的我，並輕輕握住我的雙手，儼然像小太陽一般在凜冽寒冬中帶來一股暖流很窩心。洪醫師確認抽血後隔天 12 月 26 日回血液腫瘤科陳國維醫師門診，黃疸指數迅速爬升至 4.2 較上期 1.3 多，故當天陳醫師收住院檢查治療黃疸。12 月 27 日咱們家妹妹拎一只皮箱進 1219 病房，將所有過往的演出服個別吊掛展示於點滴架上，我奮力精挑細選出六套供桃園特展使用，爾後做腹部超音波檢查並開始施打三天肝精。12 月 28、29 日放射治療科安排新計畫，擬定一般放射線治療作為和緩療程，並做治療用模型定位與模具銅片。

民國 107 年（西元 2018 年）1 月 1 日又是新一年度的開始，怎知身子骨卻益發不聽使喚，三天假期未打肝精，手沒有力氣舉箸吃飯菜，強忍肚脹使盡所有吃奶的力氣，勉為其難吃兩、三口，連藥也塞不進去就沉沉睡去……自 1 月 2 日恢復上班日續打肝精，外加白蛋白消腳水腫，人也精神些。打 1 月 3 日起展開每天十分鐘的放療，1 月 4 日陳國維醫師早上巡房時問我：「如果有一天，妳人很不舒服，不能自己行動下床，有什麼想法？」腦中頓時一片空白，病房出奇的沈默，彷彿時間瞬間凍結……半晌回過神

意難忘
美黛歌唱故事特展
2 23
4 08
民國 107 年（2018）2 月 23 日至 4 月 8 日
「意難忘—美黛歌唱故事特展」
於桃園市光影文化館展出

意難忘

民國 107 年（2018）2 月 23 日「意難忘－美黛歌唱故事特展」大哥王萬成先生（中央身穿綠色外套者）代出席慶祝美黛農曆 80 歲生日開幕

美黛歌唱故事特

民國 107 年（2018）2 月 23 日
「意難忘－美黛歌唱故事特展」大哥王萬成先生（中央身穿綠色外套者）代切美黛生日蛋糕

意難忘

民國 107 年（2018）2 月 23 日
「意難忘－美黛歌唱故事特展」大哥王萬成先生（右穿綠色外套者）代領美黛桃園市榮譽市民證
（袁松月攝）

來，慢慢集中用盡全身的氣力一字一句回應道：「我……要……活……下……去……」，眼角餘光瞥見我那演技十分拙劣的傻女兒，無語潸然淚下，迅速掩面從陳醫師身旁一溜煙奪門而出……空氣霎時凝結，體力不支的我，又開始沉沉睡去……1月5日林佳玲護理師以精油細心輕柔按摩腹部與雙腳，舒緩肚脹腳腫的強烈不適，結果我這精神不濟的老婆婆，恍惚中誤認她是業務員，想推銷精油榨乾我口袋的銀兩，拉著女兒的手急說道：「千萬別上當掏錢買任何產品哦！」咱們家妹妹哭笑不得回道：「媽……林護理師她不是推銷員，是陳醫師請她來幫助妳解決肚子脹脹的問題啦！」待我神智清醒些，覺得挺不好意思的，居然錯怪護理師，讓她辛苦了。

詢問女兒關於陳醫師先前所提縈總膽管癌專案如何？卻遲遲沒有下文……放療持續進行，當「睡美人」的時間愈來愈長……看來我是等不到英俊瀟灑的王子深情一吻來解救我啦！民國107年（西元2018年）1月11日下午，趁人稍微神清氣爽有體力的當下，交代女兒說：「妳不是說告別式要幫我辦的美美的？記得讓我穿上藍色洋裝搭白色亮片小嵌肩那套走！」請她通知桃園娘家王萬成大哥來台北振興醫院病房一趟，當晚親自委託大哥代為出席2月23日將於桃園舉辦的「意難忘—美黛歌唱故事特展」慶生開幕儀式與代領榮譽市民證，因為放療體弱病虛免疫力低下無法成行。大哥與我是土生土長桃園在地人，又是引領我進民本電臺踏入演藝界的恩人，於情於理大哥皆是最適合的不二人選，飲水思源乃由大哥代理共享榮光，了卻心願不留遺憾。由於身體已不堪負荷，最後一次

民國 107 年（2018）4 月 8 日
「意難忘－美黛歌唱故事特展」四弟賀賜恩之子
賀賢龍（Raymond）、蘇瑩珍（Yi Jen）夫婦
自美國紐約來台參觀 -1

民國 107 年（2018）4 月 8 日
「意難忘－美黛歌唱故事特展」四弟賀賜恩之子
賀賢龍（Raymond）、蘇瑩珍（Yi Jen）夫婦
自美國紐約來台參觀 -2

意難忘
美黛歌唱故事特展

民國 107 年（2018）4 月 8 日
「意難忘－美黛歌唱故事特展」四弟賀賜恩之子
賀賢龍（Raymond）、蘇瑩珍（Yi Jen）夫婦
自美國紐約來台參觀 -3

民國 107 年（2018）4 月 8 日
「意難忘－美黛歌唱故事特展」龜山國小同學
羅愛卿（坐輪椅者）一家人參觀
（由左至右羅愛卿、許淑玲、許淑芬、陳威光）

放療是 1 月 12 日，自 1 月 13 日轉入八樓 8510 單人病房日省三千元，享受每週二次洗香香的服務，對於勤儉愛乾淨的我來說，是雙重好運呢！1 月 16 日陳國維醫師度假回台，親切地分享土耳其美麗照片與軼聞趣事，很開心笑著對他說：「好羨慕呀」！曾有三次機會欲與咱們家千金花萬金，去埃及當豔后、土耳其朝聖與北極

追極光，結果不是爆發戰亂、就是嚴重細菌感染送急診室始終沒去成……很是遺憾……這麼巧上蒼藉陳醫師達成眼遊耳歷的夢想，令人嘖嘖稱奇。

經我慎選確立以創新活潑「愛唱歌的女人」為貫穿展場風格主軸，即將於2月桃園開幕的「意難忘—美黛歌唱故事特展」資料確認於1月19日底定，階段任務完成，心中踏實不少也鬆了一口氣。在1月21日傍晚六時許天色灰濛，孱弱的我帶著笑意雙眼微張，以僅存剩餘的氣力，左手輕輕撫摸女兒的臉頰：「下輩子再做我女兒吧……」耗盡精神後緩緩沉眠……自此再也無法下床，眼也睜不開啦，話也說不出來，只能寂寞聆聽溫柔聲響在空氣中幽幽迴盪……「吹過了一霎的風，帶來一陣濛濛的寒雨，雨中的山上是一片翠綠，只怕是轉眼春又去……」1月26日養姊的女兒熊美惠小姐在耳畔哼唱這首「寒雨曲」為我送別，悄悄循摯愛的音符，漸漸於民國107年（西元2018年）1月29日上午10點10分不再有一縷縷氣息，10點38分不再有一絲絲脈動，乘歌聲的翅膀，繾綣雲端，化身歌唱天使，昂揚青天，歌聲響徹雲霄！（噢！

熊彩鳳養姊之女熊美惠小姐（左一）、美黛（左二）、
鍾弘治先生（左三）

對了，陳國維醫師讚美我肺活量不錯，心臟較慢中止，我有聽見呢，好開心！感謝他一路溫暖安寧照應，辛苦了！）

「落紅不是無情物，化作春泥更護花！」非常感謝各位給美黛這麼多的精神糧食，民國 107 年（西元 2018 年）3 月 10 日正式向各位告別，骨灰長埋台北市陽明山臻善園 C4 區中央，唱向蒼穹，餘音繚繞林野山澗，孕育叢叢花團錦簇。

意難忘，忘亦難！仙樂如花香，我在你左右，處處聽聞，歌未央！

2018-03-09 星期五 20:59:59

民國107年（2018）3月9日「歌壇活字典－美黛小姐追思會」台北市立第二殯儀館一樓至真三廳場佈－1

民國 107 年（2018）3 月 9 日
「歌壇活字典－美黛小姐追思會」台北市立
第二殯儀館一樓至真三廳場佈 -2

民國 107 年（2018）3 月 9 日
「歌壇活字典－美黛小姐追思會」台北市立
第二殯儀館一樓至真三廳場佈 -3

民國 107 年（2018）3 月 9 日
「歌壇活字典－美黛小姐追思會」台北市立
第二殯儀館一樓至真三廳場佈 -4

民國 107 年（2018）3 月 9 日
「歌壇活字典－美黛小姐追思會」台北市立
第二殯儀館一樓至真三廳場佈 -5

民國107年(2018)3月9日「歌壇活字典－美黛小姐追思會」台北市立第二殯儀館一樓至真三廳場佈-6

歌壇活字典美黛小姐追思會

民國107年(2018)3月10日「歌壇活字典－美黛小姐追思會」台北市立第二殯儀館一樓至真三廳-1

VENDING
MACHINE

民國 107 年（2018）3 月 10 日「歌壇活字典－美黛小姐追思會」台北市立第二殯儀館一樓至真三廳 -2

民國 107 年（2018）3 月 10 日「歌壇活字典－美黛小姐追思會」台北市立第二殯儀館一樓至真三廳 -3

Merry Christmas

美黛的音樂紀錄

第五篇

第一章

美黛大事紀

聽聽我的歌
那是無聲飄流的雲影
是沉靜鬱藍的晚風
是慵懶寫意的枝椏
是陶然共翦的一段美麗時光

西元紀年	民國紀年	月／日	美黛重要事蹟
1939	28	2/23	誕生於桃園王進潘先生、王李爽小姐所組成的水泥工及務農雙料家庭，取名王月葉，小名美代子。
1940	29		滿周歲時為桃園龜山嶺頂養母（礦工熊連欽先生之第二任妻子江玉娘小姐）抱回收養。
1945	34		六歲時生母王李爽小姐與養母熊江玉娘小姐相繼雙雙辭世。
1947	36		八歲以生父所取名「王月葉」入學，就讀桃園龜山國民小學二年級。
1951	40	7/1	十二歲成為桃園龜山國民小學第28屆畢業生，畢業後改稱「王美代」。
1956	45		十七歲進入民本電台擔任助理小妹，採納紀露霞小姐的提議更名為「王美黛」，三個月後離開民本電台參加桃園軍人之友社勞軍活動。
1957	46		成為桃園更寮腳陸軍第十九師虎軍康樂隊雇員。
1957	46		轉入桃園高砲部隊鎮空康樂隊。
1958	47	8/14 ≀ 9/30	金門前線勞軍親臨「八二三砲戰」大難不死，返台後補齊戶政資料變更為「熊美黛」入戶籍。
1959	48		加入陸軍第四十六師澎湖揚威康樂隊。
1960	49		離開澎湖揚威康樂隊，夏天開始在高雄陸軍服務社內露天「夜花園」歌廳為「抒情歌后」演唱。
1961	50		高雄「夜花園」歌廳陳霖老闆介紹，北上在台北市漢口街「朝陽樓」餐廳演唱。

西元紀年	民國紀年	月／日	美黛重要事蹟
1961	50		開始於「甬江餐廳」、「真川味餐廳」、「宏聲歌廳」、「萬國聯誼社」大舞廳、「金門飯店」宵夜場演唱，且受邀正聲廣播公司、民本電台、民聲電台節目演唱。
1962	51	11/12	台北市南海路美國新聞處錄音室灌錄首張專輯唱片《意難忘》。
1963	52		1 月合眾唱片發行美黛首張《合眾國語流行歌曲第七集》專輯唱片 《意難忘》 風靡全台，成為台灣首位本土出生的華語歌后，並開啟帶動台灣本省籍同胞欣賞國語流行歌曲的先鋒，打破省籍藩離，深獲各語言族群的喜愛。
1963	52		民國 52 年 (1963) 至民國 55 年 (1966) 約三年時間主持正聲廣播公司《我為你歌唱》節目。
1963	52	2/13	第一次上台視《群星會》節目，演唱得意歌曲〈春風春雨〉和〈雷夢娜〉，民國 52 年 (1963) 至民國 59 年 (1970) 約七年多時間上台視《群星會》節目。
1963	52	4/17	第一位擔綱獨唱慎芝小姐為台視《群星會》節目所創作主題曲〈群星頌〉。
1964	53	7/22	台語歌唱電影《文夏流浪記》系列第四部黑白電影《綠島之夜》學生情人暨紅歌星美黛客串演出，飾演一位歌手在夜總會演唱〈意難忘〉，這也是美黛唯一參加演出的一部電影。
1964	53		在「渝園餐廳」演唱並推薦正聲廣播公司第九次國語歌唱比賽冠軍新人吳靜嫻到「渝園餐廳」演出。
1964	53		在「台北歌廳」演唱。
1965	54		3 月於「金龍音樂廳」主唱。

萬華
10.40
1.00
3.00
7.20
9.20
大同
1.30
3.30
7.10
9.10
兩院冷氣開放
學生情人美黛
國語歌王王菲
抒情高音鄭秀美
低音歌王鄭日清
青春歌星小白冤
廣播皇帝吳非宋
等數名隨片登台獻唱
片上中文字幕
綠島之夜
大馬音樂公司創業出片
文夏 游娟 小王 小龍 文夏四姊妹
聯合主演
紅歌星美黛
初上銀幕
大顯身手
客串主演
化一張票價
有兩種享受
看完了登台
已收回成本

民國53年（1964）7月22日《文夏流浪記》系列黑白電影第四部〈綠島之夜〉學生情人暨紅歌星美黛客串演出之聯合報廣告（資料來源：國家電影及視聽文化中心）

西元紀年	民國紀年	月／日	美黛重要事蹟
1965	54		7月代表正聲廣播公司《我為你歌唱》節目在中山堂領取行政院新聞局所頒發第一屆優良國語廣播音樂節目優等獎。
1965	54		受邀「國之賓歌廳」、「新加坡舞廳」及「第一飯店漢宮廳」宵夜場演唱。
1966	55		推薦王慧蓮到新加坡舞廳演唱。
1966	55		「樂聲歌廳」演唱二週酬勞遭演藝界牽線友人侵吞，「國之賓歌廳」老闆不受理辭呈硬塞支票搶人，最後以籌備婚事為由，辭去所有工作息影歌壇落幕。
1966	55	12/24	與金門飯店老闆賀天恩結婚，席設豪華酒店宴客，婚後身份證與戶籍資料姓名變更為「賀熊美黛」。
1966	55		民國55年(1966)12月底至民國56年(1967)3月新婚三天後復出，從台北到南部高雄「藍寶石歌廳」作秀的第一人，同時締造由演唱三首安可曲至十三首至今無人能打破的「十三首安可曲」輝煌紀錄，贏得「金嗓歌后」、「全能歌后」之美譽。
1967	56	5/3 ～ 6/28	新加坡「時新」娛樂機構劉有福經理，鑑於台灣福華影業所拍攝彩色電影《意難忘》在星馬極為賣座，由柯俊雄、艾黎主演，電影插曲〈意難忘〉係美黛幕後代唱，且經灌製唱片在海外發行暢銷、紅極一時，特邀美黛與香港歌星崔萍、張露等自5月3日起赴新加坡、馬來西亞一帶作為期四十五天巡迴演出。
1967	56		9月赴新加坡、馬來西亞第二趟演出。
1967	56	11/6	高雄「金都樂府」作秀。
1968	57	4/12	「樂聲歌廳」駐唱，為不得跑場合約。
1968	57	4/20	新開幕「樂聲歌廳宵夜部」主唱。
1968	57		高雄「藍寶石歌廳」作秀，與郭金發同台。
1969	58	1/25	再度在「台北歌廳」主唱。

民國 56 年（1967）9 月 21 日
新加坡、馬來西亞演出 -1

民國 56 年（1967）9 月 21 日
新加坡、馬來西亞演出 -2

西元紀年	民國紀年	月 / 日	美黛重要事蹟
1969	58		2 月新春屏東「黑天鵝歌廳」作秀，緊接高雄「金都樂府」農曆新年檔期。
1970	59	4/22	至香港探視公婆並上香港無線電視台《歡樂今宵》節目客串演唱。
1970	59	12/19	射手座女兒誕生。
1971	60		民國 60 年（1971) 1 月至民國 66 年（1977) 台北西門町「日新歌廳」駐唱，合約一年一聘。
1972	61	6/1	雙子座兒子誕生。
1972	61	12/12	高雄左營育幼院參觀探望並致贈水果禮品。
1975	64		4 月「日新歌廳」請假帶小孩前往香港探視祖父母。
1977	66		推薦「日新歌廳」王芷蕾予馬來西亞的大連唱片公司。
1979	68	10/18	參加國父紀念館「懷念的老歌」演唱會，演出歌手紫薇、美黛，二位「歌壇長青樹」首度同台盛會。
1979	68		台北西門町「麗聲歌廳」駐唱。
1985	74	7/22	台北市政府教育局核發第 037 號演員證。
1985	74		台北西門町「白金西餐廳」駐唱。
1987	76		夏末台北縣永和市「頂點夜總會」駐唱。
1988	77	5/30 ~ 6/5	台北「太陽城西餐廳（夜總會)」感性時間懷念金曲演唱。
1989	78	8/23	葛小寶夫婦領隊全台榮民之家「愛心訪問團」巡迴演出。
1989	78		9 月葛小寶夫婦發起徵召前往南美洲宣慰僑胞。
1990	79		9 月參加台視宣慰僑胞「華夏綜藝訪問團」，赴美國及加拿大演出。

民國 61 年（1972）12 月 12 日
美黛（左二）參觀高雄左營育幼院並致贈水果禮品

民國 80 年（1991）5 月 10 日
巴西聖保羅演唱與外交官
夫婦王萍（左）、劉益民（右）
合影

民國 82 年（1993）12 月 18 日「巨星之夜－美黛之歌獨唱會」
左起林文彬、金澎、美黛、侯麗芳

西元紀年	民國紀年	月／日	美黛重要事蹟
1991	80	6/10 ≀ 6/12	台灣外島勞軍活動。
1991	80	11/3	桃園龜山嶺頂養父熊連欽先生仙逝。
1991	80	11/9	榮獲新聞局第三屆金曲獎「特別獎」。
1991	80	11/12	在台北西門町「新國際大歌廳」為中山文藝創作獎得主張昊演唱他在民國28年為周璇電影《解語花》創作的〈街頭月〉一曲。
1992	81	1/15	香港跑馬地公公賀人欽先生心肌梗塞猝逝。
1993	82	4/27 ≀ 4/29	台北縣政府主辦「懷舊國語老歌巡迴演唱會」於4/27新店大豐國小活動中心、4/28泰山高中四維堂、4/29萬里綜合大樓五樓表演，演出曲目〈藍與黑〉、〈相見不如懷念〉、〈天女散花〉。
1993	82		9月參加中國廣播公司宣慰僑胞「海華綜藝訪問團」美西團，前往美國西部城市巡迴演出。
1993	82	10/29 ≀ 10/31	中國演藝協會、太極拳基金會、中華安親會合辦「群星會-懷念老歌演唱會」於台北國際會議中心大會堂表演，演出歌星于璇、包容、吳靜嫻、李珮菁、金燕、美黛、夏萍、倪賓、張琪、楊燕、趙曉君、劉福助、蔡一紅、原野三重唱、憶如、閻荷婷、謝雷、王慧蓮，主持人夏琍琍、曹啟泰、倪賓。
1993	82	12/10 ≀ 12/12	小雅屋藝術中心、立法委員沈智慧服務處、台灣省觀光協會主辦「群星會懷念老歌－台中演唱會」於台中市中山堂表演，演出曲目〈我在你左右〉、〈追尋〉。
1993	82	12/18	包容小姐主辦「巨星之夜－美黛之歌獨唱會」於台北社教館表演，演出曲目〈意難忘〉、〈新鴛鴦蝴蝶夢〉、〈十八相送之七〉，與金澎男女對唱三首〈愛的糾紛〉、〈野丫頭〉、〈翡翠灣〉。

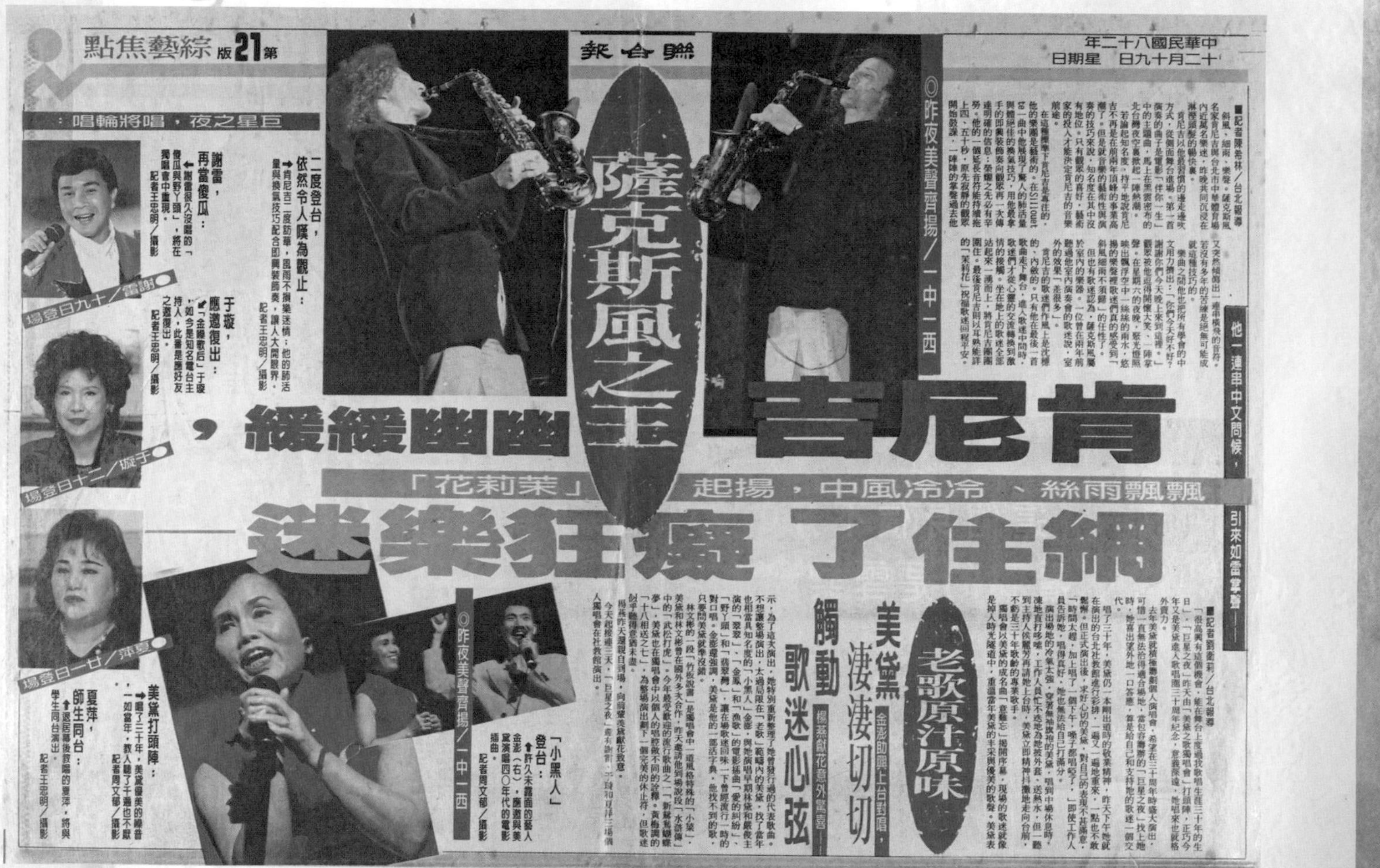

聯合報 中華民國八十二年十二月十九日星期日 第21版 綜藝焦點

肯尼吉 網住了 癡狂樂迷——

薩克斯風之王

幽幽緩緩，

風飄飄雨絲、冷冷風中，揚起「茉莉花」

他一連串中文問候，引來如雷掌聲

老歌原汁原味

美黛淒淒切切 觸動歌迷心弦

金澎助興上台對唱，楊燕獻花意外驚喜！

巨星之夜，唱將輪唱：

謝雷，再當傻瓜：謝雷很久沒唱的「傻瓜與野丫頭」，將在獨唱會中重現。記者王忠明／攝影

于璇，應邀復出：「金曲歌后」于璇如今是知名電台主持人，此番是應好友之邀復出。記者王忠明／攝影

夏萍，師生同台：退居幕後教唱的夏萍，將與學生同台演出。記者王忠明／攝影

二度登台，依然令人嘆為觀止：肯尼吉二度訪華，風雨不損樂迷情；他的肺活量與換氣技巧配合即興演奏，讓人大開眼界。記者王忠明／攝影

美黛打頭陣：唱了三十年，美黛優美的嗓音一如當年，教人聽了千遍也不厭。記者周文郁／攝影

「小黑人」登台：許久未露面的藝人金澎（右），應邀與美黛演唱四〇年代的電影插曲。記者周文郁／攝影

民國 82 年（1993）12 月 19 日聯合報「美黛淒淒切切，觸動歌迷心弦」報導，金澎讚許美黛是一部「活字典」，找不到的歌，問美黛準沒錯。

西元紀年	民國紀年	月 / 日	美黛重要事蹟
1994	83	1/22	財團法人台北縣文化基金會主辦「懷念國語老歌～驀然回首 - 美黛之音」於台北縣立文化中心演藝廳表演，演出曲目〈意難忘〉、〈重相逢〉、〈秋詞〉、〈藍色的憂鬱〉、〈黃昏的街頭〉、〈寒雨曲〉、〈追〉、〈愛的糾紛〉、〈野丫頭〉、〈翡翠灣〉、〈鴨綠江之夜〉、〈小夜曲〉、〈昭君怨〉、〈十八相送之七〉。
1994	83	1/30 ～ 1/31	小雅屋藝術中心、威星傳播有限公司主辦「群星再現 - 懷念老歌台北演唱會」於台北國際會議中心大會堂表演，演出歌手于璇、王慧蓮、孔蘭薰、貝蒂、金燕、美黛、夏萍、倪賓、原野三重唱、康雷、趙曉君、劉明穎、蔡一紅、憶如、閻荷婷，主持人侯麗芳。
1994	83	5/6	財團法人育成殘障福利事業基金會主辦「溫馨五月慈母心－殘障福利慈善晚會」於台北市立社會教育館表演，演出曲目〈小雲雀〉、〈天倫歌〉。
1994	83	7/20	中國廣播公司、慶豐集團、南陽實業主辦「永遠的鄉情」巡迴演唱會於台中市中興堂表演，演出曲目〈四季歌〉、〈杏花溪之戀〉。
1994	83	8/20	台北市立社會教育館主辦「美黛之歌－愛的旋律」演唱會於台北市立社會教育館文化活動中心表演，演出曲目〈愛的歌聲〉、〈一曲難忘〉、〈愛的故事〉、〈那個不多情〉、〈小白菜〉、〈當初見到你〉、〈我的一顆心〉、〈甜蜜蜜〉、〈我要告訴你〉、〈一年又一年〉、〈愛你愛在心坎裡〉、〈相思苦〉、〈靜靜的黑夜〉、〈意難忘〉、〈心心相印〉、〈愛情最偉大〉、〈永遠守著他〉。
1994	83		10月參加中國廣播公司宣慰僑胞「海華綜藝訪問團」美東團，前往美國東部城市芝加哥等巡迴演出。

温馨五月慈母心
殘障福利慈善晚會
主　　辦／財團法人育成殘障福利
事業基金會
女性雜誌社
中華廣播網《天南地北》節目
協　　辦／台北市智障者家長協會
中南美經貿聯誼會
贊助單位／台北民生扶輪社
蒂芭蕾絲襪
瑞穗實業有限公司
愛欣高爾夫用品有限公司
徐肇誠
財團法人育仁院
華衛音樂台
召 集 人／陳麗如
總 策 劃／王　萍
執　　行／賴光蘭
主 持 人／王萍・周寧
演 出 人／美黛・吳靜嫻・翁一虹
孔蘭薰・夏萍・謝雷
殷正洋・林文彬・劉恬君
演出團體／蘭陽舞蹈團
一元布偶劇團
企　　劃／衛之藝工作坊
時　　間／中華民國八十三年五月六日
（星期五）晚上七點卅分
地　　點／台北市立社會教育館
溫馨五月慈母心
殘障福利慈善晚會
節・目・介・紹
PROGRAM

民國 83 年（1994）5 月 6 日
「溫馨五月慈母心－殘障福利慈善晚會」節目表

■主　　辦：
台北市立社會教育館
■協　　辦：
台北廣播電台
台北市智障家長協會
育成殘障福利基金會
台北花苑
■贊　　助：
新聯陽實業機構
■製　　作：
王萍
■演 出 者：（出場序）
美黛、月琴、
李芳騰（彭琴）、李靜美、
林文彬（竹板說書）、
易蓉、林禹勝
■演出日期：
中華民國八十三年八月廿日（星期六）
晚7時30分
■演出地點：
台北市立社會教育館文化活動中心
美黛
王萍（主持）
美黛之歌
愛的旋律

民國 83 年（1994）8 月 20 日
「美黛之歌－愛的旋律」演唱會節目表

愛的旋律
美黛之歌
'94 8 20

民國 83 年（1994）8 月 20 日「美黛之歌－愛的旋律」演唱會

西元紀年	民國紀年	月 / 日	美黛重要事蹟
1995	84	1/12 ~ 1/15	台北縣政府主辦「落地生根族群歡聚之夜 - 溫馨感性演唱會」1/12 永和國父紀念館、1/15 台北縣立文化中心演藝廳表演，演出藝人美黛、洪一峯、池秋美、陳盈潔、林照玉、沈文程、林文隆，主持人李季準。
1995	84	3/18	儂儂劇團、老歌俱樂部主辦「群星頌 -1995 懷念金曲演唱會」於台北國父紀念館表演，演出曲目〈意難忘〉、〈小雲雀〉、〈歸來吧！蘇蘭特〉。
1995	84		9 月參加中國廣播公司宣慰僑胞「華夏綜藝訪問團」美西團，前往美國西部城市巡迴演出。
1996	85	3/5	內政部主辦、中國廣播公司協辦「歌我婦女頌溫馨」演唱會於台北國父紀念館表演，演出曲目〈我有個好家庭〉、〈巾幗英雄〉。
1996	85	6/1	儂儂劇團、鳳凰文化工作室主辦「金曲五十年 -1996 懷念國語歌曲演唱會」於台北國父紀念館表演，演出曲目〈桃花開在春風裏〉、〈黃昏的街頭〉。
1996	85		10 月參加中國廣播公司宣慰僑胞「華光綜藝訪問團」歐洲團，前往歐洲各國巡迴演出。
1997	86	2/7 ~ 2/16	農曆初一至初十「好朋友老歌俱樂部春節聯歡會」活動，於台北市敦化南路一段 223 號地下二樓錦江餐廳演唱。
1997	86	5/7	參加華視《勁歌金曲五十年》節目特邀〈寒雨曲〉中文作詞者「詞聖」陳蝶衣先生及「銀嗓子」姚莉小姐來台記者會。
1997	86	5/25	儂儂劇團、華風文化事業有限公司主辦「金曲饗宴 -1997 懷念國語歌曲演唱會」於台北國父紀念館表演，演出曲目〈太湖船〉、〈春風野草〉、〈鴨綠江之夜〉。
1997	86	6/17 ~ 6/18	華人衛星電視台、台灣藝能型像主辦「1997 老歌金曲演唱會－我為你歌唱」於台北國父紀念館表演，演出曲目〈小雲雀〉、〈山河戀〉。

一九九八群星會懷念歌曲演唱會
02-26425363
票價/300.600.900.1200.1500

民國 87 年（1998）5 月 7 日「1998 群星會－懷念歌曲演唱會」廣告宣傳單

群星頌
1995
懷念金曲演唱會
SONG OF MEMORY II
時間/84年3月18日(星期六)晚7:00
地點/國父紀念館
訂票專線/(02)7755500・7753412 (大台北地區，專人送票)
年代
票價/300・600・900・1200・1500

民國 84 年（1995）3 月 18 日
「群星頌－ 1995 懷念金曲演唱會」廣告宣傳單

1997老歌金曲演唱會
我爲你歌唱
老友常相憶，老歌難忘懷
節目單

民國 86 年（1997）6 月 17-18 日
「1997 老歌金曲演唱會－我為你歌唱」節目單

西元紀年	民國紀年	月 / 日	美黛重要事蹟
1997	86	8/8 ～ 8/9	「群星會 - 國台語懷念老歌演唱會」8/8 台南市立文化中心、8/9 高雄師範大學大禮堂演出，曲目〈昨夜夢醒時〉、〈我在你左右〉、〈香格里拉〉主辦單位：巴黎國際傳播事業有限公司，演出藝人文香、文夏、美黛、紀露霞、楊佩春、劉福助、謝雷。
1997	86	10/18	台北市中山堂主辦「歌舞憶當年 - 懷念國語歌曲演唱會」，演出曲目〈月兒彎彎照九州〉、〈人面桃花〉、〈天涯歌女〉、〈藍與黑〉。
1997	86	11/21 ～ 11/22	「群星會 - 懷念老歌演唱會」11/21 高雄市立文化中心至德堂、11/22 台中中興堂演出，主辦單位：巴黎國際傳播事業有限公司，演出藝人孔蘭薰、美黛、吳靜嫻、金澎、張誉、金燕、劉福助。
1997	86		12 月成立「重相逢歌唱班」。
1998	87	1/22	桃園大溪中正理工學院演出。
1998	87	5/7	華風文化事業有限公司、儂儂劇團協辦「1998 群星會 - 懷念歌曲演唱會」於台北國父紀念館表演，演出曲目〈意難忘〉、〈我在你左右〉、〈星夜的離別〉。
1998	87	6/28	法國巴黎 ISSY 歌劇院參加漢聲中國文化電台主辦「美黛、潘秀瓊國語懷舊金曲演唱會」籌措育英學校獎助學金義演，演出曲目〈意難忘〉、〈癡癡的等〉、〈我在你左右〉、〈寒雨曲〉、〈月兒彎彎照九州〉、〈漁光曲〉、〈太湖船〉。
1998	87	9/19	華風文化事業有限公司主辦「黃金歲月金曲情 - 流行經典名曲音樂會」於台北市中山堂表演，演出曲目〈燕雙飛〉、〈含羞草〉、〈太湖船〉。
1999	88	2/9	華風文化事業有限公司主辦「春之頌」演唱會於台北國父紀念館表演，演出曲目〈黃昏的街頭〉、〈一枝梅〉、〈滿江紅〉。
1999	88	8/20	美國南加州洛杉磯「懷舊金曲五十載，一王四后演唱會」再封「抒情歌后」，演出曲目〈意難忘〉、〈江南好〉、〈秋詞〉、〈我在你左右〉、〈追尋〉。

聯合晚報　中華民國八十六年二月四日　星期二

王一后 跨世紀登台

流行天后／黛安娜羅絲

5月20日 台北演唱

泰銀行，則是主要贊助廠商。

這場演唱會規模之大、製作之繁複，是台灣前所未見，主辦單位格外謹慎，除了外國製作單位多次來台查勘場地與住宿的晶華酒店外，新象還特別尋求會計師與律師專業協助，並已取得卡瑞拉斯與多明哥的親筆簽名確認。演唱會的日籍總製作人寺島悅子，也特別來台出席記者會。

兩大男高音與黛安娜羅絲結緣於1992年，他們當年在維也納舉行耶誕音樂會，造成轟動，現場實況錄音專輯，更大賣二百萬張。他們去年7月在匈牙利布達佩斯再度合作，今年3月4日要在日本名古屋三度演出，台北這一場表演，將是三位四度合作。

LIVE RECORDING

▲「跨世紀之音」演唱會結合古典樂巨星與流行天后。

「跨世紀之音」入場券票價從1200元至12800元不等，七成票券價格在6000元以下，觀眾可透過年代電腦售票系統預購。詳情請洽新象：（02）3221717

春節怎麼過

老人院中熱鬧過年

一堆「老」朋友相伴 反而更自在

▲盧迪（左）及陶述將在安養中心過年。

春節怎麼過

應曉薇 監獄中演講 陪受刑人守歲

記者潘婷婷／台北報導

正在台中拍攝連續劇「保鑣」的女星應曉薇，從昨天開始到年初三，要陪在台中地區獄所的受刑人過春節。

一向為鼓勵受刑人改過向善不遺餘力的應曉薇，認為自己能帶給這些無法回家的受刑人一點溫暖，是迎接新年最有意義的事。

應曉薇昨天趁拍戲空檔到台中監獄和受刑人一起同歡，並且還包了個紅包捐給該監獄的愛心基金帳戶。應曉薇說，這些受刑人並不缺錢用，相反的，他們成立的愛心基金帳戶最近還捐出三百萬元給五歲幼童被姦殺的家庭，看到這些有心走向光明的受刑人善良的一面，她忍不住當場掏腰包捐錢。

一年多來從事受刑人輔導工作的應曉薇深深感受到受刑人缺乏關懷的淒涼心境，應曉薇希望讓他們有個不一樣的年節，並讓他們知道，社會上還是有人能接納他們。

◆應曉薇過春節仍不忘鼓勵受刑人。

好人 賣座 好賤 賭神 票房 戰神

成績開出紅盤 片商心中寒意頓失

記者唐在揚／台北報導

超強的卡司配合上春節大檔，春節檔哪部電影是國片「票房之王」，已先起跑的兩部電影「一個好人」與「賭神3」都賣出了讓片商等待已久的亮眼票房，籠罩了一年的寒意頓時消失無蹤。

上檔10天，由影星成龍主演的「一個好人」，目前全台的票房已達8500萬元，由於觀影人數眾多，目前各影城都是以最大廳院放映，連好萊塢強片都被比下去，成龍真不愧是「票房之神」。由於「一個好人」後勢極強，現預估總票房絕對在兩億元以上，甚至可破紀錄的達兩億五千萬。

相較於「一個好人」，由影星黎明、袁詠儀、陳小春、梁詠琪主演的「賭神3」狀況亦甚佳，上映三天下來全台也有1200萬元的票房，這一方面說明這類型的電影對影迷而言依舊興趣和好奇外，黎明等年輕一輩影星的票房魅力也逐漸形成，對有斷層危機的國片圈而言是個好消息。

▲孔蘭薰一直活躍於各大「紅包場」。

◆美黛已淡出螢光幕多年，但仍深受老歌迷們喜愛。

春節怎麼過

老歌不打烊 老歌手仍登台

吳靜嫻、孔蘭薰、美黛等資深藝人要讓大家有個懷舊年

記者梁岱琦／台北報導

新春期間老歌不打烊，多位群星會時期的老牌歌手，春節期間仍照常登台演出。名為「好朋友老歌俱樂部春節聯歡會」活動，難得有多位資深歌手同台演出。

包括吳靜嫻、孔蘭薰、金燕、張琪、張琴、美黛、楊佩春、倪賓、王慧蓮、易學、夏萍、楊小萍等群星會時期的歌手，都將在春節同台演出。雖然他們鮮少在螢光幕前出現，但都在全省的紅包場歌廳裡各擁一片天，許多年輕歌迷們可能不認識他們，但在老歌迷心目中，他們卻都是「天王」、「天后」字號的歌手。

他們將從2月7日起至16日（初一至初十）下午2時至5時，一連多日在台北市敦化南路一段223號地下二樓錦江餐廳演唱。這些平日在各個歌廳十分走紅的老牌歌手，只有在春節時才難得同台演出，讓愛聽老歌的朋友不必四處奔走，就可一口氣聽到多首膾炙人口的好歌，有個溫馨、懷舊的新年。洽詢電話：（02）7468055。

·情人語錄·

我心似朝陽

給在台北的你：

陽明山今天下雨了嗎？

仰德大道旁的小花有綻放嗎？

知道嗎？

這種心意相屬的感覺，

有如沾了蜜的果實，

甜甜的，酸酸的，

有令人想哭的衝動，

卻又想享受這種咀嚼於唇齒間的心動感覺，

原來，這就是愛!!

我的心是朝陽，你呢？

在彰化的張翰如

以上情人語錄將在今晚飛碟電台20：00～21：00宇宙大樂氏中播出。

民國86年（1997）2月4日聯合晚報「老歌不打烊，老歌手仍登台」報導

西元紀年	民國紀年	月 / 日	美黛重要事蹟
1999	88		9 月參加僑委會宣慰僑胞「寶島綜藝訪問團」，赴南美洲與大洋洲各國巡迴演出。
2000	89	5/13 ~ 5/14	馬來西亞吉隆坡民政大廈宏願堂「台灣金曲三王五后千禧母親節演唱會」參與演出，演出曲目〈追尋〉。
2000	89	8/25	新加坡「群星照耀，光華四射」同濟醫院慈善義演晚會。
2000	89	11/12 ~ 11/17	「一代巨星•歌舞憶當年」11/12 高雄市文化中心、11/17 台北國父紀念館演出，主辦單位：巴黎國際傳播事業有限公司。
2001	90	5/12	新加坡 J-Music 主辦「五朵金花母親節敬老慈善演唱會」，演出曲目〈意難忘〉、〈戲鳳〉、〈合家歡〉。
2001	90	12/14 ~ 12/23	「凌波黃梅調演唱會 & 國語老歌懷念金曲～巨星獻唱」12/14-12/15 台北國父紀念館 、12/23 高雄文化中心至德堂演出，主辦單位：巴黎國際傳播事業有限公司，演出藝人凌波、王慧蓮、青山、美黛、胡錦。
2001	90	12/24	參與台北榮民總醫院與民生報公益基金會合辦「耶誕聯歡演唱會」於台北榮總演出，撫慰病患及醫護人員辛勞。
2002	91	5/14 ~ 5/16	「勁歌金曲～母親節演唱會」5/14 高雄文化中心至德堂 、5/15 台中中山堂、5/16 台北國父紀念館演出，主辦單位：巴黎國際傳播事業有限公司，演出藝人于櫻櫻、吳靜嫻、趙曉君、蔡幸娟、美黛、池秋美、劉明珠、潘越雲。
2002	91	6/23	帶領「重相逢歌唱班」（48 人）前往新加坡，與新加坡牛車水老歌俱樂部交流及演出。
2002	91	8/14	歡樂資源國際股份有限公司主辦「傳唱台灣歌」台語歌曲演唱會於台北國父紀念館表演，演出曲目〈管芒花〉、〈離別的月台票〉、〈悲戀的酒杯〉。

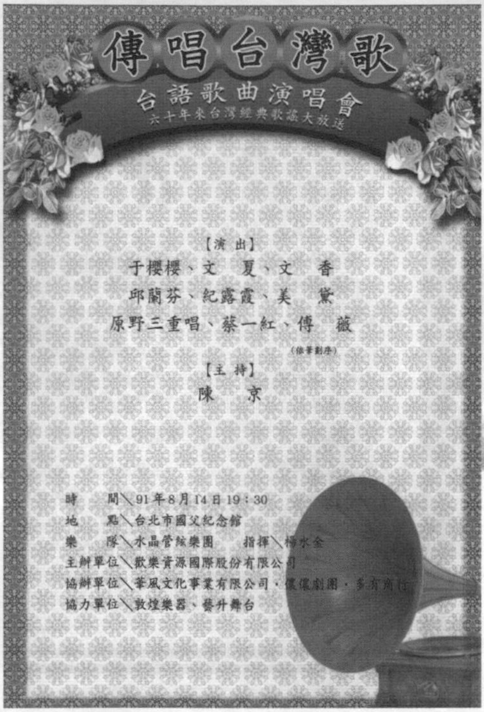

傳唱台灣歌
台語歌曲演唱會
六十年來台灣經典歌謠大放送

【演出】
于櫻櫻、文　夏、文　香
邱蘭芬、紀露霞、美　黛
原野三重唱、蔡一紅、傳　薇
(依筆劃序)

【主持】
陳　京

時　　間＼91年8月14日19：30
地　　點＼台北市國父紀念館
樂　　隊＼水晶管絃樂團　　指揮＼楊水金
主辦單位＼歡樂資源國際股份有限公司
協辦單位＼華風文化事業有限公司．儀儀劇團．多有商行
協力單位＼敦煌樂器、藝升舞台

民國 91 年（2002）8 月 14 日「傳唱台灣歌」
台語歌曲演唱會節目表 -1

美黛老師獻唱監獄受刑人

傳唱台灣歌
台語歌曲演唱會
節目表

開場 樂隊＋陳京

傳　薇
愛我三分鐘
苦酒探戈
叫阮的名

原野三重唱
丟丟銅
杯底不可飼金魚
大胖呆

于櫻櫻
爲什麼
請君保重
安平追想曲

美　黛
管芒花
離別的月台票
悲戀的酒杯

邱蘭芬
布袋戲組曲（爲你走天涯＋冷霜子＋盲女神劍）
香港戀情
叫我怎樣活下去

中場休息

蔡一紅
港都夜雨
再會夜都市
暗淡的月

紀露霞
望你早歸
春風歌聲
黃昏嶺

文　夏
星星知我心（組曲）
黃昏的故鄉

文　香
初戀的少女
戀歌

文夏．文香
媽媽請你也保重

~晚　安~

◎節目如有變動以當日演出爲準◎

民國 91 年（2002）8 月 14 日「傳唱台灣歌」
台語歌曲演唱會節目表 -2

西元紀年	民國紀年	月／日	美黛重要事蹟
2002	91		12月裕隆集團總裁吳舜文女士90歲大壽「回念金曲」晚會於台北圓山大飯店舉行，演出藝人青山、謝雷、張琪、美黛、吳靜嫻、孔蘭薰。
2003	92	2/22～2/23	新加坡旅遊局贊助於馬來西亞新山舉行「風華年代巨星－懷舊金曲再獻」歌友會參與演出。
2003	92	3/18	華風文化事業有限公司主辦個人「意難忘-金曲四十演唱會」於台北國父紀念館演出，特別來賓孫樸生、紀露霞、王慧蓮、吳靜嫻、金澎。演出曲目〈意難忘〉、〈我在你左右〉、〈寒雨曲〉、〈杭州姑娘〉、〈追〉、〈飛快車小姐〉、〈雨夜的小徑〉、〈馬蘭山歌〉、〈秋江憶別〉、與王慧蓮&吳靜嫻合唱〈我要為你歌唱〉、與金澎男女對唱二首〈何處是青春〉、〈小放牛〉、與孫樸生男女對唱三首〈翡翠灣〉、〈夜夜夢江南〉、〈戲鳳〉、與紀露霞合唱二首〈打開心靈的窗〉、〈藍色的憂鬱〉、謝幕全體合唱〈忘不了你〉。
2003	92	3/29	台北西門町紅樓劇場舉辦「美黛金嗓之夜」。
2003	92	4/6	新加坡「風華年代巨星－懷舊金曲再獻」美黛與吳秀珠演唱會。
2003	92	9/6	新加坡「風華年代巨星－懷舊金曲再獻」美黛與新加坡歌手凌霄演唱會。
2003	92	10/24	前往金門參加莒光樓五十週年慶「莒光風華50年-懷念金曲演唱會」，參與藝人美黛、于櫻櫻、憶如、邱蘭芬、原野三重唱王強及重相逢歌唱班。
2003	92	11/1	新加坡In Tune With You主辦「風華年代慈善群星會」演唱會參與演出，替腎臟透析基金募款。
2003	92	11/22	馬來西亞檳城光華日報主辦「第9屆TC Boy杯－全國舊曲重溫華語歌唱比賽總決賽」，美黛擔任總評判與義演特別嘉賓演唱。
2003	92		11月參與僑務委員會「四海同心聯歡大會」演出。

封底精選　星洲日報　2003年2月24日（星期一）　A

大柔佛
JOHORE
EDITION
星洲日報
SIN CHEW DAILY

l: 07-333-1904(8 條線)Fax: 07-331 9858
Kluang, Johor. Tel: 07-772 3864, 771 3528 Fax: 07-771 3623
: 07-431 7522, 431 5055 Fax: 07-431 4775
951 4888, 951 2863 Fax: 06-953 5063
or. Tel: 07-931 2175, 932 1886 Fax: 932 3386
Tangkak, Johor. Tel: 06-978 1168
, 81000 Kulai. Tel: 07－662 4396 Fax: 07－663 9169

▶于樱樱带领逾200位观众回味她的《一缕相思情》。

資深歌手在新山展歌藝

200觀衆駐足·掌聲響徹廣場

出城看他们的正式演出。
▶吴秀珠与凌霄在台上呼吁民众到狮城看他们的正式演出。

（新山23日讯）“风华年代巨星，怀旧金曲再献”，资深歌手魅力不减当年，昨午在新山城中坊热身唱，吸引近200百名观众驻足聆听，场面热烈，掌声响彻广场。

是项活动是新加坡旅游局主办，并於本月22和23日到新山的城中坊开唱，老歌教人怀念，也为两地民间交流注人暖流，2天演唱时间都是下午4至5时。

歌王凌霄打头阵，以轻松活泼的串场，将观众带人老歌的记忆中，——将资深唱将介绍给观众，并呼吁民众热烈前往观看正式的演出。这4名资深歌手是美黛、吴秀珠、孔兰薰和于樱樱。

孔兰薰在会场演唱《凤凰鱼飞》、《恨不钟情在当年》，吴秀珠则演唱组曲，包括观众耳熟能详的《海鸥飞处》、《谎言》。

美黛则以歌声，证明资深歌手宝刀未老，实力不减当年，于樱樱则高唱代表作《一缕相思情》，将往日情怀悠悠传送。

▶美黛身穿艳红的长裙在台上演唱，与久违的热情歌迷的见面。

▼资深歌手魅力无法挡，民众纷纷蜂拥前往握手。

資深歌手2月起獅城開唱

“风华年代巨星，怀旧金曲再献”今年2至5月在狮城开唱，昨日与今日展开的热身唱，主要目的是藉著在新山的演出，吸引老歌迷前来狮城捧场，促进狮城的旅游业，也让新山民众沉浸在老歌的欢乐歌声中。

新山的民众若有意前往观赏，也可以与以下旅行社联络：新中旅游（3355860）、中美旅游（3311966）以及EAST COAST ADVENTURE TRAVEL & TOURS SDN BHD（2244546）。

演唱会售票地点

演唱会门票可在以下地点购得：（一）谢泽田艺术兼音乐企业（电话：02－6383－0350，02－6288－2053）；（二）楷捷歌唱训练中心（电话：02－6565－3198，02－6296－1670）；（三）Celebrity Music Pte Ltd（电话：02－6339－5801）；（四）直落亚逸芳林公园民众联络所（电话：02－6533－3260）。

购票询问电话：02－9029－6526（郑先生），演唱会在远东广场（Far East-Square）的The Pavillion举行，每场只容纳350人，票价新币25元。

民國92年（2003）2月24日馬來西亞星洲日報「資深歌手在新山展歌藝」報導

西元紀年	民國紀年	月／日	美黛重要事蹟
2004	93	4/24	大安基督長老教會主辦「懷念金曲演唱會 - 大安教會設教 45 週年音樂會」，演出藝人于櫻櫻、邱蘭芬、美黛、文夏、文香。
2004	93	5/9	新加坡（獅城母親節）「世上只有媽媽好－金曲頌」演唱會，擔任靜婷特別嘉賓演出。
2004	93	6/11 ～ 6/21	行政院國軍退除役官兵輔導委員會主辦全省榮民之家「九十三年端午節赴安養機構巡迴宣慰演出」活動，演出藝人美黛、魏海敏、劉曉倩、羅江、圖孟拉瑪、朱德剛、林文彬、康雅嵐。
2004	93	6/25	華風文化事業有限公司主辦「我要為你歌唱 -2004 懷念金曲演唱會」於台北國父紀念館表演，演出曲目〈意難忘〉、〈馬蘭山歌〉、〈寒雨曲〉、〈黃昏的街頭〉、〈飛快車小姐〉、〈我在你左右〉。
2005	94	2/27	馬來西亞星洲周報「台灣夜鶯美黛，願終生獻唱」柯傑雄報導，盛讚美黛獲得「歌簍子」雅號。
2005	94	3/5 ～ 3/26	「五大巨星春光金曲演唱會」3/5 台中市中山堂、3/19 高雄市文化中心至德堂、3/26 台北國際會議中心演出，主辦單位：大大國際娛樂股份有限公司，演出藝人吳靜嫻、青山、美黛、萬沙浪、謝雷。
2005	94	4/23	EMI 香港商百代著作權代理股份有限公司台灣分公司與歡樂資源國際股份有限公司於台北市西門町紅樓劇場舉辦「百代歌謠大展」，演唱曲目〈毛毛雨〉、〈天涯歌女〉、〈叮嚀〉、〈小雲雀〉、〈寒雨曲〉、〈夜上海〉。
2006	95	2/28	華風文化事業有限公司主辦「時光歲月 -2006 懷念金曲演唱會」於台北國父紀念館表演，演出曲目〈四季歌〉、〈天涯歌女〉、〈花漾年華〉、〈我在你左右〉。
2006	95	5/21	台北彭園會館兒子娶媳婦，國泰人壽慈善基金會董事長錢復證婚。

康熙來了
中天綜合 36
爸爸媽媽最好的時光
美黛 謝雷 吳靜嫻

民國 94 年（2005）3 月 4 日中天綜合台《康熙來了》第五季第 37 集〈再見群星會－爸爸媽媽最好的時光－美黛、謝雷、吳靜嫻〉節目單元

人艳丽性聪明

民國 95 年（2006）7 月 15 日馬來西亞雲頂雲星劇場「走過歲月的歌－向音樂大師莊奴致敬」演唱會，美黛演出曲目〈江南好〉

走過歲月的歌
向音樂大師莊奴致敬 演唱會
Tribute To Everlasting Melodies
主办:
ZESTBASE
雲頂雲星劇場
15/07/06 (星期六) 8.00晚上
場地贊助:
雲頂
ORGANIZER

民國 95 年（2006）7 月 15 日馬來西亞雲頂雲星劇場「走過歲月的歌－向音樂大師莊奴致敬」演唱會識別證

懷念金曲
大安教會設教45週年音樂會
弦外之音
韓國弘聖
于櫻櫻
邱南芬
美黛
文夏、文香
入場券

民國 93 年（2004）4 月 24 日大安基督長老教會主辦「懷念金曲演唱會－大安教會設教 45 週年音樂會」入場券

西元紀年	民國紀年	月／日	美黛重要事蹟
2006	95	7/15	馬來西亞雲頂雲星劇場「走過歲月的歌－向音樂大師莊奴致敬」演唱會，演出曲目〈江南好〉、〈艷紅小曲〉、〈又見炊煙〉、〈人生就是戲〉、〈意難忘〉。
2006	95	7/29	藝驥藝術管理國際有限公司策劃「金曲傳情－憶當年－老歌演唱會」於台北縣永和國父紀念館演出。
2006	95	10/15	新加坡濱海林蔭道職總大禮堂「風華年代」演唱會，美黛與新加坡歌手凌霄搭檔演出。
2006	95	11/18	馬來西亞檳城理科大學端姑禮堂「第12屆－全國舊曲重溫華語歌唱比賽總決賽」，美黛擔任總評判與義演演唱嘉賓，籌募培新校舍擴建基金。
2006	95	12/24	華風文化事業有限公司主辦「金嗓群星會－懷念金曲演唱會」於台北國父紀念館表演，演出曲目〈黃昏的街頭〉、〈會情郎〉、與金澎男女對唱二首〈小放牛〉、〈翡翠灣〉、謝幕全體合唱〈聖誕鈴聲〉、〈平安夜〉。
2007	96	3/1	雙魚座孫子達達誕生。
2007	96	12/23	華風文化事業有限公司主辦「金嗓群星頌－2008懷念金曲演唱會」於台北國父紀念館表演，演出曲目〈山歌姻緣〉、〈秋水伊人〉、〈馬蘭山歌〉、〈重相逢〉。
2008	97	2/22	馬來西亞檳城光華日報主辦檳州大會堂「經典名曲講唱會」，籌募聖約翰救傷隊緊急醫療救傷車及設備。

金嗓群星頌
2008懷念金曲演唱會
96年12月23日(日)19：30　台北國父紀念館
大小百合
王慧蓮
李明德
青山
美黛
葉蔻
楊佩春
02-23419898　02-26425363
主辦單位：華風文化事業有限公司

民國96年（2007）12月23日「金嗓群星頌－2008懷念金曲演唱會」海報

C7 光華日報 国内 2006年11月16日 星期四

全国旧曲重温总决赛周末登场

宝岛3唱将任嘉宾评判

（槟城14日讯）Berasma 杯第12届全国旧曲重温华语歌唱比赛总决赛将於本周六晚在光大端姑礼堂引爆，除了有20位来自全国各地的歌唱好手挤进总决赛圈外，这次还特地邀请到台湾宝岛歌手，有金曲歌王罗时丰、宝岛夜莺美黛及秀场女王的参与，他们将成为是晚的赛会评判与演唱嘉宾，这是一场您不可错过的音乐飨宴。有了3位特别嘉宾莅临出席此项盛会，相信将使场面增色不少而你，是否真的熟悉了这3位来自宝岛的歌手。不熟悉的话，再看看他们的个人介绍吧！

"歌坛夜莺"美黛《意难忘》一曲走红

蓝色的街灯，明灭在街头，
独自对窗，凝望夜色，
星星在闪烁，我在流泪，我在流泪，
没人知道我，
啊＿谁在唱呀，
远处轻轻传来，
想念你的，想念你的，
我爱唱的那一首歌。

喜欢听老歌的朋友，一下就可听出，这是有着"歌坛夜莺"之称的美黛唱红的《意难忘》。这首歌作词家慎芝是改编日本的《东京夜曲》，当时，美黛动人的歌声，加上台湾人熟悉的东洋风味感伤旋律，使这首歌在推出后立即获得社会热烈回响。

自幼爱哼唱的美黛，本名王美黛，是土生土长的桃园姑娘。15岁那年，跟随在三重工作的胞兄到民本电台参观，看到宝岛歌后纪露霞演唱，美慕得不得了，于是询问电台可不可以留下来工作，想不到竟获得首肯，给了她一个"节目助理"的头衔。

年幼的美黛，以为从此即可在电台大展歌喉，殊不知所谓的节目助理，就是烧开水、倒茶、抹桌椅等杂役的工作，想朝歌唱界发展的美黛，做了几个月就离开了，走头无路下，只好回到故乡，参加一些临时性的晚会及康乐队表演。

1956年，美黛加入桃园更寮脚的军中康乐队，才有了正式的工作和表演机会。在康乐队待了4、5年，美黛的足迹踏遍金、马，直到民国49年才进入台北歌坛演唱，先后在华都餐厅、朝阳楼、万国联谊社、金门饭店等地驻唱。

改编自日本《东京夜曲》

民国51年，美黛在万国联谊社驻唱时，获得合众唱片老板的赏识，为她灌录唱片。唱片公司找来了几首日本歌曲，填上中文歌词，交由美黛演唱。在这之前，已有多位歌星翻唱这首改自日本的《东京夜曲》，大家对这张唱片也没抱太大希望，纯粹是一种试验。

想不到唱片问世后，轰动大街小巷，男女老幼几乎都会哼唱。当时的福华影业公司见状，特别投下钜资，以《意难忘》为片名，加上美黛的歌声开拍了民营公司第一部彩色电影，由艾黎主演，剧情伤感悲凄，赚足了观众的热泪和钞票。

28岁那年，美黛在台北金门饭店驻唱，最后嫁给了那位台大学生兼饭店老板。

台湾国语歌坛的长青树是紫薇，美黛是第二长青树。除了《意难忘》外，她唱红的歌还有《黄昏的街头》、《飞快车小姐》、《杭州姑娘》、《台湾好》、《我在你左右》等。

纵横歌坛40多年的美黛，至今仍活跃在舞台，她说要唱到牙齿都掉光的那一天。

从民国51年灌录首张唱片起，美黛前后录制了近40张唱片，甚至前几年还有人请她灌唱片。她也经常应邀演唱，南北两地赶场，近年来，她执起教鞭，每周教上百人唱老歌，2003年3月，她还举办踏入歌坛40周年演唱会。

美黛始终坚守岗位，从不轻言退休，但岁月不饶人，从前她一场唱40分钟仍余韵无穷，如今唱20多分钟就很吃力了。尽管如此，美黛表示还要唱下去，唱到牙齿掉光才停止。

民國95年（2006）11月16日馬來西亞光華日報「歌壇夜鶯美黛〈意難忘〉一曲走紅」報導

2008 02 23 21:29:23

民國97年（2008）2月23日馬來西亞檳城「經典名曲講唱會」之後，
重相逢歌唱班學員開「睡衣趴」慶祝美黛老師（中）農曆七十大壽（照片來源：袁松月班長）

西元紀年	民國紀年	月 / 日	美黛重要事蹟
2008	97	9/7	華風文化事業有限公司主辦個人「回首 70- 我在你左右美黛演唱會」於台北市中山堂中正廳演出。曲目〈意難忘（茫茫夜)〉、〈我為你歌唱〉、〈綠島小夜曲〉、〈小小茉莉〉、〈馬蘭山歌〉、〈我在你左右〉、〈重相逢〉、〈追〉、〈冰冷的心〉、〈秋江憶別〉、〈誰來陪伴我〉、〈台北的懷念〉、與金澎男女對唱三首〈愛的糾紛〉、〈夜夜夢江南〉、〈什麼吃草不吃根〉、〈寒雨曲 - 金澎唱〉、〈台灣好 - 金澎唱〉、〈放羊歌〉、〈花田錯〉、〈毛毛雨〉、〈天涯歌女〉、〈歌女之歌〉、〈月琴〉、〈草原之夜〉、〈熱與光〉。
2008	97	12/1	射手座孫女翰翰誕生。
2009	98	3/21	美國加州南海岸中華文化協會暨爾灣中文學校年會及募款餐會於希爾頓飯店參與演出。
2009	98	5/2	新加坡「青山不老之歌」演唱會，美黛擔任特別嘉賓與青山合唱〈杏花溪之戀〉。
2009	98	6/13	華風文化事業有限公司主辦「金嗓金曲演唱會」於台北市中山堂中正廳表演，演出曲目〈重相逢〉、〈意難忘〉、〈桃花江〉、〈明月千里寄相思〉、〈誰來陪伴我〉、〈四季歌〉。
2010	99	5/6	華風文化事業有限公司主辦「2010 金嗓金曲演唱會」於台北市中山堂中正廳表演，演出曲目〈追〉、〈負情恨〉、〈誰來陪伴我〉、〈意難忘〉、〈不唱睡不著〉。
2010	99	11/18	華風文化事業有限公司加場主辦「百年經典 - 金嗓金曲演唱會」於台北市中山堂中正廳表演，演出曲目〈意難忘〉、〈毛毛雨〉、〈探情郎〉、〈馬蘭山歌〉、〈我在你左右〉。
2011	100	3/21	台北振興醫院神經外科宋文鑫主任施作 9 小時脊椎手術，變身為「鋼鐵人」。

民國 97 年（2008）9 月 7 日「回首 70- 我在你左右美黛演唱會」結束後，
美黛奶奶抱一歲半孫子「小超人達達」向來賓答謝

台北市立動物園美黛奶奶與孫子「蜘蛛人達達」

西元紀年	民國紀年	月／日	美黛重要事蹟
2011	100	4/18	參與臺北市政府文化局「北部流行音樂中心軟體計畫 - 資深音樂人口述歷史影音紀錄」之訪談並獲頒感謝狀。
2011	100	5/8	華風文化事業有限公司主辦「金嗓金曲演唱會 - 群星歡唱 50 年」於台北國父紀念館表演，演出曲目〈群星頌〉、〈意難忘〉、〈寒雨曲〉、與孫樸生男女對唱〈夜夜夢江南〉。
2011	100	6/12	新加坡濱海藝術中心音樂廳「爸爸最愛經典」演唱會參與演出，替中華醫院募款。
2011	100	6/25	華風文化事業有限公司加場主辦第二場「金嗓金曲演唱會 - 群星歡唱 50 年」於台北國父紀念館表演，演出曲目〈群星頌〉、〈誰來陪伴我〉、〈我在你左右〉、與孫樸生男女對唱〈站在高崗上〉。
2011	100	10/29	台北市立動物園「2011 年大象保育暨尊親敬老活動」指揮重相逢歌唱班演出。
2011	100	11/10	華風文化事業有限公司主辦「周藍萍時代經典回想曲」於台北市中山堂中正廳表演，演出曲目〈梁山伯與祝英台 - 千年瓦上霜〉、〈回想曲 (想從前)〉、與王慧蓮對唱〈滿工對唱〉、與金澎男女對唱〈春風春雨〉。
2012	101	3/31	華風文化事業有限公司主辦「2012 台北靜婷演唱會」於台北國父紀念館表演，擔綱演出嘉賓，與靜婷對唱二首曲目〈滿工對唱〉、〈十八相送〉。
2012	101	5/26	夫君賀天恩胃腺癌病逝於台北市萬芳醫院，享年 76 歲。
2012	101	5/27	華風文化事業有限公司主辦「2012 金嗓金曲演唱會 - 群星歡唱 50 年」於台北國父紀念館表演，演出曲目〈相思河畔〉、〈霧裡的愛情〉。

民國 103 年（2014）1 月 11 日「風華再現群星會演唱會」後台，美黛與于櫻櫻合影

TAIPEI 臺北

北市文化一字第 10031126101 號

臺北市政府文化局感謝狀

茲感謝美　黛女士，為華語流行音樂奉獻其畢生心力，創造台灣流行音樂視野，呼喚全球華人社會之人文情懷，並熱情參與本局「北部流行音樂中心軟體計畫-資深音樂人口述歷史影音紀錄」之訪談，以茲文化傳承，本局至深感篆，特申謝忱。

局長 謝小韞

中華民國 100 年 4 月 18 日

民國 100 年（2011）4 月 18 日台北市文化局資深音樂人口述歷史影音紀錄感謝狀

西元紀年	民國紀年	月/日	美黛重要事蹟
2013	102	12/10	參加台北西門町紅樓由文化部與台北市文化局主辦《我們的故事我們的歌》系列活動之一〈西門歌廳的意難忘〉座談會，與台大教授陳峙維、警廣知名主持人「阿國」（洪宗適先生）共同暢快對談。
2014	103	1/5	新加坡濱海藝術中心劇院「四大太后」2014 演唱會參與演出，演出歌手靜婷、潘秀瓊、劉韻、美黛，特別嘉賓青山。
2014	103	1/11	華風文化事業有限公司主辦「風華再現群星會演唱會」於台北國父紀念館表演，演出曲目〈花外流鶯〉、〈賣糖歌〉。
2014	103	4/19	聲寶集團主辦「創辦人陳茂榜百歲紀念演唱會」於台北市世貿南港展覽館獻唱。
2014	103	12/28	華風文化事業有限公司主辦「時代之歌 - 懷念金曲演唱會」於台北國父紀念館表演，演出曲目〈碧血黃花〉、〈家在山那邊〉。
2015	104	3/22	正聲廣播公司 65 週年主辦「百轉千迴－典藏黑膠唱片展」之「美黛 - 金曲憶當年」講座活動於台北松山文創園區舉行。
2015	104	9/1	參加外交部「抗戰勝利 70 週年紀念短片發表音樂會」，演出曲目〈凱旋歌〉。
2015	104	10/24	2015 年桃園眷村文化節「眷永風華群星會」演唱〈花外流鶯〉、〈寒雨曲〉。
2015	104	10/25	參加台北市立交響樂團慶祝光復 70 週年「2015 臺灣光復紀念音樂會」於台北市中山堂中正廳表演，演出曲目〈回想曲〉、〈臺灣小調〉、〈家在山那邊〉。
2015	104	11/22	新加坡聖淘沙名勝世界劇場「四大太后」2015 演唱會參與演出，演出歌手楊燕、張萊萊、劉韻、美黛。

演出者 PERFORMERS

指揮：吳琇玲　Conductor: Wu, Shou-ling

畢業於台北師範專科學校音樂科，美國密西根大學音樂學院及印第安那大學研究所。現任臺北市立交響樂團助理指揮，並經常於國家音樂廳及其它舞台指揮該團公開演出。

Ms. Wu earned her Bachelor of Music degree from University of Michigan School of Music in Ann Arbor, Michigan and a Master of Music degree from the School of Music at Indiana University. She has conducted the Taipei Symphony in numerous concert appearances performing a wide and varied range of works from the classical and contemporary to the folk and popular music repertoire at the National Concert Hall and on concert stages throughout Taiwan.

鋼琴：莫啟慧　Piano: Mo, Chi-hui

1988年以優異成績通過教育部資賦優異甄試保送進入師大音樂系，隨後取得音樂碩士學位。學生階段獲得田靜宜老師指導，大學期間深受名鋼琴演奏家葉綠娜教授栽培，並於其間有幸獲得吳琇玲指揮之指導，長期擔任鋼琴伴奏，獲益良多。

During her secondary school years, Ms. Mo was taught by music teacher Tian, Jing-yi. Then at university, she received instruction from Professor Yeh Lina, and later, from Conductor Wu, Shou-ling in piano performance and accompaniment.

美黛　Special Performance: Mei Dai

1960年進入歌壇，1962年以一首「意難忘」風靡全省，1964年曾演出電影「綠島之夜」，1966年為電影「台北姑娘」擔任幕後主唱，1991年獲頒新聞局「金曲獎」特別貢獻獎，先後出版40多張專輯。代表歌曲：意難忘、重相逢、我在你左右、飛快車小姐、黃昏街頭。

Having started her career as a singer in 1960, Mei Dai gained her fame in Taiwan by singing the song "Unforgettable." She acted in the movie "The Night of Green Island" in 1964, and sang for the movie "The Lady of Taipei" in 1966. Having recorded more than 40 albums, Mei Dai was given the "Special Contribution Award" by the Golden Music Award in 1991.

民國104年（2015）9月1日外交部「抗戰勝利70週年紀念短片發表音樂會」節目表－演出者中英文簡介

抗戰勝利
紀念短片發表音樂會

民國104年（2015）9月1日外交部
「抗戰勝利70週年紀念短片發表音樂會」
節目表＿封面／封底

外交部抗戰勝利70週年
短片發表音樂會
演出證
美黛老師
0001
抗戰勝利

民國104年（2015）9月1日外交部＿
「抗戰勝利70週年紀念短片發表音樂會」
演出證

西元紀年	民國紀年	月／日	美黛重要事蹟
2015	104	11/28	華風文化事業有限公司主辦「金曲群星會 -2015 懷念金曲演唱會」於台北國父紀念館表演，演出曲目〈寒雨曲〉、〈我在你左右〉、〈群星頌〉。
2016	105	2/6 ≀ 2/19	除夕前一天因重感冒未痊癒，又尿道感染大腸桿菌引發敗血症休克，送台北振興醫院急診室，加上食道及胃潰瘍出血後轉住院治療 13 天。
2016	105	10/8	桃園市政府文化局主辦2016年桃園眷村文化節「眷戀•我們的音樂故事」演唱會於龜山軍史公園，演出曲目〈小雲雀〉、〈扮皇帝〉。
2016	105	12/10	華風文化事業有限公司主辦「2016 金嗓金曲演唱會」於台北國父紀念館表演，演出曲目〈大清早〉、〈一枝梅〉。
2017	106	1/21	參加台北市立國樂團「寶島回想曲 - 周藍萍經典作品演唱會」於台北國際會議中心表演，演出曲目〈回想曲〉、〈玉樓春〉。
2017	106	5/6	華風文化事業有限公司主辦「2017 金嗓金曲演唱會」於台北國父紀念館表演，演出曲目〈藍色的憂鬱〉、〈扮皇帝〉、〈意難忘〉。
2017	106	11/7 ≀ 11/17	台北振興醫院胃腸肝膽科洪宏緒主治醫師採住院檢查治療，11/8 經超音波導引肝臟穿刺檢查，切片確診為肝內膽管癌（即「膽道癌」）第四期，且侵犯肝門靜脈，並已移轉至後腹腔淋巴結。
2017	106	12/4	「重相逢歌唱班」在台北城市舞台舉辦20週年成果發表會。
2017	106	12/11 ≀ 12/16	台北振興醫院血液腫瘤科陳國維主治醫師採住院化療，12/13 安裝人工血管，12/15 第一次化學藥物治療。
2017	106	12/26	台北振興醫院血液腫瘤科陳國維主治醫師因第一次化療效果不彰，黃疸狀況嚴重，改採住院治療黃疸。

正宗老歌
2017 金嗓金曲演唱會
106年5月6日六 19:30 台北國父紀念館
(依筆劃序)
劉福助
張瑠瓊
葉蔻
洪小喬
紀露霞
美 黛
林 沖
金佩姍
孔蘭薰
上官萍
于櫻櫻
主持人 侯麗芳
購票洽詢：02-23419898・02-26425363
票價：2500/2000/1500/1000/600
售票：年代電腦售票系統 http://www.ticket.com.tw
主辦單位：華風文化事業有限公司
售票地點
7-11 i-bon 全家便利商店 萊爾富 OK便利商店 家樂福 何嘉仁書店 法雅客
三民書局 國父紀念館 國家音樂廳.戲劇院 中山堂 等年代電腦售票系統
(主辦單位保留節目更動權)

民國 106 年（2017）5 月 6 日「2017 金嗓金曲演唱會」廣告宣傳單

西元紀年	民國紀年	月／日	美黛重要事蹟
2018	107	1/3 ≀ 1/12	病情持續惡化，改為緩和性放射線治療。
2018	107	1/13 ≀ 1/28	身體狀況仍無法負荷，因此中止放療，選擇安寧緩和醫療。
2018	107	1/29	台北振興醫院血液腫瘤科陳國維主治醫師於上午10點38分宣布心跳停止安詳辭世，享壽79歲。
2018	107	2/23	「意難忘－美黛歌唱故事特展」2/23於桃園光影文化館歡慶農曆80大壽開幕，美黛大哥王萬成先生代領「桃園市榮譽市民證」獎牌，展覽至4/8結束。
2018	107	3/10	台北市立第二殯儀館一樓至真三廳上午舉行「歌壇活字典－美黛小姐追思會」告別禮拜，骨灰火化後於陽明山臻善園C4區中央花葬。
2018	107	10/13	桃園市龜山區龜山國民小學100週年校慶獲頒校友「傑出貢獻獎」，女兒代領。
2020	109		12月「歌壇活字典－意難忘－美黛傳」自傳書出版。

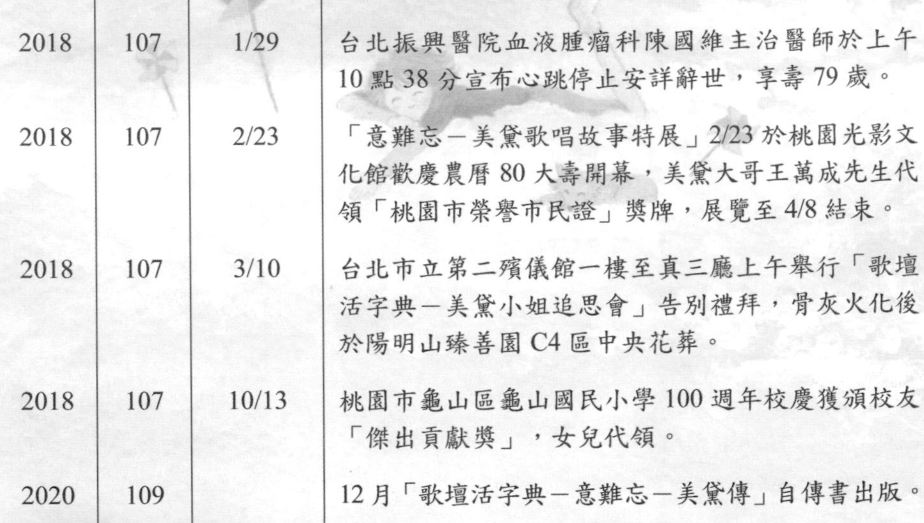
自由娛樂
(影視中心攝影組攝)
自由娛樂

民國107年(2018)3月10日「歌壇活字典－美黛小姐追思會」名主持人侯麗芳小姐致詞
(資料來源：Youtube自由娛樂頻道攝影「美黛告別式」)

P8　2018年2月27日　星期二　　WB NEWS　晚报新闻

‘意难忘’歌后
美黛癌逝

一代“意难忘”歌后美黛，上个月因胆管癌病逝。

陈玉娇　报道
tangkw@sph.com.sg

台湾资深“意难忘”歌后，79岁美黛，今早惊爆已于上个月29日上午10时38分因胆管癌病逝。

生于1939年的美黛，热爱歌唱，1957年出道，是桃园一康乐队的主唱，隔年在高雄露天歌厅演唱，接着进入台北歌坛，1962年台湾电视公司开播，她成为第一个演唱群星会主题曲《群星颂》的歌手，1963年以《意难忘》风靡全台湾，过后陆续演唱了《我为你歌唱》《孤星泪》《我在你左右》等经典歌曲。

美黛因演唱《意难忘》走红，至今已发行过近30张专辑，她在1997年开始教唱事业，近年也会参加演唱会献唱，在去年台湾外交部举办的“抗战胜利暨台湾光復70周年纪念短片发表音乐会”上，她也登台高唱抗战歌曲。

美黛是在18年前经“大白鲨”陈今珮引荐，开始踏足本地演唱会舞台，每隔一两年就应各演唱会主办商邀请来新演唱她的经典歌曲。

美黛的告别式将在3月10日在台北举行追思公祭。

美黛唱
意難忘

享年79岁 不到两月 治胆管癌

美黛女儿今天通过华风文化的刘国炜总监发出声明，告知母亲美黛逝世的噩耗，也通过台湾振兴医院公关吕建和发现美黛的病情声明稿。

根据医院的声明稿，美黛是在去年11月8日进入医院接受治疗，经超音波导引肝脏穿刺检查，切片确诊为肝内胆管癌第四期，且侵犯肝门静脉，并已转移至后腹腔淋巴结。

美黛是在12月15日接受第一次化学药物治疗，声明稿说，效果效果不彰，黄疸状况严重，病情持续恶化，今年1月3日至12日期间改为缓和性放疗，但美黛身体状况仍无法负荷，因此中止放疗，选择安宁缓和医疗。1月29日上午10时，美黛不敌癌魔在医院安详辞世。

抱病筹办特展　等不到开幕

悲恸不已的美黛女儿，通过为美黛主办“意难忘~美黛歌唱故事特展”的华风文化的刘国炜总监声明稿，针对没有及时对外公开美黛离世的消息说：“谢谢大家为母亲过了一个不一样的农历80岁生日，母亲过世前希望她的歌唱特展能在欢乐的气氛中进行，又逢新年期间，希望亲友及歌迷们能谅解。”

她也谢谢桃园市政府艺文设施管理中心为她母亲举办特展。她说：“病中母亲从设计风格到资料照片的内容确认都亲自参与，母亲没想到她的病情恶化那么快，很遗憾无法参与开幕式，也无缘亲自见到自己的特展。”

她感谢过去大家对她母亲的爱护！

美黛（中）是本地演唱会舞台“常客”，经常与青山（右）和静婷（左）同台。

美黛离世前积极筹办自己的故事特展。

总监上门拿展品　不知美黛已逝

为美黛于4月开始在桃园筹办“意难忘~美黛歌唱故事特展”的刘国炜总监透露，去年12月初美黛告知身体检查出了状况，要住院治疗，并于11日住进医院准备进行化疗。刘国炜总监就到医院和美黛确认所有特展的事项，之后让美黛专心治疗，他说美黛非常关注这个特展，最后还追加展出表演服装到六套，2月1日他到美黛家拿展出服装及金曲奖奖座等展品，并没有察觉异状，停留了1个小时和美黛女儿及儿子谈及展览进度，也询问了美黛近况，更特别从美黛珍藏的专辑里找到了《意难忘》于1958年最初刊登的歌谱版本。

刘国炜也说，他还计划在美黛体力允许下安排到她亲自来看特展，美黛辞世的消息让他无法相信。

民國107年（2018）2月27日
新加坡聯合晚報
「〈意難忘〉歌后，美黛癌逝」
陳玉嬌報導

二〇一八年二月二十八日 星期三
農曆戊戌年正月十三日 **娛樂名人**

《意難忘》傳唱55年
美黛膽管癌悄然辭世

■資深歌手美黛上月29日因病離世，昨家屬發聲明宣布死訊。

資深歌手電台助理出身

本名	熊美黛
享壽	78歲(1939/02/23~2018/01/29)，虛歲80歲
婚姻	和老公賀天恩育有1雙兒女
經歷	原是電台助理小妹，後加入康樂隊勞軍，並受邀至正聲廣播、民本電台、民聲電台節目演唱，1963年推出首張專輯《意難忘》竄紅，同年演唱台視《群星會》主題曲《群星頌》
代表作	專輯《意難忘》、《我在你左右》、《絕代佳人》等

■美黛靠著《意難忘》紅遍大街小巷。

【陳薈涵／台北報導】資深歌手美黛罹患肝內膽管癌，昨家屬發聲明表示她已於上月29日離世，享壽78歲（虛歲80歲）。她去年11月發現罹癌第4期，甚至轉移到腹腔淋巴結，雖有化療但病情持續惡化，且身體無法負荷治療，最後選擇安寧緩和醫療，不到4個月便撒手人寰。她罹癌消息保密到家，連圈內好友紀露霞、于櫻櫻等人都不知情，昨得知死訊錯愕不已。

美黛1963年推出首張專輯《意難忘》打響知名度，並演唱台視《群星會》主題曲《群星頌》。桃園市政府23日推出「意難忘」—美黛歌唱故事特展，她原要出席開幕式，但因病情惡化過世，無緣再見歌迷。

家屬透過聲明表示：「謝謝大家為母親過了不一樣的農曆80歲生日，母親希望她的歌唱特展能在歡樂的氣氛中進行，又逢新年期間才遲至今日對外告知，希望親友及歌迷們能諒解。」華風文化總監劉國煒透露，治療前曾和她確認特展細節，後多透過女兒溝通，本月初他向美黛的兒女詢問病況時毫無異狀，昨才得知美黛離世消息。

下月10日告別式

資深歌手吳靜嫻昨表示「她是近代最偉大的歌星，我們這一輩都跟她學了很多歌」；吳秀珠直呼晴天霹靂：「幹嘛封鎖消息，連最後一面都見不到。」告別式將於下月10日在台北第二殯儀館早上7時半舉行追思禮拜，8點半公祭。

民國 107 年（2018）2 月 28 日蘋果日報「〈意難忘〉傳唱 55 年，美黛膽管癌悄然辭世」報導，吳靜嫻讚揚「美黛是近代最偉大的歌星」

2018年3月11日／星期日 自由時報 影視名人 D2

美黛花葬陽明山 女兒領唱意難忘

侯麗芳感念淚崩 林沖嘆太突然

○美黛女兒（右）在告別式中領唱媽媽的招牌曲《意難忘》。（記者胡舜翔攝）

〔記者陽昕翰／台北報導〕資深歌手美黛1月因肝內膽管癌過世，享壽80歲，她的告別式昨於台北第二殯儀館舉行，眾多星友淚送美黛最後一程，她的女兒更在告別式領唱媽媽的招牌曲《意難忘》；美黛火化後骨灰已採取花葬，長眠於陽明山的臻善園。

美黛曾獲金曲特別獎的肯定，高齡的她1月29日因癌症過世，家屬遵從她的遺願，隱瞞過世消息近1個月，直到2月底才公布消息，讓歌迷與圈內好友相當不忍。

昨包括林沖、侯麗芳、吳靜嫻、葉蔻、吳秀珠、金澎、孔蘭薰等好友赴告別式，親友採取基督教儀式進行追思禮拜，並於8點半開放公祭。

○侯麗芳（左起）、葉蔻、金澎、孔蘭薰等好友都前往致意。（記者胡舜翔攝）

侯麗芳在追思會致詞哽咽說：「美黛是個助人的好人，記得在17年前，我過50歲生日，她一口答應我，更坐在椅子上唱3首歌，她說她脊椎有點問題，這但種勤奮我難忘懷，她對我說，『侯麗芳我們都是努力工作的人，實實在在的人』，我說我會記得妳的教誨。」數度難過淚崩。

她的好友華風文化總監劉國煒透露，美黛其實對身後事看得很開，她的遺照是去年演出在後台拍攝的照片，更早在7年前就寫好遺書，早交代喪禮不收奠儀，不願勞煩親友。

85歲的「鑽石歌王」林沖也現身，他談到：「非常喜歡她的《意難忘》，她非常親切，對我講話溫柔、客氣，不驕傲，只是她走的太突然，事後知道嚇了一大跳，非常難過。」

美黛去年確診罹癌，她決定要與病魔抗戰，卻低調未告知親友，讓後輩吳秀珠、葉蔻相當不捨，吳秀珠難過地說：「最近打電話她都沒接，沒聯絡上她，以為她去教課，看到訃文我整個嚇到，不敢相信。」無奈已是天人永隔。

○林沖出席告別式，對於美黛過世覺得太突然（記者胡舜翔攝）

民國 107 年（2018）3 月 11 日自由時報「美黛花葬陽明山，女兒領唱意難忘」報導

第二章

美黛專輯作品一覽表

Apple2018

花兒婆娑
陽光輕暖
自葉間糝落了細細的金色的雨
花間雲影中　是我
已然沉浸
掉落
在起伏跌宕的音符裡

③
TAIWAN UNION RECORD CO.LTD.
合衆唱片 UNION RECORD
合衆國語歌曲
第七集
美黛唱
版權所有
翻製必究
高級片
CM-7
第一面
1.如何能嫁他
2.意難忘
3.春風秋雨
4.楓紅柳黃時
林禮涵編曲
合衆管絃樂團伴奏
LONG 33⅓ PLAY
合衆唱片製造廠出品
①
合衆唱片 UNION RECORD
CM-7
合衆國語歌曲
第七集
美黛唱
Chinese Popular Songs Vol.7
④
TAIWAN UNION RECORD CO.LTD.
合衆唱片 UNION RECORD
合衆國語歌曲
第七集
美黛唱
版權所有
翻製必究
高級片
CM-7
第二面
1.四季春
2.更鼓催天將曉
3.寒雨曲
4.黃昏的街頭
林禮涵編曲
合衆管絃樂團伴奏
LONG 33⅓ PLAY
合衆唱片製造廠出品

合眾唱片 CM-7 合眾國語歌曲第七集－美黛唱

②

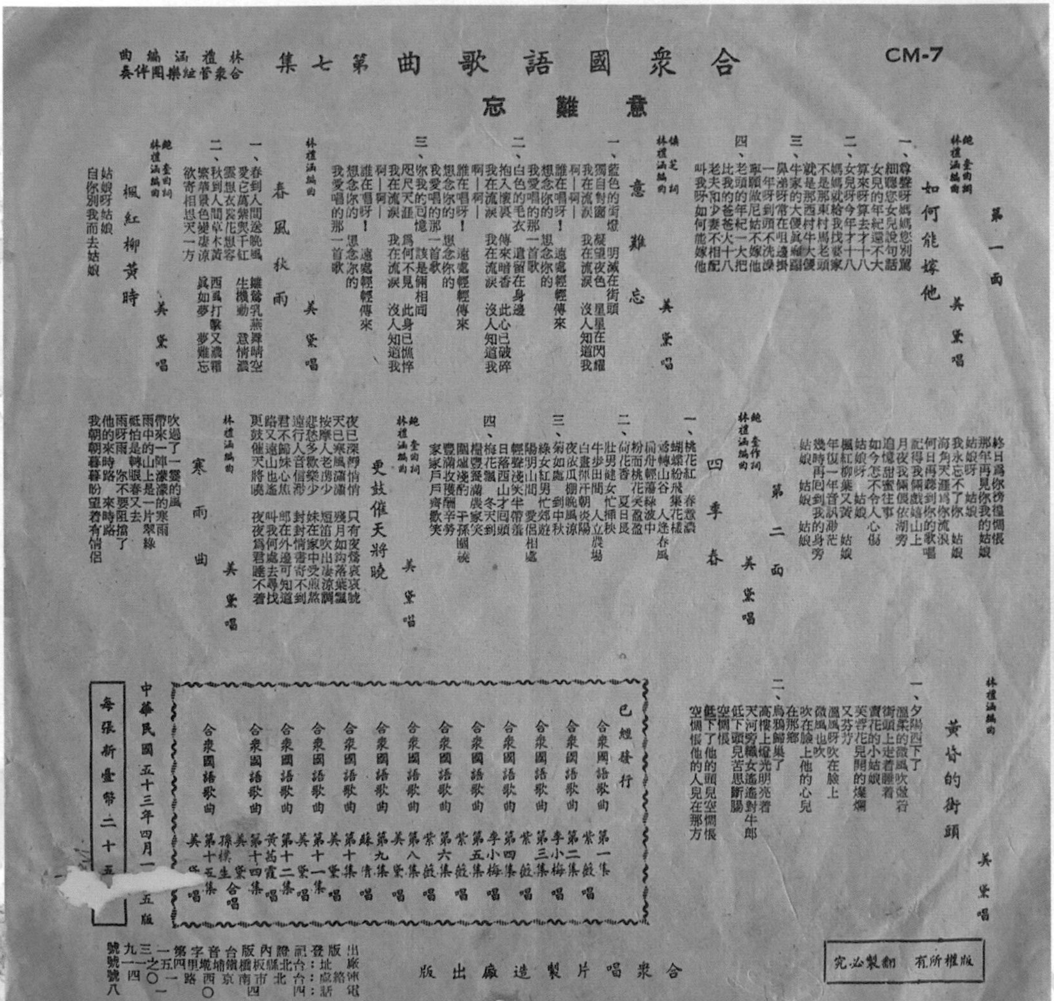
CM-7

合衆國語歌曲第七集

林禮涵編曲
合衆管絃樂團伴奏

意難忘

第一面

如何能嫁他　美黛唱

鮑臺 曲詞　林禮涵 編曲

一、尊聲呀媽媽您別罵
細聽您女兒說句話
女兒的年紀還不大
算來呀算去才十八
二、女兒呀今年才十八
媽媽就給我找婆家
不是那東村馬老頭
就是那西村牛大傻
三、牛家的大傻眞癩痢
鼻涕呀常在咀邊掛
一年呀到頭不洗澡
寧願做尼姑不嫁他
四、老頭的年紀一大把
比我的爸爸大十八
老夫少妻不相配
叫我呀如何能嫁他

意難忘　美黛唱

愼芝 詞　林禮涵 編曲

一、藍色的街燈　明滅在街頭
獨自對窗　凝望夜色　星星在閃耀
我在流淚　我在流淚　沒人知道我
啊｜啊｜
誰在唱呀！　遠處輕輕傳來
想念你的　想念你的
我愛唱的那　一首歌
二、白色的毛衣　遺留在身邊
抱入懷裏　傳來暗香　此心已破碎
我在流淚　我在流淚　沒人知道我
啊｜啊｜
誰在唱呀！　遠處輕輕傳來
想念你的　想念你的
我愛唱的那　一首歌
三、你我的回憶　該是倆相間
咫尺天涯　爲何不見　此身已憔悴
我在流淚　我在流淚　沒人知道我
啊｜啊｜
誰在唱呀！　遠處輕輕傳來
想念你的　想念你的
我愛唱的那　一首歌

春風秋雨　美黛唱

林禮涵 編曲

一、春到人間送晚風　雛鶯乳燕舞晴空
愛已萬紫與千紅　生機動　意情濃
雲想衣裳花想容
二、秋到人間草木黃　西風打擊又濃霜
繁華景色變淒涼　眞如夢　夢難忘
欲寄相思天一方

楓紅柳黃時　美黛唱

鮑臺 曲詞　林禮涵 編曲

姑娘呀姑娘
自你別我而去姑娘
終日爲你徬徨惆悵
那年再見你我的姑娘
姑娘呀　姑娘
我永忘不了你　姑娘
海角天涯寫你流淚
何日再聽到你的歌唱
記得我倆戲嬉山上
月夜我倆偎依湖旁
追憶甜蜜往事
如今怎不令人心傷
姑娘呀　姑娘
楓紅柳葉又黃　姑娘
年似一年音訊渺茫
幾時再回到我的身旁
姑娘　姑娘　姑娘

第二面

四季春　美黛唱

鮑臺 作詞　林禮涵 編曲

一、桃花紅　春意濃
蝴蝶紛飛　集花樣
鶯囀山谷　人迷春風
同舟輕蕩　綠波中
粉面桃花　笑盈盈
二、荷花香　夏日長
壯男健女　忙插秧
牛步田間　人立農場
白晝揮汗　朝炎陽
夜浓瓜棚　晚風涼
三、菊如扇　到中秋
綠女紅男　忙郊遊
陽明山間　愛侶相處
輕聲淺笑　半帶羞
日落西山　才回頭
四、梅花飄　冬天到
糧豐登滿　農家笑
圍爐淺酌　子孫團圓
豐滿收穫　酬辛勞
家家戶戶　齊歡笑

更鼓催天將曉　美黛唱

鮑臺 曲詞　林禮涵 編曲

夜已深夢悄悄　只有夜貓哀號
天已寒風瀟瀟　殘月如鉤落葉飄
按摩人老攜少　短笛吹出淒涼調
悲愁多歡樂少　妹在家中受煎熬
遠行人音信渺　封封情書寄不到
君不歸妹心焦　郎在外邊可知道
路又遠山也遙　叫我何處去尋找
更鼓又催天將曉　夜夜爲君睡不着

寒雨曲　美黛唱

林禮涵 編曲

吹過了一變的風
帶來一陣濛濛的寒雨
雨中的山上是一片翠綠
祇怕是轉眼春又去
雨呀雨　你不要阻擋了
他的來時路　來時路
我朝朝暮暮盼望着有情侶

黃昏的街頭　美黛唱

林禮涵 編曲

一、夕陽西下了
溫柔的微風吹散谷
街頭上走着睡着
賣花的小姑娘
芙蓉花兒開的燦爛
又芬芳
溫風呀吹在臉上
微風也吹
吹在臉上他的心兒
在那鄉
二、鳥鴉歸巢了
高樓上燈光明亮着
天河旁織女遙遙對牛郎
低下頭兒苦思斷腸
空惆悵
低下了他的頭兒空惆悵
空惆悵他的人兒在那方

版權所有　翻製必究

已經發行

合衆國語歌曲第一集　紫薇唱
合衆國語歌曲第二集　李小梅唱
合衆國語歌曲第三集　紫薇唱
合衆國語歌曲第四集　李小梅唱
合衆國語歌曲第五集　紫薇唱
合衆國語歌曲第六集　紫薇唱
合衆國語歌曲第八集　美黛唱
合衆國語歌曲第九集　蘇清唱
合衆國語歌曲第十集　美黛唱
合衆國語歌曲第十一集　美黛唱
合衆國語歌曲第十二集　黃茜霞唱
合衆國語歌曲第十四集　美黛　孫樸生合唱
合衆國語歌曲第十五集　美黛唱

中華民國五十三年四月一[illegible]五版

每張新臺幣二十五[illegible]

出版登記證：內版台音字第一三九號
廠址：台北縣板橋鎮埔墘里四五之一一號
連絡處：台北市南京西路一○四號
電話：四四○一八

合衆唱片製造廠出版

合眾唱片 CM-7 合眾國語歌曲第七集－美黛唱

① 合眾唱片 CM-7 合眾國語歌曲第七集 _ 美黛唱－封面（六禾音樂故事館館長陳明章提供）
② 合眾唱片 CM-7 合眾國語歌曲第七集 _ 美黛唱－封底（六禾音樂故事館館長陳明章提供）
③ 合眾唱片 CM-7 合眾國語歌曲第七集 _ 美黛唱－圓標第一面（六禾音樂故事館館長陳明章提供）
④ 合眾唱片 CM-7 合眾國語歌曲第七集 _ 美黛唱－圓標第二面（六禾音樂故事館館長陳明章提供）

中華民國九十三年六月二十五日／星期五　民生報

王祖壽　超音波周報

美黛　羅大佑　都唱意難忘

●5月29日，羅大佑全台7場演唱會的最後一場，台中中興大學侑大的惠蓀堂，湧進近3千人。這天，直到觀衆進場後一直天晴，沒想到散場時，才發現外面下起滂沱大雨。

我們再去聽羅大佑，是彌補20年他未能在家鄉舞台演唱之憾，也想藉此憑弔這塊土地走過的悲歡離合，從中我們更懂得體悟從流行音樂雪地開花的創作歌手的才情。

面對執政者，無論哪個年代都面不改色的抗議歌手，在台上，面對流行歌曲的歷史洪流卻俯首低眉，他說：「(寫歌)我不是天才，我小時候跟著父親聽放很多歌，帶給我很大的影響，我想唱這一首，紀念一下我父親...。」

羅大佑坐在鋼琴前，熟悉的旋律從他指間輕洩，於是我們聽到一個男聲粗獷的「意難忘」。「藍色的街燈明滅在街頭，獨自對窗凝望月色，星星在閃耀，我在流淚，我在流淚，沒人知道我，啊~啊~...」，這是羅大佑演唱會的最後一首歌，那晚散場後在門廊被雨所困的我們，耳畔彷彿仍縈繞著近乎哀鳴的「意難忘」。

如果羅大佑的「意難忘」近乎哀鳴，蔡琴的「意難忘」初始平靜，後則滄桑，鳳飛飛的「意難忘」輕快，潘秀瓊的「意難忘」低迴，張惠妹的「意難忘」悠揚，美黛的「意難忘」流露溫暖，不同的年代，他們都唱著同一首「意難忘」。

美黛唱「意難忘」那年，她23歲，這是她第一次灌唱片。美黛記得很淸楚，1962年國父誕辰紀念日那一天，她在台北南海路美國新聞處錄音室，灌唱這首「意難忘」。美黛說：「錄音師葉和鳴在那邊任職，那時他自己還沒有錄音室，就利用國定假日這一天，安排在美新處錄音。」

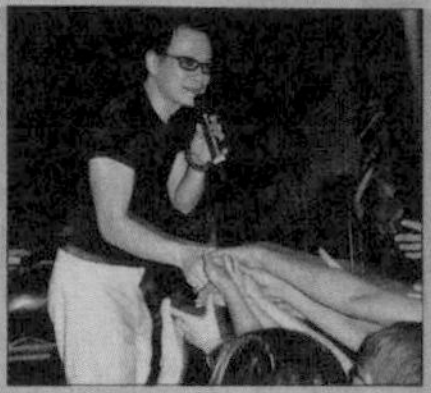

羅大佑

這麼說，老美無意間對台灣流行文化作出了深遠的貢獻。那年年尾錄的唱片，次年年頭發行，傳播管道並不多的彼時台灣，這首歌在半年之內紅遍了大街小巷，從此深深影響著我們。

1976年，鳳飛飛唱片也出「意難忘」。1981年，24歲的蔡琴第一次灌唱「意難忘」；2001年，44歲的蔡琴出新唱片再唱「意難忘」。2000年，28歲的張惠妹在「歌聲妹影」唱片裡也唱了「意難忘」。這一首日本原曲，愼芝塡寫中文歌詞的「意難忘」唱過了40年，唱過了一代又一代。

一首偉大的歌，不同的年代都有歌手灌唱，當羅大佑唱他小時候耳濡目染父親常聽的「意難忘」，「藍色的街燈」對照「白色的毛衣」，我們恍然了悟，抗議歌手那些80年代膾炙人口的創作，「黃色的臉孔有紅色的汙泥」、「在紅橙黃綠的世界裡你這未來的主人翁」、「生命總有藍藍的白雲天」...，這些藉著色彩傳遞鮮明意象的歌詞，原來藏著兒時父親聽歌無可磨滅的創作基因。

同樣的，另一位創作歌手伍佰唱「愛你一萬年」，成爲在他與羅大佑的演唱會裡最受歡迎的曲目之一。「愛你一萬年」從70年代葉明德的抒情，唱到伍佰的搖滾，同樣的旋律，不同的世代不同的歌手以不同的節奏精神演繹，伍佰今次精選集標題「愛你伍佰年」甚至出自這首老歌的靈感，一首耳熟能詳能夠世代流傳的靡靡之音，就是能在亂世撫平我們心緒的好歌。

今晚，台北國父紀念館舉行的「我要爲你歌唱」演唱會裡，65歲的美黛將再一次唱她這首「意難忘」，靑山將唱「淚的小花」，「啊~啊~誰在唱呀，遠處輕輕傳來，想念你的，想念你的，我愛唱的那一首歌」，讓我們向遠去的愼芝鞠躬致敬，爲她創作無數不同世代的我們都愛唱的那一首歌。

伍佰

美黛

●「超音波周報」專欄與Gold FM聯播網同步刊播，台北健康電台頻道90.1，台中城市廣播頻道92.9，播出時間周五14:45／23:50，周六18:15，周一凌晨2:15。

民國93年（2004）6月25日民生報「美黛、羅大佑都唱意難忘」王祖壽報導

① 合眾唱片 CM-8 你在我身邊－封面
② 合眾唱片 CM-8 你在我身邊－封底

①

CM-8
合眾唱片
你在我身邊
美黛唱

②

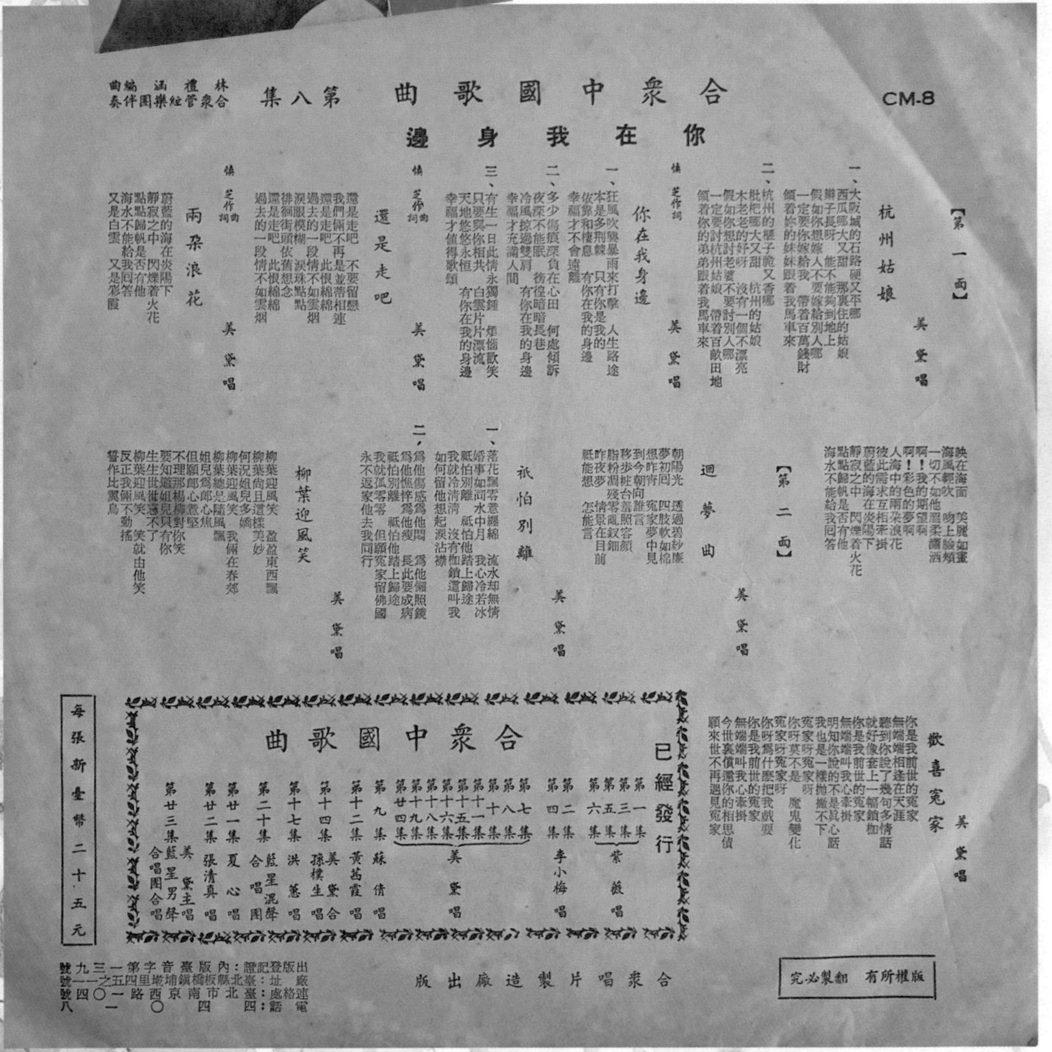

CM-8

合眾中國歌曲 第八集

林禮涵編曲
合眾管絃樂團伴奏

你在我身邊

【第一面】

杭州姑娘

美黛唱

一、大阪城的石路硬又平哪
西瓜哪大又甜 那裏住的姑娘
辮子長呀 能不能夠到地上
假如你想嫁人 不要嫁給別人哪
一定要你嫁給我 帶着百萬錢財
領着你的妹妹跟着我馬車來

二、杭州的櫃子脆又香哪
枇杷哪大又甜 杭州的姑娘
木老老的好呀 沒有一個不漂亮
假如你想討老婆 不要討別人哪
一定要討杭州姑娘 帶着百畝田地
領着你的弟弟跟着我馬車來

你在我身邊

慎芝作詞 美黛唱

一、狂風吹襲暴雨來打擊 人生路途
本是多荊棘 只有你是我的
依靠和棲息 有你在我的身邊
幸福才不會遠離

二、多少傷痕深負在心田 何處傾訴
夜深不能眠 徬徨暗暗長巷
冷風掠過雙肩 有你在我的身邊
幸福才充滿人間

三、有生一日此情永獨鍾 煩惱歡笑
只要與你相共 白雲片片漂流
天地悠悠永恒 有你在我的身邊
幸福才值得歌頌

還是走吧

慎芝作詞曲 美黛唱

還是走吧 不要留戀
我們倆不再是並蒂相連
還是走吧 此恨綿綿
過去的一段情 不如雲烟
淚眼模糊 淚珠點點
徘徊街頭 依舊想念
還是走吧 此恨綿綿
過去的一段情 不如雲烟

兩朶浪花

慎芝作詞曲 美黛唱

蔚藍的海在炎陽下
靜寂之中閃爍着火花
點點歸帆是否有他
海水不能給我回答
又是白雲 又是彩霞

【第二面】

映在海面 美麗如畫
海風輕吹 吻上臉頰
一切不如他 溫柔瀟洒
啊！我的期望 啊
啊！彩色的夢 啊
人海中的兩朶浪花
彼此需求互相牽掛
蔚藍的海在炎陽下
靜寂之中閃爍着火花
點點歸帆是否有他
海水不能給我回答

迴夢曲

美黛唱

朝陽光透過碧紗簾
夢初回四肢軟如棉
想昨宵寃家夢中見
到今朝向誰言
移步粧台蓋照容顏
脂粉凋殘零亂釵鈿
昨夜夢情景在目前
祇能想怎能言

祇怕別離

美黛唱

一、落花飄零意纏綿 流水却無情
婚事如同水中月 我心冷若冰
祇怕別離 祇怕他踏上歸途
我就冷清清 沒有枷鎖遺叫我
如何留他想起 淚沾襟

二、爲他傷感爲他悶 爲他惆照鏡
爲他憔悴 爲他瘦 長此要成病
祇怕別離 祇怕他踏上歸途
我就孤零零 但願寃家留佛國
永不返家 他去我同行

柳葉迎風笑

美黛唱

柳葉迎風笑 盈盈東西飄
柳葉尚且遺樣美妙
何況姐兒多嬌
柳葉迎風笑 我倆在春郊
柳葉總是隨風飄
姐兒爲郎心焦
但願郎心意堅
不理那楊柳對你笑
要知道姐兒只有你
生生世世惹不了
柳葉迎風笑 笑
反正我倆不動搖 就由他笑
誓作比翼鳥

歡喜寃家

美黛唱

你是我前世的寃家
無端端相逢在天涯
聽到你說了幾句多情話
就好像套上一幅鎖枷
你是我前世的寃家
無端端叫我心牽掛
明知你說的不是眞心話
我也是一樣拋撇不下
寃家呀寃家呀
你呀莫不是 魔鬼變化
寃家呀寃家呀
你呀爲什麼把我戲耍
你是我前世的寃家
無端端叫我心牽掛
今世裏債還你的相思債
願來世不再遇見寃家

合眾中國歌曲

已經發行

第一、三、五、六集 紫薇唱
第二、四集 李小梅唱
第七、八、十、十一、十五、十六、十八、十九、廿四集 美黛唱
第九集 蘇倩唱
第十二集 黃茜霞唱
第十四集 美黛 孫樸生合唱
第十七集 洪戀唱
第二十集 藍星混聲合唱團
第廿一集 夏心唱
第廿二集 張清真唱
第廿三集 美黛主唱 藍星男聲合唱團合唱

每張新臺幣二十五元

合眾唱片製造廠出版

出版登記證：內版臺音字第一三九號
廠址：臺北縣板橋鎮埔墘里四五之一一號
連絡處：臺北市南京西路一〇四號
電話：四四〇一八

合眾唱片 CM-8 你在我身邊

Apple2018

壽喜燒
SUKIYAKI
CM-10
美黛唱
10

①

① 合眾唱片 CM-10 壽喜燒 Sukiyaki- 封面
② 合眾唱片 CM-10 壽喜燒 Sukiyaki- 封底

②

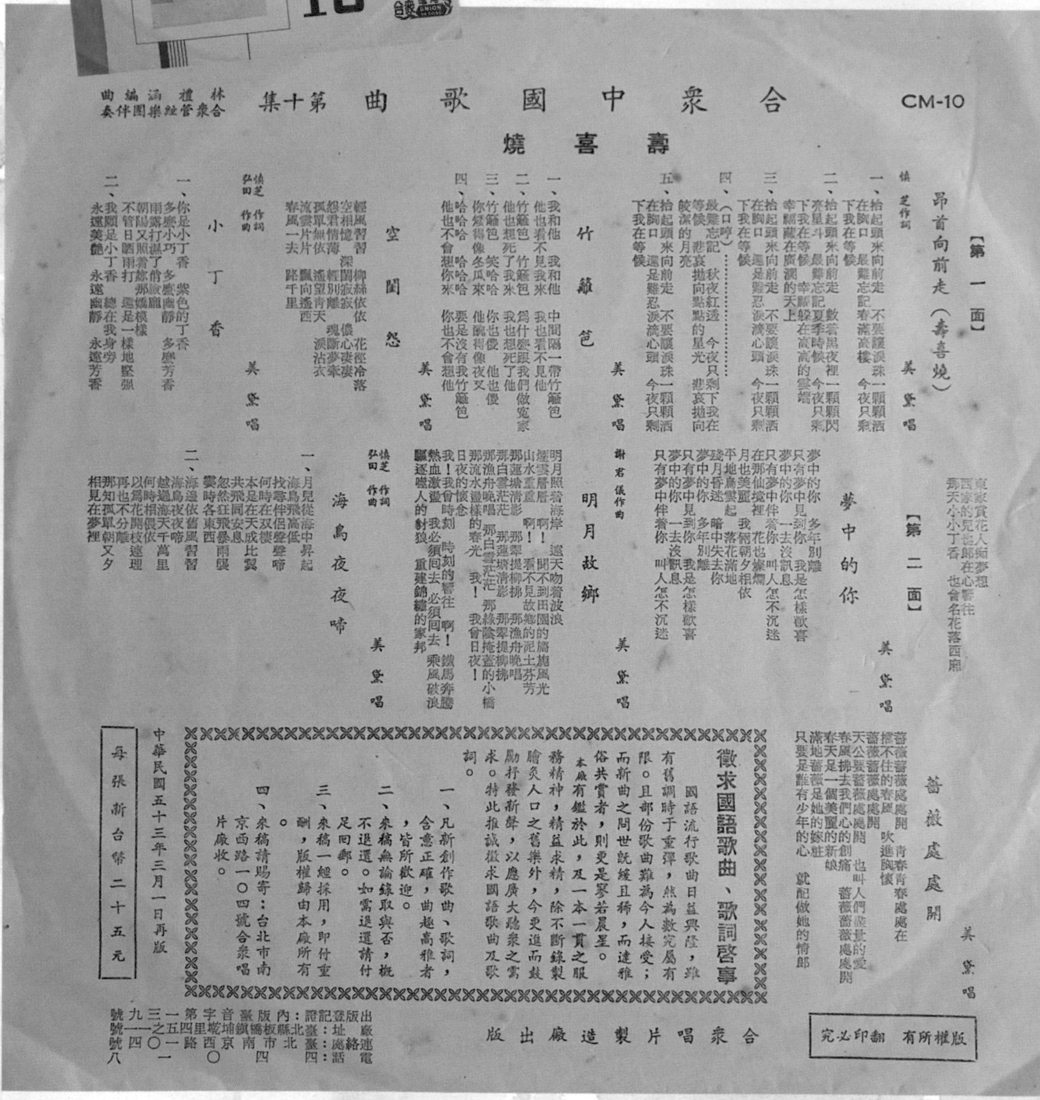

合衆中國歌曲第十集　　CM-10

林禮涵編曲
合衆管絃樂團伴奏

壽喜燒

【第一面】

昂首向前走（壽喜燒）

慎芝作詞　美黛唱

一、抬起頭來向前走不要讓淚珠一顆顆洒
在胸口最難忘記春滿高樓今夜只剩
下我在等候

二、抬起頭來向前走數著黑夜裡一顆顆閃
亮星斗最難忘記夏季時候今夜只剩
下我在等候幸福躲在高高的雲端
幸福藏在廣闊的天上

三、抬起頭來向前走不要讓淚珠一顆顆洒
在胸口還是難忍淚滴心頭今夜只剩
下我在等候

四、（口哼）…………
最難忘記秋夜紅透今夜只剩下我在
等候悲哀拋向點點的星光悲哀拋向
皎潔的月亮

五、抬起頭來向前走不要讓淚珠一顆顆洒
在胸口還是難忍淚滴心頭今夜只剩
下我在等候

竹籬笆

美黛唱

一、我和他我和他中間隔一帶竹籬笆
他也看不見我來他我也看不見他

二、竹籬笆竹籬笆為什麼跟我們做冤家
他也想死了我來我也想死了他

三、竹籬笆笑哈哈你也傻他也傻
你燒得像冬瓜來他醜得像夜叉

四、哈哈哈哈哈哈哈要是沒有我竹籬笆
他也不會想你來你也不會想他

空閨怨

慎芝作詞　弘田作曲　美黛唱

輕風習習柳絲依依花徑冷落
空相憶深閨寂寂儂心淒淒
怨君情薄輕別離魂斷夢牽
孤單無依遙望青天淚沾衣
流雲片片飄向遙西
春風一去路千里

小丁香

慎芝作詞　弘田作曲　美黛唱

一、你是小丁香紫色的丁香
多麼小巧多麼幽靜多麼芳香
雨露濕了倘嬌艷
朝陽照着妳那嬌模樣
不管日曬雨打還是一樣一樣地堅強

二、我願是小丁香總在我身旁
永還美艷永遠幽靜永遠芳香

東家賞花人痴夢想
西家的兒也郎在心嚮往
那天小小丁香也會名花落西廂

【第二面】

夢中的你

美黛唱

夢中的你多年別離
只有夢中見到你我是怎樣歡喜
夢中的你一去沒訊息
只有夢中伴著你叫人怎不沉迷
在那仙境裡花也燦爛
月也美麗我倆朝夕相依
平地鳥雙起落花滿地
殘月昏迷暗中失去你
夢中的你多年別離
只有夢中見到你我是怎樣歡喜
夢中的你一去沒訊息
只有夢中伴著你叫人怎不沉迷

明月故鄉

謝君儀作曲　美黛唱

明月照着海岸遠天吻着波浪
煙雲層層啊！閃不到田園的旖旎風光
山水重疊啊！看不見故鄉的泥土芬芳
那蓮塘清影那翠提柳拂那漁舟晚唱
那白雲茫茫那蓮塘清影那翠提柳拂
那漁舟晚唱那白雲茫茫那綠陰掩蓋的小橋
那流水還樣的春光我！我會日夜！
日夜的懷念
我！我會時刻時刻的嚮往啊！鐵馬奔騰
熱血激盪我必須回去必須回去乘風破浪
驅逐噬人的豺狼重建錦繡的家邦

海鳥夜夜啼

慎芝作詞　弘田作曲　美黛唱

一、月兒從海中昇起
海鳥飛高低
找尋伴侶聲聲啼
何時在双棲
本是在天成比翼
共同安息
忽然狂飛暴雨襲
霎時各東西

二、海邊依舊風習習
海鳥夜夜啼
越過海天千萬里
何時相偎依
以為花開枝連理
再也不分離
那知孤單朝又夕
相見在夢裡

薔薇處處開

美黛唱

薔薇薔薇處處開青春青春處處在
擋不住的春風吹進胸懷
薔薇薔薇處處開
天公要薔薇處處開也叫人們盡量的愛
春風拂去我們心的創痛薔薇薔薇處處開
春天是一個美麗的新娘
滿地薔薇是她的嫁粧
只要是誰有少年的心就配做她的情郎

徵求國語歌曲、歌詞啓事

國語流行歌曲日益興隆，雖有舊調時于重彈，然為數究屬有限。且部份歌曲難為今人接受；而新曲之問世既緩且稀，而達雅俗共賞者，則更是寥若晨星。

本廠有鑑於此，及一本一貫之服務精神，精益求精，除不斷錄製膾炙人口之舊樂外，今更進而鼓勵抒發新聲，以應廣大聽衆之需求。特此推誠徵求國語歌曲及歌詞。

一、凡新創作歌曲、歌詞，合意正確，曲趣高雅者，皆所歡迎。

二、來稿無論錄取與否，概不退還。如需退還請付足回郵。

三、來稿一經採用，即付重酬，版權歸由本廠所有。

四、來稿請賜寄：台北市南京西路一〇四號合衆唱片廠收。

中華民國五十三年三月一日再版

每張新台幣二十五元

合衆唱片製造廠出版

出版登記證：內版臺音字第一三九號
廠址：臺北縣板橋鎮埔墘里四五之一一號
連絡處：臺北市南京西路一〇四號
電話：四四〇一八

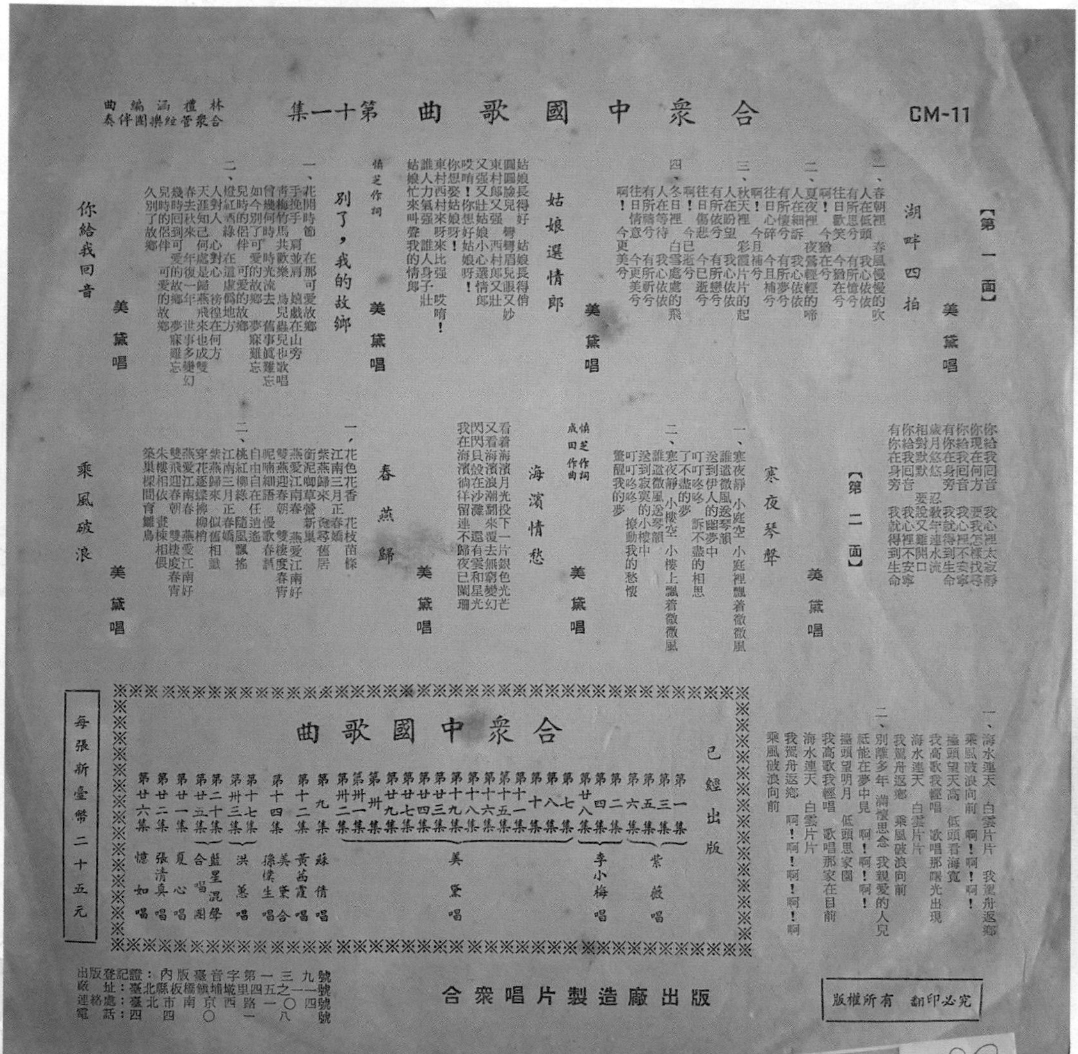

合衆中國歌曲 第十一集

林禮涵編曲
合衆管絃樂團伴奏

CM-11

【第一面】

湖畔四拍 美黛唱

姑娘選情郎 慎芝作詞 美黛唱

別了，我的故鄉 美黛唱

你給我回音 美黛唱

【第二面】

寒夜琴聲 美黛唱

海濱情愁 慎芝作詞 成田作曲 美黛唱

春燕歸 美黛唱

乘風破浪 美黛唱

合衆中國歌曲 已經出版

第一集 第三集 第五集 第六集	紫薇唱
第二集 第四集 第廿八集	李小梅唱
第七集 第八集 第十集 第十一集 第十五集 第十六集 第十八集 第十九集 第廿三集 第廿四集 第廿七集 第廿九集 第卅集 第卅一集 第卅二集	美黛唱
第九集	蘇倩唱
第十二集	黃茜霞唱
第十四集	美黛 孫樸生合唱
第十七集 第卅三集	洪蕙唱
第二十集 第廿五集	藍星混聲合唱團
第廿一集	夏心唱
第廿二集	張清真唱
第廿六集	憶如唱

每張新臺幣二十五元

出版登記證：內版臺音字第一三九號
廠　址：臺北縣板橋鎮埔墘里四五之一一號
連絡處：臺北市南京西路一〇四號
電　話：四四〇一八號

合衆唱片製造廠出版

版權所有 翻印必究

②

寒夜琴聲
美黛
CM-11

①

① 合眾唱片 CM-11 寒夜琴聲－封面
② 合眾唱片 CM-11 寒夜琴聲－封底

Apple2018

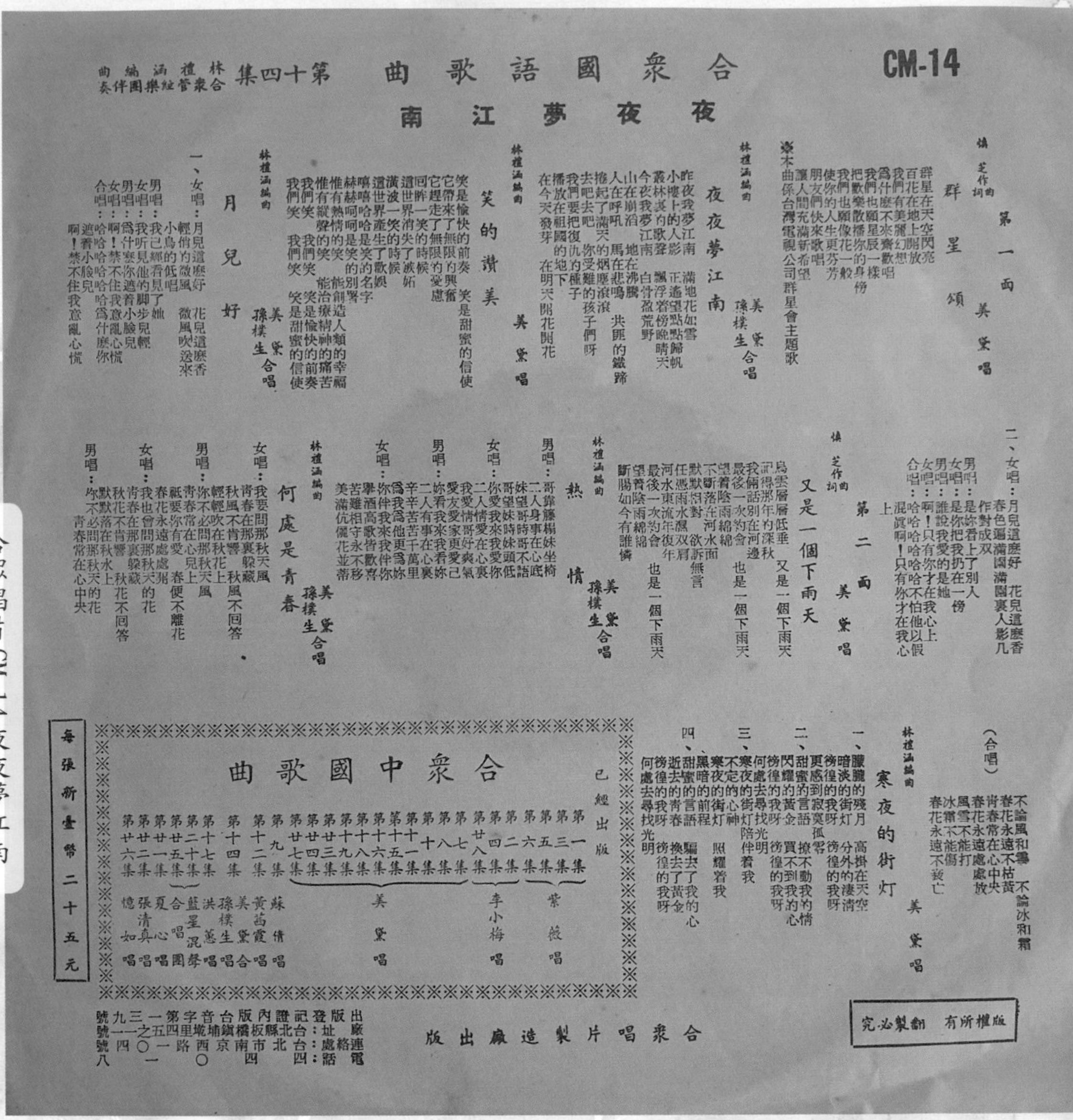

CM-14

合衆國語歌曲 第十四集

林禮涵編曲 合衆管絃樂團伴奏

夜夜夢江南

第一面

群星頌
慎芝作詞曲 美黛唱

群星在天空閃亮
百花在地上開放
我們有美麗幻想
爲什麼不來齊歡唱
我們也願星辰一樣
把歡樂散播你的身徬
我們也願像花一般
使你的人生更芬芳
朋友們快來歌唱
讓人間充滿新希望

※本曲係台灣電視公司群星會主題歌

夜夜夢江南
林禮涵編曲 美黛 孫樸生合唱

昨夜我夢江南 滿地花如雪
小樓上的人影 正遙望點點歸帆
叢林裏的歌聲 飄浮着徬晚晴天
今夜我夢江南 白骨盈荒野
山在崩潰 地在沸騰
人在呼吼 馬在悲鳴 共匪的鐵蹄
推起了滿天的烟塵滾滾
去吧去吧 你受難的孩子們呀
我們要把復仇的種子
播放在祖國的地下
在今天發芽 在明天開花開花

笑的讚美
林禮涵編曲 美黛唱

笑是愉快的前奏 笑是甜蜜的信使
它帶來了無限的興奮
它趕走了無限的憂慮
回眸一笑的時候
還世界消失了嫉妬
滿波一笑的時候
還世界產生了歡娛
嘻嘻哈哈是笑的名字
赫赫呵呵是笑的別署
惟有熱情的笑 能創造人類的幸福
惟有縱聲的笑 能治療精神的痛苦
我們笑 我們笑 笑是愉快的前奏
我們笑 我們笑 笑是甜蜜的信使

月兒好
林禮涵編曲 美黛 孫樸生合唱

一、女唱:月兒這麼好 花兒這麼香
輕俏的微風 微風吹送來
小鳥的低唱
男唱:我已經看見了她
女唱:我听見他的腳步兒輕
男唱:爲什麼你遮着小臉兒
女唱:啊!禁不住我意亂心慌
合唱:哈哈哈哈哈哈爲什麼你
遮香小臉兒
啊!禁不住我意亂心慌

第二面

月兒好
二、女唱:月兒這麼好 花兒這麼香
春色遍滿園 滿園裏人影几
作對成双
男唱:是妳看上了別人
女唱:是你把我扔在一徬
男唱:誰說我愛的是她
女唱:啊!只有你才在我心上
合唱:哈哈哈哈哈哈不怕他以假
混眞啊!只有你才在我心上

又是一個下雨天
慎芝作詞曲 美黛唱

烏雲層層低垂
記得那年的深秋
我倆話別在河邊
又是一個下雨天
最後一次約會
望着陰雨綿綿
不斷落在河水面
也是一個下雨天
默默悶對 欲訴無言
任憑雨水濕双肩
河水東流年復年
最後一次約會
望着陰雨綿綿
斷腸如今有誰憐
也是一個下雨天

熱情
林禮涵編曲 美黛 孫樸生合唱

男唱:哥靠籐榻妹坐椅
二人身事在心底
妹望哥時哥不語
哥望妹時妹頭低
女唱:你愛我來我愛你
二人情愛在心裏
我愛情哥好爽氣
愛友愛家更愛己
男唱:妳看我來我看妳
二人有事在心裏
辛辛苦苦千萬里
爲我爲他更爲妳
女唱:你伴我來我伴你
舉酒高歌皆歡喜
苦難相守永不移
美滿伉儷花並蒂

何處是青春
林禮涵編曲 美黛 孫樸生合唱

女唱:我要問那秋天風
青春在那裏躲藏
秋風不肯響 秋風不回答
輕輕吹在秋花上
男唱:你不必問那秋天風
青春常在心兒上
祇要你有愛心 春便不離花
春花永遠處處開
女唱:我也會問那秋天的花
青春在那裏躲藏
秋花不肯響 秋花不回答
默默落在秋水上
男唱:你不必問那秋天的花
青春常在心中央

(合唱)
不論風和雪 不論冰和霜
春花永遠不枯黃
青春常在心中央
春花永遠處處放
風雪不能打
冰霜不能傷
春花永遠不衰亡

寒夜的街灯
林禮涵編曲 美黛唱

一、朦朧的殘月 高掛在天空
暗淡的街灯 分外的淒清
徬徨的我呀 徬徨的我呀
更感到寂寞孤零
二、甜蜜的言語 撩不動我的情
閃耀的黃金 買不到我的心
徬徨的我呀 徬徨的我呀
何處去尋找光明
三、寒夜的街灯 陪伴着我
不定的心神
寒夜的街灯 照耀着我
黑暗的前程
四、甜蜜的言語 騙去了我的心
逝去的青春 換去了黃金
徬徨的我呀 徬徨的我呀
何處去尋找光明

合衆中國歌曲
已經出版

第一集 第三集 第五集 第六集 紫薇唱
第二集 第四集 第廿八集 李小梅唱
第七集 第八集 第十集 第十一集 第十五集 第十六集 第十八集 第十九集 第廿三集 第廿四集 第廿七集 美黛唱
第九集 第十二集 第十四集 第十七集 第二十集 第廿五集 第廿一集 第廿二集 第廿六集
蘇倩唱 黃茜霞唱 美黛合 孫樸生唱 洪蔥唱 藍星混聲合唱團 夏心唱 張清眞唱 憶如唱

每張新臺幣二十五元

出版登記證內版台音字第一三九號
廠址:台北縣板橋鎮埔墘里四五之一一號
連絡處:台北市南京西路一〇四號
電話:四四〇一八

合衆唱片製造廠出版

②

① 合眾唱片 CM-14 夜夜夢江南 - 封面
② 合眾唱片 CM-14 夜夜夢江南 - 封底
③ 合眾唱片 CM-14 夜夜夢江南 - 圓標第一面
④ 合眾唱片 CM-14 夜夜夢江南 - 圓標第二面

TAIWAN UNION RECORD CO.LTD.
合眾唱片
UNION RECORD
合眾中國歌曲
第十四集
美黛唱
版權所有
翻製必究
高級片
CM-14
第一面
2.夜夜夢江南(孫樸生合唱)
4.月兒好(孫樸生合唱)
LONG 33⅓ PLAY
合眾唱片製造廠出品

③

CM-14
夜夜夢江南
美黛
孫樸生

①

TAIWAN UNION RECORD CO.LTD.
合眾唱片
UNION RECORD
第十四集
美黛唱
高級片
CM-14
1.又是一個下雨天
3.何處是青春(孫樸生合唱)
LONG 33⅓ PLAY
合眾唱片製造廠出品

④

① 合眾唱片 CM-15 台灣好 - 封面
② 合眾唱片 CM-15 台灣好 - 封底

①

台湾好
台灣好
小小茉莉
秋江憶別
姑娘十八一朵花
寶島風光
漁舫曲
廟院鐘聲
美黛

②

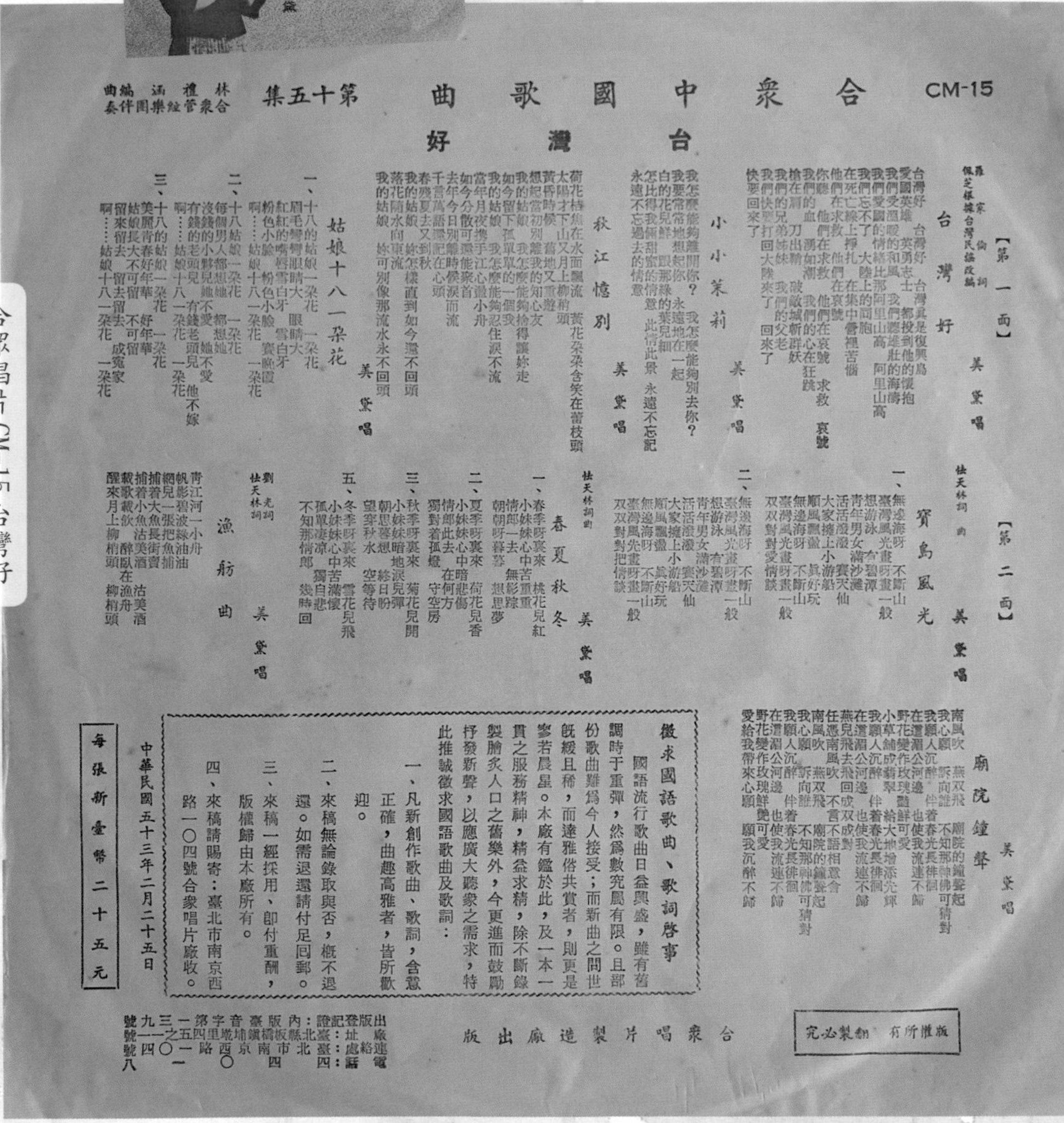

CM-15 合衆中國歌曲 第十五集

林禮涵編曲
合衆管絃樂團伴奏

台灣好

【第一面】

台灣好

羅家倫詞
侯芝根據台灣民謠改編

美黛唱

台灣好 台灣好 台灣真是復興島
愛國英雄 英勇志士 都投到他的懷抱
我們受溫暖的和風 我們戀雄壯的海濤
我們愛國的情緒 比那阿里山高 阿里山高
我們忘不了 大陸上的同胞
在死亡線上掙扎 在集中營裡苦惱
他們在求救 他們在哀號
你聽 他們在求救 他們在哀號 求救 哀號
我們的血 湧如潮 我們的心在狂跳
槍在肩 刀出勒 破敵城 斬群妖
我們的兄弟姊妹 我們的父老
我們快要打回大陸來了 回來了
快要回來了

小小茉莉

美黛唱

我怎麼能夠離開你？ 我怎麼能夠別去你？
我要常常地想起你 永遠地在一起
白的花兒鮮 跟那綠的葉兒細
怎比得我倆甜蜜的情意 此情此景 永遠不忘記
永遠不忘過去的情意

秋江憶別

美黛唱

荷花枯焦在水面飄流 黃花朵朵含笑在蕾枝頭
太陽才下山 又月上柳稍頭
黃昏時候 舊地又重遊
想起當初 別離我的知心友
我的姑娘 我怎麼能夠捨得讓妳走
如今留下 孤單單的一個我
我的姑娘 我怎麼能夠忍住淚不流
當年月夜攜手 江心還小舟
如今分散 可還能聚首
去年今日 別離時候淚而流
千言萬語 還記在心頭
春殘夏去 又到秋
我的姑娘 妳怎樣直到如今還不回頭
落花隨水 向東流
我的姑娘 妳可別像那流水永不回頭

姑娘十八一朵花

美黛唱

一、
十八的姑娘一朵花 一朵花
眉毛彎彎眼睛大 眼睛大
紅紅的嘴唇雪白牙 雪白牙
粉色小臉 粉色小臉賽晚霞
啊……姑娘十八一朵花

二、
十八姑娘一朵花 一朵花
每個男人都想她 都想她
沒錢的小夥兒她不愛 她不愛
有錢的老頭兒 有錢老頭見他不嫁
啊……姑娘十八一朵花

三、
十八的姑娘一朵花 一朵花
美麗青春好年華 好年華
姑娘長大不好留 不可留
留來留去 留去留去成寃家
啊……姑娘十八一朵花

【第二面】

寶島風光

佳天林詞曲

美黛唱

一、
無邊海呀 不斷山
臺灣風光 畫呀畫一般
想游泳 有碧潭
青年男女 滿沙灘
活活潑潑 賽天仙
大家擁上 小遊船
順風飄盪 真好玩
無邊海呀 不斷山
臺灣風光 畫呀畫一般
双双對對 愛情談

二、
無邊海呀 不斷山
臺灣風光 畫呀畫一般
想游泳 有碧潭
青年男女 滿沙灘
活活潑潑 賽天仙
大家擁上 小遊船
順風飄盪 真好玩
無邊海呀 不斷山
臺灣風先 畫呀畫一般
双双對對 把情談

春夏秋冬

佳天林詞曲

美黛唱

一、春季呀裏來 桃花兒紅
小妹妹心中 苦重重
情郎一去 無影踪
朝朝呀暮暮 想思夢

二、夏季呀裏來 荷花兒香
小妹妹心中 暗悲傷
情郎此去 在何方
獨對着孤燈 守空房

三、秋季呀裏來 菊花兒開
小妹妹暗地 淚兒彈
朝思暮想 終日盼
望穿秋水 空等待

五、冬季呀裏來 雪花兒飛
小妹妹心中 苦滿懷
孤單凄涼 獨自悲
不知那情郎 幾時回

漁舫曲

劉光詞
佳天林詞

美黛唱

青江河一小舟
帆影碧波綠油油
網兒一張把魚捕
捕着大魚長街賣
捕着小魚沽美酒 沽美酒
載歌載飲醉臥 在漁舟
醒來月上柳梢頭 柳梢頭

廟院鐘聲

美黛唱

南風吹 燕双飛 廟院的鐘聲起
我心願 訴向誰 不知那神佛可猜對
我願人沉醉 伴着春光長徘徊
在這溜公河邊 也使我流連不歸
野花變作玫瑰豔 鮮可愛
小草鋪成翡翠 給大地增添光輝
我願人沉醉 伴着春光長徘徊
在這溜公河邊 也使我流連不歸
燕兒飛去飛回 成双成對
任憑南風吹 不言不語相意會
南風吹 燕双飛 廟院的鐘聲起
我心願 訴向誰 不知那神佛可猜對
我願人沉醉 伴着春光長徘徊
在這溜公河邊 也使我流連不歸
野花變作玫瑰 鮮艷可愛
愛給我帶來心願 願我沉醉不歸

徵求國語歌曲、歌詞啓事

國語流行歌曲日益興盛，雖有舊調時于重彈，然爲數究屬有限。且部份歌曲難爲今人接受；而新曲之問世既綏且稀，而達雅俗共賞者，則更是寥若晨星。本廠有鑑於此，及一本一貫之服務精神，精益求精，除不斷錄製膾炙人口之舊樂外，今更進而鼓勵抒發新聲，以應廣大聽衆之需求，特此推誠徵求國語歌曲及歌詞：

一、凡新創作歌曲、歌詞，含意正確，曲趣高雅者，皆所歡迎。

二、來稿無論錄取與否，概不退還。如需退還請付足回郵。

三、來稿一經採用，即付重酬，版權歸由本廠所有。

四、來稿請賜寄：臺北市南京西路一〇四號合衆唱片廠收。

中華民國五十三年二月二十五日

每張新臺幣二十五元

出版登記證：內版臺音字第一三九號
廠址：臺北縣板橋鎮埔墘里四五之一一號
進貨處：臺北市南京西路一〇四號
電話：四四〇一八

合衆唱片製造廠出版

版權所有 翻製必究

合眾唱片 CM-15 台灣好

異域

孤軍血淚

僅以此文獻給我生死與共的戰友

⊙尹福

我們經年累月的在蠻荒異域生活，沒有書報，唯一的資訊來源是團部的一部乾電池飛利浦收音機，有時聽到自由之聲美黛小姐播放出來的台灣好，台灣真是一個美麗的寶島……，我們的思鄉之情油然而生，眼淚也忍不住奪眶而出。有時夜深人靜，我們不小心收到中共雲南人民廣播電台對境外蔣軍殘餘官兵的廣播：「親愛的境外蔣匪殘餘官兵弟兄們，你們何必長年累月的過著非人的堅苦生活，你們何必為蔣家賣命，你們的鄉父母妻子兒女親友都盼望你們起義平安歸來團聚，共產黨是既往不咎的，歡迎你們，歸來吧！海外的遊子……。」我們聽到這裡既激動又憤怒。

我團奉命繼續在雲南邊陲瀾滄、滄源、孟連等縣邊境一帶地區活動，為了躲避共軍的注意，大部分的時間都是翻越在海拔四千多呎的叢山峻嶺及原始森林，偶爾經過邊區少數民族的村寨，大部分是卡瓦族、拉姑族、阿卡族、傜家、苗族及山白夷，卡瓦族還分純卡瓦及野卡瓦。野卡瓦族當時還流行每年要獵殺人頭來祭稻穀，祈求豐收。

我們經年累月的在蠻荒異域生活，沒有書報，唯一的資訊來源是團部的一部乾電池飛利浦收音機，有時聽到自由之聲美黛小姐播放出來的台灣好，台灣真是一個美麗的寶島……，我們的思鄉之情油然而生，眼淚也忍不住奪眶而出。有時夜深人靜，我們不小心收到中共雲南人民廣播電台對境外蔣軍殘餘官兵的廣播：「親愛的境外蔣匪殘餘官兵弟兄們，你們何必長年累月的過著非人的堅苦生活，你們何必為蔣家賣命，你們的父

的遊子……。」我們聽到這裡既激動又憤怒。

一九六六年十月初，我團游動到孟連縣邊境雙相對面距五個多小時徒步行程的索牙江畔山頂卡博，那是一個純卡瓦村寨，為了慶賀十月三十一日蔣總統壽誕，上級指示我團擬訂壽星突擊計畫，目標是突擊共軍的一個營部，作為對總統蔣公的賀禮。我選定了雙相匪軍營部作為目標，並召集少尉以

上的軍官幹部宣布此一計畫，當時王立華團附、譚國民指導員、王興富副官、陳濟民、晏發賓、楊崇文等軍官都爭先恐後的舉手，要爭取去執行這個突擊計畫。自成功地完成雙城計畫後，共軍已在邊境佈下重兵，加強戒備，每次我們發動突擊式破壞，都九死一生，遭受共軍幾倍兵力的圍擊。每次執行任務，明明知道是送死，活著回來的機會很少，但我們

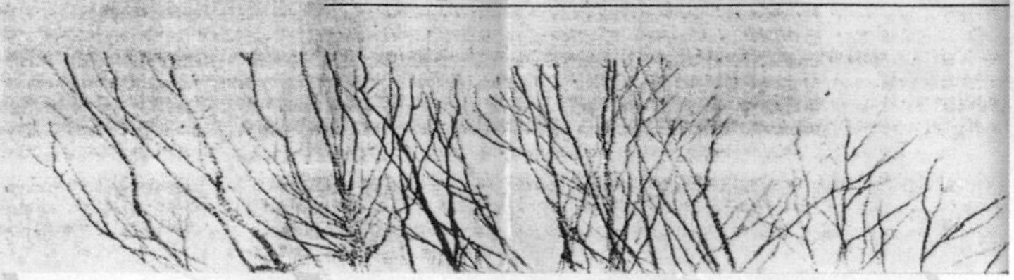

沿著國界的一條小溪流，利
它潺潺的流水聲掩護進入
。深夜凌晨一點鐘，我們
地爬近距敵營約一百公尺處
敵人似乎還沒有發現我們
周靜得非常可怕，連鳥蟲
有一點鳴聲，狀況有點反
一點十分我下令發起攻
我們利用輕機槍火力掩護
接近敵營，正當雙方的槍
交雜成一片，突然在我左
約五十公尺處，轟！的一
第二分隊譚國民准尉誤觸
預埋的地雷當場被炸死，
少尉副分隊長的右手也被
。戰鬥越來越激烈，突然有
右側十多公尺的王立華團
受了重傷，子彈打中他的

民國 89 年（2000）12 月 20 日中國時報副刊「異域孤軍血淚」一文，指出聽到《自由之聲》美黛小姐的〈台灣好〉，思鄉之情油然而生。

① 合眾唱片 CM-16 賞花謠－封面
② 合眾唱片 CM-16 賞花謠－封底

①

賞花謠
CM-16
美黛
馬蘭山歌
琉球風情畫
梭羅河之戀
戲鳳
懷春曲
何必旁人來說媒
四季吟

②

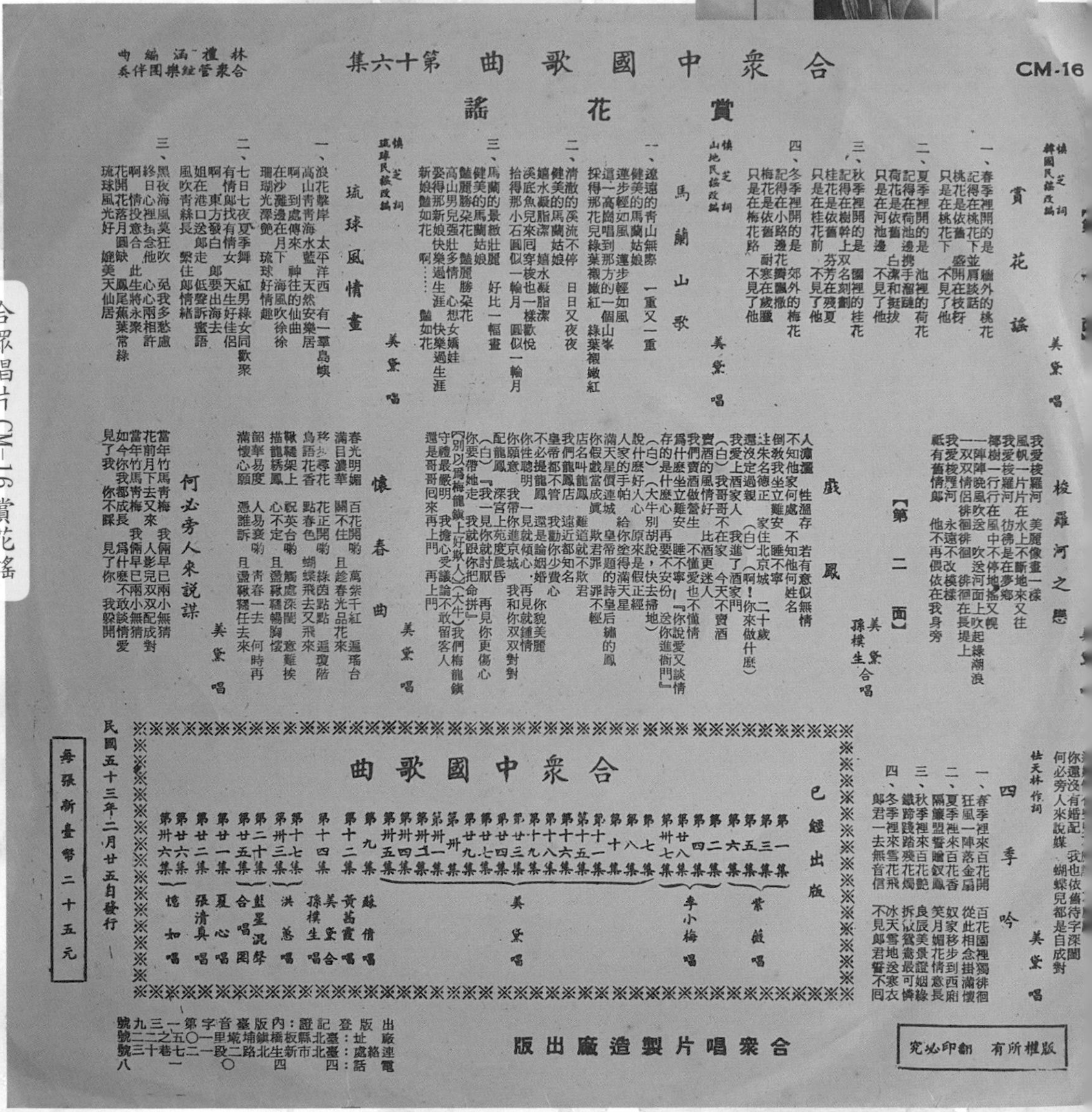

合眾中國歌曲 第十六集

林禮涵 編曲
合眾管絃樂團伴奏

CM-16

賞花謠

賞花謠

慎芝 詞 韓國民謠改編　美黛 唱

一、春季裡開的是牆外的桃花
記得在桃花下並肩談話
桃花是依舊盛開在枝枒
只是在桃花下不見了他

二、夏季裡開的是池裡的荷花
記得在荷池邊攜手溜躂
荷花是依舊白潔和挺拔
只是在河池邊不見了他

三、秋季裡開的是園裡的桂花
記得在樹幹上双名刻劃
桂花是依舊芬芳在殘夏
只是在桂花前不見了他

四、冬季裡開的是郊外的梅花
記得在小路邊花瓣飄撒
梅花是依舊耐寒在歲臘
只是在梅花路不見了他

馬蘭山歌

慎芝 詞 山地民謠改編　美黛 唱

一、遼遠的青山無際 一重又一重
健美的馬蘭姑娘
蓮步輕如風 蓮步輕如風
這一高崗唱到那方的一個山峯
採得那花兒綠葉襯嫩紅 綠葉襯嫩紅

二、清澈的溪流不停 日日又夜夜
健美的馬蘭姑娘
嬉水凝脂潔 嬉水凝脂潔
溪底魚兒來同穿梭也一樣歡悅
拾得那小石圓似一輪月 圓似一輪月

三、馬蘭的景緻壯麗 好比一幅畫
健美的馬蘭姑娘
豔麗勝朵花 豔麗勝朵花
高山男兒強壯多情 心想女嬌娃
娶得那新娘快樂過生涯 快樂過生涯
新娘豔如花 啊……豔如花

琉球風情畫

慎芝 詞 琉球民謠改編　美黛 唱

一、浪花擊岸 太平洋西 有一羣島嶼
高山青青海水藍 天然安樂居
啊 到處傳來 神往的仙曲
在沙灘邊在月下 海風吹徐徐
珊瑚光澤艷 琉球好情趣

二、七日七夜夏季舞 紅男綠女同歡聚
有情郎找有情女 天生好佳侶
啊 東方發白 郎要出海去
姐在港口送郎走 低聲訴蜜語
風吹青絲長 繫住郎情緒

三、黑夜海風莫狂吹 免我多愁慮
終日心裡掛念他 心心兩相許
啊 情投意合 此生將永聚
花開花落月圓缺 鳳尾蕉葉常綠
琉球風光好 媲美天仙居

懷春曲

美黛 唱

春光明媚 滿目濃華 移步尋花 鳥語花香 鞦韆架上 描龍綉鳳 韶華易度 滿懷心願

百花開喲 萬紫千紅 遍瑤台
關不住 且趁春光 品花來
花正開喲 綠茵點點 遍瓊階
點春色 蝴蝶飛去又飛來
祝英台喲 觸處深閨 意難挨
心不定 且還難羅鍚胸懷
人易衰喲 青春一去 何時再
憑誰訴 且還難羅任去來

何必旁人來說媒

美黛 唱

當年竹馬青梅 我倆早已兩小無猜
花前月下去又來 人影兒双双配成對
當年竹馬青梅 我倆早已兩小無猜
如今你我都成長 爲什麼不敢談情愛
見了我 你不睬 見了你 我躲開
你還沒有婚配 我也依舊待字深閨
何必旁人來說媒 蝴蝶兒都是自成對

【第二面】

梭羅河之戀

美黛 唱

我愛梭羅河 美麗像畫一樣
風帆一片片 在水上不斷地來又往
我愛梭羅河 彷彿是在夢鄉
椰樹一行行 在風中不停地搖又幌
一陣陣晚風吹送 吹送河面上吹起綠潮浪
一双双情侶 徘徊徘徊 徘徊在長堤上
我愛梭羅河 永遠不改模樣
祇有舊情郎 他不再假依在我身旁

戲鳳

美黛 孫樸生 合唱

人瀟灑 性溫存 若有意似無情
不知他家何處 不知他何姓名
倒教我坐立難安 睡不寧
注朱名德正 家住北京城 二十歲
還沒定過親 （白）（啊！你來做什麼）
我愛上酒家人 我進了酒家門
（白）我哥哥不在家 今天不賣酒
賣酒的風情好 比酒更迷人
我們賣酒做營生 不懂愛也不懂情
爲什麼坐立難安 睡不寧——『你說愛又談情』
存的是什麼心 再要不安份 『送你進衙門』
（白）（大牛 別胡說，快去掃地）
說什麼好人心 原來是假正經
人家的手帕 給你塗得滿天星
滿天星價連城 皇帝題的詩 皇后繡的鳳
你假戲當成眞 欺君罪 罪不輕
店名叫龍鳳 難道就不欺君
我們龍鳳店 遠近都知名
皇帝都不管 我勸你少費心
不必提龍鳳 還是論姻婚 你貌美麗
你性聽明 一見就傾心 · 再見就鍾情
你願意 我帶你進京城 我和你双双對對
配龍鳳 深宮上苑度晨昏
（白）『我一見你就討厭 再見你更傷心
你要帶她走 我就跟你把命拼』
『別以爲梅龍鎮上好欺人』（大牛）我們梅龍鎮
守禮最嚴明 我擔心受議論 不敢留客人
還是哥哥回來 再上門 再上門 再上門

四季吟

杜天林 作詞　美黛 唱

一、春季裡來百花開 狂風一陣落金扇
百花園裡獨徘徊 從此相念掛滿懷

二、夏季裡來百花香 隔簾盟誓贈釵鳳
奴家移步到西廂 笑月媚花情意長

三、秋季裡來百花艷 鐵蹄踐踏殘花燭
良辰美景證姻緣 拆散鴛鴦最可憐

四、冬季裡來雪花飛 郎君一去無音信
冰天雪地送寒衣 不見郎君誓不回

合眾中國歌曲 已經出版

第一集 第三集 第五集 第六集	紫薇 唱
第二集 第四集 第廿八集 第卅七集	李小梅 唱
第七集 第八集 第十集 第十一集 第十五集 第十六集 第十八集 第十九集 第廿三集 第廿四集 第廿七集 第廿九集 第卅集 第卅一集 第卅二集 第卅四集 第卅五集	美黛 唱
第九集	蘇倩 唱
第十二集	黃鶯鶯 唱
第十四集	美黛 孫樸生 合唱
第十七集 第卅三集	洪慈 唱
第二十集 第廿五集	藍星混聲合唱團
第廿一集	夏心 唱
第廿二集	張清真 唱
第廿六集 第卅六集	憶如 唱

民國五十三年二月廿五日發行
每張新臺幣二十五元
出版登記證：內版臺音字第一三九號
廠址：臺北縣板橋鎮埔墘里一〇五之二二號
連絡處：臺北市新生北路二段一二七巷三十號
電話：四四〇一八
合眾唱片製造廠出版

②

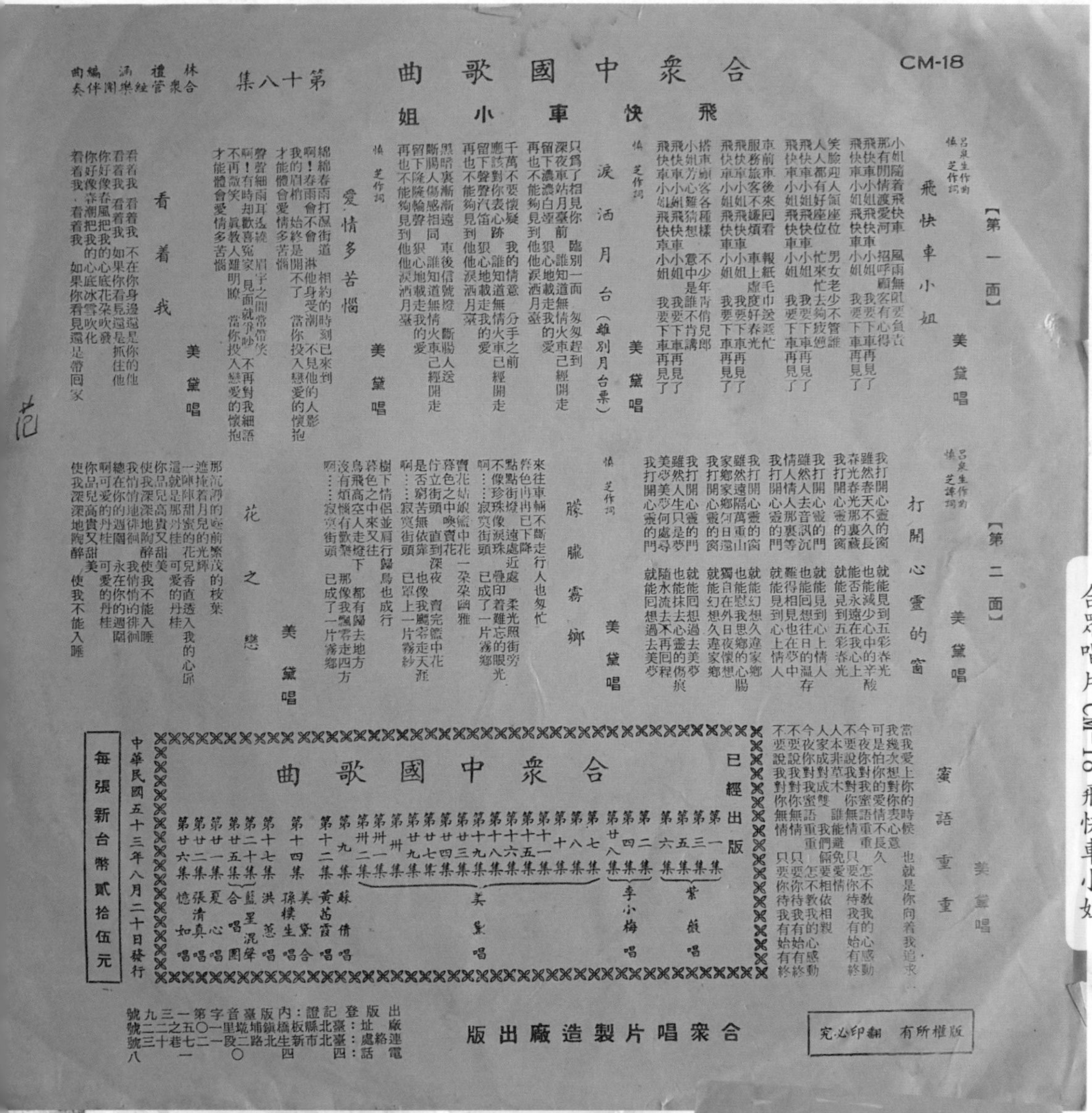

CM-18

合衆中國歌曲 第十八集

林禮涵編曲 合衆管絃樂團伴奏

飛快車小姐

【第一面】

飛快車小姐

呂泉生作曲 慎芝作詞 美黛唱

小姐隨着飛快車 風雨無阻要負責
那有閒情渡愛河 招呼顧客有心得
飛快車小姐飛快車小姐 我要下車再見了
飛快車小姐飛快車小姐 我要下車再見了

笑臉迎人領座位 男女老少不管誰
人人都有好座位 忙來忙去夠疲倦
飛快車小姐飛快車小姐 我要下車再見了
飛快車小姐飛快車小姐 我要下車再見了

車前車後來回看 報紙毛巾送遞忙
服務旅客不嫌煩 車上虛度好春光
飛快車小姐飛快車小姐 我要下車再見了
飛快車小姐飛快車小姐 我要下車再見了

搭車顧客各種樣 不少年青俏兒郎
小姐芳心難猜想 意中是誰不肯講
飛快車小姐飛快車小姐 我要下車再見了
飛快車小姐飛快車小姐 我要下車再見了

淚洒月台（離別月台票）

慎芝作詞 美黛唱

只爲了相見你 臨別一面匆匆趕到
深夜車站月臺前 誰知道無情火車己經開走
留下濃濃白霧 狠心地載走我的愛
再也不能夠見到他 他淚洒月臺

千萬不要懷疑 我的情意 分手之前
應該對你表心跡 誰知道無情火車已經開走
留下聲聲汽笛 狠心地載走我的愛
再也不能夠見到他 他淚洒月臺

黑暗裏漸漸遠 車後信號燈 斷腸人送
斷腸人傷感相同 誰知道無情火車己經開走
留下隆隆輪聲 狠心地載走我的愛
再也不能夠見到他 他淚洒月臺

愛情多苦惱

慎芝作詞 美黛唱

綿綿春雨打濕街道 相約的時刻已來到
啊！春雨會不會淋他身受潮 不見他的人影
我的眉梢始終是開不了 當你投入戀愛的懷抱
才能體會愛情多苦惱

聲聲細雨耳邊繞 眉宇之間常帶笑
啊！有時却歡喜冤家見面就爭吵 不再對我細語
不再微笑氣教人難明瞭 當你投入戀愛的懷抱
才能體會愛情多苦惱

看着我

美黛唱

看着我看着我 不在你身邊還是你的他
看着我看着我 如果你看見還是抓住他
你好像春風把我的心底花朵吹發
你好像春潮把我的心底冰雪吹化
看着我·看着我 如果你看見還是帶回家

【第二面】

打開心靈的窗

呂泉生作曲 慎芝譯詞 美黛唱

我打開心靈的窗 就能見到五彩春光
雖然春天不長久 也能減少心中的辛酸
春光那裏藏 能否永遠在我心上
我打開心靈的窗 就能見到五彩春光

我打開心靈的門 就能見到心上情人
雖然人去音訊沉 也能回想往日的溫存
情人那裏等 難得相見也在夢中
我打開心靈的門 就能見到心上情人

我打開心靈的窗 就能幻想久違家鄉
雖然遠隔萬重山 也能慰我思鄉的心腸
家鄉何日還 獨自在外日夜懷想
我打開心靈的窗 就能幻想久違家鄉

我打開心靈的門 就能回想過去美夢
雖然人生只是夢 也能抹去心靈的傷痕
美夢何處尋 隨水流去不再回程
我打開心靈的門 就能回想過去美夢

朦朧霧鄉

慎芝作詞 美黛唱

來往車輛不斷走 行人也匆忙
暮色冉冉已下降
點點街燈 遠處近處 柔光照街旁
不像珍珠像淚珠 疊印着難忘的眼光
啊……寂寞街頭 已成了一片霧鄉

賣花姑娘籃中花 一朵朵幽雅
暮色之中喚賣花
佇立街頭直到深夜 賣完籃中花
是否窮苦無依靠 也像我飄零走天涯
啊……寂寞街頭 已罩上一片霧紗

樹下情侶並肩行 歸鳥也成行
暮色之中來又往
鳥飛高空人走燈下 都有歸去地方
沒有煩惱有歡樂 那像我飄零走四方
啊……寂寞街頭 已成了一片霧鄉

花之戀

美黛唱

那沉靜的庭前 繁茂的枝葉
遮掩着月兒的光輝
一陣陣甜蜜的花兒香 直透入我的心扉
這就是那丹桂 可愛的丹桂
你品兒高貴又甜美
使我深深地陶醉 使我不能入睡
我悄悄地徘徊 我悄悄的徘徊
總在你的週圍 永在你的週圍
啊可愛的丹桂 可愛的丹桂
你品兒高貴又甜美
使我深深地陶醉 使我不能入睡

蜜語重重

美黛唱

當我愛上你的時候 也就是你向着我追求
我幾次想對你表心意
可是怕你的愛情不長久
今夜你對我蜜語重重 怎不教我的心感動
不要說我對你無情 只要你待我有始有終
人本非草木 誰能避免愛情
人家成對成雙 我們倆要相依相親
今夜你對我蜜語重重 怎不教我的心感動
不要說我對你無情 只要你待我有始有終
不要說我對你無情 只要你待我有始有終

合衆中國歌曲 已經出版

第一集 第三集 第五集 第六集	紫薇唱
第二集 第四集 第廿八集	李小梅唱
第七集 第八集 第十一集 第十五集 第十六集 第十八集 第十九集 第廿三集 第廿四集 第廿七集 第廿九集 第卅集 第卅一集 第卅二集	美黛唱
第九集	蘇倩唱
第十二集	黃茜霞唱
第十四集	美黛 孫樸生 合唱
第十七集	洪蔥唱
第二十集 第廿五集	藍星混聲合唱團
第廿一集	夏心唱
第廿二集	張清真唱
第廿六集	憶如唱

中華民國五十三年八月二十日發行

每張新台幣貳拾伍元

出版登記證：內版臺音字第一三九號
廠址：臺北縣板橋鎮埔墘里一〇五之二二號
連絡處：臺北市新生北路二段一二七巷十三號
電話：四四〇一八

合衆唱片製造廠出版

飛快車小姐
美黛
合衆唱片 UNION RECORD
CM 18

①

① 合眾唱片 CM-18 飛快車小姐－封面
② 合眾唱片 CM-18 飛快車小姐－封底

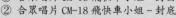

Apple 2018

① 合眾唱片 CM-19 怎不相信我 - 封面
② 合眾唱片 CM-19 怎不相信我 - 封底

①

CHINESE POPULAR SONGS VOL.19
WHY DON'T YOU BELIEVE ME
怎不相信我
美黛
CM-19

②

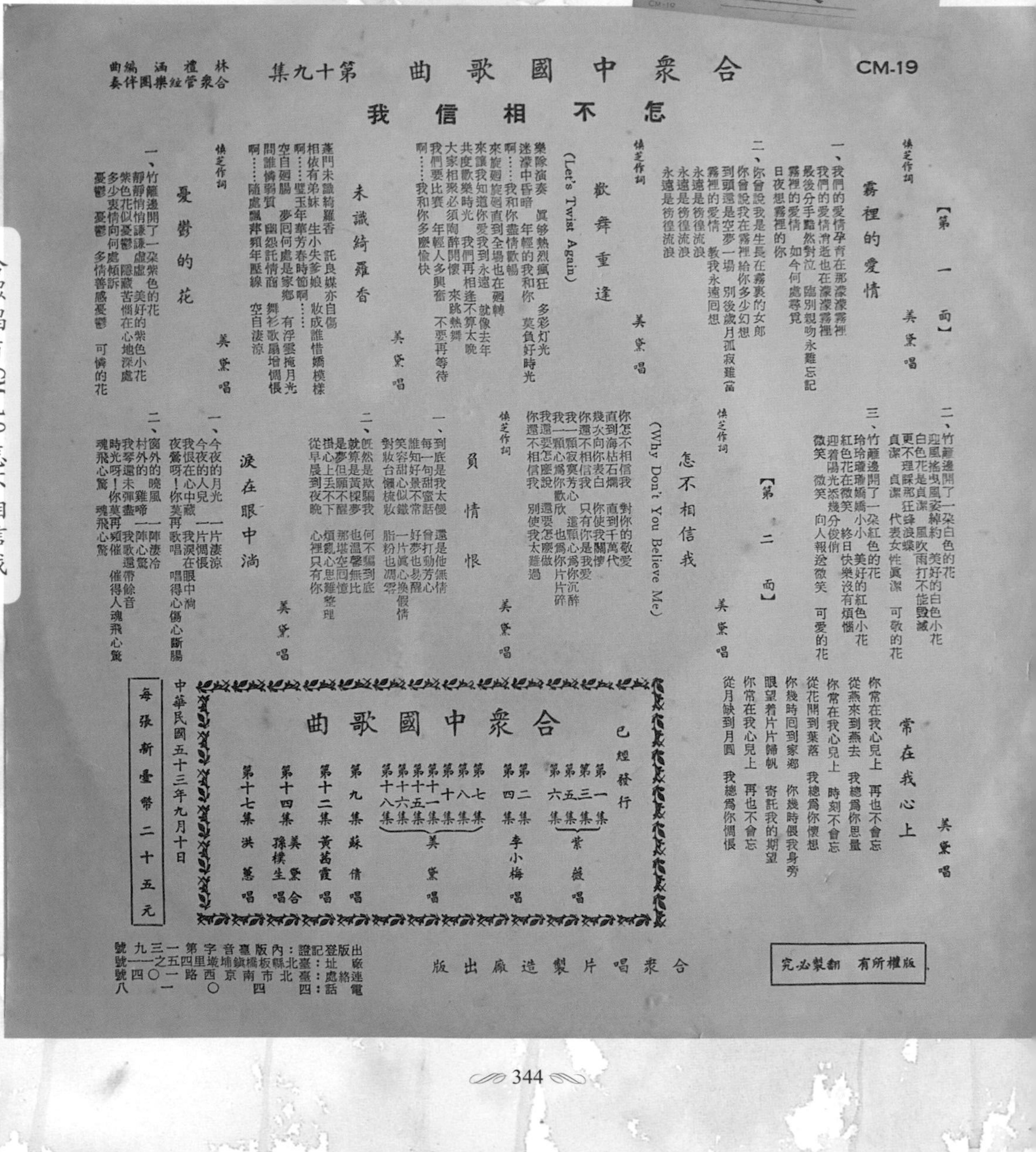

CM-19

合衆中國歌曲　第十九集

林禮涵編曲
合衆管絃樂團伴奏

怎不相信我

【第一面】

霧裡的愛情

慎芝作詞　美黛唱

一、我們的愛情孕育在那濛濛霧裡
我們的愛情消逝也在濛濛霧裡
最後分手黯然對泣　臨別親吻永難忘記
霧裡的愛情　如今何處尋覓
日夜想霧裡的你

二、你曾說我是生長在霧裏的女郎
你曾說我在霧裡給你多少幻想
到頭還是空夢一場　別後歲月孤寂難當
霧裡的愛情　教我永遠回想
永遠是彷徨流浪
永遠是彷徨流浪
永遠是彷徨流浪

歡舞重逢

(Let's Twist Again)

慎芝作詞　美黛唱

樂隊演奏　眞够熱烈瘋狂　多彩灯光
迷濛中昏暗　年輕的我和你　莫負好時光
啊……我和你　盡情歡暢
來旋廻旋廻直到全場也在廻轉
來讓我知道你　愛我到永遠　就像去年
共度歡樂時光　我們再相逢　不算太晚
大家相聚必須陶醉開懷　來跳熱舞
我們要比賽　年輕人多興奮　不要再等待
啊……我和你多麼愉快

未識綺羅香

慎芝作詞　美黛唱

蓬門未識綺羅香　託良媒亦自傷
相依有弟妹　生小失爹娘　妝成誰惜嬌模樣
啊……璧玉年華　芳春時節啊……
空自廻腸　夢回何處是家鄉　有浮雲掩月光
問誰憐弱質　幽怨託情商　舞衫歌扇增惆悵
啊……隨處飄萍　頻年壓線　空自淒涼

憂鬱的花

慎芝作詞　美黛唱

一、竹籬邊開了一朵紫色的花
靜靜悄悄謙謙虛虛　美好的紫色小花
紫色花似憂鬱　隱藏苦惱在心地深處
多少衷情向何處傾訴
憂鬱　憂鬱　多情善感憂鬱　可憐的花

二、竹籬邊開了一朵白色的花
迎風搖曳風姿綽約　美好的白色小花
白色花是貞潔　風吹雨打不能毀滅
更不理睬那狂蜂浪蝶
貞潔　貞潔　代表女性眞潔　可敬的花

三、竹籬邊開了一朵紅色的花
玲玲瓏瓏嬌嬌小小　美好的紅色小花
紅色花在微笑　終日快樂沒有煩惱
迎着陽光添幾分俊俏
微笑　微笑　向人報送微笑　可愛的花

【第二面】

怎不相信我

(Why Don't You Believe Me)

慎芝作詞　美黛唱

你怎不相信我
直到海枯石爛
幾次向你表白
你還不相信我
我一顆寂寞芳心
我一顆心爲你歡欣
我還要怎麼說
你還不相信我

對你的敬愛
直到千萬代
你使我關懷
只有你是我愛
這顆心爲你沉醉
也爲你片片碎
還要怎麼做
別使我太難過

負情恨

慎芝作詞　美黛唱

一、到底是我太傻　還是他無情
每一句甜蜜話　曾打動芳心
誰知好景不常　好夢也易醒
笑容甜心似鐵　一片眞心換假情
對妝台懶梳妝　脂粉也凋零

二、旣然是欺騙我　何不騙到底
就算是黃粱夢　也溫馨無比
是夢但願不醒　那堪空回憶
掛心上丟不下　煩亂心思難整理
從早晨到夜晚　心裡只有你

淚在眼中淌

美黛唱

一、今夜的月光　一片淒涼
今夜的人兒　一片惆悵
我恨在心中藏　我淚在眼中淌
夜驚呀！你莫再歌唱　唱得心傷心斷腸

二、窗外的曉風　一陣淒冷
村外的雞啼　一陣心驚
我琴還未彈盡　我歌還帶餘音
時光呀！你莫再頻催　催得人魂飛心驚
魂飛心驚　魂飛心驚

常在我心上

美黛唱

你常在我心兒上　再也不會忘
從燕來到燕去　我總爲你思量
你常在我心兒上　時刻不會忘
從花開到葉落　我總爲你懷想
你幾時回到家鄉　你幾時偎我身旁
眼望着片片歸帆　寄託我的期望
你常在我心兒上　再也不會忘
從月缺到月圓　我總爲你惆悵

合衆中國歌曲

已經發行

第一集　第三集　第五集　第六集　紫薇唱
第二集　第四集　李小梅唱
第七集　第八集　第十集　第十一集　第十五集　第十六集　第十八集　美黛唱
第九集　蘇倩唱
第十二集　黃茜霞唱
第十四集　美黛　孫樸生　合唱
第十七集　洪蕙唱

中華民國五十三年九月十日

每張新臺幣二十五元

出版登記證：內版臺音字第一三九號
廠址：臺北縣板橋鎭埔墘里四五之一一號
連絡處：臺北市南京西路一〇四號
電話：四四〇一八

合衆唱片製造廠出版

Merry
X'mas
美黛 主唱
CHINESE POPULAR SONGS VOL.23

①

① 合眾唱片 CM-23 聖誕快樂賀新年－封面
② 合眾唱片 CM-23 聖誕快樂賀新年－封面內第一面歌詞

②

CM-23-A

合衆中國歌曲（第二十三集）

聖誕快樂

美黛主唱
藍星男聲合唱團合唱
林禮涵編曲
合衆管絃樂團伴奏

聖誕鈴聲

一、看白雪飄飄 飄飄向四郊
那車兒轔轔 那馬兒蕭蕭
看聖誕老人 他翩然來到
你來看他白鬍白髮白眉毛
「叮鈴鈴 叮鈴鈴
鈴聲響亮
帶給你好運道
快樂又消遙」

二、看白雪飄飄 片片像鵝毛
如銀裝世界 如玉琢粉雕
看聖誕老人 他頭戴風帽
你來看他大紅外套黃絲縧
「叮鈴鈴 叮鈴鈴
鈴聲響亮
帶給你好運道
快樂又消遙」

三、看白雪飄飄 滾滾下雲霄
那一羣兒童 在滑着雪橇
看聖誕老人 他哈哈大笑
你來看他喜氣洋洋樂陶陶
「叮鈴鈴 叮鈴鈴
鈴聲響亮
帶給你好運道
快樂又消遙」

聖誕老人進城了！

愼芝作詞

一、喂！小朋友你不要叫
看望路邊一座大橋
乖乖看望！ 不要吵鬧
(合)喂！小朋友你不要哭
我來引你哈哈大笑
聖誕老人進城來了
(獨)他有一本成績簿
看誰的分數高
看誰是一條大懶蟲
那個孩子品行好
喂！小朋友你不要哭
我來引你哈哈大笑
聖誕老人進城來了

二、喂！小朋友你不要叫
看望路邊一座大橋
乖乖看望！不要吵鬧
(合)喂！小朋友你不要哭
我來引你哈哈大笑
聖誕老人進城來了
(獨)身背一個大口袋
每一份禮都好
小弟弟有槍也有炮
小妹也有娃娃抱
喂！小朋友你不要哭
帶來禮物大包小包
聖誕老人進城來了
聖誕老人進城來了

銀色聖誕

愼芝作詞

一、我夢見你到我夢中
並肩靜聽聖誕晚鐘
窗外白雪 飛舞北風
窗內人兒 滿臉笑容

二、我夢見一棵聖誕樹
銀色的一棵聖誕樹
發出光芒 象徵幸福
祝福年年 聖誕幸福

平安夜

一、平安夜 聖善夜
萬暗中 光華射
照着聖母也照着聖嬰
多少慈祥也多少天眞
靜享天賜安眠
靜享天賜安眠

二、平安夜 聖善夜
牧羊人 在曠野
忽然看見了天上光華
聽見天軍唱阿利路亞
救主今夜降生
救主今夜降生

Apple 2018

① 合眾唱片 CM-23 聖誕快樂賀新年－封底
② 合眾唱片 CM-23 聖誕快樂賀新年－封面內第二面歌詞
③ 合眾唱片 CM-23 聖誕快樂賀新年－圓標第一面
④ 合眾唱片 CM-23 聖誕快樂賀新年－圓標第二面

②

CM-23-B

合衆中國歌曲（第二十三集）

賀新年

美黛主唱
藍星男聲合唱團
林禮涵編曲
合衆管絃樂團伴奏

賀新年

(合)賀新年 祝新年 新年啊
年連年
(獨)爆竹聲聲催人想幼年
(合)賀新年 祝新年 新年啊
年連年
(獨)歲月悠悠光陰如箭
(合)回首往事如烟 痛苦辛酸
期望從今萬事如願
(獨)賀新年 祝新年 新年啊
年連年
(合)願大家都過個太平年

恭喜發財

(合)冬隆冬搶 冬隆冬搶
冬隆冬搶 冬隆冬搶
冬隆冬搶 冬隆冬搶
冬隆冬搶 冬隆冬搶
(獨)一陣陣的春風 送花香
一杯杯的美酒 味芬芳
歡歡喜喜大家 醉一場
春風滿面樂洋洋
(合)冬隆冬搶 冬隆冬搶
冬隆冬搶 冬隆冬搶
(獨)恭喜呀！恭喜 發呀發大財
好運當頭 壞運呀永離開
恭喜呀！大家
黃金裝滿袋 眉花眼笑
得意呀！又開懷
(合)冬隆冬搶 冬隆冬搶
冬隆冬搶 冬隆冬搶
(獨)發了財呀！大家忙又忙
買了汽車又造洋房
家家都有風光
(合)喝一杯酒來 喝一杯酒
家家戶戶多風光
(獨)發了財呀！大家忙又忙
買了傢俬又做衣裳
家家都有風光
(合)喝一杯酒來 喝一杯酒
家家戶戶多風光
(獨)恭喜呀恭喜 發呀發大財
好運當頭 壞運呀永離開
恭喜呀大家 萬事都愉快
從今以後 有福呀沒悲哀
(合)冬隆冬搶 冬隆冬搶
冬隆冬搶 冬隆冬搶
(合)齊唱恭喜發財
眼看富貴一齊來

恭喜恭喜

一、每條大街小巷 每個人的嘴裡
見面第一句話 就是恭喜恭喜
恭喜恭喜恭喜你呀
恭喜恭喜恭喜你
二、冬天已到盡頭 眞是好的消息
溫暖的春風 就要吹醒大地
恭喜恭喜恭喜你呀
恭喜恭喜恭喜你
三、皓皓冰雪融解 眼看梅花吐蕊
漫漫長夜過去 聽到一聲雞啼
恭喜恭喜恭喜你呀
恭喜恭喜恭喜你
四、經過多少困難 歷盡多少磨練
多少心兒盼望 盼望春的消息
恭喜恭喜恭喜你呀
恭喜恭喜恭喜你
五、每條大街小巷 每個人的嘴裡
見面第一句話 就是恭喜恭喜
恭喜恭喜恭喜你呀
恭喜恭喜恭喜你

恭喜大家今年好

梅花開放 雪花飄揚
小弟弟換新裝 快樂歡暢
舞蹈瘋狂 歌唱新腔
鼓鑼聲鏗鏘 宛似在天堂
莫忘記你又長大一歲
莫忘記年又過了一趟
幼年勤學習 長大本領強
花炮聲聲響亮 國旗處處飄揚
恭喜大家今年好 平安健康
莫忘記你又長大一歲
莫忘記年又過了一趟
幼年勤學習 長大本領強
花炮聲聲響亮 國旗處處飄揚
恭喜大家今年好 平安健康

TAIWAN UNION RECORD CO.LTD.
合衆唱片
UNION RECORD
合衆中國歌曲
第二十三集
美黛主唱
藍星男聲合唱團 合唱
版權所有
翻製必究
高級片
CM-23
第一面
1.聖誕鈴聲
2.聖誕老人進城了
3.銀色聖誕
4.平安夜
民國五三年十一月十五日發行
合衆管絃樂隊伴奏
LONG 33⅓ PLAY
合衆唱片製造廠出品

③

美黛主唱
藍星男聲合唱團 合唱
定價二十五元

①

TAIWAN UNION RECORD CO.LTD.
合衆唱片
UNION RECORD
合衆中國歌曲
第二十三集
美黛主唱
藍星男聲合唱團 合唱
版權所有
翻製必究
高級片
CM-23
第二面
1.賀新年
2.恭喜發財
3.恭禧恭禧
4.恭喜大家今年好
民國五三年十一月十五日發行
合衆管絃樂隊伴奏
LONG 33⅓ PLAY
合衆唱片製造廠出品

④

① 合眾唱片 CM-24 採茶姑娘－封面
② 合眾唱片 CM-24 採茶姑娘－封底

①

CHINESE POPULAR SONGS VOL-24
美黛 主唱
採茶姑娘

②
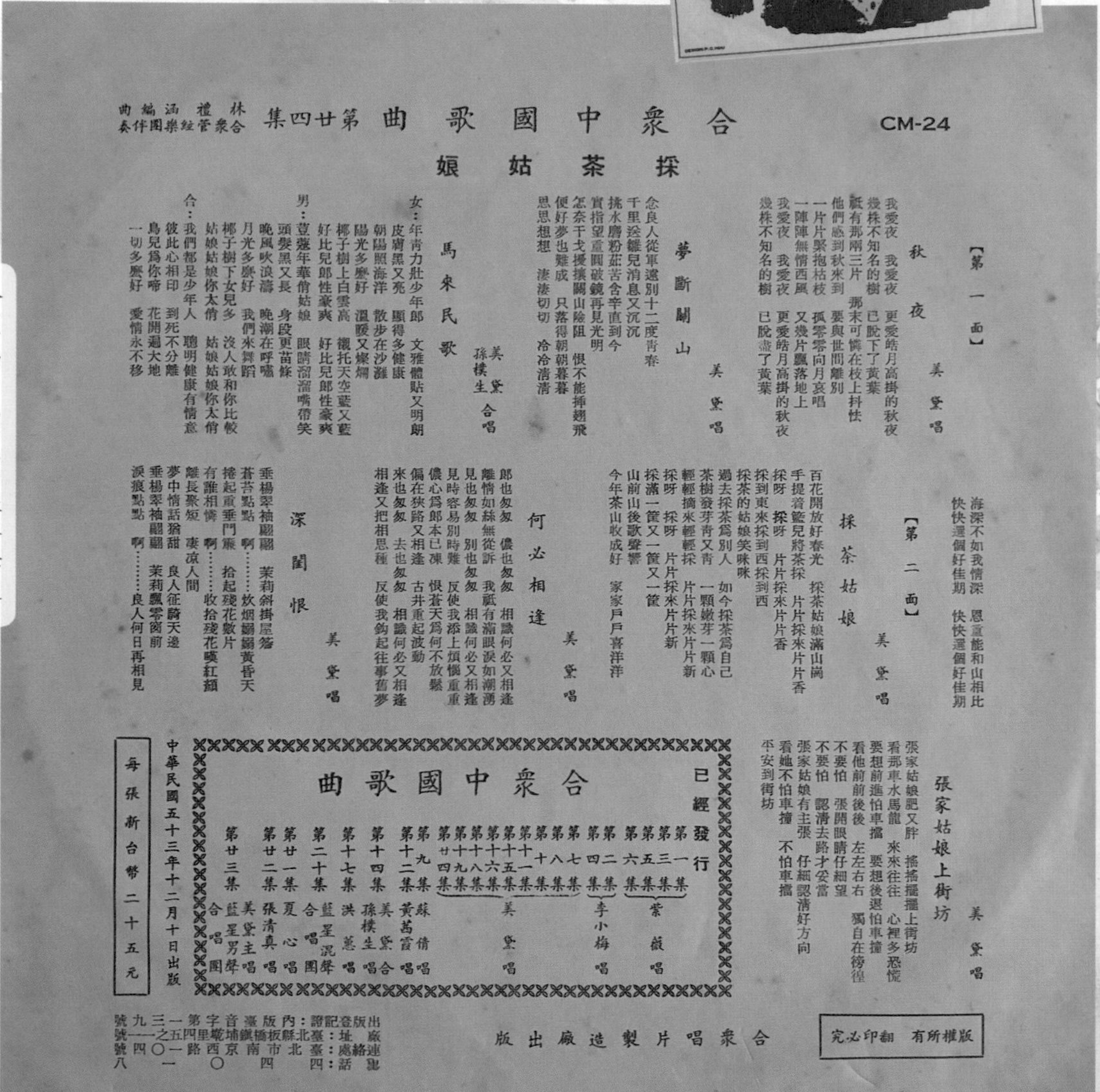

合眾中國歌曲 第廿四集
林禮涵編曲 合眾管絃樂團伴奏
CM-24

採茶姑娘

【第一面】

秋夜 美黛唱

我愛夜 我愛夜 更愛皓月高掛的秋夜
幾株不知名的樹 已脫下了黃葉
祇有那兩三片 那末可憐在枝上抖怯
他們感到秋來到 要與世間離別
一片片緊抱枯枝 孤零零向月哀唱
一陣陣無情西風 又幾片飄落地上
我愛夜 我愛夜 更愛皓月高掛的秋夜
幾株不知名的樹 已脫盡了黃葉

夢斷關山 美黛唱

念良人從軍遠別十二度青春
千里迢迢雛兒消息又沉沉
挑水磨粉茹苦含辛直到今
實指望重圓破鏡再見光明
怎奈干戈擾攘關山險阻 恨不能插翅飛
便好夢也難成 只落得朝朝暮暮
思思想想 淒淒切切 冷冷清清

馬來民歌 美黛 孫樸生 合唱

女：年青力壯少年郎 文雅體貼又明朗
皮膚黑又亮 顯得多健康
朝陽照海洋 散步在沙灘
陽光多麼好 溫暖又燦爛
椰子樹上白雲高 襯托天空藍又藍
好比兒郎性豪爽 好比兒郎性豪爽
男：荳蔻年華俏姑娘 眼睛溜溜嘴帶笑
頭髮黑又長 身段更苗條
晚風吹浪濤 晚潮在呼嘯
月光多麼好 我們來舞蹈
椰子樹下女兒多 沒人敢和你比較
姑娘姑娘你太俏 姑娘姑娘你太俏
合：我們都是少年人 聰明健康有情意
彼此心相印 到死不分離
鳥兒爲你啼 花開遍大地
一切多麼好 愛情永不移

【第二面】

海深不如我情深 恩重能和山相比
快快還個好佳期 快快還個好佳期

採茶姑娘 美黛唱

百花開放好春光 採茶姑娘滿山崗
手提着籃兒將茶採 片片採來片片香
採呀 採呀 片片採來片片香
採到東來採到西採到西
採茶的姑娘笑咪咪
過去採茶爲別人 如今採茶爲自己
茶樹發芽青又青 一顆嫩芽一顆心
輕輕摘來輕輕採 片片採來片片新
採呀 採呀 片片採來片片新
採滿一筐又一筐又一筐
山前山後歌聲響
今年茶山收成好 家家戶戶喜洋洋

何必相逢 美黛唱

郎也匆匆 儂也匆匆 相識何必又相逢
離情如絲無從訴 我祇有滿眼淚如潮湧
見也匆匆 別也匆匆 相識何必又相逢
見時容易別時難 反使我添上煩惱重重
儂心爲郎本已凍 恨蒼天爲何不放鬆
偏在狹路又相逢 古井重起波動
來也匆匆 去也匆匆 相識何必又相逢
相逢又把相思種 反使我鉤起往事舊夢

深閨恨 美黛唱

垂楊翠袖翩翩 茉莉斜掛屋簷
蒼苔點點 啊……炊烟嫋嫋黃昏天
捲起重垂門簾 拾起殘花數片
有誰相憐 啊……收拾殘花暎紅顏
離長聚短 淒涼人間
夢中情話猶甜 良人征騎天邊
垂楊翠袖翩翩 茉莉飄零窗前
淚痕點點 啊……良人何日再相見

張家姑娘上街坊 美黛唱

張家姑娘肥又胖 搖搖擺擺上街坊
看那車水馬龍 來來往往 心裡多恐慌
要想前進怕車擋 要想後退怕車撞
看他前前後後 左左右右 獨自在徬徨
不要怕 張開眼睛仔細望
不要怕 認清去路才妥當
張家姑娘有主張 仔細認清好方向
看她不怕車撞 不怕車擋
平安到街坊

合眾中國歌曲

已經發行

第一集 第三集 第五集 第六集 紫薇唱
第二集 第四集 李小梅唱
第七集 第八集 第十集 第十一集 第十五集 第十六集 第十八集 第十九集 第廿四集 美黛唱
第九集 蘇倩唱
第十二集 黃茜霞唱
第十四集 美黛 孫樸生合唱
第十七集 洪蕙唱
第二十集 藍星混聲合唱團
第廿一集 夏心唱
第廿二集 張清真唱
第廿三集 美黛主唱 藍星男聲合唱團

中華民國五十三年十二月十日出版

每張新台幣二十五元

出版登記證：內版臺音字第一三九號
廠址：臺北縣板橋鎮埔墘里四五之一一號
連絡處：臺北市南京西路一〇四號
電話：四四〇一八

合眾唱片製造廠出版

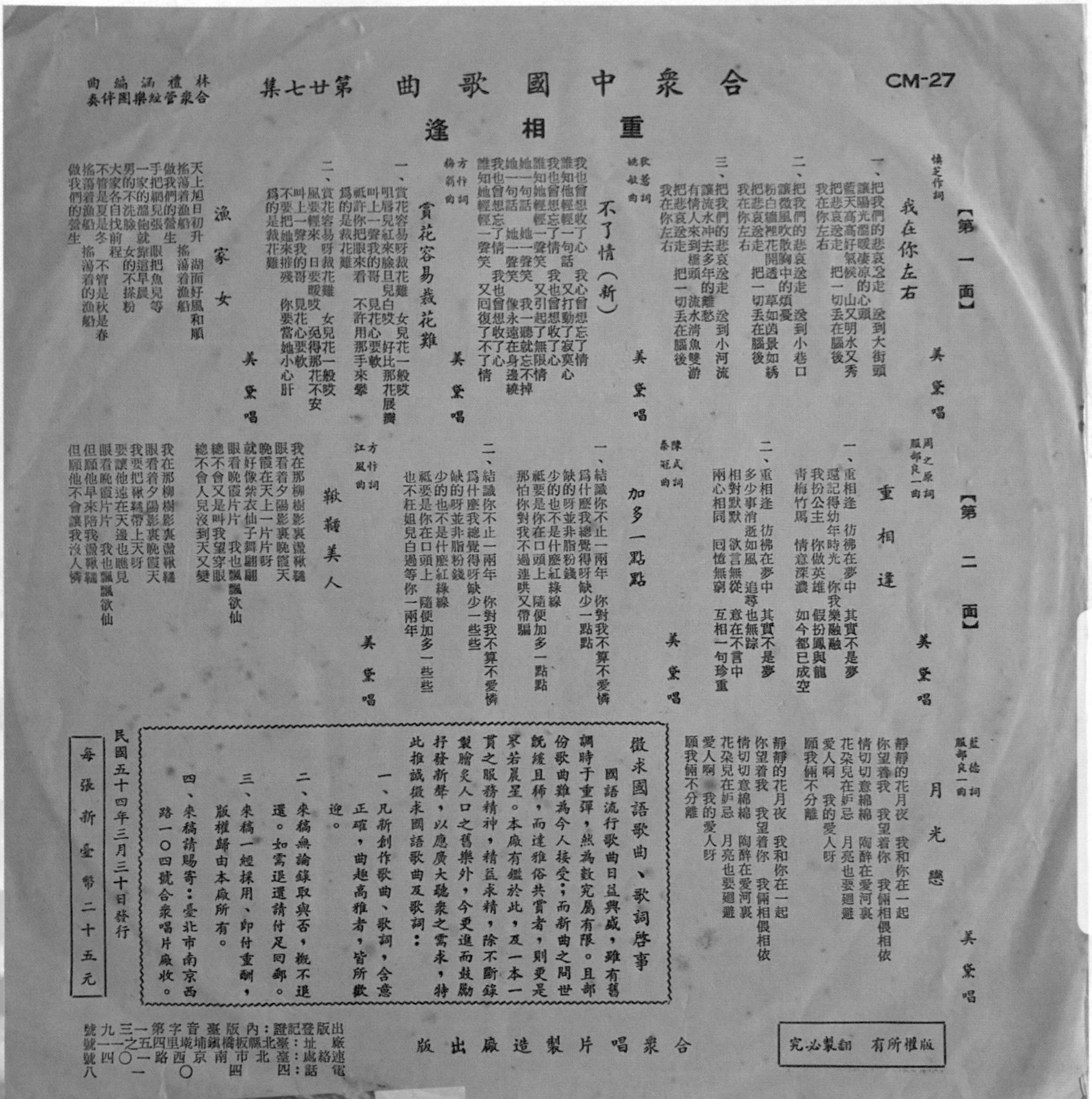

CM-27 合衆中國歌曲 第廿七集

林禮涵編曲
合衆管絃樂團伴奏

重相逢

【第一面】

我在你左右

慎芝作詞　美黛唱

一、把我們的悲哀送走 送到大街頭
讓陽光溫暖淒涼的心頭
藍天高高好氣候 山又明水又秀
把悲哀送走 把一切丟在腦後
我在你左右

二、把我們的悲哀送走 送到小巷口
讓微風吹散胸中的煩憂
粉白牆裡花開透 草如茵景如繡
把悲哀送走 把一切丟在腦後
我在你左右

三、把我們的悲哀送走 送到小河流
讓流水沖去多年的離愁
有情人來到橋頭 流水清魚雙游
把悲哀送走 把一切丟在腦後
我在你左右

不了情（新）

秋蕙詞　姚敏曲　美黛唱

我也會想收了心 我心會想忘了情
誰知他輕輕一句話 又打動了寂寞心
我也會想忘了情 我也會想收了心
誰知她輕輕一聲笑 又引起了無限情
她一句話 她一聲笑 我一聽就忘不掉
她一句話 她一聲笑 像永遠在身邊繞
我也會想忘了情 我也會想收了心
誰知她輕輕一聲笑 又回復了不了情

賞花容易栽花難

方仟詞　梅翁曲　美黛唱

一、賞花容易呀栽花難 女兒花一般哎
咀唇兒紅來臉且兒白哎 好比那花展瓣
叫上一聲我的哥 見花心要軟
祇許你把眼來看 不許用那手來攀
爲的是栽花難

二、賞花容易呀栽花難 女兒花一般哎
風要輕來日要暖哎 免得那花不安
叫上一聲我的哥 見花心要軟
不要把她來捧殘 你要當她小心肝
爲的是栽花難

漁家女

美黛唱

天上旭日初升 湖面好風和順
搖蕩着漁船 搖蕩着漁船
做我們的營生
手把網兒張 眼把魚兒等
一家的溫飽 就靠這早晨
男的不洗臉 女的不搽粉
大家各自找前程
不管是夏是冬 不管是秋是春
搖蕩着漁船 搖蕩着的漁船
做我們的營生

【第二面】

重相逢

周之原詞　服部良一曲　美黛唱

一、重相逢 彷彿在夢中 其實不是夢
還記得幼年時光 你我樂融融
我扮公主 你做英雄 假扮鳳與龍
青梅竹馬 情意深濃 如今都已成空

二、重相逢 彷彿在夢中 其實不是夢
多少事消逝如風 追尋也無踪
相對默默 欲言無從 意在不言中
兩心相同 回憶無窮 互相一句珍重

加多一點點

陳式詞　泰廷曲　美黛唱

一、結識你不止一兩年 你對我不算不愛憐
爲什麼我總覺得呀缺少一點點
缺的呀並非脂粉錢
少的也不是什麼紅絲線
祇要是你在口頭上 隨便加多一點點
那怕你對我不過連哄又帶騙

二、結識你不止一兩年 你對我不算不愛憐
爲什麼我總覺得呀缺少一些些
缺的呀並非脂粉錢
少的也不是什麼紅絲線
祇要是你在口頭上 隨便加多一些些
也不枉姐兒白過等你一兩年

鞦韆美人

方仟詞　江風曲　美黛唱

我在那柳樹影裏盪鞦韆
眼看着夕陽影裏晚霞天
晚霞在天上一片片片呀
就好像紫衣仙子舞翩翩
眼看晚霞片片 我也飄飄欲仙
總不會又是叫我望穿眼
總不會人兒沒到天又變

我在那柳樹影裏盪鞦韆
眼看着夕陽影裏晚霞天
我要把鞦韆帶上天呀
要讓他遠在天邊也瞧見
眼看晚霞片片 我也飄飄欲仙
但願他早來陪我盪鞦韆
但願他不會讓我沒人憐

月光戀

藍德詞　服部良一曲　美黛唱

静静的花月夜 我和你在一起
你望着我 我望着你 我倆相偎相依
情切切意綿綿 陶醉在愛河裏
花朶兒在妒忌 月亮也要迴避
愛人啊 我的愛人呀
願我倆不分離

静静的花月夜 我和你在一起
你望着我 我望着你 我倆相偎相依
情切切意綿綿 陶醉在愛河裏
花朶兒在妒忌 月亮也要迴避
愛人啊 我的愛人呀
願我倆不分離

徵求國語歌曲、歌詞啓事

國語流行歌曲日益興盛，雖有舊調時于重彈，然為數究屬有限。且部份歌曲難為今人接受；而新曲之問世既綫且稀，而達雅俗共賞者，則更是寥若晨星。本廠有鑑於此，及一本一貫之服務精神，精益求精，除不斷錄製膾炙人口之舊樂外，今更進而鼓勵抒發新聲，以應廣大聽衆之需求，特此推誠徵求國語歌曲及歌詞：

一、凡新創作歌曲、歌詞，含意正確，曲趣高雅者，皆所歡迎。

二、來稿無論錄取與否，概不退還。如需退還請付足回郵。

三、來稿一經採用，即付重酬，版權歸由本廠所有。

四、來稿請賜寄：臺北市南京西路一〇四號合衆唱片廠收。

民國五十四年三月三十日發行

每張新臺幣二十五元

出版登記證：內版臺音字第一三九號
廠址：臺北縣板橋鎮埔墘里四五之一一號
連絡處：臺北市南京西路一〇四號
電話：四四〇一八

合衆唱片製造廠出版

②

重相逢
美黛
CM-27

①

① 合眾唱片 CM-27 重相逢－封面
② 合眾唱片 CM-27 重相逢－封底

① 合眾唱片 CM-30 電影《意難忘》插曲－封面
② 合眾唱片 CM-30 電影《意難忘》插曲－封底

①

伊士曼彩色
新藝綜合体．國語愛情歌唱文藝大悲劇
美黛小姐幕後主唱
意難忘
哀感頑艷．曠古絕今
新星艾黎
一鳴驚人 領銜主演
監製：朱元福 導演：楊世慶
製片：張英 編劇：姚鳳磐
柯俊雄 林璣 龔稼農 傅碧輝 鄒青 葛小寶 高明 王孫 房勉 孫越 玲玲
聯合主演
CM-30
福華影片公司輝煌鉅獻

②

合衆中國歌曲　第三十集　**CM-30**

福華影片有限公司出品

電影「意難忘」插曲

【第　一　面】

1. 孤星淚（女聲合唱）
2. 熱與光（美黛唱）
3. 夜茫茫（美黛唱）
4. 意難忘（輕音樂）

【第　二　面】

1. 斷腸人（美黛主唱男聲合唱）
2. 意難忘（男女混聲合唱）
3. 熱與光（輕音樂）
4. 夜茫茫（輕音樂）

編　曲：林禮涵
作　詞：張　英
伴　奏：合衆管絃樂團

民國54年6月30日發行

【第　一　面】

女聲合唱

孤星淚

一、寶島風光好　四季如春天
山巒翠翠　碧海藍天
那海上孤帆　失群零雁
無依無伴與我命相連
啊………孤苦誰憐
我淚眼望蒼天
無家可返　四顧茫然
好風光也無心留戀

二、窗外的風光　飛逝在眼前
萬頃良田　海天一片
像時間流轉　瞬眼不見
多麼短暫人生也這般
啊………愁腸百轉
像那海上孤帆
遠望海角　遙向天邊
何處是我的家園

美黛唱

熱與光

一、我是天邊月　你是那太陽
你給我熱　你給我光　溫暖我心房
不再流淚　不再徬徨　因爲有太陽
啊………我要歌唱向着太陽歌唱
你的熱力你的光芒
願永遠像今天一樣

二、魚游在水中　鳥飛在天上
魚兒對對　鳥兒双双　人兒也一樣
相親相愛　比翼飛翔　情深似海洋
啊………縱情歌唱不怕狂風巨浪
只要有你我的太陽
有熱有光地久天長

美黛唱

夜茫茫

一、那海誓山盟今已成泡影
爲他前程我願犧牲　這就是愛情
忍辱偷生　受盡欺凌　也是爲愛情
啊………遙遠的人　你可知我的心
今世無緣　且待來生
爲了愛情我願犧牲

二、紅燈映綠酒夜色最迷人
双双對對不離形影　細語訴衷情
摟摟抱抱　依依偎偎　忘了夜已深
啊………歡場的人　多是假愛虛情
莫要留戀　莫要當眞
待到天明你就清醒

【第　二　面】

美黛主唱　男聲合唱

斷腸人

最苦是死別生離更傷心
欲哭無淚　欲訴無聲
淚往肚裏吞　强顏歡笑假做鎮靜
誰人知我心　啊………咫尺天涯
不知是遠是近　但願是夢不願是眞
願做那夢裏斷腸人

男女混聲合唱

意難忘

一、一襲嫁衣裳情海掀巨浪
一個徬徨一個迷惘一個在心傷
多少辛酸無限淒凉何處訴衷腸
啊………心底事兒針針密密縫上
情絲難斷熱淚兩行
爲他趕做嫁衣裳

二、世事多滄桑情海多風浪
望天蒼蒼望海茫茫依人在何方
我在等待我在遙望到海枯石爛
啊………地老天荒望那新嫁衣裳
穿你身上海畔情意
使我懷念終生難忘

定價二十五元

合衆唱片製造廠出版

出版登記證：內版台音字第一三九號
廠　址：臺北縣板橋鎮埔墘里四五之一一號
連絡處：臺北市南京西路一〇四號
電　話：四四〇一八號

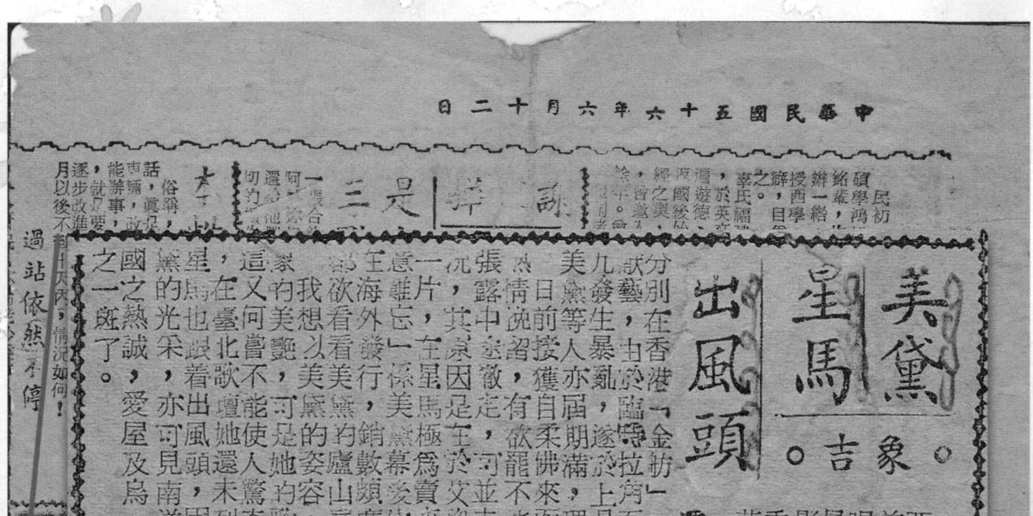

中華民國五十六年六月十二日

美黛星馬出風頭

象吉

美黛這次應馬來西亞「時代機構」之邀前赴星馬一帶巡迴演唱，除有此間的名歌星李華，及曾拍過電影的林惟君同行外，香港方面的歌星有崔萍、張露參加，每到一處，眞可謂轟動一時，但是崔萍與張露分別在香港「金紡」、「金寶」兩夜總會獻藝，由於臨時拉肩而臨時告假，更以港九發生暴亂，遂於上月廿六日提前歸去，美黛等人亦屆期滿，理應返臺了。

日前接獲自柔佛來函，因星馬各地僑胞熱情挽留，有欲罷不能之勢，雖說崔萍，張露中途撤走，可並未影響熱烈歡迎的盛況，其原因是由於艾黎主演的「意難忘」一片，在星馬極爲賣座，其中一支插曲「意難忘」係美黛幕後代唱，且經灌製唱片至海外發行，銷數頗廣，所以海外的華僑都欲看看美黛的廬山眞面目。

我想以美黛的姿容，雖難如各地僑胞想像的美艷，可是她的歌聲，確有獨到處，這又何嘗不能使人驚奇呢！就以季華來說，在臺北歌壇她還未列入大牌，但這次至星馬也跟着出風頭，固不否認她分沾了美黛的光采，亦可見南洋華僑社會對自由祖國之熱誠，愛屋及烏之一斑了。

歌壇今昔

民國56年（1967）6月12日「美黛星馬出風頭」報導

合衆中國歌曲　第三十一集

CM-31

遊覽車小姐

美黛唱

【第　一　面】

1 遊覽車小姐
2 濛濛細雨
3 聚少離多情難寄
4 長夜

【第　二　面】

1 追
2 霧夜裡的燈塔
3 有一個黃昏

編　　曲：林禮涵
伴　　奏：合衆管絃樂團
封面設計：侯平治
民國54年7月20日發行

【第　一　面】

遊覽車小姐

莊奴 作詞
羅仙 作曲

一、遊覽車的小姐呀　眞美麗
苗條的身材花外衣　双十年華正嬌艷
一身都是青春氣　走南北到東西
小姐整天陪着你　遊山水　逛古蹟
櫻桃小口呀！好伶俐

二、遊覽車的小姐呀　眞客氣
滿臉春風笑嘻嘻　隨車服務多週到
和藹可親叫人迷　走南北到東西
小姐整天陪着你　遊山水　逛古蹟
櫻桃小口呀！好伶俐

三、遊覽車的小姐呀　眞愜意
遊遍寶島風景區　不知是誰有福氣
和他終身做伴侶　走南北到東西
小姐整天陪着你　遊山水　逛古蹟
櫻桃小口呀！好伶俐

濛濛細雨

慎芝 作詞

一、閉上了双眼腦海裡面就浮起
難忘的往事一幕幕映心底
伊人呀影踪何處　我在心裡喚你
窗外是濛濛細雨　啊　啊　濛濛細雨

二、一年中三百六十五天都想你
難忘的往事想起它情戚戚
伊人呀影踪何處　我在心裡念你
街道上濛濛細雨　啊　啊　濛濛細雨

三、披上了白色新娘輕紗嫁粧衣
難忘的往事只能够沉海底
伊人呀影踪何處　我在心裡想你
夜色中濛濛細雨　啊　啊　濛濛細雨

聚少離多情難寄

慎芝 作詞
秀行 作曲

一、相聚少別離多　深情無從寄
怎樣能够忘記你　只有對月嘆息
七彩虹燈夜色裡何處有你踪跡
淚汩汩憂心悲淒淒
相聚少別離多　深情無從寄

二、相聚少別離多　深情無從寄
平生只怕情來磨　偏偏遇見你
一往情深情難捨爲你意亂情也迷
睡夢裡也想夢見你
相聚少別離多　深情無從寄

三、相聚少別離多　深情無從寄
在我心田點燃起　愛情的火炬
到頭你却相背棄給我留下空回憶
落葉飄陣陣秋風起
相聚少別離多　深情無從寄

長夜

慎芝 作詞
水時 作曲

一、黑夜長　長夜漫　悠悠長夜過不完
靜靜街道暗又長　行人也孤單
啊………佇立窗前痴痴望
期待着黑暗街頭聽見聲響
希望是他脚步聲　傳來聲響

二、黑夜長　長夜漫　悠悠長夜誰作伴
靜靜空樓芙蓉帳　繡枕也孤單
啊………佇立窗前痴痴望
期待着寂寞空樓產生溫暖
希望是他的擁抱　帶來溫暖

三、黑夜長　長夜漫　悠悠長夜過不完
靜靜心田意惆悵　燈光也孤單
啊………佇立窗前痴痴望
期待着寂寞心田迎接春光
希望是他的笑容　帶來春光

【第　二　面】

追

慎芝 作詞
江葉 作曲

一、你在早晨見到我追呀追
在黃昏見到我追呀追
不管有哥哥姐姐朝着我們看
你不怕那弟妹搗鬼　我可不能不推
男女戀愛也不是衝鋒隊
你怎麽能够這樣………急急地追

二、你在街上見到我追呀追
在橋邊見到我追呀追
不管有街上行人朝着我們看
你不怕那人言可畏　我可不能不推
談情說愛也不能受指揮
你怎麽能够這樣………急急地追

三、你在雨天見到我追呀追
在晴天見到我追呀追
不管那烈日驕陽對着我們晒
你不怕那風雨猛吹　我可不能不推
接受愛情也不能受包圍
你怎麽能够這樣………急急地追

霧夜裡的燈塔

慎芝 作詞
田正 作曲

一、一輪月月偏西　夜霧漸漸罩大地
遠處海灣那一邊　燈塔映眼底
霧笛聲聲鳴　海風添愁意
夜霧快散去　不要誤船期

二、一輪月月朦朧　夜霧海面罩濃濃
遠處海灣那一邊　燈塔也朦朧
霧笛聲聲鳴　和着海潮湧
夜霧快散去　好讓行船穩

三、一輪月月淡淡　夜霧漸漸隨風散
遠處海灣那一邊　燈塔光黯淡
霧笛不必再鳴　夜盡天已亮
夜霧已散去　行船好順航

有一個黃昏

慎芝 作詞
秀行 作曲

一、有一個黃昏　我走在沙灘
檢起一個花貝殼　仔細地端詳
貝殼彩色如虹光　給了我不少幻想
貝殼雖小好欣賞　我把它帶回家欣賞
放在手上欣賞

二、有一個黎明　我走在路邊
摘下一朶無名花　揷在我襟邊
野花味香色又艶　惹起我不少懷念
野花巧小惑人憐　我把它帶在我身邊
揷在我的襟邊

三、有一個夜晚　我走在橋邊
天邊一顆明亮星星　和我面對面
星星光芒照我臉　惹起我不少懷念
星光雖遠望得見　我把它帶到我夢中
伴我夢境香甜

定價二十五元

合衆唱片製造廠出版

出版登記證內版台音字第〇一三九號
廠　址：臺北縣板橋鎮埔墘里一〇五之二二號
連絡處：臺北市新生北路二段一二七巷一三號
電　話：四　四　〇　一　八　號

②

遊覽車小姐
美黛
CHINESE POPULAR SONGS VOL-31
CM-31

①

① 合眾唱片 CM-31 遊覽車小姐－封面
② 合眾唱片 CM-31 遊覽車小姐－封底

CM-32
心上人
美黛

①

① 合眾唱片 CM-32 心上人 - 封面
② 合眾唱片 CM-32 心上人 - 封底

②

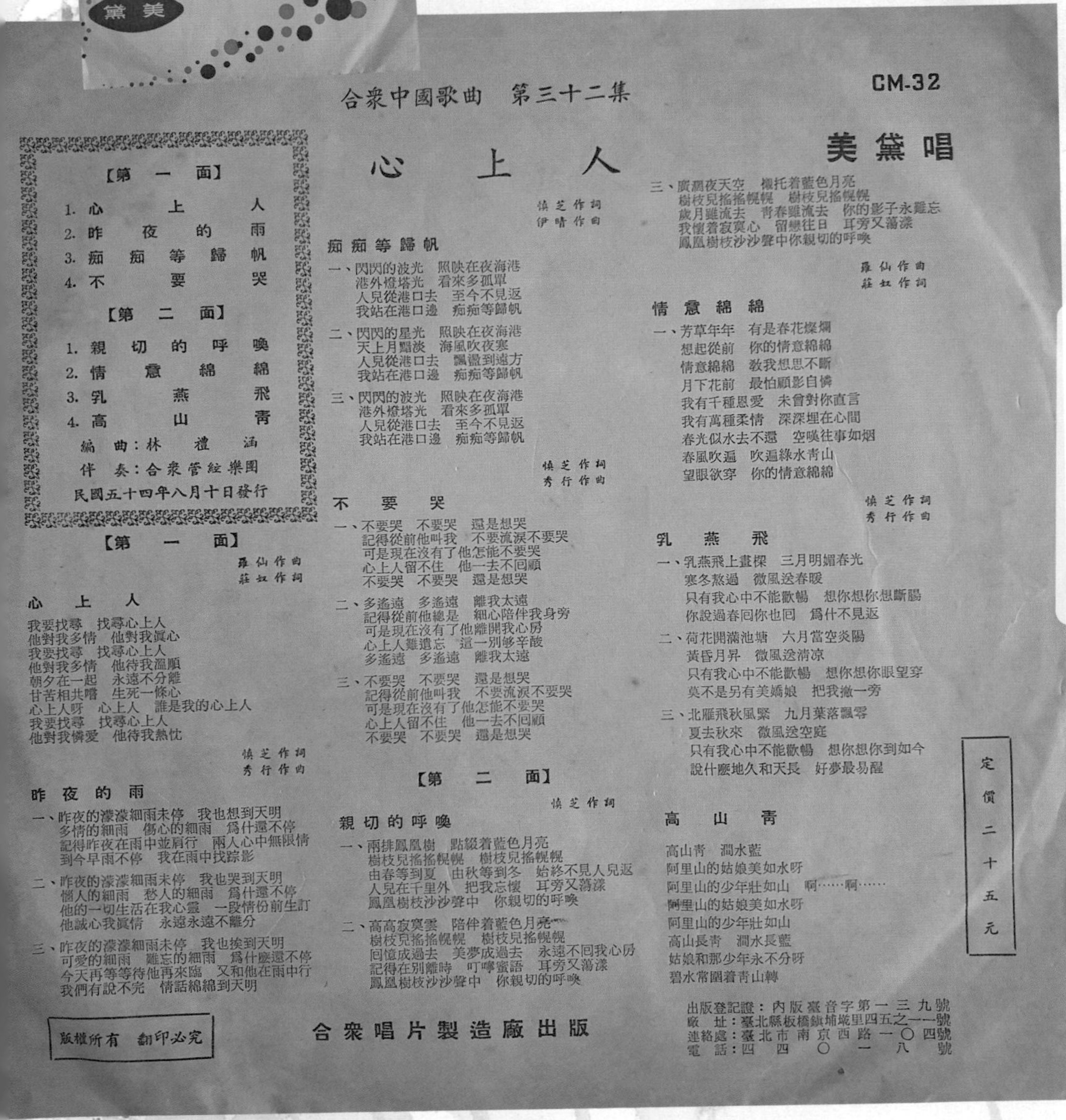

合衆中國歌曲　第三十二集

CM-32

心　上　人

美黛唱

【第　一　面】

1. 心上人
2. 昨夜的雨
3. 痴痴等歸帆
4. 不要哭

【第　二　面】

1. 親切的呼喚
2. 情意綿綿
3. 乳燕飛
4. 高山青

編　曲：林禮涵

伴　奏：合衆管絃樂團

民國五十四年八月十日發行

【第　一　面】

羅仙作曲
莊奴作詞

心　上　人

我要找尋　找尋心上人
他對我多情　他對我眞心
我要找尋　找尋心上人
他對我多情　他待我溫順
朝夕在一起　永遠不分離
甘苦相共嚐　生死一條心
心上人呀　心上人　誰是我的心上人
我要找尋　找尋心上人
他對我憐愛　他待我熱忱

慎芝作詞
秀行作曲

昨　夜　的　雨

一、昨夜的濛濛細雨未停　我也想到天明
　　多情的細雨　傷心的細雨　爲什還不停
　　記得昨夜在雨中並肩行　兩人心中無限情
　　到今早雨不停　我在雨中找踪影

二、昨夜的濛濛細雨未停　我也哭到天明
　　惱人的細雨　愁人的細雨　爲什還不停
　　他的一切生活在我心靈　一段情份前生訂
　　他誠心我眞情　永遠永遠不離分

三、昨夜的濛濛細雨未停　我也挨到天明
　　可愛的細雨　難忘的細雨　爲什麼還不停
　　今天再等等待他再來臨　又和他在雨中行
　　我們有說不完　情話綿綿到天明

慎芝作詞
伊晴作曲

痴　痴　等　歸　帆

一、閃閃的波光　照映在夜海港
　　港外燈塔光　看來多孤單
　　人兒從港口去　至今不見返
　　我站在港口邊　痴痴等歸帆

二、閃閃的星光　照映在夜海港
　　天上月黯淡　海風吹夜寒
　　人兒從港口去　飄盪到遠方
　　我站在港口邊　痴痴等歸帆

三、閃閃的波光　照映在夜海港
　　港外燈塔光　看來多孤單
　　人兒從港口去　至今不見返
　　我站在港口邊　痴痴等歸帆

慎芝作詞
秀行作曲

不　要　哭

一、不要哭　不要哭　還是想哭
　　記得從前他叫我　不要流淚不要哭
　　可是現在沒有了他怎能不要哭
　　心上人留不住　他一去不回顧
　　不要哭　不要哭　還是想哭

二、多遙遠　多遙遠　離我太遠
　　記得從前他總是　細心陪伴我身旁
　　可是現在沒有了他離開我心房
　　心上人難遺忘　這一別够辛酸
　　多遙遠　多遙遠　離我太遠

三、不要哭　不要哭　還是想哭
　　記得從前他叫我　不要流淚不要哭
　　可是現在沒有了他怎能不要哭
　　心上人留不住　他一去不回顧
　　不要哭　不要哭　還是想哭

【第　二　面】

慎芝作詞

親　切　的　呼　喚

一、兩排鳳凰樹　點綴着藍色月亮
　　樹枝兒搖搖幌幌　樹枝兒搖幌幌
　　由春等到夏　由秋等到冬　始終不見人兒返
　　人兒在千里外　把我忘懷　耳旁又蕩漾
　　鳳凰樹枝沙沙聲中　你親切的呼喚

二、高高寂寞雲　陪伴着藍色月亮
　　樹枝兒搖搖幌幌　樹枝兒搖幌幌
　　回憶成過去　美夢成過去　永遠不回我心房
　　記得在別離時　叮嚀蜜語　耳旁又蕩漾
　　鳳凰樹枝沙沙聲中　你親切的呼喚

三、廣濶夜天空　襯托着藍色月亮
　　樹枝兒搖搖幌幌　樹枝兒搖幌幌
　　歲月雖流去　青春雖流去　你的影子永難忘
　　我懷着寂寞心　留戀往日　耳旁又蕩漾
　　鳳凰樹枝沙沙聲中你親切的呼喚

羅仙作曲
莊奴作詞

情　意　綿　綿

一、芳草年年　有是春花燦爛
　　想起從前　你的情意綿綿
　　情意綿綿　教我想思不斷
　　月下花前　最怕顧影自憐
　　我有千種恩愛　未曾對你直言
　　我有萬種柔情　深深埋在心間
　　春光似水去不還　空嘆往事如烟
　　春風吹遍　吹遍綠水青山
　　望眼欲穿　你的情意綿綿

慎芝作詞
秀行作曲

乳　燕　飛

一、乳燕飛上畫樑　三月明媚春光
　　寒冬熬過　微風送春暖
　　只有我心中不能歡暢　想你想你想斷腸
　　你說過春回你也回　爲什不見返

二、荷花開滿池塘　六月當空炎陽
　　黃昏月昇　微風送清凉
　　只有我心中不能歡暢　想你想你眼望穿
　　莫不是另有美嬌娘　把我撇一旁

三、北雁飛秋風緊　九月葉落飄零
　　夏去秋來　微風送空庭
　　只有我心中不能歡暢　想你想你到如今
　　說什麽地久和天長　好夢最易醒

高　山　青

高山青　澗水藍
阿里山的姑娘美如水呀
阿里山的少年壯如山　啊……啊……
阿里山的姑娘美如水呀
阿里山的少年壯如山
高山長青　澗水長藍
姑娘和那少年永不分呀
碧水常圍着青山轉

定價二十五元

出版登記證：內版臺音字第一三九號
廠　址：臺北縣板橋鎭埔墘里四五之一一號
連絡處：臺北市南京西路一〇四號
電　話：四四〇一八號

合衆唱片製造廠出版

合衆中國歌曲　第三十四集

CM-34

絕代佳人

美黛唱

【第　一　面】

1. 絕　代　佳　人
2. 什麼事都不想做
3. 紅　丁　香
4. 魚兒那裡來

【第　二　面】

1. 紅　顏　譜
2. 深　宮　怨

編曲：林禮涵

伴奏：合衆管絃樂團

民國54年12月20日發行

【第　一　面】

愼芝　作詞
呂泉生　作曲

絕代佳人

春回滿大地　春風又吹到
碧藍天空高　白雲向西飄
有美人成群又結伴　優遊到春郊
撲蝴蝶　採花興緻好

池邊楊柳枝　隨風輕盈飄
碧藍天空高　艷陽普照耀
有美人冰肌玉骨柔　體態輕盈巧
國色香　品格氣質高

百花齊開放　迎風展微笑
碧藍天空高　小鳥展翅叫
有美人眼波似秋水　花容百媚姣
百花艷　難比美人俏

愼芝　作詞
紅葉　作曲

什麼事都不想做

什麼事都不想做　什麼話也不想說
最好是一天到晚對着你坐
對着你把我心事細細訴說
只要你　只要你　給我一個溫暖的窩
啊…………啊…………
我倆的生命永遠不會起風波

絕代佳人

什麼事都不想念　什麼人也不想見
最好是一天到晚對着你面
對着你把相思帳細算一遍
只要你　只要你　給我一首愛的詩篇
啊…………啊…………
我倆的情愛永遠不會有改變

什麼事都不想做　什麼話也不想說
最好是一天到晚對着你坐
對着你把我心事細細訴說
只要你　只要你　給我一個溫暖的窩
啊…………啊…………
我倆的生命永遠不會起風波

紅丁香

晚風兒陣陣吹送秋爽　夜鶯兒聲聲訴說幻想
彷彿又看到一朵紅丁香　在我的眼前搖又幌
晚風兒陣陣吹送秋爽　夜鶯兒聲聲訴說幻想
彷彿又看到一朵紅丁香　在我的夢裡歌又唱
紅丁香掛在她身上　一見就覺得神迷惘
彷彿她就是紅丁香　印在我腦海不能忘
晚風兒陣陣吹送秋爽　夜鶯兒聲聲訴說幻想
彷彿又看到一朵紅丁香　在我的夢裡歌又唱

紅丁香掛在她身上　一見就覺得神迷惘
彷彿她就是紅丁香　印在我腦海不能忘
晚風兒陣陣吹送秋爽　夜鶯兒聲聲訴說幻想
彷彿又看到一朵紅丁香　在我的夢裡歌又唱
在我的夢裡歌又唱　在我的夢裡歌又唱

魚兒那裡來

海裡浪滔滔　海裡浪滔滔
海裡小小魚船向東飄
不怕風浪高　不顧船兒小
只顧漁網張得牢
你向東邊繞　我向西邊繞
我們繞成一個大圈套
不怕魚兒跳　不怕魚兒逃
只要漁網收得好
合力同心不掘不撓且看打魚人
合作的精神眞正好
魚兒一籮籮　魚兒一挑挑
偉大的收獲眞不小
他有魚兒寶　我有魚兒燒
這是漁人的大功勞

合衆唱片製造廠出版

【第　二　面】

愼芝　作詞
紅葉　作曲

紅顏譜

自古紅顏多薄命　昭君和番遠離國門
無垠黃沙胡地風光不堪回首念舊情
沉魚落雁傾國傾城　命比羽毛輕
啊漢皇恩重　漢皇恩重　昭君無福承
啊……啊……
自古多情空餘恨　黛玉染病寶玉另婚
大觀園內紅樓風光不堪回首念舊情
花園葬花瀟湘焚稿　命比羽毛輕
啊寶玉情重　寶玉情重　黛玉無福承
啊……啊……
自古好事多風浪　英台被迫許配馬生
秉燭閱讀學府風光不堪回首念舊情
山盟海誓永不了情　命比羽毛輕
啊山伯情重　山伯情重　英台無福承
啊……啊……

深宮怨

愁如海　淚如麻
誰教我生在帝王家
受盡了千恩萬寵
落一個彩鳳隨鴉　彩鳳隨鴉
儘人欺　由人罵
誰教我嫁到帝王家
說什麼金枝玉葉
輸給那路柳牆花　路柳牆花
誇富貴　享榮華
活生生斷送帝王家
還不如人間夫婦
吃一世淡飯粗菜　淡飯粗菜

定價二十五元

出版登記證：內版臺音字第一三九號
廠　址：臺北縣板橋鎮埔墘里四五之一一號
連絡處：臺北市南京西路一〇四號
電　話：四四〇一八號

②

CM-34
絕代佳人
美黛唱

①

① 合眾唱片 CM-34 絕代佳人 - 封面
② 合眾唱片 CM-34 絕代佳人 - 封底

香蕉姑娘
美黛唱
Banana Girl
CM-35

①

① 合眾唱片 CM-35 香蕉姑娘－封面
② 合眾唱片 CM-35 香蕉姑娘－封底

②

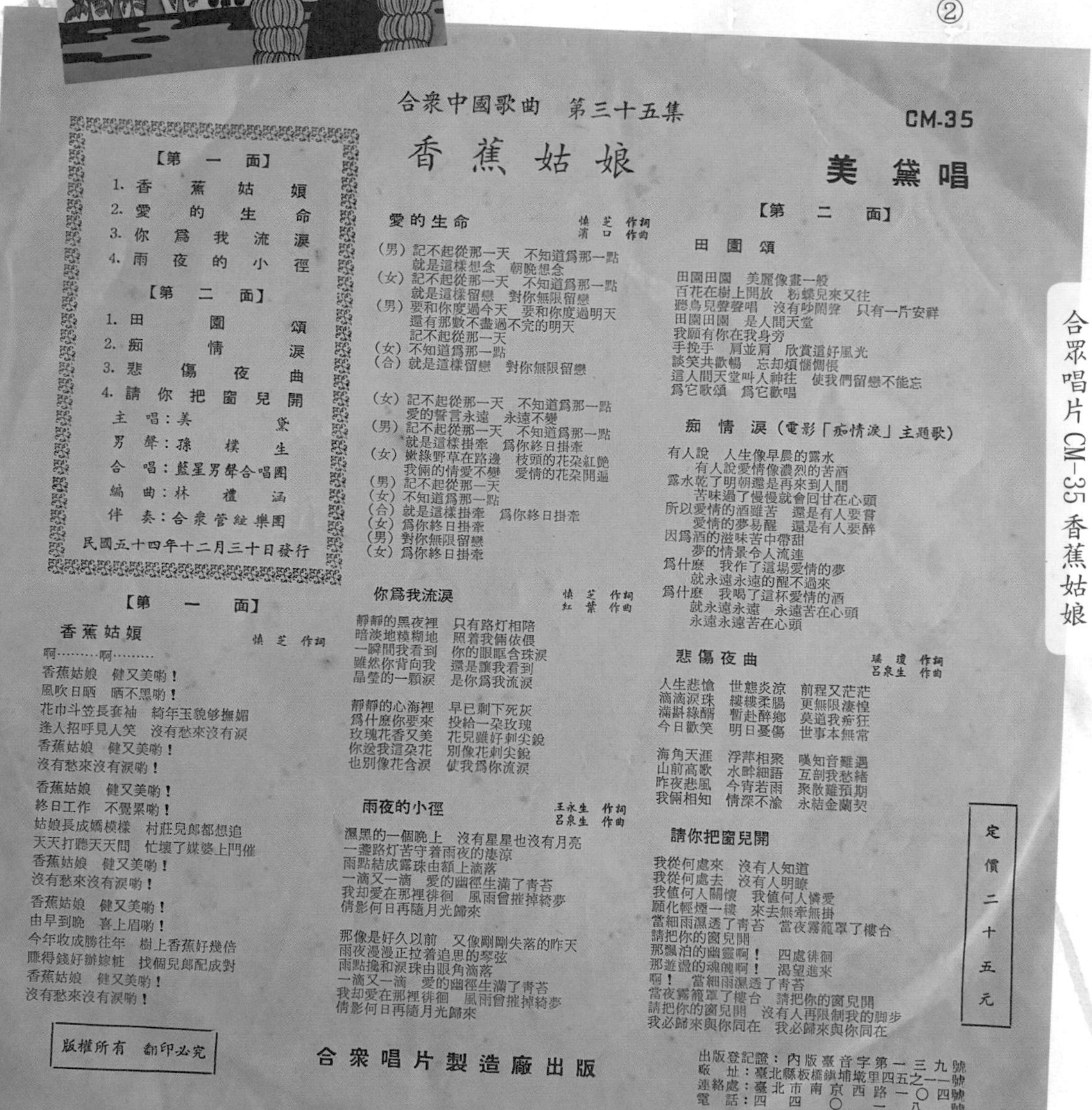

合衆中國歌曲　第三十五集

CM-35

香蕉姑娘

美黛唱

【第　一　面】
1. 香蕉姑娘
2. 愛的生命
3. 你爲我流淚
4. 雨夜的小徑

【第　二　面】
1. 田園頌
2. 痴情淚
3. 悲傷夜曲
4. 請你把窗兒開

主　唱：美　黛
男　聲：孫　樸　生
合　唱：藍星男聲合唱團
編　曲：林　禮　涵
伴　奏：合衆管絃樂團

民國五十四年十二月三十日發行

【第　一　面】

香蕉姑娘

慎　芝　作詞

啊………啊………
香蕉姑娘　健又美喲！
風吹日晒　晒不黑喲！
花巾斗笠長套袖　綺年玉貌够嫵媚
逢人招呼見人笑　沒有愁來沒有淚
香蕉姑娘　健又美喲！
沒有愁來沒有淚喲！

香蕉姑娘　健又美喲！
終日工作　不覺累喲！
姑娘長成嬌模樣　村莊兒郎都想追
天天打聽天天問　忙壞了媒婆上門催
香蕉姑娘　健又美喲！
沒有愁來沒有淚喲！

香蕉姑娘　健又美喲！
由早到晚　喜上眉喲！
今年收成勝往年　樹上香蕉好幾倍
賺得錢好辦嫁粧　找個兒郎配成對
香蕉姑娘　健又美喲！
沒有愁來沒有淚喲！

愛的生命

慎　芝　作詞
濱　口　作曲

(男) 記不起從那一天　不知道爲那一點
就是這樣想念　朝晚想念
(女) 記不起從那一天　不知道爲那一點
就是這樣留戀　對你無限留戀
(男) 要和你度過今天　要和你度過明天
還有那數不盡過不完的明天
記不起從那一天
(女) 不知道爲那一點
(合) 就是這樣留戀　對你無限留戀

(女) 記不起從那一天　不知道爲那一點
愛的誓言永遠　永遠不變
(男) 記不起從那一天　不知道爲那一點
就是這樣掛牽　爲你終日掛牽
(女) 嫩綠野草在路邊　枝頭的花朵紅艷
我倆的情愛不變　愛情的花朵開遍
(男) 記不起從那一天
(女) 不知道爲那一點
(合) 就是這樣掛牽　爲你終日掛牽
(女) 爲你終日掛牽
(男) 對你無限留戀
(女) 爲你終日掛牽

你爲我流淚

慎　芝　作詞
紅　葉　作曲

靜靜的黑夜裡　只有路灯相陪
暗淡地糢糊地　照着我倆依偎
一瞬間我看到　你的眼眶含珠淚
雖然你背向我　還是讓我看到
晶瑩的一顆淚　是你爲我流淚

靜靜的心海裡　早已剩下死灰
爲什麼你要來　投給一朶玫瑰
玫瑰花香又美　花兒雖好刺尖銳
你送我這朶花　別像花刺尖銳
也別像花含淚　使我爲你流淚

雨夜的小徑

王永生　作詞
呂泉生　作曲

濕黑的一個晚上　沒有星星也沒有月亮
一盞路灯苦守着雨夜的淒涼
雨點結成露珠由額上滴落
一滴又一滴　愛的幽徑生滿了青苔
我却愛在那裡徘徊　風雨會摧掉綺夢
倩影何日再隨月光歸來

那像是好久以前　又像剛剛失落的昨天
雨夜漫漫正拉着追思的琴弦
雨點攙和淚珠由眼角滴落
一滴又一滴　愛的幽徑生滿了青苔
我却愛在那裡徘徊　風雨會摧掉綺夢
倩影何日再隨月光歸來

【第　二　面】

田園頌

田園田園　美麗像畫一般
百花在樹上開放　粉蝶兒來又往
聽鳥兒聲聲唱　沒有吵鬧聲　只有一片安祥
田園田園　是人間天堂
我願有你在我身旁
手挽手　肩並肩　欣賞這好風光
談笑共歡暢　忘却煩惱惆悵
這人間天堂叫人神往　使我們留戀不能忘
爲它歌頌　爲它歡唱

痴情淚（電影「痴情淚」主題歌）

有人說　人生像早晨的露水
有人說愛情像濃烈的苦酒
露水乾了明朝還是再來到人間
苦味過了慢慢就會回甘在心頭
所以愛情的酒雖苦　還是有人要嘗
愛情的夢易醒　還是有人要醉
因爲酒的滋味苦中帶甜
夢的情景令人流連
爲什麼　我作了這場愛情的夢
就永遠永遠的醒不過來
爲什麼　我喝了這杯愛情的酒
就永遠永遠　永遠苦在心頭
永遠永遠苦在心頭

悲傷夜曲

瑞　瓊　作詞
呂泉生　作曲

人生悲愴　世態炎涼　前程又茫茫
滴滴淚珠　縷縷柔腸　更無限淒惶
滿斟綠醑　暫赴醉鄉　莫道我痴狂
今日歡笑　明日憂傷　世事本無常

海角天涯　浮萍相聚　嘆知音難遇
山前高歌　水畔細語　互剖我愁緒
昨夜悲風　今宵若雨　聚散難預期
我倆相知　情深不渝　永結金蘭契

請你把窗兒開

我從何處來　沒有人知道
我從何處去　沒有人明瞭
我値何人關懷　我値何人憐愛
願化輕煙一縷　來去無牽無掛
當細雨濕透了青苔　當夜霧籠罩了樓台
請把你的窗兒開
那飄泊的幽靈啊！　四處徘徊
那遊盪的魂魄啊！　渴望進來
啊！　當細雨濕透了青苔
當夜霧籠罩了樓台　請把你的窗兒開
請把你的窗兒開　沒有人再限制我的脚步
我必歸來與你同在　我必歸來與你同在

定價二十五元

合衆唱片製造廠出版

出版登記證：內版臺音字第一三九號
廠　址：臺北縣板橋鎮埔墘里四五之一一號
連絡處：臺北市南京西路一〇四號
電　話：四四〇一八號

Apple2018

① 合眾唱片 CM-39 船 - 封面
② 合眾唱片 CM-39 船 - 封底

①

CM-39
船
瓊瑤詞　慎芝曲
美黛唱
A SHIP

②

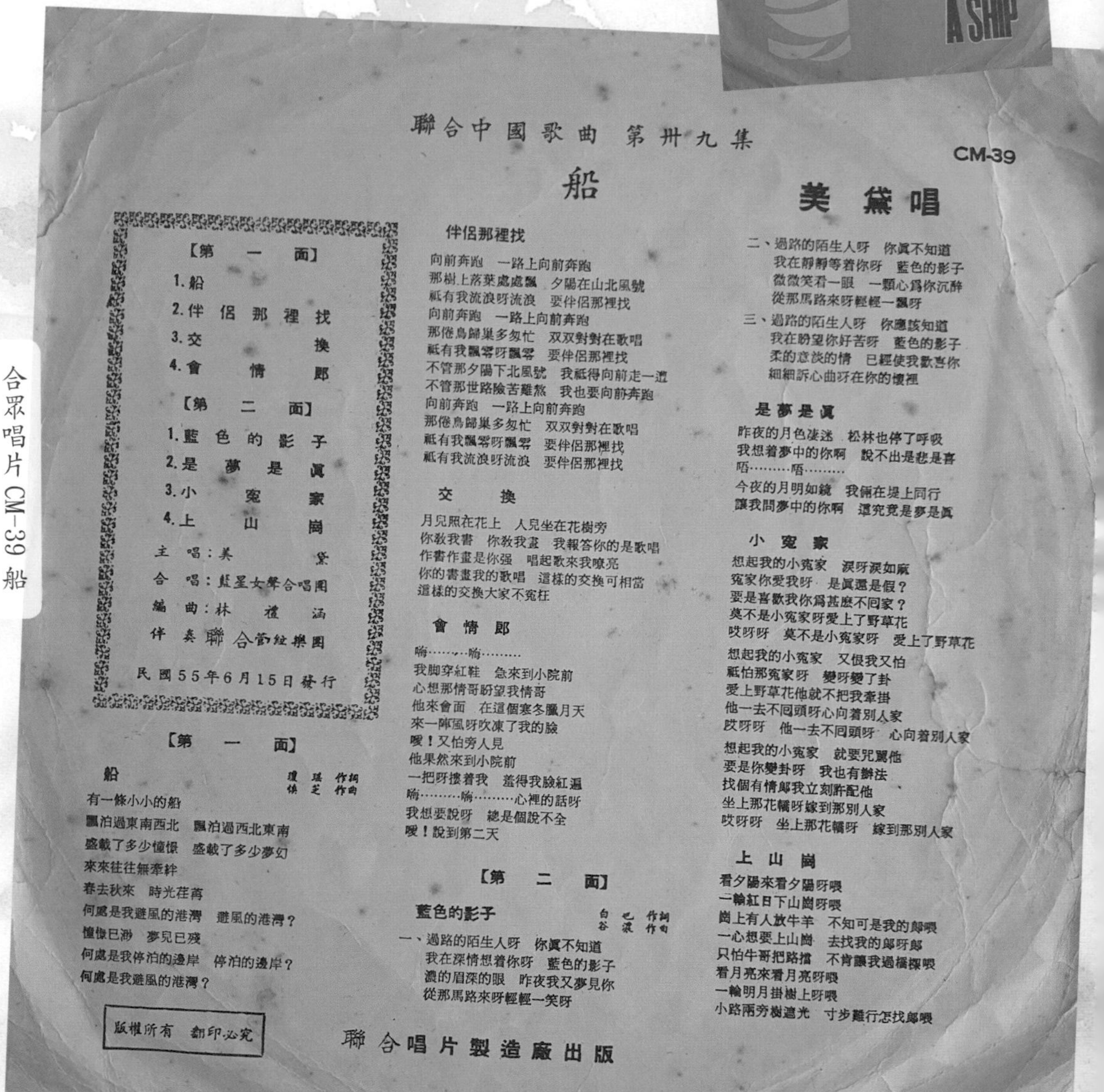

聯合中國歌曲　第卅九集

CM-39

船

美　黛　唱

【第　一　面】
1.船
2.伴侶那裡找
3.交　換
4.會情郎

【第　二　面】
1.藍色的影子
2.是夢是眞
3.小冤家
4.上山崗

主唱：美黛
合唱：藍星女聲合唱團
編曲：林禮涵
伴奏：聯合管絃樂團

民國55年6月15日發行

【第　一　面】

船

瓊瑤作詞
慎芝作曲

有一條小小的船
飄泊過東南西北　飄泊過西北東南
盛載了多少憧憬　盛載了多少夢幻
來來往往無牽絆
春去秋來　時光荏苒
何處是我避風的港灣　避風的港灣？
憧憬已渺　夢兒已殘
何處是我停泊的邊岸　停泊的邊岸？
何處是我避風的港灣？

伴侶那裡找

向前奔跑　一路上向前奔跑
那樹上落葉處處飄　夕陽在山北風號
祇有我流浪呀流浪　要伴侶那裡找
向前奔跑　一路上向前奔跑
那倦鳥歸巢多匆忙　双双對對在歌唱
祇有我飄零呀飄零　要伴侶那裡找
不管那夕陽下北風號　我祇得向前走一遭
不管那世路險苦難熬　我也要向前奔跑
向前奔跑　一路上向前奔跑
那倦鳥歸巢多匆忙　双双對對在歌唱
祇有我飄零呀飄零　要伴侶那裡找
祇有我流浪呀流浪　要伴侶那裡找

交　換

月兒照在花上　人兒坐在花樹旁
你教我書　你教我畫　我報答你的是歌唱
作書作畫是你強　唱起歌來我嘹亮
你的書畫我的歌唱　這樣的交換可相當
這樣的交換大家不冤枉

會　情　郎

嗨……嗨………
我脚穿紅鞋　急來到小院前
心想那情哥盼望我情哥
他來會面　在這個寒冬臘月天
來一陣風呀吹凍了我的臉
嘢！又怕旁人見
他果然來到小院前
一把呀摟着我　羞得我臉紅遍
嗨………嗨………心裡的話呀
我想要說呀　總是個說不全
嘢！說到第二天

【第　二　面】

藍色的影子

白也作詞
谷濱作曲

一、過路的陌生人呀　你眞不知道
我在深情想着你呀　藍色的影子
濃的眉深的眼　昨夜我又夢見你
從那馬路來呀輕輕一笑呀

二、過路的陌生人呀　你眞不知道
我在靜靜等着你呀　藍色的影子
微微笑看一眼　一顆心爲你沉醉
從那馬路來呀輕輕一飄呀

三、過路的陌生人呀　你應該知道
我在盼望你好苦呀　藍色的影子
柔的意淡的情　已經使我歡喜你
細細訴心曲呀在你的懷裡

是夢是眞

昨夜的月色淒迷　松林也停了呼吸
我想着夢中的你啊　說不出是悲是喜
唔………唔………
今夜的月明如鏡　我倆在堤上同行
讓我問夢中的你啊　這究竟是夢是眞

小　冤　家

想起我的小冤家　淚呀淚如麻
冤家你愛我呀　是眞還是假？
要是喜歡我你爲甚麼不回家？
莫不是小冤家呀愛上了野草花
哎呀呀　莫不是小冤家呀　愛上了野草花
想起我的小冤家　又恨我又怕
祇怕那冤家呀　變呀變了卦
愛上野草花他就不把我牽掛
他一去不回頭呀心向着別人家
哎呀呀　他一去不回頭呀　心向着別人家
想起我的小冤家　就要咒罵他
要是你變卦呀　我也有辦法
找個有情郎我立刻許配他
坐上那花轎呀嫁到那別人家
哎呀呀　坐上那花轎呀　嫁到那別人家

上　山　崗

看夕陽來看夕陽呀喂
一輪紅日下山崗呀喂
崗上有人放牛羊　不知可是我的郎喂
一心想要上山崗　去找我的郎呀郎
只怕牛哥把路擋　不肯讓我過橋樑喂
看月亮來看月亮呀喂
一輪明月掛樹上呀喂
小路兩旁樹遮光　寸步難行怎找郎喂

聯合唱片製造廠出版

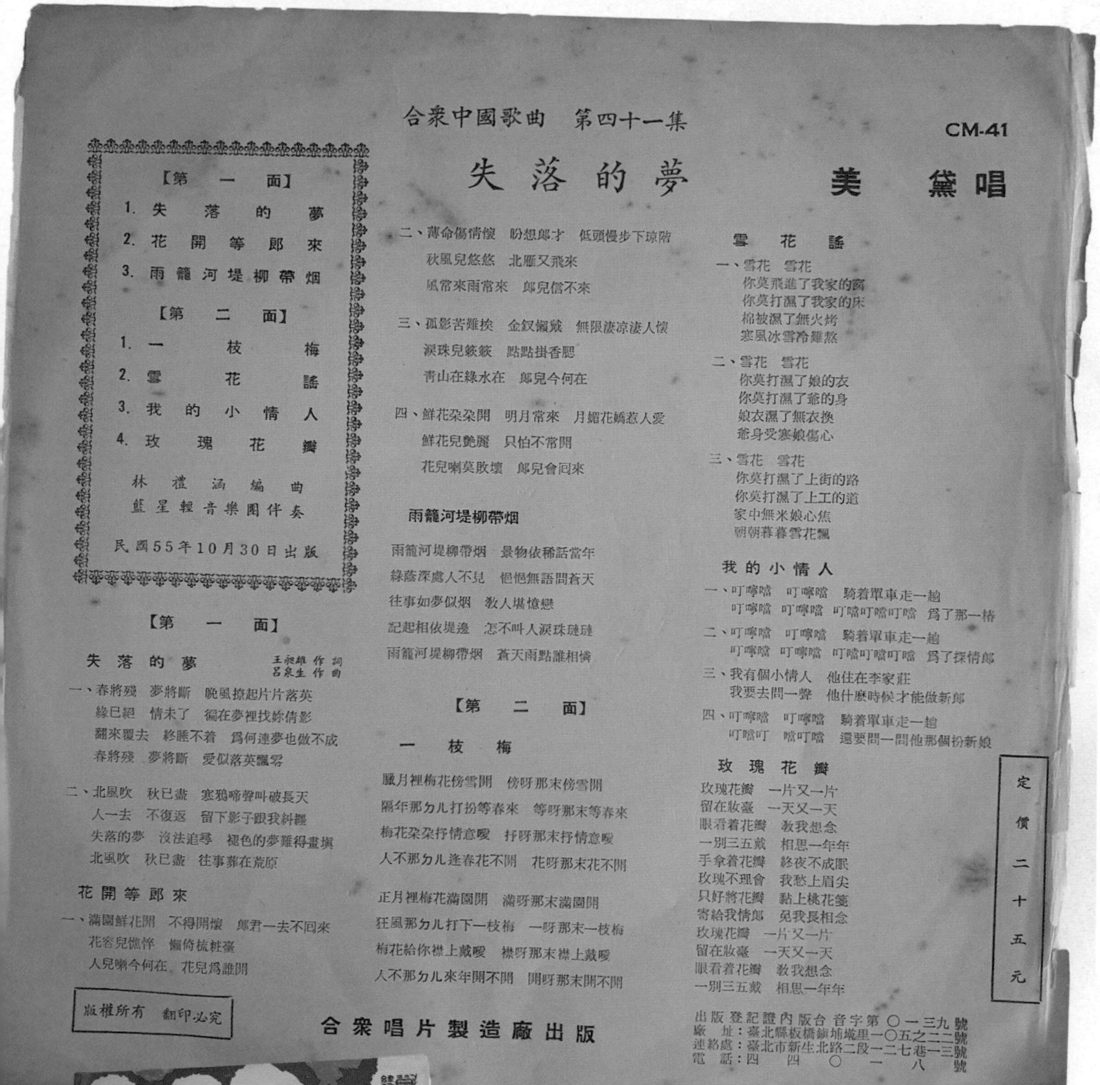

合衆中國歌曲　第四十一集

CM-41

失落的夢　　美　黛唱

【第　一　面】
1. 失　落　的　夢
2. 花　開　等　郎　來
3. 雨　籠　河　堤　柳　帶　烟

【第　二　面】
1. 一　枝　梅
2. 雪　花　謠
3. 我　的　小　情　人
4. 玫　瑰　花　瓣

林　禮　涵　編　曲
藍星輕音樂團伴奏

民國55年10月30日出版

【第　一　面】

失　落　的　夢　　王永雄 作詞　呂泉生 作曲

一、春將殘　夢將斷　晚風撩起片片落英
　　緣已絕　情未了　偏在夢裡找妳倩影
　　翻來覆去　終睡不着　爲何連夢也做不成
　　春將殘　夢將斷　愛似落英飄零

二、北風吹　秋已盡　寒鴉啼聲叫破長天
　　人一去　不復返　留下影子跟我糾纏
　　失落的夢　沒法追尋　褪色的夢難得畫塡
　　北風吹　秋已盡　往事葬在荒原

花　開　等　郎　來

一、滿園鮮花開　不得開懷　郎君一去不回來
　　花容兒憔悴　懶倚梳粧臺
　　人兒喇今何在　花兒爲誰開

二、薄命傷情懷　盼想郎才　低頭慢步下瓊階
　　秋風兒悠悠　北雁又飛來
　　風常來雨常來　郎兒信不來

三、孤影苦難挨　金釵懶戴　無限淒凉淒人懷
　　淚珠兒簌簌　點點掛香腮
　　青山在綠水在　郎兒今何在

四、鮮花朶朶開　明月常來　月媚花嬌惹人愛
　　鮮花兒艷麗　只怕不常開
　　花兒喇莫敗壞　郎兒會回來

雨籠河堤柳帶烟

雨籠河堤柳帶烟　景物依稀話當年
綠蔭深處人不見　悒悒無語問蒼天
往事如夢似烟　教人堪憶戀
記起相依堤邊　怎不叫人淚珠漣漣
雨籠河堤柳帶烟　蒼天雨點誰相憐

【第　二　面】

一　枝　梅

臘月裡梅花傍雪開　傍呀那末傍雪開
隔年那ㄌㄦ打扮等春來　等呀那末等春來
梅花朶朶抒情意嘍　抒呀那末抒情意嘍
人不那ㄌㄦ逢春花不開　花呀那末花不開

正月裡梅花滿園開　滿呀那末滿園開
狂風那ㄌㄦ打下一枝梅　一呀那末一枝梅
梅花給你襟上戴嘍　襟呀那末襟上戴嘍
人不那ㄌㄦ來年開不開　開呀那末開不開

雪　花　謠

一、雪花　雪花
　　你莫飛進了我家的窗
　　你莫打濕了我家的床
　　棉被濕了無火烤
　　寒風冰雪冷難熬

二、雪花　雪花
　　你莫打濕了娘的衣
　　你莫打濕了爺的身
　　娘衣濕了無衣換
　　爺身受寒娘傷心

三、雪花　雪花
　　你莫打濕了上街的路
　　你莫打濕了上工的道
　　家中無米娘心焦
　　朝朝暮暮雪花飄

我　的　小　情　人

一、叮嚀噹　叮嚀噹　騎着單車走一趟
　　叮嚀噹　叮嚀噹　叮噹叮噹叮噹　爲了那一樁
二、叮嚀噹　叮嚀噹　騎着單車走一趟
　　叮嚀噹　叮嚀噹　叮噹叮噹叮噹　爲了探情郎
三、我有個小情人　他住在李家莊
　　我要去問一聲　他什麼時候才能做新郎
四、叮嚀噹　叮嚀噹　騎着單車走一趟
　　叮噹叮　噹叮噹　還要問一問他那個扮新娘

玫　瑰　花　瓣

玫瑰花瓣　一片又一片
留在妝臺　一天又一天
眼看着花瓣　教我想念
一別三五載　相思一年年
手拿着花瓣　終夜不成眠
玫瑰不理會　我愁上眉尖
只好將花瓣　黏上桃花箋
寄給我情郎　免我長相念
玫瑰花瓣　一片又一片
留在妝臺　一天又一天
眼看着花瓣　教我想念
一別三五載　相思一年年

定價二十五元

版權所有　翻印必究

合衆唱片製造廠出版

出版登記證內版台音字第〇一三九號
廠　址：臺北縣板橋鎮埔墘里一〇五之二二號
連絡處：臺北市新生北路二段一二七巷一三號
電　話：四　四　〇　一　八　號

②

失落的夢
CM-41
美黛唱
一枝梅

①

① 合眾唱片 CM-41 失落的夢－封面
② 合眾唱片 CM-41 失落的夢－封底

Apple2018

① 合眾唱片 CS-601 台北姑娘－封面
② 合眾唱片 CS-601 台北姑娘－圓標第一面
③ 合眾唱片 CS-601 台北姑娘－圓標第二面

②

合眾唱片製造廠出品
合眾
MADE BY
THE UNION RECORD CO.,LTD.
版權所有
33⅓ R.P.M.
翻製必究
第一面
CS-601
1.多情的双眸
2.台北的懷念
美黛唱
日本NHK管絃樂團伴奏
民國五十五年八月廿五日發行

台北姑娘
台北のクーニャン

①

③

合眾唱片製造廠出品
合眾
MADE BY
THE UNION RECORD CO.,LTD.
33⅓ R.P.M.
翻製必究
版權所有
CS-601
第二面
1.好きになったの あなたが
2.台北のクーニャン
美黛唱

美黛・歌聲飄到東洋

・獨行・

近幾年來走紅台灣的歌星美黛（見圖），歌聲已傳到日本，爲東瀛人士及旅日華僑所欣賞。日活電影公司最近將開拍一部新片「台北姑娘」，主題曲「台北的姑娘」和另一首「多情的雙眸」，都找上了美黛，請她担任幕後主唱。這兩首歌的唱片錄製權歸飛利浦公司所有，現在已經灌好，預定七月初在日本由勝利公司發行。

「台北的姑娘」和「多情的雙眸」兩首歌，都是由高井達治作曲，陳健兒作詞，飛利浦公司先在日本錄好樂隊的演奏，然後把錄音帶寄來台北，委託這裏的合衆唱片公司替美黛錄上歌詞的演唱，再寄回日本配合「加工」。美黛錄唱的是兩張四十五轉唱片，每曲用中日語各唱一遍，分製成中文版和日文版各一張，中文由愼芝譯詞，日文則是請數懂日文的人後，注音習唱。

日本方面所以會找美黛担任幕後主唱，是起因於荷蘭飛利浦總公司的一位代理人，去年五月到台北來，在金龍廳聽美黛唱歌，印象很好，這次在日本便向東京的飛利浦當局力荐美黛主唱。日本方面並邀請美黛於今年秋季到日本去登台演唱，以及在電視表演。日本專門報導電視及廣播動態的「電波新聞」，並且爲美黛闢有專欄介紹，其中還特別說明中國歌曲在日本很受歡迎，旅日華僑有許多萬人，他們希望聽到祖國的國語歌曲，以前只有靠託人從台灣帶去一些唱片聽聽過過癮，現在這兩張唱片問世後，預料日本各地的華僑、中華料理店、咖啡館，以及當年曾爲李香蘭所唱的中文歌「夜來香」迷醉過的老一輩的日本人，都會成爲這兩首中文歌曲唱片的基本主顧。

在此之前，飛利浦公司有一張三十三轉的「精選中國歌曲集」唱片第一集，已於六月一日先在日本發行，收錄的十四首歌曲中，美黛唱的佔了六首，包括「意難忘」、「霧裏的愛情」、「漁家女」、「杭州姑娘」、「[illegible]美人」和「柳[illegible]向風笑」，其餘有紫薇唱的「我比誰都愛你」，憶如唱的「情侶對唱」，[illegible]男聲合唱團唱的「夜來香」和「薔薇處處開」，以及王秀如唱的四首台語歌曲：「雨夜花」、「月夜愁」、「春宵吟」和「碎心花」。第二集將於七月一日出版，收錄有美黛、洪蕙、李小梅三人所唱的「梭羅河之戀」、「台灣好」、「寶島風光」、「中國恰恰」等十四首。

美黛現在是台灣合衆唱片公司的專屬歌星，合約中規定每年須灌製六張唱片，三年來她已灌了十九張唱片，以第一張「意難忘」的銷路最好，銷售數已超過二十萬張，被地下唱片廠翻版的銷數還不在其內。合衆公司不久前曾給了她兩星期的慰勞假，讓她到香港去玩了一趟，她說玩得非常愉快，她說此行還和她的終身大事有關，因爲她在香港曾經拜見了她的未來公婆。

民國55年（1966）7月2日聯合周刊「美黛・歌聲飄到東洋」報導

Apple 2018

① 合眾唱片 MCM-1001 精選中國歌曲集第一集－封面
② 合眾唱片 MCM-1001 精選中國歌曲集第一集－封底

①

UNION
合象唱片
MCM-1001
精選
中國歌曲集
美黛唱
Best Hits from China

②

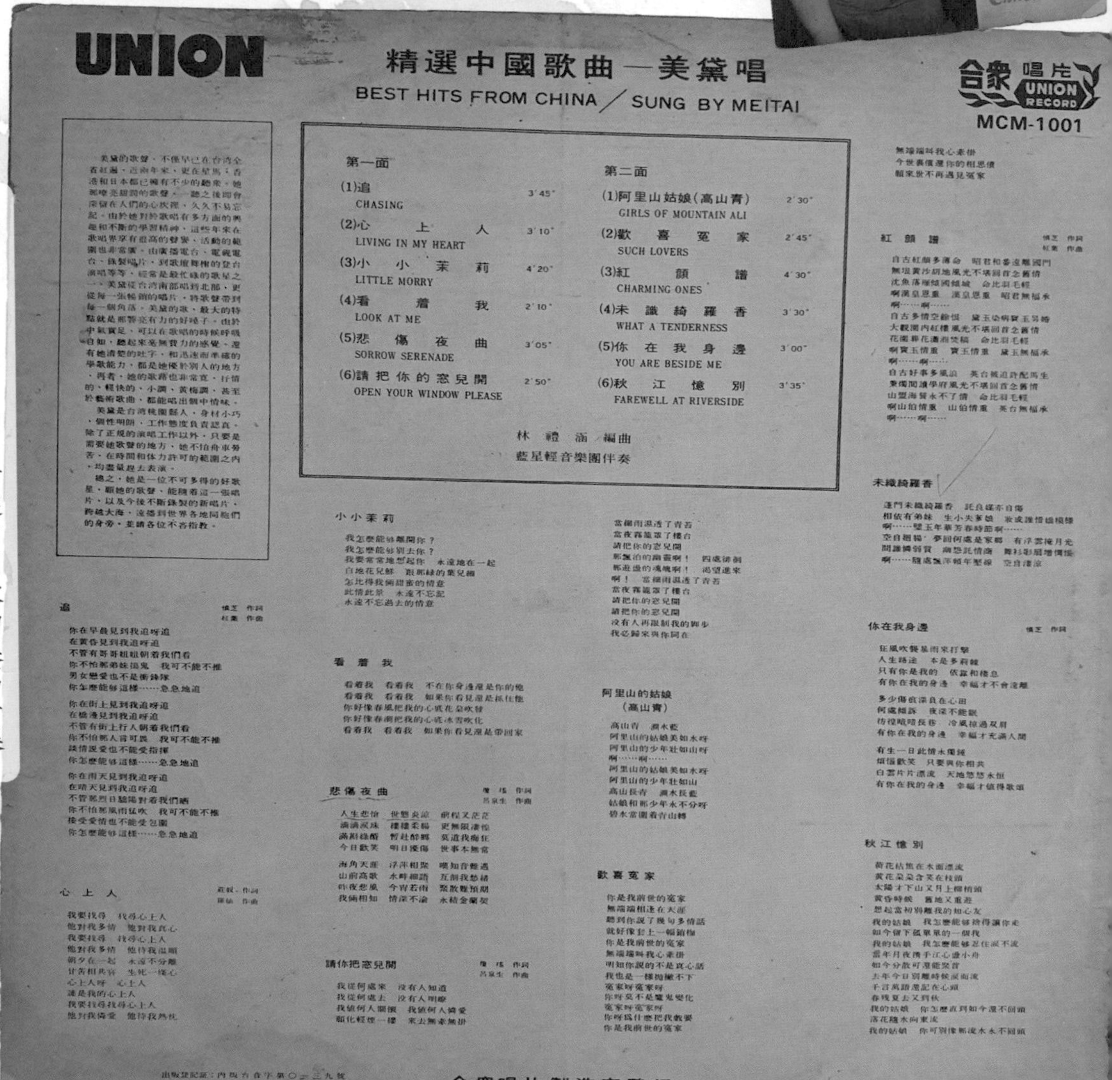

UNION

精選中國歌曲—美黛唱

BEST HITS FROM CHINA / SUNG BY MEITAI

合象唱片 UNION RECORD

MCM-1001

美黛的歌聲，不僅早已在台灣全省紅遍，近兩年來，更在星馬、香港和日本都已擁有不少的聽衆。她那嘹亮甜潤的歌聲，一聽之後即會深留在人們的心坎裡，久久不易忘記。由於她對於歌唱有多方面的興趣和不斷的學習精神，這些年來在歌唱界享有很高的聲譽，活動的範圍也非常廣。由廣播電台、電視電台、錄製唱片，到歌廳舞榭的登台演唱等等，經常是最忙碌的歌星之一。美黛從台灣南部唱到北部，更從每一張暢銷的唱片，將歌聲帶到每一個角落。美黛的歌，最大的特點就是那響亮有力的好嗓子。由於中氣實足，可以在歌唱的時候呼吸自如，聽起來毫無費力的感覺。還有她清楚的吐字，和迅速而準確的學歌能力，都是她優於別人的地方。再者，她的歌路也非常寬，抒情的，輕快的，小調，黃梅調，甚至於藝術歌曲，都能唱出個中情味。

美黛是台灣桃園縣人，身材小巧，個性明朗，工作態度負責認真。除了正規的演唱工作以外，只要是需要她歌聲的地方，她不怕舟車勞苦，在時間和体力許可的範圍之內，均盡量趕去表演。

總之，她是一位不可多得的好歌星，願她的歌聲，能隨着這一張唱片，以及今後不斷錄製的新唱片，跨越大海，流播到世界各地同胞們的身旁，並請各位不吝指教。

第一面		第二面	
(1)追 CHASING	3′45″	(1)阿里山姑娘(高山青) GIRLS OF MOUNTAIN ALI	2′30″
(2)心上人 LIVING IN MY HEART	3′10″	(2)歡喜冤家 SUCH LOVERS	2′45″
(3)小小茉莉 LITTLE MORRY	4′20″	(3)紅顏譜 CHARMING ONES	4′30″
(4)看着我 LOOK AT ME	2′10″	(4)未識綺羅香 WHAT A TENDERNESS	3′30″
(5)悲傷夜曲 SORROW SERENADE	3′05″	(5)你在我身邊 YOU ARE BESIDE ME	3′00″
(6)請把你的窗兒開 OPEN YOUR WINDOW PLEASE	2′50″	(6)秋江憶別 FAREWELL AT RIVERSIDE	3′35″

林禮涵 編曲
藍星輕音樂團伴奏

追

你在早晨見到我追呀追
在黃昏見到我追呀追
不管有哥哥姐姐朝着我們看
你不怕那弟妹搗鬼　我可不能不推
男女戀愛也不是衝鋒隊
你怎麼能夠這樣……急急地追

你在街上見到我追呀追
在橋邊見到我追呀追
不管有街上行人朝着我們看
你不怕那人言可畏　我可不能不推
談情說愛也不能受指揮
你怎麼能夠這樣……急急地追

你在雨天見到我追呀追
在晴天見到我追呀追
不管那烈日驕陽對着我們曬
你不怕那風雨猛吹　我可不能不推
接受愛情也不能受包圍
你怎麼能夠這樣……急急地追

心上人

我要找尋　找尋心上人
他對我多情　他對我真心
我要找尋　找尋心上人
他對我多情　他待我溫順
朝夕在一起　永遠不分離
甘苦相共嘗　生死一條心
心上人呀　心上人
誰是我的心上人
我要找尋找尋心上人
他對我偏愛　他待我熱忱

小小茉莉

我怎麼能夠離開你？
我怎麼能夠別去你？
我要常常地想起你　永遠地在一起
白地花兒鮮　跟那綠的葉兒襯
怎比得我倆甜蜜的情意
此情此景　永遠不忘記
永遠不忘過去的情意

看着我

看着我　看着我　不在你身邊還是你的他
看着我　看着我　如果你看見還是抓住他
你好像春風把我的心底花朵吹發
你好像春雨把我的心底冰雪吹化
看着我　看着我　如果你看見還是帶回家

悲傷夜曲

人生悲愴　世態炎涼　前程又茫茫
滴滴淚珠　縷縷柔腸　更無限淒惶
滿斟綠醑　暫赴醉鄉　莫道我痴狂
今日歡笑　明日憂傷　世事本無常

海角天涯　浮萍相聚　嘆知音難遇
山前高歌　水畔細語　互訴我愁緒
昨夜悲風　今宵苦雨　聚散難預期
我倆相知　情深不渝　永結金蘭契

請你把窗兒開

我從何處來　沒有人知道
我從何處去　沒有人明瞭
我爲何人瞻徊　我爲何人憐愛
願化輕煙一縷　來去無牽無掛

當細雨濕透了青苔
當夜霧籠罩了樓台
請把你的窗兒開
那飄泊的幽靈啊！　四處徘徊
那遊蕩的魂魄啊！　渴望進來
啊！　當細雨濕透了青苔
當夜霧籠罩了樓台
請把你的窗兒開
請把你的窗兒開
沒有人再限制我的脚步
我必歸來與你同在

阿里山的姑娘
（高山青）

高山青　澗水藍
阿里山的姑娘美如水呀
阿里山的少年壯如山呀
啊……啊……
阿里山的姑娘美如水呀
阿里山的少年壯如山
高山長青　澗水長藍
姑娘和那少年永不分呀
碧水常圍着青山轉

歡喜冤家

你是我前世的冤家
無端端相逢在天涯
聽到你說了幾句多情話
就好像套上一幅鎖枷
你是我前世的冤家
無端端叫我心牽掛
明知你說的不是真心話
我也是一樣拋撇不下
冤家呀冤家呀
你呀莫不是魔鬼變化
冤家呀冤家呀
你呀爲什麼把我戲耍
你是我前世的冤家
無端端叫我心牽掛
今世義償還你的相思債
願來世不再遇見冤家

紅顏譜

自古紅顏多薄命　昭君和番遠離國門
無垠黃沙胡地風光不堪回首念舊情
沈魚落雁傾國傾城　命比羽毛輕
啊漢皇恩重　漢皇恩重　昭君無福承
啊……啊……
自古多情空餘恨　黛玉恁啊寶玉另婚
大觀園內紅樓風光不堪回首念舊情
花園葬花淒涸焚稿　命比羽毛輕
啊寶玉情重　寶玉情重　黛玉無福承
啊……啊……
自古好事多風浪　英台被迫許配馬生
象牖間讀學府風光不堪回首念舊情
山盟海誓永不了情　命比羽毛輕
啊山伯情重　山伯情重　英台無福承
啊……啊……

未識綺羅香

蓬門未識綺羅香　託良媒亦自傷
相依有弟妹　生小失爹娘　妝成誰惜嬌模樣
啊……璧玉年華芳春時節啊……
空自裙腰，夢回何處是家鄉　有浮雲掩月光
問誰憐弱質　爲怨託情腸　舞衫彩屐增惆悵
啊……隨處飄萍暗年壓線　空自淒涼

你在我身邊

狂風吹襲暴雨來打擊
人生路途　本是多荊棘
只有你是我的　依靠和棲息
有你在我的身邊　幸福才不會遠離

多少傷痕深烙在心田
何處傾訴　夜深不能眠
彷徨暗暗長巷　冷風掠過双肩
有你在我的身邊　幸福才充滿人間

有生一日此情永彌堅
煩惱歡笑　只要與你相共
白雲片片漂流　天地悠悠永恒
有你在我的身邊　幸福才值得歌頌

秋江憶別

荷花枯焦在水面漂流
黃花朵朵含笑在枝頭
太陽才下山又月上柳梢頭
黃昏時候　舊地又重遊
想起當初別離我的知心友
我的姑娘　我怎麼能夠捨得讓你走
如今留下孤單單的一個我
我的姑娘　我怎麼能夠忍住淚不流
當年月夜携手江心盪小舟
如今分散可還能聚首
去年今日別離時候淚兩流
千言萬語還記在心頭
春殘夏去又到秋
我的姑娘　你怎麼直到如今還不回頭
落花隨水向東流
我的姑娘　你可別像那流水永不回頭

出版登記証：內版台音字第〇一三九號
廠址：台北縣板橋鎮埔墘里一〇五之二號

合衆唱片製造廠發行

通訊處：台北市新生北路二段一二七巷一三號
電話：四四〇一八號

版權所有　翻製必究

UNION
精選中國歌曲集第二集—美黛唱
BEST HIT SONGS VOL.2 / SUNG BY MEITAI
合眾唱片 UNION RECORD
MCM-1002
第一面
(1)香蕉姑娘 3'30" Miss Banana
(2)什麼事都不想做 4'00" Want to Do Nothing
(3)迴夢曲 2'40" Dreaming Song
(4)雨夜的小徑 3'40" Small Path in the Rainy Night
(5)姑娘十八一朵花 2'40" Girls at Eighteen, Like a Flower
(6)張家姑娘上街坊 2'40" Miss Chang's on the Street
第二面
(1)遊覽車小姐 2'35" Miss Sightseeing Bus
(2)負情恨 3'30" Sorry for Betraying
(3)梭羅河之戀 3'15" Love Affairs on the River Solo
(4)何必相逢 3'15" Why Should Have Met
(5)春風秋雨 3'35" Spring Wind and Autumn Rain
(6)常在我心上 3'10" Always in My Heart
林禮涵 編曲
藍星輕音樂團伴奏
中華民國五十七年八月出版
合衆唱片製造廠發行
版權所有 翻製必究

UNION
MCM-1002
精選
中國歌曲集
第二集
美黛唱
Best Hit Songs
Vol.2

①

②

① 合眾唱片 MCM-1002 精選中國歌曲集第二集 - 封面
② 合眾唱片 MCM-1002 精選中國歌曲集第二集 - 封底

合衆
唱片
UNION
CS-602
陽子之歌
冰點
美黛唱

①

合衆唱片製造廠出品
合衆
MADE BY
THE UNION RECORD CO., LTD.
33⅓ R.P.M.
版權所有
翻製必究
第二面
CS-602
1. 陽子之歌
(美黛唱)
2. 陽子之歌
(藍星合唱團唱)
慎芝作詞・羅仙作曲・林禮涵編曲
藍星輕音樂團伴奏
民國五十五年八月十日發行

③

合衆
唱片
UNION
RECORD
合衆唱片製造廠出品
合衆
MADE BY
THE UNION RECORD CO., LTD.
33⅓ R.P.M.
版權所有
翻製必究
第一面
CS-602
冰點主題歌
美黛唱
藍星輕音樂團伴奏
民國五十五年八月十日發行
合衆
唱片
UNION RECORD

②

① 合眾唱片 CS-602 冰點－封面
② 合眾唱片 CS-602 冰點－圓標第一面（含內封套）
③ 合眾唱片 CS-602 冰點－圓標第二面
④ 合眾唱片 CS-602 冰點－封面內第一面〈冰點主體歌〉歌譜
⑤ 合眾唱片 CS-602 冰點－封面內第二面〈陽子之歌〉歌譜

④

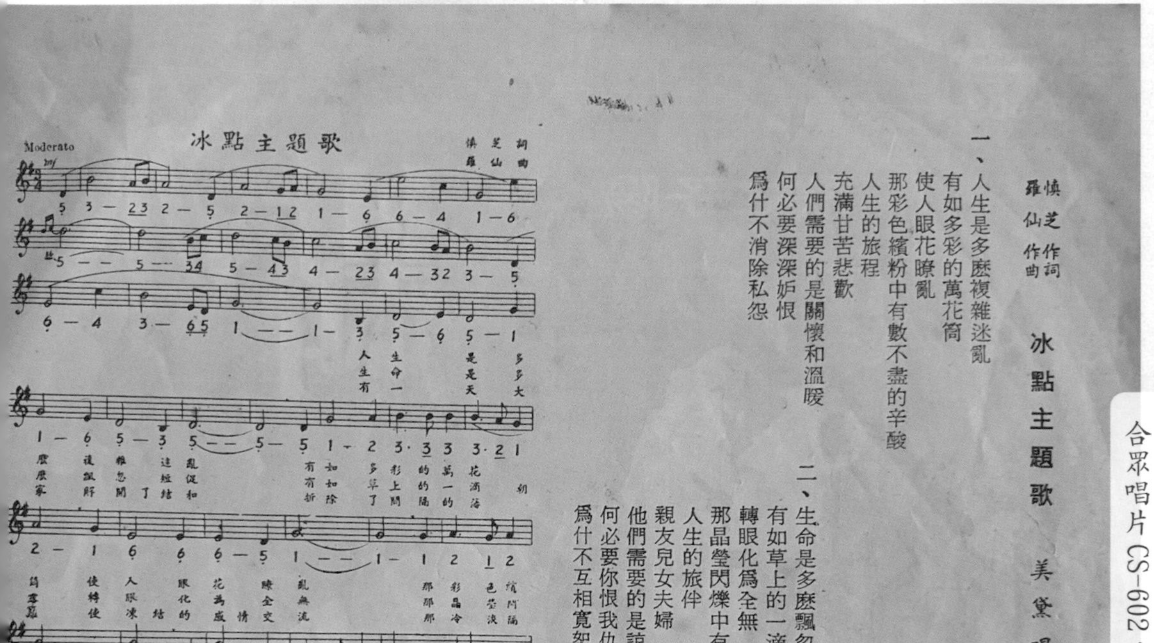

冰點主題歌
Moderato
慎芝 詞
羅仙 曲
冰點主題歌
慎芝作詞
羅仙作曲
美黛唱
藍星輕音樂團伴奏
一、人生是多麼複雜迷亂
有如多彩的萬花筒
使人眼花瞭亂
那彩色繽紛中有數不盡的辛酸
人生的旅程
充滿甘苦悲歡
人們需要的是關懷和溫暖
何必要深深妒恨
爲什不消除私怨
二、生命是多麼飄忽短促
有如草上的一滴朝露
轉眼化爲全無
那晶瑩閃爍中有多少旦夕禍福
人生的旅伴
親友兒女夫婦
他們需要的是諒解和愛撫
何必要你恨我仇
爲什不互相寬恕
三、有一天大家解開了結和
折除了間隔的藩籬
使凍結的感情交流
那冷淡隔膜中有多少舊恨新愁
找回善良的人性
停止無形的暗鬥
人們需要的是安慰和分憂
要把凝冷的冰點
昇到沸點化作暖流

合眾唱片 CS-602 冰點

apple2018

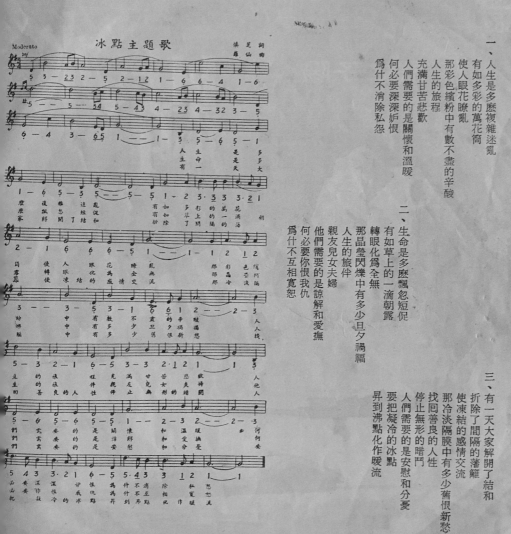

⑤

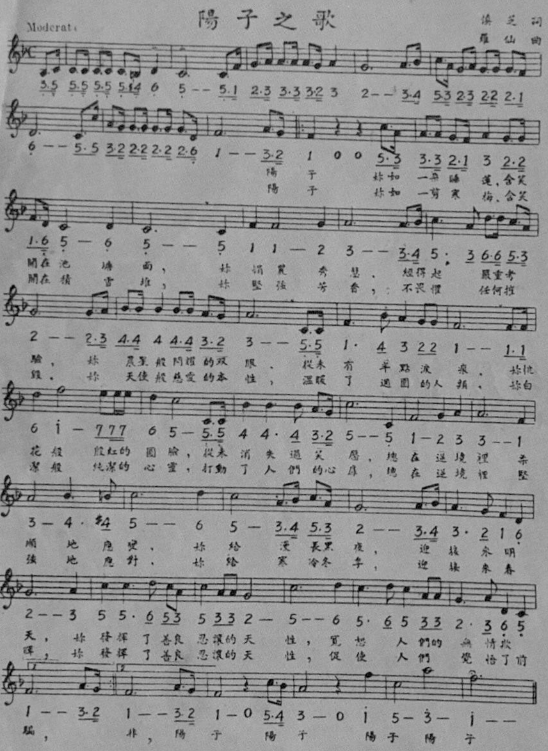
陽子之歌
Moderato
慎芝 詞
羅仙 曲

民國五十五年八月十日發行

（選自「冰點」）

一、陽子妳如一朵睡蓮
含笑開在池塘面
妳娟麗秀慧
經得起嚴重考驗
妳晨星般閃耀的双眼
從未有半點淚痕
妳桃花般殷紅的圓臉
從未消失過笑靨
總在逆境裡柔順地應變
妳給漫長黑夜
迎接來明天
妳發揮了善良忍讓的天性
寬恕人們的無情欺騙

二、陽子妳如一剪寒梅
含笑開在積雪堆
妳堅强芳香
不畏懼任何摧毀
妳天使般慈愛的本性
温暖了週圍的人類
妳白潔般純潔的心靈
打動了人們的心扉
總在逆境裡堅强地應對
妳給寒冷冬季
迎接來春暉
妳發揮了善良忍讓的天性
促使人們覺悟了前非
陽子 陽子 陽子 陽子

① 合眾唱片 MCM-1003 我在你左右－封面
② 合眾唱片 MCM-1003 我在你左右－封底

①

美黛
MCM-1003

②
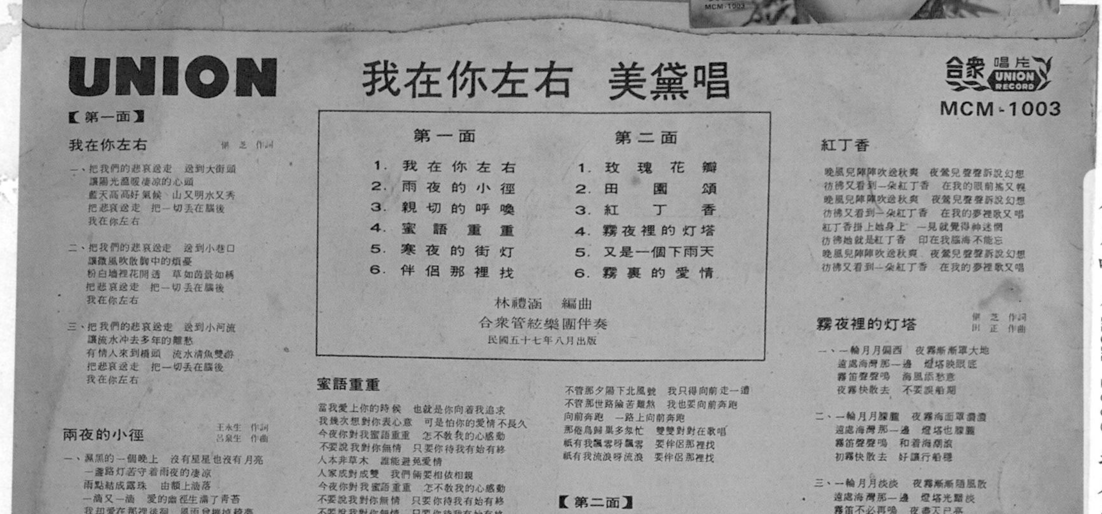

UNION

我在你左右　美黛唱

合眾唱片 UNION RECORD
MCM-1003

第一面	第二面
1. 我在你左右	1. 玫瑰花瓣
2. 雨夜的小徑	2. 田園頌
3. 親切的呼喚	3. 紅丁香
4. 蜜語重重	4. 霧夜裡的灯塔
5. 寒夜的街灯	5. 又是一個下雨天
6. 伴侶那裡找	6. 霧裏的愛情

林禮涵　編曲
合衆管絃樂團伴奏
民國五十七年八月出版

【第一面】

我在你左右
愼芝　作詞

一、把我們的悲哀送走　送到大街頭
讓陽光溫暖凄涼的心頭
藍天高高好氣候　山又明水又秀
把悲哀送走　把一切丟在腦後
我在你左右

二、把我們的悲哀送走　送到小巷口
讓微風吹散胸中的煩憂
粉白墻裡花開透　草如茵景如綉
把悲哀送走　把一切丟在腦後
我在你左右

三、把我們的悲哀送走　送到小河流
讓流水冲去多年的離愁
有情人來到橋頭　流水清魚雙游
把悲哀送走　把一切丟在腦後
我在你左右

雨夜的小徑
王永生　作詞
呂泉生　作曲

一、漆黑的一個晚上　沒有星星也沒有月亮
一盞路灯苦守着雨夜的凄凉
雨點結成露珠　由額上滴落
一滴又一滴　愛的幽徑生滿了青苔
我却愛在那裡徘徊　風雨曾摧掉綺夢
倩影何日再隨月光歸來

二、那像是好久以前　又像剛剛失落的昨天
雨夜漫漫正拉着追思的琴弦
雨點攙和淚珠　由眼角滴落
一滴又一滴　愛的幽徑生滿了青苔
我却愛在那裡徘徊　風雨曾摧掉綺夢
倩影何日再隨月光歸來

親切的呼喚
愼芝　作詞

一、兩排鳳凰樹　點綴着藍色月亮
樹枝兒搖搖幌幌　樹枝兒搖幌幌
由春等到夏　由秋等到冬　始終不見人兒返
人兒在千里外　把我忘懷　耳旁又蕩漾
鳳凰樹枝沙沙聲中　你親切的呼喚

二、高高寂寞雲　陪伴着藍色月亮
樹枝兒搖搖幌幌　樹枝兒搖幌幌
回憶成過去　美夢成過去　永遠不回我心房
記得在別離時　叮嚀蜜語　耳旁又蕩漾
鳳凰樹枝沙沙聲中　你親切的呼喚

三、廣濶夜天空　襯托着藍色月亮
樹枝兒搖搖幌幌　樹枝兒搖搖幌幌
歲月雖流去　青春雖流去　你的影子永遠難忘
我懷着寂寞心　留戀往日　耳旁又蕩漾
鳳凰樹枝沙沙聲中　你親切的呼喚

蜜語重重

當我愛上你的時候　也就是你向着我追求
我幾次想對你表心意　可是怕你的愛情不長久
今夜你對我蜜語重重　怎不教我的心感動
不要說我對你無情　只要你待我有始有終
人本非草木　誰能避免愛情
人家成對成雙　我們倆要相依相親
今夜你對我蜜語重重　怎不教我的心感動
不要說我對你無情　只要你待我有始有終
不要說我對你無情　只要你待我有始有終

寒夜的街灯

朦朧的殘月　高掛在天心
暗淡的街灯　分外的凄清
徬徨的我呀　徬徨的我呀
更感到寂寞孤零
甜蜜的言語　撩不動我的情
閃耀的黃金　買不到我的心
徬徨的我呀　徬徨的我呀
何處去尋找光明
寒夜的街燈　陪伴着我　不定的心神
寒夜的街燈　照耀着我　黑暗的前程
甜蜜的言語　騙去了我的心
逝去的青春　換去了黃金
徬徨的我呀　徬徨的我呀
何處去尋找光明

伴侶那裡找

向前奔跑　一路上向前奔跑
那樹上落葉處處飄　夕陽在山北風號
祇有我流浪呀流浪　要伴侶那裡找
向前奔跑　一路上向前奔跑
那倦鳥歸巢多匆忙　雙雙對對在歌唱
祇有我飄零呀飄零　要伴侶那裡找
不管那夕陽下北風號　我只得向前走一遭
不管那世路險苦難熬　我也要向前奔跑
向前奔跑　一路上向前奔跑
那倦鳥歸巢多匆忙　雙雙對對在歌唱
祇有我飄零呀飄零　要伴侶那裡找
祇有我流浪呀流浪　要伴侶那裡找

【第二面】

玫瑰花瓣

玫瑰花瓣　一片又一片
留在妝台　一天又一天
眼看着花瓣　教我想念
一別三五載　相思一年年
手拿着花瓣　終夜不成眠
玫瑰不理會　我愁上眉尖
只好將花瓣　黏上桃花箋
寄給我情郎　免我長想念
玫瑰花瓣　一片又一片
留在妝台　一天又一天
眼看着花瓣　教我想念
一別三五載　相思一年年

田園頌

田園田園　美麗像畫一般
百花在樹上開放　粉蝶兒來又往
聽鳥兒聲聲唱　沒有吵鬧聲　只有一片安祥
田園田園　是人間天堂
我願有你在我身旁
手挽手　肩並肩　欣賞這好風光
談笑共歡暢　忘却煩惱惆悵
手挽手　肩並肩　欣賞這好風光
談笑共歡暢　忘却煩惱惆悵
這人間天堂叫人神往　使我們留戀不能忘
爲它歌頌　爲它歌頌

紅丁香

晚風兒陣陣吹送秋爽　夜鶯兒聲聲訴說幻想
彷彿又看到一朵紅丁香　在我的眼前搖又幌
晚風兒陣陣吹送秋爽　夜鶯兒聲聲訴說幻想
彷彿又看到一朵紅丁香　在我的夢裡歌又唱
紅丁香掛上她身上　一見就覺得神迷惘
彷彿她就是紅丁香　印在我腦海不能忘
晚風兒陣陣吹送秋爽　夜鶯兒聲聲訴說幻想
彷彿又看到一朵紅丁香　在我的夢裡歌又唱

霧夜裡的灯塔
愼芝　作詞
田正　作曲

一、一輪月月偏西　夜霧漸漸罩大地
遠處海灣那一邊　燈塔映眼底
霧笛聲聲鳴　海風添愁意
夜霧快散去　不要誤船期

二、一輪月月朦朧　夜霧海面罩濛濛
遠處海灣那一邊　燈塔也朦朧
霧笛聲聲鳴　和着海潮湧
初霧快散去　好讓行船穩

三、一輪月月淡淡　夜霧漸漸隨風散
遠處海灣那一邊　燈塔光黯淡
霧笛不必再鳴　夜盡天已亮
夜霧已散去　行船好順航

又是一個下雨天
愼芝　作詞曲

烏雲層層低垂　又是一個下雨天
記得那年的深秋　我倆話別在河邊
最後一次約會　也是一個下雨天
望着陰雨綿綿　不斷落在河水面
默默相對　欲訴無言
任憑雨水濕雙肩　河水東流年復年
最後一次約會　也是一個下雨天
望着陰雨綿綿　斷腸如今有誰憐

霧裏的愛情
愼芝　作詞
田正　作曲

一、我們的愛情孕育在那濛濛霧裡
我們的愛情消逝也在濛濛霧裡
最後分手黯然對泣　臨別親吻永難忘記
霧裡的愛情　如今何處尋覓
日夜想霧裡的你

二、你曾說我是生長在霧裡的女郎
你曾說我在霧裡給你多少幻想
到頭還是空夢一場　別後歲月孤寂難當
霧裡的愛情　教我永遠回憶
永遠是徬徨流浪

出版登記證：內版台音字第〇一三九號
廠　址：台北縣板橋鎮埔墘里一〇五之二二號

合衆唱片製造廠發行

連絡處：台北市新生北路二段一二七巷一三號
電　話：五　四　四　〇　一　八號

Apple2018

① 合眾唱片 MCM-1008 美黛小調精華集（會情郎）- 封面 -1
② 合眾唱片 MCM-1008 美黛小調精華集（會情郎）- 封面 -2
③ 合眾唱片 MCM-1008 美黛小調精華集（會情郎）- 封底
④ 合眾唱片 MCM-1008 美黛小調精華集（會情郎）- 圓標第一面
⑤ 合眾唱片 MCM-1008 美黛小調精華集（會情郎）- 圓標第二面

合眾唱片
MCM-1008
美黛小調精華集
美黛
UNION

①

③

UNION

美黛小調精華集

合眾唱片 UNION RECORD
MCM-1008

第一面	第二面
1. 戲鳳	1. 加多一點點
2. 會情郎	2. 賞花容易栽花難
3. 高山青	3. 漁家女
4. 何必旁人來説媒	4. 交換
5. 上山崗	5. 昭君怨
6. 痴情淚	

林禮涵 編曲
合衆中西樂團伴奏
民國五十七年六月出版

戲鳳

美黛 孫樸生 合唱

人瀟灑 性溫存 若有意似無情
不知他家何處 不知他何姓名
倒教我坐立難安 睡不寧
姓朱名德正 家住北京城 二十歲
還沒定過親 （白）（啊！你來做什麼）
我愛上酒家人 我進了酒家門
（白）（我哥哥不在家 今天不賣酒）
賣酒的風情好 比酒更迷人
我們賣酒做營生 不懂愛也不懂情
為什麼坐立難安 睡不寧 「你說愛又談情
存的是什麼心 再要不安份 送你進衙門」
（白）（大牛別胡說，快去掃地）
說什麼好人心 原來是假正經
人家的手帕 給你繡的滿天星
滿天星價連城 皇帝題的詩 皇后繡的鳳
你假戲當成真 欺君罪 罪不輕
店名叫龍鳳 龍鳳就不欺君
我們龍鳳店 遠近都知名
皇帝都不管 我勸你少費心
不必提龍鳳 還是論婚姻 你貌美麗
你性聰明 一見就傾心 再見就鍾情
你願意 我帶你進京城 我和你雙雙對對配
龍鳳 深宮上苑度晨昏
（白）「我一見你就討厭 再見你更傷心
你要帶她走 我就跟你把命拼」
「別以為梅龍鎮上好欺人」（大牛）我們梅
龍鎮守禮最嚴明 我擔心受議論不敢留客人
還是哥哥回來再上門 再上門

會情郎

嗨………嗨………
我脚穿紅鞋 急來到小院前
心想那情哥盼望我情哥
他來會面 在這個寒冬臘月天
來一陣風呀吹涼了我的臉
喲！又怕旁人見
他果然來到小院前
一把呀摟著我 羞得我臉紅遍
嗨………嗨……心裡的話呀
我想要說呀 總是個說不全
喲！說到第二天

高山青

高山青 澗水藍
阿里山的姑娘美如水呀
阿里山的少年壯如山 啊……啊……
阿里山的姑娘美如水呀
阿里山的少年壯如山
高山長青 澗水長藍
姑娘和那少年永不分呀
碧水常圍著青山轉

何必旁人來説媒

當年竹馬青梅 我倆早已兩小無猜
花前月下去又來 人影兒雙雙配成對
當年竹馬青梅 我倆早已兩小無猜
如今你我都成長 為什麼不敢談情愛
見了我 你不睬 見了你 我躲開
這好像有些兒不應該 不應該
你還沒有婚配 我也依舊待字深閨
何必旁人來說媒 蝴蝶兒都是自成對

上山崗

看夕陽來看夕陽呀喂
一輪紅日下山崗呀喂
崗上有人放牛羊 不知可是我的郎喂
一心想要上山崗 去找我的郎呀郎
只怕牛哥把路擋 不肯讓我過橋樑喂
看月亮來看月亮呀喂
一輪明月掛樹上呀喂
小路兩旁樹遮光 寸步難行怎找郎喂

痴情淚

有人說 人生像早晨的露水
有人說 愛情像濃烈的苦酒
露水乾了明朝還是再來到人間
苦味過了慢慢就會回甘在心頭
所以愛情的酒雖苦 還是有人要嘗
愛情的夢易醒 還是有人要醉
因為酒的滋味苦中帶甜
夢的情景令人流連
為什麼 我作了這場愛情的夢
就永遠永遠的醒不過來
為什麼 我喝了這杯愛情的酒
就永遠永遠 永遠苦在心頭
永遠永遠苦在心頭

加多一點點

一、結識你不止一兩年 你對我不算不愛憐
為什麼我總覺得呀缺少一點點
缺的呀並非脂粉錢
少的也不是什麼紅絲線
祇要是你在口頭上 隨便加多一點點
那怕你對我不過連哄又帶騙
二、結識你不止一兩年 你對我不算不愛憐
為什麼我總覺得呀缺少一些些
缺的呀並非脂粉錢
少的也不是什麼紅絲線
祇要是你在口頭上 隨便加多一些些
也不枉姐兒白過等你一兩年

賞花容易栽花難

一、賞花容易呀栽花難 女兒花一般哎
咀唇兒紅來臉蛋兒白哎 好比那花展瓣
叫上一聲我的哥 見花心要軟
祗許你把眼來看 不許用那手來攀
為的是栽花難
二、賞花容易呀栽花難 女兒花一般哎
風要輕來日要暖哎 免得那花不安
叫上一聲我的哥 見花心要軟
不要把她來摧殘 你要當她小心肝
為的是栽花難

漁家女

啊………啊………
天上旭日初升 湖面好風和順
搖蕩著漁船 搖蕩著漁船
做我們的營生
手把網兒張 眼把魚兒等
一家的溫飽就靠這早晨
男的不洗臉 女的不搽粉
大家各自找前程
不管是夏是冬 不管是秋是春
搖蕩著漁船 搖蕩著漁船
做我們的營生

交換

月兒照在花上 人兒坐在花樹旁
你教我書 你教我畫 我報答你的是歌唱
作書作畫是你強 唱起歌來我嘹亮
你的書畫我的歌唱 這樣的交換可相當
這樣的交換大家不冤枉

昭君怨

王昭君悶坐雕鞍思憶漢皇
朝朝暮暮 暮暮朝朝 黯然神傷
前途茫茫 極目空嘹望 見平沙雁落
聲斷衡陽月昏黃
返照應門關上 塞外風霜
悠悠馬蹄忙 鎮日思想
長夜思量 魂夢憶君王
漢家庭院空神傷
異地風霜此恨長 雙雙珠淚濕羅裳
旅館淒涼月未央 月照紗窗苦斷腸
望君門萬里空遙想
怎不怎不叫奴悵惘
好不好不叫奴傍徨
從此琵琶馬上彈不盡悲歌一曲血淚兩行
陽關初唱 往事難忘琵琶一疊
回首望故國 河山總斷腸 憶家庭景況
椿萱恩重 椋萼情長 遠別家鄉
舊夢前塵 前塵舊夢空惆悵
陽關再唱 觸景神傷琵琶二疊
縱眸望野草 閒花驛路長 問天涯茫茫
平沙雁落大道蒼寒胡地風光
剩水殘山 殘山剩水無心賞
陽關終唱 後事淒涼琵琶三疊
前途望身世 飄零付杳茫 嘯君望古陽
魂歸漢帝日睹朝陽久後思量地老天長
天長地老長懷想 一曲琵琶恨正長

出版登記證：內版台音字第〇二五九號
地址：台北縣板橋鎮[illegible]三九號

合衆唱片實業公司

連絡處：台北市新生北路[illegible]
電話：[illegible]

合眾唱片MCM-1008美黛小調精華集（會情郎）

TAIWAN UNION RECORD CO.,LTD.
合象唱片
UNION RECORD
會情郎
美黛唱
版權所有
翻製必究
MCM-1008
第一面
1.戲鳳
2.會情郎
3.高山青
4.何必秀人來說媒
5.上山崗
6.痴情淚
林禮涵編曲
合眾大樂隊伴奏
民國五十七年六月出版
LONG 33⅓ PLAY
合象唱片製造廠出品
OK

④

MCM-1008
會情郎
戲鳳／會情郎／高山青
何必秀人來說媒
上山崗／痴情淚
加多一點點
賣花容易栽花難
漁家女／交換／昭君怨
美黛
UNION

②

TAIWAN UNION RECORD CO.,LTD.
合象唱片
UNION RECORD
會情郎
美黛唱
版權所有
翻製必究
MCM-1008
第二面
1.加多一點點
2.賣花容易栽花難
3.漁家女
4.交換
5.昭君怨
林禮涵編曲
合眾大樂隊伴奏
民國五十七年六月出版
LONG 33⅓ PLAY
合象唱片製造廠出品
OK

⑤

合眾唱片 MCM–1008 美黛小調精華集（會情郎）

① 合眾唱片 MCM-1013&1014《王寶釧－彩樓配》電影原聲帶－封面
② 合眾唱片 MCM-1013&1014《王寶釧－彩樓配》電影原聲帶－封底
③ 合眾唱片 MCM-1013《王寶釧－彩樓配》電影原聲帶－圓標第一面
④ 合眾唱片 MCM-1013《王寶釧－彩樓配》電影原聲帶－圓標第二面
⑤ 合眾唱片 MCM-1014《王寶釧－彩樓配》電影原聲帶－圓標第三面
⑥ 合眾唱片 MCM-1014《王寶釧－彩樓配》電影原聲帶－圓標第四面

②

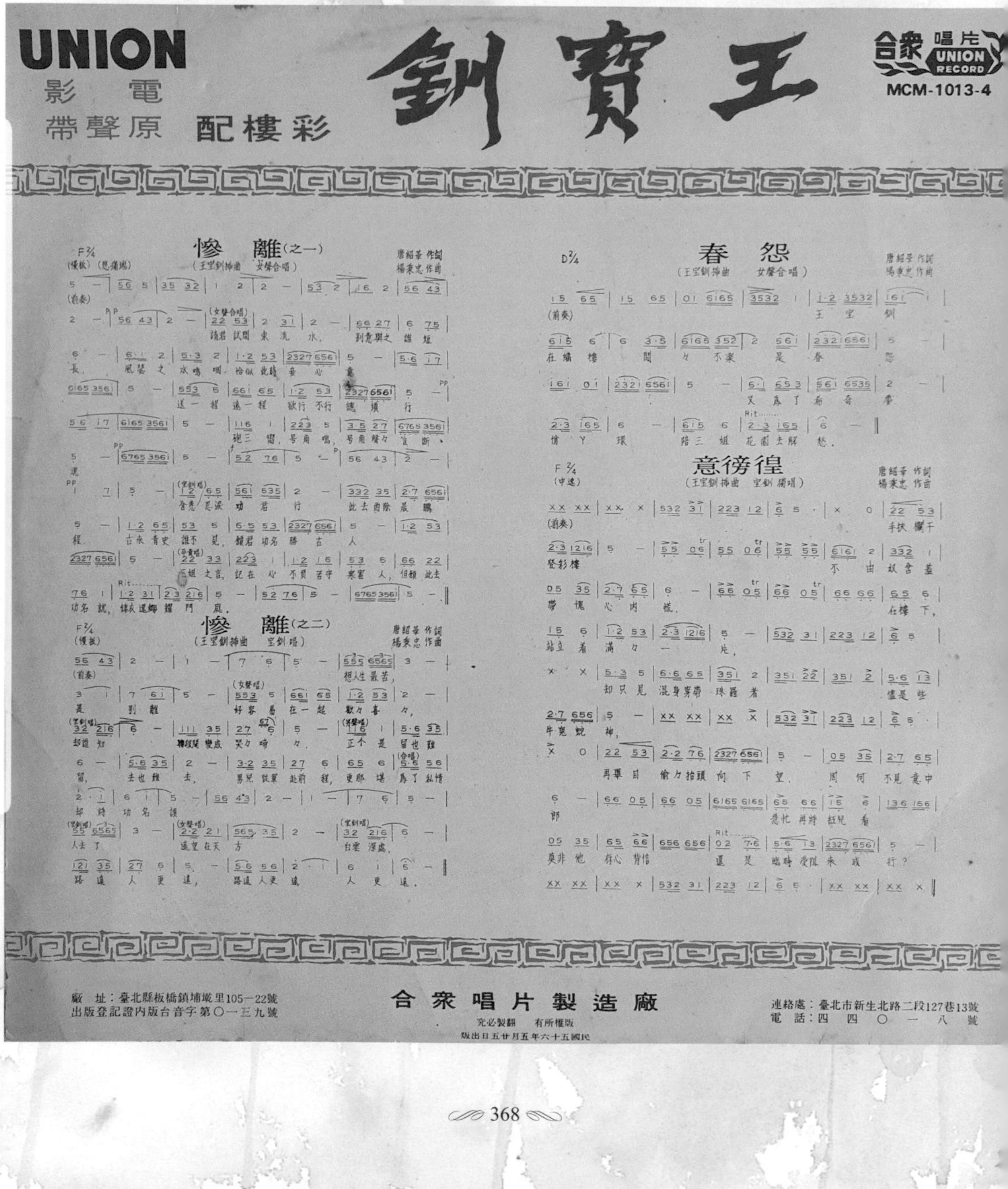
UNION
電影
原聲帶 彩樓配
王寶釧
合衆唱片 UNION RECORD
MCM-1013-4
慘離(之一)
(王寶釧插曲 女聲合唱)
唐紹華 作詞
楊秉忠 作曲
慘離(之二)
(王寶釧插曲 寶釧唱)
唐紹華 作詞
楊秉忠 作曲
春怨
(王寶釧插曲 女聲合唱)
唐紹華 作詞
楊秉忠 作曲
意徬徨
(王寶釧插曲 寶釧獨唱)
唐紹華 作詞
楊秉忠 作曲
廠址：臺北縣板橋鎮埔墘里105－22號
出版登記證內版台音字第〇一三九號
合衆唱片製造廠
版權所有 翻製必究
民國五十六年五月廿五日出版
連絡處：臺北市新生北路二段127巷13號
電話：四四〇一八號

合眾唱片MCM-1013&1014《王寶釧－彩樓配》電影原聲帶

③

TAIWAN UNION RECORD CO.LTD.
合衆唱片
UNION RECORD
東影企業公司出品
新藝綜合体古裝彩色巨片
版權所有
翻製必究
高級片
MCM-1013
王寶釧
彩樓配
1.春怨驚夢
2.鍾情
民國五五年五月廿五日發行
第一面
LONG 33⅓ PLAY
合衆唱片製造廠出品

①

UNION
電影原聲帶
彩樓配
王寶釧
合衆唱片 UNION RECORD
MCM-1013-4
東影企業有限公司出品
伊士曼彩色 新藝綜合体古裝巨片
紫薇 美黛 張琪 雪華 孫樓生
王復蓉 楊群
領銜主演

④

TAIWAN UNION RECORD CO.LTD.
合衆唱片
UNION RECORD
東影企業公司出品
新藝綜合体古裝彩色巨片
版權所有
翻製必究
高級片
MCM-1013
王寶釧
彩樓配
民國五五年五月廿五日發行
第二面
LONG 33⅓ PLAY
合衆唱片製造廠出品

合眾唱片 MCM-1013&1014《王寶釧－彩樓配》電影原聲帶

合眾唱片MCM-1013&1014《王寶釧－彩樓配》電影原聲帶

TAIWAN UNION RECORD CO.,LTD.
合衆唱片
UNION RECORD
東影企業公司出品
新藝綜合体古裝彩色巨片
版權所有
翻製必究
高級片
MCM-1014
王寶釧
彩樓配
1.三擊掌
2.應徵
民國五五年五月廿五日發行
第三面
LONG 33⅓ PLAY
合衆唱片製造廠出品
TAIWAN UNION RECORD CO.,LTD.
合衆唱片
UNION RECORD
東影企業公司出品
新藝綜合体古裝彩色巨片
版權所有
翻製必究
高級片
MCM-1014
王寶釧
彩樓配
1.別窯
民國五五年五月廿五日發行
第四面
LONG 33⅓ PLAY
合衆唱片製造廠出品

⑤

⑥

歌壇點滴

丁琪將出國 美黛唱新歌

△現為台北一家夜總會及一家歌廳基本歌星的丁琪，不久以前，受星加坡一家著名夜總會經理的真誠邀約，將前往客串半年。據說雙方已經簽約，丁琪則將赴星加坡獻唱。（吳）

△今年廿一歲的藍鶯音，是很受歌迷歡迎的歌星之一。據說歌迷歡迎她的主要原因，是因為她的音色韻味，與過去大陸上紅極一時的名歌星吳鶯音非常近似。（鍾）

△名歌星美黛最近接受國聯及福華兩電影公司的邀聘，為「玉寶釧」及「情鎖」兩片担任幕後主唱，相信不久的將來，我們又可以聽到她的新歌了。（乃）

民國 55 年（1966）10 月 1 日聯合周刊「歌壇點滴—丁琪將出國，美黛唱新歌」報導

Apple2018

① 合眾唱片 MCM-1015&1016《王寶釧－平貴回窰》電影原聲帶－封面
② 合眾唱片 MCM-1015&1016《王寶釧－平貴回窰》電影原聲帶－封底
③ 合眾唱片 MCM-1016《王寶釧－平貴回窰》電影原聲帶－圓標第三面
④ 合眾唱片 MCM-1016《王寶釧－平貴回窰》電影原聲帶－圓標第四面

UNION
電影原聲帶
平貴回窰
王寶釧
MCM-1015-6
東影企業有限公司出品
伊士曼彩色 新藝綜合体古裝巨片
監製 林漢璞
製片 曹介仁
編劇 唐紹華
導演 王東海 楊勉
作曲 楊秉忠
王復蓉
楊群
領銜主演
紫薇 美黛 張琪 雪華 孫樸生
①

②

UNION
電影原聲帶
平貴回窰
王寶釧
合衆唱片 UNION RECORD
MCM-1015-6
母女會(之五)
大登殿
唐紹華 作詞
楊秉忠 作曲
血書
唐紹華 作詞
楊秉忠 作曲
四大歌星
紫薇
美黛
雪華
張琪
爲本片幕後代唱
廠 址：臺北縣板橋鎮埔墘里105－22號
出版登記證內版台音字第〇一三九號
合衆唱片製造廠
版權所有 翻製必究
民國五十六年五月廿五日出版
連絡處：臺北市新生北路二段127巷13號
電 話：四 四 〇 一 八 號

合眾唱片 MCM-1015&1016《王寶釧－平貴回窰》電影原聲帶

TAIWAN UNION RECORD CO.,LTD.
合衆唱片
UNION RECORD
東影企業公司出品
新藝綜合体古裝彩色巨片
版權所有
翻製必究
高級片
MCM-1016
王寶釧
平貴回窰
1.武家坡
2.同窰
民國五五年五月廿五日發行
第三面
LONG 33⅓ PLAY
合衆唱片製造廠出品

③

TAIWAN UNION RECORD CO.,LTD.
合衆唱片
UNION RECORD
東影企業公司出品
新藝綜合体古裝彩色巨片
版權所有
翻製必究
高級片
MCM-1016
王寶釧
平貴回窰
1.大登殿
民國五五年五月廿五日發行
第四面
LONG 33⅓ PLAY
合衆唱片製造廠出品

④

合眾唱片 MCM-1015&1016《王寶釧－平貴回窰》電影原聲帶

① 合眾唱片 MCM-1020 春的讚美－封面
② 合眾唱片 MCM-1020 春的讚美－封底

①

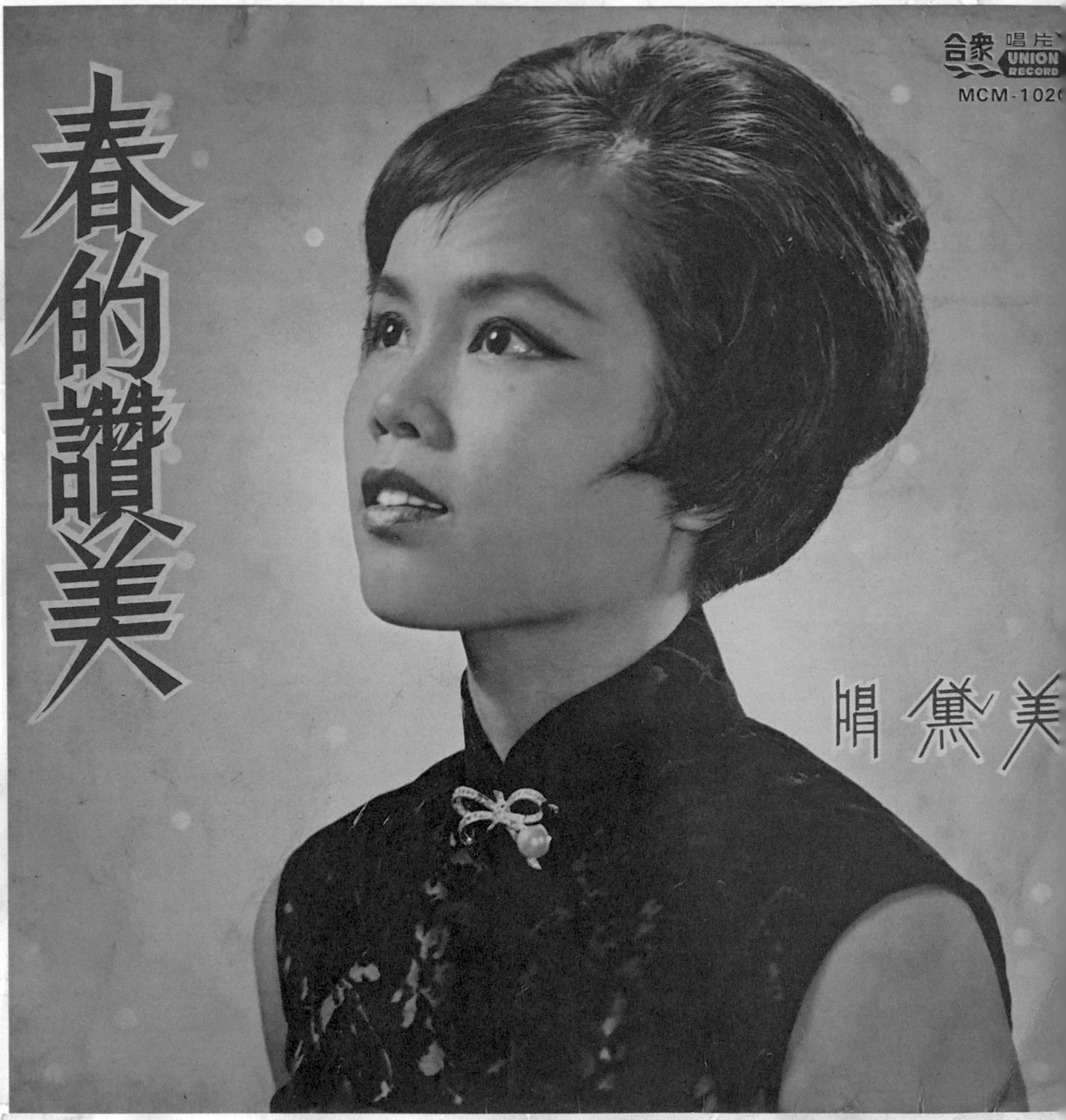

合衆唱片
UNION RECORD
MCM-1020
春的讚美
美黛唱

②

UNION

合衆唱片 UNION RECORD

MCM-1020

春的讚美

美黛唱

第一面	第二面
1. 春的讚美	1. 想情哥
2. 不要告訴你	2. 沒有不變的愛情
3. 加多一點點	3. 愛人你變了
4. 靜靜的天邊	4. 心事
5. 野花香	5. 開了一朵小黃花
6. 山頂情歌	6. 少女愛迷你裝

合衆大樂隊伴奏

民國五十六年十一月出版

春的讚美

李奎然 編曲

春到人間　春到人間
春風吹醒了大地
春暉溫暖了蒼生
春到人間　春到人間
鴛鴦在湖上嬉水
粉蝶在花間翩翩
山如眉　水似眼
花朶兒含笑臉
柳如絲　草如茵
麥浪秧波色青青色青青

不要告訴我

李奎然 編曲

不要告訴我時光難倒流
美麗的幻想却會最失望
不要告訴我薔薇會有刺
愛情要刺痛心　傷痕難彌補
荒漠中寶貴是人語
都會裡可怕是人言
浮生若夢年華短　及時行樂要趁早
不要告訴我薔薇會有刺
愛情要刺痛心　傷痕難彌補

加多一點點

林禮涵 編曲

一、結識你不止一兩年　你對我不算不愛憐
　　爲什麼我總覺得呀缺少一點點
　　缺的呀並非脂粉錢　少的也不是什麼紅絲線
　　祇要是你在口頭上　隨便加多一點點
　　那怕你對我不過連哄又帶騙

二、結識你不止一兩年　你對我不算不愛憐
　　爲什麼我總覺得呀缺少一點點
　　缺的呀並非脂粉錢　少的也不是什麼紅絲線
　　祇要是你在口頭上　隨便加多一些些
　　也不枉姐兒白過等你一兩年

靜靜的天邊

李奎然 編曲

朶朶白雲悠悠地飛揚　陣陣春風吹送着花香
我望着那靜靜的天邊　聽那小鳥聲聲歌唱
看那江水慢慢地流蕩　枝頭花兒朶朶正開放
我望着那靜靜的天邊　凌霄壯志永不忘
我願化作鳥兒飛翔飛越山頭
我願比作沙漠駝鈴走向綠洲
看那江水慢慢地流蕩　枝頭花兒朶朶正開放
我望着那靜靜的天邊　凌霄壯志永不忘

野花香

李奎然 編曲

都說是野花香　都愛那新人好
男人的心裡太無聊　他見了野花家花就丟掉
都說是野花香　都愛那新人好
男人的脾氣太糟糕　他有了新人舊人就不要
野花嬌呀家花惱　舊人哭新人笑
哭哭笑笑鬧鬧吵吵　結果是一團糟
花沒有永遠香　人不會永遠好
野花也遲早隨風飄　那舊人新人什麼都完了

山頂情歌

鄧禹平 詞
弘　元 作曲編

白天呀爲什麼出太陽？　太陽呀爲着要照山莊
山莊呀裏面有茶場　茶場的樹兒需要太陽光
夜裏呀爲什麼有月亮？　月亮呀爲着要照河床
河床呀旁邊有姑娘　河邊的姑娘正在等情郎
星星呀爲什麼佈四方？　星兒呀爲着要照四鄉
四鄉呀姑娘向它望　望清了方向找呀找情郎

想情哥

李奎然 編曲

東山上那個點燈啊　西山上那個明
四十里那個平川呀啊　瞭也不見人
郎在你家裡病呀啊　小妹妹冷清清
你上了那個梨兒呀啊　送呀不上門
西山上那個月亮啊　照着了我的心
四十里那個平川呀啊　瞭也不見人
郎在你家裡病呀啊　小妹妹想煞人
穿上了那個新衣呀啊　走呀不上門

沒有不變的愛情

王大空 詞
弘　元 作曲編

昨天我和你同看一朶雲
剎那間不見了雲的踪影
你嘆息行雲的變幻
變幻的行雲像愛情
昨天我和你同看一片葉
剎那間不見了葉的踪影
你嘆息落葉的飄零
飄零的落葉像愛情
昨天我和你同看一顆星
剎那間不見了星的踪影
你嘆息流星的殞落
殞落的流星像愛情
變幻的愛情是行雲
褪色的愛情是落葉
消失的愛情是流星
愛情　愛情　沒有不變的愛情

愛人你變了

李奎然 編曲

愛人你已經變了心　愛人你已經變了意
愛人呀你太無情　你對我不起
愛人你爲什麼變心
從前你對我多甜蜜　你說你只愛我一個
如今呀我才知道　你是假情假意
愛人我想忘了你　你的愛不專一
昨天你還愛我　今天把我忘記
現在你愛她　難道她比我更美麗
愛人你對我不起　你想把我欺騙
我不會相信你　愛人你對我不起

心事
（「婉君表妹」電影插曲）

莊　奴 詞
左宏元 曲
弘　元 編曲

白雲片片飄在藍天
活潑鳥兒飛在田野間
路旁鮮花開　花開嬌艷
坡上青草長　青草綿綿
親情如春風吹進我心田
我在春風中感到春風暖
可是我的心飄渺雲霧間
不知心事向誰言

開了一朵小黃花
（「婉君表妹」電影插曲）

常紹炎 詞
左宏元 曲
弘　元 編曲

一朶可愛的小黃花　沒人栽也沒人插
自己會長大　小黃花呀小黃花
美麗嬌小羞答答　人人喜歡她
妳要知道身世嗎？　讓我唱給妳聽吧！
微風把妳吹了來　泥土把妳收留下
雨露滋潤妳發芽　陽光幫助妳長大
開了一朶小黃花！　開了一朶小黃花！

少女愛穿迷你裝

尹　達 詞
弘　元 作曲編

一、迷你裝呀迷你裝　少女愛穿迷你裝
　　美麗大方又舒適　顯露青春和健康
　　迷你裝呀迷你裝　少女愛穿迷你裝
　　你別少見而多怪　不要胡思又亂想

二、迷你裝呀迷你裝　少女愛穿迷你裝
　　郊野遊玩很便利　隨風飛舞好歡暢
　　迷你裝呀迷你裝　少女愛穿迷你裝
　　新的生活要變化　現代流行迷你裝

出版登記證：內版台音字第〇一三九號
廠　址：台北縣板橋鎮埔墘里一〇五之二二號

合衆唱片製造廠發行

連絡處：台北市新生北路二段一二七巷一三號
電　話：四四〇一八號

Apple 2018

① 合眾唱片 MCM-1031 愛的夢－封面
② 合眾唱片 MCM-1031 愛的夢－封底

①

美黛

②

UNION

愛的夢　美黛唱

合衆唱片 UNION RECORD
MCM-103

第一面	第二面
1. 多少海水多少淚	1. 桃花村
2. 愛的夢	2. 滿江紅
3. 藍色的愛情	3. 茉莉花
4. 藍色的天空	4. 蘇武牧羊
5. 藍色的月光	5. 藍色的探戈
6. 可愛的笑臉	6. 藍色的影子

李奎然　編曲
合衆大樂隊伴奏
民國五十七年八月出版

【第一面】

多少海水多少淚　莊奴 作詞

一、一滴情淚變成海　海是我的愛
你到海邊來徘徊　享受我的愛
嚐到情愛不再來　留下相思債
一分情　一分愛　一分愛　一分債
小寃家幾時再來　一滴情淚變成海
海是我愛　我問寃家幾時再來

二、多少海水多少愛　愛情是大海
你到海邊來戲水　偷走我的愛
爲我留下相思債　永遠不再來
一分情　一分愛　一分愛　一分債
小寃家永不再來　多少海水多少愛
愛情是海　我問寃家幾時再來

三、無限柔情無限愛　深情似大海
你到海邊來看海　沾到我的愛
帶走海水帶走愛　一去不回來
一分情　一分愛　一分愛　一分債
小寃家你不回來　無限柔情無限愛
深情似海　我問寃家幾時再來

愛的夢　莊奴 作詞

一、昨夜我得一夢　你來我的夢中
我倆一起訴衷情　天邊掛着小星星
身邊吹起一陣風　那是一個愛的夢
愛的夢　愛的夢　夢醒人無踪
愛的夢　愛的夢　夢醒一場空
今天夜晚　願你再來夢中
讓我倆一起訴衷情

二、昨夜我得一夢　你在我的懷中
我倆意蜜情正濃　忘記黑夜天寒冷
忘記黑夜雨和風　那是一個愛的夢
愛的夢　愛的夢　夢醒人無踪
愛的夢　愛的夢　夢醒一場空
今天夜晚　願你再來夢中
讓我倆一起訴衷情

三、昨夜我得一夢　你來我的夢中
我倆醉在愛河中　樹上小鳥已入睡
草裡小蟲靜無聲　那是一個愛的夢
愛的夢　愛的夢　夢醒人無踪
愛的夢　愛的夢　夢醒一場空
今天夜晚　願你再來夢中
讓我倆一起訴衷情

藍色的愛情

誰像我們倆　從天一晚到夜半
總覺得心坎裏　有許多話說不完
誰像我們倆　說過了海又說船
縱然是夜已闌有明晚　我們的情也像海
也像海一樣藍　一片純潔的藍
有時候見不了面　我的心也爲他牽絆
帶上我們倆　進入了海　繞過山！
眼前是一片藍　一片藍

藍色的天空

團團的月亮　陪伴着星光
我默默幻想新希望　時時在盼望
走近你身旁　望我們歌頌藍天堂
你閃耀愛的光芒透過我心房
你是那曠野飛螢引導我前方
時時在盼望走近你身旁
望我們歌頌藍天堂

藍色的月光

我見到藍色的月光　輕輕的照在你身上
彷彿相逢在夢中　夢魂正飄蕩
我見到藍色的灯光　輕輕的照在琴絃上
琴絃低沉心迷惘　情意更飄蕩
在月光裡我和你　眺望着陣陣海浪
在灯光下我和你　跟隨着幻夢到遠方
我見到藍色的月光　輕輕的照在你身上
彷彿相逢在夢中　夢魂更飄蕩

可愛的笑臉

可愛的笑臉在我的眼前　她笑得蜜糖一樣甜
我不能忘記偏還要想念　夢裡也爲她情意牽
可愛的春天在我的身邊　我對她一遍又一遍
說不盡想念訴不盡想念　她也曾叫我等一年
誰知道一天又一天　祇有在夢裡長相見
誰知道一年又一年　祇有她笑臉不變
可愛的笑臉在我的眼前　她笑得蜜糖一樣甜
我不能忘記偏還要想念　夢裡也叫我情意牽

【第二面】

桃花村

春光明媚呀春風暖　春風吹開了桃花瓣
啊……　桃花開得多好看喲
桃花村是我們的好家園
好家園　好家園　我們的好家園
春風吹開了桃花瓣　桃花枝頭呀都開滿
啊……　千朵桃花一樹生喲
桃花村是世外的桃花源
桃花源　桃花源　世外的桃花源
不管是村前又村後　不管是遠山又近山
到處張起了桃花幔呀　張起了桃花幔
我們生長在桃花村　桃花村裡呀天地寬
啊……　只有歡笑沒患難喲
桃花樹是我們的好家園
好家園　好家園　我們的好家園

滿江紅　岳飛 作詞

怒髮衝冠憑欄處　瀟瀟雨歇
抬望眼仰天長嘯　壯懷激烈
三十功名塵與土　八千里路雲和月
莫等閒白了少年頭　空悲切
靖康恥猶未雪　臣子恨何時滅
駕長車　踏破了賀蘭山缺
壯志飢飧胡虜肉　笑談渴飲匈奴血
待從頭收拾舊山河　朝天闕

茉莉花

好一朵美麗的茉莉花
好一朵美麗的茉莉花
芬芳美麗滿枝椏　又香又白人人誇
讓我來將你摘下　送給別人家
茉莉花　茉莉花
好一朵美麗的茉莉花
好一朵美麗的茉莉花
芬芳美麗滿枝椏　又香又白人人誇
讓我來將你摘下　送給別人家
茉莉花　茉莉花

蘇武牧羊

一、蘇武牧羊北海邊　雪地又冰天
羈留十九年　渴飲雪　飢吞氈
野幕夜孤眠　心存漢社稷　夢想舊家山
歷盡難中難　節旄落未還
兀坐絕塞時聽胡笳　入耳聲痛酸

二、蘇武牧羊久不歸　群雁却南飛
家書欲寄誰　白髮娘　倚柴扉
紅粧守空幃　三更徒入夢　未卜安與危
心酸百念灰　大節仍不少虧
羝羊未乳不道終得　生隨漢使歸

藍色的探戈

這裡我和你　相擁起舞步
輕把離情訴　聽音樂正奏出藍探戈
旋律多輕快　節奏多浪漫
今夜狂舞陶醉　我們倆永不忘懷
吻着你紅唇　我心更陶醉
你聽那藍色的探戈　也在祝福我們的愛
美滿的愛　良辰去不再　花好不常開
但願那藍色的探戈　引導我倆永相愛

藍色的影子　白也 作詞　谷濃 作曲

一、過路的陌生人呀　你眞不知道
我在深情想着你呀　藍色的影子
濃的眉深的眼　昨夜我又夢見你
從那馬路來呀　輕輕一笑呀

二、過路的陌生人呀　你眞不知道
我在靜靜等着你呀　藍色的影子
微微笑看一眼　一顆心爲你沉醉
從那馬路來呀　輕輕一飄呀

三、過路的陌生人呀　你應該知道
我在盼望你好苦呀　藍色的影子
柔的意淡的情　已經使我歡喜你
細細訴心曲呀　在你的懷裡

出版登記證：內版台音字第〇一三九號
廠　址：台北縣板橋鎮埔墘里一〇五之二二號

合衆唱片製造廠發行

連絡處：台北市新生北路二段一二七巷一三號
電　話：五　四　四　〇　一　八號

版權所有　翻製必究

UNION

祝聖誕賀新年專集　美黛　主唱

合衆唱片 UNION RECORD

MCM-1035

第一面	第二面
1. 聖誕鈴聲	1. 聖誕鈴聲（輕音樂）
2. 聖誕老人進城了	2. 銀色聖誕（輕音樂）
3. 銀色聖誕	3. 賀新年
4. 平安夜	4. 恭喜發財
5. 平安夜（輕音樂）	5. 恭喜恭喜
6. 聖誕老人進城了（輕音樂）	6. 恭喜大家今年好

編曲：林禮涵（歌唱曲）
江明旺（輕音樂）

藍星男聲合唱團　合唱
合衆大樂隊　伴奏
民國五十七年十一月出版

第一面

聖誕鈴聲

林禮涵　編曲

一、看白雪飄飄　飄飄向四郊
那車兒轔轔　那馬兒蕭蕭
看聖誕老人　他翩然來到
你來看他白鬚白髮的眉毛
「叮鈴鈴　叮鈴鈴　鈴聲響亮
帶給你好運道　快樂又消遙」

二、看白雪飄飄　片片像鵝毛
如銀裝世界　如玉琢粉彫
看聖誕老人　他頭戴風帽
你來看他大紅外套黃絲縧
「叮鈴鈴　叮鈴鈴　鈴聲響亮
帶給你好運道　快樂又消遙」

三、看白雪飄飄　滾滾下雲霄
那一群兒童　在滑着雪橇
看聖誕老人　作哈哈大笑
你來看他喜氣洋洋樂陶陶
「叮鈴鈴　叮鈴鈴　鈴聲響亮
帶給你好運道　快樂又消遙」

聖誕老人進城了

慎芝　作詞
林禮涵　編曲

一、喂！小朋友你不要叫
看望路邊一座大橋
乖乖看望！　不要吵鬧
（合）喂！小朋友你不要哭
我來引你哈哈大笑
聖誕老人進城來了
（獨）他有一本成績簿
看誰的分數高
看誰是一條大懶蟲
那個孩子品行好
喂！小朋友你不要哭
我來引你哈哈大笑
聖誕老人進城來了

二、喂！小朋友你不要叫
看望路邊一座大橋
乖乖看望！不要吵鬧
（合）喂！小朋友你不要哭
我來引你哈哈大笑
聖誕老人進城來了
（獨）身背一個大口袋
每一份禮都好
小弟弟有槍也有炮
小妹也有娃娃抱
喂！小朋友你不要哭
帶來禮物大包小包
聖誕老人進城來了

銀色聖誕

慎芝　作詞
林禮涵　編曲

我夢見你到我夢中
並肩靜聽聖誕晚鐘
窗外白雪　飛舞北風
窗內人兒　滿臉笑容
我夢見一棵聖誕樹
銀色的一棵聖誕樹
發出光芒　象徵幸福
祝福年年　聖誕幸福

平安夜

林禮涵　編曲

一、平安夜　聖誕夜　萬暗中　光華射
照着聖母也照着聖嬰
多少慈祥也多少天眞
靜享天賜安眠　靜享天賜安眠

二、平安夜　聖誕夜　牧羊人　在曠野
忽然看見了天上光華
聽見天軍唱阿利路亞
救主今夜降生　救主今夜降生

平安夜（輕音樂）

江明旺　編曲

聖誕老人進城了（輕音樂）

江明旺　編曲

第二面

聖誕鈴聲（輕音樂）

江明旺　編曲

銀色聖誕（輕音樂）

江明旺　編曲

賀新年

林禮涵　編曲

（合）賀新年　祝新年　新年啊　年連年
（獨）爆竹聲聲催人想幼年
（合）賀新年　祝新年　新年啊　年連年
（獨）歲月悠悠光陰如箭
（合）回首往事如烟　痛苦辛酸
期望從今萬事如願
（獨）賀新年　祝新年　新年啊　年連年
（合）願大家都過個太平年

恭喜發財

林禮涵　編曲

（合）冬隆冬搶　冬隆冬搶
冬隆冬搶　冬隆冬搶
冬隆冬搶　冬隆冬搶
冬隆冬搶　冬隆冬搶
（獨）一陣陣的春風　送花香
一杯杯的美酒　味芬芳
歡歡喜喜大家　醉一場
春風滿面樂洋洋
（合）冬隆冬搶　冬隆冬搶
冬隆冬搶　冬隆冬搶
（獨）恭喜呀！恭喜　發呀發大財
好運當頭　壞運呀永離開
恭喜呀！大家
黃金裝滿袋　眉花眼笑
得意呀！又開懷
（合）冬隆冬搶　冬隆冬搶
冬隆冬搶　冬隆冬搶
（獨）發了財呀！大家忙又忙
買了汽車又造洋房
家家都有風光
（合）喝一杯酒來　喝一杯酒
家家戶戶多風光
（獨）發了財呀！大家忙又忙
買了傢俬又做衣裳
家家都有風光
（合）喝一杯酒來　喝一杯酒
家家戶戶多風光
（獨）恭喜呀恭喜　發呀發大財
好運當頭　壞運呀永離開
恭喜呀大家，萬事都愉快
從今以後　有福呀沒悲哀
（合）冬隆冬搶　冬隆冬搶
冬隆冬搶　冬隆冬搶
（合）齊唱恭喜發財
眼看富貴一齊來

恭喜恭喜

林禮涵　編曲

一、每條大街小巷　每個人的嘴裏
見面第一句話　就是恭喜恭喜
恭喜恭喜恭喜你呀
恭喜恭喜恭喜你
二、冬天已到盡頭　眞是好的消息
溫暖的春風　就要吹醒大地
恭喜恭喜恭喜你呀
恭喜恭喜恭喜你
三、皓皓冰雪融解　眼看梅花吐蕊
漫漫長夜過去　聽到一聲雞啼
恭喜恭喜恭喜你呀
恭喜恭喜恭喜你
四、經過多少困難　歷盡多少磨蘚
多少心兒盼望　盼望春的消息
恭喜恭喜恭喜你呀
恭喜恭喜恭喜你
五、每條大街小巷　每個人的嘴裡
見面第一句話　就是恭喜恭喜
恭喜恭喜恭喜你呀
恭喜恭喜恭喜你

恭喜大家今年好

林禮涵　編曲

梅花開放　雪花飄揚
小弟弟換新裝　快樂歡暢
舞蹈瘋狂　歌唱新腔
鼓鑼聲聲鏜　宛似在天堂
莫忘記你又長大一歲
莫忘記年又過了一趟
幼年勤學習　長大本領強
花炮聲聲響亮　國旗處處飄揚
恭喜大家今年好　平安健康
莫忘記你又長大一歲
莫忘記年又過了一趟
幼年勤習　長大本領強
花炮聲聲響亮　國旗處處飄揚

出版登記証：內版台音字第〇一三九號
廠址：台北縣板橋鎮埔墘里一〇五之二二號

合衆唱片製造廠發行

連絡處：台北市新生北路二段一二七巷一三號
電話：五四四〇一八號

MCM-1035
祝聖誕賀新年
聖誕鈴聲／聖誕老人進城了／銀色聖誕／平安夜／賀新年／恭喜發財／
恭喜恭喜／恭喜大家今年好

②

①

合眾唱片 MCM-1035 祝聖誕賀新年專集

① 合眾唱片 MCM-1035 祝聖誕賀新年專集－封面
② 合眾唱片 MCM-1035 祝聖誕賀新年專集－封底

Apple2018

① 合眾唱片 MCM-1038 意難忘・重相逢－封面
② 合眾唱片 MCM-1038 意難忘・重相逢－封底

①

MCM-1038
意難忘
重相逢
美黛唱

②

UNION

意難忘・重相逢　美黛唱

合衆唱片 UNION RECORD
MCM-103

第一面	第二面
1. 意難忘	1. 重相逢
2. 寒雨曲	2. 雨夜的小徑
3. 如何能嫁他	3. 黃昏的街頭
4. 楓紅柳黃時	4. 紅丁香
5. 春風秋雨	5. 竹籬笆
6. 四季春	6. 失落的夢

林禮涵　編曲
合衆管絃樂團　伴奏
民國五十七年十二月出版

【第一面】

意難忘
愼芝　作詞

一、藍色的街燈　明滅在街頭
　獨自對窗　凝望月色　星星在閃耀
　我在流淚　我在流淚　沒人知道我
　啊—啊—
　誰在唱呀！　遠處輕輕傳來
　想念你的　想念你的
　我愛唱的那一首歌

二　白色的毛衣　遺留在身邊
　抱入懷裏　傳來暗香　此心已破碎
　我在流淚　我在流淚　沒人知道我
　啊—啊—
　誰在唱呀！　遠處輕輕傳來
　想念你的　想念你的
　我愛唱的那一首歌

三、你我的回憶　該是倆相同
　咫尺天涯　爲何不見　此身已憔悴
　我在流淚　我在流淚　沒人知道我
　啊—啊—
　誰在唱呀！　遠處輕輕傳來
　想念你的　想念你的
　我愛唱的那一首歌

寒雨曲

吹過了一夢的風
帶來一陣濛濛的寒雨
雨中的山上是一片翠綠
祇怕是轉眼春又去
雨呀雨你不要阻擋了
他的來時路　來時路
我朝朝暮暮盼望着有情侶

如何能嫁他
鮑奎　詞並曲

一、尊聲呀媽媽您別罵　細聽您女兒說句話
　女兒的年紀還不大　算來呀算去才十八

二、女兒呀今年才十八　媽媽就給我找婆家
　不是那東村馬老頭　就是那西村牛大傻

三、牛家的大傻眞窩囊　鼻涕呀常在嘴邊掛
　一年呀到頭不洗澡　寧願做尼姑不嫁他

四、老頭的年紀一大把　比我的爸爸大十八
　老夫和少妻不相配　叫我呀如何能嫁他

楓紅柳黃時
鮑奎　詞並曲

姑娘呀　姑娘
自你別我而去　姑娘
終日爲你彷徨惆悵
那年再見你我的姑娘
姑娘呀　姑娘
我永忘不了你　姑娘
海角天涯爲你流浪
何日再聽到你的歌唱
記得我倆戲嬉山上
月夜我倆偎依湖旁
追憶甜蜜往事
如今怎不令人心傷
姑娘呀姑娘
楓紅柳葉又黃　姑娘
年復一年音訊渺茫
幾時再回到我的身旁
姑娘　姑娘　姑娘

春風秋雨

一、春到人間送晚風　囀鶯乳燕舞晴空
　愛它萬紫與千紅　生機動　意情濃
　雲想衣裳花想容

二、秋到人間草木黃　西風打擊又濃霜
　繁華景色變淒涼　眞如夢　夢難忘
　欲寄相思天一方

四季春
鮑奎　作詞

一、桃花紅　春意濃
　蝴蝶紛飛集花叢
　鶯轉山谷　人逢春風
　扁舟輕蕩綠波中
　粉面桃花笑盈盈

二、荷花香　夏日長
　壯男健女忙插秧
　牛步田間　人立農場
　白晝揮汗朝炎陽
　夜依瓜棚晚風涼

三、菊如處　到中秋
　綠女紅男忙郊遊
　陽明山間　愛侶相處
　輕聲淺笑半帶羞
　日落西山才回頭

四、梅花飄　冬天到
　糧豐倉滿農家笑
　圍爐淺酌　子孫圍繞
　豐滿收穫酬辛勞
　家家戶戶齊歡笑

【第二面】

重相逢
周之原　作詞

一、重相逢　彷彿在夢中　其實不是夢
　還記得幼年時光　你我樂融融
　我扮公主　你做英雄　假扮鳳與龍
　青梅竹馬　情意深濃　如今都已成空

二、重相逢　彷彿在夢中　其實不是夢
　多少事消逝如風　追尋也無踪
　相對默默　欲言無從　意在不言中
　兩心相同　回憶無窮　互相一句珍重

雨夜的小徑
王永生　作詞
呂泉生　作曲

一、漆黑的一個晚上　沒有星星也沒有月亮
　一盞路灯苦守着雨夜的淒涼
　雨點結成露珠由額上滴落
　一滴又一滴　愛的幽徑生滿了青苔
　我却愛在那裡徘徊　風雨曾摧掉綺夢
　倩影何日再隨月光歸來

二、那像是好久以前　又像剛剛失落的昨天
　雨夜漫漫正拉着追思的琴弦
　雨點攙和淚珠由眼角滴落
　一滴又一滴　愛的幽徑生滿了青苔
　我却愛在那裡徘徊　風雨曾摧掉綺夢
　倩影何日再隨月光歸來

黃昏的街頭

一、夕陽西下了
　溫柔的微風吹盪着
　街頭上走着唱着
　賣花的小姑娘
　芙蓉花兒開的燦爛
　又芬芳
　溫風呀吹在臉上
　微風也吹
　吹在臉上他的心兒在那鄉

二、烏鴉歸巢了
　高樓上燈光明亮着
　天河旁織女遙遙對牛郎
　低下頭兒苦思斷腸
　空惆悵
　低下了他的頭兒空惆悵
　空惆悵他的人兒在那方

紅丁香

晚風兒陣陣吹送秋爽　夜鶯兒聲聲訴說幻想
彷彿又看到一朵紅丁香　在我的眼前搖又幌
晚風兒陣陣吹送秋爽　夜鶯兒聲聲訴說幻想
彷彿又看到一朵紅丁香　在我的夢裡歌又唱
紅丁香掛在她身上　一見就覺得神迷惘
彷彿她就是紅丁香　印在我腦海不能忘
晚風兒陣陣吹送秋爽　夜鶯兒聲聲訴說幻想
彷彿又看到一朵紅丁香　在我的夢裡歌又唱

竹籬笆

一、我和他　我和他　中間隔一帶竹籬笆
　他也看不見我來　我也看不見他

二、竹籬笆　竹籬笆　爲什麽跟我們做冤家
　他也想死了我來　我也想死了他

三、竹籬笆　笑哈哈　你也傻　他也傻
　你矮得像冬瓜來　他醜得像夜叉

四、哈哈哈　哈哈哈　要是沒有我竹籬笆
　他也不會想你來　你也不會想他

失落的夢
王耗雄　作詞
呂泉生　作曲

一、春將殘　夢將斷　晚風掀起片片落英
　緣已絕　情未了　偏在夢裡找妳倩影
　翻來覆去　終睡不着　爲何連夢也做不成
　春將殘　夢將斷　愛似落英飄零

二、北風吹　秋已盡　寒鴉啼聲叫破長天
　人一去　不復返　留下影子跟我糾纏
　失落的夢　沒法追尋　褪色的夢難得畫塡
　北風吹　秋已盡　往事葬在荒原

出版登記證：內版台音字第〇一三九號
廠　址：台北縣板橋鎮埔墘里一〇五之二二號

合衆唱片製造廠發行

合眾唱片 MCM-1047 台灣好

UNION

台灣好　美黛唱

合眾唱片 UNION RECORD

MCM-1047

第一面	第二面
1. 台灣好	1. 廟院鐘聲
2. 小小茉莉	2. 漁舫曲
3. 秋江憶別	3. 何必旁人來說媒
4. 戲鳳	4. 琉球風情畫
5. 姑娘十八一朵花	5. 四季吟
6. 懷春曲	6. 春夏秋冬

林禮涵　編曲
合衆管絃樂團　伴奏
民國五十八年十月出版

【第一面】

台灣好
羅家倫　作詞

台灣好　台灣好　台灣眞是復興島
愛國英雄　英勇志士　都投到他的懷抱
我們受溫暖的和風　我們聽雄壯的海濤
我們愛國的情緒比那阿里山高　阿里山高
我們忘不了　大陸上的同胞
在死亡線上掙扎　在集中營裡苦惱
他們在求救　他們在哀號．
你聽　他們在求救　他們在哀號　求救　哀號
我們的血　湧如潮　我們的心在狂跳
槍在肩　刀出鞘　破敵城斬群妖
我們的兄弟姊妹　我們的父老
我們快要打回大陸來了　回來了
快要回來了

小小茉莉

我怎麼能够離開你？　我怎麼能够別去你？
我要常常地想起你　永遠地在一起
白的花兒鮮　跟那綠的葉兒細
怎比得我倆甜蜜的情意　此情此景　永遠不忘記
永遠不忘過去的情意

秋江憶別

荷花枯焦在水面飄流　黃花朵朵含笑在枝頭
太陽才下山又月上柳梢頭
黃昏時候　舊地又重遊
想起當初別離我的知心友
我的姑娘　我怎麼能够捨得讓你走
如今留下孤單單的一個我
我的姑娘　我怎麼能够忍住淚不流
當年月夜携手江心盪小舟
如今分散可還能聚首
去年今日別離時候淚雨流
千言萬語還記在心頭
春殘夏去又到秋　我的姑娘
妳怎麼直到如今還不回頭
落花隨水向東流　我的姑娘
妳可別像那流水永不回頭

戲鳳
孫樸生　合唱

人瀟灑　性溫存　若有意似無情
不知他家何處　不知他何姓名
倒教我坐立難安　睡不寧
姓朱名德正　家住北京城　二十歲
還沒定過親　（白）（啊！你來做什麼）
我愛上酒家人　我進了酒家門
（白）（我哥哥不在家　今天不賣酒）
賣酒的風情好　比酒更迷人
我們賣酒做營生　不懂愛也不懂情
為什麼坐立難安　睡不寧　你說愛又談情
存的是什麼心　再要不安份　送你進衙門．
（白）（大牛別胡說　快去掃地）
說什麼好人心　原來是假正經
人家的手帕　給你塗的滿天星
滿天星價連城　皇帝題的詩　皇后繡的鳳
你假戲當成眞　欺君罪　罪不輕
店名叫龍鳳　難道就不欺君
我們龍鳳店　遠近都知名
皇帝都不管　我勸你少費心
不必提龍鳳　還是論婚姻　你較美麗
你性聰明　一見就傾心　再見就鍾情
你願意　我帶你進京城　我和你双双對對配
龍鳳　深宮上苑度晨昏
（白）「我一見你就討厭　再見你更傷心
你要帶她走　我就跟你把命拼」
「別以為梅龍鎮上好欺人」（大牛）我們梅
龍鎮守禮最嚴明　我擔心受議論不敢留客人
還是哥哥回來再上門　再上門

姑娘十八一朵花

一、十八的姑娘一朵花　一朵花
眉毛彎彎眼睛大　眼睛大
紅紅的嘴唇雪白牙　雪白牙
粉色小臉　粉色小臉　賽晚霞
啊……姑娘十八一朵花　一朵花

二、十八的姑娘一朵花　一朵花
每個男人都想她　都想她
沒錢的小夥兒她不愛　她不愛
有錢的老頭兒　有錢老頭兒　她不嫁
啊……姑娘十八一朵花　一朵花

三、十八的姑娘一朵花　一朵花
美麗青春好年華　好年華
姑娘長大不可留　不可留
留來留去　留來留去　成冤家
啊……姑娘十八一朵花　一朵花

懷春曲

春光明媚　百花開哟　萬紫千紅遍瑤台
滿目濃華　關不住　且趁春光品花來
移步尋花　花正開哟　綠茵點點遍瓊階
鳥語花香　點春色　蝴蝶飛去又飛來
鞦韆架上　祝英台哟　獨處深閨意難挨
描龍綉鳳　心不定　且盪鞦韆暢胸懷
韶華易度　人易衰哟　青春一去何時來
滿懷心願　憑誰訴　且盪鞦韆任去來

【第二面】

廟院鐘聲

南風吹　燕双飛　廟院的鐘聲起
我心願　訴向誰　不知那神佛可猜對
我願人沉醉　伴着春光長徘徊
在這湄公河邊　也使我流連不歸
野花變作玫瑰鮮艷可愛
小草舖成翡翠　給大地增添光輝
我願人沉醉　伴着春光長徘徊
在這湄公河邊　也使我流連不歸
燕兒飛去飛回成双成對
任憑南風吹　不言不語相意會
南風吹　燕双飛　廟院的鐘聲起
我心願　訴向誰　不知那神佛可猜對
我願人沉醉　伴着春光長徘徊
在這湄公河邊　也使我流連不歸
野花變作玫瑰鮮艷可愛
給我帶來心願　願我沉醉不歸

漁舫曲
劉　光　作詞
怯天林　作曲

青江河一小舟　帆影碧波綠油油
網兒一張把魚捕　捕着大魚長街賣
捕着小魚沽美酒　沽美酒
載歌載飲　醉臥在漁舟
醒來月上柳梢頭　柳梢頭

何必旁人來說媒

當年竹馬青梅　我倆早已兩小無猜
花前月下去又來　人影兒双双配成對
當年竹馬青梅　我倆早已兩小無猜
如今你我都成長　為什麼不敢談情愛
見了我　你不睬　見了你　我躲開
這好像有些兒不應該　不應該
你還沒有婚配　我也依舊待字深閨
何必旁人來說媒　蝴蝶兒都是自成對

琉球風情畫
愼　芝　作詞
琉球民謠改編

一、浪花擊岸太平洋西　有一羣島嶼
高山青青海水藍　天然安樂居
啊　到處傳來　神往的仙曲
在沙灘邊在月下　海風吹徐徐
珊瑚光澤艷　琉球好情趣

二、七日七夜夏季節　紅男綠女同歡聚
有情郎找有情女　天生好佳侶
啊　東方發白　郎要出海去
姐在港口送郎走　低聲訴蜜語
風吹青絲長　繫住郎情緒

三、黑夜海風莫狂吹　免我多愁慮
終日心裡掛念他　心心兩相許
啊　情投意合　此生將永聚
花開花落月圓缺　鳳尾蕉葉常綠
琉球風光好　媲美天仙居

四季吟
怯天林　詞並曲

一、春季裡來百花開　百花園裡獨徘徊
狂風一陣落金扇　從此相思掛滿懷

二、夏季裡來百花香　奴家移步到西廂
隔簾盟誓贈釵鳳　笑月媚花情意長

三、秋季裡來百花艷　良辰美景證姻緣
鐵蹄踐踏殘花燭　折散鴛鴦最可憐

四、冬季裡來雪花飛　冰天雪地送寒衣
郎君一去無音信　不見郎君誓不回

春夏秋冬
怯天林　詞並曲

一、春季呀裏來　桃花兒紅
小妹妹心中　苦重重
情郎一去　無影踪
朝朝呀暮暮　想思夢

二、夏季呀裏來　荷花兒香
小妹妹心中　暗悲傷
情郎此去　在何方
獨對着孤燈　守空房．

三、秋季呀裏來　菊花兒開
小妹妹暗地　淚兒彈
朝思暮想　終日盼
望穿秋水　空等待

四、冬季呀裏來　雪花兒飛
小妹妹心中　苦滿懷
孤單凄涼　獨自悲
不知那情郎　幾時回

定價：四十元

出版登記證：內版台音字第〇二五九號
地　址：台北縣板橋鎮港嘴里雷湛三九號

合衆唱片實業公司

連絡處：台北市新生北路二段一二七巷一三號
電　話：五　四　四　〇　一　八號

版權所有　翻製必究

合衆唱片 UNION
MCM-1047
台湾好
美黛唱

① 合眾唱片 MCM-1047 台灣好 - 封面
② 合眾唱片 MCM-1047 台灣好 - 封底

Apple 2018

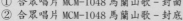

① 合眾唱片 MCM-1048 馬蘭山歌－封面
② 合眾唱片 MCM-1048 馬蘭山歌－封底

合眾唱片
MCM-1048
馬蘭山歌
美黛 唱

①

②

UNION

馬蘭山歌　美黛 唱

合眾唱片 UNION RECORD
MCM-1048

第一面	第二面
1. 飛快車小姐	1. 馬蘭山歌
2. 淚洒月台	2. 蜜語重重
3. 愛情多苦惱	3. 朦朧霧鄉
4. 看著我	4. 打開心靈的窗
5. 寶島風光	5. 梭羅河之戀
6. 賞花謠	6. 花之戀

林禮涵 編曲
合衆管絃樂團 伴奏
民國五十八年十月出版

【第一面】

飛快車小姐
愼芝 作詞
呂泉生 作曲

一、小姐隨着飛快車　風雨無阻要負責
郵有閒情渡愛河　招呼顧客有心得
飛快車小姐飛快車小姐　我要下車再見了
飛快車小姐飛快車小姐　我要下車再見了

二、笑臉迎人領座位　男女老少不管誰
人人都有好座位　忙來忙去够疲憊
飛快車小姐飛快車小姐　我要下車再見了
飛快車小姐飛快車小姐　我要下車再見了

三、搭車顧客各種樣　不少年青俏兒郎
小姐芳心難猜想　意中是誰不肯講
飛快車小姐飛快車小姐　我要下車再見了
飛快車小姐飛快車小姐　我要下車再見了

四、車前車後來回看　報紙毛巾送遞忙
服務旅客不嫌煩　車上處處好春光
飛快車小姐飛快車小姐　我要下車再見了
飛快車小姐飛快車小姐　我要下車再見了

淚洒月台（離別月台票）　愼芝 作詞

一、只爲了相見你　臨別一面　匆匆趕到
深夜車站月臺前　誰知道無情火車已經開走
留下濃濃白煙　狠心地載走我的愛
再也不能够見到他他淚洒月臺

二、千萬不要懷疑　我的情意　分手之前
應該對你表心跡　誰知道無情火車已經開走
留下聲聲汽笛　狠心地載走我的愛
再也不能够見到他他淚洒月臺

三、黑暗裏漸漸遠　車後信號燈　斷腸人送
斷腸人傷感相同　誰知道無情火車已經開走
留下隆隆輪聲　狠心地載走我的愛
再也不能够見到他他淚洒月臺

愛情多苦惱　愼芝 作詞

一、綿綿春雨打濕街道　相約的時刻已來到
啊！春雨會不會　淋他身受潮
不見他的人影　我的眉梢　始終是開不了
當你投入戀愛的懷抱　才能體會愛情多苦惱

二、聲聲細雨耳邊繞　眉宇之間常帶笑
啊！有時却歡喜冤家　見面就爭吵
不再對我細語　不再微笑　眞教人難明瞭
當你投入戀愛的懷抱　才能體會愛情多苦惱

看着我

看着我　看着我　不在你身邊還是你的他
看着我　看着我　如果你看見還是抓住他
你好像春風把我的心底花朵吹發
你好像春潮把我的心底冰雪吹化
看着我　看着我　如果你看見還是帶回家

寶島風光　怯天林 詞並曲

一、無邊海呀　不斷山
台灣風光畫呀畫一般
想遊泳　有碧潭
青年男女滿沙灘
活活潑潑　賽天仙
大家擠上小遊船
順風飄盪　眞好玩
無邊海呀　不斷山
台灣風光畫呀畫一般
双双對對把情談

二、無邊海呀　不斷山
台灣風光畫呀畫一般
想遊泳　有碧潭
青年男女滿沙灘
活活潑潑　賽天仙
大家擠上小遊船
順風飄盪　眞好玩
無邊海呀　不斷山
台灣風光畫呀畫一般
双双對對把情談

賞花謠
愼芝 作詞
韓國民謠改編

一、春季裡開的是　牆外的桃花
記得在桃花下並肩談話
桃花是依舊　盛開在枝枒
只是在桃花下　不見了他

二、夏季裡開的是　池裡的荷花
記得在荷池邊携手溜躂
荷花是依舊　白潔和挺拔
只是在河池邊　不見了他

三、秋季裡開的是　園裡的桂花
記得在樹幹上双名刻劃
桂花是依舊　芬芳在殘夏
只是在桂花前　不見了他

四、冬季裡開的是　郊外的梅花
記得在小路邊花瓣飄撒
梅花是依舊　耐寒在歲臘
只是在梅花路　不見了他

【第二面】

馬蘭山歌
愼芝 作詞
山地民謠改編

一、遙遠的青山無際　一重又一重
健美的馬蘭姑娘
蓮步輕如風　蓮步輕如風
這一高崗爬到那方的一個山峯
採得那花兒綠葉襯嫩紅　綠葉襯嫩紅

二、清澈的溪水流不停　日日又夜夜
健美的馬蘭姑娘
嬌水凝脂潔　嬌水凝脂潔
溪底魚兒來回穿梭也一樣歡悅
拾得那小石圓似一輪月　圓似一輪月

三、馬蘭的景緻壯麗　好比一幅畫
健美的馬蘭姑娘
艶麗勝朵花　艶麗勝朵花
高山男兒強壯多情　心想女嬌娃
娶得那新娘快樂過生涯　快樂過生涯
新娘艶如花　啊…　艶如花

蜜語重重

當我愛上你的時候　也就是你向着我追求
我幾次想對你表心意
可是怕你的愛情不長久
今夜你對我蜜語重重　怎不教我的心感動
不要說我對你無情　只要你待我有始有終
人本非草木　誰能避免愛情
人家成對成双　我們倆要相依相親
今夜你對我蜜語重重　怎不教我的心感動
不要說我對你無情　只要你待我有始有終
不要說我對你無情　只要你待我有始有終

朦朧霧鄉　愼芝 作詞

一、來往車輛不斷走行人也匆忙
暮色冉冉已下降
點點街燈　遠處近處　柔光照街旁
不像珍珠像淚珠　疊印着難忘的眼光
啊……寂寞街頭　已成了一片霧鄉

二、賣花姑娘籃中花一朵朵幽雅
暮色之中喚賣花
佇立街頭　直到深夜　賣光籃中花
是否窮苦無依靠　也像我飄零走天涯
啊……寂寞街頭　已罩上一片霧紗

三、樹下情侶並肩行歸鳥也成行
暮色之中來又往
鳥飛高空人走燈下　都有歸去地方
沒有煩惱有歡樂　那像我飄零走四方
啊……寂寞街頭　已成了一片霧鄉

一、打開心靈的窗
愼芝 作詞
李泉生 作曲

我打開心靈的窗　就能見到五彩春光
雖然春天不久長　也能減少心中的辛酸
春光春光那裏藏　能否永遠在我心上
我打開心靈的窗　就能見到五彩春光

二、我打開心靈的門　就能見到心上情人
雖然人去音訊沉　也能回想往日的溫存
情人情人那裏等　難得相見也在夢中
我打開心靈的門　就能見到心上情人

三、我打開心靈的窗　就能幻想久違家鄉
雖然遠隔萬重山　也能慰我思鄉的心腸
家鄉家鄉何日還　獨自在外日夜懷想
我打開心靈的窗　就能幻想久違家鄉

四、我打開心靈的門　就能回想過去美夢
雖然人生只是夢　也能抹去心靈的傷痕
美夢美夢何處尋　隨水流去不再回程
我打開心靈的門　就能回想過去美夢

梭羅河之戀

我愛梭羅河　美麗像畫一樣
風帆一片片在水上不斷地來又往
我愛梭羅河　彷彿昇在夢鄉
椰樹一行行在風中不停地搖又晃
一陣陣晚風吹送吹送　河面上吹起綠潮浪
一双双情侶徘徊徘徊　徘徊在長堤上
我愛梭羅河　永遠不改模樣
祇有舊情郎　他不再偎依在我身旁

花之戀

那沉靜的庭前繁茂的枝葉
遮掩着月兒的光輝
一陣陣甜蜜的花兒香　直透入我的心扉
這就是那丹桂　可愛的丹桂
你品兒高貴又甜美
使我深深地陶醉　使我不能入睡
我悄悄地徘徊　我悄悄的徘徊
總在你的週圍　永在你的週圍
啊可愛的丹桂　可愛的丹桂
你品兒高貴又甜美
使我深深地陶醉　使我不能入睡

出版登記證：內版台音字第〇二五九號
地　址：台北縣板橋鎮港嘴里雅湣三九號

合衆唱片實業公司

連絡處：台北市新生北路二段一二七巷一三號
電　話：五　四　四　〇　一　八號

定價：四十元

UNION

愛的四季・誰來陪伴我 美黛唱

合衆唱片 UNION RECORD

MCM-1053

第一面	第二面
1. 愛的四季	1. 誰來陪伴我
2. 星夜的別離	2. 淚的小花
3. 負心的人	3. 我還是永遠愛着你
4. 珊瑚戀	4. 台北紅玫瑰
5. 蘋果花	5. 藍色的憂鬱
	6. 往日的舊夢

翁清溪 編曲 龔幸道 錄音

合衆大樂隊 伴奏

中華民國五十八年七月出版

【第一面】

的四季　劉錦士 作詞

間有春夏秋冬　我早已忘記
中有愛的四季　也隨他遠去
已經失去一切　只剩下一片回憶
人呀　我求你還給我　夢中的四季

天裡你陪我到　陽明山看花
多少愛的回憶　已隨花飄去
今你離我遠去　如今你斷了消息
不該　把眞心獻給你　偏要愛上你

天裡你陪我到　西子灣戲水
多少愛的回憶　被浪頭捲去
發誓不再想你　偏偏又忘不了你
道是　女人容易受騙　沒法躲開你

天裡你陪我到　日月潭賞月
有多少愛的回憶　躲進雲層裡
知道月有圓缺　人也有悲歡離合
管你　把愛情當兒戲　我也不怪你

冬天裡你陪我到　合歡山滑雪
有多少愛的回憶　融化在雪裡
也許那雪景無常　把一對鴛鴦折散
情人呀　我只有在夢中　夢中懷念你

人間有春夏秋冬　我早已忘記
夢中有愛的四季　也隨他遠去
我心中一片空虛　過去的是眞是幻
情人呀　我求你在夢中　夢中長相憶
(1969年7月4日寫在東京)

星夜的別離　愼芝 作詞

一、到了時候要分離　離愁心也醉
人間總有不如意　何必埋怨誰
趁着今夜星光明輝　讓我記住你的淚
並不是我狠心拋棄　遠走高飛
並不是我狠心拋棄　遠走高飛
縱此天涯海角遠離　我心永相隨

二、我倆曾經盼望着　長久相依偎
我倆曾經夢想着　生活總悠美
趁着今夜星光明輝　讓我記住你的愛
雖然相愛也要分離　忍淚說再會
雖然相愛也要分離　忍淚說再會
讓那熱淚化作情愛　情愛更珍貴

三、怎麼忍心丟下你　留你夜不寐
難以說出心中苦　請你要体會
趁着今夜星光明輝　讓我記住你的美
關山阻隔迢遙千里　幾時再相會
關山阻隔迢遙千里　幾時再相會
只有寄託滿天星星　給與你安慰

負心的人

一、櫻紅的唇火樣熱烈的吻　也不能留住負心的人
難道說你是草木　不能夠教你動心
愛你也深　恨你也深　整日裏抹淚痕
獨自抹淚痕　我悔恨　我悔恨　我悔恨對你痴心
啊…………負心的人　負心的人

二、一滴情淚一顆破碎的心　也不能喚回遠去的人
往日的海誓山盟　像春夢一樣無痕
愛你也深　恨你也深　惆悵中暗傷神
獨自暗傷神　我悔恨　我悔恨　我悔恨浪費青春
啊…………負心的人　負心的人

三、無限的愛　換來無限的恨　到頭來剩下我一個人
盼望你早日歸來　默數著無盡的晨昏
愛你也深　恨你也深　將你心換我心
才知相憶深　我悔恨　我悔恨　我悔恨守到如今
啊………　負心的人　負心的人

珊瑚戀　愼芝 作詞

一、那一天偶然間　遇見她在那海邊
像魚兒一樣地活潑又美艷
在海底採一枝珊瑚送到身邊
默默含情　一双多情的眼
就是這樣簡單　只是這樣一晃
但在我的心上　留下夢一場
這不能算得是戀人的情感
好像是一陣風　吹過我的身旁

二、夏天過去了　我對她說了再見
她追着我的車　悲悽地嘶聲叫喊
揮着手成串的淚珠洒在胸前
我的心爲這一場　別離碎成片片
到了冬天我聽說　少女已不在人間
爲什她這樣可憐　永遠長相念
這不能算得是成人的愛戀
它好比一泉水　滴落我的心田
到了冬天我聽說　小女已不在人間
爲什她這樣可憐　永遠長相念
這不能算得是成人的愛戀
它好比一泉水　滴落我的心田

蘋果花

蘋果花迎風搖曳　月光照在花蔭裡
想起了你　想起了你　噯……噯……噯……
祇恨你無情無義一心把人欺
害得我朝朝暮暮夢魂無所依
蘋果花迎風搖曳　月光照在花蔭裡　啊………
祇恨你無情無義一心把人欺
害得我朝朝暮暮夢魂無所依
蘋果花迎風搖曳　月光照在花蔭裡　啊………

【第二面】

誰來陪伴我　劉錦士 作詞

一、有時候　像失去爹娘的孤兒
我默默地　遠眺那無邊大海空發愁
有時候　像失去爹娘的孤兒
我悄悄地　跑到那無人深山掉眼淚
因爲我最怕寂寞　孤獨多難受
有一天眞的變成無依孤兒
除了星星和月亮　誰來陪伴我

二、有時候　像失去爹娘的孤兒
在孤燈下　寫一封無從投寄的家書
有時候　像失去爹娘的孤兒
在黑夜裡　向天空細訴心中的不平
因爲我最怕寂寞　孤獨多難受
有一天眞的變成無依孤兒
除了星星和月亮　誰來陪伴我
(1969年6月寫於東京)

淚的小花　愼芝 作詞

一、在雨夜裡飄落下　黃的花白的花
帶雨的花使我想起了她　就像是含笑的她
爲了什麼總把頭兒垂下　默默地不說一句話
見她淚下　見她不說話　眞教我放不下

二、在深夜裡明月下　有幾朵含笑的花
含笑的花使我想起了她　她的笑艷麗像彩霞
只有她的笑教我常牽掛　深深的一笑像朵花
見她含笑　見她不說話　眞教我心牽掛

我還是永遠愛着你

自從和你斷絕來往　心裏是多麼的失望
我的一生是多麼的苦　爲何你不了解我
今後的我失去了你　將是多麼的寂寞
別了我的心上人　我還是永遠的愛着你
今後的我是多麼的可憐　有誰能了解我的苦楚
縱然和你永遠分離　我還是永遠的愛着你

台北紅玫瑰　游國謙 作詞

一、台北紅玫瑰　四季常嬌美
玫瑰刺尖銳　惹了她就倒霉
明明知道她刺尖銳　能把你心刺碎
明明知道她惹不得　偏偏爲她醉
啊呀……I WANT YOU BABY　人人爲她醉
早不睡晚也不睡　只爲了她嬌美　台北的紅玫瑰

二、台北紅玫瑰　枝葉常青翠
美麗又高貴　爲她拼命追隨
明明知道她採不得　採了她成枯萎
人人愛她捨不得她　隨在花下醉
啊呀……I WANT YOU BABY　不採捨不得
早不歸晚也不歸　採不得心也醉　台北的紅玫瑰
想把她採採她回家　就怕花憔悴
明明知道都爲了她　會把青春毀
啊呀……I WANT YOU BABY　不要榮華貴
也不要青春地位　只要在花周圍
台北的美麗紅玫瑰

藍色的憂鬱

一、藍色的燈　藍色的夜　藍色是憂鬱
藍色的情　藍色的愛　藍色多憂鬱
難以排遣　難以忘懷　藍色的記憶
憑着這一片　藍色的記憶　解除我心頭憂鬱

二、藍色的天　藍色的海　藍色是煩惱
藍色的沙　藍色的夢　藍色多煩惱
惆悵心潮　陣陣掀起　藍色的波濤
但願這一陣　藍色的波濤　洗去我心頭煩惱

往日的舊夢

春天的花兒開放白又紅　河堤上双双對對情人踪
花叢樹蔭下訴情衷　小鳥兒爲我把歌送
河上的景色美麗夕陽紅　幽徑上卿卿我我情意濃
晚霞泛起了意重重　你和我猶如在夢中
想起當年我倆的相愛　何嘗不是情意深
你變了心你有了新人　好夢已成空相思有何用
如今我重回相思河畔　去重温往日的舊夢

出版登記證：內版台音字第〇二五九號
地　址：台北縣板橋讀港嘴里雲灣三九號

合衆唱片實業公司

版權所有　翻製必究

連絡處：台北市新生北路二段一二七巷一三號
電　話：五　四　四　〇　一　八　號

定價：新台幣四十元

合眾唱片 MCM-1053 愛的四季・誰來陪伴我

1969最暢銷國語歌曲
合衆唱片
MCM-1053
誰來陪伴我
愛的四季

②

①

① 合眾唱片 MCM-1053 愛的四季 ・ 誰來陪伴我－封面
② 合眾唱片 MCM-1053 愛的四季 ・ 誰來陪伴我－封底

Apple2018

① 合眾唱片 MCM-1055 十二個夢 - 封面
② 合眾唱片 MCM-1055 十二個夢 - 封底

①

*12個夢
MCM-1055

②

UNION

十二個夢

合眾唱片 UNION RECORD
MCM-1055

合衆管絃樂團 伴奏
民國五十八年十月出版

【第一面】

往日的舊夢 翁清溪 編曲
美黛 唱
春天的花兒開放白又紅 河堤上双双對對情人踪
花叢樹蔭下訴情衷 小鳥兒爲我把歌送
河上的景色美麗夕陽紅 幽徑上卿卿我我情意濃
晚霞泛起了意重重 你和我猶如在夢中
想起當年我倆的相愛 何嘗不是情意鍾
你變了心你有了新人 好夢已成空相思有何用
如今我重回相思河畔 去重温往日的舊夢

甜蜜的夢 林禮涵 編曲
李小梅 唱
每一次甜蜜的夢 在夢裡見到你
你總是輕輕在喚着我 要我倆緊緊相偎相依
每一次甜蜜的夢 在夢裡見到你
你總是輕輕在吻着我 留下了千萬濃情蜜意
我和你在那楊柳樹底 望着那柳依依
一霎時黃鸝不再聲聲啼 聽我倆訴情意
每一次甜蜜的夢 在夢裡見到你
你總是輕輕在吻着我 醒來時希望還在夢裡

無情的夢 翁清溪 編曲
余天 唱
一、回憶情深已消逝 留下相思苦
恩恩愛愛倆相依 如今天涯離
戚戚戀戀訴離情 我垂淚沾襟
嘀唱泣訴我的愛 寂寞的月夜

二、淒冷西風吹入懷 憧景的綺夢
係愛情盧渡青春 風雨爲伴侶
倚窗凝視憶良辰 我心已破碎
嘀唱泣訴我的愛 寂寞的月夜

深閨夢裡人 林禮涵 編曲
憶如 唱
簾幕低垂 星月如晦 遠行的人兒未歸
漫漫長夜 寂寂深閨 獨自徘徊不成寐
簾幕低垂 蠟炬成灰 遠行的人兒未歸
夜已深沉 人已倦怠 祇有夢中等郎回
但願夢裡和你常相會 莫叫我空等待
但願夢裡和你常相會 莫教我夢先迴
簾幕低垂 蠟炬成灰 遠行的人兒未歸
夜已深沉 人已倦怠 祇有夢中等郎回

夢裡相思 林禮涵 編曲
敏華 唱
我有訴不盡的情意 每晚在夢裡呼喚你
我倆千山萬水分離 兩地相思夢牽繫
我有訴不盡的悲懐 寄託在夢裡帶給你
雖然千山萬水隔離 但願在夢裡相依
夜月淒寒靜靜徘徊 徘徊在小橋樓台
景色依舊良辰不在 人兒你幾時回來
我有訴不盡的悲淒 寄託在夢裡帶給你
雖然千山萬水隔離 但願在夢裡相依

夢去了 翁清溪 編曲
余天 唱
窗外吹來一陣無情風 吹醒了我的夢
夢裡纔和他舊地重相逢 在月下訴情衷
誰知 誰知風吹夢無踪
夢裡 夢裡歡情霎時空
窗外祇剩下明月掛梧桐 隔斷了青山又千萬重
窗外吹來一陣無情風 吹醒了我的夢
夢裡纔和他舊地重相逢 在月下訴情衷
誰知 誰知風吹夢無踪
夢裡 夢裡歡情霎時空
窗外祇剩下明月掛梧桐 隔斷了青山又千萬重

【第二面】

過去的春夢 翁清溪 編曲
余天 唱
多少的手曾擁着你 曾擁得你魂顛倒
有多少次多少次春夢 我是不再想更知道
多少的唇曾吻着你 曾吻得你心亂跳
有多少次多少次春夢 我是不再想更明瞭
賞花採花究有幾回 教人費疑猜
花開花落是眞是幻 一切該忘懐
讓秘密隱藏你心底 祇要我倆情堅牢
那過去那過去的春夢 我是不再想更明瞭

三個夢 林禮涵 編曲
李小梅 唱
一、第一個夢裡 你像抹朝霞 可愛又迷人 飄渺又婆娑
我想追尋你 追尋來作伴 萬里迢迢關山難
我想忘却你未語悲先放 醒來時不禁淚滿腮
泣無聲空惆悵

二、第二個夢裡 你像茉莉花 清香又秀麗 清逸又多嬌
我想追尋你 追尋來作伴 蜂喧蝶舞鬧嚷嚷
我想忘却你未語淚双双 醒來時不禁五更寒
腸欲斷心徬徨

三、第三個夢裡 你像輪明月 光彩又無私 晶瑩又聖潔
我想追尋你 追尋來作伴 天涯海角相思苦
我想忘却你未語夢驚醒
願上蒼斷夢能再續 莫令人太傷心

夢中的你 林禮涵 編曲
美黛 唱
夢中的你 多年別離
只有夢中見到你 我是怎樣歡喜
夢中的你 一去沒訊息
只有夢中伴着你 叫人怎不沉迷
在那仙境裡 花也燦爛
月也美麗 我倆朝夕相依
平地烏雲起 落花滿地
殘月昏迷 暗中失去你
夢中的你 多年別離
只有夢中見到你 我是怎樣歡喜
夢中的你 一去沒訊息
只有夢中伴着你 叫人怎不沉迷

夢中人 林禮涵 編曲
紫薇 唱
月色那樣模糊 大地籠上夜霧
我的夢中的人兒呀！ 你在何處
遠聽海潮起伏 松風正在哀訴
我的夢中的人兒呀！ 你在何處
沒有薔薇的春天 好像豎琴斷了絃
活在沒有愛的人間 過一日好像過一年
夜鶯林間痛哭 草上濺着淚珠
我的夢中的人兒呀 你在何處

沒有薔薇的春天 好像豎琴斷了絃
活在沒有愛的人間 過一日好像過一年
夜鶯林間痛哭 草上濺着淚珠
我的夢中的人兒呀！ 你在何處

夜夜夢江南 林禮涵 編曲
美黛、孫樸生 合唱
昨夜我夢江南 滿地花如雪
小樓上的人影 正遙望點點歸帆
叢林裏的歌聲 飄浮着傍晚晴天
今夜我夢江南 白骨盈荒野
山在崩滔 地在沸騰
人在呼吼 馬在悲鳴 共匪的鐵蹄
捲起了滿天的烟塵滾滾 啊……
去吧去吧 你受難的孩子們呀
我們要把復仇的種子
播放在祖國的地下
在今天發芽 在明天開花開花

昨夜夢中 李奎然 編曲
涂昭美 唱
昨夜夢中 月光照入畫樓東
垂簾等郎眼朦朧 忽見情郎在房中
昨夜夢中 桃花依舊迎春風
郎情妹意兩相融 醒來祇覺一場空
莫不是你又痴又獃 莫不是你風情不解
你到底是愛我不愛 爲什麼教我空等待
今夜夢中 但願情郎再入夢
且把珠簾垂下來 莫教紅日驚好夢

莫不是你又痴又獃 莫不是你風情不解
你到底是愛我不愛 爲什麼教我空等待
今夜夢中 但願情郎再入夢
且把珠簾垂下來 莫教紅日驚好夢

出版登記證：內版台音字第〇二五九號
地 址：台北縣板橋鎮港嘴里雷湛三九號

合衆唱片實業公司

連絡處：台北市新生北路二段一二七巷一二號
電 話：五 四 四 〇 一 八 號

UNION

韓國歌改編最暢銷國語歌曲

合眾唱片 UNION RECORD

MCM-1056

【第一面】	【第二面】
1. 心聲淚痕	1. 淚的小花
2. 我在等一個人	2. 情淚
3. 阿里郎	3. 我在你左右
4. 昨夜的哀愁	4. 船上的人
5. 藍色的夜	5. 賞花謠

合衆大樂隊 伴奏

民國五十八年十二月出版

【第一面】

心聲淚痕

憶如 唱　　慎芝 作詞　林禮涵 編曲

我聽見有誰在輕輕呼喚我
聲音在我心裡掠過
那是我日夜牽掛
日夜盼望的結果
那種聲音在我心窩
掀起了一陣微波
微波中有千言萬語要告訴我
他又在心中訴說

我在等一個人

憶如 唱　　慎芝 作詞　林禮涵 編曲

一、悄悄地 悄悄地 黑夜已來臨
紗一般夜霧遮住了寒星
朦朧的月光也不像昨夜一樣明
照入窗內 影子也孤零
我又在等一個人

二、緊緊地 緊緊地 你將我擁吻
火一般情愛塡滿了心靈
寂寞的人生不再四處飄萍
你在心內 時刻都掛念
我又在等一個人

三、甜甜地 甜甜地 無限深情濃
水一般柔情環繞着身心
今後的歲月開始有了生命
投入心內 永記在心田
我又在等一個人

阿里郎

榮星兒童合唱團唱　　游彌堅 作詞　呂泉生 編曲

一、阿里嵐阿里嵐阿拉里喲！
阿里嵐清早起來搬過頂山，
天空亮晶光放穿破白雲照下方
好河山美如錦招手呼喚

二、阿里嵐阿里嵐阿拉里喲！
阿里嵐鳥語花香使我留戀
懷抱着青春的熱烈希望
向前進立大志出鄉井快樂壯行

三、阿里嵐阿里嵐阿拉里喲！
阿里嵐過了山頂添我鄉愁
一棵樹一隻鳥都在等我回來
可愛的可愛的我的故鄉

昨夜的哀愁

余天 唱　　慎芝 作詞　翁清溪 編曲

一、昨夜的哀愁 到了今天還不能遣走
我隨着命運 到處走到處留 有誰來向你問候
到東一天 到西一宿 已經過了多少春秋
恰似那小小河水 滿海流 流到幾時方罷休

二、南邊的戀情 帶到此來還不能忘情
迷霧中彷彿 又見到她倩影 她現在是否安寧
有生之涯 相思不盡 雖然又是一個春來臨
恰似那寒天雪地 心似冰 我沒有明媚光景

藍色的夜

余天 唱　　莊奴 作詞　翁清溪 編曲

一、藍色海水 藍色月光 又是個寂寞晚上
我站在海邊凝望 海水在盪漾
誰瞭解我心 心如海水 藍色的海憂傷
我每夜在懷想 懷想那美麗的姑娘
再不回來 回到我身旁

二、藍色海水 藍色月光 又是個寂寞晚上
我站在月下凝望 月光在盪漾
誰瞭解我情 情似月光 藍色的月惆悵
我每夜在盼望 盼望那多情的姑娘
早日回來 回到我身旁

【第二面】

淚的小花

美黛 唱　　慎芝 作詞　翁清溪 編曲

一、在雨夜裡飄落下 黃的花白的花
帶雨的花使我想起了她 就像是含笑的她
爲了什麼總把頭兒垂下 默默地不說一句話
見她淚下 見她不說話 眞教我放不下

二、在深夜裡明夜下 有幾朵含笑的花
含笑的花使我想起了她 她的笑艷麗像彩霞
只有她的笑教我常牽掛 深深的一笑像朵花
見她含笑 見她不說話 眞教我心牽掛

情淚

余天 唱　　莊奴 作詞　翁清溪 編曲

一、愛的淚 情的淚 我的眼裡盈滿了淚水
爲了什麼我心碎 爲了什麼我流淚
祇是爲你一去永不回
你已離去 物是人非 祇剩下我心憔悴
天若有情也要流淚
從今後我再爲誰掉眼淚 愛的淚 情的淚

二、愛的淚 情的淚 我的臉上掛滿了淚水
爲你離去我心碎 爲你離去我流淚
你竟狠心頭兒也不回
恩情已斷 盟約已毀 祇剩下我心憔悴
天若有情也要流淚
從今後我再爲誰掉眼淚 愛的淚 情的淚

我在你左右

美黛 唱　　慎芝 作詞　林禮涵 編曲

一、把我們的悲哀送走 送到大街頭
讓陽光溫暖淒涼的心頭
藍天高高好氣候 山又明水又秀
把悲哀送走 把一切丟在腦後
我在你左右

二、把我們的悲哀送走 送到小巷口
讓微風吹散胸中的煩憂
粉白牆裡花開透 草如茵景如綉
把悲哀送走 把一切丟在腦後
我在你左右

三、把我們的悲哀送走 送到小河流
讓流水沖去多年的離愁
有情人來到橋頭 流水清漁雙游
把悲哀送走 把一切丟在腦後
我在你左右

船上的人

余天 唱　　慎芝 作詞　翁清溪 編曲

一、站在甲板熱淚不斷 我已上船你在岸
遠處燈塔的燈影閃又閃 憑添多少離愁傷感
愛人海風送傳 我滿懷訴不盡的心願
我的心願是要妳等我永遠 永遠地不要變心腸

二、我將離去衝破萬里浪 男兒志在四方
有朝一日衣錦榮歸鄉 迎接妳來共度時光
愛人海浪不能擋 我滿懷熱誠的情感
我的情感是寄托在妳心上 心上人等我回故鄉

賞花謠

美黛 唱　　慎芝 作詞　林禮涵 編曲

一、春季裡開的是 牆外的桃花
記得在桃花下並肩談話
桃花是依舊 盛開在枝枒
只是在桃花下 不見了他

二、夏季裡開的是 池裡的荷花
記得在荷池邊携手溜躂
荷花是依舊 白潔和挺拔
只是在河池邊 不見了他

三、秋季裡開的是 園裡的桂花
記得在樹幹上双名刻劃
桂花是依舊 芬芳在殘夏
只是在桂花前 不見了他

四、冬季裡開的是 郊外的梅花
記得在小路邊花瓣飄撒
梅花是依舊 耐寒在歲臘
只是在梅花路 不見了他

出版登記證：內版台音字第〇二五九號
地址：台北縣板橋鎮港嘴里崙湖三九號

合衆唱片實業公司

連絡處：台北市新生北路二段一二七巷一三號
電話：五四四〇一八號

韓國歌改編最暢銷國語歌曲
余天・美黛・憶如・聯合灌音

①

②

① 合眾唱片 MCM-1056 韓國歌改編最暢銷國語歌曲－封面
② 合眾唱片 MCM-1056 韓國歌改編最暢銷國語歌曲－封底

MCM-1057
本年度台港最風靡歌曲
花與淚

①

① 合眾唱片 MCM-1057 花與淚 - 封面
② 合眾唱片 MCM-1057 花與淚 - 封底

②

UNION

本年度台港最風靡歌曲

花與淚 美黛唱

合眾唱片 UNION RECORD

MCM-1057

【第一面】	【第二面】
1. 花　與　淚	1. 一寸相思一寸淚
2. 晶　　晶	2. 淚灑愛河橋
3. 心聲淚痕	3. 水　長　流
4. 思念伊人	4. 幸福在這裡
5. 幾度花落時	5. 淚的衣裳

翁清溪　編曲
合眾樂隊伴奏
民國五十八年十二月出版

【第一面】

花與淚
慎　芝　作詞

一、妳好比是枝頭一枝帶刺的玫瑰
色彩鮮艷味芬芳　花瓣却含淚
難道妳有辛酸淚　却是不敢在人前傾訴傷悲
難道妳感覺花容不够嬌美無人讚美

二、妳好比是枝頭一枝帶雨特梨花
色彩淡雅味清香　怎禁風雨打
難道妳已歷盡滄桑　看破人生渺小如不願掙扎
難道妳不能尋覓歸宿為家靜靜留下

晶　晶
文　奎　作詞
古　月　作曲

一、晶晶　晶晶孤零零　像天邊一顆寒星
為了尋找母親　人海茫茫獨自飄零
晶晶　晶晶　多次夢裡相見
落得熱淚滿襟　到何時在何處
才能找到我親愛的母親

二、母親　母親孤零零　像海角的一盞孤灯
為了尋找晶晶　春夏秋冬黃昏黎明
母親　母親　多次夢裡擁抱
落得熱淚滿襟　到何時在何處
才能找到你親愛的晶晶

此曲承蒙海山唱片公司同意出版

心聲淚痕

我耳邊有誰在輕輕呼喚我　聲音在我心上飄過
那是我夢寐以求　昨夜盼望的結果
他的聲音　在我心窩　掀起漣漪微波
層層微波中有千言萬語要告訴我　綿綿地對我訴說
我聽遙悄悄地流下幾滴淚　怎麼不能忍住傷悲
那是你即將遠去　不再和我朝夕相偎
恨不能够　在我心扉　緊緊鎖住這一位
曾經使我迷　曾經使我心醉　難忘的心上這一位

思念伊人

一、你像天空裡的流星　隨我走遍天涯路
不怕生活艱苦　不怕道路崎嶇
啊……啊……你是我終身的伴侶
你給我無限的勇氣　未來路途多遙遠
你竟走向黃泉去　我永遠都在懷念你

二、在這坎坷的人生裡　我是多麼需要你
你像夕陽近黃昏　又像朝霧在黎明
啊……啊……生離死別切切又淒淒
只望今夜夢中再見你　雖然今天失去你
每夜無言獨哀泣　我永遠都在懷念你

幾度花落時

徘徊花叢裡　情人呀不回
痴痴在等待非把我忘懷
那年花落時相約在今日
可是呀一見你來
曾問那花兒我心事
可知我相思苦
隨那流水呀寄給你
再問幾度花落時
再問幾度花落時
再問幾度花落時

【第二面】

一寸相思一寸淚
黃　敏　作詞
黃　敏　作曲

一、你你沒有一點良心沒有一點眞情意
我把那愛情生命獻給你　為何你不理
你你可曾記得我倆過去纏綿的情意
如今你變心把我拋棄　我還是想念你

二、我我如今一切都是為了愛上一個你
我把那寸寸愁腸相思淚　只有空傷悲
我我不知水深火熱的日子為誰
只盼望你像浪子回頭　不要再離開我

三、你你知道我的心裡沒有別人只有你
你知道我是多麼需要你　我恨你又愛你
你你快快回到我的身邊讓我告訴你
只要你趕快回心轉意　我還是愛着你

淚灑愛河橋

一、又到愛河橋　明月對我笑
笑我痴情難忘　夜夜走上橋
我尋舊日歡笑　甜蜜無限美好
如今自暴自棄　後悔太遲了

二、又到愛河橋　晚風對我飄
把我心飄蕩搖　把淚搖出了
雖然長夜迢迢　辛酸有情知道
空把青春輕拋　荒廢我年少

三、相逢愛河邊　不知怎麼好
相見已無緣了　無言只流淚
難道一筆勾銷　難道舊情忘掉
難了淚流多少　淚灑愛河橋

水長流

水長流　流去不回頭　就像我倆的愛情一發不能
生生世世到永久　看那江河水長流
啊……浪滔滔歲月悠悠　啊……江河水長流
道白：看那江水向東流，為什麼我們的愛情不回
水長流　流轉千萬遇　就像我倆的愛情永遠不停
只有開始無止休　奔向江河水長流
啊……江河深情更深厚　啊……江河水長流

幸福在這裡
慎　芝　作詞

一、我的幸福在這裡　因為這裡有你
從此不再行萬里　我不願再分離
雖然遠方更壯麗　我只願和你相依
秀麗的遠方不及和你在一起

二、我的愛情在這裡　因為這裡有你
從此不再走天涯　我不願再分離
雖然彼岸更美麗　我只願和你相依
明媚的彼岸不及和你在一起

淚的衣裳

一、為了什麼我的人沒有來到　沒有來到
不肯讓我接近你教我怎麼好　教我怎麼好
懷着一顆寂寞心　徘徊在街道
徘徊在街道　徘徊在街道
那裡去尋找　啊……還記得你那一套
沾滿了淚珠　美麗的衣裳

二、為了什麼我的人沒有來到　沒有來到
這裡一朵玫瑰花為你開得好　為你開得好
玫瑰本是為你開　誰知你不要
誰知你不要　誰知你不要
獨自尋煩腦　啊……還記得你那一套
沾滿了淚珠　美麗的衣裳

三、為了什麼我的人沒有來到　沒有來到
這裡一朵玫瑰花為你開得好　為你開得好
玫瑰本是為你開　誰知你不要
誰知你不要　誰知你不要
獨自尋煩腦　啊……還記得你那一套
沾滿了淚珠　美麗的衣裳

出版登記證：內版台音字第〇二五九號
地　址：台北縣板橋鎮港嘴里當湛三九號

合眾唱片實業公司

連絡處：台北市新生北路二段一二七巷一三號
電　話：五　四　四　〇　一　八　號

青

合眾唱片 MCM-1058 美黛最喜愛歌唱集《蓓蓓，晚安》

UNION

美黛最喜愛歌唱集

合眾唱片 UNION RECORD

MCM-1058

【第一面】

1. 今夜的愁雨
2. 蓓蓓晚安
3. 雨街人影稀
4. 深情永不移
5. 可愛的笑臉

【第二面】

1. 最後一封信
2. 日落西山
3. 月夜琴挑
4. 愛的夢
5. 愛人你變了

合衆樂隊　伴奏

民國五十八年十二月出版

【第一面】

今夜的愁雨　愼芝 作詞　翁清溪 編曲

一、誰教我相信了你　相信你眞情眞意
並着肩在河堤　同看日落西
這情景這情景多旖旎　誰知道誰知道好景不繼
一霎時晴朗碧天變作愁雨　啊……
今夜又是愁雨下不息

二、雨珠一點一滴　滴入了我心底
沒有他在一起　寂寞無依
我心愛我心愛的是你　爲什麼爲什麼能够遠離
已往的卿卿我我變作愁雨　啊……
今夜又是愁雨下不息

蓓蓓晚安　愼芝 作詞　翁清溪 編曲

一、終有一天　我倆能够　迎着薰風　陶醉在花香濃
終有一天　我倆能够　淋着細雨　漫步在夜雨濛
所以呀Good night Good night Ba-by
把你眼淚藏心中
含情的眼　帶着笑臉　輕輕一句珍重
Good night Good night Ba-by把你眼淚藏心中
丢下昨天　盼望明天　夢裡裡相逢　Good night

二、好不容易　在你眼裡　尋到美夢　帶給我希望無窮
終有一天　我倆能够　戴着星光　暢談着海濶天空
所以呀Good night Good night Ba-by
把你眼淚藏心中
讓我記住　你的春戀　輕輕一句珍重
Good night Good night Ba-by把你眼淚藏心中
讓我懷着　你的意念　夢裡相逢
Good night Good night

雨街人影稀　愼芝 作詞　翁清溪 編曲

一、兩旁的街樹　在雨中啼哭
前面走過的人　早已成柏路
恨不能够把他留住　將委屈低聲訴

二、兩旁的街樹　漸漸垂夜幕
前面走過的人　未曾回頭一顧
難道他就不覺孤獨　另有人共相處

三、兩旁的街樹　春秋已幾度
前面走過的人　知否往事堪數
只留纏綿情簡一束　夢裡也難會晤

深情永不移　愼芝 作詞　翁清溪 編曲

一、月光又照耀山崗　白雲又遮住月光
你不必躲躲藏藏　並沒有人張望
崗山花草也都在迎風招展
我要你共同欣賞在你心房
那花兒也更加芬芳　那月兒更明亮

二、濃霧又籠罩大地　靜靜地沒有聲息
你不要悲悲戚戚　可聽到夜鶯啼
夜鶯啼聲好比你碎心哭泣
我和你同甘共苦也一起心心相繫
那海可枯石可爛　我深情永不移

可愛的笑臉　李奎然 編曲

可愛的笑臉在我的眼前　她笑得蜜糖一樣甜
我不能忘記偏還要想念　夢裡也爲她情意牽
可愛的春天在我的身邊　我對她一遍又一遍
說不盡想念訴不盡想念　她也曾叫我等一年
誰知道一天又一天　祇有在夢裡常相見
誰知道一年又一年　祇有她笑臉不變
可愛的笑臉在我的眼前　她笑得蜜糖一樣甜
我不能忘記偏還要想念　夢裡也叫我情意牽

【第二面】

最後一封信　莊奴 作詞　翁清溪 編曲

一、這是給你最後一封信　寄上火熱的吻
願你能够瞭解我的心　依然愛你最深
今後不再給你寫信　祇求你能知道我痛苦也深
你不要責怪我　啊！最後一封信

二、這是給你最後一封信　有我寂寞的心
過去恩愛如今變成恨　因爲愛你最深
不敢寫信偏又寫信　祇求你能知道我痛苦也深
你不要責怪我　啊！最後一封信

三、這是給你最後一封信　寄語負心的人
這個世上祇有我愛你　我曾愛你最深
今後不再給你寫信　祇求你能知道我痛苦也深
你不要責怪我　啊！最後一封信

日落西山　莊奴 作詞　翁清溪 編曲

一、日落西山近黃昏　滿天彩霞暮沉沉
關山阻隔人遙遠　不知何日再相見
情郎　啊………不知何日再相見

二、日落西山近黃昏　晚風習習少行人
舉目望斷天涯路　不知何日回家門
情郎　啊………不知何日回家門

三、日落西山近黃昏　倚門長望月光明
一寸柔腸情幾許　不知何日再逢君
情郎　啊………不知何日再逢君

月夜琴挑　翁清溪 編曲

一、是誰撥動琴弦　一陣琴聲兒打入了我的心田
好像愛的箭　一箭射到我的心間
把愛火點燃　把愛火爲我點燃

二、月夜撥動琴弦　一陣琴聲兒似珍珠滾落玉盤
好像你的眼　一眼看到我的心間
把我心看穿　把我心已經看穿

三、是誰撥動琴弦　你那琴聲兒訴說着我的哀怨
好像你已然　已然了解我的辛酸
給我心撫哀怨　給我心撫哀怨

愛的夢　李奎然 編曲

一、昨夜我得一夢　你來我的夢中
我倆一起訴衷情　天邊掛着小星星
身邊吹起一陣風　那是一個愛的夢
愛的夢　愛的夢　夢醒人無踪
愛的夢　愛的夢　夢醒一場空
今天夜晚　願你再來夢中
讓我倆一起訴衷情

二、昨夜我得一夢　你在我的懷中
我倆意蜜情正濃　忘記黑夜天寒冷
忘記黑夜雨和風　那是一個愛的夢
愛的夢　愛的夢　夢醒人無踪
愛的夢　愛的夢　夢醒一場空
今天夜晚　願你再來夢中
讓我倆一起訴衷情

三、昨夜我得一夢　你來我的夢中
我倆醉在愛河中　樹上小鳥已入睡
草裡小虫靜無聲　那是一個愛的夢
愛的夢　愛的夢　夢醒人無踪
愛的夢　愛的夢　夢醒一場空
今天夜晚　願你再來夢中
讓我倆一起訴衷情

愛人你變了　李奎然 編曲

愛人你已經變了心　愛人你已經變了意
愛人呀你太無情　你對我不起
愛人你爲什麼變心
從前你對我多甜蜜　你說你只愛我一個
如今呀我才知道　你是假情假意
愛人我想忘了你　你的愛不專一
昨天你還愛我　今天把我忘記
現在你愛她　難道她比我更美麗
愛人你對我不起　你想把我欺騙
我不會相信你　愛人你對我不起

出版登記證：內版台音字第〇二五九號
地　址：台北縣板橋鎮港嘴里富港三九號

合衆唱片實業公司

連絡處：台北市新生北路二段一二七巷一二號
電　話：五　四　四　〇　一　八　號

版權所有　翻製必究

美黛最喜愛歌唱集
合衆唱片 UNION RECORD
MCM-1058
今夜的愁雨
蓓蓓晚安
雨街人影稀
深情永不移
可愛的笑臉
最後一封信
日落西山
月夜琴挑
愛的夢
愛人你變了
蓓蓓，晚安

①

②

① 合眾唱片 MCM-1058 美黛最喜愛歌唱集《蓓蓓，晚安》- 封面
② 合眾唱片 MCM-1058 美黛最喜愛歌唱集《蓓蓓，晚安》- 封底

Apple 2018

UNION

新不了情全部插曲

美黛金唱片第16集

合衆唱片 UNION RECORD

MCM-1059

A 面	金縷衣	新不了情插曲	3'05"	B 面	月兒像檸檬	4'00"
	相 見	新不了情插曲	2'20"		忘也忘不了	2'50"
	昨天今日明日	新不了情插曲	3'35"		一寸相思未了情	3'25"
	美夢成真	新不了情插曲	3'00"		絶望的愛	3'40"
	三朵花		2'50"		戀愛的路多麼甜	3'10"
	愛情那裡來		2'40"			

林禮涵 編曲
合衆樂隊 伴奏

A 面

金縷衣

㈠ 勸君莫惜金縷衣，勸君惜取少年時，有花堪折只須折，莫待無花空折枝，空折枝，恨已遲，情難寄，夢無依，年華似水逝啊…………不忍再穿舊時衣。
㈡ 勸君莫惜金縷衣，勸君惜取少年時，有花堪折只須折，莫待無花空折枝，空折枝，淚迷濛，心已碎，意淒淒，時光催人老啊…………那堪再見舊時衣。

相 見

㈠ 初相見爲情牽，無語帶羞避人前，半作痴狂半含愁，不敢多見面，再相見情綿綿，應是前生未了緣，朝朝夕夕不忍離，情濃春滿園。
㈡ 難相見又相見，聚少離多添愁怨，夜夜寂寞守空樓，何必會相見，不相見怕相見，哀我情壞何處遣，花殘夢斷情未斷，舊月幾時圓。

昨日今日明日

㈠ 昨日我在那藍色橋邊遇見你，你那雙烏黑的眼睛是那麽深情地，對我凝視，彷彿要看穿我心裡秘密，使我意亂情迷，好像失落在夢裡。
㈡ 今日我又在初識的地方等到你，你那雙有力的手臂，突然間擁我進你的懷裡，根本不理會我是不是同意，其實我心早相許，只是在故作矜持。
㈢ 明日我要在回憶的痛苦中去想你，誰知道是緣份是天意，有一天你會像一陣輕風，忽然絶情地離開了我遠去，即使流乾了眼淚，也難留得住你。

美夢成真

㈠ 我曾經寂寞的等待，多少個無眠的長夜，多少個冷落的黴晨，等待那遙遠的訊息，等待那門外的足聲。
㈡ 我曾經寂寞的找尋，多少個濃霧的街頭，多少個細雨的黃昏，尋找那歡樂的足跡，尋找那落葉的淚痕。
㈢ 那是個荒謬的夢，而今是美夢竟成眞，使我又迷惘又興奮，又害怕又躭心，只因人生如幻是假似眞，當明朝夢醒我又要在寂寞的去等待，孤獨地去找尋，孤獨地去尋。

吾 樂 詞

三朵花

㈠ 你唱一句歌我隨聲把歌來對唉！花呀花呀花唉！一唱一對三朵花。
㈡ 一朵花對的是喜相逢，兩朵花對的是燕雙飛，三朵花對的是心上人，你看我呀我看你。
㈢ 你唱一句歌我隨聲把歌來對唉！花呀花呀花唉！一唱一對三朵花。

愛情那裡來

㈠ 小河彎彎流水不斷來，河裡的水草跟着飄過來，流水長在長流到天外，問一聲河水從那裡來，哎喲媽媽！莫非也像我的戀愛，哎喲媽媽！它是來得這樣奇怪，哎喲媽媽！怎麽你可講個明白，誰知道我的愛情那裡來。
㈡ 小河彎彎春風吹過來，河邊的花香跟着飄過來，遍地花開芬芳到心懷，問一聲春天從那裡來，哎喲媽媽！你可不能不理不睬，哎喲媽媽！我的寂寞情意難挨，哎喲媽媽！教我怎麽樣的安排，誰知道我的愛情那裡來。

月兒像檸檬

㈠ 月兒像檸檬，淡淡地掛天空，我倆搖搖盪盪，散步在月色中，今夜的花兒也飄落紛紛，陪伴着檸檬月色迷迷濛濛，多親愛，蜜語重重，輕輕耳邊送，我倆搖搖盪盪，散步在檸檬一般月色中。
㈡ 月兒像檸檬，黃黃地掛天空，我倆搖搖盪盪，散步在月色中，就像是魚兒在雙游海中，兩旁的椰子樹是海浪重重，多逍遙，其樂融融，脈脈情意通，我倆搖搖盪盪，散步在檸檬一般月色中。
㈢ 月兒像檸檬，淡淡地掛天空，我倆搖搖盪盪，散步在月色中，今夜的風兒也撩人心胸，我和你不是在那虛幻夢中，多幽靜，夜已深沈，深情比酒濃，我倆搖搖盪盪，散步在檸檬一般月色中。

忘也忘不了

㈠ 眞是一個可愛的人，教我一見就心裡笑，這是一句眞心話兒，請你不要逃，絶對不是對你胡說不是玩笑，你的話句句在我心裡面記得牢，噯呀！丢下了我你丢下了我，恨你，恨你恨你恨你，忘也忘不了恨你，恨你恨你恨你，忘也忘不了。
㈡ 不要騙我，不要儘說些氣話來叫我惱，不管你到天涯海角，我也跟到老，一片眞心難道你就當它玩笑，不要讓樹上鳥兒笑你是不可靠，噯呀！丢下了我你丢下了我，恨你，恨你恨你恨你，忘也忘不了恨你，恨你，恨你恨你恨你，忘也忘不了。
㈢ 今朝起來花兒嬌，今夜月兒又多麽好，我想走到天涯海角，到處把你找，不能讓那花月良宵輕輕溜跑，最好是睜開眼睛你已經又來到，噯呀！丢下了我你丢下了我，恨你，恨你恨你恨你，忘也忘不了恨你，恨你，恨你恨你恨你，忘也忘不了。

一寸相思未了情

㈠ 說什麽，你愛我，誓言相思堅相守，街無灯人無影，剩下了寂寞的我，你你你你，沒良心，把我愛的一顆心，寸寸粉碎相思未了情，負心人，負心的人，我恨你又想你。
㈡ 我恨你，又愛你，你就存心騙到底，爲何我相信你，把一切獻給你，你你你你，沒良心，忍心把我遺棄，寸寸斷腸相思未了情，負心人，負心的人，我恨你又愛你。
㈢ 說什麽，你愛我，偏偏讓我受折磨，情已斷心已碎，空留下酸痛回憶，你你你你，沒良心，把我愛的一顆心，寸寸粉碎相思未了情，負心人，負心的人，我恨你又想你。

絶望的愛

吳晉淮 作曲 游國謙 作詞

㈠ 恨透你什麽東西，從今後我將永遠忘記你，我已經看透你的假情意，不值得爲你嘔氣，只怪你對我花言巧語，啊…………失去了你，失去了你，沒有你有什麽了不起。
㈡ 恨透你什麽東西，我後悔不該跟你在一起，你哭哭啼啼我更討厭你，你不是昨天的你，虛僞的愛情不該把我欺，啊…………我恨透你，我恨透你，今後我絶不再理睬你。
㈢ 恨透你什麽東西，在我的心中沒有一個你，我已經絶情不再相信你，把愛情交還給你，抓一把秋風洒向了你，啊…………滿天滿地，滿天滿地，相信一切總會成過去。

戀愛的路多麼甜

㈠ 手牽着手啊肩靠肩，戀愛的路啊多麽甜，談完了自己再談你，談到了別人沒興趣，這個世界只能容納我們兩個人，只有我們才能體會相互的情意，玫瑰的花朶正開放，公園到處都飄着香，手牽着手啊肩靠肩，戀愛的路啊多麽甜。
㈡ 手牽着手啊肩靠肩，戀愛的夢啊多麽甜，忘了生氣忘了苦，掉了煩惱掉了愁，這個世界只能容納我們兩個人，只有我們才能看到快樂的夢境，七色的彩虹不希奇，我們的夢啊才美麗，手牽着手啊肩靠肩，戀愛的夢啊多麽甜。
㈢ 手牽着手啊肩靠肩，戀愛的歌啊多麽甜，臉偎着臉啊心印心，脈搏合奏啊多動聽，這個世界只能容納我們兩個人，只有我們才能彈出心弦的共鳴，愛情的歌啊是蜂蜜，滴在心頭甜人意，手牽着手啊肩靠肩，戀愛的歌啊多麽甜。

出版登記證：内版台音字第〇一三九號
廠址：台北縣板橋鎭埔墘里一〇五之二二號
合衆唱片製造廠發行
連絡處：台北市東園街270號之一
電話：五四四〇一八

②

①

UNION
STEREO
MCM-1059
新不了情
美黛主唱
全部插曲
月兒像檸檬
忘也忘不了
一寸相思未了情
三朵花
絶望的愛
愛情那裡來
戀愛的路多麼甜
昨日今日明日
美夢成眞
金縷衣
相見

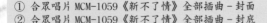

① 合眾唱片 MCM-1059《新不了情》全部插曲 - 封面
② 合眾唱片 MCM-1059《新不了情》全部插曲 - 封底

① 合眾唱片 HTLP-6003 歡舞重逢－封面
② 合眾唱片 HTLP-6003 歡舞重逢－封底

①

STEREO
歡舞重逢
美黛唱
HTLP-6003

②

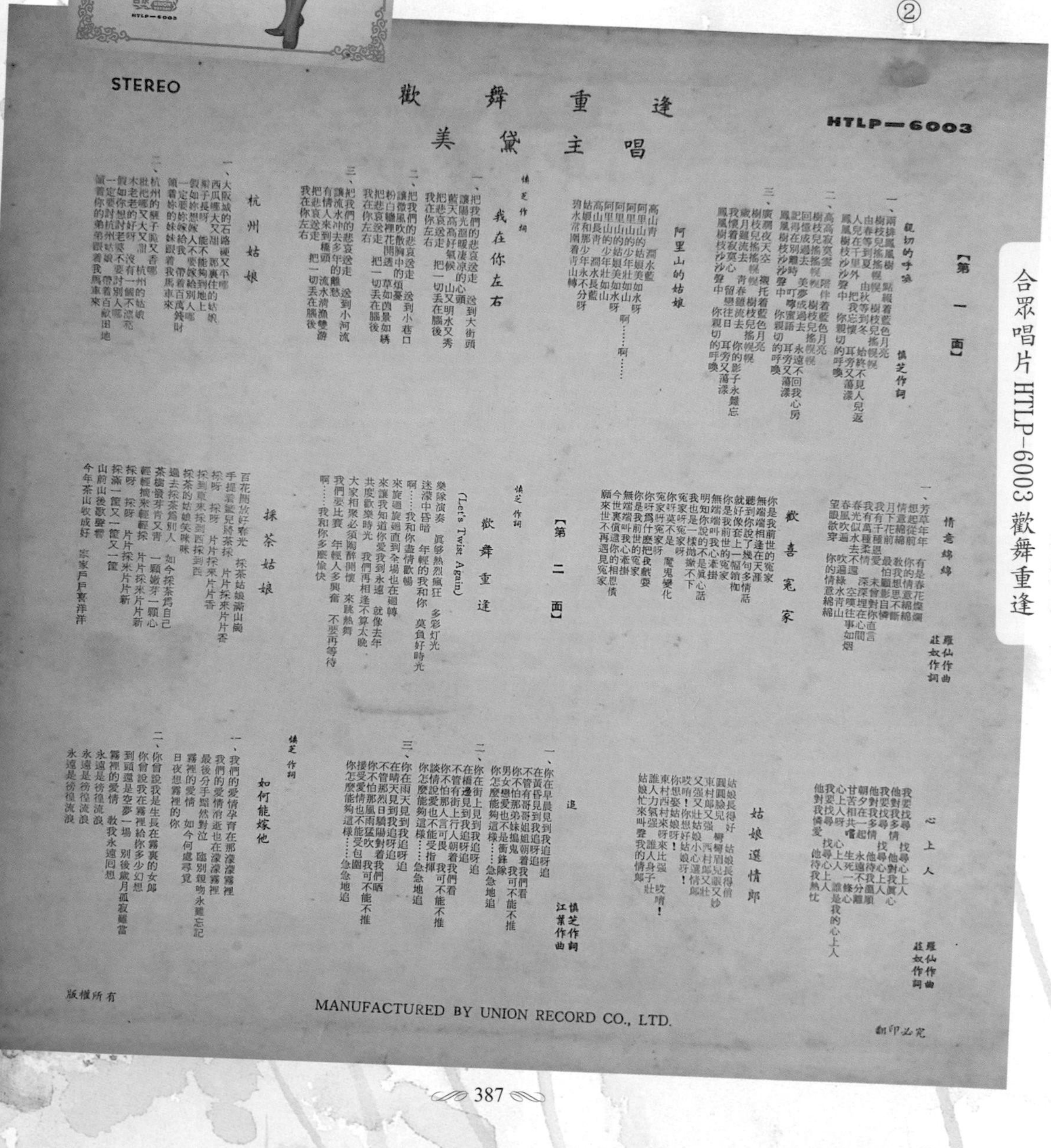

STEREO

歡舞重逢

美黛主唱

HTLP—6003

【第一面】

親切的呼喚

慎芝作詞

一、兩排鳳凰樹 點綴着藍色月亮
樹枝兒搖搖晃 晃樹枝兒搖晃晃
由春等到夏 由秋等到冬 始終不見人兒返
人兒在千里外 把我忘懷 耳旁又蕩漾
鳳凰樹枝沙沙聲中 你親切的呼喚

二、高高寂寞雲 陪伴着藍色月亮
樹枝兒搖搖晃 晃樹枝兒搖晃晃
回憶成過去 美夢成過去 永遠不回我心房
記得在別離時 叮嚀蜜語 耳旁又蕩漾
鳳凰樹枝沙沙聲中 你親切的呼喚

三、廣闊夜天空 襯托着藍色月亮
樹枝兒搖搖晃 晃樹枝兒搖晃晃
歲月雖流去 青春雖流去 你的影子永難忘
我懷着寂寞心 留戀往日 耳旁又蕩漾
鳳凰樹枝沙沙聲中 你親切的呼喚

阿里山的姑娘

高山青 澗水藍
阿里山的姑娘美如水呀
阿里山的少年壯如山
阿里山的姑娘美如水呀 啊……
阿里山的少年壯如山 啊……
高山長青 澗水長藍
姑娘和那少年永不分呀
碧水常圍着青山轉

我在你左右

慎芝作詞

一、把我們的悲哀送走 送到大街頭
讓陽光溫暖淒涼的心頭
藍天高高好氣候 山明水又秀
把悲哀送走 把一切丟在腦後
我在你左右

二、把我們的悲哀送走 送到小巷口
讓微風吹散胸中的煩憂
粉白轆裡花開透 草如茵景如綉
把悲哀送走 把一切丟在腦後
我在你左右

三、把我們的悲哀送走 送到小河流
讓流水沖去多年的離愁
有情人來到橋頭 流水清漁雙游
把悲哀送走 把一切丟在腦後
我在你左右

杭州姑娘

一、大阪城的石路硬又平哪
西瓜哪大又甜 那裏住的姑娘
辮子長呀 能不能夠到地上
假如妳想嫁人 不要嫁給別人哪
一定要妳嫁給我 帶着百萬錢財
領着妳的妹妹 跟着我馬車來

二、杭州的櫃子脆又香哪
枇杷哪又大又甜 杭州的姑娘
木老老的好呀 沒有一個不漂亮
假如你想討老婆 不要討別人哪
一定要討杭州姑娘 帶着百畝田地
領着你的弟弟 跟着我馬車來

【第二面】

情意綿綿

羅仙作曲 莊奴作詞

一、芳草年年 想起從前 情意綿綿 月下花前
我有千種思 我有萬種柔 春光似水去 春風吹遍 望眼欲穿
有是春花燦爛 你的情意綿綿 教我想思不斷 最怕顧影自憐
愛未會對你直言 情深深埋在心間 不還空嘆往事如烟
吹遍綠水青山 你的情意綿綿

歡喜冤家

你是我前世的冤家
無端端相逢在天涯
聽到你說了幾句多情話
就好像套上一幅鎖枷
你是我前世的冤家
無端端叫我心牽掛
明知你說的不是真心話
我也是一樣拋撇不下
冤家呀冤家呀
你呀莫不是 魔鬼變化
冤家呀冤家呀
你呀爲什麼把我戲耍
你是我前世的冤家
無端端叫我心牽掛
今世裏債還你的相思債
願來世不再遇見冤家

歡舞重逢

(Let's Twist Again)

慎芝作詞

樂隊演奏 眞够熱烈瘋狂 多彩灯光
迷濛中昏暗 年輕的我和你 莫負好時光
啊……我和你盡情歡暢
來旋迴旋迴直到全場也在迴轉
來讓我知道你愛我到永遠 就像去年
共度歡樂時光 我們再相逢不算太晚
大家相聚必須陶醉開懷 來跳熱舞
我們要比賽 年輕人多興奮 不要再等待
啊……我和你多麼愉快

採茶姑娘

百花開放好春光 採茶姑娘滿山崗
手提着籃兒將茶採 片片採來片片香
採呀 採呀 片片採來片片香
採到東來採到西 採到西
採茶的姑娘笑咪咪
過去採茶爲別人 如今採茶爲自己
茶樹發芽青又青 一顆嫩芽一顆心
輕輕摘來輕輕採 片片採來片片新
採呀 採呀 片片採來片片新
採滿一筐又一筐
山前山後歌聲響
今年茶山收成好 家家戶戶喜洋洋

心上人

羅仙作曲 莊奴作詞

我要找尋 找尋心上人
他對我多情 他對我真心
我要找尋 找尋心上人
他對我多情 他待我溫順
朝夕在一起 永遠不分離
甘苦相共嘗 生死一條心
心上人呀 心上人 誰是我的心上人
我要找尋 找尋心上人
他對我情愛 他待我熱忱

姑娘選情郎

姑娘長得好 姑娘長得俏
圓圓臉兒 俏俏眉兒眼又妙
東村郎又強 西村郎又壯
又強又壯姑娘 小心選情郎
哎唷！你想好 姑娘呀！
你想娶姑娘呀！
東村西村來呀 來比強 哎唷！
誰人力氣強 誰人身子壯
姑娘忙來叫聲 我的情郎

追

慎芝作詞 江業作曲

一、你在早晨見到我追呀追
在黃昏見到我追呀追
不管有哥哥姐姐朝着我們看
你不怕那弟妹搗鬼 我可不能不推
男女戀愛也不是衝鋒隊
你怎麼能夠這樣……急急地追

二、你在街上見到我追呀追
在橋邊見到我追呀追
不管有街上行人朝着我們看
你不怕那人言可畏 我可不能不推
談情說愛也不能受指揮
你怎麼能夠這樣……急急地追

三、你在雨天見到我追呀追
在晴天見到我追呀追
不管那烈日驕陽對着我們晒
你不怕那風雨猛吹 我可不能不推
接受愛情也不能受包圍
你怎麼能夠這樣……急急地追

如何能嫁他

慎芝作詞

一、我們的愛情孕育在那濛濛霧裡
我們的愛情消逝也在濛濛霧裡
最後分手黯然對泣 臨別親吻永難忘記
霧裡的愛情 如今何處尋覓
日夜想霧裡的你

二、你會說我是生長在霧裏的女郎
你會說我在霧裡給你多少幻想
到頭還是空夢一場 別後歲月孤寂難當
霧裡的愛情 教我永遠回想
永遠是彷徨流浪
永遠是彷徨流浪
永遠是彷徨流浪

MANUFACTURED BY UNION RECORD CO., LTD.

Apple2018

①

MCM-1062
美黛
我不再哭泣

① 合眾唱片 MCM-1062 我不再哭泣－封面 1
② 合眾唱片 MCM-1062 我不再哭泣－封底 1
③ 合眾唱片 MCM-1062 我不再哭泣－封面 2
④ 合眾唱片 MCM-1062 我不再哭泣－封底 2

②

合衆唱片 UNION RECORD
MCM-1062

美黛唱

我不再哭泣

A面	1.愛情的代價 2.慈母淚痕 3.我爲你流淚（三鈌浪人）	4.我要你忘了我 5.昨夜夢醒時	
B面	1.幾時再回頭 2.戀愛的路多麼苦 3.我不再哭泣	4.枕畔留香 5.尋夢園 6.沙漠馳情	

A面

1.愛情的代價

「電影愛情的代價挿曲」

我像是海邊的小花，連根埋藏在泥沙，經不起烈日的照耀，受不了風吹和雨打，我低頭頭兒在等待，希望黑夜快到達，是天意會遇到了你，移植我到個溫暖的家。"姑娘呀，姑娘，是你帶我衝出了自建的籬笆。姑娘呀，姑娘，是你使我心頭的愛苗又長芽，只要讓我見到了彩霞，我願意忍受愛情的代價。"

"重複一遍

2.慈母淚痕

愼芝作詞

1.夜幕低垂時候，低垂時候，夕陽沉下山丘夜歸人如流，華燈下慈母情深，倚門等候，看兒的平安笑容後，她才能心無憂。
2.莫忘慈恩難酬，慈恩難酬，比海深比山高比白雲悠悠，她不想富貴享受，不想功名利就，只要她兒女陪伴左右，不要高飛遠走。
3.莫忘慈恩難酬，慈恩難酬，是晴雨是夜晝是冬夏春秋，都是爲兒女骨肉，血汗流盡不怨尤，慈烏尙知道反哺，爲人子孝爲首。

3.我爲你流淚（三鈌浪人）

愼芝作詞　紅葉作曲

靜靜的黑夜裡，只有路燈相陪，暗淡地模糊地，照着我倆依偎，一瞬間我看到，你的眼眶含珠淚，雖然你背向我，還是讓我看到，晶瑩的一顆淚，是你爲我流淚。
靜靜的心海裡，早已剩下死灰，爲什麼你要來，投給一朵玫瑰，玫瑰花香又美，花兒雖好刺尖銳，你送我這朵花，別像花刺尖銳，也別像花含淚，使我爲你流淚。

4.我要你忘了我

你不要怨我不要恨我，也不要問我爲什麼，無奈何無奈何我要你忘了我，你不要怨我不要恨我，也不要問我爲什麼，無奈何無奈何我要你忘了我，千恩萬愛從此變了錯，千思萬想我倆恨事多，寂寞空虛叫我對誰說，你不能再愛我。
你不要怨我不要恨我，也不要問我爲什麼，無奈何無奈何我要你忘了我，千恩萬愛從此變了錯，千思萬想我倆恨事多，寂寞空虛叫我對誰說，你不能再愛我，你不要怨我也不要恨我，也不要問我爲什麼，無奈何無奈何我要你忘了我。

5.昨夜夢醒時

1.記得昨夜，爛爛酒醉，只記得淚雙垂，一路上模模糊糊街燈明滅，不知喝了多少杯，淚雙垂到底是爲了誰，又爲誰日夜半歸，閑了鴛鴦被。
2.記得昨夜，驀然驚覺，不知道爲了誰，一夜裡夢來夢去，無頭無尾，窗裡窗外淒淒黑，無情風對我冷冷的吹，有誰來夢中相會，夜夜不能睡。

B面

1.幾時再回頭

余天作詞

1.3.爲什麼我要躲避，偏偏又遇上了你，爲什麼這一段情，我不能忘記，你不該你不該移情別戀，你不該你不該離我而去，啊……負心人負心的人啊，我想你啊我愛你，幾時幾時再回頭。
2.不管你怎樣罵我，我也要吞聲忍氣，不管我怎樣求你，你也不睬我，你不該你不該移情別戀，你不該你不該離我而去，啊……負心人負心的人啊，我想你啊我愛你，幾時幾時再回頭。

2.戀愛的路多麼苦

古月作曲　莊奴作詞

1.愛河無邊，情海無底，戀愛的路崎嶇，你說過不分離，爲什麼把我拋棄，我的心裡想念你，你知道我不能沒有你，我愛你，我恨你，愛你又恨你。
2.花言巧語，虛情假意，我一直相信你，你騙我騙到底，我祇有怪我自己，我的心裡想念你，你知道我不能沒有你，我愛你，我恨你，愛你又恨你。
3.我好傷心，我好失意，可憐的我哭泣，狠心的你負心的你，我永遠忘不了你，我的心裡想念你，你知道我不能沒有你，我愛你，我恨你，愛你又恨你。

3.我不再哭泣

劉錦士作詞　仲妮西作曲

反正一切都給你，還有什麼能吸引你，反正一切都給你，不再理我也隨你，愛情對你不稀奇，因爲我倆沒有秘密難怪我要靠近你，你就匆忙要迴避，只是爲了要討你歡喜，把我的一切都獻給了你，我只有怪自己，如今你將我拋棄，好像拋棄一件舊衣，算我又學一次乖，我會忍受我不再哭泣。

4.枕畔留香

莊奴作詞

1.鴛鴦枕，繡鴛鴦，我爲情郎枕畔留香，春夜苦短，小妹情長，燈下細語，傾訴衷腸，你在輕笑我在低唱，讓我倆盡情歡樂，那管月影上紗窗，怕明朝天涯各一方，何處尋情郎。
2.夜已明，天已亮，我爲情郎枕畔留香，晚風輕送，金鷄高唱，雙手難留，一夜春光，好夢難續教人斷腸，醒來時人已遠去，雲烟渺渺路茫茫，怕今宵天路各一方，何處尋情郎。

5.尋夢園

我又回到我的尋夢園，往日的夢依稀又出現，想要重溫失去的美夢，會不會好夢難圓。
我又回到我的尋夢園，想起了他彷彿又見面，想要重溫親愛的情人，不知道能否再見。
你怪我想把你騙，流着眼淚口難辯，深深戀情那能忘記，愛人歸來回到我身邊，我又回到我的尋夢園，往日的夢依稀又出現，想要重溫失去的美夢，會不會好夢難圓。

6.沙漠馳情

1.想起了沙漠，就想起了水，想起了愛情，就想起了你，你呀你，你帶走了我的感情，就這樣一去不理，我恨你我恨你。
2.想起了沙漠，就想起了水，想起了愛情，就想起了你，你呀你，你拋棄了我於現實，偏又携我到夢魂，我恨你我恨你。
3.想起了沙漠，就想起了水，想起了愛情，就想起了你，你呀你，你扔下了愛的鎖鍊，套住我的心靈要掙脫，又無形，我空擁着長夢悲吟。

出版登記證：內版台音字第〇二五九號
廠　　址：台北縣板橋鎭雷湛三九號
合衆唱片實業股份有限公司
連絡處：台北市東園街二七〇號之一
電　話：九六五〇〇八～九

④

合衆唱片 UNION RECORD　美黛唱　**我不再哭泣**　MCM-1062

A面	1.愛情的代價 2.慈母淚痕 3.我爲你流淚(三缺浪人)	4.我要你忘了我 5.昨夜夢醒時	
B面	1.幾時再回頭 2.戀愛的路多麼苦 3.我不再哭泣	4.枕畔留香 5.尋夢園 6.沙漠馳情	

監製・中成。企劃・舒文。編曲・翁清溪。伴奏・合衆大樂隊

A面

1.愛情的代價

「電影愛情的代價挿曲」

我像是海邊的小花，連根埋藏在泥沙，經不起烈日的照耀，受不了風吹和雨打，我低頭頭兒在等待，希望黑夜快到達，是天意會遇到了你，移植我到個溫暖的家。„姑娘呀，姑娘，是你帶我衝出了自建的籬笆。姑娘呀，姑娘，是你使我心頭的愛苗又長芽，只要讓我見到了彩霞，我願意忍受愛情的代價。”　„　”重複一遍

2.慈母淚痕

愼芝作詞

1 夜幕低垂時候，低垂時候，夕陽沉下山丘夜歸人如流，華燈下慈母情深，倚門等候，看兒的平安笑容後，她才能心無憂。

2 莫忘慈恩難酬，慈恩難酬，比海深比山高比白雲悠悠，她不想富貴享受，不想功名利就，只要她兒女陪伴左右，不要高飛遠走。

3 莫忘慈恩難酬，慈恩難酬，是晴雨是夜晝是冬夏春秋，都是爲兒女骨肉，血汗流盡不怨尤，慈烏尙知道反哺，爲人子孝爲首。

3.我爲你流淚(三缺浪人)

愼芝作詞　紅葉作曲

靜靜的黑夜裡，只有路燈相陪，暗淡地模糊地，照着我倆依偎，一瞬間我看到，你的眼眶含珠淚，雖然你背向我，還是讓我看到，晶瑩的一顆淚，是你爲我流淚。

靜靜的心海裡，早已剩下死灰，爲什麼你要來，投給一朵玫瑰，玫瑰花香又美，花兒雖好刺尖銳，你送我這朵花，別像花刺尖銳，也別像花含淚，使我爲你流淚。

4.我要你忘了我

你不要怨我不要恨我，也不要問我爲什麼，無奈何無奈何我要你忘了我，你不要怨我不要恨我，也不要問我爲什麼，無奈何無奈何我要你忘了我，千恩萬愛從此變了錯，千思萬想我倆恨事多，寂寞空虛叫我對誰說，你不能再愛我。

你不要怨我不要恨我，也不要問我爲什麼，無奈何無奈何我要你忘了我，千恩萬愛從此變了錯，千思萬想我倆恨事多，寂寞空虛叫我對誰說，你不能再愛我，你不要怨我也不要恨我，也不要問我爲什麼，無奈何無奈何我要你忘了我。

5.昨夜夢醒時

1 記得昨夜，燻燻酒醉，只記得淚雙垂，一路上模模糊糊街燈明滅，不知喝了多少杯，淚雙垂到底是爲了誰，又爲誰日夜牢歸，閑了鴛鴦被。

2 記得昨夜，驀然驚覺，不知道爲了誰，一夜裡夢來夢去，無頭無尾，窗裡窗外淒淒黑，無情風對我冷冷的吹，有誰來夢中相會，夜夜不能睡。

B面

1.幾時再回頭

余天作詞

1.3. 爲什麼我要躲避，偏偏又遇上了你，爲什麼這一段情，我不能忘記，你不該你不該移情別戀，你不該你不該離我而去，啊……負心人負心的人啊，我想你啊我愛你，幾時幾時再回頭。

2 不管你怎樣罵我，我也要吞聲忍氣，不管我怎樣求你，你也不睬我，你不該你不該移情別戀，你不該你不該離我而去，啊……負心人負心的人啊，我想你啊我愛你，幾時幾時再回頭。

2.戀愛的路多麼苦

古月作曲　莊奴作詞

1 愛河無邊，情海無底，戀愛的路崎嶇，你說過不分離，爲什麼把我拋棄，我的心裡想念你，你知道我不能沒有你，我愛你，我恨你，愛你又恨你。

2 花言巧語，虛情假意，我一直相信你，你騙我騙到底，我祇有怪我自己，我的心裡想念你，你知道我不能沒有你，我愛你，我恨你，愛你又恨你。

3 我好傷心，我好失意，可憐的我哭泣，狠心的你負心的你，我永遠忘不了你，我的心裡想念你，你知道我不能沒有你，我愛你，我恨你，愛你又恨你。

3.我不再哭泣

劉錦士作詞　仲妮西作曲

反正一切都給你，還有什麽能吸引你，反正一切都給你，不再理我也隨你，愛情對你不稀奇，因爲我倆沒有秘密難怪我要靠近你，你就匆忙要迴避，只是爲了要討你歡喜，把我的一切都獻給了你，我只有怪自己，如今你將我拋棄，好像拋棄一件舊衣，算我又學一次乖，我會忍受我不再哭泣。

4.枕畔留香

莊奴作詞

1 鴛鴦枕，繡鴛鴦，我爲情郎枕畔留香，春夜苦短，小妹情長，燈下細語，傾訴衷腸，你在輕笑我在低唱，讓我倆盡情歡樂，那管月影上紗窗，怕明朝天涯各一方，何處尋情郎。

2 夜已明，天已亮，我爲情郎枕畔留香，曉風輕送，金鷄高唱，雙手難留，一夜春光，好夢難續教人斷腸，醒來時人已遠去，雲烟渺渺路茫茫，怕今宵天路各一方，何處尋情郎。

5.尋夢園

我又回到我的尋夢園，往日的夢依稀又出現，想要重溫失去的美夢，會不會好夢難圓。

我又回到我的尋夢園，想起了他彷彿又見面，想要重溫親愛的情人，不知道能否再見。

你怪我想把你騙，流着眼淚口難辯，深深戀情那能忘記，愛人歸來回到我身邊，我又回到我的尋夢園，往日的夢依稀又出現，想要重溫失去的美夢，會不會好夢難圓。

6.沙漠馳情

1 想起了沙漠，就想起了水，想起了愛情，就想起了你，你呀你，你帶走了我的感情，就這樣一去不理，我恨你我恨你。

2 想起了沙漠，就想起了水，想起了愛情，就想起了你，你呀你，你拋棄了我於現實，偏又携我到夢魂，我恨你我恨你。

3 想起了沙漠，就想起了水，想起了愛情，就想起了你，你呀你，你扔下了愛的鎖鍊，套住我的心靈要掙脫，又無形，我空擁着長夢悲吟。

出版登記證：內版台音字第〇二五九號
廠　　址：台北縣板橋鎮雷湛三九號

合衆唱片實業股份有限公司

連絡處：台北市東園街二七〇號之一
電　話：九六五〇〇八一九

合衆唱片 MCM-1062 我不再哭泣

MCM-1062
美黛

③

Apple 2018

①

懷念國語歌曲傑作集
美黛·唱
意難忘
·重相逢
·台灣好
CD-4

① 中美唱片 CS-10001 懷念國語歌曲傑作集第一集《意難忘》- 封面
② 中美唱片 CS-10001 懷念國語歌曲傑作集第一集《意難忘》- 封底

②

意難忘
第一集CS-10001
A B
意難忘 重相逢
寒雨曲 採檳榔
相思河畔 不了情
痴痴地等 西湖春
台灣好 綠島小夜曲
鳳陽花鼓 高山青
第二集CS-10002
A B
我在你左右 一朶小花
王昭君 夢裡相思
懷 念 總有一天等到你
小放牛 情人的眼淚
戲 鳳 秋 詞
A面
意難忘
(一)藍色的街燈，明滅在街頭，獨自對窗，凝望夜色，星星在閃耀，我在流淚，我在流淚，沒人知道我，啊……啊……誰在唱呀，遠處輕輕傳來想念你的想念你的，我愛唱的那一首歌。
(二)白色的毛衣，遺留在身邊，抱入懷裡，傳來暗香，我心已破碎，我在流淚，我在流淚，沒人知道我，啊……啊……誰在唱呀，遠處輕輕傳來想念你的想念你的，我愛唱的那一首歌。
(三)你我的回憶，就是兩相同，咫尺天涯，爲何不見，此身已憔悴，我在流淚，我在流淚，沒人知道我，啊……啊……誰在唱呀，遠處輕輕傳來想念你的，想念你的，我愛唱的那一首歌。
寒雨曲
吹過了一夏的風，帶來一陣濛濛的寒雨，雨中的山上是一片翠綠，祇怕是轉眼春已去，雨呀雨你不要阻擋了，他的來時路，來時路，我朝朝暮暮盼望著有情侶。
相思河畔
自從相思河畔見了你，就像那春風吹進心窩裡，我要輕輕地告訴你，不要把我忘記，自從相思河畔別了你，無限的痛苦埋在心窩裡，我要輕輕地告訴你，不要把我忘記，秋風無情，爲什麼吹落下丹楓，青春尚在，爲什麼毀謗了殘紅，啊……人生本是夢，自從相思河畔別了你，無限的痛苦埋在心窩裡，我要輕輕地告訴你，不要把我忘記。
痴痴地等
不知道是早晨，不知道是黃昏，看不見天上的星，見不到街邊的灯，黑漆漆，陰沈沈，你讓我在這裡痴痴地等。想的是你的愛，想的是你的吻，流不盡相思的淚，數不完離別的恨，恨悠悠，昏沈沈，你讓我在這裡痴痴地等，也曾聽到走近的足聲，撩起我多少興奮，也曾低呼你的名字，盼著你向我飛奔，看清楚掠過的影子，才知道是一個陌生的人，會不會你再來，要不要我在等，一遍遍我自己想，一聲聲我自己問，愛也深，恨也深，我還是在這裡痴痴地等。
台灣好
台灣好，台灣好，台灣眞是個復興島，愛國英雄英勇志士都投到它的懷抱，我們受溫暖的和風，我們聽雄壯的海濤，我們愛國的情緒比那阿里山高，比那阿里山高，我們忘不了大陸上的同胞，在死亡綫上掙扎，在集中營裡苦惱，他們在求救，他們在哀號，你聽他們在求救，他們在哀號，求救，哀號，我們的血潮如潮，我們的心在狂跳，槍在肩，刀出鞘，破敵城斬群妖，我們的兄弟姐妹，我們的父老，我們快要打回大陸來了，回來了，快要回來了。
鳳陽花鼓
左手鑼，右手鼓，手拿著鑼鼓來唱歌，別的歌兒我也不會唱，祇會唱個鳳陽歌，鳳啦鳳陽歌兒多，得兒隆多飄一飄，得兒隆多飄一飄，得兒飄，得兒飄，得兒飄得兒飄飄一得兒飄飄飄一飄，我命苦，我命薄，一生一世娶不著好老婆，人家老婆繡花又繡朵我家老婆一雙大花腳，量啦量量一尺多。得兒隆多飄一飄，得兒隆多飄一飄，得兒飄，得兒飄，得兒飄得兒飄飄一得兒飄飄飄一飄。
B面
重相逢
重相逢，彷彿在夢中，其實不是夢，還記得幼年時光，你我樂融融，我扮公主，你做英雄，假扮龍與鳳，青梅竹馬，情意深濃，如今都已成空，重相逢，彷彿在夢中，其實不是夢，多少事消逝如風，追尋也無蹤，相對默默，欲言無從，意不在言中，兩心相同，回憶無窮，互相一句珍重。
採檳榔
高高的樹上結檳榔，誰先爬上誰先嚐，誰先爬上我替誰先裝。少年郎！採檳榔，姐姐提籃抬頭望，低頭又思！他又美，他又壯，誰人比他强，趕忙來叫聲我的郎呀！青山好呀！流水長，那太陽已殘，那歸鳥在唱歌我倆趕快回家鄉。
不了情
忘不了，忘不了，忘不了你的錯，忘不了你的好，忘不了雨中的散步，也忘不了那風裡的擁抱。忘不了，忘不了，忘不了，忘不了你的淚，忘不了你的笑，忘不了葉落的惆悵，也忘不了那花開的煩惱！寂寞的長巷，而今斜月清照，冷落的秋韆，而今迎風輕搖，它重覆你的叮嚀，一聲聲忘了！忘了！它低訴我的衷曲，一聲聲難了，難了。忘不了，忘不了，忘不了春已盡，忘不了花已老，忘不了離別的滋味，也忘不了那相思的苦惱。
西湖春
春風吹，春燕歸，桃杏多嫵媚，儂把乾來郎搖槳，劃破西湖水，春意濃，春心暖，無力柳葉垂，眼兒相望心相印，儂爲郎陶醉，春意濃，春心暖，無力柳葉垂，眼兒相望心相印，儂爲郎陶醉，春風吹，春燕歸，遠山多青翠，湖上鴛鴦花間蝶，雙棲又雙飛，情切切，意綿綿，無言痴相對，但聞遠處歌聲傳，春日最陶醉。
綠島小夜曲
這綠島像一隻船，在月夜裡搖呀搖，姑娘喲妳也在我的心海裡飄呀飄，讓我的歌聲，隨那微風吹開了你的窗帘，讓我的衷情隨那流水不斷的向妳傾訴，「椰子樹的長影掩不住我的情意，明媚的月光更照亮我的心，這綠島的夜已經這樣沉靜，姑娘喲妳爲什麼還是默默無語」。
高山青
高山青，澗水藍，阿里山的姑娘美如水呀，阿里山的少年壯如山，啊………啊………阿里山的姑娘美如水呀，阿里山的少年壯如山，高山長青，澗水長藍，姑娘和那少年永不分呀，碧水常圍著青山轉。
新聞局出版事業登記：局版台音字第〇一二三號
工廠登記：台建字第573之2號
合衆唱片實業股份有份有限公司承製
版權所有 ● 翻印必究
中美唱片出版社出品
地 址：台北市哈密街七十一號二樓
電 話：五八一～七五〇七號
連絡處：三重市中央北路四九號
電話話：九七一～一六二九號

懷念國語歌曲傑作集
我在你左右
美黛唱
第二集CS10002
一朵小花
王昭君

①

① 中美唱片 CS-10002 懷念國語歌曲傑作集第二集《我在你左右》- 封面
② 中美唱片 CS-10002 懷念國語歌曲傑作集第二集《我在你左右》- 封底

②

第二集CS-10002

A 我在你左右　B 一朵小花
王昭君　夢裡相思
懷　念　總有一天等到你
小放牛　情人的眼淚
戲　鳳　秋　詞

第一集CS-10001

A 意難忘　B 重相逢
寒雨曲　採檳榔
相思河畔　不了情
痴痴地等　西湖春
台灣好　綠島小夜曲
鳳陽花鼓　高山青

A

我在你左右

㈠把我們的悲哀送走，送到大街頭，讓陽光溫暖淒涼的心頭，藍天高高好氣候，山又明水又秀，把悲哀送走，把一切丟在腦後，我在你左右。
㈡把我們的悲哀送走，送到小巷口，讓微風吹散，胸中的煩憂，粉白牆裡花開透，草如茵景如繡，把悲哀送走，把一切丟在腦後，我在你左右。
㈢把我們的悲哀送走，送到小河流，讓流水沖去，多年的離愁，有情人來到橋頭，流水清魚雙游，把悲哀送走，把一切丟在腦後，我在你左右。

王昭君

㈠王昭君悶坐雕鞍，思憶漢皇，朝朝暮暮，暮暮朝朝，黯然神傷。前途茫茫，極目空翹望，見平沙雁落，聲斷衡陽月昏黃，返照雁門關上。塞外風霜，悠悠馬蹄忙，盡日思想，長夜思量，魂夢憶君王。
㈡陽關初唱，往事難忘，琵琶一疊，回首望，故國河山總斷腸，憶家庭景況椿萱恩重，樣樣情長遠別家鄉，舊夢前塵，前塵舊夢空惆悵。
㈢陽關再唱觸景神傷，琵琶二疊，長阵望，野草閑花驛路長，問天涯，平沙雁落，大漠霜寒，胡地風光，賸水殘山，殘山賸水無心賞。陽關終唱，後事淒涼，琵琶三疊，前途望，身世飄零付杳茫，囑君夜茫茫，魂歸漢地，目斷朝陽，久後思量，地老天長，天長地老長懷想一曲琵琶恨正長。

懷　念

青紗外，月朦朧，青紗內，冷清清，琴聲揚，破寂岑，聲聲打動了我底心，「想起了他，勾起了情，還深深留著他的唇印，到如今，人兒哪，天涯何處去找尋，忘了吧，鼻兒已酸，淚珠兒濕透衣襟」。

小放牛　美黛 洪麟 合唱

（女）三月裡來桃花紅，杏花白，水仙花兒開，又只見那芍藥牡丹全已開呀！放啊依得依呀！嘿！來至在黃草坡前見一個牧童頭戴著斗笠，身披著簑衣，手拿著胡笛，口兒裡吹的全是蓮花落，落肥依得依呀！嘿！牧童哥你過來，我問你，我要吃好酒到那兒去呀！買呀！依得依呀！嘿！（牧童）牧童哥我開言道我尊聲女客人，你過來我這裡，用手一指就南指，北指，前面的高坡有幾戶的人家，楊柳樹上掛著一個大招牌，女客人妳過來，妳要吃好酒到杏花村哪，依得依呀，嘿！我要吃好酒就到杏花村。

戲　鳳　洪麟合唱

人瀟灑，性溫存，若有意似無情，不知他家何處，不知他何姓名，倒教我坐立難安，睡不寧。姓朱名德正，家住北京城，二十歲還沒定過親（白）（啊！你來做什麼？）我愛上酒家人，我進了酒家門（白）（我哥哥不在家，今天不賣酒）賣酒的風情好，比酒更迷人。我們賣酒做營生，不懂愛也不懂情，爲什麼坐立難安睡不寧『你說愛，又談情，存的是什麼心，再要不安份，趕你出衙門』（白）（大牛別胡說，快去掃地）說什麼好人心，原來是假正經，人家的手帕，給你塗得滿天星，滿天星價連城，皇帝題的詩，皇后繡的城。你假戲當成眞，欺君罪，罪不輕，店名叫龍鳳難道不欺君，我們龍鳳店遠近都知名，皇帝都不管，我卻你少費心，不必提龍鳳，還是論婚姻，妳貌美麗，妳性聰明，一見就傾心，再見就鍾情，妳願意我帶妳進京城，我和妳雙雙對對配龍鳳，深宮上苑度晨昏（白）『我一見你就討厭，再見你更傷心，你要帶她走，我就跟你把命拼』『別以爲梅龍鎮上好欺人』（大牛）我們梅龍鎮守禮最嚴明，我擔心受議論不敢留客人，還是哥哥回來再上門，再上門。

B

一朵小花

一朵小花………一朵小花「小花生長在我家的粉牆下喲！我摘下小花送給了他送給了他，幾番風吹雨打，不知花落誰家，我始終忘不了他，忘不了我的小花，我要和他帶著小花一起回家，陪他騎著白馬去到那山上的古樹下，啊…………同看雨後雲空裡的片片彩霞………片片彩霞」。「 」以上復唱。

夢裡相思

我有訴不盡的情意，每晚在夢裡呼喚你，我倆千山萬水分離，兩地相思夢牽繫。我有訴不盡的悲悽，寄託在夢裡帶給你，雖然千山萬水隔離，但願在夢裡相依，夜月悽寒，靜靜徘徊，徘徊在小橋樓台，景色依舊良辰不再，人兒幾時回來。我有訴不盡的悲悽，寄託在夢裡帶給你，雖然千山萬水隔離，但願在夢裡相依。

總有一天等到你

山又高呀水又急，你在東來我在西，山把我們分，水把我們離，我只有天天等著你，海無邊呀，洋無底，你在東來我在西，海把我們分，洋把我們離，我只有天天等著你。
你是沙來我是泥，我們倆生就在一起，我是膠來我是漆，我們倆分開不容易。我重情呀你重義，你不拋來我不棄，山也不能分，海也不能離，我總有一天等著你。

情人的眼淚

爲什麼要對你掉眼淚，你難道不明白是爲了愛，只有那有情人眼淚最珍貴，一顆顆眼淚都是愛，都是愛，爲什麼要對你掉眼淚，你難道不明白是爲了愛，要不是有情郎跟我要分開，我眼淚不會掉下來，掉下來（復二）好春才來春花正開，你怎捨得說再會，我在深閨望穿秋水，你不要忘了我情深，深如海。爲什麼要對你掉眼淚，你難道不明白是爲了愛，要不是有情人跟我要分開，我眼淚不會掉下來，掉下來。

秋　詞

桂風飄又來到小小的園裡，苦的心腸，死的靈魂也有沉醉意，誰的青春誰來憐惜，苦懷有誰能栖，往日歡樂，甜蜜的笑語，都永遠沒有歸期。菊花黃又開滿小小的園裡，秋風瑟瑟，落葉飄零相思無從寄，秋風依舊落葉遍地，如今你在那裡，往日歡樂，甜蜜的笑語，都永遠沒有歸期。鳥兒飛又飛到小小的園裡，鳥兒成對，相偎相依飛來又飛去，你也說過永不分離，願像鳥兒比翼，往事歡樂，甜蜜的笑語，都永遠沒有歸期。

新聞局出版事業登記：局版台音字第〇一二三號
工廠登記：台建字第573之2號
金泉唱片實業股份有限公司承製
版權所有●翻印必究

中美唱片出版社出品

地　址：台北市哈密街七十一號二樓
電　話：五八一～七五〇七號
連絡處：三重市中央北路四九號
電話話：九七一～一六二九號

中美唱片 CS-10002 懷念國語歌曲傑作集第二集《我在你左右》

Apple2018

青春玉女・美艷新星・艾黎小姐・領銜主演
意難忘
電影歌曲・美黛主唱・夜茫茫・斷腸人・意難忘

①

① 黑貓唱片 BC-7002 意難忘（海外版）－封面
② 黑貓唱片 BC-7002 意難忘（海外版）－封底
③ 黑貓唱片 BC-7002 意難忘（海外版）－圖標第一面
④ 黑貓唱片 BC-7002 意難忘（海外版）－圖標第二面

②

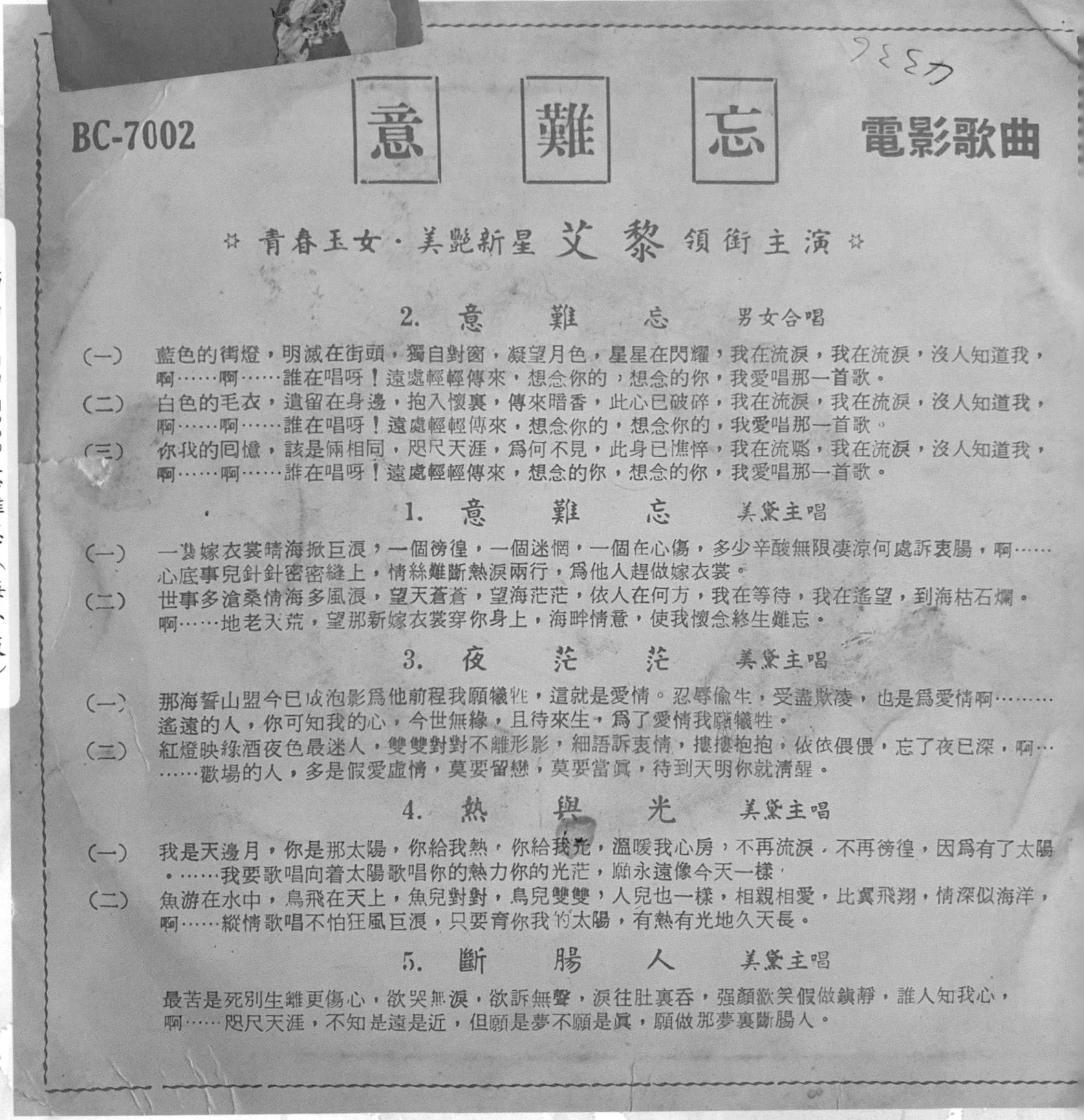

BC-7002 意難忘 電影歌曲

☆ 青春玉女・美艷新星 艾黎 領銜主演 ☆

2. 意　難　忘　男女合唱

(一) 藍色的街燈，明滅在街頭，獨自對窗，凝望月色，星星在閃耀，我在流淚，我在流淚，沒人知道我，啊……啊……誰在唱呀！遠遠輕輕傳來，想念你的，想念的你，我愛唱那一首歌。

(二) 白色的毛衣，遺留在身邊，抱入懷裏，傳來暗香，此心已破碎，我在流淚，我在流淚，沒人知道我，啊……啊……誰在唱呀！遠處輕輕傳來，想念你的，想念你的，我愛唱那一首歌。

(三) 你我的回憶，該是倆相同，咫尺天涯，爲何不見，此身已憔悴，我在流淚，我在流淚，沒人知道我，啊……啊……誰在唱呀！遠處輕輕傳來，想念的你，想念的你，我愛唱那一首歌。

1. 意　難　忘　美黛主唱

(一) 一襲嫁衣裳晴海掀巨浪，一個徬徨，一個迷惘，一個在心傷，多少辛酸無限淒涼何處訴衷腸，啊……心底事兒針針密密縫上，情絲難斷熱淚兩行，爲他人趕做嫁衣裳。

(二) 世事多滄桑情海多風浪，望天蒼蒼，望海茫茫，依人在何方，我在等待，我在遙望，到海枯石爛。啊……地老天荒，望那新嫁衣裳穿你身上，海畔情意，使我懷念終生難忘。

3. 夜　茫　茫　美黛主唱

(一) 那海誓山盟今已成泡影爲他前程我願犧牲，這就是愛情。忍辱偷生，受盡欺凌，也是爲愛情啊………遙遠的人，你可知我的心，今世無緣，且待來生，爲了愛情我願犧牲。

(二) 紅燈映綠酒夜色最迷人，雙雙對對不離形影，細語訴衷情，摟摟抱抱，依依偎偎，忘了夜已深，啊………歡場的人，多是假愛虛情，莫要留戀，莫要當眞，待到天明你就清醒。

4. 熱　與　光　美黛主唱

(一) 我是天邊月，你是那太陽，你給我熱，你給我光，溫暖我心房，不再流淚，不再徬徨，因爲有了太陽，……我要歌唱向着太陽歌唱你的熱力你的光芒，願永遠像今天一樣。

(二) 魚游在水中，鳥飛在天上，魚兒對對，鳥兒雙雙，人兒也一樣，相親相愛，比翼飛翔，情深似海洋，啊……縱情歌唱不怕狂風巨浪，只要有你我的太陽，有熱有光地久天長。

5. 斷　腸　人　美黛主唱

最苦是死別生離更傷心，欲哭無淚，欲訴無聲，淚往肚裏吞，強顏歡笑假做鎮靜，誰人知我心，啊……咫尺天涯，不知是遠是近，但願是夢不願是眞，願做那夢裏斷腸人。

BLACK CAT RECORD COMPANY
黑 貓
長行 唱片
E 1005
45 RPM
BC-7002
電影歌曲
Side One
意 難 忘
1. 意 難 忘
2. 意 難 忘（男女合唱）
艾黎小姐主演
—美黛主唱—
（第一面）

③

BLACK CAT RECORD COMPANY
黑 貓
長行 唱片
E 1006
45 RPM
BC-7002
電影歌曲
Side Two
意 難 忘
3. 茫 茫 夜
4. 熱 與 光
5. 斷 腸 人
艾黎小姐主演
—美黛主唱—
（第二面）

④

① 中藝唱片 CGE-1009 意難忘 - 封面
② 中藝唱片 CGE-1009 意難忘 - 封底

①

中藝唱片
CGE 1009
45轉長行片
意難忘

②

•意難忘•

中藝唱片 45轉長行片 CGE 1009

•第一面•

斷腸人

美黛主唱

最苦是死別生離更傷心
欲哭無淚　欲訴無聲
淚往肚裏吞　強顏歡笑假做鎮靜
誰人知我心　啊………咫尺天涯
不知是遠是近　但願是夢不願是真
願做那夢裏斷腸人

意難忘

男女混聲合唱

1. 一襲嫁衣裳情海掀巨浪
一個彷徨一個迷惘一個在心傷
多少辛酸無限淒涼何處訴衷腸
啊………心底事兒針針密密縫上
情絲難斷熱淚兩行
為他趕做嫁衣裳

2. 世事多滄桑海多風浪
望天蒼蒼望海茫茫伊人在何方
我在等待我在遙望到海枯石爛
啊………地老天荒望那嫁衣裳
穿你身上海畔情意
使我懷念終生難忘

•第二面•

熱與光

美黛唱

1. 我是天邊月　你是那太陽
你給我熱　你給我光　溫暖我心房
不再流淚　不再徬徨　因為有太陽
啊………我要歌唱向着太陽歌唱
你的熱力你的光芒願永遠像今天一樣

2. 魚游在水中　鳥飛在天上
魚兒對對　鳥兒雙雙　人兒也一樣
相親相愛　比翼飛翔　情深似海洋
啊………縱情歌唱不怕狂風巨浪
只要有你我的太陽有熱有光地久天長

夜茫茫

美黛唱

1. 那海誓山盟今已成泡影
為他前程我願犧牲　這就是愛情
忍辱偷生　受盡欺凌　也是為愛情
啊………遙遠的人　你可知我的心
今世無緣　且待來生
為了愛情我願犧牲

2. 紅燈映綠酒夜色最迷人
雙雙對對不離形影　細語訴衷情
摟摟抱抱　依依偎偎　忘了夜已深
啊………歡場的人　多是假愛虛情
莫要留戀　莫要當真
待到天明你要清醒

① 海山唱片 SL-2036 白雲 - 封面
② 海山唱片 SL-2036 白雲 - 封底

①

SL-2036
白雲
美黛
新歌
落花流水
一葉浮萍
浪子的懷想
冰冷的心
明日之歌

②

Haishan RECORDS

SL-2036

白雲

美黛新歌

SIDE 1		SIDE 2	
1 白雲	4 桃花開在春風裡	1 明日之歌	4 茶葉青
2 落花流水	5 祇有你流落在天邊	2 浪子的懷想	5 莫忘今宵
3 冰冷的心	6 山前山後百花開	3 一葉浮萍	6 不許他回家

白雲

(一)一個小姑娘趕着一群羊到沼池那邊的草地上去牧放，她手上揮動着長長的羊鞭，它從來就不肯落在羊兒的身上，銀白色的羊群，越放越遠，小姑娘的歌聲清脆嘹亮，歌聲跟隨着風兒的翅膀在草原上到處歡樂的飛翔，「一忽兒羊群，突然不見了，歌聲也好像是飛到了天上，原來羊群變成了天邊一朵雲，白雲上正走動着放羊的小姑娘」重句

落花流水

我像落花隨着流水，隨着流水飄向人海，人海茫茫不知身何在，總覺得缺少一個愛。我像落花隨着流水，隨着流水飄向人海，人海茫茫尋找一個愛，總覺得早晚費疑猜，我早也徘徊我晚也徘徊，徘徊在茫茫人海，我歷盡風霜，我受盡淒寒，心愛的人兒何在？我像落花隨着流水，隨着流水飄向人海，人海茫茫不知身何在，總覺得卻少一個愛。

冰冷的心

(一)花已殘，月已沉，一顆冰冷的心，思已斷，情已盡，縱然有夢難溫憫恨天涯呼喚你，你在那裡無音訊，長相思到如今憔悴冰冷的心。
(二)鏡中花，夢裡身，一顆冰冷的心，琴已斷弦無音，歡樂老如煙，年年春來呼喚你，風光不見舊情人，望芳草，憶花魂，寂寞冰冷的心。
(三)風雨夜，夜已深，恨情痴，痴情恨，不該自種情根，午夜夢回呼喚你，相思枕畔留淚痕，葉飄零，風雨緊淒涼冰冷的心。

桃花開在春風裡

桃花開在春風裡，一見桃花就想你，郎似春風輕輕吹，妹似桃花哎呀嬌滴滴，桃花開在春風裡，一見桃花就想你，桃花迎風輕搖曳，風吹桃花哎呀就着迷，郎有眞情我有誠意，就像那桃花春風在一起桃花開在春風裡，桃花春風相依像我和你。

祇有你流落在天邊

(一)去年的今夜我倆相見小橋邊，橋下的流水好似郎情意，綿綿橋上的月光照透了我倆的心田，誰知道南柯一夢霹靂起晴天，你掉頭一去不見面叫我空閨寂寞怎禁得度時如月，度日如度年又老去了紅顏，今夜的小橋邊獨望明月空留連，一樣的流水祇有你流落在天邊。

山前山後百花開

山前山後百花開，摘一朵花兒頭上戴，人前人後走一回看一看，有誰來把花兒愛花兒愛，山前山後百花開，摘一朵花兒襟上揷，人前人後走一回看一看，有誰來把花兒愛姐兒揷，粉蝶也知道花嬌媚，飛到我姐兒身旁來，難道哥兒就那樣呆，那樣呆還要我往他手裡塞手裡塞，山前山後百花開，摘一朵花兒襟上揷，人前人後走一回看一看，有誰來把花兒愛姐兒睬。

明日之歌

(一)你要我為明天歌唱，我無法寫成這篇詞章，誰知道誰知道明天的花兒香不香，誰知道誰知道明天的太陽光不光。
(二)你要我為明天歌唱，我無力寫成這篇詞章，誰知道誰知道明天的美酒甜不甜，誰知道誰知道明天的歡樂長不長，為了我們明天難相見，此恨綿綿問蒼天，把枕邊細語一句句寄在心田，對明天陽光一聲聲引吭向前，明天明天我們在夢中再見啊，要充滿了希望。
(三)你要我為明天歌唱，我苦苦寫成這篇詞章，誰知道誰知道明天是一片渺茫，你偏說你偏說明天是充滿了希望。

浪子的懷想

(一)晨沒有溫暖的陽光冷風刺骨遍地濃霜一切淒涼千山萬水隔離的故鄉是我腦海中的天堂天涯流浪不張想望我為什麼背井離鄉，往事如煙百結柔腸回首已是滄海桑田何處歸程人海茫茫浪子熱血積滿心胸春天的晨沒有溫暖的陽光冷風刺骨遍地濃霜一切淒涼。
(二)夜沒有明媚的月亮西風打擊草木枯黃滿目淒涼活潑可愛的珍珍姑娘似水柔情使我難忘天涯隔離你我相望低下頭兒苦思斷腸一片迷惘怎不彷徨異地相思怎不惆悵，一樣痴心默默懷想浪子熱情欲寄何方秋天的夜沒有明媚的月亮西風打擊草木枯黃滿目一切淒涼。

一葉浮萍

(一)我好像大海中一葉浮萍到處飄流一安定想當初我與他訂下終身我愛他他愛我是眞情說不盡談不完甜言蜜語誰知道我今夜孤零零想起他我不禁淚落，衣襟可憐他這意外送了命。
(二)我好像天空中一隻孤雁傷心哭一聲苦伶仃說不出心中的無限悲哀恐一句天呀天太無情從今後人海中失去知音茫茫夜我獨自嘆苦命從今後人海中度日如年悠悠歲月苦淒涼。

茶葉青

(一)戴起那個竹笠穿花裙，採茶的姑娘一群群，去到茶山上呀，採呀採茶青呀，不怕太陽晒頭頂。
(二)戴起那個套袖裹花巾，採茶的姑娘一群群，大家手不停呀，採呀採茶青呀，不怕刺藤扎手心。採茶那個要採茶葉青，你要看一看清，嫁郎那個要嫁更年輕，也要像茶葉青。
(三)採那茶個姑娘一群群，上得那茶山採茶青，唱起採茶歌呀，送呀送個信呀，要叫有情郎呀，郎來聽。

莫忘今宵

莫忘了今宵，莫忘了今宵，我把整個的心給你了，我把整個的人給你了。離了你，人生太枯燥；離了你，世界太無聊，除了你，除了你，我什麼都不知道。花是將開的紅；人是未婚的好，你莫忘今宵，你莫忘今宵。

不許他回家

山南那個山北，那個遍地花㖸………就是那個缺少一個他，㖸………戴上那鮮花㖸，跨上那個馬呀，把他那個逮住我要罵，㖸………山南那個山北，那個遍地花㖸………就是那個缺少一個他，㖸………逮住那個來㖸，把他那個罰呀，罰他那個不許轉回家，㖸………

營利事業登記證：北縣商乙字第八七二號　出版登記證：內版台音字第〇二〇二號　經濟部登記證　台建商設字第五一〇九號　廠　址：台北縣土城鄉埤林一一四號

著作權所有　**海山唱片股份有限公司**　翻印必究
HAI SHAN RECORD CO, LTD.

STEREO
愛情歌唱哀艷纏綿文藝鉅片
美黛 唱
情鎖
BOND OF LOVE
黎艾

①

① 良友唱片 SEP-29 電影《情鎖》與《窗外》插曲－封面
② 良友唱片 SEP-29 電影《情鎖》與《窗外》插曲－封底
③ 良友唱片 SEP-29 電影《情鎖》插曲－圓標第一面
④ 良友唱片 SEP-29 電影《窗外》插曲－圓標第二面

②

SEP 29

電影"情鎖"—"窗外"插曲

情　　鎖

(電影"情鎖"插曲)

多少情多少愛，鎖在我的心頭
多少情多少愛，鎖在我的心頭
啊………啊………啊………
一片痴情難挽芳心，舊時歡笑何處追尋。
多少情多少愛，鎖在我的心頭。
多少情多少愛，鎖在我的心頭。

青　春　樂

(電影"情鎖"插曲)

一片片云兒空中飄，一朵朵花兒迎風笑，
青青的楊柳動春柔，連天的芳草碧迢迢，
我們唱我們笑，歡樂歌聲入云霄，
個個人面比花嬌，唱呀唱，笑呀笑
愛情的滋味真甜密，愛情的樂趣太
一片片云兒空中飄，一朵朵花兒迎
只要趁着青春年少，陶醉在大自

悲傷夜曲

(電影"窗外"插曲)

一、人生悲愴，世態炎涼，前程茫茫，
滴滴珠淚，縷縷柔腸，更無限淒惶，
滿斟綠酹，暫赴醉鄉，莫道我痴狂，
今日歡笑，明日憂傷，世事本無常，
二、海角天涯，浮萍相聚，嘆知音難遇，
山前高歌，水畔細語，互剖我愁緒，
昨夜悲風，今宵苦雨，聚散難預期，
我倆相知，情深不渝，永結金蘭契，

請把你的窗兒開

(電影"窗外"插曲)

我從何處來，沒有人知道
我從何處去，沒有人明瞭
我值何人關懷，我值何人憐愛，
願化輕煙一縷，來去無牽無掛，
當細雨濕透了青苔，當夜霧籠照了樓台，
請把你的窗兒開，
那飄泊的幽靈啊，四處徘徊，
那遊盪的魂魄啊，渴望進來，
啊，當細雨濕透了青苔，當夜霧籠照了樓台，
請把你的窗兒開，請把你的窗兒開，
沒有人再限制我的脚步，我必歸來與你同
歸來與你同住。

良友唱片
SEP 29
SIDE 1
華語電影
第一面
(HPA-1151)
電影"情鎖"插曲
1—情鎖
2—青春樂
美黛
TAI SHEN RECORD COMPAN

③

良友唱片
SEP 29
SIDE 2
華語電影
第二面
(HPA-1152)
電影"窗外"插曲
1—悲傷夜曲
2—請把你的
美黛
TAI SHEN RECORD CO PANY

④

良友唱片SEP-29電影《情鎖》與《窗外》插曲

① 海山唱片 SL-2042 春盡翠湖寒－電影《第六個夢》主題歌－封面
② 海山唱片 SL-2042 春盡翠湖寒－電影《第六個夢》主題歌－封底
③ 海山唱片 SL-2042 春盡翠湖寒－電影《第六個夢》主題歌－圓標第一面

②

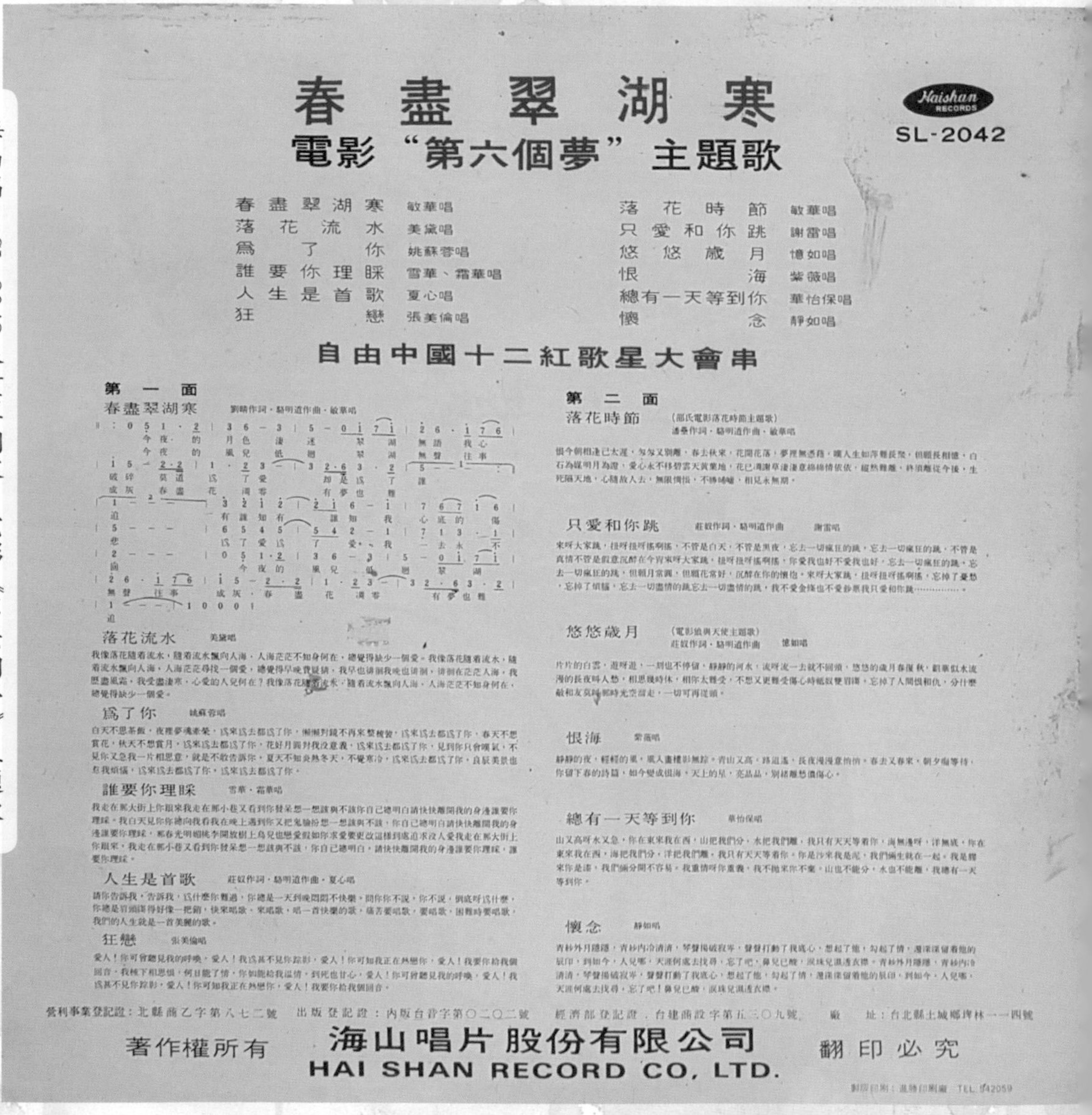

春盡翠湖寒
電影"第六個夢"主題歌

Haishan RECORDS
SL-2042

春盡翠湖寒	敏華唱	落花時節	敏華唱
落花流水	美黛唱	只愛和你跳	謝雷唱
爲了你	姚蘇蓉唱	悠悠歲月	憶如唱
誰要你理睬	雪華、霜華唱	恨海	紫薇唱
人生是首歌	夏心唱	總有一天等到你	華怡保唱
狂戀	張美倫唱	懷念	靜如唱

自由中國十二紅歌星大會串

第一面

春盡翠湖寒　劉晴作詞・駱明道作曲・敏華唱

今夜的月色淒迷翠湖無語我心破碎莫道爲了愛却是爲了誰有誰知有誰知我心底的傷悲爲了愛爲了愛、我一去永不回
今夜的風兒低迴翠湖無聲往事成灰春盡花凋零有夢也難追
今夜的風兒低迴翠湖無聲往事成灰・春盡花凋零有夢也難追

落花流水　美黛唱

我像落花隨着流水，隨着流水飄向人海，人海茫茫不知身何在，總覺得缺少一個愛。我像落花隨着流水，隨着流水飄向人海，人海茫茫尋找一個愛，總覺得早晚費疑猜，我早也徘徊我晚也徘徊，徘徊在茫茫人海，我歷盡風霜，我受盡淒寒，心愛的人兒何在？我像落花隨着流水，隨着流水飄向人海，人海茫茫不知身何在，總覺得缺少一個愛。

爲了你　姚蘇蓉唱

白天不思茶飯，夜裡夢魂牽縈，爲來爲去都爲了你，懶懶對鏡不再來整梳妝，爲來爲去都爲了你，春天不想賞花，秋天不想賞月，爲來爲去都爲了你，花好月圓對我沒意義，爲來爲去都爲了你，見到你只會嘆氣，不見你又急我一片相思意，就是不敢告訴你，夏天不知炎熱冬天，不覺寒冷，爲來爲去都爲了你，良辰美景也惹我煩惱，爲來爲去都爲了你，爲來爲去都爲了你。

誰要你理睬　雪華・霜華唱

我走在那大街上你跟來我走在那小巷又看到你發呆想一想該與不該你自己總明白請快快離開我的身邊誰要你理睬。我白天見你你總向我看我在晚上遇到你又把鬼臉扮想一想該與不該，你自己總明白請快快離開我的身邊誰要你理睬，那春光明媚桃李開放樹上鳥兒也戀愛假如你來愛要更改這樣到處追求沒人愛我走在那大街上你跟來，我走在那小巷又看到你發呆想一想該與不該，你自己總明白，請快快離開我的身邊誰要你理睬，誰要你理睬。

人生是首歌　莊奴作詞・駱明道作曲・夏心唱

請你告訴我，告訴我，爲什麼你難過，你總是一天到晚悶悶不快樂。問你你不說，你不說，到底呀爲什麼，你總是眉頭鎖得好像一把鎖，快來唱歌，來唱歌，唱一首快樂的歌，痛苦要唱歌，要唱歌，困難時要唱歌，我們的人生就是一首美麗的歌。

狂戀　張美倫唱

愛人！你可曾聽見我的呼喚，愛人！我爲甚不見你踪影，愛人！你可知我正在熱戀你，愛人！我要你給我個回音，我極下相思恨，何日能了情，你如能給我溫情，到死也甘心，愛人！你可曾聽見我的呼喚，愛人！我爲甚不見你踪影，愛人！你可知我正在熱戀你，愛人！我要你給我個回音。

第二面

落花時節　（邵氏電影落花時節主題歌）　潘壘作詞・駱明道作曲・敏華唱

恨今朝相逢已太遲，匆匆又別離，春去秋來，花開花落，夢裡無憑藉，嘆人生如萍難長聚，但願長相憶，白石為媒明月為證，愛心永不移碧雲天黃葉地，花已凋謝草淒淒意綿綿情依依，縱然難離，終須離從今後，生死隔天地，心隨故人去，無限惆悵，不勝唏噓，相見永無期。

只愛和你跳　莊奴作詞・駱明道作曲　謝雷唱

來呀大家跳，扭呀扭呀搖啊搖，不管是白天，不管是黑夜，忘去一切瘋狂的跳，忘去一切瘋狂的跳，不管是真情不管是假意沉醉在今宵來呀大家跳，扭呀扭呀搖啊搖，你愛我也好不愛我也好，忘去一切瘋狂的跳，忘去一切瘋狂的跳，但願月常圓，但願花常好，沉醉在你的懷抱，來呀大家跳，扭呀扭呀搖啊搖，忘掉了憂愁，忘掉了煩惱，忘去一切盡情的跳忘去一切盡情的跳，我不愛金條也不愛鈔票我只愛和你跳…………。

悠悠歲月　（電影狼與天使主題歌）　莊奴作詞・駱明道作曲　憶如唱

片片的白雲，遊呀遊，一刻也不停留，靜靜的河水，流呀流一去就不回頭，悠悠的歲月春復秋，韶華似水流，漫的長夜叫人愁，相思幾時休，相你太難受，不想又更難受傷心時祇叙雙眉頭，忘掉了人間恨和仇，分什麼敵和友莫叫那時光空溜走，一切可再從頭。

恨海　紫薇唱

靜靜的夜，輕輕的風，風人畫樓影無踪。青山又高，路迢迢，長夜漫漫意悄悄。春去又春來，朝夕痴等待，你留下春的詩篇，如今變成恨海，天上的星，亮晶晶，別緒離愁儘傷心。

總有一天等到你　華怡保唱

山又高呀水又急，你在東來我在西，山把我們分，水把我們離，我只有天天等着你，海無邊呀，洋無底，你在東來我在西，海把我們分，洋把我們離，我只有天天等着你，你是沙來我是泥，我們倆生就在一起，我是膠來你是漆，我們倆分開不容易，我重情呀你重義，我不拋來你不棄，山也不能分，水也不能離，我總有一天等到你。

懷念　靜如唱

青衫外月朦朧，青衫內冷清清，琴聲揭破寂寧，聲聲打動了我底心，想起了他，勾起了情，還深深留着他的足印，到如今，人兒哪，天涯何處去找尋，忘了吧，夢兒已醒，淚珠兒濕透衣襟。青衫外月朦朧，青衫內冷清清，琴聲揭破寂寧，聲聲打動了我底心，想起了他，勾起了情，還深深留着他的足印，到如今，人兒哪，天涯何處去找尋，忘了吧！夢兒已醒，淚珠兒濕透衣襟。

營利事業登記證：北縣商乙字第八七二號　出版登記證：內版台音字第〇二〇二號　經濟部登記證，台建商設字第五三〇九號，　廠　址：台北縣土城鄉埤林一一四號

①

Haishan RECORDS
SL-2042
Because of love
女主角・唐寶雲 男主角・柯俊雄 導 演・白景瑞
作 詞・劉 晴 作 曲・駱明道
彩色寬銀幕國語文藝鉅片
第6個夢
主題歌
春盡翠湖寒

③

海山
Haishan
春盡翠湖寒
電影"第六個夢"主題歌
版權所有
翻印必究
SL-2042
(第一面)
①春盡翠湖寒…敏華
②落花流水…美黛
③為了你…姚蘇蓉
④誰要你理睬…雪華．霜華
⑤人生是首歌…夏心
⑥狂戀…張美倫
33⅓
VITAPHONIC LONG PLAY
民國五十七年一月出版
STEREO
海山唱片股份有限公司出品

海山唱片SL－2042春盡翠湖寒－電影《第六個夢》主題歌

① 天使唱片 ALC-5001「全能歌后」美黛－1969 年最新國語暢銷歌曲－封面
② 天使唱片 ALC-5001「全能歌后」美黛－1969 年最新國語暢銷歌曲－封底
③ 天使唱片 ALC-5001「全能歌后」美黛－1969 年最新國語暢銷歌曲－圓標 A 面
④ 天使唱片 ALC-5001「全能歌后」美黛－1969 年最新國語暢銷歌曲－圓標 B 面

②

閃耀的一顆星

美黛最新國語歌曲

天使 ALC 5001

編曲翁清溪／作詞愼芝／湯尼大樂隊／錄音 龔幸道／發行製片／楊太朗

SIDE 1
1.愛的是我還是她　4.他偷去了我的心
2.海茫茫　5.朗尼路加
3.茉莉我已愛上了妳　6.台灣姑娘

SIDE 2
1.賣花歌　4.靜靜的黑夜
2.愛情像流星　5.說不出多歡喜
3.貴妃醉酒

愛的是我還是她　台灣名歌　湯尼編曲　作詞愼芝
（一）恬靜的夜想著她，難忘的情想著她，為什麼像一匹野馬，栓不住我心上的他。
（二）你是要我還是她，幾時聽見您回答，每夜等候妳回家，一夜一夜空牽掛，可會記得回憶美如畫，我總想起你的每句話，要分清楚眞情還是假，請您回頭想一下。
（三）你是要我還是她。今夜能否給回答，縱然不見你回家，此情此意不變掛。

海茫茫　湯尼編曲　瑞齡作詞
（一）風浩蕩、白雲飄揚，海面上起潮浪，浪花飛舞濤聲響，陪著風聲成合唱，海茫茫、海燕飛翔，霎時飛進了白雲鄉，風帆片片乘風破浪，彷彿也要去天上。
（二）風浩蕩白雲飄揚，海面上起潮浪，浪花飛舞濤聲響，陪著風聲成合唱，打魚船隨著潮浪，人人都為了打魚忙，男的拉繩女的撒網，海上風光畫一樣。

茉莉我已愛上了妳　湯尼編曲　崇明作詞
（一）茉莉今年已經一十七，她臉兒甜蜜，梨渦惹人迷，眼睛大大眉兒細，嘴脣紅紅笑嘻嘻，茉莉茉莉妳眞太美麗。
（二）茉莉對我有情也有意，她含情默默隱藏在心裡，我不要她費猜疑，也該對她吐眞諦，茉莉茉莉我已愛上妳。愛上妳，著了迷，眞叫我難忘記，要和您長相偎依，相偎依不分離。
（三）茉莉茉莉我眞需要您，願妳我相愛直到無盡期，海枯石爛情不移，要兩心相印長相依。茉莉茉莉我已愛上妳………

他偷去了我的心　湯尼編曲
（一）是一個寂寞的夜，夜已深深，窗外沒有月亮，也沒星星，我正要合上眼睛，進入夢境，忽然有一個人影，在我的眼前，笑語輕輕呼喚著我的小名，一聲又一聲，他打動了我的心，我迷惘我昏沉直到如今，恍惚還沒有清醒，我要找尋那夜深的人影我對他說，他偷去了我的心，我的心……（重複一遍）

朗尼路加 電影"船"插曲　湯尼編曲　美黛・孫樸生合唱
（合）朗尼路加，朗尼路加！路加呀路加！（男）我走進了一個家，我走進了一個美麗的家，蒼天是帳幕，大地是臥床，沒有紅牆也沒有綠瓦。（女）我看見了一層紗，我看見了一層薄薄的紗，濛濛的青山，淡淡的雲霞，不是刺繡，也不是圖畫。
（合）路尼朗加，朗尼路加！路加呀路加！（男）我想說出一句話，我想說出一句心裡的話，鳥啼震山谷，葉落驚塵砂，意亂情迷，我未語已啞。（女）我見到了我的媽，我見到了一個慈祥的媽。春眠落霜雪蒼松拂白髮，我低低呼喚，你默默不答。
（合）朗尼路加，朗尼路加！路加呀路加！我想起出一幅畫，我想起出一幅理想的畫弧，獨惜山水飄零，憐落花，不願通俗又難解古雅，我好像一匹馬，我好像是一匹愉快的馬，跟你們跑跟你們跑，我緊跟追底跑我好比駝馬。路加呀路加！路加呀路加！

台灣姑娘　謝騰作曲　楚蘅作詞
台灣姑娘，又活潑，又健康，又漂亮，美的像朵花一樣，眼睛黑又亮。
台灣姑娘，又溫柔，又大方，又會唱歌兒，唱得響又亮。
他熱情如火，你不可猖狂，他冷若冷霜，您不要失望他回眸一笑會使你神蕩，小心那迷人陷井溫柔鄉。
少年兒郎，莫遲疑莫徬徨莫觀望，情場好比是戰場，莫負好時光

賣花歌　湯尼編曲
（一）賣花哪要看白蘭花呀，拍拖那的人兒都要它，呀嗬依得兒喲………姻緣那的道上生意好呀，求婚那得求愛，不離花，呀嗬依得兒喲………姻緣那的道上生意好呀，求婚那得求愛，不離花，
（二）賣花哪要賣鳳仙花呀，乞丐那得姑娘都要它，呀嗬依得兒喲………牛郎那得，站在鵲橋上呀歡迎那的七姐要鮮花，（重複一遍）。
（三）賣花哪要賣聖誕花呀，信教那的人兒都要它，呀嗬依得喲………一年那的難得侮平安夜呀怎麼能夠沒有大紅花。（重複一遍）

愛情像流星　湯尼編曲　愼芝作詞
（一）當你輕輕對我訴說愛的時候，我已忘了身邊一切苦悶煩憂，只要您對我溫柔，眞情長相守，世上多少美麗情景，等你享受，啊……只怕是你掉頭便要走，好似一顆流星，在黑夜閃流。
（二）當你悄悄離我而去，走的時候，我已拋棄身邊一切生活感受，只盼你能早回頭，永遠長相候，世上多少美麗情景等你享受，啊……只怕你在天的那一頭，好似一顆流星，在黑夜流裡閃流。

貴妃醉酒
西宮夜靜百花香，鐘鼓前客漏長，楊貴妃醉酒沉香閣，高點明灯候君王，萬歲爺駕幸在朝陽院，今宵不能回宮牆，貴妃聽言心煩悶，合衣兒斜靠龍床，長吁短嘆淚汪彈，獨坐西宮誰作伴，紫薇花，對紫薇郎。

靜靜的黑夜
在那靜靜的黑夜裡，我見到你晶瑩的眼睛，它射出了柔和的光輝，像天上面皎潔的星星，在那靜靜的黑夜裡，我聽到你甜蜜的歌聲，趕走了白天帶來的煩惱，讓鬧市又恢復了平靜。我情願黑暗籠罩着大地，別讓月光驚醒我的美夢，海洋裡波浪安詳地躺着，吹動它們的只是微微的風，在那靜靜的黑夜裡，我再也不看天空的星星，因為它們所發出的光亮，比不上你眼中脈脈的柔情！

說不出多歡喜　湯尼編曲
（一）自從那一天，忽然見到你，明明是正月天，也變了六月裡，說不出多麼神秘，多麼甜蜜，多麼歡喜，百花為你齊放，朵朵都美麗；小鳥為你聲聲啼，到處是鳥語花香，到處有情意，不再雨綿綿，不再風淒淒，自從見到你，就艷陽滿天地。
（二）自從那一天，忽然見到你，明明是黃梅天，也變了好天氣，說不出多希奇，多甜蜜多麼歡喜；陽光照在身上，溫暖在心底，人人對我笑嘻嘻，都說是鴻運高照，稱心又如意，從此不憂慮，從此不迷離，因為見到你就艷陽滿天地。

出版登記　內版台音字第0208號
公司登記　台建商設字第5754號
營利事業登記　高市商字第6562號
住　　址：高雄市三民區民生一巷6之4

天使唱片廠台灣股份有限公司

泰國總代理
ANGEL BANG KOK(THAI) CO., LTD.
越南總代理
SAIGON RECORD (VIET NAM) CO., LTD.
發行人・楊太朗

天使唱片
閃耀的一顆星
美黛最新國語歌曲
版權所有
翻印必究
ACL-5001-A
民國58年9月出版
①愛的是我還是她
STEREO
33⅓
PHOINC
天使唱片股份有限公司

③

天使唱片
閃耀的一顆星
美黛最新國語歌曲
版權所有
翻印必究
ACL-5001-B
民國58年9月出版
①賣花歌
②愛情像流星
③貴妃醉酒
④靜靜的黑夜
⑤說不出多歡喜
STEREO
33⅓
PHOINC
天使唱片股份有限公司

④

天使唱片ALC–5001「全能歌后」美黛—1969年最新國語暢銷歌曲

① 孔雀唱片 KCL-3021 牛郎織女－封面
② 孔雀唱片 KCL-3021 牛郎織女－封底
③ 孔雀唱片 KCL-3021 牛郎織女－圓標 A 面
④ 孔雀唱片 KCL-3021 牛郎織女－圓標 B 面

①

彩色大銀幕民間神話愛情歌唱巨片
湯蘭花
白虹
領銜主演
KCL-3021
牛郎織女
張英
作曲・曾仲影
湯蘭花
洪黛美
劉福助
聯合主唱
THE BRIDGE OVER THE MILKY-WAY

②

編曲・曾仲影
作詞・張　英
孔雀大樂隊伴奏
牛郎織女
KCL-3021

合唱：人說天上事
(牛郎織女插曲之一)(女聲齊唱)
民間傳說天上事，先從盤古開天起；天上有個女媧氏，鍊石補天顯神奇；又說天有九輪日，后羿射日救生黎；嫦娥奔向月宮裏；雙星渡河七月七，牛郎鵲橋會織女這段故事從頭起。

牛郎織女

合唱：織女怨
(牛郎織女插曲之二)(男女聲合唱與織女獨唱)

公司登記證・經設字第0607號
出版登記證・內版台音字第0249號
孔雀唱片企業公司出品
台北市杭州南路二段65巷9號
總經銷：瑞成貿易行
地　址：香港皇后大道中74號

孔雀唱片 KCL-3021 牛郎織女

孔雀 唱片
民間神話愛情歌唱巨片
電影全部插曲
牛郎織女
民國58年9月出版
版權所有翻印必究
33⅓ R.P.M
KCL-3021-A
①人間天上事
②織女怨
③天地兒女情
④牛郎曲
⑤與牛相依
⑥天上人間
孔雀唱片企業有限公司

③

孔雀 唱片
民間神話愛情歌唱巨片
電影全部插曲
牛郎織女
孔雀唱片企業有限公司

④

③

FourSeas RECORDS
中視連續歌劇
花燈緣
(一)
版權所有
不准翻印
33⅓R.P.M不碎膠片
A面
1.鬧元宵
2.謎語歌
3.走大街
4.來者不善
5.乘龍快婿
6.巧猜謎
7.借酒裝瘋
四海出版社

①

FourSeas RECORDS
花灯緣
中視歌唱連續劇
作曲編曲 楊秉忠
主演主唱
李芷麟 李黛華
蔣光超 雷鳴
幕後代唱
張清眞 美黛
張美雲

四海唱片中視歌唱連續劇《花燈緣》

① 四海唱片中視歌唱連續劇《花燈緣》－封面／封底
② 四海唱片中視歌唱連續劇《花燈緣》－歌詞 1（「影娘」一角，美黛唱）
③ 四海唱片中視歌唱連續劇《花燈緣》－唱片（一）_圓標 A 面
④ 四海唱片中視歌唱連續劇《花燈緣》－唱片（一）_圓標 B 面

②

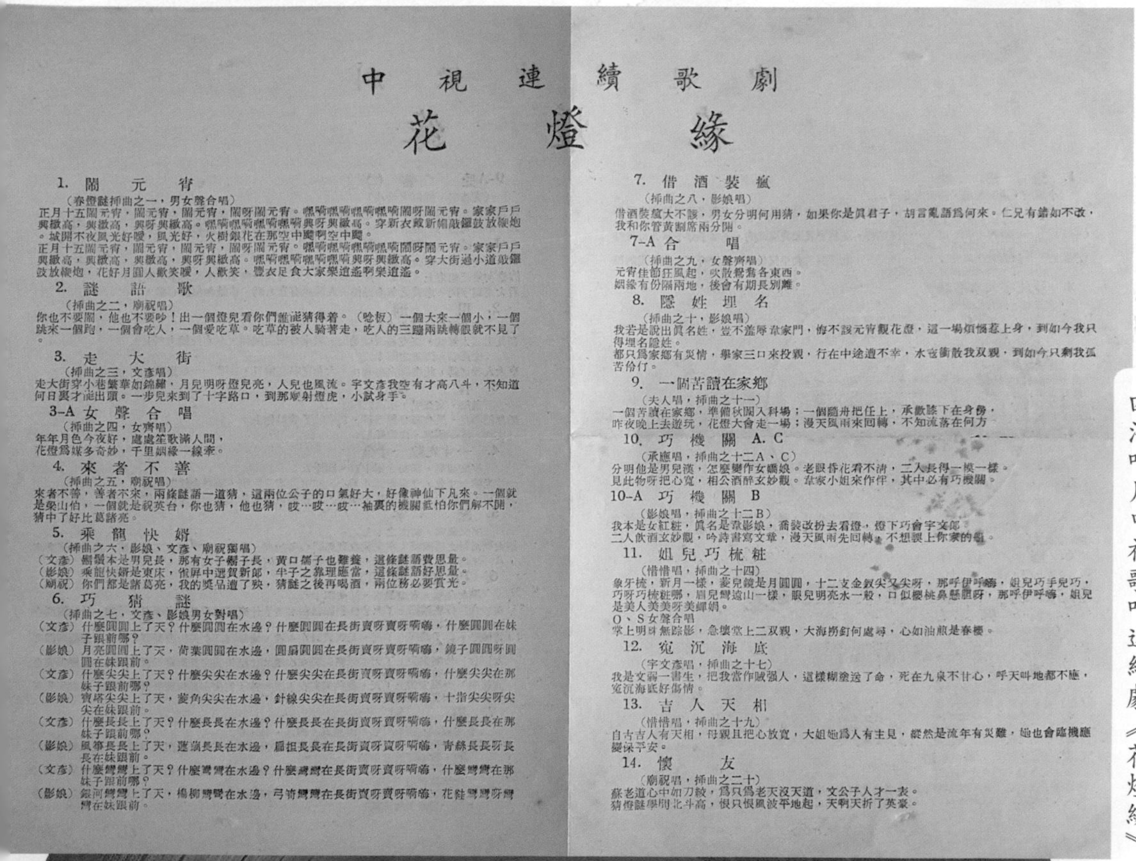

中視連續歌劇

花燈緣

1. 鬧元宵
（春燈謎插曲之一，男女聲合唱）
正月十五鬧元宵，鬧元宵，鬧元宵，鬧呀鬧元宵。嘿喲嘿喲嘿喲嘿喲鬧呀鬧元宵。家家戶戶興緻高，興緻高，興呀興緻高。嘿喲嘿喲嘿喲嘿喲興呀興緻高。穿新衣戴新帽敲鑼鼓放鞭炮。城開不夜風光好嗳，風光好，火樹銀花在那空中飄啊空中飄。
正月十五鬧元宵，鬧元宵，鬧元宵，鬧呀鬧元宵。嘿喲嘿喲嘿喲嘿喲鬧呀鬧元宵。家家戶戶興緻高，興緻高，興緻高，興呀興緻高。嘿喲嘿喲嘿喲嘿喲興呀興緻高。穿大街過小道敲鑼鼓放鞭炮，花好月圓人歡笑嗳，人歡笑，豐衣足食大家樂逍遙啊樂逍遙。

2. 謎語歌
（插曲之二，廟祝唱）
你也不要鬧，他也不要吵！出一個燈兒看你們誰能猜得着。（唸板）一個大來一個小，一個跳來一個跑，一個會吃人，一個愛吃草。吃草的被人騎著走，吃人的三蹦兩跳轉眼就不見了。

3. 走大街
（插曲之三，文彥唱）
走大街穿小巷繁華如錦繡，月兒明呀燈兒亮，人兒也風流。宇文彥我空有才高八斗，不知道何日裏才能出頭。一步兒來到了十字路口，到那廂射燈虎，小試身手。

3-A 女聲合唱
（插曲之四，女齊唱）
年年月色今夜好，處處笙歌滿人間，
花燈為媒多奇妙，千里姻緣一線牽。

4. 來者不善
（插曲之五，廟祝唱）
來者不善，善者不來，兩條謎語一道猜，這兩位公子的口氣好大，好像神仙下凡來。一個就是梁山伯，一個就是祝英台，你也猜，他也猜，哎…哎…哎…袖裏的機關祇怕你們解不開，猜中了好比葛諸亮。

5. 乘龍快婿
（插曲之六，影娘、文彥、廟祝獨唱）
（文彥）鬍鬚本是男兒長，那有女子鬍子長，黃口孺子也難養，這條謎語費思量。
（影娘）乘龍快婿是東床，雀屏中選賀新郎，半子之靠理應當，這條謎語好思量。
（廟祝）你們都是諸葛亮，我的獎品遭了殃，猜謎之後再喝酒，兩位務必要賞光。

6. 巧猜謎
（插曲之七，文彥、影娘男女對唱）
（文彥）什麼圓圓上了天？什麼圓圓在水邊？什麼圓圓在長街賣呀賣呀喲嗨，什麼圓圓在妹子跟前哪？
（影娘）月亮圓圓上了天，荷葉圓圓在水邊，圓扇圓圓在長街賣呀賣呀喲嗨，鏡子圓圓呀圓圓在妹跟前。
（文彥）什麼尖尖上了天？什麼尖尖在水邊？什麼尖尖在長街賣呀賣呀喲嗨，什麼尖尖在那妹子跟前哪？
（影娘）寶塔尖尖上了天，菱角尖尖在水邊，針線尖尖在長街賣呀賣呀喲嗨，十指尖尖呀尖尖在妹跟前。
（文彥）什麼長長上了天？什麼長長在水邊？什麼長長在長街賣呀賣呀喲嗨，什麼長長在那妹子跟前哪？
（影娘）風箏長長上了天，蓮藕長長在水邊，扁担長長在長街賣呀賣呀喲嗨，青絲長長呀長長在妹跟前。
（文彥）什麼彎彎上了天？什麼彎彎在水邊？什麼彎彎在長街賣呀賣呀喲嗨，什麼彎彎在那妹子跟前哪？
（影娘）銀河彎彎上了天，楊柳彎彎在水邊，弓箭彎彎在長街賣呀賣呀喲嗨，花鞋彎彎呀彎彎在妹跟前。

7. 借酒裝瘋
（插曲之八，影娘唱）
借酒裝瘋大不該，男女分明何用猜，如果你是眞君子，胡言亂語為何來。仁兄有錯如不改，我和你管黃割席兩分開。

7-A 合唱
（插曲之九，女聲齊唱）
元宵佳節狂風起，吹散鴛鴦各東西。
姻緣有份隔兩地，後會有期長別離。

8. 隱姓埋名
（插曲之十，影娘唱）
我若是說出眞名姓，豈不羞辱耷家門，悔不該元宵觀花燈，這一場煩惱惹上身，到如今我只得埋名隱姓。
都只為家鄉有災情，舉家三口來投親，行在中途遭不幸，水宦衝散我双親，到如今只剩我孤苦伶仃。

9. 一個苦讀在家鄉
（夫人唱，插曲之十一）
一個苦讀在家鄉，準備秋闈入科場；一個隨舟把任上，承歡膝下在身傍，
昨夜晚上去遊玩，花燈大會走一場；漫天風雨來回轉，不知流落在何方

10. 巧機關 A. C
（承應唱，插曲之十二A、C）
分明他是男兒漢，怎麼變作女嬌娘。老眼昏花看不清，二人長得一模一樣。
見此物呀把心寬，相公酒醉玄妙觀。耷家小姐來作伴，其中必有巧機關。

10-A 巧機關 B
（影娘唱，插曲之十二B）
我本是女紅粧，眞名是耷影娘，喬裝改扮去看燈，燈下巧會宇文郎
二人飲酒玄妙觀，吟詩書寫文章，漫天風雨先回轉，不想誤上你家的船。

11. 姐兒巧梳粧
（惜惜唱，插曲之十四）
象牙梳，新月一樣，菱兒鏡是月圓圓，十二支金釵尖又尖呀，那呼伊呼嗨，姐兒巧手兒巧，巧呀巧梳粧哪，眉兒彎遠山一樣，眼兒明亮水一般，口似櫻桃鼻懸膽呀，那呼伊呼嗨，姐兒是美人美美呀美嬋娟。
O、S女聲合唱
掌上明珠無踪影，急壞堂上二双親，大海撈針何處尋，心如油煎是春櫻。

12. 寃沉海底
（宇文彥唱，插曲之十七）
我是文弱一書生，把我當作賊强人，這樣糊塗送了命，死在九泉不甘心，呼天叫地都不應，寃沉海底好傷情。

13. 吉人天相
（惜惜唱，插曲之十九）
自古吉人有天相，母親且把心放寬，大姐她為人有主見，縱然是流年有災難，她也會臨機應變保平安。

14. 懷友
（廟祝唱，插曲之二十）
蘇老道心中如刀絞，為只為老天沒天道，文公子人才一表。
猜燈謎學問北斗高，恨只恨風波平地起，天啊天折了英豪。

Four Seas
RECORDS
中視連續歌劇
花燈緣
(一)
版權所有
不准翻印
33⅓R.P.M不碎膠片
B面
8.隱姓埋名
9.一個苦讀在家鄉
10.巧機關
11.姐兒巧梳粧
12.寃沉海底
13.吉人天相
14.懷友
中華民國六十年八月出版

④

四海唱片中視歌唱連續劇《花燈緣》

① 海韻唱片 CS-10001 懷念國語歌曲傑作集第一集《意難忘》- 封面
② 海韻唱片 CS-10001 懷念國語歌曲傑作集第一集《意難忘》- 封底
③ 海韻唱片 CS-10001 懷念國語歌曲傑作集第一集《意難忘》- 圓標 A 面
④ 海韻唱片 CS-10001 懷念國語歌曲傑作集第一集《意難忘》- 圓標 B 面

懷念國語歌曲傑作集
美黛唱
意難忘
重相逢
台灣好

①

②

意難忘
A面
第一集CS-10001
A
B
意難忘
重相逢
寒雨曲
採檳榔
相思河畔
不了情
痴痴地等
西湖春
台灣好
綠島小夜曲
鳳陽花鼓
高山青
第二集CS-10002
A
B
我在你左右
一朵小花
王昭君
夢裡相思
懷念
總有一天等到你
小放牛
情人的眼淚
戲鳳
秋詞
B面
出版登記證：局版台音字第0003號
版權所有●翻印必究
海韻唱片有限公司
連絡處：台北縣板橋市文華街十之三號
服務電話：9516247

海韻唱片
STEREO
Cosmorama Record
懷念國語歌曲傑作集 (1)
美黛主唱
版權所有 翻印必究
金曲版
CS-10001-A
海韻唱片有限公司

③

海韻唱片
STEREO
Cosmorama Record
懷念國語歌曲傑作集 (1)
美黛主唱
版權所有 翻印必究
金曲版
CS-10001-B
海韻唱片有限公司

④

懷念國語歌曲傑作集
第二集CS10002
我在你左右
美黛唱
一朵小花
王昭君

①

① 海韻唱片 CS-10002 懷念國語歌曲傑作集第二集《我在你左右》- 封面
② 海韻唱片 CS-10002 懷念國語歌曲傑作集第二集《我在你左右》- 封底
③ 海韻唱片 CS-10002 懷念國語歌曲傑作集第二集《我在你左右》- 圓標 A 面
④ 海韻唱片 CS-10002 懷念國語歌曲傑作集第二集《我在你左右》- 圓標 B 面

②

第二集CS-10002
A 我在你左右 B 一朵小花
王昭君 夢裡相思
懷 念 總有一天等到你
小放牛 情人的眼淚
戲 鳳 秋 詞
第一集CS-10001
A 意難忘 B 重相逢
寒雨曲 採檳榔
相思河畔 不了情
痴痴地等 西湖春
台灣好 綠島小夜曲
鳳陽花鼓 高山青
A
B
出版登記證：局版台音字第0003號
版權所有 ● 翻印必究
海韻唱片有限公司
連絡處：台北縣板橋市文華街十之三號
服務電話：9516247

③

海韻唱片
STEREO
Cosmorama Record
懷念國語歌曲傑作集 (2)
美黛主唱
版權所有
翻印必究
金曲版
CS-10002-A
①我在你左右
②王昭君
③懷念
④小放牛
⑤戲鳳
出版登記局版台音字第0003號
海韻唱片有限公司
板橋文華街10-3號
電話：9516247

④

海韻唱片
STEREO
Cosmorama Record
懷念國語歌曲傑作集 (2)
美黛主唱
版權所有
翻印必究
金曲版
CS-10002-B
①一朵小花
②夢裡相思
③總有一天等到你
④情人的眼淚
⑤秋詞
出版登記局版台音字第0003號
海韻唱片有限公司
板橋文華街10-3號
電話：9516247

海韻唱片 CS-10002 懷念國語歌曲傑作集第二集《我在你左右》

DC-702

賀 新 年
HAPPY NEW YEAR

第一面
1 賀 新 年　2 恭喜發財

第二面
1 恭喜恭喜　2 恭喜大家今年好

美黛 主唱
藍星男聲合唱團合唱
林禮涵 編曲
合衆管絃樂團伴奏

賀新年

(合)賀新年　祝新年　新年啊　年連年
(獨)爆竹聲聲催人想幼年
(合)賀新年　祝新年　新年啊　年連年
(獨)歲月悠悠光陰如箭
(合)回首往事如烟　痛苦辛酸　期望從今萬事如願
(獨)賀新年　祝新年　新年啊　年連年
(合)願大家都過個太平年

恭喜發財

(合)冬隆冬搶　冬隆冬搶　冬隆冬搶　冬隆冬搶
冬隆冬搶　冬隆冬搶　冬隆冬搶　冬隆冬搶
(獨)一陣陣的春風　送花香　一杯杯的美酒　味芬芳
歡歡喜喜大家　醉一場　春風滿面樂洋洋
(合)冬隆冬搶　冬隆冬搶　冬隆冬搶　冬隆冬搶
(獨)恭喜呀！恭喜　發呀發大財　好運當頭
壞運呀永離開　恭喜呀！大家　黃金裝滿袋
眉花眼笑得意呀！又開懷
(合)冬隆冬搶　冬隆冬搶　冬隆冬搶　冬隆冬搶
(獨)發了財呀！大家忙又忙　買了汽車又造洋房
家家都有風光
(合)喝一杯酒來　喝一杯酒　家家戶戶多風光
(獨)發了財呀！大家忙又忙　買了傢俬做衣裳
家家都有風光
(合)喝一杯酒來　喝一杯酒　家家戶戶多風光
(獨)恭喜呀恭喜　發呀發大財　好運當頭
壞運呀永離開　恭喜呀大家　萬事都愉快
從今以後　有福呀沒悲哀
(合)冬隆冬搶　冬隆冬搶　冬隆冬搶　冬隆冬搶
(合)齊唱恭喜發財　眼看富貴一齊來

恭喜恭喜

一、每條大街小巷　每個人的嘴裡　見面第一句話
就是恭喜恭喜　恭喜恭喜恭喜你呀
恭喜恭喜恭喜你
二、冬天已到盡頭　眞是好的消息　温暖的春風
就要吹醒大地　恭喜恭喜恭喜你呀
恭喜恭喜恭喜你
三、皓皓冰雪融解　眼看梅花吐蕊　漫漫長夜過去
聽到一聲鷄啼　恭喜恭喜恭喜你呀
恭喜恭喜恭喜你
四、經過多少困難　歷盡多少磨鍊　多少心兒盼望
盼望春的消息　恭喜恭喜恭喜你呀
恭喜恭喜恭喜你
五、每條大街小巷　每個人的嘴裡　見面第一句話
就是恭喜恭喜　恭喜恭喜恭喜你呀
恭喜恭喜恭喜你

恭喜大家今年好

梅花開放　雪花飄揚　小弟弟換新裝　快樂歡暢
舞蹈瘋狂　歌唱新腔　鼓鑼聲鏗鏘　宛似在天堂
莫忘記你又長大一歲　莫忘記年又過了一趟
幼年勤學習　長大本領強　花炮聲聲響亮
國旗處處飄揚　恭喜大家今年好　平安健康
莫忘記你又長大一歲　莫忘記年又過了一趟
幼年勤學習　長大本領強　花炮聲聲響亮
國旗處處飄揚　恭喜大家今年好　平安健康

RECORED BY DECCA LICENCEE LINFAIR RECORD LTD..

②

DECCA
恭賀新禧
Happy
New
Year
①

① 迪卡唱片DC-702賀新年－封面
② 迪卡唱片DC-702賀新年－封底
③ 迪卡唱片DC-702賀新年－圓標第一面
④ 迪卡唱片DC-702賀新年－圓標第二面

RECORED BY DECCA LICENCEE LINFAIR RECORD LTD.
迪卡 唱片
TRUE HIGH FIDELITY
DECCA
33⅓轉長行唱片
高度傳真錄音
PRODUCTION: UNION RECORDS, TAIWAN
1 DC-702
賀 新 年
HAPPY NEW YEAR
1 賀 新 年
2 恭 喜 發 財
美 黛 主唱
藍星男聲合唱團合唱
林禮涵 編曲
MADE IN REPUBLIC OF CHINA
ALL RIGHTS OF THE MANUFACTURER AND OF THE OWNER OF THE RECORDED WORK RESERVED - UNAUTHORISED PUBLIC PERFORMANCE, BROADCASTING AND COPYING OF THIS RECORD PROHIBITED

③

RECORED BY DECCA LICENCEE LINFAIR RECORD LTD.
迪卡 唱片
TRUE HIGH FIDELITY
DECCA
33⅓轉長行唱片
高度傳真錄音
PRODUCTION: UNION RECORDS, TAIWAN
2 DC-702
賀 新 年
HAPPY NEW YEAR
1 恭 喜 恭 喜
2 恭喜大家今年好
美 黛 主唱
藍星男聲合唱團合唱
林禮涵 編曲
MADE IN REPUBLIC OF CHINA
ALL RIGHTS OF THE MANUFACTURER AND OF THE OWNER OF THE RECORDED WORK RESERVED - UNAUTHORISED PUBLIC PERFORMANCE, BROADCASTING AND COPYING OF THIS RECORD PROHIBITED

④

① 星光唱片 SLEP-2 美黛之歌（海外版）- 封面
② 星光唱片 SLEP-2 美黛之歌（海外版）- 封底
③ 星光唱片 SLEP-2 美黛之歌（海外版）- 圓標第一面
④ 星光唱片 SLEP-2 美黛之歌（海外版）- 圓標第二面

①

美黛之歌
蜜語重重
共度歡樂時光
小妹今年才十七
半天紅霞在天際
SLEP-2

②

Star Light Record 星光

45轉唱片
SLEP-2

第一面　（美黛唱）　第二面

蜜語重重

當我愛上你的時候，也就是向你着我追求，我幾次想對你表心意，可是怕你的愛情不長久，今夜你對我蜜語重重，
怎不教我的心感動，不要說我對你無情，只要你待我有始有終，人本非草木，誰能避免愛情，人家成對成雙，我們倆要相依相親，今夜你對我蜜語重重，怎不教我的心感動，不要說我對你無情，只要你待我有始有終。

共度歡樂時光

樂隊演奏，真夠熱烈瘋狂，多彩燈光，迷濛中昏暗，
年輕的我和你，莫負好時光，啊……我和你盡情歡暢，
來旋迴直到全場也在迴轉，來讓我知道你愛我到永遠，就像去年共度歡樂時光，我們在相逢不算太晚，大家相聚必須陶醉開懷，來跳熱舞，我們要比賽，年輕人多興奮，不要再等待啊，我和你多麼愉快。

小妹今年才十七

你一次再一次邀請我，我一次又一次沒答應，
不是我不願陪你去舞跳，不是我不願陪你去看戲，
祇因為小妹的年紀小，到了年底才十七，
你一次再一次追問我，我一次又一次不理會，
不是我不明白做人大道理，不是我不懂得人要有情義
祇因為小妹我的年紀小，和你一起有問題，
朋方會說閒話，媽媽她要生氣，你若是真心歡喜我，再等我倆年沒關係，
你一次再次邀請我，我一次又一次不答應，
你別怪我黃毛丫頭架子大，你別怪我不解風情不知趣，
祇因為小妹我的年紀小，小妹今年才十七，

半天紅霞在天際

(一)半天紅霞在天際，映在流浪者眼底，碎碎片片的白雲，也戀紅霞流向西，想要請它帶幾句，給他的信息我情意，唔……還是不要提起，免得我思念不已，
(二)風吹案頭掀日曆，春老夏盡秋風起，斷斷續續的回憶，一年一年的遠離，想要把它拾起，我倆的記憶和情意，唔……還是把它忘記，免得我魂縈夢。

③

Star Light Record
星光
SLEP 2
Side 1
45 轉 EP
第一面
（華語時代歌曲）
蜜語重重
共度歡樂時光
(KSY-513)
星光唱片公司出品

Star Light Record
星光
SLEP 2
Side 2
45 轉 EP
第二面
（華語時代歌曲）
小妹今年才十七
半天紅霞在天際
(KSY-514)
星光唱片公司出品

④

星光唱片SLEP–2美黛之歌（海外版）

落
花
流
水
B. B. 13
美黛唱

①

②

① 飛鷹唱片 B.B.13 落花流水（海外版）－封面
② 飛鷹唱片 B.B.13 落花流水（海外版）－封底
③ 飛鷹唱片 B.B.13 落花流水（海外版）－圓標第一面
④ 飛鷹唱片 B.B.13 落花流水（海外版）－圓標第二面

落花流水

最新華語
流行歌曲

══ 美黛唱 ══

B. B. 13

落花流水

我像落花隨着流水，隨着流水飄向人海，人海茫茫不知身何在，總覺得缺少一個愛。我像落花隨着流水，隨着流水飄向人海，人海茫茫尋找一個愛，總覺得草晚費疑猜，我早也徘徊我晚也徘徊，徘徊在茫茫人海，我歷盡風霜，我受盡淒寒，心愛的人兒何在？我像落花隨着流水，隨着流水飄向人海，人海茫茫不知身何在，總覺得却少一個愛。

不許他回家

山南那個山北，那個遍地花嘍．．．．就是那個缺少一個他，嘍．．．．戴上那鮮花嘍，跨上那個馬呀，把他那個逮住我要罵，嘍．．．．山南那個山北，那個遍地花嘍．．．．　就是那個缺少一個他，嘍．．．．逮住那個來嘍，把他那個罰呀，罰他那個不許轉回家，嘍．．．．

一葉浮萍

㈠我好像大海中一葉浮萍到處飄流一安定想當初我與他訂下終身我愛他他愛我是眞情說不盡談不完甜言蜜語誰知道我今夜孤零零想起他我不禁淚落，衣襟可怜他這意外送了命。

㈡我好像天空中一隻孤雁傷心哭一聲苦伶仃說不出心中的無限悲哀怨一句天呀天太無情從今後人海中失去知音茫茫夜我獨自嘆薄命從今後人海中度日如年悠悠歲月苦淒涼。

茶葉青

㈠戴起那個竹笠穿花裙，採茶的姑娘一群群，去到茶山上呀，採呀採茶青呀，不怕太陽晒頭頂

㈡戴起那個套袖裡花巾，採茶的姑娘一群群，大家手不停呀，採呀採茶青呀，不怕刺藤扎手心。採茶那個要採茶葉青，你要看一看清，嫁郎那個要嫁更年輕，也要像茶葉青。

㈢採那茶個姑娘一群群，上得那茶山採茶青，唱起採茶歌呀，送呀送個信呀。要叫有情郎呀，郎來聽。

飛鷹唱片公司出品
45 R.P.M.
華語流行歌曲
BB 13-A
第一面
20
1. 落花流水
2. 不許他回家
美黛唱
HAWK RECORDS CO.

③

飛鷹唱片公司出品
45 R.P.M.
華語流行歌曲
BB 13-B
第二面
20
1. 一葉浮萍
2. 茶葉青
美黛唱
HAWK RECORDS CO.

④

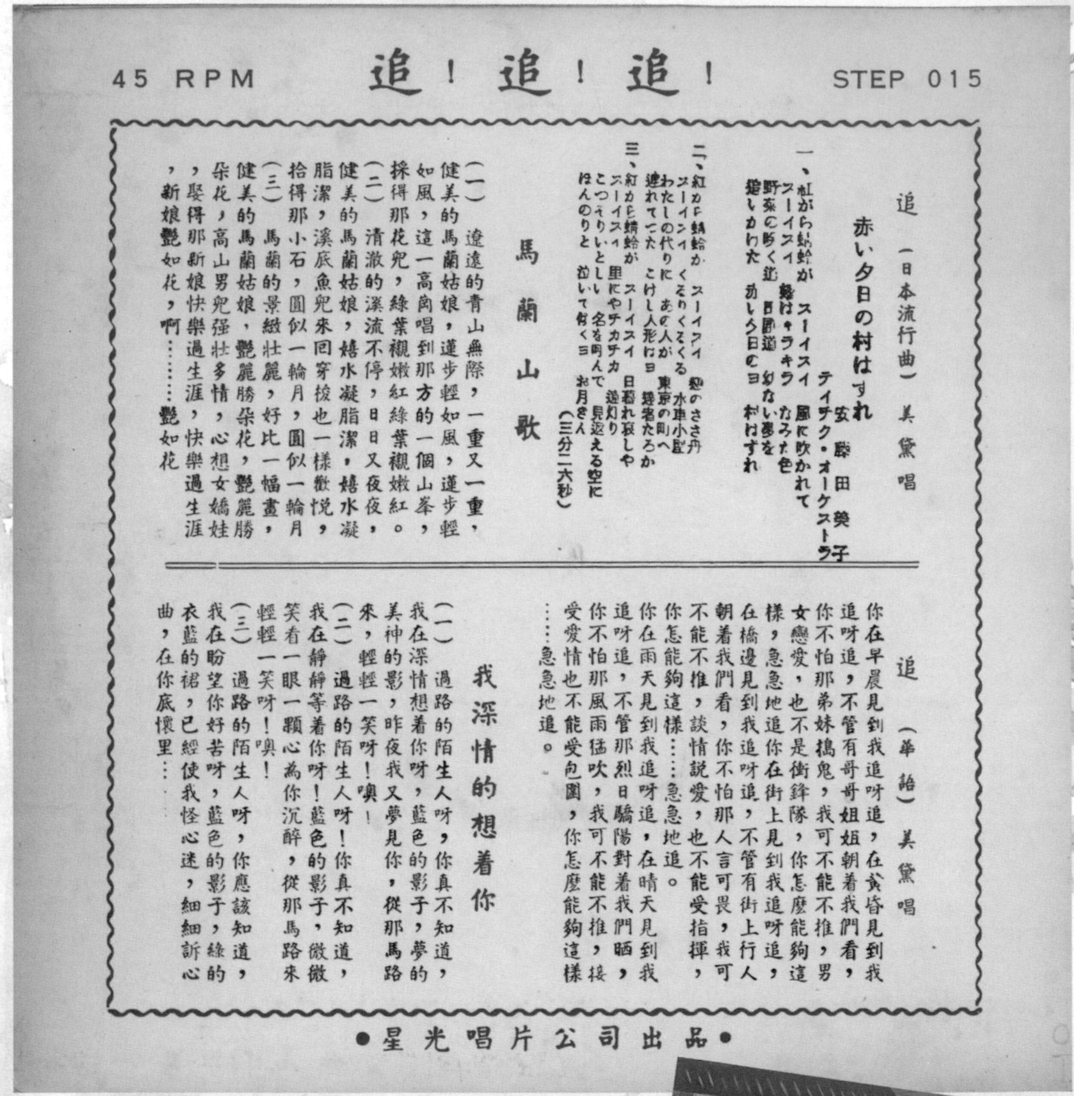
45 RPM　追！追！追！　STEP 015

追（日本流行曲）　美黛唱

赤い夕日の村はずれ
安藤田榮子
テイチク・オーケストラ

一、紅がら蜻蛉が　スーイスイ　風に吹かれて
スーイスイ　羽はキラキラ　なみだ色
野菜の畑く道　田圃道　幼ない夢を
追いかけた　赤い夕日のヨ　村はずれ

二、紅カF蜻蛉か　スーイスイ　想のささ舟
スーインスイ　くるりくるくる　水車小屋
わたしの代りに　あの人が　東京の町へ
連れて行った　こけし人形はヨ　達者だろか

三、紅カF蜻蛉が　スーイスイ　日暮れ寂しや
スーイスイ　里にやチカチカ　遠灯り
こつえりいとしい　名を呼んで　見返える空に
ほんのりと　泣いて行くヨ　お月さん
（三分二六秒）

馬蘭山歌

（一）遼遠的青山無際，一重又一重，健美的馬蘭姑娘，蓮步輕如風，蓮步輕如風，這一高崗唱到那方的一個山峯，採得那花兒，綠葉襯嫩紅綠葉襯嫩紅。

（二）清澈的溪流不停，日日又夜夜，健美的馬蘭姑娘，嬉水凝脂潔，嬉水凝脂潔，溪底魚兒來回穿梭也一樣歡悅，拾得那小石，圓似一輪月，圓似一輪月，

（三）馬蘭的景緻壯麗，好比一幅畫，健美的馬蘭姑娘，艷麗勝朵花，艷麗勝朵花，高山男兒强壯多情，心想女嬌娃，娶得那新娘快樂過生涯，快樂過生涯，新娘艷如花，啊……艷如花

追（華語）　美黛唱

你在早晨見到我追呀追，在黃昏見到我追呀追，不管有哥哥姐姐朝着我們看，你不怕那弟妹搗鬼，我可不能不推，男女戀愛，也不是衝鋒隊，你怎麼能夠這樣，急急地追你在街上見到我追呀追，在橋邊見到我追呀追，不管有街上行人朝着我們看，你不怕那人言可畏，我可不能不推，談情說愛，也不能受指揮，你怎能夠這樣……急急地追。

你在雨天見到我追呀追，在晴天見到我追呀追，不管那烈日驕陽對着我們晒，你不怕那風雨猛吹，我可不能不推，接受愛情也不能受包圍，你怎麼能夠這樣……急急地追。

我深情的想着你

（一）過路的陌生人呀，你真不知道，我在深情想着你呀，藍色的影子，夢的美神的影，昨夜我又夢見你，從那馬路來，輕輕一笑呀！噢！

（二）過路的陌生人呀！你真不知道，我在靜靜等着你呀！藍色的影子，微微笑看一眼一顆心為你沉醉，從那馬路來輕輕一笑呀！噢！

（三）過路的陌生人呀，你應該知道，我在盼望你好苦呀，藍色的影子，綠的衣藍的裙，已經使我怪心迷，細細訴心曲，在你底懷里……

•星光唱片公司出品•

②

① 星光唱片 STEP-015 追 - 封面
② 星光唱片 STEP-015 追 - 封底

①

追
美黛唱
我深情的想着您

CHIANGHUAT
ECHO
CH 3002
美黛之歌
第二輯

ECHO・CH-3002 美黛之歌第二輯－封面

① 海麗唱片 HLA-3098《美黛的問候－翡翠灣專輯》－封面
② 海麗唱片 HLA-3098《美黛的問候－翡翠灣專輯》－封底
③ 海麗唱片 HLA-3098《美黛的問候－翡翠灣專輯》－廣告宣傳單（正面）
④ 海麗唱片 HLA-3098《美黛的問候－翡翠灣專輯》－廣告宣傳單（背面）

美黛的問候
翡翠灣

①

美黛的問候
翡翠灣 專輯
讓美黛帶您找回失
海麗唱片
HI-LE RECORD CORPORATION

③

②

海麗唱片
HI-LE RECORD CORPORATION
A
1. 翡翠灣
4. 歌女之歌
B
1. 朝陽
2. 天上人間
3. 五更相思
4. 玫瑰我為你陶醉
製作：MiDi群
編曲、演奏：林志勳
企劃：游志平
設計：周文玲
錄音室：海麗專業錄音室
海麗唱片實業股份有限公司 出版登記/局版台音字0197號 地址/台中市青海路一段147號 TEL/(04)2551212
台北辦事處/台北市仁愛路四段122巷63號5F TEL:(02)7093820
定價：150
讓美黛帶您找回失

海麗唱片 HLA-3098《美黛的問候－翡翠灣專輯》

《A面》

翡翠灣(電影漁歌挿曲)

(男)翡翠灣呀翡翠灣，翡翠灣跟畫一般
　　灣裡邊人情多麼暖，灣裡的姑娘多麼甜
(女)翡翠灣呀翡翠灣裡太孤單
　　灣裡邊添上一個你，灣裡的風光勝往年
※我勸你畫個翡翠灣，中間加個小圈圈
　　我們都畫在圈圈裡呀一塊生活一塊兒玩
(男)我們去打魚我搖船
(女)我們買菜你提籃，我們來燒鍋你淘米呀
(男)你們歌唱我操弦
(合)翡翠灣呀翡翠灣，翡翠灣裡像桃源
(女)灣裡邊不能沒有你
(合)一輩子難離翡翠灣※

本曲爲電影"漁歌"挿曲，此次編曲，特以管弦樂器和效果樂器來表達全曲的意境，讓聽者感到自己彷彿也來到這麼一處有山、有水、蟲叫鳥鳴、景色怡人的世外桃源，如在現今繁華的社會中，再覓得如此佳境，誰一輩子也不想離開翡翠灣。

採莓女　作詞・作曲/孫樸生

※雲淡、風輕、艷陽照，携手結伴去踏青
※雲白的小花迎風展，鮮紅的草莓嬌欲滴
山長水遠觀不盡，採莓的人兒笑嘻嘻雲
白的小花迎風展，鮮紅的草莓嬌欲滴莓
甜當憶採莓女，切莫只念莓似蜜※
雲淡、風輕
雪白的小花迎風展，採莓女結伴一群群

本曲前奏部份以笛子和鳥叫聲的表現，有如清晨的寧靜，讓人感到有一展筋骨的慾望，輕快的節奏又表現出一群天眞活潑的採莓女一邊辛勤工作，一邊唱著山歌，讓人聽了頓時疲勞皆消的感覺。

啊呀呀　作詞・作曲：姚敏

啊呀　啊呀　啊呀　人兒一去音訊杳
啊呀　啊呀　啊呀　我的心碎了
※還是你另有心上人，將往事付東流
還是你無從將書投使我更難受
啊呀　啊呀　啊呀　人兒一去音訊杳
啊呀　啊呀　啊呀　我的心碎了※

本曲採快 Waltz，歌名非常特殊，詞句亦十分簡單，容易朗朗上口，借著啊呀呀來表達無奈的情感。

歌女之歌(歌女之歌主題曲)

作詞/林枚・作曲/陳式
我引吭我歌唱・唱出人們的希望
興奮地迎接那明媚的春光
我引吭我歌唱，唱出人們的滄桑
委宛地訴說那往事的淒涼
春光無限好，往事總斷腸
人間有悲歡，歌聲也有低昂
歌一曲夜未央，忘去心頭的創傷
愉快地追求那美麗的幻想

早期上海時代女歌手皆稱做歌女，至今則稱爲女歌星，而一般人對女歌星生活皆存有偏差的誤解，其實歌星的生活和我們一樣，有歡笑、有悲愁，也必須爲了生活奔忙，猶如音樂的音符，有高低起浮，只要您鼓起勇氣，忘却心中的傷痛，終有成功的一天。

殘花恨　作詞/司徒明・作曲/姚敏

想前想後太憂悶，紅顏命薄呀，心裡有無限恨，恨那双親窮困呀，把我送娼門，彷彿命定終身，混在烟花裡覓前程，青樓十年如一夢，虛度了青春，大爺上門，都要去奉承，指望嫁個如意郎，帶我離娼門，富貴榮華，享不完一生，一聲聲唱出那怨憤，大爺們聽出神，靜靜地聽我一曲殘花恨。
想前想後太憂悶，好花將謝呀，想起了更傷神，恨那自己昏沈呀，錯認意中人，不愛公子王孫，見到海棠紅失了魂，走進馬家當主婦，從此算有根，同度歲月，當初還安份，可歎郎君氣不爭，鎯鐺入牢門，祗爲生活，又墮入風塵，一聲聲唱出那怨憤，大爺們，聽出神，靜靜地聽我一曲殘花恨。
想前想後太憂悶，美人遲暮呀，夕陽呀，夕陽呀近黃昏，恨那天公無情呀，沒法跳龍門，依舊賣笑度生，想享富貴呀沒福份，前程茫茫日子難，憑什麼生存，各花將殘，全靠那脂粉，不知那個好郎君，娶我回家門，從此安樂，快活過一生，一聲聲唱出那怨憤，大爺們聽出神，聽罷我一曲把酒來斟。

※詞曲淺釋
本曲屬小調節奏，則敍述烟花女自幼家貧被賣到青樓，每天須迎合奉承有錢的大爺，過著那強顏歡笑空虛的生活，而日夜盼望著能找到一個如意郎君，託付此生。
當找到如意君時，却又遇人不淑，郎君鎯鐺入獄，爲了生活又重墮入風塵，眞可說神女生涯本是夢，紅顏多薄命啊！

美黛的問候

給歌友的一封信

親愛的歌友：
歌唱一直是我一生中最大的興趣和嗜好，退出唱片市場至今，也已十餘年了，一些平日到餐廳捧場的老歌友，時常催促我，怎麼不再灌錄唱片呢？然而我也感到非常惶恐，常反問自己還行嗎？加上海麗唱片公司誠懇的邀請，推出此次新專輯，但最大的原動力仍算是歌友們的熱烈支持和鼓勵。此次專輯除了老歌外，也特請孫樸生教授等幾位名家作了幾首新歌，做為答謝歌友們以往的支持和鼓勵，而我也覺得有責任，將好的歌曲和較具中國風味的歌曲，介紹給年青一代的朋友認識，也希望此次專輯能再獲得各位歌友的肯定！謝謝!!

美黛

A 1.翡　翠　灣
　2.採　莓　女
　3.啊　呀　呀
　4.歌　女　之　歌
　5.殘　花　夢

B 1.朝　　　陽
　2.天　上　人　間
　3.五　更　相　思
　4.玫瑰我爲你陶醉

監　　製：周　連　昌
製　　作：MiDi群
編曲・演奏：林志勳
企　　劃：游　志　平
設　　計：周　文　玲
合　　聲：孫樸生・蔡淑慎
錄　音　室：海麗專業錄音室
錄音・混音師：周　祥　旗

《B面》

朝　陽　作曲・作詞/孫樸生

※人生要如朝陽，冉冉昇起光芒萬丈
它的光爲天空增顏色，
它的熱爲人間增力量
陽光，陽光穿過平原翻越山崗，
把陰霾一掃光，把陰霾一掃光
人生要如朝陽，冉冉昇起光芒萬丈
它的光爲天空增顏色，
它的熱爲人間增力量※

在人生的旅程中，不要因小小挫折而心灰意懶、懷憂喪志，跌倒了自己要爬起來，繼續向前奮鬥，才能展放萬丈光芒。

天上人間(天長地久)

作詞/范烱橋・作曲/姚敏
(合)紅遮翠障錦雲中，人間鸞鳳御爐香，縹渺隨風，今宵花月都美好，春氣溢深宮
(男)願似這金釵彩鳳，双翅交飛在禁中，願似這玲瓏細盒，百歲同心情意濃。
(女)看雙星一年一度重逢，似這般天長地久，願彼此恩愛相同。
(男)櫛風沐雨，盡力耕種，要麥黃稻熟慶豐年，大家有飯吃，民生第一功。
(女)焚膏繼晷，盡心紡織，要成布成帛奪天工，大家有衣穿，民生第一功。
(合)一年容易又秋風，屈指佳期又到，渡銀河又夢到巫峯。
(女)你別來無恙，依舊意氣如虹，力田辛苦，雨雨風風，恨盈盈一水，如隔關塞重重，不能相依朝夕，祗有靈犀一點通。
(男)你韶華永駐，依舊玉貌花容，女紅辛苦，雨雨風風，恨盈盈一水，如隔關塞重重，不能歡樂相共，祗有靈犀一點通。
(合)來也匆匆，去也匆匆，良宵苦短，情話偏濃。縱使會少離多，却是天長地久，人間天上不相同。

愛情是一個很甜蜜的名詞，但相愛却不能長相廝守，又是一件很遺憾的事，反不如天上牛郎、織女，雖一年只能相聚一次，還可互訴相思之情。

五更相思　作詞/棣孫・作曲/姚敏

一更裏相思望郎歸，舊情如煙恨難耐，淚珠點點濕羅衫，怨情郎，狠心腸，爲何不把書信帶。
二更裏相思盼郎回，當初你我情恩愛，去年別離花正開，薄情郎，忘却奴，今年花開還不來。
三更裏相思愁滿懷，花容憔悴奴心酸，脂粉亂點，懶妝扮，問情郎，從今後，玉環金釵爲誰戴？
四更裏相思淚滿腮，閨中祗有明月伴，鳥語花香人何在？晚風吹，花影動，還疑情郎入簾來！
五更裏相思奴心灰，孤燈殘燭訴悲哀，早知別離，又何必相會？負心郎，教奴奴，從今常把相思害！

相隔兩地遙遠相思苦，日夜望郎歸，却遲不歸，孤燈殘燭無人訴悲懷，花容憔悴心欲醉，天地間也只有情字最難解的了，本曲特以一至五更方式，來描述相思之苦。

玫瑰我爲你陶醉　棣孫詞　姚敏曲

玫瑰玫瑰你香清色雅甜美
你純潔不染塵埃，我爲你陶醉
玫瑰玫瑰你給我輕憐蜜愛
永不受任何摧殘，我爲你陶醉
你在荆棘中長成遍身帶滿了刺針
玫瑰刺雖多，但是情意深
玫瑰玫瑰你芬芳幽靜嬌美
你淸秀端莊華貴我爲你陶醉

本曲屬 Slow Rock 節奏，充滿百樂門的風味，玫瑰象徵愛情昇華的代表者，它雖然多刺，只要你不有意去摧折它，就不會被它所刺傷，而它仍會是那麼端莊華貴聳立在那。

海麗唱片 HLA-3098《美黛的問候 - 翡翠灣專輯》

Apple 2018

合衆中國歌曲　第廿九集　　CM-29

昭　君　怨

美黛唱

【第　一　面】

1 昭　君　怨

2 春　思　曲

【第　二　面】

1 千 里 吻 伊 人

2 殘　花　恨

林禮涵編曲

合衆管絃樂團伴奏

封面設計　侯平治

民國54年6月25日發行

【第　一　面】

昭　君　怨

王昭君悶坐雕鞍思憶漢皇
朝朝暮暮　暮暮朝朝　黯然神傷
前途茫茫　極目空翹望　見平沙雁落
聲斷衡陽月昏黃
返照應門關上　塞外風霜
悠悠馬蹄忙鎮日思想
長夜思量　魂夢憶君王
漢家庭院空神傷
異地風雲此恨長　雙雙珠淚濕羅裳
旅館淒涼月未央　月照紗窗苦斷腸
望君門萬里空遙想
怎不怎不叫奴悵惘
好不好不叫奴悽愴
從此琵琶馬上彈不盡悲歌一曲血淚兩行
陽關初唱　往事難忘琵琶一疊
回首望故國　河山總斷腸　憶家庭景況
椿萱恩重棣萼情長遠別家鄉
舊夢前塵　前塵舊夢空惆悵
陽關再唱　觸景神傷琵琶二疊
凝眸望野草　閑花驛路長　問天涯莽莽
平沙雁落大道霜寒胡地風光
賸水殘山　殘山賸水無心賞
陽關終唱　後事淒涼琵琶三疊
前途望身世　飄零付杳茫嘱君夜茫茫
魂歸漢帝目睹朝陽久後思量地老天長
天長地老長懷想　一曲琵琶恨正長

春　思　曲

劉藝吾　詞曲

燕子雙飛　畫棟怎知人意
靓園林雨寒風恣
愁眉斂盡重門閉
望斷天涯　柳泣桃花啼
倚闌心亂兮　生相思意
淚依依　芳塵何異
願千里幽恨兩人知
舊遊如夢　明月心相繫

【第　二　面】

千 里 吻 伊 人

一、天蒼蒼　海悠悠
鴻雁在飛魚在游
人們不知何處去
綠波依舊東流
記得前年春半時
青梅如豆花如繡
南湖泛舟笛聲柔
頻低柳葉眉　半喜還半羞

二、風細細　雨霏霏
臨水岸旁相偎依
慢向耳邊作細語
薄命有如柳絮
風和日暖好天氣
小樓並肩蝴蝶飛
按花嬌嗔故相惱
拭淚共起誓　相隨永不離

三、關山際　暮雲深
水遠山長何處尋
夜深風竹敲秋韻
萬葉千聲皆成恨
紅豆樹下誰堪寄
腸斷自今誰勸問
舊歡新夢覺來時
願身能化月　千里吻伊人

殘　花　恨

一、想前想後太憂悶
紅顏命薄呀　心裡有無限恨
恨那雙親窮困呀　把我送娼門
彷彿命定終身　混在煙花裡覓前程
青樓十年如一夢　虛度了青春
大爺上門都要去奉承
指望嫁個如意郎　帶我離娼門
富貴榮華　享不完一生
一聲聲唱出那怨憤　大爺們聽出神
靜靜地聽我一曲殘花恨

二、想前想後太憂悶
好花將謝呀　想起了更傷神
恨那自己昏沉呀　錯認意中人
不愛公子王孫　見到海棠紅失了魂
走進馬家當主婦　從此算有根
同度歲月當初還安份
可歎郎君氣不爭　鋃鐺入牢門
祇為生活　又墜入風塵
一聲聲唱出那怨憤　大爺們聽出神
靜靜地聽我一曲殘花恨

三、想前想後太憂悶
美人遲暮呀　夕陽呀近黃昏
恨那天公無情呀　沒法跳龍門
依舊賣笑度生　想享富貴呀沒福份
前程茫茫日子難　憑什麼生存
名花將殘全靠那脂粉
不知那個好郎君　取我回家門
從此安樂　快活過一生
一聲聲唱出那怨憤　大爺們聽出神
聽罷我一曲把酒來斟

定價二十五元

合衆唱片製造廠出版

出版登記證：內版台音字第一三九號
廠　址：臺北縣板橋鎮埔墘里四五之一一號
連絡處：臺北南京西路一〇四號
電　話：四四〇一八號

②

CM-29
昭君怨
美黛主唱
CHINESE POPULAR SONGS VOL-29

①

① 合眾唱片 CM-29 昭君怨 - 封面
② 合眾唱片 CM-29 昭君怨 - 封底

合眾唱片 MCM-1005 追

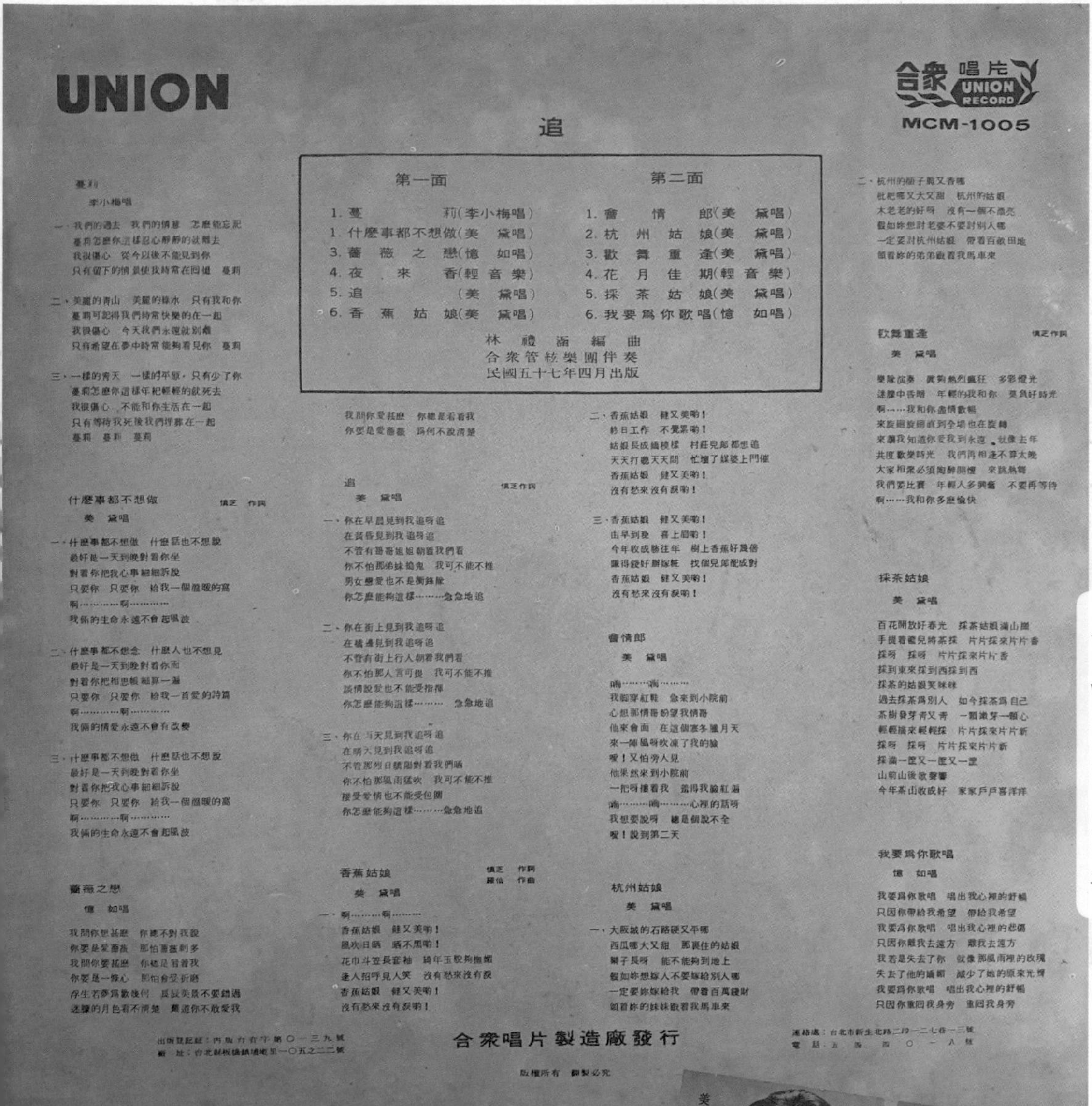

UNION

合衆唱片 UNION RECORD

MCM-1005

追

第一面	第二面
1. 蔓　　　莉(李小梅唱)	1. 會　情　郎(美　黛唱)
1. 什麼事都不想做(美　黛唱)	2. 杭　州　姑　娘(美　黛唱)
3. 薔　薇　之　戀(憶　如唱)	3. 歡　舞　重　逢(美　黛唱)
4. 夜　來　香(輕　音　樂)	4. 花　月　佳　期(輕　音　樂)
5. 追　　　(美　黛唱)	5. 採　茶　姑　娘(美　黛唱)
6. 香　蕉　姑　娘(美　黛唱)	6. 我要爲你歌唱(憶　如唱)

林　禮　涵　編　曲
合衆管絃樂團伴奏
民國五十七年四月出版

蔓莉

李小梅唱

一、我們的過去　我們的情意　怎麼能忘記
蔓莉怎麼你這樣忍心靜靜的就離去
我很傷心　從今以後不能見到你
只有留下的情景使我時常在回憶　蔓莉

二、美麗的青山　美麗的綠水　只有我和你
蔓莉可記得我們時常快樂的在一起
我很傷心　今天我們永遠就別離
只有希望在夢中時常能夠看見你　蔓莉

三、一樣的青天　一樣的平原，只有少了你
蔓莉怎麼你這樣年紀輕輕的就死去
我很傷心　不能和你生活在一起
只有等待我死後我們埋葬在一起
蔓莉　蔓莉　蔓莉

什麼事都不想做　　慎芝　作詞

美　黛唱

一、什麼事都不想做　什麼話也不想說
最好是一天到晚對着你坐
對着你把我心事細細訴說
只要你　只要你　給我一個溫暖的窩
啊…………啊…………
我倆的生命永遠不會起風波

二、什麼事都不想念　什麼人也不想見
最好是一天到晚對着你面
對着你把相思帳細算一遍
只要你　只要你　給我一首愛的詩篇
啊…………啊…………
我倆的情愛永遠不會有改變

三、什麼事都不想做　什麼話也不想說
最好是一天到晚對着你坐
對着你把我心事細細訴說
只要你　只要你　給我一個溫暖的窩
啊…………啊…………
我倆的生命永遠不會起風波

薔薇之戀

憶　如唱

我問你想甚麼　你總不對我說
你要是愛薔薇　那怕薔薇刺多
我問你要甚麼　你總是看着我
你要是一條心　那怕會受折磨
浮生若夢爲歡幾何　良辰美景不要錯過
迷朦的月色看不清楚　難道你不敢愛我
我問你愛甚麼　你總是看着我
你要是愛薔薇　爲何不說清楚

追　　慎芝作詞

美　黛唱

一、你在早晨見到我追呀追
在黃昏見到我追呀追
不管有哥哥姐姐朝着我們看
你不怕那弟妹搗鬼　我可不能不推
男女戀愛也不是衝鋒陣
你怎麼能夠這樣………急急地追

二、你在街上見到我追呀追
在橋邊見到我追呀追
不管有街上行人朝着我們看
你不怕那人言可畏　我可不能不推
談情說愛也不能受指揮
你怎麼能夠這樣………　急急地追

三、你在雨天見到我追呀追
在晴天見到我追呀追
不管那烈日驕陽對着我們曬
你不怕那風雨猛吹　我可不能不推
接受愛情也不能受包圍
你怎麼能夠這樣………急急地追

香蕉姑娘　　慎芝　作詞　羅仙　作曲

美　黛唱

一、啊………啊………
香蕉姑娘　健又美喲！
風吹日晒　晒不黑喲！
花巾斗笠長套袖　綺年玉貌夠撫媚
逢人招呼見人笑　沒有愁來沒有淚
香蕉姑娘　健又美喲！
沒有愁來沒有淚喲！

二、香蕉姑娘　健又美喲！
終日工作　不覺累喲！
姑娘長成繡模樣　村莊兒郎都想追
天天打聽天天問　忙壞了媒婆上門催
香蕉姑娘　健又美喲！
沒有愁來沒有淚喲！

三、香蕉姑娘　健又美喲！
由早到晚　喜上眉喲！
今年收成勝往年　樹上香蕉好幾倍
賺得錢好辦嫁粧　找個兒郎配成對
香蕉姑娘　健又美喲！
沒有愁來沒有淚喲！

會情郎

美　黛唱

喲………喲………
我脚穿紅鞋　急來到小院前
心想那情哥盼望我情妹
他來會面　在這個寒冬臘月天
來一陣風呀吹凍了我的臉
喔！又怕旁人見
他果然來到小院前
一把呀摟着我　羞得我臉紅遍
喲………喲………心裡的話呀
我想要說呀　總是個說不全
喔！說到第二天

杭州姑娘

美　黛唱

一、大阪城的石路硬又平哪
西瓜哪大又甜　那裏住的姑娘
辮子長呀　能不能夠到地上
假如妳想嫁人不要嫁給別人哪
一定要妳嫁給我　帶着百萬錢財
領着妳的妹妹跟着我馬車來

二、杭州的梔子鮮又香哪
枇杷哪又大又甜　杭州的姑娘
大老老的好呀　沒有一個不漂亮
假如妳想討老婆不要討別人哪
一定要討杭州姑娘　帶着百畝田地
領着妳的弟弟跟着我馬車來

歡舞重逢　　慎芝作詞

美　黛唱

樂隊演奏　實夠熱烈瘋狂　多彩燈光
迷朦中昏暗　年輕的我和你　莫負好時光
啊……我和你盡情歡暢
來旋轉旋轉直到全場也在旋轉
來讓我知道你要我到永遠，就像去年
共度歡樂時光　我們再相逢不算太晚
大家相聚必須陶醉開懷　來跳熱舞
我們要比賽　年輕人多興奮　不要再等待
啊……我和你多麼愉快

採茶姑娘

美　黛唱

百花開放好春光　採茶姑娘滿山崗
手提着籃兒將茶採　片片採來片片香
採呀　採呀　片片採來片片香
採到東來採到西採到西
採茶的姑娘笑咪咪
過去採茶爲別人　如今採茶爲自己
茶樹發芽青又青　一顆嫩芽一顆心
輕輕摘來輕輕採　片片採來片片新
採呀　採呀　片片採來片片新
採滿一筐又一筐又一筐
山前山後歌聲響
今年茶山收成好　家家戶戶喜洋洋

我要爲你歌唱

憶　如唱

我要爲你歌唱　唱出我心裡的舒暢
只因你帶給我希望　帶給我希望
我要爲你歌唱　唱出我心裡的悲傷
只因你離我去遠方　離我去遠方
我若是失去了你　就像那風雨裡的玫瑰
失去了他的嬌豔　減少了她的原來光輝
我要爲你歌唱　唱出我心裡的舒暢
只因你重回我身旁　重回我身旁

出版登記証：內版台省字第〇一三九號
廠　址：台北縣板橋鎮埔墘里一〇五之二二號

合衆唱片製造廠發行

連絡處：台北市新生北路二段一二七巷一三號
電　話：五　四　四　〇　一　八號

②

美黛
追
李小梅

①

① 合眾唱片 MCM-1005 追 - 封面
② 合眾唱片 MCM-1005 追 - 封底

Apple2018

① Philips 唱片 SFX-7044 精選中國歌曲集第一集－封面
② Philips 唱片 SFX-7046 精選中國歌曲集第二集－封面

①

PHILIPS
STEREO
SFX-7044
PHILIPS
ステレオ
「精選中国歌曲集」
精選
中国歌曲集
Best Hits from China
© Muzikland
フィリップス
レコード

②

SFX-7046
STEREO
PHILIPS
精選
中國歌曲集
才二集
Best Hits from China Vol.2
© Muzikland

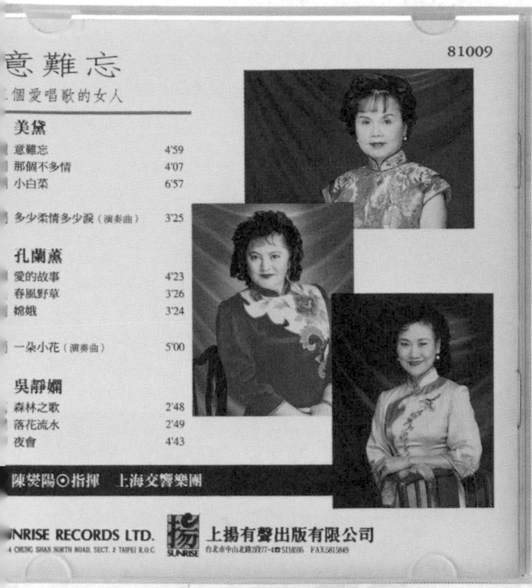
意難忘
81009
三個愛唱歌的女人
美黛
意難忘 4'59
那個不多情 4'07
小白菜 6'57
多少柔情多少淚（演奏曲） 3'25
孔蘭薰
愛的故事 4'23
春風野草 3'26
嫦娥 3'24
一朵小花（演奏曲） 5'00
吳靜嫻
森林之歌 2'48
落花流水 2'49
夜會 4'43
陳燮陽⊙指揮 上海交響樂團
SUNRISE RECORDS LTD.
上揚有聲出版有限公司

美黛
1 意難忘 4'59
2 那個不多情 4'07
3 小白菜 6'57
4 多少柔情多少淚（演奏曲） 3'25
孔蘭薰
5 愛的故事 4'23
6 春風野草 3'26
SUNRISE
81009
COMPACT disc DIGITAL AUDIO
意難忘
——三個愛唱歌的女人
陳燮陽 指揮
上海交響樂團
7 嫦娥 3'24
8 一朵小花（演奏曲） 5'00
吳靜嫻
9 森林之歌 2'48
10 落花流水 2'49
11 夜會 4'43
C P 1994 SUNRISE RECORDS. LIMITED TAIPEI, TAIWAN.

意難忘
三個愛唱歌的女人
美黛
意難忘 4'59
那個不多情 4'07
小白菜 6'57
多少柔情多少淚（演奏曲） 3'25
孔蘭薰
愛的故事 4'23
春風野草 3'26
嫦娥 3'24
一朵小花（演奏曲） 5'00
吳靜嫻
森林之歌 2'48
落花流水 2'49
夜會 4'43
陳燮陽⊙指揮 上海交響樂團
國語經典・風華再現
SUNRISE RECORDS LTD.
上揚有聲出版有限公司
4 710776 810098

SUNRISE
意難忘－三個愛唱歌的女人
美黛、孔蘭薰、吳靜嫻：陳燮陽 指揮 上海交響樂團
珍藏版
限量發行

①

②

① 上揚唱片 81009 意難忘－
三個愛唱歌的女人－CD 封面
② 上揚唱片 81009 意難忘－
三個愛唱歌的女人－CD 封底
③ 上揚唱片 81009 意難忘－
三個愛唱歌的女人－CD 內裝

Apple 2018

歌声忆当年
美黛
KARAOKE

美黛
歌声忆当年
第一面
01 YI NAN WANG 忆难忘
02 WO ZAI NI ZUO YOU 我在你左右
03 WO HAI SHI YONG YUAN AI ZHE NI 我还是永远爱着你
04 MEI JIU JIA KA FEI 美酒加咖啡
05 WANG JI NI BU RONG YI 忘记你不容易
06 CAI HONG LING 采红菱
07 YUE ER WAN WAN ZHAO JIU ZHOU 月儿弯弯照九州
08 JIU XING MENG CAN 酒醒梦残
09 CAI BIN LANG 采槟榔
10 BU XU TA HUI JIA 不许他回家
11 YAO YUAN JI XIANG SI 遥远寄相思
12 XUN MI 寻觅
13 YUE GUANG XIANG QING WANG 月光像情网
14 HEN NI BU HUI TOU 恨你不回头
15 ZHENG MING WO DUO AI NI 证明我多爱你
第二面
01 BAN HUANG DI 扮皇帝
02 CAO YUAN ZHI YE 草原之夜
03 XIAO FANG NIU 小放牛
04 QIU SHUI YI REN 秋水伊人
05 WO YOU YI DUAN QING 我有一段情
06 CHU YI DAO SHI WU 初一到十五
07 XIANG JIAN BU RU HUAI NIAN 相见不如怀念
08 JIN TIAN BU HUI JIA 今天不回家
09 JI SHI ZAI HUI TOU 几时再回头
10 WEI SHEN ME YAO LIU LEI 为什么要流泪
11 WO MEI YOU PIAN NI 我没有骗你
12 YUE ER XIANG NING MENG 月儿像柠檬
13 LIANG YE BU NENG LIU 良夜不能留
14 NA GE REN JIU SHI WO 那个人就是我
15 DANG ZUO MEI YOU AI GUO NI 当做没有爱过我
KARAOKE
digital SOUND
MULTI AUDIO
COLOUR NTSC
CLV STEREO
• THE UNAUTHORISED REPRODUCTION, BROADCASTING, SCREENING, PUBLIC PERFORMANCE OR RENTING OF THIS DISC IS PROHIBITED BY LAW.
• AFTER PLAYING THIS DISC BE SURE TO REMOVE IT FROM THE PLACE WHERE IT IS SUBJECT TO DIRECT SUNLIGHT OR STORE IN HOT OR DAMP PLACES.
• DO NOT USE RECORD SPRAYS OR ELECTROSTATIC CLEANERS ON THIS DISC. IF IT NEEDS CLEANING, RUB WITH A CLOTH MOISTENED WITH WATER.
新雅（国际）影碟私人有限公司
CMP (INTERNATIONAL) LASER PTE LTD
629 Aljunied Road #07-17 Cititech Industrial Building Singapore 389838
Tel: 748 6661 · Fax: 747 2298
CLD-5078-C

① 新加坡新雅國際影碟私人有限公司 CLD-5078-C《美黛－歌聲憶當年》－ LD 封面
② 新加坡新雅國際影碟私人有限公司 CLD-5078-C《美黛－歌聲憶當年》－ LD 封底

③ 新加坡新雅國際影碟私人有限公司 CLD-5078-C《美黛－歌聲憶當年》－ LD A 面
④ 新加坡新雅國際影碟私人有限公司 CLD-5078-C《美黛－歌聲憶當年》－ LD B 面

③

美黛
歌声忆当年
KARAOKE
CMP (INTERNATIONAL) LASER PTE LTD CLD-5078-C
LASER DISC
A
Extended play/CLV
NTSC
STEREO
MULTI AUDIO
digital SOUND
MADE IN JAPAN

④

美黛
歌声忆当年
KARAOKE
CMP (INTERNATIONAL) LASER PTE LTD CLD-5078-C
LASER DISC
B
Extended play/CLV
NTSC
STEREO
MULTI AUDIO
digital SOUND
MADE IN JAPAN

新加坡新雅國際影碟私人有限公司 CLD-5078-C《美黛－歌聲憶當年》

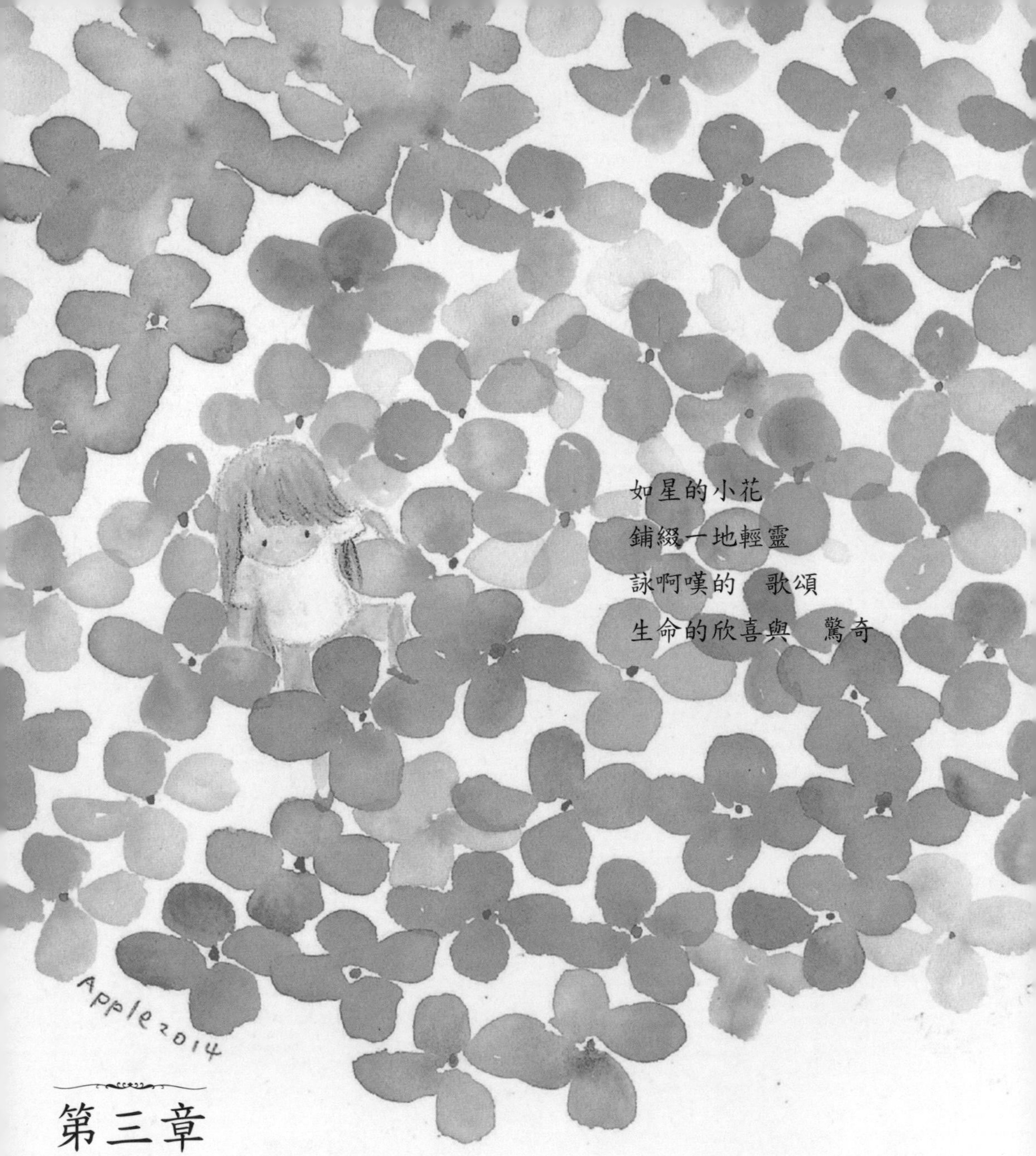
Apple 2014

如星的小花
鋪綴一地輕靈
詠啊嘆的　歌頌
生命的欣喜與　驚奇

第三章

「意難忘－美黛歌唱故事特展」留言條

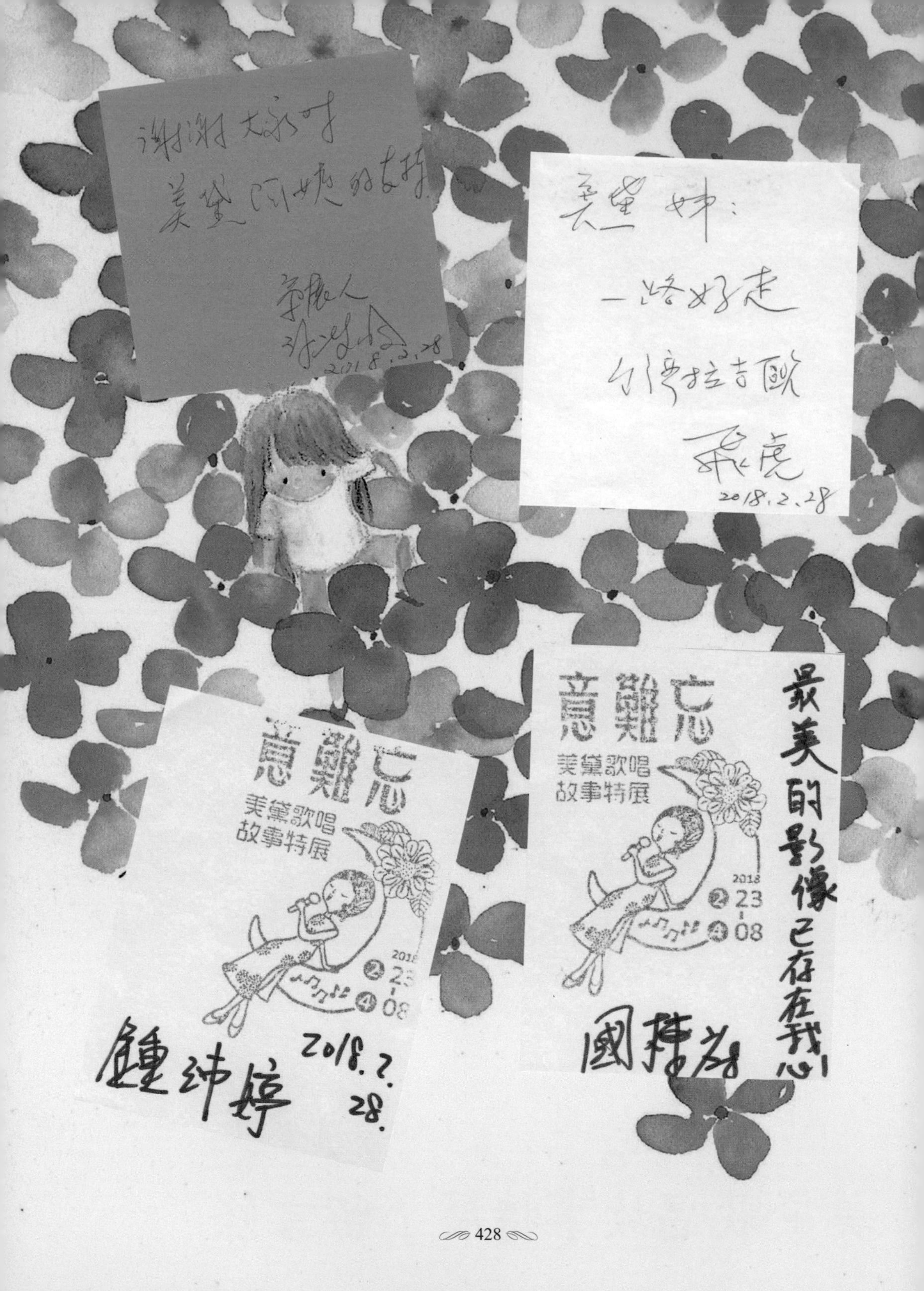
謝謝大家對
美黛阿姨的支持
家屬人
2018.2.28
美黛姊：
一路好走
2018.2.28
意難忘
美黛歌唱
故事特展
2018
2 23
4 08
意難忘
美黛歌唱
故事特展
2018
2 23
4 08
2018.2.28.
最美的影像已存在我心

STAR CRUISES
The Leading Cruise Line In Asia-Pacific
隆重呈现
PROUDLY PRESENTS
美黛&于樱樱
MEI DAI & YU YING YING

新加坡麗星遊輪美黛（左）與于櫻櫻（右）演出海報

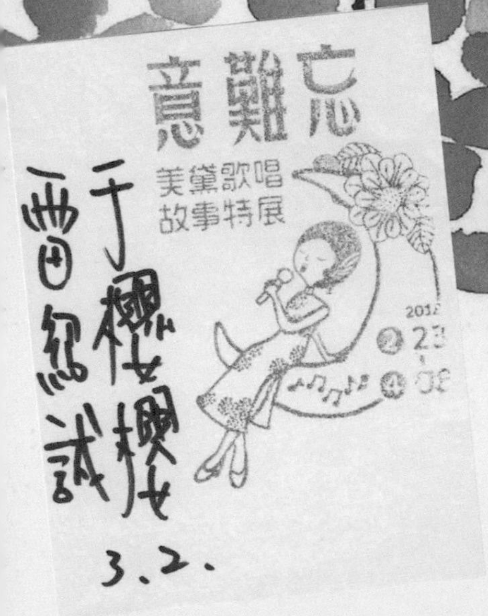
意難忘
美黛歌唱
故事特展
于櫻櫻
3.2.

姊！

月嬌妹

来看妳了

3/2

永遠懷念妳

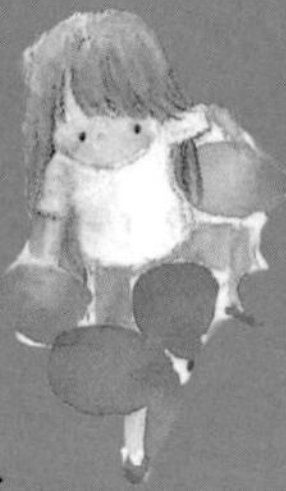

洪素枝 2018.3.4

意難忘，意難忘！

教我怎能忘！

意難忘！

3.3.2018.

美黛姊：

雖然您已羽化成仙

但您抒情悅耳動

聽好歌聲，永遠留

在人間：

Bill Chiang.

2018.3.5

意難忘
美黛歌唱
故事特展

阿姨，

来看妳了

香、娟、貞

3/2

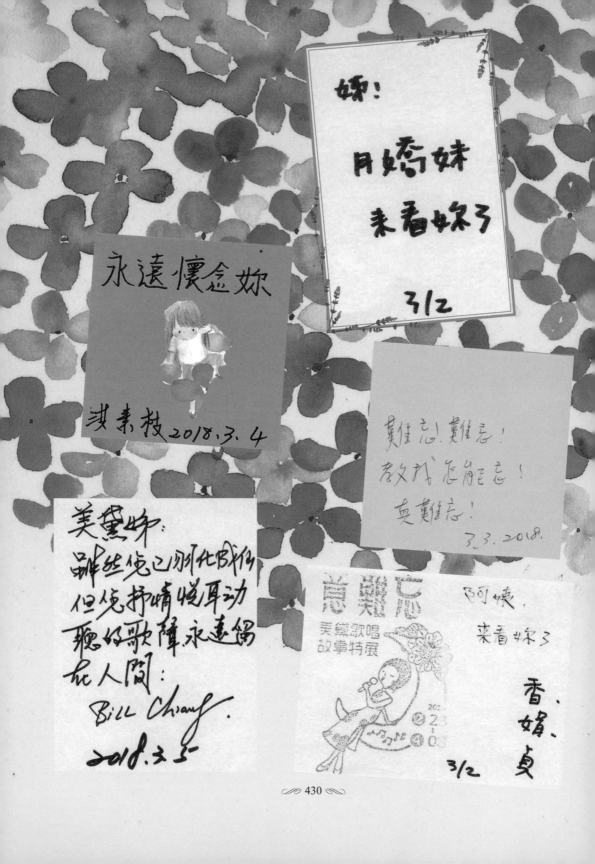

前台視大樂團楊水金團長（左）與美黛

美黛姐，

懷念您的

歌聲！

Kuowei

華風文化事業有限公司 劉國煒總監

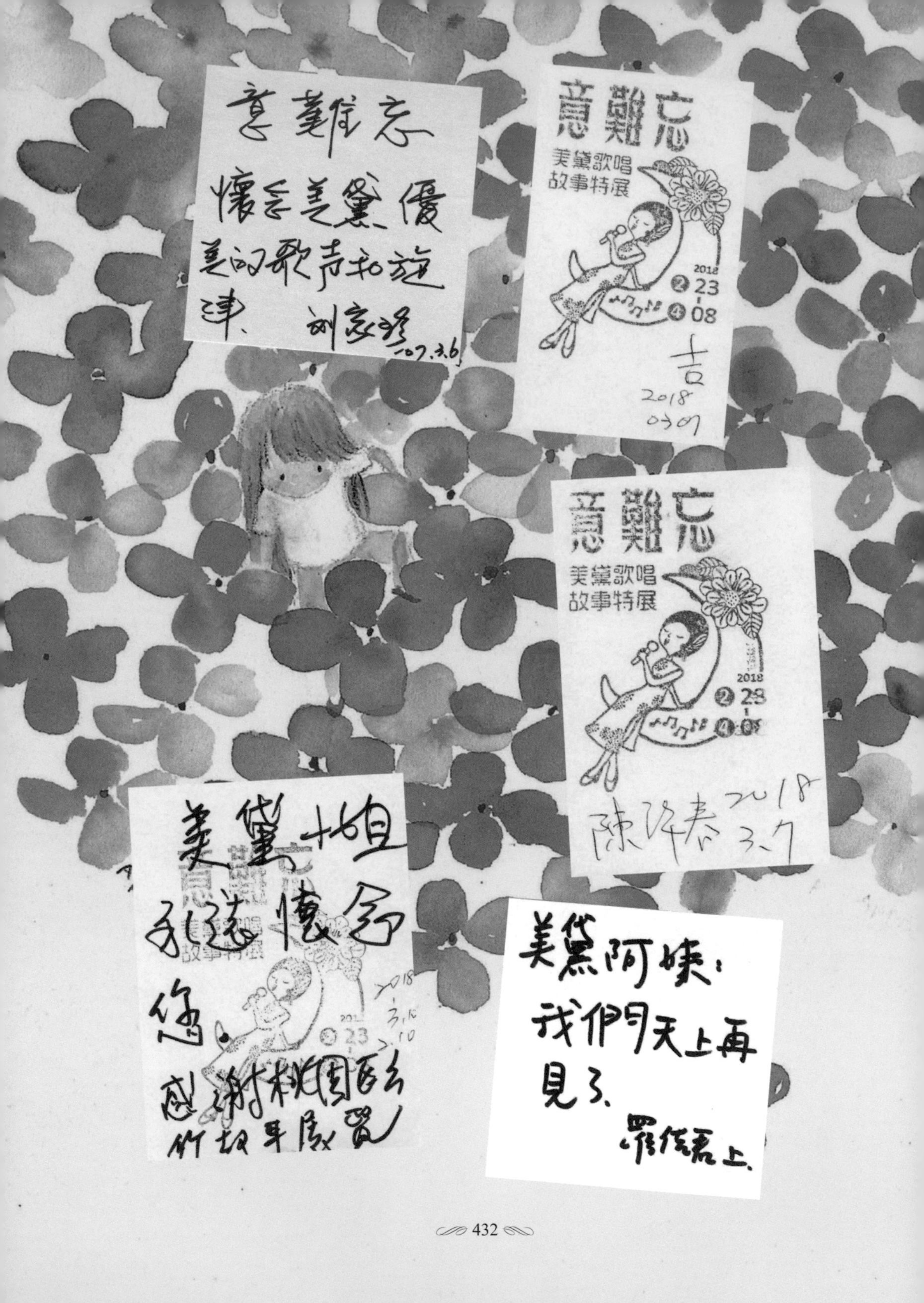
意難忘
懷念美黛優美的歌声和旋律、
107.3.6
意難忘
美黛歌唱故事特展
2018
2 23
4 08
吉
2018
0307
意難忘
美黛歌唱故事特展
2018
2018
3.7
美黛大姐
永遠懷念您
2018
3.10
美黛阿姨：
我們天上再見了、

唱片蒐藏家暨六禾音樂故事館館長陳明章

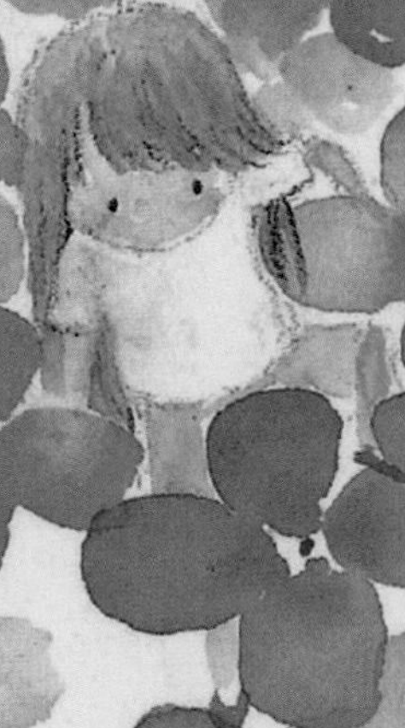

重相逢
彷彿在夢中

陳明章

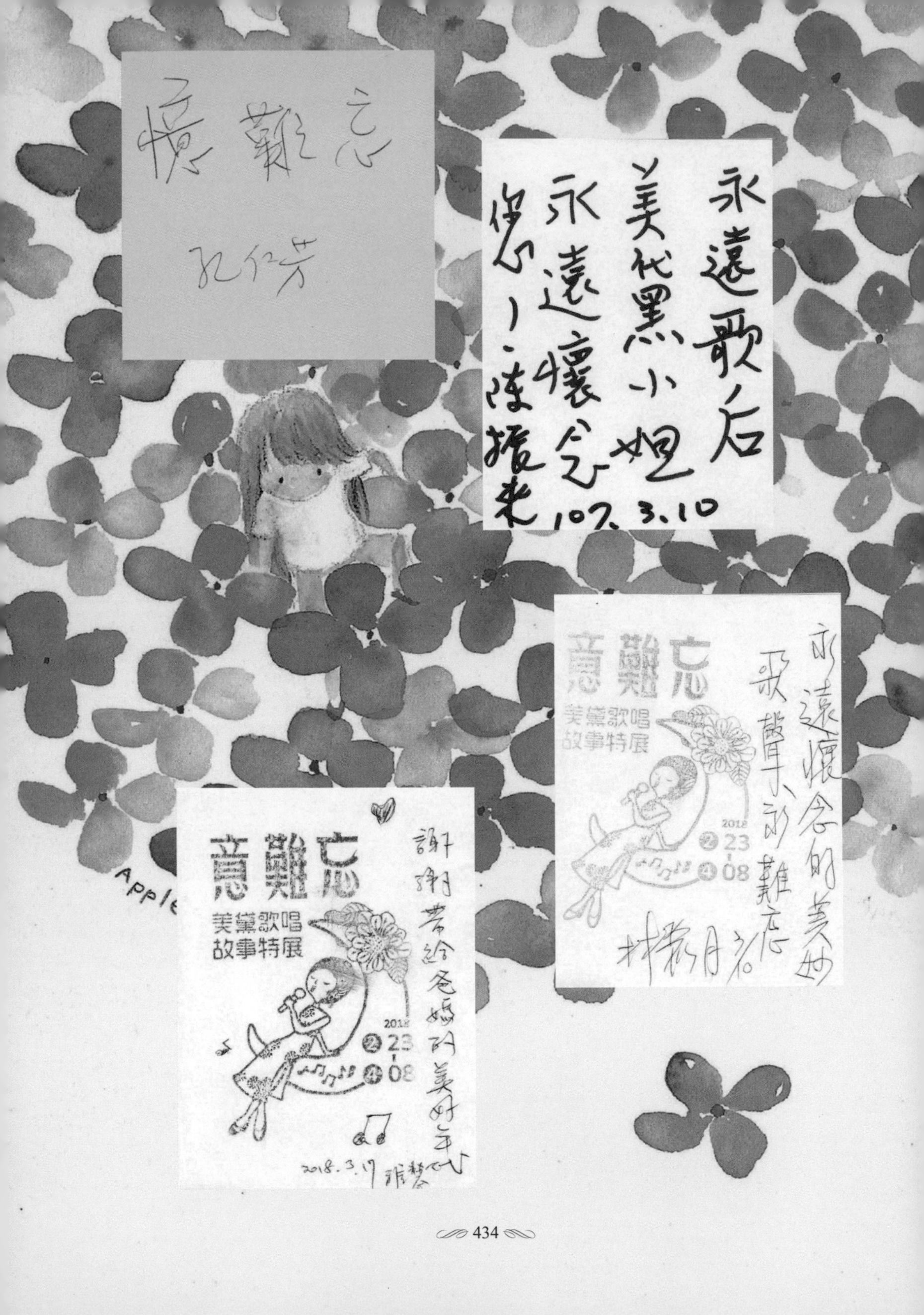
憶難忘
孔仁芳
永遠歌后
美黛小姐
永遠懷念
陳振來
107.3.10
憶難忘
美黛歌唱
故事特展
2018
2 23
4 08
永遠懷念的美黛
歌聲永難忘
Apple
憶難忘
美黛歌唱
故事特展
2018
2 23
4 08
謝謝帶給爸媽的美好年代
2018.3.17

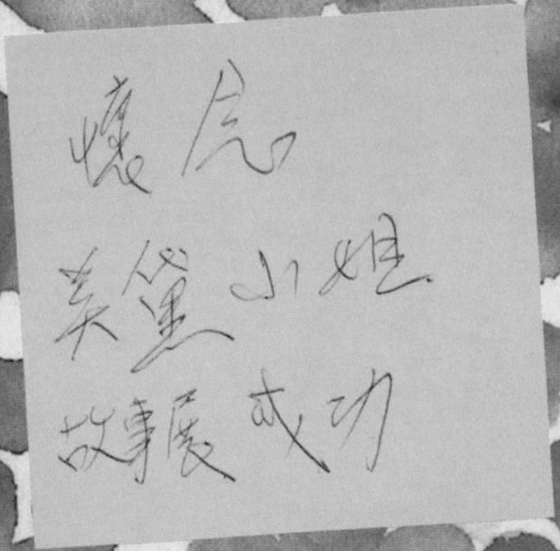
懷念
美黛小姐
故事展成功

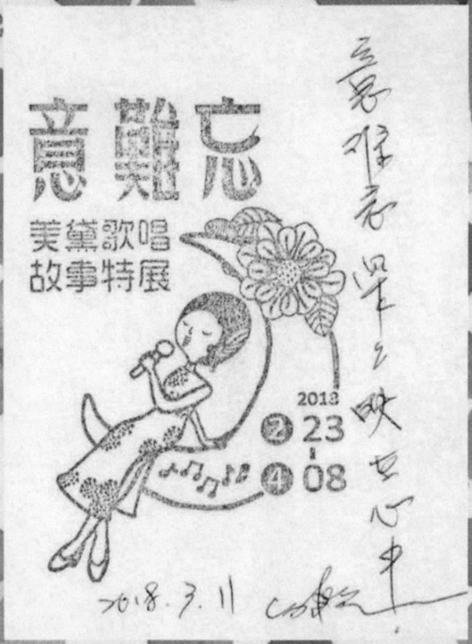
意難忘
美黛歌唱
故事特展
2018
2 23
4 08
意難忘 畢生映在心中
2018.3.11

6 24'02

民國 91 年（2002）6 月 24 日重相逢歌唱班學員及家眷自右至左曹永鑫、李金玩、兒子曹昌樺、女兒曹菁菱、張淑芬的孫子姚博允與美黛老師攝於新加坡飯店大廳

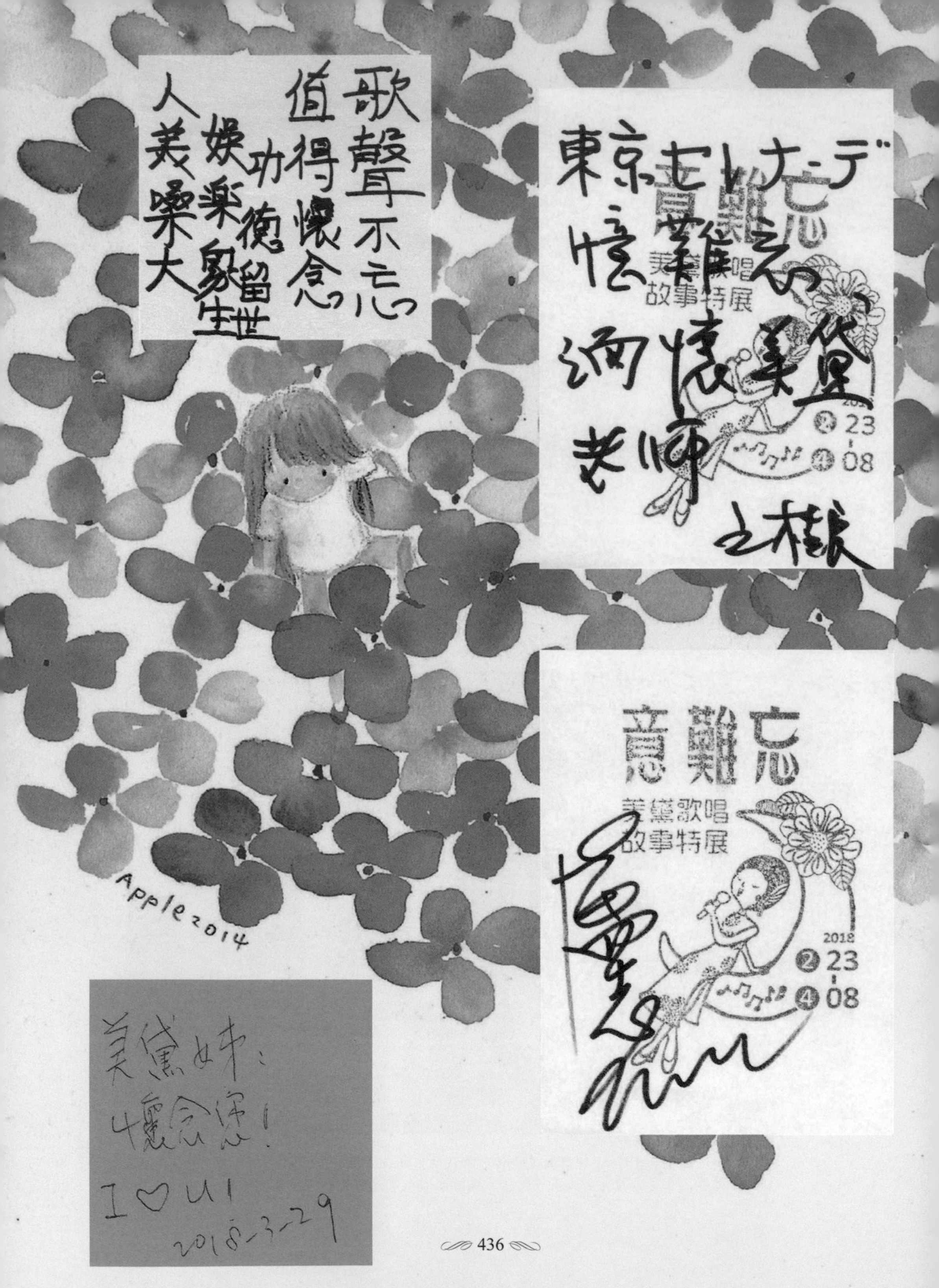
歌聲不忘
值得懷念
功德留生世
娛樂大眾
人美嗓大
東京セレナーデ
憶難忘
滿懷美黛
老師
意難忘
美黛歌唱
故事特展
2018
2 23
4 08
Apple 2014
美黛姊：
懷念您！
I ♡ U!
2018-3-29

難忘美黛、

[illegible] 107.3.25

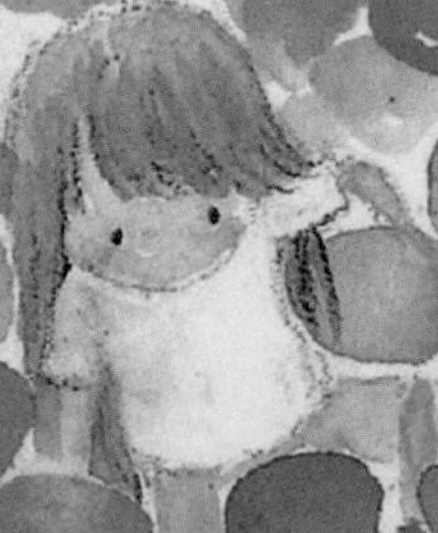

謝雷
青山
美黛
萬沙浪
吳靜嫻
五大巨星
春光
金曲演唱會
3/26 六 7:45pm
台北國際會議中心
購票請洽/年代服務中心
02-2391-1295
大大 國際娛樂 07-5370000
www.dadaarts.com.tw
核准日期:94/1/18 許可期間:94/3/13-94/3/26
發文字號:北市工公圖字第09460148600號
民國94年(2005)3月26日
台北國際會議中心
「五大巨星春光金曲演唱會」帆布廣告

懷念
永遠の巨星
楊[illegible]美

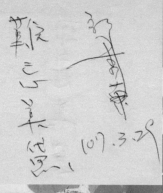

阿姨：

我們以妳為榮！

妳的此生很值得了！

107.4.1.

陳美惠

(母)陳彩鳳 敬上

(美登姐)

歌聲永

留傳

子清

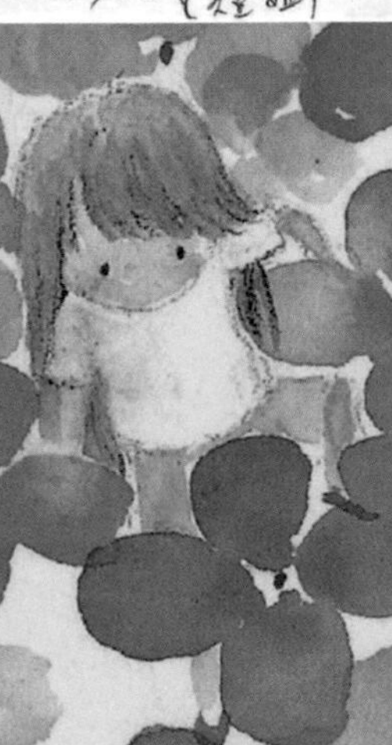

意難忘、

是我們那時期

好歌

陳靜若

阿姨！

我們愛妳！

107.4.1.

美惠

弘治

以馬內利

唐謝駿

一代歌神

意難忘

美黛歌唱故事特展

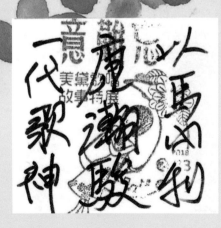

美黛妹々
想念妳
姊々
熊彩鳳

民國 95 年（2006）養姊熊彩鳳（左）與美黛（右）韓國遊

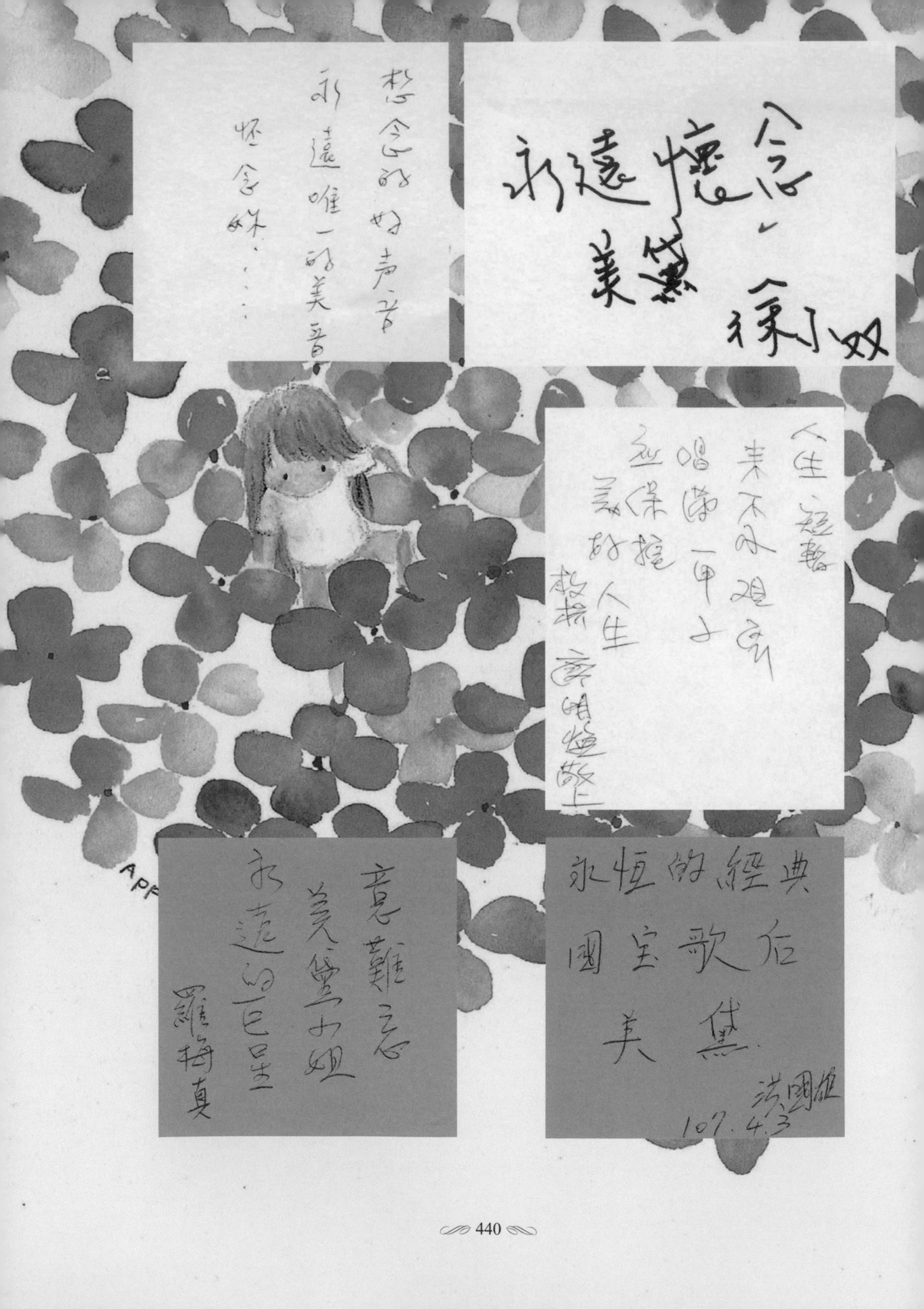

想念的好声音
永遠唯一的美音
怀念妹……

永遠懷念、美黛
徐了奴

人生短暫
来不及退休
唱滿一甲子
無保留
美好人生
敬悼
蔡明燈敬上

意難忘
美黛小姐
永遠的巨星
羅梅真

永恆的經典
國寶歌后
美黛
洪國雄
107.4.3

美黛小姐
生日快樂

民國98年（2009）10月31日台北市立動物園貓熊紀念館「熊熊家族」
美黛奶奶手抱孫女翰翰與孫子達達同框演出

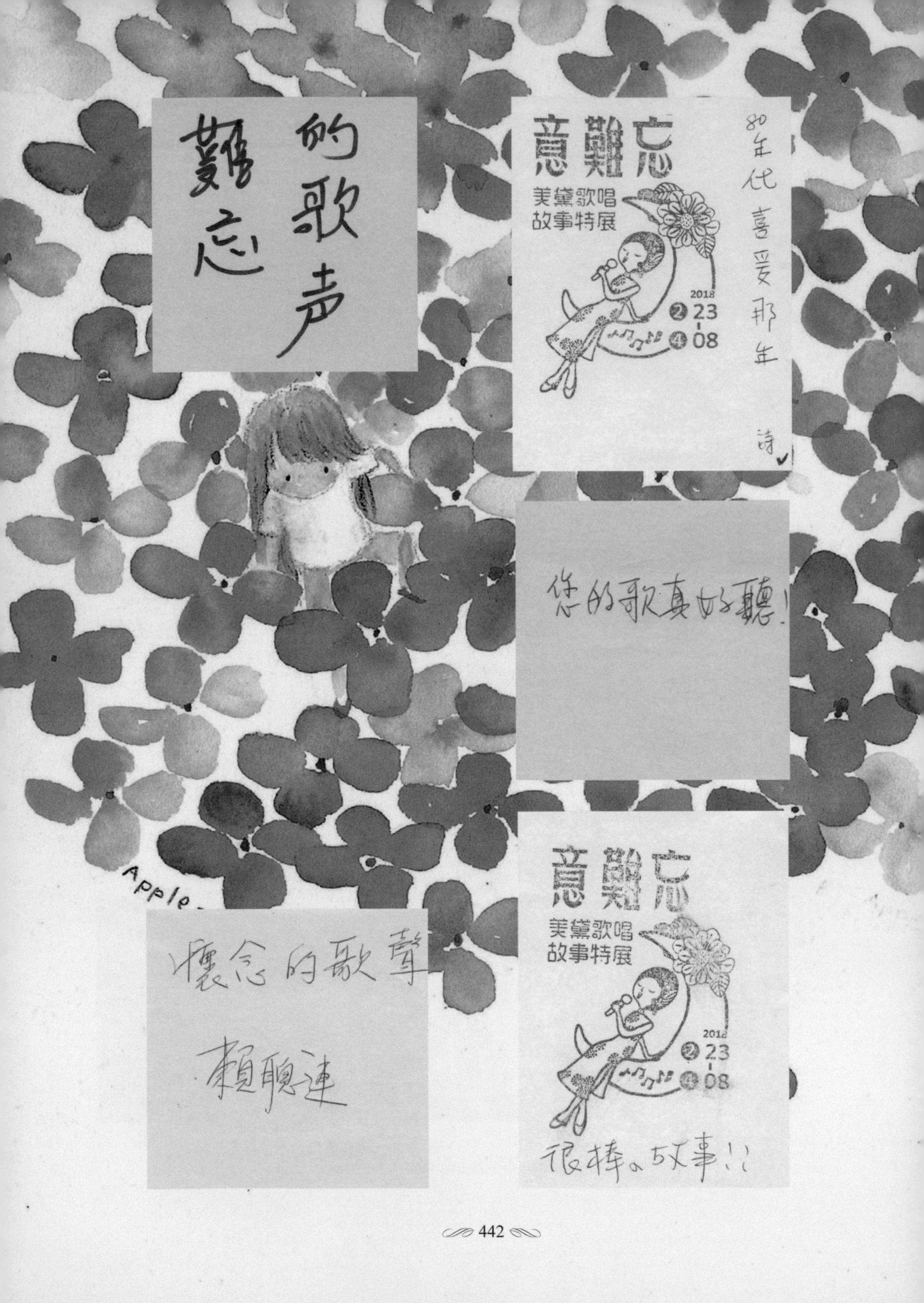
難忘的歌声
意難忘
美黛歌唱
故事特展
2018
2 23
4 08
80年代 喜愛那年
詩
您的歌真好聽!
Apple
懷念的歌聲
賴聰連
意難忘
美黛歌唱
故事特展
2018
2 23
4 08
很棒の故事!!

SUCCULENTS
life is a flower, and lov
ney of the flower.

民國 106 年（2017）11 月 18 日
重相逢學員高齡九十多歲洪守範大姐與
美黛老師於台北市幸安國小教室合影（學員黃怡拍攝製作）

最難忘

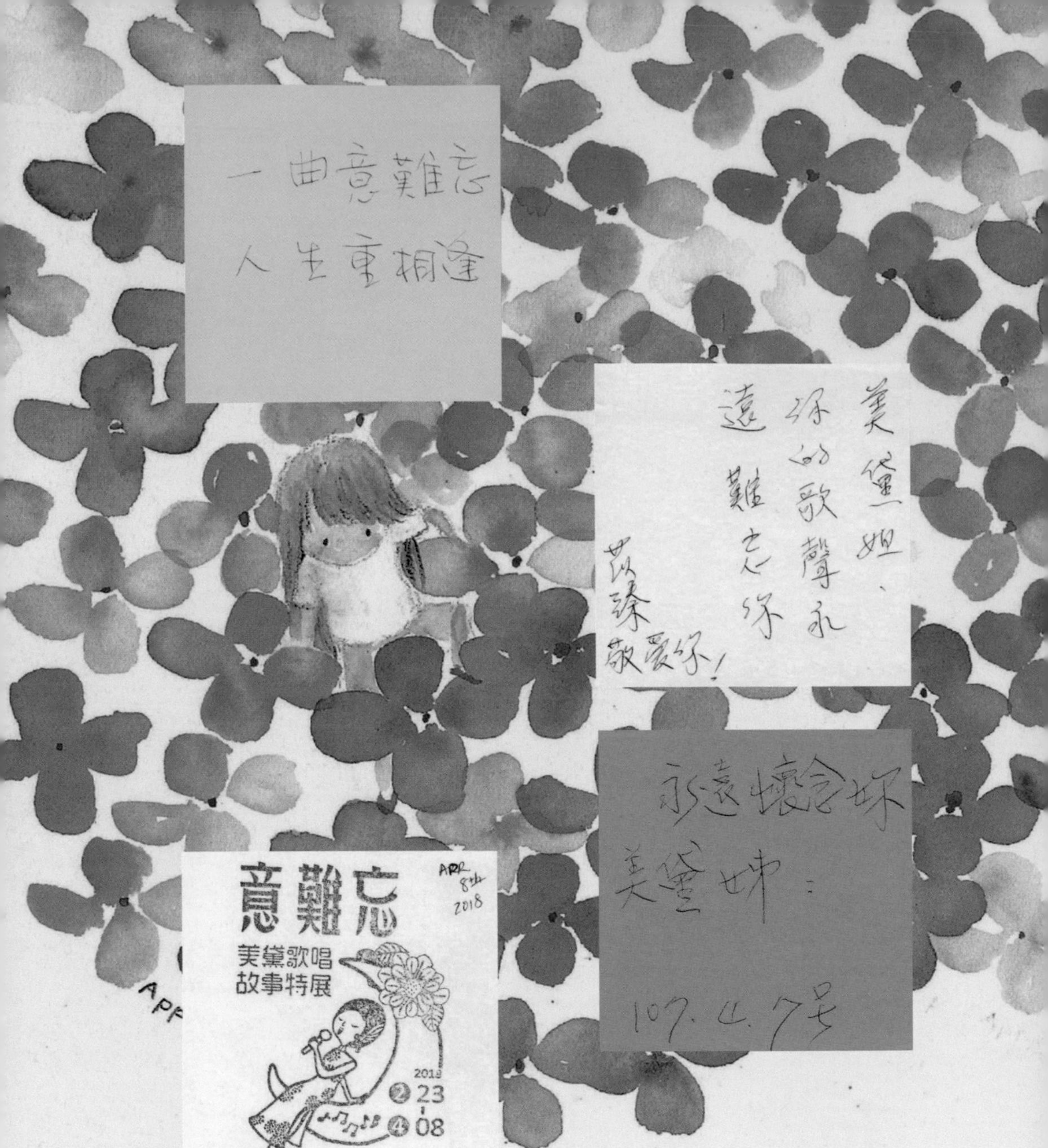
一曲意難忘
人生重相逢
美黛姐、
你的歌聲永
遠 難忘你
苡臻
敬愛你!
永遠懷念妳
美黛姊：
107.4.7号
意難忘
APR 8th 2018
美黛歌唱
故事特展
2018
2 23
4 08
YOU ARE GREATLY MISSED. IN OUR HEARTS FOREVER! RAY & YIN-JEN HO

賀賢龍（Raymond）、蘇瑩珍（Yi Jen）夫婦
自美國紐約來台參觀最後一天閉幕展

R.I.P
By ASHIDAKA
2018.4.7
We miss you
a lot!
We love you
very much!!
Sam
Helen
Ho

民國 107 年（2018）3 月 11 日賀山恩（Sam）、
唐慧蓮（Helen）夫婦自美國芝加哥來台看展

民國 107 年（2018）1 月土耳其安卡拉國父紀念廣場_
台北振興醫院血液腫瘤科陳國維主治醫師

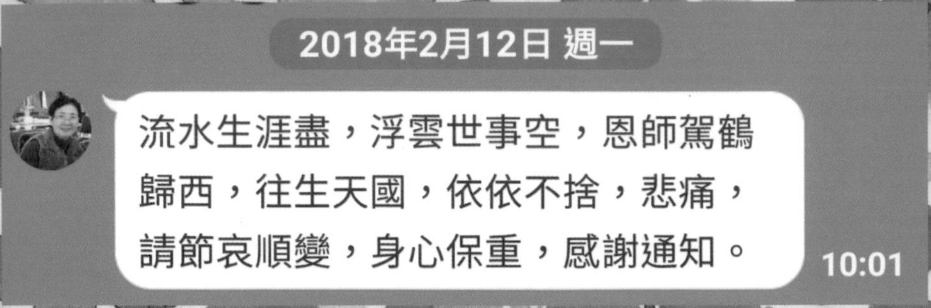
2018年2月12日 週一
流水生涯盡，浮雲世事空，恩師駕鶴歸西，往生天國，依依不捨，悲痛，請節哀順變，身心保重，感謝通知。
10:01

民國 107 年（2018）2 月 12 日前台北振興醫院王會雲護理長祭文

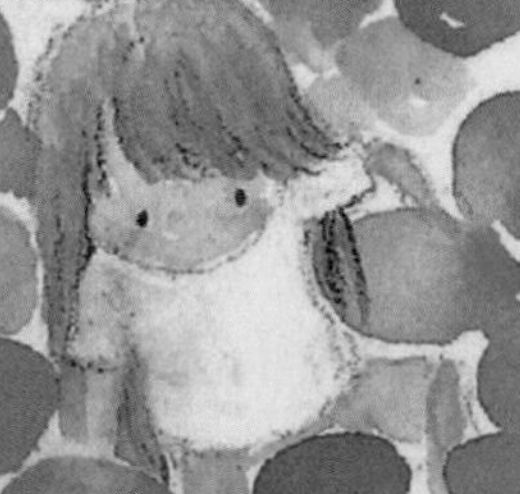

民國 97 年（2008）2 月 21 日馬來西亞檳城「經典名曲講唱會」之旅
（右四王會雲、右七美黛老師）

想你
141
Slow Soul
♩= 88 key : F
1 偶然 的與你 相 遇 在那難忘 季節 裏 心靈 上充滿 了
2 3 往日 的甜蜜 回 憶 總是清晰 的 你 匆匆 的一年 又
你 不覺秋的 涼 意 我是多 麼 想 你 你可 不 要忘
去 依舊思念 著 你 我是多 麼 想 你 你可 不 要忘
記 我是多 麼 想 你 你可不要忘 記
記 我是多 麼 想 你 你可不要忘 記
D.C
Fine

緣起～

前振興醫院王會雲護理長，最愛唱美黛老師所教的〈想你〉這首歌，
在美黛老師罹患肝內膽管癌末期，於振興醫院 8510 安寧病房，「睡美人」
美黛老師耳畔不斷低吟啜泣〈想你〉……

謹以此首〈想你〉感謝所有提供母親珍貴相片、報章雜誌、唱片等等
廣大歌迷、親朋好友、無名人士等，促成本自傳面世，讓子女完成遺願，
聊表心意懷念母親，同時致上深深地感謝與敬意！賀賢琳　敬上

Apple2009

第四章

備註

鋪一地白色的夢
風暫停了匆匆
輕擁著花兒　聆聽
樹梢上枝椏低聲的歌唱

1. 媽媽要我嫁

電影《金蓮花》六首插曲之一，由岳楓導演，演員有林黛、雷震、王萊、楊群等，這民國 46 年（西元 1957 年）之作，為林黛小姐帶來第一座亞太影后獎項。影片有 6 首插曲，包括〈小媳婦受氣〉、〈三代同堂〉、〈相思苦〉、〈媽媽要我嫁〉、〈兩小口吵嘴〉、及〈早生貴子〉。前三首綦湘棠作曲，後三首姚敏作曲，皆由李雋青填詞、王若詩主唱。最後〈小媳婦受氣〉與〈相思苦〉由林黛小姐灌錄唱片；〈媽媽要我嫁〉與〈早生貴子〉則由姚莉小姐灌錄唱片。

2. 秋江憶別

民國 25 年（西元 1936 年）嚴華原唱，作曲張簧，作詞嚴華。時值嚴華與周璇正熱戀，男方隨明月歌舞團到東南亞演出，但因想與女方訂婚而提早返回上海，可是返回當天正是中秋節，周璇卻拍外景去了，所以嚴華遂寫下此曲。

民國 104 年（2015）3 月 22 日正聲廣播公司 65 週年百轉千迴典藏黑膠唱片展－「美黛－金曲憶當年」講座與孫樸生（右）及合眾唱片第十四集《夜夜夢江南 CM-14》兩人合輯留影紀念

3. 夜夜夢江南

這首歌是抗戰時期江南三部曲的其中一首，據孫樸生的回憶，當時錄唱這首歌時，送審並沒有通過，因為該曲作者在大陸，為了讓這首歌通過，當時的編曲林禮涵特別加以改編，在中間加了一段，也把後頭的原曲少掉一個尾巴，而歌詞中的「侵略者」敏感也做了更改，所以唱片的版本跟原曲並不相同。

4. 夜花園歌廳

夜花園老闆陳霖是一位軍中退休的將軍，這位將軍愛聽歌，民國 39 年（西元 1950 年）中期就在高雄成立四維廳茶座邀請歌手表演，民國 48 年（西元 1959 年）5 月 1 日在高雄陸軍服務社成立「夜花園」，是位於鹽埕區大圓環旁陸軍服務社後方的露天花園表演歌台，「夜花園」是一個位於陸軍服務社內的露天花園表演歌台，演出主要安排在晚上七點半到十點半大概三個小時，是當時有名的聽歌場所。建築物是日據時期的商工獎勵館，大約在民國 79 年（西元 1990 年）初期拆除，相當於現在鹽埕立體停車場的位置，當年著名歌手紀露霞、薇莉、顏華等人都曾在「夜花園」登台演唱。

5. 夜半歌聲

《夜半歌聲》是一部改編自民國 14 年（西元 1925 年）在美國被拍成電影，由法國作家加斯東· 勒魯所著愛情驚悚小說《歌劇魅影》，於民國 26 年（西元 1937 年）新華電影製片廠發行，春節時安排在上海金城大戲院上映。本來非常成功，但是新華影業為加強宣傳，在南京路掛上一張活動的殭屍海報，據稱嚇死了一個小女孩，於是各報章立即刊登嚴禁 6 歲以下兒童入場，但是無數觀眾更因此爭著入場觀看。

中國電影史上第一部「恐怖片」是《夜半歌聲》，影片的成功主要得益於導演馬徐維邦出色的藝術造詣，他熟練地駕馭恐怖電影的樣式，故事跌宕起伏，充滿懸念，影像造型充分展示出陰鬱的調子，並利用電影的光影手段，營造出撲朔迷離的恐怖氣氛。片中插曲和化妝都非常出色，人物的造型更成為吸引人的看點，金山所飾演的宋丹萍在毀容後裹在舊袍子裡的面容十分可怕，當他伸出手來，那像雞爪一樣畸形的手掌令人有想尖叫的衝動，不少觀眾看後嚇得晚上睡不著覺。馬徐維邦也憑此片獲得「恐怖片導演」稱號。此外，《夜半歌聲》在恐怖內容之外融入了歌劇片的元素。由田漢作詞、冼星海作曲的〈夜半歌聲（盛家倫原唱）〉、〈黃河之戀〉和〈熱血〉三首插曲委婉動人，出色地烘托著影片的主題，受到觀眾的喜愛。

民國 84 年（西元 1995 年）香港于仁泰導演重新翻拍，張國榮、吳倩蓮、黃磊主演，電影主題曲由張國榮演唱，民國 85 年（西元 1996 年）獲香港電影金像獎「最佳美術指導」與「最佳服裝造型設計」二項獎座，亦獲第 32 屆金馬獎「最佳電影歌曲」提名。

6. 意難忘

民國 52 年（西元 1963 年）1 月美黛的第一張專輯發表，〈意難忘〉是這張專輯正面第二首的主打歌曲，佐佐木俊一作曲，由慎

夜総会

民國 53 年（1964）黑白歌唱電影《文夏流浪記》系列第四部「綠島之夜」美黛客串演出，
這也是美黛唯一參加演出的一部電影（參閱第 131 頁美黛迷你版）

芝填上新詞，改編自日本歌曲〈東京夜曲〉，由於東洋的曲風，與當時流行的台語歌曲頗為相近，深獲本省籍同胞的喜愛，也開啟了本省籍同胞對國語流行歌曲的接受。民國 53 年（西元 1964 年）台語歌壇正流行歌唱電影《文夏流浪記》系列，文夏的第四部黑白電影《綠島之夜》邀請美黛客串演出，在電影中飾演一位歌手在夜總會演唱〈意難忘〉，這也是美黛唯一參加演出的一部電影。

7. 寒雨曲

〈寒雨曲〉（日文歌名：雨之布魯斯）是民國 27 年（西元 1938 年，昭和 13 年），日本作曲大師服部良一，所譜膾炙人口的藍調歌曲，作詞野川香文，原唱五木。直到四十年代，由香港的陳蝶衣改填中文歌詞，由當紅的潘秀瓊錄唱。作曲人名則以粵語音譯日文「服部」二字取名夏端齡發表。

8. 黃昏的街頭

《熱砂的誓言》是東寶電影與華北電影公司所製作，民國 29 年（西元 1940 年，昭和 15 年）日本公開的國策電影及這個電影的主題歌曲，電影的主角為長谷川一夫與李香蘭。此部電影是演日本技師和中國學者學聲樂的女兒（李香蘭所飾）的愛情故事，故事的舞臺在北京。主題曲〈熱砂的誓言〉作詞者是西條八十，作曲者是古賀政男，由伊藤久男演唱；電影插曲〈紅色的睡蓮〉，同年10月發行，作詞者是西條八十，作曲者是古賀政男，由李香蘭（日本名「山口淑子」）演唱。

原日語版〈紅色的睡蓮〉，國語版歌名〈紅睡蓮〉由張露所唱，慎芝作詞國語版歌名〈黃昏的街頭〉由美黛所唱，台語版〈賣花女之戀〉由王秀如所唱。

9. 正聲廣播公司

正聲廣播股份有限公司（簡稱正聲廣播公司、正聲或CSBC），為台灣高知名度的老字號跨區型民營廣播電台之一，成立於民國39年（西元1950年）4月1日，節目以生活資訊為主，以「揚聲樂群、反映輿情、造福社會」來服務所有聽眾。在無唱片公司的年代，正聲廣播公司長期跨足廣播歌仔戲團之成立、培育藝人及製作、發行唱片等業務，民國39年（西元1950年）後期作曲家許石、寶島歌王文夏都先後在正聲廣播公司主持過台語節目，歌仔戲天王楊麗花也在廣播中唱過歌仔戲，慎芝、關華石在民國48年（西元1959年）主持《歌壇春秋》就有後來電視《群星會》節目的影子，紀露霞結婚後也在當時正聲嘉義公益台主持十多年，正聲廣播公司是國內傳承及見證台灣流行音樂發展非常重要的廣播電台。

正聲廣播公司成立後，先後座落於士林芝山岩（民國39-40年）、長安西路（民國41-50年）、及重慶北路（民國51-62年）。

附歷年收音機登記統計表

年別	架數
民國39年	14,168
40年	46,875
41年	51,001
42年	76,824
43年	104,307
44年	123,020
45年	178,570
46年	249,081
47年	339,109
48年	445,447
49年	517,674

民國三十九年的收音機登記數只有一四一六八架，這是不正確的，因爲臺灣光復時，據「臺灣放送協會」登記的就有九七五四一架。當然太平洋戰爭時，器材困難，補充不易，損壞的也就不再修理。而且那時收音機的所有人，大部都是日本人。因爲當時收音機的登記收費等政策沒有確定，所以無法有正確的統計。一直到四十二年行政院公佈收音機改收執照費後，收音機登記政策才算確立，所以四十二年後的數字是比較正確可靠的。自那一年起，收音機的增加率很快，每年就有五萬十萬架的增加。四十九年底只有五十一萬架。到去年就有八十四萬多架。在我推測，倘如電視臺今年不能開播，不到六月份，收音機統計數就可突破百萬大關。

臺灣的收音機以地區分佈的情形來說。臺北佔首位，計二十四萬三千多架。臺東佔末位，只有六千七百五十八架，比陽明山管理局還少九十九架。這亦可見臺東地區的貧瘠。收音機的多寡，還有一個原因是供電是否方便，臺灣電力雖很普及，照明全都用電。但是偏僻的山地還是沒有電源，這尚待政府的努力。

附圖爲臺灣各縣市收音機數量的統計

縣別	架數
臺北市	243,659
高雄市	57,072
臺中市	52,687
臺南市	56,914
基隆市	33,287
臺北縣	16,119
陽明山區	6,857
新竹縣	32,103
宜蘭縣	15,993
苗栗縣	20,298
臺中縣	28,492
彰化縣	35,910
雲林縣	30,743
南投縣	11,806
嘉義縣	48,412
臺南縣	18,938
高雄縣	36,235
屏東縣	33,540
花蓮縣	15,757
臺東縣	6,758
澎湖縣	7,827
合計	845,264
+金門馬祖	(205)
	845,469

民國 39 年（1950）至民國 49 年（1960）歷年收音機登記統計表

中華民國五十二年九月十日

李小梅于璇美黛 再贈照片五百張

機會無多，請莫失良機

本公司「我要為你歌唱」節目主持人李小梅、于璇・美黛小姐近來接到很多聽眾來函，向她們索取玉照，她們原定贈送「正聲歌選」讀者之五百張照片，早已送完，茲為不使聽眾失望起見，每位都願意再贈四吋簽名照片五百張，但為避免粥少僧多起見，所以仍有限制，凡是她們的忠實聽眾，從現在起到九月底止，向本公司直接購買正聲歌選卅七集或卅八集者，一律任選三位節目主持人照片一張。郵購方法，請將書款，存入政郵局「一三六四二」帳號正聲廣播公司，註明所購之書，及需要那張照片我們將很快寄給你，但郵票恕不通用。

民國 52 年（1963）9 月 10 日《正廣月刊》「李小梅、于璇、美黛再贈照片五百張」報導

YouTube TW
美黛
百轉千迴-典藏黑膠特展
20150322 黑膠展講座, 美黛 金曲憶當年
觀看次數：18,085次・2015年4月16日
140
6
分享
儲存
正聲廣播公司
468 位訂閱者
訂閱
20150322 黑膠展講座, 美黛 金曲憶當年
顯示完整資訊

民國 104 年（2015）3 月 22 日正聲廣播公司 65 週年百轉千迴典藏黑膠唱片展－「美黛－金曲憶當年」講座，主講人美黛與唱片蒐藏家暨六禾音樂故事館館長陳明章先生（左）

民國 104 年（2015）3 月 22 日正聲廣播公司
65 週年百轉千迴典藏黑膠唱片展－「美黛－金曲憶當年」講座簽名會，重相逢歌唱班學員張淑芬（右一）、蕭培英（右二）索取海報簽名

民國 104 年（2015）3 月 22 日正聲廣播公司
65 週年百轉千迴典藏黑膠唱片展－「美黛－金曲憶當年」講座簽名會，
觀眾索取海報簽名

重慶北路時期是正聲廣播公司相當重要的時期，美黛就是這個時期主持《我為你歌唱》，自民國 52 年（西元 1963 年）一直到民國 55 年（西元 1966 年）結婚前辭掉主持，前後約三年時間。當時這個節目非常紅，與這個節目能夠競爭的大概只有警察廣播公司的《空中歌廳》。民國 52 年（西元 1963 年）9 月 11 日台北受到葛樂禮颱風影響造成水災，正聲廣播公司大樓被淹，好多唱片、資料都被大水淹掉，很可惜在這之前的一些資料都受影響，很多廣播資料都是之後才保存得比較完整。民國 63 年（西元 1974 年）正聲廣播公司遷到重慶南路一段 66 號至今。

10. 群星會

民國 51 年（西元 1962 年）10 月 10 日台視開播，歌唱節目《群星會》同時誕生，每星期兩次每次各 30 分鐘的現場直播，很快就成了最受歡迎的節目，也是大家對那個年代印象最深的娛樂記憶，《群星會》的播出更讓流行歌從原本只能透過電臺收聽進入了有影的時代。

《群星會》由關華石製作，慎芝主持，自民國51年（西元1962年）到66年（西元1977年），前後播出了15年共1283集，在節目中演出的歌星相當多，觀眾熟悉的有紫薇、美黛、鄭秀美、金石、霜華、雪華、李小梅、洪惠、敏華、冉肖玲、秦蜜、吳靜嫻、青山、孔蘭薰、憶如、金燕、王慧蓮、閻荷婷、夏心、張明麗、蔡一紅、白嘉莉、劉福助、余天、李亞萍、于璇、趙曉君、楊小萍、婉曲、張琪、謝雷、鮑立、姚蘇蓉、倪賓、立邁、鄧麗君、黃蜀娟、雙燕姐妹、夏台鳳、包娜娜、蔡咪咪、陳蘭麗、陳麗卿、楊燕、崔苔菁……等。

美黛唱片走紅後，開播不久的台灣電視公司《群星會》節目製作人慎芝邀請她上節目演出，那時慎芝還在台視電視周刊專文寫一篇介紹，內容是這樣的：

<民國52年（1963）2月18日台視電視周刊的19期第32頁群星會每週一星～美黛>（參閱第149頁報導原文圖片）

三、四年前，現已由臺赴港的名歌星薇莉，有一次從南部回來對我說，高雄有一個歌星歌唱得非常好。不但好，歌還特別多；任何冷門的歌她都會唱。

薇莉小姐玉照

當時，我也沒有注意地問這位歌星叫什麼名字。等到前年她由高雄來此，才知道薇莉說的就是目前大紅特紅的美黛小姐。

美黛是桃園人，畢業「桃園中學」（此資料錯誤，應為「龜山國小」）；唱歌的經歷已有五、六年了，起先是參加軍友社主辦的各界勞軍團；前線、後方，任何地方她都到過。後來就在高雄的夜花園主唱了不少日子，民國五十年（西元1961年）才開始在台北過她的演唱生涯。先後在朝陽樓、真川味、萬國聯誼社、華都餐廳、金門餐廳等地主唱。她那清脆嘹亮的歌聲不知風靡多少顧曲周郎。我就有一批朋友，每晚都要放下正在進行中的竹城之戲，去聽她幾支歌之後，才又回去繼續，可見她歌聲之吸引人了。

目前她在「民本電臺」（此資料錯誤，應為「正聲廣播公司」）主持一個歌唱節目，並灌有〈意難忘〉等好幾首拿手歌曲的唱片。本月十三號她在群星會中唱出了她得意的歌曲〈春風春雨〉和〈雷夢娜〉。

11. 群星頌

慎芝邀美黛上群星會節目應該是民國52年（西元1963年）2月，過沒多久，慎芝為《群星會》節目創作一首主題曲〈群星頌〉。〈群星頌〉就在4月節目上出現，當時美黛是第一位演唱的藝人，這首〈群星頌〉後來也收錄在合眾唱片出版的第十四集專輯中。

合眾唱片第十四集　夜夜夢江南　　MCM-14/ 民國53年
（美黛、孫樸生合集）
第一面　群星頌、夜夜夢江南、笑的讚美、月兒好
第二面　又是一個下雨天、熱情、何處是青春、寒夜的街燈

群星在天空閃亮　百花在地上開放
我們有美麗幻想　為什麼不來齊歡唱
我們也願星辰一樣　把歡樂散播你的身旁
我們也願像花一般　使你的人生更芬芳
朋友們快來歌唱　讓人間充滿新希望

以上這首人人都能琅琅上口的〈群星頌〉，開始由美黛獨唱，後來才安排歌手合唱，這首〈群星頌〉也成了傳唱最久的節目主題曲。

TAIWAN UNION RECORD CO.,LTD.
合衆唱片
UNION RECORD
合衆中國歌曲
第十四集
美黛唱
高級片
CM-14
版權所有
翻製必究
第一面
1.群星頌
2.夜夜夢江南(孫樸生合唱)
3.笑的讚美
4.月兒好(孫樸生合唱)
LONG PLAY
合衆唱片製造廠出品

合眾唱片第十四集《夜夜夢江南 CM-14》
第一面圓標〈1. 群星頌〉

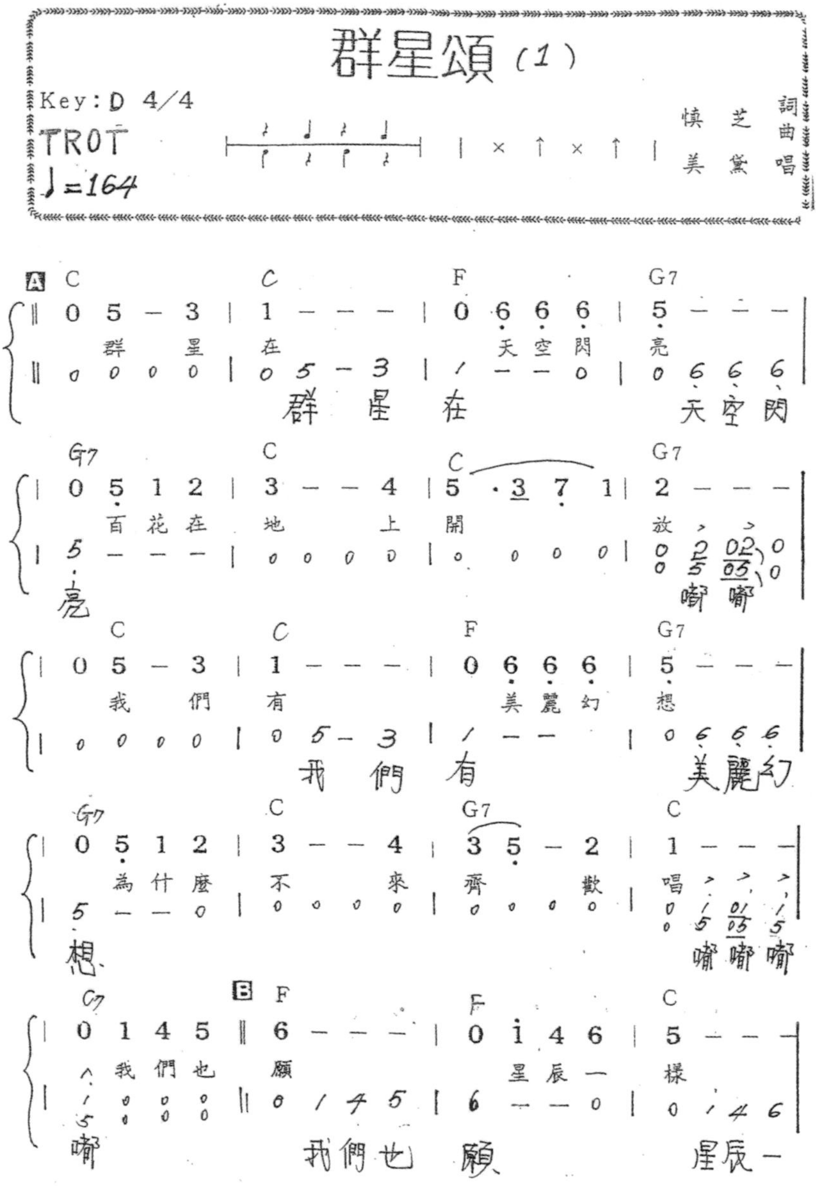
群星頌（1）
Key:D 4/4
TROT
♩=164
慎芝 詞
曲
美黛 唱
A
群星在天空閃亮
百花在地上開放
嘟嘟
我們有美麗幻想
為什麼不來齊歡唱
嘟嘟嘟
B
我們也願星辰一樣

〈群星頌〉歌譜 -1

群星頌(2)

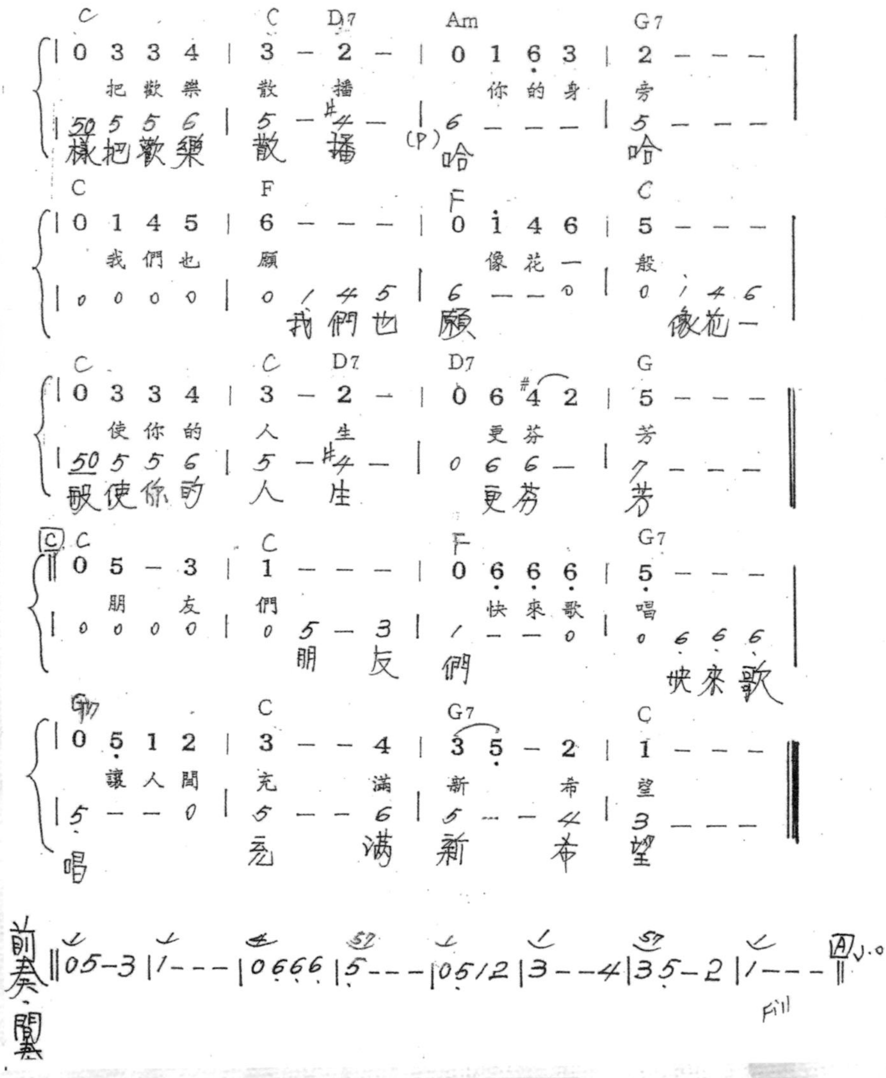
把歡樂散播你的身旁
我們也願像花一般
使你的人生更芬芳
朋友們快來歌唱
讓人間充滿新希望
前奏、間奏
Fill

〈群星頌〉歌譜 -2

雲扉若美，仰歌若黛

終曲

COMVITA
康維他香港有限公司
名人之夜

民國 101 年（2012）賀賢琳香港尾牙活動照

山嵐煙緲，兩行輕淚宛若雨絲流淌，記憶的長河悄悄地帶我回到孩提時，母親總愛笑盈盈絮叨著我時不時拿個小板凳，站在上頭硬是抓著筷子權充麥克風，學電視機裡包娜娜唱起〈愛你愛在心坎裡〉維妙維肖、天真逗趣的模樣，直嚷嚷說我小時候最可愛了，現在長大了活像卡通裡癡肥臃腫的「香酥鴨」，而她則是可憐瘦小的鴨媽媽，抱都抱不動我這巨無霸大肥鴨不說，還得使用上等「歐羅肥」高級飼料養我，太會吃又嫁不出去，害她在我身上所有的投資，就像「肉包子打狗，有去無回。」無論算盤怎麼撥，就是「血本無歸」！打從母親蒙主寵召後，再也聽不見這熟悉的故事，而我順理成章成了沒媽疼愛的孩子，像根草在浮世獨自飄零……

雲朵綿綿，湛藍天空輕透一縷暖陽，灑落無盡思念於窗櫺前門扉，適巧一隻小白鴿佇立流連忘返，瞬間回眸卻驚訝於這熟稔地眼神深深震懾我心，久久不能自己……一年了，是母親回來看我嗎？

小白鴿溫柔堅定的凝望我，猶如母親舐犢情深輕喚著她的寶貝傾訴念想，眼眶打轉的淚再也不聽使喚，潰堤如潮湧……剎那間小白鴿振翅隱沒雲端，在無涯天際裡謳歌。而我卻踏入回憶的門楣，浮現小學時曾與母親上名主持人李季準先生於中視所主持的《蓬萊仙島》母親節特別節目，母親應景演唱〈母親妳在何方〉數度哽咽泣不成聲，那時少不更事的我，懵懂不解母親為何如慈烏失母般啞啞吐哀音？直到多年後我再也無法攙扶牽她的手互相拌嘴，才體悟到「樹欲靜而風不止，子欲養而親不在。」身為人子失恃的悲慟！《蓬萊仙島》節目安排第二首歌讓我與母親合唱一首〈我是一片雲〉，這是我們母女倆此生唯一一次的同台演出，如今已成絕響。

風盼辦落，姹紫嫣紅交錯粉染幽徑，春色呢喃織錦繁華無邊，踟躕陽明山臻善園母親墳前，竟只能嗚咽啜泣無心賞半日春……又一年了，回顧母親生前三願，2018 年 2 月 23 日「意難忘－美黛歌唱故事特展」於桃園光影文化館以慶賀農曆八十壽誕揭幕，遂其心願至親大哥王萬成先生代領「桃園市

民國 85 年（1996）美黛（右）與碩士畢業女兒合影

榮譽市民證」，為期四十五天展覽成功閉幕。2018 年 3 月 10 日以「出嫁天國的婚禮」為主軸，圓滿達成身穿她最愛的寶藍色演出服搭亮白小嵌肩，於佈置典雅溫馨的追思會告別禮拜中，優雅轉身為歌唱天使嫁入天國繼續高歌，骨灰花葬回歸塵土的願望。唯獨這最後遺願母親「自傳」一項，著實令我傷神，千頭萬緒不知該從何理起？故 2019 年夏背起行囊至斯洛維尼亞、克羅埃西亞、蒙地內哥羅、波士尼亞與赫塞哥維納遊憩十五天，於十六湖國家公園恣享芬多精洗盡鉛華，飽覽羅馬、拜占庭、哥德及文藝復興等古意盎然巍峨城池一世繁華，返台後定調以「人生相簿」為經緯，再以旅遊書籍富饒圖文，鋪陳母親酸甜苦辣的一生索驥，引領讀者隨母親的思緒啟航，忠實呈現她精彩的一生。

酷愛童裝放大的美黛千金

辛玫芬博士是全英國排名第五、北愛爾蘭排名第一音樂系學府杜倫大學的高材生，特別請她從十萬字英文畢業論文中，節錄與母親有關的內容，置放於相對應的中文章節中，以便海外純英語系讀者也能分享她訪談母親的研究成果。序曲篇的九大推薦序，分別從不同的角度與觀點，闡明與母親奇妙的結緣過成，並帶領讀者發掘認識母親的不同面向，

SUPERSTAR VIRGO
The Leading Cruise Line In Asia Pacific

新加坡麗星郵輪處女星號美黛（左二）參加「春夏秋冬」表演節目在船上與寶貝女兒（左三）合影

篇篇真摯感人，一如母親的歌曲婉轉動聽、回味無窮。林口六禾音樂故事館陳明章館長特別開倉出借所蒐藏豐富的母親唱片，促使母親失傳許久的黑膠唱片，能有幸面世與讀者共賞。歷年的演出紀錄，包括宣傳海報、節目表、演出照片、報章雜誌報導等等檔案資料，大部分主要由大大國際娛樂股份有限公司李明智總監、華風文化事業有限公司劉國煒總監，與新加坡 Biz Trends Media Pte Ltd 沈文耀總裁及何國平專案經理翻箱倒櫃出來的壓箱寶，十分珍貴！更特別感謝森晴卡片紙品有限公司圖文創作插畫師陳秋萍(Apple) 小姐，授權歷年經典作品供母親自傳使用，彰顯母親溫暖、大方與源源不絕向上的生命力並深得您心，讓本自傳蓬畢生輝、相映成趣；「森晴卡片、深情為您」林姿君總經理亦費心盡力協助翻查 Apple 系列圖文庫供後續選用編排，非常感恩她玉成其事！

同時亦感謝秀威出版社的夥伴們，與我肩並肩幾經燒腦、絞盡腦汁、集思廣益不斷研討修訂後，完成母親自傳出版，了卻她的最後遺願而無憾。

行文至此，不得不好好感激涕零一下我最堅強的後盾－台北振興醫院「陽明五公子」在我籌備先慈自傳、處高壓百病叢生的期間，細心診治除病害，得以圓滿付梓出書一事。依序以家母曾唱過的好歌為代表，簡介畢業於陽明醫學院以人為本、各有特色的仁醫如下所示：

【1】「江南心」竹公子＿ 心臟內科王鑑忠醫師，代表歌曲〈江南好〉，風流倜儻，內斂聰敏。

【2】「玉樓胃」蘭公子＿ 胃腸肝膽科洪宏緒醫師，代表歌曲〈玉樓春〉，宵旰諸葛，謙沖俐落。

【3】「昭君血」柏公子＿ 血液腫瘤科陳國維醫師，代表歌曲〈昭君怨〉，格物致知，究裡探真。

【4】「傲梅骨」梅公子＿ 骨科黃祥霖醫師，代表歌曲〈一枝梅〉，風骨亮節，幽默率真。

【5】「賣糖婦」菊公子＿婦產科李偉浩醫師，代表歌曲〈賣糖歌〉，慢條斯理，刨根知底。

感念先慈在世時，體恤黎民蒼生時常為錢所苦，謹以蘭公子詩文一本家母初衷安穩「拚經濟」的投資原則，祝大家身體健康、發大財！

「現在先冬眠了，靜待積雪三尺；
來日後春綠了，聞笛雲上九霄！」

雲仰美黛，意難忘，歌未央！

賀賢琳 *Hsien-Lin Ho* 敬上

美黛（左）與掌上明珠

底圖授權：森晴卡片紙品有限公司

圖文創作插畫師陳秋萍（Apple）小姐

【1】序曲篇：Apple 2005 海灘

【2】第一篇 憶黛綠年華：Apple 2010 夏

【3】第二篇 小丫頭變大歌星：Apple 2003 蛋糕

【4】第三篇 歌廳與婚後時期：Apple 2004 蘆葦

【5】第四篇 鏡花水月隨緣行：Apple 2005 花

【6】第五篇 美黛的音樂紀錄／第一章 美黛大事紀：Apple 2003 夕陽

【7】第五篇 第二章 美黛專輯作品一覽表：Apple 2018 大提琴

【8】第五篇 第三章 「意難忘－美黛歌唱故事特展」留言條：Apple 2014 小紫花

【9】第五篇 第四章 備註：Apple 2009 桐花

【10】目錄／終曲篇：Apple 2011 熊抱

美黛專輯作品唱片／CD／LD頁次索引表

公司名稱	產品種類	產品編號	唱片/CD/LD 專輯名稱	出版日期（年/月/日）	頁次
合眾唱片	唱片	CM-7	合眾國語歌曲第七集	53（1964）/04	332-334
	唱片	CM-8	你在我身邊		335
	唱片	CM-10	壽喜燒 （Sukiyaki）	53（1964）/03/01	336
	唱片	CM-11	寒夜琴聲		337
	唱片	CM-14	夜夜夢江南		338-339
	唱片	CM-15	台灣好	53（1964）/02/25	340-341
	唱片	CM-16	賞花謠	53（1964）/02/25	342
	唱片	CM-18	飛快車小姐	53（1964）/08/20	343
	唱片	CM-19	怎不相信我	53（1964）/09/10	344
	唱片	CM-23	聖誕快樂/賀新年	53（1964）/11/15	345-347
	唱片	CM-24	採茶姑娘	53（1964）/12/10	348
	唱片	CM-27	重相逢	54（1965）/03/30	349
	唱片	CM-29	昭君怨	54（1965）/06/25	420
	唱片	CM-30	電影《意難忘》插曲	54（1965）/06/30	350-351
	唱片	CM-31	遊覽車小姐	54（1965）/07/20	352
	唱片	CM-32	心上人	54（1965）/08/10	353
	唱片	CM-34	絕代佳人	54（1965）/12/20	354

公司名稱	產品種類	產品編號	唱片 /CD/LD 專輯名稱	出版日期（年 / 月 / 日）	頁次
合眾唱片	唱片	CM-35	香蕉姑娘	54（1965）/12/30	355
	唱片	CM-39	船	55（1966）/06/15	356
	唱片	CM-41	失落的夢	55（1966）/10/30	357
	唱片	CS-601	台北姑娘	55（1966）/08/25	358-359
	唱片	CS-602	冰點	55（1966）/08/10	362-364
	唱片	MCM-1001	精選中國歌曲集第一集		360
	唱片	MCM-1002	精選中國歌曲集第二集	57（1968）/08	361
	唱片	MCM-1003	我在你左右	57（1968）/08	365
	唱片	MCM-1005	追	57（1968）/04	421
	唱片	MCM-1008	美黛小調精華集（會情郎）	57（1968）/06	366-367
	唱片	MCM-1013/4	古裝黃梅調電影《王寶釧 - 彩樓配》電影原聲帶	56（1967）/5/25	368-371
	唱片	MCM-1015/6	古裝黃梅調電影《王寶釧 - 平貴回窰》電影原聲帶	56（1967）/5/25	372-373
	唱片	MCM-1020	春的讚美	56（1967）/11	374-375

公司名稱	產品種類	產品編號	唱片 /CD/LD 專輯名稱	出版日期（年 / 月 / 日）	頁次
合眾唱片	唱片	MCM-1031	愛的夢	57（1968）/08	376
	唱片	MCM-1035	祝聖誕 / 賀新年專集	57（1968）/11	377
	唱片	MCM-1038	意難忘 / 重相逢	57（1968）/12	378
	唱片	MCM-1047	台灣好	58（1969）/10	379
	唱片	MCM-1048	馬蘭山歌	58（1969）/10	380
	唱片	MCM-1053	愛的四季 - 誰來陪伴我	58（1969）/07	381
	唱片	MCM-1055	12 個夢	58（1969）/10	382
	唱片	MCM-1056	韓國歌改編最暢銷國語歌曲	58（1969）/12	383
	唱片	MCM-1057	花與淚	58（1969）/12	384
	唱片	MCM-1058	美黛最喜愛歌唱集 - 蓓蓓，晚安！	58（1969）/12	385
	唱片	MCM-1059	《新不了情》全部插曲	59（1970）/04/20	386
	唱片	MCM-1062	我不再哭泣	59（1970）/10/26	388-389
	唱片	HTLP-6003	歡舞重逢		387

公司名稱	產品種類	產品編號	唱片 /CD/LD 專輯名稱	出版日期（年 / 月 / 日）	頁次
Philips	唱片	SFX-7044	精選中國歌曲集第一集		422
	唱片	SFX-7046	精選中國歌曲集第二集		422
中美唱片	唱片	CS-10001	懷念國語歌曲傑作集（第一集）- 意難忘		390
	唱片	CS-10002	懷念國語歌曲傑作集（第二集）-我在你左右		391
中藝唱片	唱片	CGE-1009	意難忘		394
黑貓唱片	唱片	BC-7002	《意難忘》電影歌曲（海外版 45 R.P.M）		392-393
良友唱片	唱片	SEP 29	電影《情鎖》與《窗外》插曲	56（1967）	396-397
海山唱片	唱片	SL-2036	白雲 - 美黛新歌		395
	唱片	SL-2042	春盡翠湖寒 - 電影《第六個夢》主題歌	57（1968）/01	398-399
天使唱片	唱片	ALC-5001	全能歌后：美黛 1969 年最新國語暢銷歌曲	58（1969）/09	400-401
孔雀唱片	唱片	KCL-3021	牛郎織女（外銷特級版 33 1/3 R.P.M）	58（1969）/08	402-403
海韻唱片	唱片	CS-10001	懷念國語歌曲傑作集（第一集）- 意難忘		406-407
	唱片	CS-10002	懷念國語歌曲傑作集（第二集）-我在你左右		408-409

公司名稱	產品種類	產品編號	唱片 /CD/LD 專輯名稱	出版日期（年 / 月 / 日）	頁次
迪卡唱片	唱片	DC-702	賀新年		410-411
星光唱片	唱片	SLEP-2	美黛之歌（海外版 45 R.P.M）		412-413
	唱片	STEP-015	追		416
ECHO	唱片	CH-3002	美黛之歌第二輯		417
海麗唱片	唱片	HLA-3098	美黛的問候 - 翡翠灣專輯	75（1986）	418-419
上揚唱片	CD	81009	意難忘 - 三個愛唱歌的女人	83（1994）/03	423
四海唱片	唱片		中視歌唱連續劇《花燈緣》	60（1971）/08	404-405
飛鷹唱片	唱片	B.B.13	落花流水（海外版 45 R.P.M）		414-415
新加坡新雅（國際）影碟私人有限公司	LD	CLD-5078-C	美黛 - 歌聲憶當年		424-425

國家圖書館出版品預行編目

歌壇活字典 意難忘：美黛傳/美黛作. -- 臺
北市：賀賢琳, 2020.12
面； 公分
ISBN 978-957-43-8322-1(精裝)

1.熊美黛 2.歌星 3.臺灣傳記
783.3886　　　　　　　　109018601

歌壇活字典　意難忘　美黛傳

作　　者／美　黛
出 版 者／賀賢琳
製作協力／
(1) 中文校對：清華大學中文系06級李則儀小姐
(2) 日語編譯：博如日本幼兒園鋼琴教師李觀妃小姐
(3) 英文論文：英國杜倫大學音樂系辛玫芬博士
(4) 醫學監修：台北振興醫院胃腸肝膽科洪宏緒主治醫師
(5) 唱片提供：六禾音樂故事館陳明章館長
(6) 演出檔案：大大國際娛樂股份有限公司李明智總監／華風文化事業有限公司劉國煒總監
新加坡 Biz Trends Media Pte Ltd 沈文耀(Keith Sim)總裁／何國平(Richard Ho)專案經理
(7) 商業攝影：艾瓦奇多媒體有限公司鈕臻中總經理
(8) 靈堂攝影：蕃薯藤國際有限公司高銘龍設計師
(9) 底圖授權：森晴卡片紙品有限公司圖文創作插畫師陳秋萍(Apple)小姐
(10) 著作權法律顧問：拉斐爾國際法律事務所彭聖超律師
製作銷售／秀威資訊科技股份有限公司
114 台北市內湖區瑞光路76巷69號2樓
電話：+886-2-2796-3638
傳真：+886-2-2796-1377
網路訂購／秀威書店：http:/store.showwe.tw
博客來網路書店：http://www.books.com.tw
三民網路書店：http://www.m.sanmin.com.tw
讀冊生活：http://www.taaze.tw

出版日期／2020年12月　　定價／988元